Practical Handling of Sexual Harassment, Bullying, and Stalking Grievances

성희롱·괴롭힘·스토킹 고충처리 실무

박정연 · 장연수

박영사

저자 소개

박정연 노무사(노무법인 마로)는 중앙대학교에서 법학을 전공하고 공인노무사로 첫발을 내딛었다. 한국전력공사에서 조직 현장을 경험했으며, 이화여자대학교 법학전문대학원 노동법 박사과정을 수료했다.
현재 한국공인노무사회 부회장으로 활동하며, 한국양성평등교육진흥원 사외이사, 한국영화성평등센터 센터장, 한국문화예술위원회 감사자문위원, 한국수력원자력(주) 성희롱·성고충 심의위원, 서울주택도시공사 인권경영위원 외부위원, 서울시 영등포구 양성평등위원 등 공공·문화·에너지 분야에서 다양한 기관에서 성희롱·괴롭힘 사건의 조사·심의·자문을 수행하고 있다. 2024~2025년 성평등가족부 정책자문위원으로 참여하였다.

장연수 노무사(노무법인 마로)는 고려대학교에서 기계공학을 전공하고 두산과 한화에서 연구원으로 재직하며 산업 현장을 경험했다. 이후 노동 분야의 전문성을 확립해 공인노무사로 활동하고 있으며, 현재 노무법인 마로에서 정부기관과 민간기업을 대상으로 직장 내 괴롭힘·성희롱 조사 및 고충처리 자문을 수행하고 있다.

다수 기관의 조사·심의위원으로 활동하며, 조사실무·면담기법·보고서 작성·예방교육 등 실무 중심의 강의를 하고 있다. 또한 한국공인노무사회 제도개선위원과 새정부 노동정책 TF위원으로서, 조사와 고충처리 제도가 현장에서 안정적으로 운영될 수 있도록 힘쓰고 있다.

현장 중심의 경험을 바탕으로, 『성희롱·괴롭힘·스토킹 고충처리 실무』를 통해 조사와 조정이 조직의 신뢰와 회복으로 이어질 수 있는 실무 지침을 제시하고자 한다.

형사법 분야 검수

조성윤 변호사(법무법인 광장)는 15년간 검찰에 재직하며 서울중앙지검 반부패수사2부, 남부지검 금융·조세·공정거래 전담, 대구지검 특수부, 수원지검(안양·안산) 공직비리·기업금융·공공안전·중대재해·환경 전담 등에서 특별수사와 경제·공공안전 분야를 주로 담당했다.

2023년 법무법인(유) 광장 합류 이후 검사 시절의 수사 실무를 바탕으로 기업비리, 금융·증권, 조세, 공정거래, 공직비리, 공공안전·중대재해 등 형사 사건과 자문을 수행하고 있다.

독자 의견·요청: marohelp@naver.com

(보내 주신 메일 주소·성함은 답변 및 개정 검토 용도로만 사용합니다)

서문

이 책은 '급히 쓰인 책'이다. 2025년 9월 한국생산성본부에서 「고충처리 실무(성희롱·괴롭힘)(feat. 조사보고서 작성까지)」를 이틀 과정으로 진행하며 우리는 한 가지 사실을 확인했다. **이틀은 너무 짧다**. 성희롱·괴롭힘과 같은 고충처리 실무를 온전히 담아내기엔 시간이 부족했다. 이는 **고충처리에 관한 의문과 고민이 그만큼 많아졌다는 반증**이다. 갑자기 예전에는 없던 고충이 폭증했다기보다, **사내 고충 제기가 활발해지고 조직의 문제의식 수준이 높아졌기 때문**이라 해석했고, 우리는 이 변화를 매우 고무적인 진전으로 평가한다.

다만 신고인·피해근로자의 노동인권을 최우선으로 고민하는 것만큼이나 **현장에서 실제 일을 하는 담당자들의 노고**도 함께 생각해야 할 때가 되었다는 것을 강의 내내 절감했다. 쉬는 시간마다 해결되지 않은 과제를 들고 찾아온 이들의 질문은, 그 누구보다도 '정확하고 공정한 처리'를 갈망하는 실무자의 고충을 우리에게 선명히 보여주었다.

물론 각 부처의 매뉴얼과 관련 서적은 존재한다. 하지만 **가장 빈번하게 일어나는 고충 문제를 체계적으로 망라**하면서도, **철저히 실무서 관점**에서 접근한 책은 드물었다. 그래서 이 책을 준비했다. 다음번 강의실에 들어오실 분들께, 강의로는 **다 담지 못했던 내용을 바로 쓸 수 있는 형태**로 건네기 위해서다.

"노하우와 서식을 모두 공개해도 되느냐"라는 우려도 있었다. 과장하지 않겠다. 이 책이 비밀의 서는 아니다. 다만 **자문·조사·고충심의·징계위원회 참여를 통해 몸으로 부딪쳐 얻은 경험**을 가감 없이 담았다. 이 지식과 축적이 공유되어 **실무자의 부담을 한 톨이라도 덜 수 있다면 우리는 기꺼이 공개**한다. 현장이 필요로 하는 것은 종종 원론이 아니라 즉시 **적용 가능한 문장, 절차, 양식, 체크리스트**이기 때문이다.

무엇보다 이 책은 '현재진행형'이다. 빠르게 엮어낸 만큼 보완할 부분이 남아 있음을 인정한다. 우리는 우리 법인 산하 **'공정한 성희롱·괴롭힘 조사센터'**로 들어오는 다양한 상담과 사건에서 얻는 새로운 통찰을 **지속 반영**할 것이다. **독자의 의견과 제안도 적극 환영한다.** 이를테면, 비밀유지의무를 실효적으로 담보하기 위해 '비밀서약서' 외에 더 나은 장치가 있다면 알려 달라. 유용한 방안과 모범 양식, 좋은 질문은 다음 개정에 반영해 **더 많은 실무자와 함께 나누겠다**. 알아두어야 할 최신 판례가 나오면 업데이트하고, 조사보고서에 인용하기 좋은 재결례가 나오면 차곡차곡 보태 이 책을 함께 완성해 나가고자 한다.

아울러, 집필 과정에서 우리는 **스토킹 이슈**를 부분적으로 포함했다. 이는 단지 관심 영역의 확장이 아니라, **관련 법 시행과 공공부문 지침화**로 인해 조직의 고충처리 체계가 스토킹 대응과 **실무적으로 맞물리기 시작했기 때문**이다. 이번 판에서는 「스토킹범죄의 처벌 등에 관한 법률」과 그 보호조치 규정 등 관련 법령의 내용을 중심으로, **직장 내에서 일어날 수 있는 스토킹의 개념과 판단기준을 위주로 정리**하였다. 형사법 전문 변호사의 검수로 1차 점검을 마쳤으며, 필요에 따라 사례·절차·서식 등은 순차 보완해 나갈 예정이다.

이 책은 현장을 향한다. 정확하고 공정하게, 신속하되 섬세하게. 우리는 그 기준을 **실무의 언어**로 제시한다. **오늘도 당신의 자리에서, 누군가의 존엄과 안전을 지키는 결정**이 내려질 것이다. 그 순간, 이 책이 당신 손에 쥔 가장 **실용적인 도구**가 되기를—그것이 우리의 소망이다.

박정연·장연수 드림

차례

CHAPTER 01

서론

1 책의 목적과 범위

2 성희롱·괴롭힘·스토킹 대응의 법적·사회적 환경 변화

3 이 책의 의의

CHAPTER 01

서론

1 책의 목적과 범위

1 이 책의 목적

이 책은 **현장에서 즉시 활용할 수 있는 성희롱·괴롭힘·스토킹 사건 처리 실무 가이드북**이다. 저자는 다양한 조직의 사건 자문과 교육을 수행하고, 고충심의위원회·징계위원회 등 인사위원회에 참여해 왔다. 그 과정에서 확인한 현실은, 법과 제도는 엄격한 규율과 피해자 보호를 강조하고 있음에도 불구하고, 정작 사건을 직접 처리하는 **실무자에 대한 지원 체계가 현저히 미흡**하다는 점이었다.

공공기관은 상대적으로 체계적인 편이다. 주무부처가 세부 지침의 마련을 요구하거나 표준안을 제시하고, 성희롱 예방 교육은 교육 실적 보고가 의무화되어 있다. 또한 징계 절차에서는 징계양정표와 같은 기준을 통해 일정 수준의 일관성을 유지한다. 그러나 민간기업, 특히 중소기업의 경우 상황은 크게 다르다. 기본적인 규정이나 지침조차 부재한 경우가 많아 사건이 발생하면 담당자는 어디서부터 어떻게 대응해야 할지조차 알기 어려운 실정이다.

심지어 대기업조차 인사 규정의 미비가 드러나는 사례가 있다. 예컨대 징계와 인사상 조치의 개념을 명확히 구분하지 못해 '대기발령'을 징계양정 항목 중 하나로 규정한 사례가 발견되기도 하였다. 이러한 현실은 사건 처리의 전문성과 공정성을 떨어뜨리고, 2차 피해와 분쟁을 확산시키는 결과로 이어진다.

공공기관 역시 문제가 없는 것은 아니다. 조사 경험이 부족한 외부 법무·노무법인에 사건을 의뢰해 형식적 요건조차 충족하지 못한 조사보고서가 제출되는 경우가 빈번하다. 실제로 문답서를 그대로 옮겨 적거나, 사실관계와 법률적 판단을 구분하지 못한 보고서가 그대로 위원회에 회부되는 사례도 확인된다. 이러한 사례는 조사 신뢰성을 훼손하고, 처리 과정에서 불필요한 논란을 야기한다.
이 책은 이러한 현장의 한계와 불균형을 보완하기 위해 집필되었다. 저자가 운영하는 '공정한 성희롱·괴롭힘 조사센터'에서의 실제 조사·보고서 작성 경험, 자문과정에서 반복적으로 제기된 질문과 해결책을 체계화하였으며, 동시에 정부 부처 및 유관기관에서 발간한 우수 매뉴얼들을 발췌·정리하였다. 기존 매뉴얼들은 산발적으로 존재하고 활용도가 낮았던 반면, 본서는 이를 집대성하여 실무자가 한 권으로 사건 전 과정을 종합적으로 참고할 수 있는 실무형 지침서를 지향한다.

2 이 책의 범위

본서는 성희롱·괴롭힘·스토킹 사건의 전 과정을 다음의 흐름에 따라 다룬다.

- **개념과 판단기준**: 법적 정의, 판단 요소, 판례와 행정해석
- **사건 처리 프로세스**: 신고부터 사후관리까지의 단계별 절차 개관
- **단계별 실무상 쟁점**: 접수·상담·조사·심의·조치 각 단계에서의 실무 포인트와 자주 묻는 질문(FAQ)
- **부록**: 단계별 주요 서식, 사례·판례·자주하는 질문 인덱스, 관련 법령, 참고문헌

본문은 최근의 판례 및 노동위원회 결정례, 국가인권위원회 재결례를 포함하여 구체적인 사건 접근이 가능하도록 하였으며, 각 단계별 FAQ를 통해 실무자가 처리 과정에서 반드시 유의해야 할 사항을 확인할 수 있게 구성하였다. 또한 부록에는 절차별 표준 서식 등을 담아 현장에서 곧바로 활용할 수 있도록 하였다.

2 성희롱·괴롭힘·스토킹 대응의 법적·사회적 환경 변화

성희롱·괴롭힘 등 대응을 둘러싼 법적·사회적 환경은 최근 10여 년간 급격히 변화하였다.

첫째, **입법적 기반의 강화**이다. 2019년 근로기준법 개정으로 직장 내 괴롭힘 금지 조항(제76조의2 이하)이 신설되었고, 이는 「산업안전보건법」·「산업재해보상보험법」과 함께 근로자의 건강권 보호라는 관점에서 자리 잡았다. 법 개정은 괴롭힘을 단순한 개인 갈등이 아닌 노동자의 안전과 보건을 침해하는 구조적 문제로 인식하기 시작한 전환점이었다. 성희롱 역시 「남녀고용평등법」, 「양성평등기본법」 등을 통해 정의와 사용자의 의무가 명문화되며 제도적 대응체계가 확립되었다.

한편 「스토킹범죄의 처벌 등에 관한 법률」(2021.10.21. 시행)과 「스토킹방지 및 피해자보호 등에 관한 법률」(2023.7.18. 시행)이 도입되면서, 형사절차·보호명령과 예방·지원 체계가 정비되었고, 조직의 고충처리 체계 역시 스토킹 대응과 실무적으로 맞물리기 시작했다. 이에 따라 직접적 적용 대상인 공공부문은 물론 민간부문에서도 선제적 대응이 필요한 시기가 되었다.

둘째, **사건 처리 기준의 구체화 요구**가 높아졌다. 최근 학계와 법조 실무에서는 괴롭힘 판단요건이 모호하여 법관이나 조사자의 자의적 판단에 의존한다는 비판이 제기되고 있다. 특히 '업무 적정성' 판단은 행위자의 권한, 필요성, 업무지시의 적합성 등 다층적인 요소를 종합해야 하기에 예측 가능성이 낮다. 이러한 한계는 실무자에게 판단의 어려움을 주고, 기업 내 분쟁의 불안정성을 키우는 원인이 된다.

셋째, **근로감독 및 조사 현실의 한계**이다. 현장에서는 회사의 의중에 따라 결론이 달라지는 등 공정한 조사에 대한 불신이 여전히 존재하며, 이는 사건 신고 남용·허위신고 증가와 같은 부작용으로 연결되기도 한다. 따라서 사건을 처리하는 실무자에게는 법적 요건을 충족하면서도 절차적 공정성을 확보할 수 있는 구체적 지침이 필요하다.

넷째, **사회 전반의 인권 감수성 확산**이다. 대학 인권센터나 공공기관 인권경영 매뉴얼은 성희롱·성폭력뿐만 아니라 디지털 성범죄, 스토킹, 데이트 폭력 등 새로운 유형까지 포괄하며, 피해자 보호와 2차 피해 방지에 초점을 맞추고 있다. 이는 기업 역시 단순히 법적 의무를 넘어, 노동인권 및 조직문화 차원에서의 대응체계를 구축해야 함을 보여준다.

3 이 책의 의의

이 책은 기존 매뉴얼이 공공기관 중심으로 설계되어 민간 현장에 공백이 컸던 문제를 보완하고자 한다. 성희롱·괴롭힘 사건은 법적 쟁점과 조직 내 갈등이 교차하기 때문에, 단순한 법률 해설서로는 충분하지 않다. 본서는 판례·행정해석·학계 연구와 실제 조사 경험을 집약해, 현장의 고충처리 담당자가 공정성과 전문성을 동시에 확보할 수 있는 실무형 지침을 제시한다는 점에서 차별성을 가진다.
나아가, 사건 처리 매뉴얼을 단순한 절차 안내에 그치지 않고 예방·조직문화 개선·피해자 회복 지원까지 포괄하는 통합적 접근을 시도함으로써, 직장 내 인권 보장과 지속가능한 노동환경 조성에 기여하고자 한다.

제도·조직 개편에 따른 표기 원칙

- 집필 기준일 이후 · 제도 · 조직 개편으로 본문 일부 내용이 달라질 수 있다.
- 예를 들어, 검찰 조직 개편 논의가 진행될 경우, 대외적 구제수단(고소 · 고발)의 창구 · 절차가 변경될 수 있다.
- 2025.10.1. 조직개편으로 기존 주무부처였던 여성가족부는 '성평등가족부'로 개편되었다.
- 본서는 지침 · 매뉴얼 발간 시점의 기관 명칭을 원칙으로 하되, 필요한 곳에는 현행 명칭을 병기한다.
- 실제 적용 전 최신 법령 · 지침 · 기관 명칭을 확인한다.

용어·적용 범위 가이드

- 이 책은 민간 · 공공을 아우른다.
- 법령에서 '사용자' · '사업주' 등 법문상 용어를 사용하는 경우에는 그 표현을 그대로 따른다.
- 일반 서술에서는 포괄 개념인 '조직'을 주로 쓴다.
- 공공영역을 특정할 때는 '기관'이라는 용어를 병행한다.

CHAPTER 02

성희롱 개념 및 판단기준

1 성희롱의 개념

2 성희롱의 성립요건 및 판단기준

3 사업주의 직장 내 성희롱 예방과 대응

4 '2차 피해'의 개념 및 대응방안

5 법원 판례와 국가인권위원회 결정례상의 성희롱

CHAPTER 02

성희롱 개념 및 판단기준

1 성희롱의 개념

1 법적 정의

성희롱을 정의하는 법률은 여러 가지가 있다. 「양성평등기본법」, 「남녀고용평등 및 일·가정 양립 지원에 관한 법률」(이하 '남녀고용평등법'), 그리고 「국가인권위원회법(이하 '인권위법')」 모두 성희롱의 개념을 규정하고 있다.

법률	성희롱의 정의
양성평등기본법 제3조 제2호	"성희롱이란 업무, 고용, 그 밖의 관계에서 국가기관 · 지방자치단체 또는 대통령령으로 정하는 공공단체 종사자, 사용자 또는 근로자가 직위를 이용하거나 업무 등과 관련하여 성적 언동 또는 요구 등으로 상대방에게 성적 굴욕감이나 혐오감을 느끼게 하거나 이에 불응했다는 이유로 불이익을 주는 것"
남녀고용평등법 제2조 제2호	"직장 내 성희롱이란 사업주 · 상급자 또는 근로자가 직장 내의 지위를 이용하거나 업무와 관련하여 다른 근로자에게 성적 언동 등으로 성적 굴욕감 또는 혐오감을 느끼게 하거나, 성적 언동 등에 따르지 아니하였다는 이유로 근로조건에서 불이익을 주는 것"
국가인권위원회법 제2조 제3호 라목	"성희롱이란 공공기관의 종사자 · 사용자 또는 근로자가 직위를 이용하여 또는 업무 등과 관련하여 성적 언동 등으로 성적 굴욕감 또는 혐오감을 느끼게 하거나, 이에 불응했다는 이유로 고용상의 불이익을 주는 것"

법률별 정의는 적용 범위와 주체에서 차이가 있지만, 공통적으로 **업무·고용·기타 관계에서 성적 언동을 통해 상대방에게 성적 굴욕감이나 혐오감을 주거나, 이에 불응했다는 이유로 불이익을 주는 행위**를 성희롱으로 본다. 흔히 떠올리는 스킨십이나 음담패설과 같은 전형적인 형태뿐만 아니라, 성적 요구를 거부한 데 따른 인사상 불이익이나 근로조건상의 불이익 역시 우리 노동법제하에서는 명백히 성희롱에 포함됨에 유의할 필요가 있다.

이를 비교하면 다음과 같다.

구분	양성평등기본법	국가인권위원회법	남녀고용평등법
주체	국가기관의 종사자, 사용자 또는 근로자	공공기관의 종사자, 사용자 또는 근로자	사업주, 상급자 또는 근로자
대상	불특정	불특정	다른 근로자
업무관련성	업무, 고용, 그 밖의 관계에서의 지위를 이용하거나 업무 등과 관련하여	업무 등과 관련하여	직장 내 지위를 이용하거나 업무와 관련하여
행위의 양태	"성적 언동 등", "그 밖의 요구"	"성적 언동 등", "그 밖의 요구"	"성적 언동 등", "그 밖의 요구"
행위로 인한 피해	① 상대방에게 성적 굴욕감이나 혐오감을 느끼게 하는 행위 ② 성적 언동이나 그 밖의 요구 등에 따르지 아니하였다는 이유로 고용상의 불이익을 주는 행위	① 상대방에게 성적 굴욕감이나 혐오감을 느끼게 하는 행위 ② 성적 언동이나 그 밖의 요구 등에 따르지 아니하였다는 이유로 고용상의 불이익을 주는 행위	① 성적 굴욕감·혐오감을 느끼게 하는 행위 ② 성적 언동 등에 불응했다는 이유로 근로조건상 불이익을 주는 행위

결국 남녀고용평등법은 '직장 내 성희롱'을 중심으로 근로자 보호에 초점을 두고 있으며, 양성평등기본법과 인권위원법은 보다 넓은 사회적 관계에서 성희롱을 포괄한다. 그러나 세 법 모두 성희롱을 ① **성적 굴욕감·혐오감을 주는 행위**와, ② **이에 불응했을 때의 불이익 처우**라는 두 축을 중심으로 성희롱을 정의하고 있다.

2 성폭력과의 비교

성희롱은 성폭력과 구별되는 개념이지만, 두 행위 모두 피해자의 성적 자기결정권을 침해한다는 점에서는 공통된다. 다만 법적 규율 방식과 범위가 서로 다르다. 성폭력은 상대방의 동의 없이 혹은 의사에 반하여 권력이나 힘을 매개로 성적 자기결정권을 침해하는 모든 폭력행위를 말한다. 강간, 강제추행, 불법촬영, 통신매체 이용 음란행위 등이 대표적이며, 「형법」과 「성폭력범죄의 처벌 등에 관한 특례법」에서 주로 규율된다. 성폭력 범죄는 형사처벌을 목적으로 하기 때문에 다른 범죄와 마찬가지로 고의성 등 엄격한 성립요건을 충족해야 한다.

참고 성적 자기결정권

'개인의 성적 의사결정의 자유를 보호함과 동시에 **원하지 않는 성적 관계를 하지 않을 권리, 거부할 권리**가 나에게 있다'는 헌법(제10조)이 보장하는 개인의 인격권과 행복추구권에 해당되는 기본권

성적자기결정권은 스스로 선택한 인생관 등을 바탕으로 사회 공동체 안에서 각자가 독자적으로 성적관(觀)을 확립하고, 이에 따라 사생활의 영역에서 자기 스스로 내린 성적결정에 따라 자기책임하에 상대방을 선택하고 성관계를 가질 권리를 의미함[헌법재판소 2002. 10. 31. 99헌바40, 2002헌바50 결정]

자신이 하고자 하는 성행위를 결정할 권리라는 적극적 측면과 함께 **원하지 않는 성행위를 거부할 권리**라는 소극적 측면이 함께 존재함(대법원 2019. 6. 13. 선고 2019도3341 판결) 즉, **원하지 않는 성적 접촉을 강요당하지 않을 권리, 원하지 않는 성적 접촉을 거부해도 불이익을 당하지 않을 권리** 등을 의미함

성희롱은 반드시 형사처벌로 이어지지는 않는다. 문제의 핵심은 행위자 처벌보다 조직 내에서 성적 괴롭힘을 예방·근절하고 피해자가 안전하게 근무할 수 있는 환경을 보장하는 데 있다. 다만 성적 언동 자체가 형법상 범죄는 아닐지라도, 민사상 불법행위 책임이나 기관 내부의 징계 사유가 될 수 있다. 대법원도 "사업장 규정에 성희롱을 징계사유로 명시한 경우, 형사상 유죄판결이 없어도 징계가 가능하다"라고 판시한 바 있다(대법원 2021. 3. 25. 선고 2020다281367).

아래 표는 성폭력과 성희롱의 법령상 차이를 비교한 것이다.

구분	성폭력	성희롱
관련 법률	형법, 성폭력처벌법, 아동·청소년 성보호법, 아동복지법 등	국가인권위원회법, 양성평등기본법, 남녀고용평등법
법적 정의	폭행·협박, 위력 등을 사용하여 성적 자기결정권을 침해하는 행위. 강간, 추행, 음란물 배포, 카메라 촬영 등 포함	직위를 이용하거나 업무 등과 관련해 성적 언동 등으로 성적 굴욕감·혐오감을 느끼게 하거나, 이에 불응했다는 이유로 불이익을 주는 행위
법적 효과	형사처벌, 민사상 손해배상, 보호명령	행위자 징계, 민사상 손해배상, 기관 내 징계·재발방지 조치

학계와 실무에서는 이와 같은 점을 고려하여, 성희롱·성추행·강간 등을 모두 '성폭력'이라는 큰 범주 안에서 이해하기도 한다. 즉, 법적 성격은 다르지만 모두 피해자의 성적 자기결정권을 침해한다는 점에서는 동일하며, 성희롱 역시 성폭력의 한 유형으로 설명될 수 있다.

2 성희롱의 성립요건 및 판단기준

1 행위자와 피해자

1) 행위자 피해자 범위

성희롱 성립 여부를 판단하려면 우선 행위자 및 피해자에 해당되는지 여부를 파악하여야 한다. 다만 성희롱을 규율하고 있는 법령에 따라 그 적용범위가 달라질 수 있는데, 먼저 「남녀고용평등법」은 피해 근로자가 속해 있는 사업의 사업주, 상급자, 근로자 사이에 일어나는 직장 내 성희롱에 대하여 적용되며, 사업주의 직장 내 성희롱 금지, 예방, 행위자 조치, 피해자 보호, 분쟁의 자율적 해결 등 의무와 의무 위반 시 과태료, 벌칙 등을 상세히 규정하고 있다.

'직장 내 성희롱'의 행위자와 피해자

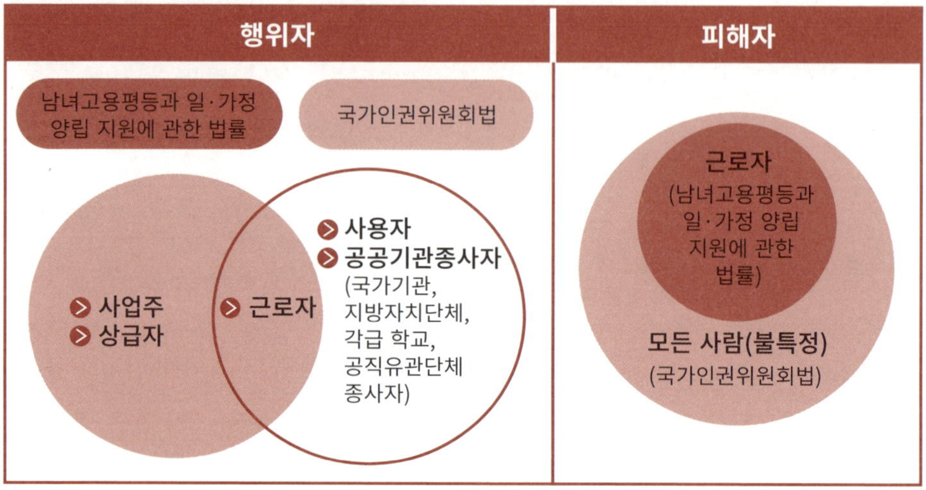

반면 「인권위원법」은 「남녀고용평등법」에 비해 조직 내 성희롱뿐 아니라 업무와 관련하여 일어나는 모든 직장 내 성희롱에 대하여 적용되어 적용범위가 더 넓다. 다만, '남녀고용평등법'에 비해 사업주 의무 규정과 위반 시 벌칙 규정이 없어 강제력이 약하다.

2) 행위자

성희롱 사건에서 행위자의 범위는 법률마다 다르게 규정된다.

- 「남녀고용평등법」: 사업주, 상급자, 근로자.
- 「국가인권위원회법」: 사용자, 근로자, 공공기관 종사자.

여기서 '사용자'는 사업주뿐만 아니라 사업주를 대신해 근로자에게 업무 지시를 하거나 근로조건에 관한 권한을 행사하는 자까지 포함된다. 예컨대 기업의 등기 이사, 전무, 대리권을 위임받은 지점장이 이에 해당한다.

사례 위탁교육을 실시한 강사가 공공기관의 종사자에 해당하는지 여부

국민건강보험공단이 자체적으로 실시하여야 할 직원들에 대한 민원서비스기본과정 교육에 관한 위탁교육계약을 체결하고 약 2개월 사이에 8회에 걸쳐 위탁교육을 실시한 경우, 그 위탁교육을 실시한 강사가 구 남녀차별금지및구제에관한법률상의 '공공기관의 종사자'에 해당한다고 한 사례.

법에서 말하는 '공공기관의 종사자'라 함은 공공기관의 임직원뿐만 아니라, 상당기간 공공기관과 일정한 관련을 맺고 공공기관의 업무를 수행하고 있는 사람도 포함한다고 할 것이다. 공단이 위탁하여 실시한 교육은 공단의 고유의 업무와 밀접한 관련이 있을 뿐만 아니라, 원래는 공단이 자체적으로 실시하여야 할 사항인 것이다.

그런데 공단은 이러한 교육을 ○○에게 위탁하여 시행하였고, ○○은 공단의 승인을 얻어 그 일부를 원고에게 다시 위탁하였는바, 교육의 목표와 방향을 정하여 이를 위탁한 공단으로서는 자신이 위탁한 교육이 소기의 목적을 달성할 수 있도록 지휘·감독할 수 있는 지위에 있을 뿐만 아니라 그리 하여야 할 직무가 있는 것이고 그러한 범위에 한정하여 본다면 원고는 공단의 지휘·감독을 받는 위치에 있다고 할 것이며, 원고는 공단의 업무를 수행한 것이라고 보아야 하므로 본 법리에 비추어 원고는 공공기관인 공단의 '종사자'에 속한다고 새겨야 할 것이다.

① 사업주

사업주는 법인사업의 경우 법인 자체, 개인사업의 경우 개인사업주를 의미한다. 다만 법인의 대표이사는 법률상 '사업주'가 아니라, 「남녀고용평등법」상 '상급자' 또는 '사용자'에 해당한다.

② 사용자

'사용자'는 「근로기준법」 제2조 제2호에서 "사업주, 사업의 경영담당자, 기타 근로자에 관한 사항에 대하여 사업주를 위하여 행위하는 자"로 정의하고 있다. 즉, 사업주보다 넓은 개념으로, 대표이사·등기이사·지배인 같은 경영담당자 또는 인사·노무 권한을 위임받아 채용·해고·근로조건 결정·업무 지휘를 하는 자(인사부서 장, 공장장 등)도 모두 사용자에 포함된다.

③ 근로자

'근로자'는 개별적 근로관계를 규율하는 「근로기준법」상의 근로자를 말하는 것으로 본다. 「근로기준법」 제2조 제1항 제1호에 따르면 '근로자'란 "직업의 종류에 관계없이 임금을 목적으로 사업이나 사업장에 근로를 제공하는 자"를 말한다. 즉, 임금을 받기 위해서 사용자의 지휘·명령하에 실질적으로 사용종속관계에서 노무를 제공하는 자를 말하며 현재 취업하고 있는 자로 본다는 것이 판례 및 학설의 일치된 견해이다.

근로계약기간 및 근로형태 등을 불문하여 임시직, 계약직, 시간제 근로자도 모두 포함하며, 성별에 관계없이 성희롱의 행위자가 될 수 있다.

④ 고객 등 제3자

「남녀고용평등법」과 「국가인권위원회법」은 원칙적으로 고객이나 거래처 직원 등 제3자를 성희롱 행위자로 직접 규율하지 않는다. 특히 「남녀고용평등법」은 근로관계를 전제로 사업장 내부의 행위자를 규제하는 법률이므로, 고객이나 민원인과 같은 제3자가 성희롱을 하였다고 해서 곧바로 법률상 '직장 내 성희롱 행위자'에 해당한다고 보기는 어렵다.

다만 예외적으로, 「남녀고용평등법」 제14조의2는 고객 등 외부인이 업무 수행 과정에서 성적 언동으로 근로자에게 굴욕감이나 혐오감을 주는 경우, **사업주가 피해자 보호조치를 취할 의무**를 명시하고 있다. 피해 근로자가 고충 해소를 요청하면 사용자는 즉시 근무 장소 변경, 배치전환, 유급휴가 부여 등 적절한 조치를 해야 하며, 이 과정에서 피해자에게 어떠한 불리한 처우도 해서는 안 된다. 이를 이행하지 않을 경우 사업주에게 과태료가 부과될 수 있다.

남녀고용평등과 일·가정 양립 지원에 관한 법률

제14조의2(고객 등에 의한 성희롱 방지)

① 사업주는 고객 등 업무와 밀접한 관련이 있는 사람이 업무수행 과정에서 성적인 언동 등을 통하여 근로자에게 성적 굴욕감 또는 혐오감 등을 느끼게 하여 해당 근로자가 그로 인한 고충 해소를 요청할 경우 근무 장소 변경, 배치전환, 유급휴가의 명령 등 적절한 조치를 하여야 한다.

※ 사업주가 이를 위반하여 근무 장소 변경, 배치전환, 유급휴가의 명령 등 적절한 조치를 하지 아니한 경우 300만 원 이하의 과태료 부과(제39조 제4항)

② 사업주는 근로자가 제1항에 따른 피해를 주장하거나 고객 등으로부터의 성적 요구 등에 따르지 아니하였다는 것을 이유로 해고나 그 밖의 불이익한 조치를 하여서는 아니 된다.

※ 사업주가 이를 위반하여 근로자가 고객 등에 의한 직장 내 성희롱 피해를 주장하거나 고객 등으로부터의 성적 요구 등에 불응한 것을 이유로 해고나 그 밖의 불이익한 조치를 한 경우 500만원 이하의 과태료 부과(제39조 제3항)

특히 고객이 콜센터 직원 등에게 전화를 걸어 성적인 발언을 하는 경우, 이는 단순한 불쾌한 언동을 넘어 「성폭력범죄의 처벌 등에 관한 특례법」(이하 "성폭력특별법")의 처벌 대상이 될 수 있다. 동 법은 "자기 또는 다른 사람의 성적 욕망을 유발하거나 만족시킬 목적으로 전화·우편·컴퓨터 등 통신매체를 이용하여 성적 수치심이나 혐오감을 일으키는 말·음향·글·그림·영상 또는 물건을 상대방에게 도달하게 한 행위"를 규율하고 있으며, 위반 시 2년 이하의 징역 또는 2천만 원 이하의 벌금형에 처하도록 하고 있다.

사례 여성이 남성을 대상으로 성희롱을 한 경우에도 성희롱이 인정된다.

의류제조·판매 회사의 생산부 미싱사와 미싱보조로 일하는 여성근로자 A와 B는 같은 회사 생산부 소속 기계실 기계 수리기사 보조사원으로 일하는 남성근로자 C에게 성희롱을 한 것이 문제되었다.
C는 거부의사를 표시했음에도 불구하고 A와 B는 C에게 신체접촉을 하였다. 이에 대해 서울지방법원은 여성인 A와 B가 남성인 C에 대해 한 성적인 행위가 '남녀고용평등법'상 직장 내 성희롱에 해당되고, C가 A와 B의 행위로 인해 받은 정신적 고통이 인정된다고 하였다(서울지방법원 2002. 5. 3. 선고 2001가합6471 판결).

Q **민원인이 공무원을 대상으로 성적 언동을 한 경우 해당 민원인은 성희롱 행위자인가?**

A 성희롱 관련 법령에서 규율하는 행위자는 기관(사업장)에 소속되어 있거나 그 통제 범위 내에 있는 자를 의미하므로, 민원인은 성희롱 행위자에 해당하지 않는다. 민원인에 대한 대응은 민·형사상 소송을 통해 진행하게 된다. 다만 「남녀고용평등 및 일·가정 양립 지원에 관한 법률」 제14조의2는 고객 등 업무와 밀접한 관련이 있는 자가 근로자에게 성희롱을 한 경우, 이들이 법률상 행위자에는 해당하지 않더라도 사업주가 피해 근로자에 대한 고충 해소 및 보호조치를 취하도록 규정하고 있다.

3) 피해자

「남녀고용평등법」상 피해자는 근로기준법상의 '근로자' 개념을 따른다. 즉, 정규직, 기간제, 단시간, 파견근로자 등 고용형태와 무관하게 모두 보호대상이며, 나아가 구직자와 일정 범위의 협력업체 근로자까지 포함된다. 이는 「근로기준법」이 정의하는 근로자의 범위를 전제로 하되, 「남녀고용평등법」은 이를 구직자까지 확장하고 있다는 점에서 특징적이다.

반면 「국가인권위원회법」은 성희롱 피해자의 범위를 별도로 한정하지 않는다. 따라서 사용자·근로자·공공기관 종사자로부터 업무와 관련하여 성희롱을 당한 경우라면 누구든 피해자가 될 수 있고, 국가인권위원회에 진정을 제기할 수 있다. 이 범주에는 특수형태근로종사자(플랫폼 노동자 등)도 포함된다.

① 구직자

「남녀고용평등법」 제2조 제4호는 근로자를 "사업주에게 고용된 사람과 취업할 의사가 있는 사람"으로 정의한다. 따라서 채용 면접 과정에서 발생한 성희롱도 법 적용 대상이 된다.

남녀고용평등과 일·가정 양립 지원에 관한 법률

제2조(정의) 이 법에서 사용하는 용어의 뜻은 다음과 같다.
4. "근로자"란 사업주에게 고용된 사람과 취업할 의사를 가진 사람을 말한다.

② 파견근로자

파견근로자 역시 「남녀고용평등법」의 적용을 받는다. 사용사업주는 파견근로자에 대해 예방교육 의무를 지며, 사용사업주 소속 근로자에 의한 성희롱 피해가 발생하면 행위자에 대한 징계 및 피해자 보호조치를 취해야 한다. 반대로 파견근로자가 성희롱 행위자인 경우, 사용사업주는 사실조사 및 분쟁처리를 담당하고, 징계는 파견사업주에 요구하는 방식으로 처리해야 한다.

③ 하청 · 협력업체 근로자

하청업체 근로자도 원청과 업무가 연속적이고 동일 공간에서 근무한다면 「남녀고용평등법」상 보호대상이다. 이 경우 원청사업주는 하청 근로자가 성희롱 피해를 입었을 때도 행위자 징계 및 피해자 보호조치를 취할 의무를 진다.

2 업무관련성

성희롱이 직장 내 성희롱으로 성립하기 위해서는 "직장 내 지위를 이용하거나 업무와 관련하여" 발생해야 한다. 이는 근무시간·근무장소에 한정되지 않고, 업무와의 관련성이 인정되는 상황이라면 폭넓게 해석된다.

대법원은 "업무수행의 기회나 업무수행에 편승하여 또는 권한을 남용하거나 업무수행을 빙자하여 이루어진 성적 언동은 장소나 시간을 불문하고 직장 내 성희롱에 해당한다"라고 판시한 바 있다(대법원 2006. 12. 21. 선고 2005두13414 판결). 따라서 사업장 내부에서의 근무시간 중뿐 아니라 사업장 밖, 근무시간 외에 발생한 때에도 직장 내 성희롱이 될 수 있다.

Q **「남녀고용평등법」 제2조의 '직장 내 성희롱' 정의에서 말하는 업무관련성의 정확한 의미는 무엇인가? 다음과 같은 경우에도 업무관련성이 인정되는가? (상황) 신고인과 피신고인은 같은 부서가 아니고 협업 관계도 아니다. 행위는 근무시간 외, 개인적 감사 인사 과정에서의 표현상 오해라는 취지다.**

A 업무관련성이란 ① 당사자 측면에서 가해자나 피해자가 **사업주·상급자·동료 근로자 또는 직장을 매개로 만나는 관계**에 있고, ② 성적 언동의 결과가 직장 내 업무환경을 악화시키거나 구체적 인사상 불이익으로 이어질 수 있는 **연결성**

을 말한다. 법률과 실무는 이를 폭넓게 인정하며, 특히 직장 내에서 발생한 성희롱은 전적으로 사적 영역에서 일어난 것이라고 보기 어려워 대개 업무관련성이 인정된다. 판례도 **'포괄적 업무관련성'**을 취하고 있고, 국가인권위 결정례 등은 근무시간·근무장소 외에서 발생한 경우라도 직장 관계와 효과의 귀착점이 직무수행·인사에 미치면 업무관련성을 인정한다.

이 사안에서는 피신고인이 신고인의 연락처를 사내 인트라넷을 통해 알았다는 점, 양 당사자가 평소 개인적 감사 인사를 주고받을 정도의 친분 관계가 아니었다는 점, '감사의 표시' 외에 성희롱적 발언이 추가로 있었다는 점 등에서, 해당 언동이 직접적 업무 수행 그 자체는 아니더라도 **업무에 편승하여 이루어진 행위**임이 분명하다. 따라서 본 사안에서의 업무관련성은 인정된다고 보아야 한다.

이와 관련하여 인권위 역시 회식, 출장, 야유회, 퇴근길 동승 등 비공식적 상황에서도 업무관련성을 인정한 사례를 다수 제시하고 있다.

- **인권위 2006. 12. 22. 06진차425 결정**

직장 밖, 근무시간 외 원로와의 만남에서 발생한 성희롱도 업무관련성 인정

- **인권위 2008. 12. 8. 08진차974 결정**

공식 회식 직후 귀갓길 차량 동승 중 발생한 성희롱 발언도 업무관련성 인정

사례 **퇴근길에 일어난 성희롱은 업무관련성이 인정될 수 있다.**

직장의 공식적인 회식이 끝난 후 귀가하는 길에 A, B, C가 동승하였는데, A가 B에게 2차에 같이 가자고 제안하였고, B가 이를 거절하자 A는 "그럼 테이블을 따로 잡고 맥주나 마시자."라고 다시 제안하였다. 그러자 당시 운전을 하며 듣고 있던 C는 "그럼 룸을 잡아 줄 테니 둘이 벗고 뒹굴고 비비면서 놀아라."라고 말하였다. C의 성적 발언은 공식적인 회식 직후에 귀가하는 과정에서 발생되었는데, 이처럼 퇴근길에 발생된 성희롱은 업무관련성이 인정된다(인권위 2008. 12. 8. 08진차974 결정).

사례 **근무시간 외에 직장 밖에서 만난 경우에도 업무관련성이 인정될 수 있다.**

연구위원으로 일하고 있는 A는 고문인 B에게 후원금을 받으러 직장 외의 장소에서 B가 원하는 시간에 만나는 경우가 많았다. 이 직장에서는 고문이 만나자고 하면 연구위원은 선배와 원로에 대한 예우상 이유를 묻지 않고 만나는 것이 조직문화라고 여겨지고 있었다. 어느 날 A는 선약이 있었지만 B의 연락을 받자 모임 약속을 포기하고 나갔는데 이 자리에서 B가 A를 성희롱하였다.

이 경우 근무시간이 아닌 시간에 직장 밖에서 만난 경우라 하더라도 A가 종사하고 있는 업무와의 관련성이 인정된다(인권위 2006. 12. 22. 06진차425 결정).

또한, 행위가 적법한 권한 행사인지 여부와 무관하게 권한 남용에 의한 행위 역시 업무관련성 범주에 포함된다.

| 판례 | 권한 남용에 의한 성희롱

현직 도지사가 직능단체장을 집무실로 불러 선거 지지를 요청하는 과정에서 성희롱이 발생한 사건에서, 법원은 “지위 이용은 정당한 권한 행사뿐 아니라 권한의 남용도 포함한다”라고 판시하였다. 나아가 “업무 관계란 고용상의 불이익 등 직접적 영향력을 미칠 수 있을 정도의 구체적인 관계로 한정할 수 없다”라고 보았다(서울행정법원 2004. 5. 20. 선고 2002구합36065 판결).

3 성희롱 행위: 피해자가 원하지 않는 성적 언동 또는 그 밖의 요구

1) 상대방이 원하지 않는 행위

성희롱이 성립하기 위해서는 문제된 행동이 **피해자가 원하지 않는 성적 언동**에 해당해야 한다. 여기서 “원하지 않는 행위”란 피해자가 명시적으로 거부 의사를 표현한 경우뿐 아니라, **적극적·소극적·묵시적으로 거부한 경우**까지 포함된다. 따라서 반드시 직접적이고 분명한 거부 의사가 있어야만 성희롱이 성립하는 것은 아니다.

결국 피해자가 명시적으로 거부하지 않았더라도 해당 언동으로 인해 성적 굴욕감이나 혐오감을 느꼈다면 성희롱에 해당할 수 있으며, 단 한 차례의 행위만으로도 직장 내 성희롱은 성립할 수 있다.

대법원 2018. 4. 12. 선고 2017두74702 판결

성적 언동이란 남녀 간의 육체적 관계나 남녀의 신체적 특징과 관련된 육체적·언어적·시각적 행위로서, 사회통념상 성적 굴욕감이나 혐오감을 유발하여 상대방을 비하·모멸하게 하고, 객관적으로 일반적이고 평균적인 사람의 입장에서 성적 굴욕감이나 혐오감을 느낄 수 있는 행위

2) 성적인(sexual) 것

성희롱의 성립에는 문제된 언동이 '성적인(sexual)' 의미를 내포하고 있어야 한다. 여성 근로자에게 반복적으로 커피 심부름을 지시하거나, 특정 성별에만 불리한 업무를 배정하는 행위 또는 특정성별에게만 반말을 사용하는 행위는 성차별적 행위에 해당하지만, 이는 곧바로 성희롱으로 인정되지는 않는다. 이러한 행위는 '**성역할 고정관념에 기반한 젠더 괴롭힘**(gender harassment)'으로 볼 수 있으며, 경우에 따라서는 「근로기준법」상 직장 내 괴롭힘에 해당될 수 있다. 그러나 현행 성희롱 관련 법령은 젠더 괴롭힘을 성희롱으로 직접 규율하지 않고 있어, 성희롱과 괴롭힘의 구별과 연계적 이해가 필요하다.

3) '성적언동 등' 또는 '그 밖의 요구' 예시

AI 시대, 디지털 성범죄가 사회적 이슈로 대두되는 오늘날에도 현행 법령은 성희롱의 유형을 **육체적 · 언어적 · 시각적 · 기타 성희롱**으로 구분하고 있다. 이러한 구분이 다소 전통적이라는 비판도 있지만, 기본적인 법적 기준을 이해하는 데 여전히 중요한 의미를 갖는다.

「남녀고용평등과 일·가정 양립 지원에 관한 법률 시행규칙」 [별표 1]은 직장 내 성희롱 판단기준을 구체적으로 제시하고 있으며, 주요 내용은 다음과 같다.

남녀고용평등과 일·가정 양립 지원에 관한 법률 시행규칙 [별표 1]

직장 내 성희롱을 판단하기 위한 기준의 예시(제2조 관련)

1. 성적인 언동의 예시

가. 육체적 행위

(1) 입맞춤, 포옹 또는 뒤에서 껴안는 등의 신체적 접촉행위

(2) 가슴 · 엉덩이 등 특정 신체부위를 만지는 행위

(3) 안마나 애무를 강요하는 행위

나. 언어적 행위

(1) 음란한 농담을 하거나 음탕하고 상스러운 이야기를 하는 행위(전화통화를 포함한다)

(2) 외모에 대한 성적인 비유나 평가를 하는 행위

(3) 성적인 사실 관계를 묻거나 성적인 내용의 정보를 의도적으로 퍼뜨리는 행위

(4) 성적인 관계를 강요하거나 회유하는 행위

(5) 회식자리 등에서 무리하게 옆에 앉혀 술을 따르도록 강요하는 행위

다. 시각적 행위

(1) 음란한 사진 · 그림 · 낙서 · 출판물 등을 게시하거나 보여주는 행위(컴퓨터통신이나 팩시밀리 등을 이용하는 경우를 포함한다)

(2) 성과 관련된 자신의 특정 신체부위를 고의적으로 노출하거나 만지는 행위

라. 그 밖에 사회통념상 성적 굴욕감 또는 혐오감을 느끼게 하는 것으로 인정되는 언어나 행동

2. 고용에서 불이익을 주는 것의 예시

채용탈락, 감봉, 승진탈락, 전직(轉職), 정직(停職), 휴직, 해고 등과 같이 채용 또는 근로조건을 일방적으로 불리하게 하는 것

비고: 성희롱 여부를 판단하는 때에는 피해자의 주관적 사정을 고려하되, 사회통념상 합리적인 사람이 피해자의 입장이라면 문제가 되는 행동에 대하여 어떻게 판단하고 대응하였을 것인가를 함께 고려하여야 하며, 결과적으로 위협적 · 적대적인 고용환경을 형성하여 업무능률을 떨어뜨리게 되는지를 검토하여야 한다.

① 육체적 성희롱

피해자의 동의 없는 신체접촉이나 특정 신체부위 접촉 등으로 성적 굴욕감이나 혐오감을 유발하는 행위를 말한다.

> **예시** 불필요한 포옹이나 뒤에서 끌어안기, 특정 신체부위(가슴 · 엉덩이 등)를 만지는 행위, 술자리에서 억지로 팔짱을 끼고 차량에 태우는 행위, '안마' 등을 강요하는 행위

② 언어적 성희롱

성적 의미가 담긴 발언이나 농담, 신체나 외모에 대한 평가를 통해 불쾌감을 주는 행위. 대화뿐 아니라 전화, 문자, SNS, 메신저 등 디지털 공간에서 이루어진 경우도 포함된다.

> **예시** 외모를 성적으로 평가하거나 신체를 성적 비유로 언급하는 발언, 성적인 농담 · 음담패설, 개인의 성생활을 묻거나 성적 관계를 강요하는 발언, 회식자리에서 특정 직원에게 술 따르기를 강요하는 행위 · 자리 배치 등

Q **외모 '칭찬'도 성희롱일까?**

A 「남녀고용평등법 시행규칙」 별표 1은 외모에 대한 평가를 성희롱에 해당하는 언동으로 규정하고 있다. 긍정적이든 부정적이든 외모 언급 자체가 성희롱 성립요건에 포함될 수 있으므로, 조직 내에서는 외모에 대한 언급을 삼가는 것이 바람직하다.

③ 시각적 성희롱

눈으로 인지 가능한 수단을 통해 성적 불쾌감을 유발하는 행위이다.

> **예시** 음란한 사진 · 영상 · 낙서를 보여주거나 게시하는 행위, 성적 의미가 담긴 메시지 · 이미지를 전송하는 행위, 고의적인 신체 노출, 특정 신체부위를 음란하게 응시하는 행위

④ 기타 성희롱

사회통념상 성적 굴욕감이나 혐오감을 유발하는 것으로 인정되는 모든 언행을 포함한다.

> **예시** 원치 않는 교제 강요, 반복적인 사적 만남 요구, 성적 요구 거절 후 불이익 제공, 성희롱 문제 제기 후 보복 · 인격 모욕, 퇴폐적 술자리에 동석 강요 등.

Q **성희롱 의도가 전혀 없었는데도 성희롱 행위로 인정될 수 있나?**

A 성희롱은 행위자의 고의나 의도와 무관하게 피해자가 성적 굴욕감이나 혐오감을 느낀다면 성립할 수 있다. 이는 성희롱 제도의 목적이 가해자 처벌보다는 피해자 권리 회복과 안전한 근로환경 보장에 있음을 보여준다.

---

4 행위로 인한 피해

'직장 내 성희롱 행위로 인한 피해'는 ① 성적 굴욕감 또는 혐오감을 느끼게 하는 경우(환경형 성희롱), ② 성적 언동이나 요구에 불응했다는 이유로 근로조건이나 고용에서 불이익을 주는 경우(조건형 성희롱)를 의미한다.

1) 성적 굴욕감 또는 혐오감을 느끼게 하는 것(환경형 성희롱)

① 성적 굴욕감 · 혐오감의 의미와 판단

"성적 굴욕감 또는 혐오감"이란 성적 언동으로 인해 피해자가 느끼는 불쾌한 감정을 의미한다. 다만 성희롱 성립 여부는 단순히 피해자의 주관적 감정에만 의존하지 않고, 당사자의 관계, 행위가 이루어진 장소와 상황, 행위의 정도와 반복성 등을 종합하여 **객관적으로 평균적인 사람의 입장에서** 성적 굴욕감이나 혐오감을 느낄 수 있는지 여부에 따라 판단된다.

| 판례 | 성적 불쾌감에 대한 객관적 인정이 필요하다고 본 사례 (대법원 2007. 6. 14. 선고 2005두6461 판결)

초등학교 교사들의 회식 자리에서 교감이 여자교사들에 대하여 교장에게 술을 따라 줄 것을 두 차례 권한 언행이 그 경위나 정황, 발언자의 의도 등에 비추어 객관적으로나 일반적으로 여자교사들로 하여금 성적 굴욕감이나 혐오감을 느끼게 하는 성적 언동에 해당하지 않는다고 한 사례

판시 내용

성희롱의 전제요건인 "성적 언동 등"이란 남녀 간의 육체적 관계나 남성 또는 여성의 신체적 특징과 관련된 육체적, 언어적, 시각적 행위로서 사회공동체의 건전한 상식과 관행에 비추어 볼 때 객관적으로 상대방과 같은 처지에 있는 일반적이고도 평균적인 사람으로 하여금 성적 굴욕감이나 혐오감을 느끼게 할 수 있는 행위를 의미한다고 할 것이고, **성희롱이 성립되기 위해서는 행위자에게 반드시 성적 동기나 의도가 있어야 하는 것은 아니지만**, 당사자의 관계, 행위가 행해진 장소 및 상황, 행위에 대한 상대방의 명시적 또는 추정적 반응의 내용, 행위의 내용 및 정도, 행위가 일회적 또는 단기간의 것인지 아니면 계속적인 것인지 여부 등의 구체적 사정을 참작하여 볼 때, **객관적으로 상대방과 같은 처지에 있는 일반적이고도 평균적인 사람으로 하여금 성적 굴욕감이나 혐오감을 느낄 수 있게 하는 행위가 있고, 그로 인하여 행위의 상대방이 성적 굴욕감이나 혐오감을 느꼈음이 인정되어야 할 것이다.** 따라서 객관적으로 상대방과 같은 처지에 있는 일반적이고도 평균적인 사람으로 하여금 성적 굴욕감이나 혐오감을 느끼게 하는 행위가 아닌 이상 상대방이 성적 굴욕감이나 혐오감을 느꼈다는 이유만으로 성희롱이 성립될 수는 없다고 할 것이다.

위 판례에서 언급된 '객관적으로 상대방과 같은 처지에 있는 일반적이고 평균적인 사람'의 기준은 단순히 추상적 평균인을 상정하는 것이 아니라, **보다 피해자의 입장을 고려하여 사안을 바라보려는 취지**를 담고 있다. 따라서 조직 내 비정규직 근로자나 상대적으로 열위에 있는 주체의 사안을 판단할 때에도 충분히 참조할 수 있는 기준으로 평가된다. 그러나 이와 같은 기준만으로는 성희롱 판단의 모든 경우를 설명하기 어렵기 때문에, 학설과 판례에서는 이를 보완하거나 대체하는 다양한 기준이 제시되어 왔다. 그 논의는 크게 세 가지 관점으로 구분된다.

가. 합리적 인간의 관점

합리적 인간의 관점이란 사회의 평균적인 도덕적·정서적 수준과 판단력을 갖춘 가상의 일반인이 문제된 성적 언동으로 성적 굴욕감이나 혐오감을 느낄 수 있었는지를 기준으로 삼는 것이다. 이는 객관성과 일반성을 확보한다는 장점이 있으나, 실제 피해자가 처한 사회적·성별적 맥락을 간과할 수 있다는 한계가 지적된다.

나. 합리적 여성의 관점

합리적 여성의 관점은 합리적 인간 기준에 대한 비판적 대안으로 제시된 것이다. 성희롱 사건의 피해자가 대부분 여성이라는 현실을 감안하여, 평균적 여성의 입장에서 해당 언동이 성적 굴욕감이나 혐오감을 유발하였는지를 판단 기준으로 삼는다. 이 접근법은 성차별적 맥락을 고려한다는 점에서 의의가 있으나, 피해자가 남성인 경우에 적용하기 어렵다는 점이 지적된다.

다. 합리적 인간과 피해자의 관점(수정된 합리적 인간의 관점)

합리적 인간의 관점과 합리적 여성의 관점을 절충하여, 객관적 기준을 유지하면서도 구체적 피해자의 입장과 사정을 충분히 반영하려는 시도가 있다. 이를 흔히 '수정된 합리적 인간의 관점'이라 부르며, 판례 또한 피해자가 처한 상황·지위·관계의 불평등 등 특별한 사정을 고려해야 한다고 판시하면서 점차 이 방향으로 발전하고 있다.

② 판단기준으로서의 성인지 감수성

최근 **대법원은 직장 내 성희롱 소송을 심리할 때 성인지 감수성을 고려해야 한다는 점을 명시적으로 판시**하였다. 법원은 성차별적 구조와 권력관계의 불평등, 그리고 피해자가 문제 제기 과정에서 입을 수 있는 2차 피해 가능성을 충분히 감안하여 피해자의 상황을 이해해야 한다는 점을 강조하였다.

즉, 직장이라는 조직 내에서 직급, 고용형태, 연령, 성별, 근속기간 등에 따라 피해자와 행위자 간 권력관계가 불평등한 경우, 피해자가 원치 않는 성적 언동을 직접적이고 적극적으로 거부하기 어려운 것이 직장 내 성희롱의 주요 특징임을 유념해야 한다. 따라서 이러한 피해자의 특별한 사정을 충분히 이해하고 고려한 상태에서 성희롱 성립 여부를 판단하여야 한다.

그렇다면 여기서 말하는 '성인지 감수성'이란 무엇인가. 이는 어떤 현실이 객관적이고 중립적인 것처럼 보이더라도, 실제로는 남성 중심적인 사고방식과 사회문화적 구조로 인해 여성과 남성이 처한 조건과 기대, 자원 접근 기회, 통제력, 의사결정권한 등이 상이하며 그 결과 성별에 따라 서로 다른 영향과 결과가 초래될 수 있음을 인식하는 능력을 의미한다. 쉽게 말해 '다름'을 있는 그대로 인식하고 포용하는 감수성이라 할 수 있다.

실무에서 성희롱 사건을 조사하는 과정은 더욱 복잡하다. 조사자는 사건이 발생한 자리에 있지 않았기 때문에, 사후적으로 발생 여부와 사실관계를 확정하고 나아가 성희롱 성립 여부를 판단해야 하는 어려움에 직면한다. 그러나 대면조사를 하다 보면 누가 진실을 말하는지 직관적으로 파악되는 경우가 있다. 이러한 직관적 파악은 이성적 분석만으로 설명되기 어려운 영역으로, 성인지 감수성의 '감' 역시 이러한 맥락에서 이해될 수 있다. 때문에 성인지 감수성이라는 판단 기준이 때로는 추상적이거나 모호하다는 비판을 받기도 한다.

다만, 다음에서 살펴볼 대법원 판례는 이러한 성인지 감수성의 의미와 필요성을 망라적으로 판시하였다. 실무 담당자가 조사 과정에서 경험하는 판단의 어려움과 피해자의 상황을 고려해야 하는 필요성을 구체적으로 보여주는 판결로, 이후 관련 사건에서 인용할 가치가 크다.

| 판례 | 합리적 피해자 관점과 성인지 감수성 관련 판결 (대법원 2018. 4. 12. 선고 2017두74702 판결)

• 사건 경위

대학교수가 소속 학과 여학생들에게 '뽀뽀를 해주면 추천서를 만들어 주겠다', '남자친구와 왜 사귀냐, 나랑 사귀자', '엄마를 소개시켜 달라'는 등의 발언을 하고, 수업시간 중 백허그 자세로 지도하는 등 불필요한 신체적 접촉을 하여 징계해임되자 소청심사를 청구하였고, 피고(교원소청심사위원회)가 원고(해임 교수) 청구를 기각하는 결정을 하자, 그 취소를 구하는 이 사건 소송을 제기함

• 대법원 판단 요지

1. 성적 언동의 의미

'성적 언동'이란 남녀 간의 육체적 관계나 남성 또는 여성의 신체적 특징과 관련된 육체적, 언어적, 시각적 행위로서 사회공동체의 건전한 상식과 관행에 비추어 볼 때, 객관적으로 상대방과 같은 처지에 있는 일반적이고도 평균적인 사람으로 하여금 성적 굴욕감이나 혐오감을 느끼게 할 수 있는 행위를 의미한다.

2. 성희롱 성립 요건

성희롱이 성립하기 위해서는 행위자에게 반드시 성적 동기나 의도가 있어야 하는 것은 아니지만, 당사자의 관계, 행위가 행해진 장소 및 상황, 행위에 대한 상대방의 명시적 또는 추정적인 반응의 내용, 행위의 내용 및 정도, 행위가 일회적 또는 단기간의 것인지 아니면 계속적인 것인지 등의 구체적 사정을 참작하여 볼 때, 객관적으로 상대방과 같은 처지에 있는 일반적이고도 평균적인 사람으로 하여금 성적 굴욕감이나 혐오감을 느낄 수 있게 하는 행위가 있고, 그로 인하여 행위의 상대방이 성적 굴욕감이나 혐오감을 느꼈음이 인정되어야 한다.

3. 증명책임

민사소송이나 행정소송에서 사실의 증명은 추호의 의혹도 없어야 한다는 자연과학적 증명이 아니고, 특별한 사정이 없는 한 경험칙에 비추어 모든 증거를 종합적으로 검토하여 볼 때 어떤 사실이 있었다는 점을 시인할 수 있는 고도의 개연성을 증명하는 것이면 충분하다. 민사책임과 형사책임은 지도이념과 증명책임, 증명의 정도 등에서 서로 다른 원리가 적용되므로, 징계사유인 성희롱 관련 형사재판에서 성희롱 행위가 있었다는 점을 합리적 의심을 배제할 정도로 확신하기 어렵다는 이유로 공소사실에 관하여 무죄가 선고되었다고 하여 그러한 사정만으로 행정소송에서 징계사유의 존재를 부정할 것은 아니다.

4. 성희롱 관련 소송의 심리를 할 때 유념할 점 및 성희롱 피해자 진술의 증명력을 판단하는 방법

법원이 성희롱 관련 소송의 심리를 할 때에는 그 사건이 발생한 맥락에서 성차별 문제를 이해하고 양성평등을 실현할 수 있도록 '성인지 감수성'을 잃지 않아야 한다(양성평등기본법 제5조 제1항 참조). 그리하여 우리 사회의 가해자 중심적인 문화와 인식, 구조 등으로 인하여 피해자가 성희롱 사실을 알리고 문제를 삼는 과정에서 오히려 부정적 반응이나 여론, 불이익한 처우 또는 그로 인한 정신적 피해 등에 노출되는 이른바 '2차 피해'를 입을 수 있다는 점을 유념하여야 한다. 피해자는 이러한 2차 피해에 대한

불안감이나 두려움으로 인하여 피해를 당한 후에도 가해자와 종전의 관계를 계속 유지하는 경우도 있고, 피해사실을 즉시 신고하지 못하다가 다른 피해자 등 제3자가 문제를 제기하거나 신고를 권유한 것을 계기로 비로소 신고를 하는 경우도 있으며, 피해사실을 신고한 후에도 수사기관이나 법원에서 그에 관한 진술에 소극적인 태도를 보이는 경우도 적지 않다. 이와 같은 성희롱 피해자가 처하여 있는 특별한 사정을 충분히 고려하지 않은 채 피해자 진술의 증명력을가볍게 배척하는 것은 정의와 형평의 이념에 입각하여 논리와 경험의 법칙에 따른 증거판단이라고 볼 수 없다.

※ 성희롱을 불인정한 원심 판단
원심은 원고가 학생들과 친한 관계를 유지하였다는 점, 성희롱 행위 이후에도 피해자가 계속 수업을 수강한 점, 다른 피해자가 자신의 피해에 대한 법정 진술은 하지 않고 다른 피해자의 증인으로만 진술하고 있는 점, 6개월 이상 지난 일에 대해 문제 제기한 점, 자신의 신고에 대한 책임추궁을 두려워하고 있는 점 등을 들어 굴욕감을 느꼈다고 보기 어렵거나 진술을 믿기 어렵다며 성희롱으로 인정하지 않았으나, 대법원은 이를 뒤집고 성희롱을 인정하였음

③ 성적 수치심 의미의 확장

대법원은 최근 판례에서 성적 수치심의 의미를 단순히 부끄러움이나 창피함에 국한하지 않고, 보다 폭넓은 감정 영역을 포괄하는 것으로 확장하였다. 대표적인 사례가 이른바 '레깅스 촬영 사건'이다.

가. 사실관계 및 하급심 판단

이 사건(대법원 2020. 11. 12. 선고 2019도16258 판결)은 버스에서 레깅스를 착용한 여성 승객의 하반신을 피고인이 휴대전화로 약 8초간 촬영한 사안이다. 1심은 유죄를 인정하여 벌금형을 선고하였으나, 항소심은 "레깅스가 일상복으로 사용되고 있고, 특정 신체부위를 확대하거나 부각시키지 않았으며, 촬영된 부위가 일반적 시야로도 볼 수 있는 범위에 불과하다"라는 이유로 무죄를 선고하였다.

나. 대법원의 판단

대법원은 원심을 파기하면서 다음과 같이 판시하였다.

| 판례 | 성적 수치심의 확장
(대법원 2020. 11. 12. 선고 2019도16258 판결)

피해자가 자신의 개성을 표현하거나 생활의 편의를 위하여 공개된 장소에서 드러낸 신체 부위라고 하더라도, 본인의 의사에 반하여 함부로 촬영되는 경우에는 피해자 입장에서 성적 수치심이 유발될 가능성이 있다. **성적 수치심은 단순히 부끄러움·창피함으로만 나타나는 것이 아니라, 분노·공포·무기력·모욕감 등 다양한 형태로 드러날 수 있다.** 성적 수치심의 의미를 협소하게 이해하여 부끄럽고 창피한 감정만을 보호의 대상으로 한정하는 것은 피해자가 경험하는 다양한 감정을 배제하는 결과가 되며, 오히려 피해자로 하여금 특정한 방식으로만 감정을 표현할 것을 강요하게 된다. 따라서 **피해 감정의 다양한 층위와 구체적 범행 상황, 피해자의 처지를 종합적으로 고려하여 성적 수치심 유발 여부를 신중히 판단하여야** 한다.

다. 법적 함의

이 판결은 '자신 의사에 반해 성적대상화 되지 않을 자유'를 첫 인정한 판례라는 점에서 의의가 있다. 나아가 이 판결은 성희롱 및 성폭력 판단에 있어 피해자가 표현한 감정의 형태만을 기준으로 성적 수치심의 존재를 단정하거나 부정해서는 안 된다는 점을 분명히 하였다. 특히 공개된 장소에서의 촬영이라 하더라도 피해자의 의사와 무관하게 이루어진 경우, 그 자체가 인격권과 성적 자기결정권을 중대하게 침해할 수 있다는 점을 확인하였다. 나아가 성적 수치심 개념의 확장은 직장 내 성희롱 사건 판단에서도 피해자가 경험하는 감정의 복합성과 다양성을 존중해야 함을 보여준다.

2) 근로조건 및 고용에서 불이익을 주는 것(조건형 성희롱)

성적 요구에 불응한 것을 이유로 채용 또는 근로조건을 불리하게 하는 경우 직장 내 성희롱이 된다. 채용탈락, 감봉, 승진탈락, 징계, 강등, 전직, 정직, 휴직, 해고 등과 같이 **고용상 불이익**은 물론 임금, 근로시간, 휴게시간, 상여금이나 제수당, 휴일·휴가, 직무배제나 직무재배치 또는 업무 과다부여, 교육훈련 기회 제한, 복리후생이나 안전에 관한 사항, 인사평가 등 **근로조건상 불이익**까지 포함한다.

Q **피해자가 거부의사를 표시하지 않아 성적 굴욕감이나 혐오감을 느꼈다고 생각되지 않은 경우도 성희롱에 해당될 수 있는가?**

A '원치 않는 행위'인지 여부는 피해자가 거부 의사를 표시했는지에 따라 인정되는 것이 아니라, 그럴만한 행위인지를 객관적으로 판단한다. 현실에서는 피해자가 성희롱 상황에 어떻게 대처해야 하는지 몰라서, 행위자가 고위직급이거나 피해자의 근로조건을 결정하는 등 피해자보다 강한 권한을 가지고 있는 자이기 때문에, 2차 피해 발생을 우려하여 명시적으로든 소극적으로든 거부 의사를 표현하지 못하는 경우가 일반적이기 때문이다.

3 사업주의 직장 내 성희롱 예방과 대응

1 직장 내 성희롱 관련 사업주 의무의 특징

직장 내 성희롱은 근로자의 **인격권**과 **노동권**을 침해하는 **불법행위**로서 법률이 명확히 금지한다. 이 법제의 목적은 피해근로자의 침해된 권리를 **회복**하고, **안전하고 성평등한 근로환경을 구축**하는 데 있다. 이러한 목적을 실현할 **실질적 주체는 사업주**이므로, 「남녀고용평등법」은 직장 내 성희롱의 예방·처리 전반의 책임을 사업주에게 부과하고, 각 의무 위반 시 **제재 규정**을 둔다.

아울러 사업주는 근로계약상 안전배려의무(안전한 근로환경 제공의무)를 부담하므로 이 측면에서도 직장 내 성희롱 **예방·대응 책임**이 인정된다. 판례 역시 행위자뿐 아니라 **사업주의 민법상 손해배상책임**(제750조)**과 사용자책임**(제756조)을 인정하고 있다. 즉, 성희롱 사안에서 사업주가 예방·조사·보호·조치·재발방지의무를 적정하게 이행하지 않으면 민사책임은 물론, 법이 정한 과태료·형사처벌·행정제재까지 문제될 수 있다.

이하에서는 직장 내 성희롱 금지 의무, 예방 교육 의무, 발생 시 법적 조치 의무 등 사업주가 부담하는 구체적인 의무 사항을 차례로 살펴본다.

| 판례 | 성희롱 피해자 2차 가해한 회사에 사용자책임 인정 (대법원 2021. 7. 21. 선고 2020도16858 판결)

대법원은 남녀고용평등과 일·가정 양립 지원에 관한 법률 위반 혐의로 기소된 A법인에게 벌금 2,000만 원, 같은 혐의로 기소된 임원 B에게 벌금 800만 원을 선고한 원심을 확정했다.

A법인의 임원 B는 2013년 3월 상사에게 성희롱을 당한 사실을 신고한 여직원 C가 자신의 성희롱 피해사실과 관련된 증언을 수집하기 위해 다른 동료에게 강제로 설문을 요구했다는 이유로, 같은 해 8월 C에 대하여 견책처분을 하고 업무에서 배제하며 대기발령하는 등 부당한 징계를 한 혐의를 받았다.

이들은 C가 성희롱 피해를 신고한 후 **"직장 내 성희롱 예방의무가 있는 회사가 사용자로서 책임을 져야 한다"며** 가해자인 상사와 함께 회사를 상대로 손해배상청구소송을 제기하자 이런 조치를 한 것으로 확인되었다.

| 판례 | 성희롱 재발 방지 및 피해자 불이익 조치 금지 의무 위반에 따른 회사의 손해배상 책임 (수원지방법원 성남지원 2010. 4. 15. 선고 2008가합5314 판결)

사실관계

직원 A는 평소 직속상사 B로부터 목, 어깨, 머리카락, 브래지어끈 부위에 손을 대거나 출장 시 엉덩이를 치면서 "상무님 잘 모셔"라는 발언을 듣는 등 반복적으로 성희롱적 신체접촉과 언행을 경험했다. 이에 대해 A는 인사그룹장에게 신고 및 배치전환을 요청했고, 회사는 B를 상대로 진상조사를 실시했으나 B가 혐의를 부인하자 사건을 종결했다. 이 과정에서 회사는 오히려 피해자 A에게만 다른 부서로 이동할 것을 권유했고, A가 이를 거절하자 이후 대기발령 상태로 전환되었으며, 신규 부서에서는 중요 업무를 맡지 못하고 동료와의 관계에서도 소외되는 등 일종의 '왕따' 피해를 겪었다. 이에 A는 B와 회사를 상대로 손해배상청구 소송을 제기했다.

판례 원문 요지

법원은 피고 B가 원고 A의 부서 책임자로서 지위를 이용해 2005. 6. 1. 엉덩이를 치면서 "상사를 잘 모시라"고 말한 행위가 사회통념상 일상적으로 허용되는 농담의 수준을을 넘는 성적 언동에 해당하며, 원고에게 성적 굴욕감과 혐오감을 야기하여 남녀고용평등법이 정한 **직장 내 성희롱**에 해당한다고 판단하였다. 이에 따라 **피고 B**와 **회사인 C 주식회사 모두** 원고에게 각 200만 원의 위자료를 지급할 책임이 있다고 밝혔다. 더불어 회사는 피해자 A가 성희롱 행위 사실을 알린 뒤에도 신속하고 적절한 재발 방지책이나 보호조치를 취하지 않고, 오히려 피해자에게 불이익한 인사조치까지 한 점을 지적하며, 회사에 추가로 3,000만 원의 손해배상 책임을 인정하였다.

2 사업주의 직장 내 성희롱 금지 의무

직장 내 성희롱은 어떤 경우에도 허용되지 않는다. 따라서 가장 먼저 확인해야 할 의무는 **사업주의 직장 내 성희롱 금지 의무**다. **사업주·상급자·근로자** 모두 성희롱을 해서는 안 되며, 특히 **사업주가 직접 성희롱을 한 경우**에는 1,000만 원 **이하의 과태료**가 부과된다. 여기서 '사업주'는 **개인사업주**를 의미하고, **법인의 대표이사**는 법률상 '사업주'가 아니라 「남녀고용평등법」상의 **상급자** 또는 「국가인권위원회법」상의 **사용자**에 해당한다는 점을 유의한다.

다만, **대표이사가 성희롱 행위자**인 경우라도, 법인(사업주)은 지체 없이 **징계·근무장소 변경 등 필요한 조치**를 해야 하고, 이를 **이행하지 않으면 법인에 과태료가 부과**될 수 있다. 이와 별개로 대표이사의 행위가 형사법규(예: 형법, 성폭력처벌법 등)에 해당하면 **형사책임**이 문제될 수 있고, 피해자에 대한 불리한 처우가 있었다면 노동위원회 **차별시정 대상**이 된다. 또한 사업주는 안전배려의무 위반 및 사용자책임에 따라 **민사상 손해배상책임**을 부담할 수 있다.

참고로, 대표이사 개인에게도 과태료 부과 대상을 확대하는 법 개정[1]이 추진된 바 있으나 아직 확정되거나 시행된 바는 없다. 따라서 현재 법령 체계 하에서는 **대표이사가 '상급자' 지위에서 내부 징계 등의 조치대상**이 되고, **과태료는 '사업주**(개인사업주또는 법인)'에게만 **부과**되는 구조가 유지되고 있다.

1 대표이사 과태료 대상 확대 입법 추진 경과 여부는 문제사안 발생 시 최신 법령·의안정보시스템으로 확인 권장

3 사업주의 직장 내 성희롱 예방 교육 의무

1) 적용 범위와 기본 의무

모든 사업장(상시근로자 1인 이상)은 매년 1회 이상 **전 직원 대상**으로 직장 내 성희롱 예방교육을 실시해야 한다. 여기서 전 직원은 정규직·비정규직 등 **모든 근로자**를 포함하며, **사업주 본인**도 **이수 의무**가 있다. 파견근로가 이루어지는 경우에는 **사용사업주**가 교육을 실시할 책임이 있고, 연 1회 교육을 하지 않으면 500만 원 이하의 과태료가 부과된다(과태료는 위반 동기·결과 등에 따라 1/2 범위에서 가중·감경 가능). 또한 사업주는 실시한 **예방교육의 내용을 상시 열람 가능**하도록 항상 **게시 또는 비치**해야 하며, 이를 이행하지 않으면 이 역시 500만원 이하 과태료 대상이다. 아울러 사업장은 **예방·금지 지침**을 제정해 누구나 볼 수 있게 상시 게시·비치해야 한다.

2) 교육 내용·방법의 기준

교육 내용에는 최소한 ① 직장 내 성희롱 관련 **법령**, ② 우리 사업장에 적용되는 **처리 절차와 조치 기준**, ③ 피해근로자의 **고충상담·구제 절차**, ④ 그 밖의 **예방에 필요한 사항**이 포함되어야 한다. 교육은 매년 1월 1일부터 12월 31일 사이에 최소 1회 실시하고(실무상 1시간 이상 권고), 내부 직원 또는 외부 강사가 담당할 수 있다. 외부 강사를 활용할 때는 전문 교육을 수료한 전문강사가 바람직하고, 내부 강사를 쓸 경우에도 사전 교육으로 전문성과 정확성을 확보해야 한다. 직원 연수·조회·회의 등 대면교육으로 진행할 수 있으나, 문서·교재만 회람하여 이수·이해 확인이 불가능한 방식은 교육으로 인정되지 않는다.

3) 온라인·위탁·소규모 사업장 특례

온라인 교육은 단순 영상 배포나 공지로는 부족하며, **진도 관리, 내용 이해도 확인**(테스트), **질의·응답 기능 등 전달·이해 검증 장치**를 갖춰야 교육으로 인정된다. 전사적 통일성과 전문성을 확보하려면 고용노동부 지정 예방교육기관에 위탁교육[2]을 활용할 수 있다. 이 경우 사업주는 위탁기관에 우리 조직의 처리 절차·조

2 고용노동부 지정 기관 위탁교육은 모든 규모 사업장에서 가능. 단, 과거 30인 미만 사업장에 대해 무료 강

치 기준·교육 횟수·방법 등을 사전에 알리고 과정에 반영되도록 관리해야 한다. 한편 **상시 10인 미만 사업장** 또는 **구성원이 단일 성별인 사업장은 예외적으로 홍보물 게시·배포 방식으로 교육을 대체**할 수 있으나, 내용의 충실성과 열람의 용이성을 확보해야 한다.

4) 실무 운영 체크포인트

연초에는 연간 교육계획을 수립하여 대상, 시간, 방법, 강사 등을 명확히 하고, 전 직원에게 이를 알리는 것이 필요하다. 교육이 끝난 후에는 서명부, 학습관리시스템 접속 기록, 평가 결과 등 교육 **이수 증빙 자료를 3년간 보관**해야 하며, 이를 위반하면 300만 원 이하의 과태료가 부과될 수 있다. 실제 근로감독이나 지도점검 시 현장에서는 최근 3년치 교육자료를 제출하도록 요구하는 경우가 일반적이다.

교육 대상은 파견근로자, 기간제근로자, 현장 근로자까지 모두 포함해 누락 없이 실시되었는지 꼼꼼히 점검해야 한다. 본사와 지점 또는 현장 사업장이 구분되어 있는 경우, 공통 기본 교육 과정과 함께 현장 특성에 맞는 보완 교육 과정을 병행하여 교육의 통일성과 현장 적합성을 동시에 확보하는 것이 바람직하다.

특히 **관리자 및 감독자 대상 별도 교육 과정을 운영하는 것이 중요**하다. 이 과정에서는 비밀유지, 2차 피해 금지, 조사 시 유의 사항 등을 중점적으로 다뤄, 성희롱 신고 및 조사 과정에서 발생할 수 있는 위험을 효과적으로 줄일 수 있다.

핵심은 단순히 "교육을 실시했다"라는 사실을 확인하는 것이 아니라, 법적 기준에 맞춰 교육이 이루어졌고, 학습자의 이해와 이수 여부가 확인되며, 교육 내용을 실제 업무에 적용하고 있는지 점검할 수 있어야 한다는 점이다. 또한 이러한 모든 사항에 대해 **체계적이고 문서화된 관리 체계**를 갖추어야 한다.

한편, 성평등가족부 및 관계기관의 권고에 따라 2017년 이후 국가기관, 지방자치단체, 공직유관단체 등에서는 '고위직 맞춤형 성희롱·성폭력 예방교육'을 2시간 이상 대면 교육 형태로 의무적으로 시행하고 있다.

사 파견 지원이 있었으나, 이는 최근 폐지된 제도이며 현재는 사업장 규모 제한 없이, 위탁 시 비용은 사업장이 부담하는 방식이 원칙임. 또한 지방 고용노동관서의 예산 범위내에서 제한적으로 운영중이므로 제도 변경·유지 여부는 지방노동관서 확인 필요

4 직장 내 성희롱 발생 시 사업주의 법적 조치 의무

1) 누구든지 신고 가능

사업장에서 직장 내 성희롱이 발생하면 피해근로자뿐 아니라 목격자·고충 청취자 등 사건을 인지한 **누구든지** 사업주에게 신고할 수 있다. 따라서 피해자 본인의 신고가 없더라도 다른 근로자 등의 신고로 사건을 알게 된 경우, 사업주는 그 신고를 접수·처리해야 한다.

2) 지체 없는 조사 의무 및 조사과정에서의 금지행위

사업주는 신고 또는 인지한 모든 직장 내 성희롱 사건을 **지체 없이** 조사해야 한다. 다만 피해자 신고가 아닌 경우에는 **피해자의 의견을 충분히 청취**해 사건이 **피해자의 의사에 반하여 처리되지 않도록** 신중히 진행한다. 피해자가 공식 처리(조사·조치)를 거부한다면, 상담 등을 통해 그 이유를 듣고 피해자 관점에서 조사·처리할 수 있는 방안을 모색하되, 거부를 이유로 사건이 무마되지 않도록 노력해야 한다.

| 참고 판례 | '지체 없이'의 개념

법령은 구체적으로 정하지 않고 있으나, 사업장의 취업규칙, 단체협약 등에 정한 바가 있는 경우에는 이를 따름

- 사내규정에서 구체적으로 정한 바 없으면, 관련 사내규정, 사회적 통념, 조사·조치에 있어 필요한 절차 이행을 위해 소요되는 최소한의 기한 등을 종합하여 개별적으로 판단할 필요

참고 법령 입안 심사 기준(법제처, 2021, p.779)

마. 즉시/지체 없이

'즉시'는 '어떤 일이 행하여지는 바로 그때'라는 뜻으로 시간적 즉시성이 좀 더 강한 것이다. 이에 비하여 **'지체 없이'**는 시간적 즉시성이 강하게 요구되지만 **정당하거나 합리적인 이유에 따른 지체는 허용되는 것으로 해석되며, 사정이 허락하**는 범위에서 가장 신속하게 해야 한다는 뜻으로 사용한다.

참고 판례: 대법원 2001. 3. 9. 선고 2000수124 판결

공직선거및선거부정방지법 제49조 제4항, 제8항, 제10항, 제52조 제3항, 제55조의 각 규정에 의하니, 선거관리위원회는 후보자의 등록이 무효로 된 때에는 지체없이 그 후보자와 그를 추천한 정당에 등록무효의 사유를 명시하여 이를 통지하고 공고를 하도록 규정하고 있고, 여기서 **'지체 없이'**라 함은 같은 법 제52조 제1항 각 호 소정의 등록무효사유를 발견하고 **이를 가능한 한 빨리 필요한 확인 등의 절차를 마친 후 즉시라는 뜻인바, 일률적으로 그 시간적인 한계를 그을 수 없고** 구체적인 등록무효 사유의 성격·내용과 정도, 객관적으로 발견 가능한 시기, 선거관리위원회의 조사방법과 권한, 해당 후보자에 대한 소명기회를 제공하여야 할 필요성의 정도와 타당한 기간 등을 **종합하여 개별적으로 판단할 수밖에 없는 것**이어서, 부재자투표용지 발송 시작 전이나 적어도 부재자투표 시작 전까지 그러한 처리가 이루어져야 된다고 단정할 수는 없을 이치이다.

조사 과정에서는 부적절한 질문·요구·강요·회유 등으로 **피해근로자 등에게 성적 불쾌감을 유발해서는 안 된다.** 직장 내 성희롱 조사·조치의 목적은 피해근로자등의 침해된 권리 회복에 있으므로, 처리 과정에서 2차 피해가 발생하지 않도록 각별히 주의한다.

사업주가 사건을 신고받거나 인지하고도 조사하지 않으면 500만 원 이하 과태료 대상이다.

참고 **피해근로자등의 의미**

'피해근로자등'은 **피해를 입은 근로자**뿐 아니라 **피해를 입었다고 주장하는 근로자**도 포함한다. 이는 조사 중 사실관계가 확정되지 않았거나 최종적으로 직장 내 성희롱이 아닌 것으로 확인되더라도, **피해를 주장한 자에게도 2차 피해가 발생할 수 있어 보호가 필요**하기 때문이다.

3) 조사기간 중 피해근로자 등 보호조치

조사 기간에는 피해근로자 등의 보호를 위해 **필요시 근무 장소 변경, 유급휴가 명령 등 적절한 조치를 해야** 한다. 이러한 조치는 피해자 보호를 위한 권리적 조치이므로, **피해자의 의사에 반하는 방식으로 해서는 안 된다**. 또한 사업주의 조사 편의나 행위자 보호를 위한 방편으로 남용되어서도 안 되며, '피해자 보호' 원칙과 취지에 맞게 시행되어야 한다.

보호조치의 범위·수준 판단은 개별 사안의 의학적 상태, 업무환경, 추가 피해 가능성 등을 종합하여 결정한다. 최근 하급심 판결에 따르면, 이러한 판단 기준은 조직 내 관리자가 상황 전반을 신중히 검토해 평가하는 **재량적 결정권**이라는 점에 주목할 필요가 있다. 서울행정법원 2024. 10. 11. 선고 2023구합85741 판결에서는, 피해자가 1차 유급휴가를 부여받고 이후 가해자에 대한 징계 등이 이루어진 뒤, 2차 유급휴가를 정신적 질환을 이유로 신청한 사례에 대해, **사업주가 2차 유급휴가 요청을 승인하지 않은 것만으로 피해자 보호조치 의무를 위반했다고 볼 수 없다**고 판시하였다. 이 판결은 피해자 보호조치의 구체적 범위가 사업주의 **인사 재량권**에 속하며, 적절한 보호조치가 이루어졌는지 여부는 피해자의 정신적 질환, 업무 환경, 치료 필요성 등을 **종합적으로 고려하여 판단해야** 한다는 점을 명확히 밝히고 있다. 향후 관련 판례 및 행정해석 동향도 지속적으로 주시할 필요가 있다.

| 판례 | 직장 내 성희롱 피해자 보호조치의 재량범위 (서울행정법원 2024. 10. 11. 선고 2023구합85741 판결)

참가인은 원고 회사의 직원으로, 2022년 12월부터 임원들로부터 지속적이고 반복적인 직장 내 성희롱 피해를 신고하였다. 조사 결과 일부 직원에 대해 징계 처분이 이루어졌다. 참가인은 신고 이후 약 1.5개월(유급휴가 전액 지급)의 유급휴가를 받았다. 유급휴가 종료를 앞두고 가해자들과 같은 부서로 배치된 인사 발령에 항의하며, 추가적인 유급휴가(2차 유급휴가) 부여를 요구하였으나 거부당했다. 피해자는 이에 상병휴직을 신청했고, 회사는 이를 승인하여 6개월 동안 기본급의 50%를 지급하였다.

법원은 남녀고용평등법 제14조 제4항 문언을 인용하며, **사업주는 피해자 보호를 위해 '근무 장소 변경', '유급휴가 명령' 등 적절한 조치를 해야 한다고 규정**하고 있으며, 이 같은 보호 의무는 **근로계약상 부수의무**이기도 하므로 **사업주가 보호조치 선택에 있어서 상당한 재량권을 가진다**고 보았다. 따라서 피해자의 특정한 보호조치 요청에 대해 사업주는 **업무상 필요성, 피해자의 피해 내용과 건강 상태, 필요한 치료 기간 등을 종합 고려해 보호조치의 내용과 기간을 정할 수 있으며, 유급휴가 명령이 꼭 필요한 조치가 아닐 수도 있다고 판시**하였다. 원고 회사가 피해자에게 1.5개월 유급 휴가와 6개월 상병휴직 및 3개월 무급 상병휴직을 승인한 점은 적절한 보호조치로 인정되었다.

4) 사실 확인 후, 피해자 요청에 따른 보호조치(노동위 시정신청 가능)

조사 결과 직장 내 성희롱 사실이 확인되면, 사업주는 **피해근로자가 요청하는 경우 근무 장소 변경, 배치전환, 유급휴가 명령** 등 적절한 보호조치를 해야 한다(불이행 시 500만 원 이하 과태료). 조사 중 보호조치와 달리 법문상 '배치전환'이 명시되어 있어, 근무 장소 변경(물리적 분리)과 배치전환(인사적 분리)의 취지가 구분된다고 해석할 여지가 있다. 조치는 **추가 피해 방지·업무 복귀·회복 지원**을 위한 것이므로, **피해자 상태·요청 취지·사업장 사정**을 함께 고려해 적정 수준을 정한다.

5) 사실 확인 후, 행위자에 대한 징계 등 필요한 조치 및 피해자 의견 청취

사실 확인이 되면 사업주는 **지체 없이 행위자에 대한 징계, 근무 장소 변경** 등 필요한 조치를 해야 한다(불이행 시 500만 원 이하 과태료). 이때 조치에 앞서 **피해근로자의 의견을 사전에 반드시 청취해야** 한다. 이는 사건 해결이 피해자 관점에서 합리적·적정한 수준으로 이뤄지도록 하기 위한 절차적 장치다. 다만 '의견 청취'이지, **피해자 '동의'까지 요구하는 것은 아니다**. 원칙은 피해자 권리 회복과 조직규범 확립이며, 피해자가 납득할 수 있는 수준으로 조치를 설계한다.

6) 비밀유지 의무

조사 과정에서 **피해근로자 등의 의사에 반해 사건 내용이 누설되지 않도록** 해야 한다(위반 시 500만 원 이하 과태료). 비밀유지 의무는 **조사자, 보고 받은 자, 기타 조사 참여자** 모두에게 적용된다. 법문에는 '고충상담원'에 대한 명시적 표현이 없으나, 일반적인 판례와 실무 해석은 **고충상담원 역시 당연히 비밀유지 의무의 주체에 포함**된다고 보고 있다.
유출 방지를 위해 사전 비밀유지 서약을 받고, 조사·처리 전 과정을 신중하게 관리해야 한다. 피해자의 의사에 반한 누설이 발생하면, 피해근로자는 관할 지방고용노동관서에 진정할 수 있다.

참고 **고충상담원의 비밀유지 의무**
(서울고등법원 2015. 12. 18. 선고 2015나2003264 판결)

비록 남녀고용평등법에 명문의 규정이 있는 것은 아니지만, 사업장에서 피해자의 신고에 의하여 직장 내 성희롱 사건에 대한 조사가 진행되는 경우 그 조사업무를 수행하는 사람은 당해 직장 내 성희롱 사건의 내용을 누설하는 것을 포함하여 당해 직장 내 성희롱 사건의 가해자와 피해자의 사회적 가치 내지 평가를 침해할 가능성이 있는 일체의 언동을 공연히 하여서는 아니 되는 등으로 **비밀유지와 공정성을 엄수하여야 할 조리상의 의무가 있다**고 봄이 타당하다.

7) 피해자 등에 대한 불리한 처우 금지(노동위 시정신청 가능)

사업주는 피해자·피해주장자·신고자에 대해, 행위자 보호조치를 해야 하는 대신 불리한 처우를 해서는 안 된다. 이를 위반하면 **3년 이하 징역 또는 3천만원 이하 벌금**에 처해질 수 있다.
불리한 처우에는 ① 파면·해임·해고 등 신분상 불이익, ② 징계·정직·감봉·강등·승진 제한 등 부당한 인사, ③ 직무 미부여·재배치 등 본인 의사에 반하는 인사, ④ 평가·임금·상여 등에서의 차별 지급, ⑤ 교육훈련 기회 제한, ⑥ 따돌림·폭행·폭언 등 정신·신체 손상 유발 행위 또는 그 방치, ⑦ 그 밖에 신고자·피해근로자 등의 의사에 반하는 불리한 처우가 포함된다.
부당한 해고·징계·인사처분을 받으면 **노동위원회에 구제·시정신청**이 가능하고, 관할 **고용노동관서에 진정 또는 고소**할 수 있다.

8) 고객 등 제3자에 의한 성희롱: 피해자 보호조치(노동위 시정신청 가능)

고객 등 업무와 밀접한 관련이 있는 제3자의 성희롱으로 근로자가 고충해소를 요청하면, 사업주는 **근무 장소 변경, 배치전환, 유급휴가 명령** 등 적절한 조치를 해야 한다(위반 시 300만 원 이하 과태료). 2018. 5. 29.**부터**는 '노력 의무'가 '적절한 조치 의무'로 강화되었으므로, **피해자가 요구**하면 **실제 조치**가 뒤따라야 한다.

9) 고객 등 제3자 성희롱 관련 불이익 조치 금지(노동위 시정신청 가능)

사업주는 고객 등 제3자의 성희롱 피해를 주장하거나 고객 등의 성적 요구에 불응했다는 이유로 근로자에게 불이익 조치를 할 수 없다. 이를 위반하면 500만 원 이하 과태료가 부과될 수 있고, 피해자 또는 피해주장자는 **노동위원회에 구제·시정신청**을 제기할 수 있다.

※ '차별시정제도'에 대해서는 '제5장. 사건처리를 위한 준비' 외부 구제방안을 정리한 파트에서 함께 기술하도록 한다.

5 분쟁의 자율적 해결 노력 의무

1) 예방·처리 지침의 마련과 게시

사업주는 직장 내 성희롱과 관련된 규칙을 취업규칙·인사규정 등에 반영하거나 별도의 규칙으로 마련해야 한다. 규칙에는 최소한 다음이 포함되어야 한다. **직장 내 성희롱의 정의, 예방·금지에 관한 사항, 상담 및 고충처리 절차, 피해자 보호 절차, 조사 절차, 행위자 징계 절차와 징계 수준, 그리고 그 밖의 예방·금지를 위해 필요한 사항**(「남녀고용평등법」 제13조 제4항, 시행규칙 제5조의2). 마련된 규칙은 근로자가 자유롭게 열람할 수 있는 장소에 **항상 게시하거나 비치**하여 누구나 쉽게 확인할 수 있도록 해야 한다.

이 조치는 단순한 서류 구비가 아니라, 신고—상담—조사—보호—징계—재발방지로 이어지는 전 과정의 기준을 내부에 **"보이는 규정"**으로 고정하는 작업이다. 이후 장(제5장. 사건처리를 위한 준비)에서 설명하듯, 규정의 명확성과 접근성은 조직 내부의 신속한 분쟁 해소와 2차 피해 방지의 전제 조건이 된다.

2) 고충처리기구를 통한 자율적 해결

사업주는 직장 내 성희롱과 관련한 고충 신고를 받으면, 사안의 경중과 무관하게 즉시 **내부 고충처리기구**(노사협의회, 고충심의위원회, 명예고용평등감독관, 고충상담원 등)를 가동하여 자율적 해결을 위해 노력해야 한다. 자율적 해결(또는 고충처리)의 궁극적 목적은 **피해근로자의 권리 구제·회복과 재발하지 않는 조직문화 구축**임을 항상 유념한다.

이를 위해 성희롱 관련 규칙에 **담당기구와 절차를 명시**하고, 담당기구는 접수 즉시 **피해자 및 관련자 상담 → 필요시 조정 → 적절한 보호·조치**의 흐름을 설계·집행한다. 핵심은 형식적 종결이 아니라, 피해자 권리 회복과 조직 내 재발 방지에 실질적으로 기여하는 합리적 해결에 있다. 이 또한 뒤에서 다룰 '자율적 해결의 중요성' 장과 직결되며, 거기서 사전 합의서 양식, 비밀유지·2차 피해 방지 문안, 재발방지 이행점검표 등 실무 도구와 운영 팁을 이어서 제시한다.

4 '2차 피해'의 개념 및 대응방안

1 '2차 피해' 의 개념

성희롱 2차 피해란 성희롱 피해자에게 조직 또는 주변인이나 행위자가 업무와 관련된 불이익을 부과하거나, 사건과 관련한 소문 유포·피해자에 대한 배척·행위자 옹호 등으로 **피해자에게 추가적 고통을 가하는 것**을 말한다.

| 판례 | 대법원 2018. 4. 12. 선고 2017두74702 판결

2차 피해란 성희롱·성폭력 피해자가 사실을 알리고 문제를 밝히는 과정에서 오히려 사건에 대한 소문, 피해자에 대한 배척, 가해자에 대한 옹호 등의 부정적 반응이나 여론, 불이익한 처우, 그로 인한 정신적 피해 등에 노출되는 것을 의미함.

법률 차원의 명시적 정의는 2018. 12. 24. 제정·공포되어 2019. 12. 25.부터 시행된 **「여성폭력방지기본법」이 최초**[3]다. 같은 법 제3조 제3호는 2차 피해를 ① 수사·재판·보호·진료·언론보도 등 **여성폭력 사건처리 및 회복의 전 과정에서 입는 정신적·신체적·경제적 피해**, ② **집단 따돌림·폭행 또는 폭언** 등으로 인한 피해(정보통신망을 이용한 행위 포함), ③ **사용자로부터의 불이익 조치로 인한 피해**로 규정한다.

2차피해의 정의 (여성폭력방지기본법 제3조 제3호)	**"2차 피해"란 여성폭력 피해자(이하 "피해자"라 한다)가 다음 각 목의 어느 하나에 해당하는 피해를 입는 것**을 말한다. 가. 수사·재판·보호·진료·언론보도 등 여성폭력 사건처리 및 회복의 전 과정에서 입는 정신적·신체적·경제적 피해 나. 집단 따돌림, 폭행 또는 폭언, 그 밖에 정신적·신체적 손상을 가져오는 행위로 인한 피해(정보통신망을 이용한 행위로 인한 피해를 포함한다) 다. 사용자(사업주 또는 사업경영담당자, 그 밖에 사업주를 위하여 근로자에 관한 사항에 대한 업무를 수행하는 자를 말한다)로부터 폭력 피해 신고 등을 이유로 입은 다음 어느 하나에 해당하는 불이익조치 1) 파면, 해임, 해고, 그 밖에 신분상실에 해당하는 신분상의 불이익조치 2) 징계, 정직, 감봉, 강등, 승진 제한, 그 밖에 부당한 인사조치 3) 전보, 전근, 직무 미부여, 직무 재배치, 그 밖에 본인의 의사에 반하는 인사조치 4) 성과평가 또는 동료평가 등에서의 차별과 그에 따른 임금 또는 상여금 등의 차별 지급 5) 교육 또는 훈련 등 자기계발 기회의 취소, 예산 또는 인력 등 가용자원의 제한 또는 제거, 보안정보 또는 비밀정보 사용의 정지 또는 취급 자격의 취소, 그 밖에 근무조건 등에 부정적 영향을 미치는 차별 또는 조치 6) 주의 대상자 명단 작성 또는 그 명단의 공개, 집단 따돌림, 폭행 또는 폭언, 그 밖에 정신적·신체적 손상을 가져오는 행위 7) 직무에 대한 부당한 감사 또는 조사나 그 결과의 공개 8) 인허가 등의 취소, 그 밖에 행정적 불이익을 주는 행위 9) 물품계약 또는 용역계약의 해지, 그 밖에 경제적 불이익을 주는 조치
피해자의 2차피해로부터 보호받을 권리 (여성폭력방지기본법 제14조)	제14조(피해자의 권리) 피해자에게는 다음 각 호의 권리가 보장된다. 3. 2차 피해로부터 보호받을 권리

3 이후 여성가족부에서 「여성폭력 2차 피해 방지 지침 표준안」을 배포하였다 (2021. 1.).

성희롱 2차 피해와 관련하여, 「양성평등기본법」이나 「남녀고용평등법」은 용어 정의를 별도로 두고 있지는 않다. 다만 「남녀고용평등법」은 성희롱 피해를 주장하는 근로자 및 피해자, 그리고 발생 사실을 신고한 근로자에 대한 **불리한 처우 금지**를 구체적으로 규정해 **실질적으로 2차 피해를 금지**한다(제14조 제6항). 또한 같은 조 제7항은 **조사 과정에서 알게 된 비밀의 누설 금지** 의무를 부과한다.

남녀고용평등법 제14조(직장 내 성희롱 발생 시 조치)

⑥ 사업주는 성희롱 발생 사실을 신고한 근로자 및 피해근로자등에게 다음 각 호의 어느 하나에 해당하는 불리한 처우를 하여서는 아니 된다.

1. 파면, 해임, 해고, 그 밖에 신분상실에 해당하는 불이익 조치
2. 징계, 정직, 감봉, 강등, 승진 제한 등 부당한 인사조치
3. 직무 미부여, 직무 재배치, 그 밖에 본인의 의사에 반하는 인사조치
4. 성과평가 또는 동료평가 등에서 차별이나 그에 따른 임금 또는 상여금 등의 차별 지급
5. 직업능력 개발 및 향상을 위한 교육훈련 기회의 제한
6. 집단 따돌림, 폭행 또는 폭언 등 정신적·신체적 손상을 가져오는 행위를 하거나 그 행위의 발생을 방치하는 행위
7. 그 밖에 신고를 한 근로자 및 피해근로자등의 의사에 반하는 불리한 처우

이처럼 '2차 피해'는 **피해자의 관점**에서, 최초의 폭력 사건 이후 발생하는 모든 추가적 고통과 불이익을 포괄하는 개념이다. 이는 가해자의 고의·위법성을 일일이 전제하기보다, **피해자의 상태와 경험에 초점**을 맞추어 예방과 보호의 책무를 강조하는 규범적 지향을 가진다.

또한 수사 과정의 부적절한 질문, 주변인의 비난·의심, 신상정보 유출로 인한 사회적 고립, 직장에서의 불이익 조치 등 **넓은 범위의 상황**이 2차 피해에 포함된다. '2차 피해'는 **상태 서술적 개념**으로서, 그 발생 사실만으로 특정인에 대한 민형사상 책임이 자동 귀속되는 것은 아니다. 주된 취지는 국가·사회·조직에 **예방 및 보호의무가 있음을 선언**하고, 절차 전반에서 그 의무 이행을 촉구하는 데 있다.

| 판례 | 대법원 2018. 4. 12. 선고 2017두74702 판결

법원이 성희롱 관련 소송의 심리를 할 때는 그 사건이 발생한 맥락에서 성차별 문제를 이해하고 양성평등을 실현할 수 있도록 '성인지 감수성'을 잃지 않아야 한다(양성평등기본법 제5조 제1항 참조). 그리하여 우리 사회의 가해자 중심적인 문화와 인식, 구조 등으로 인하여 피해자가 성희롱 사실을 알리고 문제를 밝히는 과정에서 오히려 부정적 반응이나 여론, 불이익한 처우 또는 그로 인한 정신적 피해 등에 노출되는 이른바 **'2차 피해'**를 입을 수 있다는 점을 유념하여야 한다. 피해자는 **이러한 2차 피해에 대한 불안감이나 두려움으로 인하여 피해를 당한 후에도 가해자와 종전의 관계를 계속 유지하는 경우**도 있고, **피해 사실을 즉시 신고하지 못하다가 다른 피해자 등 제3자가 문제를 제기하거나 신고를 권유한 것을 계기로 비로소 신고를 하는 경우**도 있으며, **피해 사실을 신고한 후에도 수사기관이나 법원에서 그에 관한 진술에 소극적인 태도를 보이는 경우**도 적지 않다. 이와 같은 **성희롱 피해자가 처하여 있는 특별한 사정**을 충분히 고려하지 않은 채 피해자 진술의 증명력을 가볍게 배척하는 것은 정의와 형평의 이념에 입각하여 논리와 경험의 법칙에 따른 증거 판단이라고 볼 수 없다.

2 '2차 가해'의 개념

'2차 가해'는 법전에 명시된 독립 개념은 아니나, 본서는 민법 제750조(불법행위)를 근거로 **별도의 위법행위에 대한 법적 책임을 묻는 경우**를 상정한다. 즉 최초 사건 이후에 발생한 별개의 행위가 그 자체로 새로운 불법행위를 구성하는 상황을 의미한다.

이 개념은 **가해자 행위 중심의 관점**에서, 해당 행위가 불법행위의 구성요건을 충족하는지를 따지는 **법적·규범적 개념**이다. 따라서 피해자의 주관적 고통만으로는 부족하며, 가해자의 특정 행위가 **고의 또는 과실, 위법성, 손해 발생, 인과관계**라는 객관적 요건을 모두 충족해야 한다. '2차 가해'는 **가해자에게 손해배상 등 구체적 법적 책임을 묻기 위한 개념**이다.

이를 위해서는 **구체적 행위의 특정**이 필요하다. 예컨대 명예훼손, 모욕, 개인정보 보호법 위반, 부당한 징계 등 **위법성이 인정될 수 있는 개별 행위**를 특정해야 한다. 예를 들어 "사건의 본질을 왜곡하여 피해자를 비난하는 글을 게시한 행위(명예훼손)"처럼 **명확한 가해 행위의 존재**가 요구된다.

3 '2차 피해'의 양상[4]

성희롱 발생 시 조직 내에서 나타날 수 있는 2차 피해 양상을 사용자, 행위자, 동료 등 구성원으로 구분하면 다음과 같다.

사용자 · 관리자 · 상담자에 의한 2차 가해(피해) 양상	• 성희롱 사건 접수 또는 조사 내용을 유포하는 행위 • 피해자 보호조치를 취하지 않는 행위 • 피해자 조사 과정에서 부적절한 질문이나 태도를 보이는 행위 • 피해자를 비난하거나 의심하는 행위 • 사건에 관용적인 태도를 취하는 행위 • 행위자를 옹호하는 의견 표명 또는 지원 행위 • 피해자와 행위자 간 화해 · 합의를 종용하는 행위 • 사건 처리에 협력한 직원 · 고충상담원 등 조력자에 대한 불이익 조치
구성원에 의한 2차 가해(피해) 양상	• 피해자의 신원이나 사건 내용을 주변에 알리거나 SNS에 유포하는 행위 • 사건에 관용적 태도를 보이거나 섣부른 판단을 내리는 행위 • 피해자에 대한 험담 · 비난 행위 • 피해자의 외모 · 품행 등을 문제 삼는 행위 • 피해자의 사생활을 캐거나 이를 문제 삼는 행위 • 피해자의 대응 태도를 평가 · 비난하는 행위 • 피해자에게 행위자를 용서하라고 강권하거나 화해를 종용하는 행위 • 행위자를 지지하는 여론을 조성하거나 옹호 · 두둔하는 행위
행위자에 의한 2차 가해(피해) 양상	• 사건 후 피해자에게 책임을 전가하는 행위 • 조직 구성원에게 피해자 신원이나 사건 내용을 유포하는 행위 • 관리자에게 사건을 선(先)보고하며 자신에게 유리하게 설명하는 행위 • 피해자에 대한 험담이나 비난 여론을 조성하는 행위 • 조직 내 지지자 그룹을 형성하는 행위 • 주변 구성원을 동원하여 피해자를 고립시키거나 고용상 불이익을 야기하는 행위 • 피해자 또는 가족의 의사에 반해 연락 · 접촉하여 합의를 요구하는 행위 등

4 '2차 피해'의 처리와 제재

1) 2차 피해 처리 방식

2차 피해 사건처리는 1차 **사건과 동일한 절차**를 따른다. 상담 또는 조사 진행 중

4 출처: 여성가족부(2023) 공공부문 성희롱 · 성폭력 사건 처리 매뉴얼

2차 피해가 접수된 경우에는 진행 중인 성희롱 사건과 **병합** 조사할 수 있다. 다만, 접수된 2차 피해가 당사자가 아닌 제3자의 행위로 발생한 경우에는 **별도** 사건으로 **분리** 조사할 수 있다.

병합/분리 판단 체크포인트

1. 사실관계·증거의 중첩성
- 핵심 일시·장소·행위태양·증거(메일/메신저/녹취)가 실질적으로 겹치면 병합 우선
- 교차진술·공통증거의 일관성 점검(동일 증거를 이중으로 조사하면 2차 피해/피로만 가중)

2. 당사자 동일성·절차 일치성
- 피해자·행위자·참고인 구성이 동일·유사하면 병합이 효율적
- 반대로 당사자 구성이 달라 징계권자·의결기구가 달라지면 분리(공공기관의 경우 상급기관 이관/관리 원칙도 고려)

3. 2차 피해·보복 위험도
- 접촉·유포·평판공격 위험이 높은 경우엔 신속 보호조치(근무지 변경·유급휴가 등)를 먼저 설계한 뒤 병합 여부 결정. 피해자 의사에 반하는 조치는 금지

4. 공정성·이해상충 관리
- 조사자/위원·보고선이 사건 당사자와 이해상충이면 분리(조사팀·의결기구 분리, 기록 접근권한 분리)
- 공정성 담보가 가능하면 병합하되 브리핑 창구 1개로 일원화

5. 절차 효율성·지연 리스크
- 병합으로 조사 지연·증거변질 우려가 크면 분리(특히 긴급보호·임시조치가 필요한 사안)
- 반대로 동일 증거를 반복 수집해야 하는 경우 병합이 증거관리상 유리

6. 제재·권한 체계의 정합성
- 징계권자·규정(취업규칙·인사규정·징계양정표)·보고선이 다른 사안이면 분리 종결 후 결과를 상호 통지
- 기관장·/임원 사안처럼 상급기관 직접 관리·감독이 필요한 유형은 지침에 따라 이관·병합 범위를 조정

※ 운영 팁

- **병합 시:** 사건번호·증거수집·진술관리 라인 일원화, 일정·통지 단일창구, 기록 버전 관리.
- **분리 시:** 조사팀/의결기구·기록저장소·접근권한 엄격 분리, 교차정보 최소화 (need-to-know).

국가기관에서 2차 피해 유형이 **인사 불이익**에 해당하는 경우, 각 부처 고충상담창구 외에도 인사혁신처 '인사신문고-성비위 관련 인사 불이익 신고'를 통해 신고·처리할 수 있다. 신고 안내 및 접수 경로는 인사혁신처 누리집에 게시되어 있다.

2) 법령에서 정한 성희롱 등 2차 피해 관련 제재 내용

「양성평등기본법」, 「남녀고용평등법」 등에서도 2차 피해 사항에 대한 제재내용을 규정하고 있다.

<table>
<tr><th>2차 피해 유형</th><th>근거 법률</th><th>2차 피해 사항</th><th>제재 내용</th></tr>
<tr><td rowspan="3">사건 은폐·방치·축소</td><td>양성평등기본법 제31조 제5항, 양성평등기본법 제21조</td><td>사건을 은폐하거나, 그 과정에서 피해자에 대해 학습권, 근로권 등에 대한 '추가적인 피해'가 발생한 것이 국가인권위원회 등(법원, 검찰청, 경찰청, 감사원, 국민권익위원회 등)에 의해 확인된 경우</td><td>성평등가족부 장관이 관련자의 징계 등을 국가기관의 장에게 요청할 수 있음</td></tr>
<tr><td>국가공무원법 제76조의2 제3항, 공무원 징계령 시행규칙 별표 1</td><td>성 관련 비위 또는 부당한 행위를 은폐하거나 조치를 하지 않은 경우에 해당</td><td>위반 시 징계</td></tr>
<tr><td>남녀고용평등법 제14조 제2항, 제39조 제3항 제1의4호</td><td>사실확인을 위한 지체 없는 조사를 하지 않은 경우</td><td>500만 원 이하의 과태료</td></tr>
<tr><td rowspan="2">비밀누설</td><td>남녀고용평등법 제14조 제7항</td><td rowspan="2">사건처리를 담당하거나 관여하는 자가 성희롱 피해자의 신원, 사건내용, 사생활에 관한 내용을 누설한 경우</td><td>500만 원 이하의 과태료</td></tr>
<tr><td>성희롱·성폭력 근절을 위한 공무원 인사관리규정 제10조, 국가공무원법 제60조</td><td>위반 시 징계</td></tr>
</table>

피해자 보호 조치	남녀고용평등법 제14조 제4항, 제39조 제3항 제1의5호	피해자의 요청에도 근무장소 변경, 휴가 등 적절한 조치를 취하지 않은 경우	500만 원 이하의 과태료
피해자와 신청인 불이익 조치	남녀고용평등법 제14조 제6항, 제37조 제2항	성희롱 피해자와 신청인에 대한 불이익 처우를 한 경우	3년 이하의 징역 또는 3천만 원 이하의 벌금형
	성희롱·성폭력 근절을 위한 공무원 인사관리규정 제7조, 제8조	피해자 등 또는 신고인에게 그 피해 발생 사실이나 신고를 이유로 인사상 불이익 조치를 한 경우	위반 시 징계
	성폭력방지 및 피해자 보호 등에 관한 법률 제8조, 제36조 제1항	성폭력 피해자를 고용하고 있는 자가 피해자에 대한 불이익 조치를 한 경우	3년 이하의 징역 또는 3천만 원 이하의 벌금형

5 2차 피해 대응 지침

앞 절의 **주체별 분류**를 바탕으로, 본 절은 **원인 중심**으로 오류 양상을 분석하고 그에 따른 **대응 원칙**을 제시한다. 표는 '원인-오류-대응' 순으로 배열하였다.

1) 성희롱에 대한 이해 부족

기본 인식의 오류는 초기 판단과 조치를 왜곡해 2차 피해를 낳는다.

원인	잘못된 대응(오류)	올바른 대응(권고)
"성희롱은 가벼운 이슈" 인식	사소화·희화화, 경징계 일변, 부적절한 경징계	맥락·권력·반복성을 반영한 사실평가, 피해영향 중심 양정 적용
사적 친분을 이유로 무시	조사 미실시, 은폐·무마, 신고자 비난	업무관련성·공적관계 우선 판단, 초기 사실확인과 보호조치 병행
"피해자가 예민하다" 편견	피해자 책임 전가, 가해자 동정	피해자 반응의 다양성 전제, 2차 피해 방지 원칙 재고지·적용

2) 고충처리 목적에 대한 오해

고충처리는 조용히 덮거나 가해자 조치로 끝내는 절차가 아니다. 핵심은 피해 회복과 재발 방지다.

원인	잘못된 대응(오류)	올바른 대응(권고)
조용한 원만종결이 최선	합의 · 화해 강요, 신고자 색출	목적은 피해 회복 · 보호 · 재발방지, 합의는 자유의사 보장 하에 제한적 활용
가해자 조치로 끝	내부조사 지연, 피해자 배제	내부절차 독립 운영, 지체 없는 조사와 사후관리(30 · 60 · 90일) 연계
형사절차와 동일시	의도만 중시, 영향 · 위험 경시	성희롱 해결의 목적은 피해자의 고충 해소와 권리 회복, 피해자 보호 · 예방 · 재발방지 대책이 중요, 형사절차와 별개로 독립적 내부절차 운영

3) 권위적 조직구조 · 조직 보위 논리

서열 중심 조직에서는 직급이 높고 오래 근무하고 인맥이 넓은 쪽이 더 신뢰받는다. 그 결과 가해자는 두둔되고 피해자는 의심받기 쉽다.

원인	잘못된 대응(오류)	올바른 대응(권고)
직급 · 재직연수 · 인맥 편향	"가혹하다" 프레이밍, 가해자 옹호	규정 · 증거 · 양정표에 따른 일관 처분, 이해상충 시 외부위원 참여
"그만하면 됐으니 가해자를 이제 용서해라"	피해자 비난 신고 철회 종용	용서는 피해자가 하는 것이지 제3자가 관여할 문제가 아님
조직평판 우선 논리	신고 취소 종용, 은폐 · 축소 · 무마	신고 보호와 외부 보고 절차 준수, 기록 · 브리핑 창구 일원화

4) 피해자 고정관념

'피해자다움' 같은 고정관념은 판단을 흐리고, 정당한 문제 제기도 의심하게 만든다. 이런 시선은 곧바로 2차 피해로 이어진다.

원인	잘못된 대응(오류)	올바른 대응(권고)
'피해자다움' 기대	비일관적 반응을 허위로 단정	지연신고 · 관계유지는 2차 피해 회피 전략일 수 있음—맥락적 평가
즉시신고 · 즉시단절 기대	신고 지연을 이유로 배척	환경 · 위험 · 권력관계를 반영한 신빙성 종합평가

5) 피해자에게 책임 전가

피해자에게 책임을 돌리면 조사 초점이 행위자에서 벗어난다. 진술은 과소평가되고 보호와 시정은 늦어진다. 평가는 행위자 책임 원칙 위에서 이루어져야 한다.

원인	잘못된 대응(오류)	올바른 대응(권고)
"저항 안 했으니 동의" 논리	진술 배척, 불이익 시사	'저항 안 했으니 동의' 추정 금지, 피해자에게 저항의무 없음
피해자도 원인 제공	외모 · 행실 문제 삼기	행위자 책임 원칙 고수, 권력관계 점검 및 평판훼손 금지

6) 고충 담당기구의 전문성·독립성 부족

고충 담당기구의 전문성과 독립성이 낮으면 절차적 공정성과 비밀 관리가 약화되어 2차 피해로 이어진다. 교육·슈퍼비전, 외부위원 참여, 접근권한 통제를 원칙으로 한다.

2차 피해 유발행위	잘못된 대응(오류)	올바른 대응(권고)
전문성 · 독립성 미흡	비밀 누설, 편향 조사, 조사 중 2차 피해	정기 교육 · 사례 슈퍼비전, 외부조사위원 · 상급기관 협업, 접근권한 통제

6 2차 피해 방지를 위한 우리의 다짐

지금까지 2차 피해의 개념과 주요 발생 양상, 그리고 이에 대한 대응방안을 실무적으로 정리하였다. 마지막으로 이러한 내용의 실질적 이행을 위해, '우리의 다짐'이라는 제목 아래 실천적 행동 지침을 제시한다.

캠페인형 선언은 때로 과장되어 보일 수 있으나, **인식 환기**와 **예방 습관화**에 유효하다. 다음 지침은 전 구성원이 일상적으로 사용하고, 내부 캠페인·교육에도 동일 기준으로 활용하도록 마련하였다.

2차 피해 방지를 위한 우리의 다짐

- 피해자를 지지하고 신뢰를 보이도록 노력합니다.
- 혹시라도 사건을 알게 되었을 때 철저하게 비밀을 유지하고 소문을 퍼뜨리지 않아야 합니다.
- 피해자를 비난하거나 피해자에게 원인을 돌리지 않으며 피해자에게 자책감을 부추기는 말을 하지 않습니다.
- 가해자를 옹호하거나 편들지 않습니다.
- 사건을 당사자의 평소 행실, 업무능력, 성격 등과 관련 지어 말하지 않습니다.
- 사건에 대해 피해자에 대한 편견을 근거로 말하지 않습니다.
- 사건에 대해 피해자에게 이야기하거나 질문해야 할 때에는 반드시 이야기해도 괜찮은지 미리 동의를 구한 다음에 이야기해야 합니다.
- 피해자가 사건에 대해 말하기를 원하지 않는다면, 설령 걱정이 되더라도 구체적으로 자세히 묻거나 이야기 하지 않습니다.
- 다른 구성원에 의한 2차 피해(가해)가 일어나거나 확대되지 않도록 주의를 기울이고 직장 내 여론을 환기시키기 위해 노력합니다.

5 법원 판례와 국가인권위원회 결정례상의 성희롱

법령·판례 및 국가인권위원회 결정례 검색 방법

1. 법령 검색: 법제처 국가법령정보센터(www.law.go.kr)
2. 판례 검색: 사법정보공개포털(portal.scourt.go.kr)[5]
3. 국가인권위원회 결정례 검색:
   국가인권위원회(https://case.humanrights.go.kr/dici/diciList.do)
   → 인권e → 결정례

5 그 외에도 유료 검색 사이트 엘박스, 로앤비, 빅케이스, 케이스 노트 등 활용가능하다.

1 성희롱 개념

| 판례 | 서울대 신교수 사건(대법원 1998. 2. 10. 선고 95다39533 판결)

사회통념상 일상생활에서 허용되는 단순한 농담 또는 호의적이고 권유적인 언동으로 볼 수 없고, **피해자로 하여금 성적 굴욕감이나 혐오감을 느끼게 하는 것으로서 피해자의 인격권을 침해**한 것이며, 이러한 침해행위는 **선량한 풍속 또는 사회질서에 위반하는 위법한 행위**이고, 이로써 **피해자가 정신적으로 고통을 입었음은 경험칙상 명백**하다. 따라서 위 피고의 위와 같은 성적인 언동은 **불법행위를 구성**한다 할 것이므로 피고 1로서는 원고에 대하여 원고가 입은 **정신적 손해를 배상할 책임**이 있다고 할 것이다.

※ 성희롱으로 피해자가 정신적 고통이 있었다는 것은 경험칙상 명백하며, 피해자는 가해자의 성희롱으로 단순한 분노 등을 초과하는 정신적 고통을 받았다는 것을 별도의 주장·입증을 할 필요가 없음

| 재결례 | 외모평가에 대해 성희롱 인정 (인권위 2014. 2. 10. 선고 13진정0305700 결정)

피진정인은 진정인과 댓글을 통해 논쟁을 벌이다 논쟁의 직접 당사자도 아닌 피해자를 거론하여 여성인 **피해자의 외모를 평가**하거나 '몸에서 시궁창 냄새가 난다'라고 하고 이에 대해 공개검증을 하자고 하는 등 **피해자의 신체에 대해 악의적인 표현**을 하였으며, 이러한 댓글 내용이 법원 공무원 전체가 접근 가능한 내부 전산망을 통해 공개되었다. 이는 피해자에게 성적 굴욕감이나 혐오감을 불러일으키기 충분한 성적 언동이라 할 것으로, 「국가인권위원회법」 제2조 제3호 라목이 정한 **성희롱에 해당**한다고 판단된다.

※ 여성이 원치 아니함에도 남성이 여성에게 "왜 이리 이쁘노?"라고 했고, 그 이후에도 같은 식으로 반복하자 여성이 "하지 말라"고 하였음. 이에 남성은 "와? 삐칫노?"라고도 하였는데, 여러 차례 성희롱에 해당하는 성적 언동을 한 것으로 인정

| 재결례 | **상대방이 원치않은 지속적인 교제요구에 대해 성희롱 인정 (인권위 2014. 3. 25. 선고 14진정0176800 결정)**

피진정인이 진정인에게 '한번 안아보고 싶다', '제가 어머니 좋아하면 안 되겠습니까'라는 발언을 한 것은 소속 학생의 학부모인 진정인을 성적인 대상으로 간주하는 것으로 **합리적 여성이나 합리적 피해자의 관점에서 성적인 굴욕감이나 혐오감을 불러일으키기 충분한 성적 언동**이라 할 것이다.

피진정인이 진정인에게 하트 이코티콘을 보낸 것도, 이는 경우에 따라 단순히 감사의 마음을 표현하는 수단이 될 수 있기는 하나, 하트 이모티콘은 통상 이성에 대한 애정의 표시로 사용된다는 점, 학생 운동선수의 감독과 해당 학생의 학부모 사이에 보낼 수 있는 메시지의 내용으로는 부적합하다는 점, 피진정인이 처음 하트 이모티콘을 보낸 뒤 진정인의 답이 없자 10분 후 다시 같은 이모티콘을 보낸 점 등 피진정인과 진정인의 관계 및 해당 사실이 발생한 상황과 맥락을 고려하면, 이 부분도 위 발언과 함께 「국가인권위원회법」 제2조 제3호 라목이 정한 성희롱에 해당한다고 판단된다.

※ 여성이 원치 아니함에도 남성이 여성에게 "애인이 되어 달라.", "♥ 이런 거나 한 번 해보자구.", "데이트 한 번 하자. 영화 보러 가자. 호텔 뷔페에서 식사하고 산책하자."와 같은 메시지를 보냈음

| 재결례 | **당사자의 동의 없이 성폭력 피해사실을 거론하는 행위는 성희롱에 해당 (인권위 2015. 12. 29. 선고 13진정0879300 결정)**

피진정인은 진정인의 **성추행 피해 사실을 다수의 직장 동료들이 있는 자리에서 공개적으로 거론**하였다. 어떤 사람이 성추행 피해를 당했다는 사실을 당사자의 의사에 반하여 업무상 지속적으로 관계해야 하는 직장 동료들에게 공개하는 행위는, 당사자로 하여금 **성적 수치심을 불러 일으켜 업무환경을 악화시킬 수 있는 행위**로서, 넓게 보아 **성적 언동에 해당**한다고 할 수 있다. 따라서 간호과장인 피진정인이 진정인의 성추행 피해 사실을 **간호사 회의 자리**에서 언급한 행위는 「국가인권위원회법」 제2조 제3호 라목이 정한 성희롱에 해당한다고 판단된다.

2 성희롱의 유형

| 재결례 | 퇴폐영업 술집에서 이루어진 회식 (인권위 2006. 9. 16. 선고 06진차201 결정)

퇴폐영업 술집에서 이루어진 회식에 동석시킨 행위에 대하여 "직장 내 각종 활동이 음란·퇴폐적인 남성 중심의 직장문화를 조장하거나, 여성의 성을 상품화하는 일련의 장소에서 이루어지는 것은 근로자 특히 여성 근로자에게 성적으로 유해한 근로 환경"으로 성희롱에 해당할 수 있다고 결정

| 재결례 | 동아리 공연 평가 시 미니스커트나 비키니를 입어보라고 한 언급은 성희롱임(인권위 2013. 1. 16. 선고 12진정0018100 결정)

○○도 교직원 동아리 발표회에 심사위원장으로 참석하여, 발표 후 총평 시간에 진정인이 속한 민요동아리를 지칭하여 '한복을 입고 늙은이처럼 분장할 것이 아니라 미니스커트를 입고 한다든가, 비키니를 입고 나와서 한번 불러보라'는 요지의 발언을 한 사실에 대하여, 행위자는 성희롱의 의도 없이 미래지향적이고 창의적인 발상이 필요하다는 취지로 이야기를 하였다고 항변하나 사회통념상 여성의 의상이나 신체를 직접 대상으로 삼는 것은 해당 여성들로 하여금 성적 이미지를 연상시킬 가능성이 매우 높다. (중략) 미니스커트, 비키니 등은 어떤 상황에서는 단순히 의복의 한 형태로 간주될 수도 있지만, 상황이나 맥락에 따라서는 단순한 의상의 한 형태의 의미를 넘어서 여성에게만 요구되는 특정 의상으로서 여성의 신체를 눈요기거리나 성적 관조의 대상으로 삼는 상징적 의미가 담겨있다고 할 것인바, 합리적 여성의 관점에서 볼 때 진정인을 비롯한 민요동아리 회원들이 성적 굴욕감이나 혐오감을 느낄 수 있는 발언이라고 판단된다.

| 재결례 | 전해 들은 이야기도 성희롱임(인권위 06진차465 결정)

선임직원인 피진정인이 직장동료인 ○○○에게 진정인을 대상으로 "콜라에다 약을 타서 어떻게 해보지 왜 그냥 보냈냐", " 그 여자는 내 것이니까 건들지 말라"고 한 사실에 대하여, **일반적으로 직장동료나 상하관계에 있는 사람들 간의 대화는 당사자에게 전달되지 않더라도 근무환경에 영향을 미칠 수밖에 없다.** 예컨대 직장 내에서 한 여성에 대하여 다른 직원들이 성적 농담의 대상으로 삼는 경우 그 발언 당사자의 시작에서 이미 그 여성은 **동등한 인격체의 직장동료로 간주되었다고 보기 힘들며** 이는 직간접적으로 **당해 여성의 근무환경에 영향을 미칠 수밖에 없고,** 실제로 직장이라는 좁은 환경의 특성상 다른 직원들을 통하여 전달될 개연성도 매우 높다.

결론적으로, 지속적인 업무관계를 맺고 있는 직장 내에서 특정 여성을 대상으로 성적 언동을 하는 것은 비록 당해 여성이 **간접적으로 전해 들었다 할지라도 직접 들은 것과 마찬가지로 해당 여성에게 정신적 스트레스를 주고 근로환경에 악영향을 줄 가능성이 높은 바,** 이는 규제되어야 할 성희롱의 범주에 해당된다고 판단된다.

3 성립요건 및 판단기준

| 판례 | 강제추행에 있어 '성적 자기결정권 침해'와 피해자 인식의 필요성 (대법원 2021. 10. 28. 선고 2021도7538 판결)

추행은 객관적으로 일반인에게 성적 수치심·혐오감을 일으키고 선량한 성적 도덕관념에 반하는 행위로서 피해자의 성적 자유를 침해하는 것을 말한다. **행위가 객관적으로 추행행위에 해당한다면 그로써 피해자의 성적 자기결정권은 침해된 것으로 보아야 하고, 행위 당시 피해자가 이를 인식하지 못하였다고 하여 추행 성립이 부정되지는 않는다."라는 법리를 확인**하였다. 이 사건에서 피고인이 밤 시간대 놀이터에서 통화 중이던 피해자의 등 뒤에서 성기를 노출한 채 소변을 본 행위는 접촉이 없었다 하더라도 일반인에게 성적 수치심·혐오감을 일으키는 행위로서 강제추행에 해당한다고 판시하여, 원심의 무죄 판단을 법리오해로 보아 파기환송하였다.

| 판례 | 성희롱에 있어 '업무관련성'의 의미
(대법원 2006 12. 21. 선고 2005두13414 판결)

"성희롱이라 함은 업무, 고용 기타 관계에서 공공기관의 종사자, 사용자 또는 근로자가 그 지위를 이용하거나 업무 등과 관련하여 성적 언동 등으로 성적 굴욕감 또는 혐오감을 느끼게 하거나 성적 언동 기타 요구 등에 대한 불응을 이유로 고용상의 불이익을 주는 것을 말한다."라고 규정하고 있는 바, 여기서 '지위를 이용하거나 업무 등과 관련하여'라는 요건은 **포괄적인 업무 관련성**을 나타낸 것으로서 **업무수행의 기회나 업무수행에 편승하여 성적 언동이 이루어진 경우뿐만 아니라 권한을 남용하거나 업무수행을 빙자하여 성적 언동을 한 경우도 이에 포함**된다고 할 것이고, 어떠한 성적 언동이 업무관련성이 인정되는지 여부는 쌍방 당사자의 관계, 행위가 행해진 장소 및 상황, 행위의 내용 및 정도 등의 구체적 사정을 참작하여 판단하여야 할 것이다.

| 판례 | 술자리에서의 '업무관련성' 여부
(대법원 2003 8. 12. 선고 2002구합36737 판결)

원고이 피해자에 대한 개인면담은 곱창집, 복집, 호프집을 거치면서 계속되었다고 보여지고(비록 술을 마시면서 **사적인 이야기도 나누었다 하더라도 업무상 개인면담을 위하여 이루어진 만남**이었고, 호프집에 이르기까지 원고 **회사와 관련된 이야기가 계속하여 나누어졌을 뿐 아니라, 경과에 비추어 만남의 성격이 업무상 개인면담에서 순수한 사적인 만남으로 전환되었다고 보기도 어렵다.** (중략) 결국 원고가 업무, 고용 기타 관계에서 그 지위를 이용하거나 업무 등과 관련하여 성적 언동을 하여 피해자로 하여금 성적 굴욕감이나 혐오감을 느끼에 하였다고 할 것이므로 이는 남녀차별금지법상의 성희롱에 해당한다.

※ 정기간행물 출판업, 광고업, 컨설팅업 등을 영위하는 회사의 대표이사가 수습기자인 피해자의 업무를 점검할 목적으로 피해자와 개별 면담을 하던 중 피해자의 손을 잡는 등 성적인 언행을 하였던 사건으로 업무 공간 외의 장소에서 이루어진 성적 언동일지라도 업무관련성이 있다고 판단 시 성희롱으로 인정될 수 있다는 판결

| 판례 | **성희롱의 판단기준 - 상대방과 같은 처지에 있는 일반평균인의 관점 (대법원 2007. 6. 14. 선고 2005두6461 판결)**

성희롱의 전제요건인 "성적 언동 등"이란 남녀 간의 육체적 관계나 남성 또는 여성의 신체적 특징과 관련된 육체적, 언어적, 시각적 행위로서 사회공동체의 건전한 상식과 관행에 비추어 볼 때 객관적으로 상대방과 같은 처지에 있는 일반적이고 평균적인 사람으로 하여금 성적 굴욕감이나 혐오감을느끼게 할 수 있는 행위를 의미한다고 할 것이고, 성희롱이 성립되기 위해서는 **"행위자에게 반드시 성적 동기나 의도가 있어야 하는 것은 아니"지만, 당사자의 관계, 행위가 행해진 장소 및 상황, 행위에 대한 상대방의 명시적 또는 추정적 반응의 내용, 행위의 내용 및 정도, 행위가 일회적 또는 단기간의 것인지 아니면 계속적인 것인지 여부 등의 구체적 사정을 참작하여 볼 때, 객관적으로 상대방과 같은 처지에 있는 일반적이고도 평균적인 사람으로 하여금 성적 굴욕감이나 혐오감을 느낄 수 있게 하는 행위가 있고, 그로 인하여 행의의 상대방이 성적 굴욕감이나 혐오감을 느꼈음이 인정되어야** 할 것이다. 따라서 "객관적으로 상대방과 같은 처지에 있는 일반적이고도 평균적인 사람으로 하여금 성적 굴욕감이나 혐오감을 느끼게 하는 행위"가 아닌 이상 상대방이 성적 굴욕감이나 혐오감을 느꼈다는 이유만으로 성희롱이 성립될 수는 없다고 할 것이다.

| 재결례 | **문자메시지 연락 지속은 성희롱 부인 근거 되지 않음 (인권위 2014. 3. 25. 선고 14진정0176800 결정)**

피진정인은 진정인이 피진정인의 성희롱 문제를 제기한 이후에도 피전정인과 문자메시지를 주고받았고, 이는 당시 성희롱이 없었다는 것의 간접적인 증거라고 주장하나, 성희롱 문제제기 이후 진정인과 피진정인이 주고받은 문자메시지는 야구부 감독과 학부모로서 일반적인 업무와 관련된 내용일 뿐 아니라, 진정인의 자녀가 계속 피진정인의 지도감독을 받는 선수로 남아있는 상황에서, **성희롱 문제를 제기한 이후 당사자 간에 문자메시지를 주고받았다 하여 이를 성희롱이 없었다는 증거라고는 볼 수 없어** 이에 관한 피진정인의 주장도 이유없다 할 것이다.

| 재결례 | 퇴직한 경우에도 행위 당시 근로자인 경우에는 성희롱 피해자에 해당함
(성희롱 시정 권고 사례집 제6집, 국가인권위원회, 2014)

피진정인은 진정인과 사무실에서 편하게 농담을 주고받는 관계이고 불쾌하다는 것을 그 자리에서 이야기하지 않고 나중에 문제 삼는 것은 이해할 수 없으며, 컵 세척 관련 말다툼 이후에야 진정인이 성희롱이라고 생각하고 있다는 것을 알았다고 주장하고 있다. 그러나 **진정인과 피진정인의 업무상 관계 및 소규모인 회사 분위기 등을 고려할 때 진정인이 피진정인의 언동이 있던 즉시 적극적인 거부의사를 밝히기는 어려웠을 것으로 보이며.** 위 인정사실과 같은 피진정인의 발언은 **일상적으로 직장 내에서 주고받는 대화의 수준을 벗어나는 것**으로 보이고 합리적인 여성의 관점에서도 성적 굴욕감을 느끼게 하는 행위로 이는 국가인권위원회법 제2조 제3호 라목에서 정한 **성희롱에 해당한다.** (중략) 위와 같은 성희롱에 대한 구제조치로는 진정인이 반복되는 피진정인의 성적 언동에 대해 대표이사인 참고인과 이사인 참고인에게 호소하고 동료 직원인 참고인에게 확인을 구하였으며 피진정인에게 사실인정 및 정중한 사과를 요구하였으나 **피진정인의 형식적인 사과로 사건이 마무리됨으로써 진정인이 결국 회사를 그만두게 된 것으로 보이므로** (중략) 향후 이와 같이 사건이 재발하지 않도록 **재발방지** 대책을 마련하도록 하는 것이 적절하다고 판단된다.

4 성희롱 사실인정 및 진술의 증명력

| 판례 | 성희롱 사실관계 증명 정도는 '고도의 개연성'
(대법원 2018. 4. 12. 선고 2017두74701 판결)

성희롱을 사유로 한 징계처분의 당부를 다투는 행정소송에서 징계사유에 대한 증명책임은 그 처분의 적법성을 주장하는 피고에게 증명책임이 있다. 다만 민사소송이나 행정소송에서 사실의 증명은 추호의 의혹도 없어야 한다는 자연과학적 증명이 아니고, **특별한 사정이 없는 한 경험칙에 비추어 모든 증거를 종합적으로 검토하여 볼 때 어떤 사실이 있었다는 점을 시인할 수 있는 고도의 개연성을 증명하는 것이면 충분하다.** 민사책임과 형사책임은 그 지도이념과 증명책임, 증명의 정도 등에서 서로 다른 원리가 적용되므로, **징계사유인 성희롱 관련 형사재판에서 성희롱 행위가 있었다는 점을 합리적 의심을 배제할 정도로 확신하기 어렵다는 이유로 공소사실에 관하여 무죄가 선고되었다고 하여 그러한 사정만으로 행정소송에서 징계사유의 존재를 부정할 것은 아니다.**

| 판례 | 피해자 진술의 구체성 · 일관성 및 이후 행적에 의한 사실관계 인정 기준 (서울행정법원 2014. 10. 16. 선고 2014구합54684 판결)

법원은 ① 피해자의 진술은 매우 구체적이고 일관된 점, ② 원고의 지도대학원생이자 연구조교였던 피해자가 원고에 관해 악의적인 거짓말을 할 아무런 동기나 이유가 없는 점, ③ 원고도 A와 악수하며 손을 꼭 잡고, 다른 손으로 팔을 잡은 신체접촉은 **인정**한 점, ④ 원고가 그와 같은 정도의 신체접촉만 하였다면 피해자가 다음 날 지도교수인 원고를 찾아가 이에 대해 항의하였으리라고 보기 어려운 점을 종합하면, 피해자의 진술을 신빙할 수 있고, 따라서 원고가 피해자를 끌어안고 피해자의 볼에 자신의 볼을 갖다 댄 사실이 인정된다고 판단함

※ 본 판결은 성희롱 사건은 아니나, 성희롱·성폭력 판단에 중요한 기준이 되는 성적 자기결정권 개념을 명확히 하는 데 유용하여 수록한다. 대법원은 강제추행죄의 보호 대상이 되는 소극적 성적 자기결정권, 즉 원하지 않는 성적 행위를 거부할 권리를 재확인하였고, 피해자의 즉각적인 인식 또는 명확한 반응이 추행 성립의 필수 요건이 아님을 밝혔다. 이는 성희롱 판단에서도 행위가 일반인에게 성적 수치심·혐오감을 유발하는지와 직장 내 업무환경 악화에 미치는 효과를 중심으로 평가해야 한다는 점을 뒷받침하는 기준이 된다.

| 판례 | 피해자 진술 신빙성 판단 기준 (대법원 2012. 6. 28. 선고 2012도2631 판결)

법원은 공소사실을 뒷받침하는 피해자 등의 진술의 신빙성 유무를 판단함에 있어서, 진술 내용 자체의 합리성·논리성·모순 또는 경험칙 부합 여부나 물증 또는 제3자의 진술과의 부합 여부 등은 물론, 법관의 면전에서 선서한 후 공개된 법정에서 진술에 임하고 있는 증인의 모습이나 태도, 진술의 뉘앙스 등 증인신문조서에서 기록하기 어려운 여러 사정을 직접 관찰함으로써 얻게 된 심증까지 모두 고려하여 신빙성 유무를 평가하게 되고(대법 2009. 1. 30. 선고 2008도7918 판결 등 참조), 피해자를 비롯한 증인들의 진술이 대체로 일관되고 공소사실에 부합하는 경우 객관적으로 보아 도저히 신빙성이 없다고 볼 만한 별도의 신빙성 있는 자료가 없는 한 이를 함부로 배척하여서는 안 된다.

| 재결례 | 행위자가 기억나지 않는다고 한 경우 사실관계 판단
(인권위 2007. 1. 31. 선고 06진차488 결정)

피진정인은 ○○식당에서 소주 3병과 맥주 8병을 주문하여 주로 본인이 마셨던 것은 기억하고 있으나 그 이후로 전혀 기억이 없어 진정인이 주장하는 것과 같은 성적 언동을 했는지 기억나지 않는다고 하였으나, ① 두 사람의 상반된 진술 외에는 직접 그 행위를 목격한 사람이나 사진 등의 다른 증거가 있는 것은 아니지만, ② **피해자가 사건 발생 직후 진정인에게 피진정인이 자신의 몸을 더듬었다고 알려주고,** ③ **며칠 후 그** 내용을 **다시 자세히** 말해주었으며 이후 학교의 성희롱 관련 조사위원회에서도 **일관되게 진술**을 하고 있는 점, ④ 피진정인의 핸드폰 통화내역에 당시 피진정인이 피해자에게 통화한 기록이 있는 점, ⑤ 사건 발생 다음 날 피진정인이 피해자에게 전화를 하여 본인이 실수에 대한 무의식적인 자각과 우려가 있었다고 보이는 점, ⑥ **피진정인 스스로도 기억이 안난다고 하고 있으나 강력하게 피해자가 주장하는 것과 같은 행위를 하지 않았다고 부인하고 있지 못하는 점** 등에 비추어 보아, 사건 당일에 피해자가 주장하는 것과 같은 언동이 있었던 것으로 판단된다.

| 재결례 | 당사자 진술이 엇갈릴 때 성희롱 사실관계 판단 기준
(국가인권위원회, 「인권위원회 성희롱 진정 백서」 2012, p.61)

인권위는 ① 당사자 간 진술에 비추어 성희롱 사실이 명백한 경우에는 특별한 판단 자료나 기준을 별도로 설시하지 않고 곧바로 사실관계를 인정하지 않고, ② **당사자들의 진술이 엇갈리는 경우 피해자가 성희롱 사실을 일관되고 구체적으로 진술**하거나, ③ 당시 상황에 대한 **참고인**의 **구체적 진술**이 있는 경우에 **성희롱 사실을 인정**하고 있다. 또한 ④ **행위자의 언동 당시 피해자의 반응과 그 후의 상황에 대한 피해자의 행동**(주위 사람에게 얘기한 사실, 일기장 등 기록, 퇴직, 정신과 치료 등)을 고려하고, ⑤ **행위자의 사후 태도**나 ⑥ **행위를 하기 전의 평소 언행**(진정 내용 외에도 다른 시점에 다른 사람에게 유사한 언동을 한 일이 있는지) 등도 사실인정의 근거로 삼고 있다.

5 가해자에 대한 징계

| 판례 | 성희롱 행위를 한 지점장에 대한 징계 기준
(대법원 2008. 7. 10. 선고 2007두22498 판결)

원고의 행위는 여직원들을 껴안거나 볼에 입을 맞추거나 엉덩이를 치는 등 강제추행 또는 업무상 위력에 의한 추행으로 인정될 정도의 성적 언동도 포함된 **성희롱 행위**로서, 객관적으로 상대방과 같은 처지에 있는 일반적이고도 평균적인 사람의 입장에서 보아 고용환경을 악화시킬 정도로 그 정도가 매우 심하다고 볼 수 있을 뿐 아니라, **한 지점을 책임지고 있는 지점장으로서 솔선하여 성희롱을 하지 말아야 함은 물론, 같은 지점에서 일하는 근로자 상호 간의 성희롱 행위도 방지해야 할 지위에 있음에도,** 오히려 자신의 우월한 지위를 이용하여 자신의 지휘·감독을 받는 여직원 중 8명을 상대로 과감하게 14회에 걸쳐 반복적으로 행한 직장 내 성희롱이라고 할 것이므로, 이러한 원고의 성희롱 행위가 우발적이거나 직장 내 일체감과 단결을 이끌어낸다는 의도에서 비롯된 것이라고 평가할 수 없으며, (중략) 결국 원고의 성희롱 행위는 참가인 규정상 **징계해직 사유인 '위반의 범위가 크고 중하며 고의성이 현저한 경우'**로 보아야 하고, 원고가 징계해고되지 않고 **같은 직장에서 계속 근무하는 것이 성희롱 피해자들의 고용환경을 감내할 수 없을 정도로 악화시키는 결과**를 가져 올 수도 있다는 점과 사업주가 성희롱 피해자들에 대해 **손해배상책임을 부담할 수도 있다는 점** 등을 감안할 때, 참가인의 원고에 대한 이 사건 징계해직처분은 객관적으로 명백히 부당하다고 인정되지 않는다.

| 판례 | 사건조사 도중 징계 시효가 지난 추가 피해사례가 발견된 경우
(대법원 2014. 5. 16. 선고 2012두11966 판결)

또한 피징계자의 평소의 소행, 근무성적, 징계처분전력과 아울러 당해 징계처분사유 전후에 저지른 징계사유로 되지 아니한 비위사실도 징계양정에서 참작자료가 될 수 있고(대법원 1997. 2. 14. 선고 96누4244 판결, 대법원 2004. 6. 25. 선고 2002다51555 판결 등), **징계시효가 지난 비위행위도 징계양정에서 참작자료로 할 수 있다**(대법원 1995. 9. 5. 선고 94다52294 판결, 대법원 1999. 11. 26. 선고 98두10424 판결 등).

| 판례 | 피해자가 행위자 징계조치와 더불어 공개사과를 요구하는 경우 (서울고등법원 2019. 5. 31. 선고 2018나2068422 판결)

비행을 저질렀다고 믿지 않는 피징계자에게 비행을 자인할 것을 강요하고(따라서 불리한 진술을 강요당하는 것과 같은 결과가 될 수 있고, 공개사과문이 민·형사소송에서 비행을 부인하는 피징계자에게 불리한 증거로 사용되는 부작용을 초래할 수도 있음), 스스로 인정하거나 형성하지 아니한 윤리적·도의적 판단을 외부에 표시할 것을 강제하는 것으로서, **침묵의 자유의 파생인 양심에 반하는 행위의 강제금지에 저촉**되는 것이며, 따라서 헌법이 보호하고자 하는 정신적 기본권의 하나인 **양심의 자유를 제한**하는 것이다. 나아가서 비록 공개사과문 게재 명령이 피해자의 피해를 회복하고 가해자인 피징계자자의 반성을 촉구하기 위한 교육적 목적에 기한 것으로서, 그 목적을 달성하기 위한 적절한 수단이 될 수 있다고 하더라도, 그것은 피징계자의 양심의 왜곡·굴절 내지 이중인격형성을 강요하는 것으로서 양심의 자유에 대한 제한의 정도가 매우 크고, 공개사과문 게재 명령이 아니더라도 피징계자가 징계를 받았다는 객관적인 사실을 공표함으로써 피징계자의 양심의 자유를 덜 제한하면서도 피징계자에 대한 반성의 촉구와 피해자의 피해 회복이라는 소기의 목적을 달성할 수 있는 수단을 충분히 상정할 수 있으므로, **최소침해의 원칙에 어긋난다**. 따라서 자신의 행위가 징계사유에 해당한다고 믿고 있지 않을 뿐만 아니라 잘못을 반성하거나 피해자에게 사과할 뜻이 전혀 없는 원고에 대한 이 사건 공개사과명령은 비례의 원칙에 위반하여 양심의 자유를 침해하는 것으로서, 학생에 대한 징계의 요건 및 한계를 규정하고 있는 고등교육법 제13조 제1항 소정의 '교육상 필요성'을 인정할 수 없으므로 **징계재량권의 한계를 벗어난** 것이다.

※ A대학교 14학번인 원고는 유일한 여자 동기가 포함된 카카오톡 단체 채팅방에서 3년여 동안 성적 수치심을 느낄 발언을 반복했다는 이유로 2017년 위 학교로부터 200시간의 봉사명령과 공개 사과문 게재 징계를 받음. 이에 대해 원고가 징계 혐의를 인정할 수 없다는 이유 등으로 이 사건 소송을 제기함. 1심 재판부는 징계 혐의 중 상당 부분이 성희롱적 발언이었다고 인정되고, 징계의 수준도 위법하지 않다며 원고의 청구를 기각함. 이에 원고가 항소를 제기함.

6 성희롱 및 2차 피해 발생 예방, 불이익 조치 등에 대한 사용자 책임

| 판례 | 성희롱 피해자 등에 대한 불이익 조치에 대한 사업주의 손해배상책임 (대법원 2017. 12. 22. 선고 2016다202947 판결)

사업주는 피해자를 적극적으로 보호, 구제할 의무를 부담하는데도 오히려 불리한 조치나 대우를 하기도 한다. 이러한 행위는 피해자가 그 피해를 감내하고 문제를 덮어버리도록 하는 부작용을 초래할 뿐만 아니라, 피해자에게 성희롱을 당한 것 이상의 또 다른 정신적 고통을 줄 수 있다. 위 규정은 직장 내 성희롱 피해를 신속하고 적정하게 **구제**할 뿐만 아니라 직장 내 성희롱을 **예방**하기 위한 것으로, 피해자가 직장 내 성희롱에 대하여 문제를 제기할 때 2차적 피해를 염려하지 않고 사업주가 가해자를 징계하는 등 적절한 조치를 하리라고 신뢰하도록 하는 기능을 한다.

※ 성희롱 가해자에 대한 징계양정의 기준은 성적 언동의 정도, 가해자의 지위(성희롱 방지책임이 있는 위치인지 여부 등), 피해자 수, 행위의 빈도, 행위의 의도 내지 고의성, 피해자의 피해 정도 등을 종합적으로 판단함. 징계양정표가 있으면 일차적으로 양정표를 기준하여, 가감함.

| 판례 | 성희롱 피해자 등에 대한 불이익 조치에 대한 사업주의 손해배상책임 (대법원 2017. 12. 22. 선고 2016다202947 판결)

사업주는 피해자를 적극적으로 보호, 구제할 의무를 부담하는데도 오히려 불리한 조치나 대우를 하기도 한다. 이러한 행위는 피해자가 그 피해를 감내하고 문제를 덮어버리도록 하는 부작용을 초래할 뿐만 아니라, 피해자에게 성희롱을 당한 것 이상의 또 다른 정신적 고통을 줄 수 있다. 위 규정은 직장 내 성희롱 피해를 신속하고 적정하게 **구제**할 뿐만 아니라 직장 내 성희롱을 **예방**하기 위한 것으로, 피해자가 직장 내 성희롱에 대하여 문제를 제기할 때 2차적 피해를 염려하지 않고 사업주가 가해자를 징계하는 등 적절한 조치를 하리라고 신뢰하도록 하는 기능을 한다.

| 판례 | **성희롱 피해자 등에 대한 불이익 조치 관련 입증책임 – '사업주'**
(대법원 2017. 12. 22. 선고 2016다202947 판결)

남녀고용평등법은 관련 분쟁의 해결에서 사업주가 증명책임을 부담한다는 규정을 두고 있는데(제30조), 이는 직장 내 성희롱에 관한 분쟁에도 적용된다. 따라서 직장 내 성희롱으로 인한 분쟁이 발생한 경우에 피해근로자 등에 대한 불리한 조치가 성희롱과 관련이 없거나 정당한 사유가 있다는 점에 대하여 사업주가 증명을 하여여 한다.

| 판례 | **불리한 조치인지 여부의 판단**
(대법원 2017. 12. 22. 선고 2016다202947 판결)

불리한 조치가 직장 내 성희롱에 대한 문제 제기 등과 근접한 시기에 있었는지, 불리한 조치를 한 경위와 과정, 사업주가 내세운 사유가 피해근로자 등의 문제 제기 이전부터 존재하였던 것인지, 피해근로자 등의 행위로 인한 타인의 권리나 이익 침해 정도와 불리한 조치로 피해근로자 등이 입은 불이익 정도, 불리한 조치가 종전 관행이나 동종 사안과 비교하여 이례적이거나 차별적인 취급인지 여부, 불리한 조치에 대하여 피해근로자 등이 구제신청 등을 한 경우에는 그 경과 등을 종합적으로 고려하여 판단해야 한다.

| 판례 | **사용자의 성희롱 예방의무의 범위**
(광주지방법원 순천지원 2009. 1. 22. 선고 2008가합2136 판결)

피고 지방자치단체가 피용자의 사무감독에 상당한 주의를 다하였는가에 대하여, 성희롱예방교육을 실시하는 것으로는 상당한 주의를 다하였다고 볼 수 없다. 왜냐하면 교육기본법은 국가와 지방자치단체에게 학생의 존엄한 성을 보호할 의무와 학교에 대한 지도·감독의무를 규정하고 있으므로 피고 지방자치단체는 학교에서 학생들의 성적 자기결정권이 침해되지 않도록 각별히 교원 등을 지도·감독할 의무가 있고 교원의 학생에 대한 추행사건이 종종 발생하고 있는 상황에서 교사들에 대하여 정기적으로 전문가에 의한 심층적인 인성검사나 면담 등을 통한 교원적격검사를 실시하여 학생에 대한 성희롱 등 문제를 야기할 수 있는 교사가 없는지 사전에 확인하고 전문가가 그러한 가능성이 있다고 판단한 교원에 대하여는 최소한 40시간 이상의 개인상담을 포함한 특별연수를 시행하고 지속적으로 관찰하는 등의 방식으로 학생에 대한 성추행을 사전에 방지할 효과적인 제도나 프로그램을 운영하여야 할 의무가 있기 때문이다.

| 판례 | 성희롱 피해자 등에 대한 불이익 조치에 대한 사업주의 손해배상책임 (대법원 2017. 12. 22. 선고 2016다202947 판결)

사업주가 피해근로자 등을 도와준 동료 근로자에게 부당한 징계처분 등을 하였다면, 특별한 사정이 없는 한 사업주가 피해근로자 등에 대한 보호의무를 위반한 것으로 볼 수 있다.

※ 피해근로자의 조력자에 대한 불리한 조치도 피해자에 대한 불법행위가 되어 사업주의 피해근로자 보호의무 위반이 됨을 확인한 판결

| 판례 | 고객에게 성적 서비스를 하도록 요구한 관리자의 성희롱에 대한 회사의 손해배상책임 인정 (서울지방법원 2002. 11. 26. 선고 2000가합57462 판결)

면세점 판촉과장인 ○○○은 고객 여행사에게 대한 감사의 표시로 그 전직원들을 회식시켜주면서 여행사 여직원들도 합석하게 하였고, 그 자리에서 ○○○은 '굉장히 중요한 분들이시다', '알아서 접대 잘해라'며 면세점 안내데스크 계약직 사원인 원고와 △△△로 하겨금 위 여행사 남자 간부들 옆에 앉아 여러 시간 동안 술을 따르고 안주를 정리하여 주도록 하였고, 그 2차로 간 나이트클럽에서는 폭탄주를 만들어 여행사 남자 직원들과 건배를 하도록 하는 등 다음 날 새벽까지 함께 어울려 노래를 부르고 블루스를 추도록 한 사건에서 관련업체 직원 접대를 위하여 피고 회사 본점 면세점 판촉과장인 ○○○이 마련한 위 회식자리는 피고 회사의 업무와 관련된 것이라 할 것이고, ○○○의 위 언동은 남녀고용평등법 등에서 정한 **'직장 내의 지위를 이용하거나 업무와 관련된 성희롱에 해당한다'** 할 것이므로, 피고 회사는 ○○○의 **사용자로서 손해배상책임**을 면할 수 없다 할 것인바, 변론에 나타난 여러 사정을 종합하여 보면, 피고 회사가 배상할 위자료는 200만 원으로 정함이 상당하다.

| 판례 | 회사가 적절한 조치를 취하지 않아 더 큰 피해가 발생한 것에 대하여 회사의 사용자책임을 인정 (서울중앙지방법원 2018. 2. 6. 선고 2016가단5234961 판결)

성추행 사실은 피고 회사의 대표이사에게 보고되었음에도, 피고 회사는 피고 △△△에 대하여 경고를 하는 데 그쳤을 뿐 피해사실을 조사하고 징계하여 피고 △△△에 대한 감독을 강화하는 등 적절한 조치를 취하지 아니한 사실, 이에 ◇◇팀 직원인 ○○○이 피고 회사를 그만두어서 원고와 피고 △△△가 단 둘이 ◎을 만드는 작업을 하게 되었고, 이후 피고 △△△의 원고에 대한 강간 및 강제추행 범행이 이루어진 사실 등을 인정할 수 있다.

위 인정사실에 의하면 피고 △△△의 각 불법행위와 피고 회사의 사무집행과의 관련성이 인정되는바, 피고 회사는 피고 △△△의 사용자로서 피고 △△△와 공동하여 원고가 입은 손해를 배상할 책임이 있고, 피고 회사가 임직원들을 상대로 성희롱예방교육을 실시하였다는 점 등만으로는 피고 회사가 사용자로서 성범죄 방지에 필요한 주의의무를 다하였다고 보기 어렵고 달리 이를 인정할 만한 증거가 없으며, 나아가 원고가 피고 △△△의 위와 같은 행위가 사무집행행위에 해당하지 않음을 알았거나 중대한 과실로 알지 못하였다고 보기도 어렵다.

| 판례 | 피해자와 조력자에게 보복성 인사조치를 한 회사의 사용자책임을 인정 (대법원 2017. 12. 22. 선고 2016다202947 판결)

개인의 인격권, 사생활의 비밀과 자유를 보장하는 위 헌법 규정, 직장 내 성희롱의 예방과 피해근로자 등을 보호하고자 하는 남녀고용평등법의 입법취지와 직장 내 성희롱의 특성 등에 비추어, 직장 내 성희롱 사건에 대한 조사가 진행되는 경우 조사참여자는 특별한 사정이 없는 한 비밀을 엄격하게 지키고 공정성을 잃지 않아야 한다. 조사참여자가 직장 내 성희롱 사건을 조사하면서 알게 된 비밀을 누설하거나 가해자와 피해자의 사회적 가치나 평가를 침해할 수 있는 언동을 공공연하게 하는 것은 위법하고, 위와 같은 언동으로 말미암아 피해근로자 등에게 추가적인 2차 피해가 발생할 수 있고, 이는 결국 피해근로자 등으로 하여금 직장 내 성희롱을 신고하는 것조차 단념하도록 할 수 있기 때문에, 사용자는 조사참여자에게 위와 같은 의무를 준수하도록 하여야 한다.

CHAPTER 03

괴롭힘 개념 및 판단기준

CHAPTER 03

괴롭힘 개념 및 판단기준

1 직장 내 괴롭힘의 개념

1 법적 정의

직장 내 괴롭힘 금지 제도는 2019년 7월 16일 시행된 근로기준법 개정으로 신설되었다. 이전까지는 상급자의 폭언, 인격적 모욕, 부당한 업무배제 등 개별 사건에서 불법행위 책임이 인정된 사례가 일부 있었지만, 이를 포괄적으로 규율할 일반적 기준은 존재하지 않았다. 따라서 입법 이전까지는 피해자가 민사상 손해배상이나 형사처벌 규정을 통해 구제받아야 했고, 그마저도 요건이 엄격하여 실효성이 부족하였다.
근로기준법 제76조의2는 직장 내 괴롭힘을 다음과 같이 정의한다.

근로기준법

제76조의2(직장 내 괴롭힘의 금지)
사용자 또는 근로자는 직장에서의 지위 또는 관계 등의 우위를 이용하여 업무상 적정범위를 넘어 다른 근로자에게 신체적·정신적 고통을 주거나 근무환경을 악화시키는 행위(이하 "직장 내 괴롭힘"이라 한다)를 하여서는 아니 된다.

이 규정은 직장 내 괴롭힘 성립을 위한 세 가지 요소를 포함하고 있다. 즉, ① 지위나 관계상의 우위를 이용할 것, ② 업무상 적정 범위를 넘어설 것, ③ 그 결과로 신체적·정신적 고통을 주거나 근무환경을 악화시킬 것이라는 점이다.

2 입법 취지와 보호 목적

직장 내 괴롭힘 금지 규정은 근로자의 인격권 보장과 건강한 근로환경 조성을 목적으로 한다. 그동안 폭언이나 따돌림, 부당한 업무배제 등은 개인 간 갈등으로 취급되거나, 일부 형사범죄·민사상 불법행위의 범주에서만 제한적으로 다루어졌다. 그러나 일상적이고 반복적인 괴롭힘이 근로자의 신체적·정신적 건강을 심각하게 해치고, 조직 전체의 생산성과 안전까지 저해한다는 점이 사회적으로 문제 제기되면서 독립된 규율 체계가 필요하다는 공감대가 형성되었다.

입법자는 괴롭힘을 단순한 도덕적 비난이 아니라 법률상 금지되는 행위로 명확히 선언함으로써, 사용자와 근로자 모두가 준수해야 할 최소한의 기준을 마련하였다. 이를 통해 피해자가 사적 구제 수단에만 의존하지 않고, 법률에 근거한 보호를 받을 수 있도록 한 것이다. 나아가 사용자는 사업장에서 괴롭힘을 예방하고 사건 발생 시 적절히 대응해야 할 책임을 지게 되었고, 이는 근로조건 보호와 더불어 산업안전의 범주에 속하는 과제로 자리 잡게 되었다.

3 법적 정의의 특징

직장 내 괴롭힘에 관한 법적 정의는 다른 노동법 규정과 비교해 몇 가지 특징을 가진다.

첫째, **행위 주체의 범위가 넓다.** 조문은 "사용자 또는 근로자"라고 규정하고 있어, 전통적으로 지휘·감독 권한을 가진 상급자만을 전제로 하지 않는다. 동료나 하급자 역시 특정한 상황에서는 우위를 가질 수 있으므로 행위 주체가 될 수 있다. 이는 직장 내 괴롭힘이 단순히 위계질서에서만 발생하는 것이 아니라, 다양한 관계 속에서 나타날 수 있음을 반영한다.

둘째, **행위 양태가 포괄적이다.** 신체적 폭행이나 노골적 모욕뿐 아니라, 배제·따돌림·부당한 업무집중 배정, 사적 용무 지시 등도 포함된다. 법은 특정 유형을 열거하지 않고 "업무상 적정 범위를 넘어"라는 개념을 사용하여 다양한 형태의 괴롭힘을 포섭할 수 있도록 하였다.

셋째, **결과 요건을 강조한다.** 피해자가 신체적·정신적 고통을 겪거나 근무환경이 악화되는 결과가 있어야 성립한다. 따라서 단순히 불쾌했다는 주관적 반응만으로는 부족하고, 반복성·지속성·구체적 상황을 종합해 결과를 객관적으로 평가해야 한다.

넷째, **관계상의 힘의 불균형을 핵심 요소로 삼는다.** 지위·직급뿐 아니라, 집단의 수적 우위나 전문성·평가권 등에서 비롯되는 힘의 차이도 우위성으로 인정된다. 이는 괴롭힘 판단에서 행위 내용만이 아니라 권력관계와 맥락을 함께 고려해야 한다는 점을 보여준다.

이와 같은 특징들은 직장 내 괴롭힘 규정이 단순한 행위규제에 그치지 않고, **노동관계 전반에서 발생할 수 있는 인격권 침해 상황을 폭넓게 포착**하려는 입법자의 의도를 드러낸다.

4 실무적 의의

직장 내 괴롭힘 규정이 도입된 이후, 현장에서 사건을 처리하는 방식은 큰 변화를 겪었다. 과거에는 폭언이나 따돌림과 같은 문제가 발생하더라도, 피해자가 형사고소나 민사소송과 같은 외부 절차를 밟지 않는 한 사업장 내부에서 적극적으로 개입하기 어려웠다. 그러나 이제는 법률에 의해 사용자에게 신고 접수·사실 확인·피해자 보호·행위자 조치 등 일련의 의무가 부과되었고, 이를 위반하면 행정적·형사적 책임을 질 수 있다.

이 규정은 실무적으로 두 가지 중요한 의미를 가진다. 첫째, 조직 내 분쟁 해결 절차의 가시화다. 사용자는 고충처리위원회나 인사부서 차원에서 체계적인 조사와 대응 절차를 마련해야 하며, 이를 통해 피해자가 내부적으로도 실질적인 보호를 받을 수 있는 길이 열렸다. 둘째, 사전 예방의무 강화다. 사용자가 괴롭힘을 방치하면 법적 책임을 면하기 어렵기 때문에, 정기적인 교육, 상담 창구 설치, 재발방지 제도 마련 등이 필수적 과제로 자리 잡았다.

실무에서 직장 내 괴롭힘 정의는 단순한 법 문구 해석을 넘어, 사건의 맥락 속에서 세 요건이 모두 충족되는지를 종합적으로 검토하는 기준이 된다. 예컨대 상사의 업무상 지적이 있었다고 하더라도, 그 자체만으로는 괴롭힘이 되지 않는다. 그러나 지적이 반복적이고 공개적인 방식으로 이루어져 모욕감과 위축감을 주었고,

근무환경을 실질적으로 악화시켰다면 괴롭힘으로 인정될 수 있다.
또한 행위자의 주관적 의도와 무관하게 피해자의 입장에서 성인지 감수성과 괴롭힘 감수성을 고려하여 판단하는 것이 중요하다. 같은 발언이나 지시라 하더라도 맥락과 관계적 위치에 따라 괴롭힘 여부가 달라질 수 있기 때문이다. 결국 법적 정의는 추상적 기준에 불과하지만, 실무에서는 이를 사건별로 구체화하고 사회통념에 비추어 합리적으로 판단하는 과정이 필요하다.

2 괴롭힘 성립요건 및 판단기준

근로기준법 제76조의2에 따른 직장 내 괴롭힘은 단순히 불쾌하거나 힘든 경험만으로는 성립하지 않는다. 법은 행위자·피해자·행위 장소·행위 요건을 단계적으로 검토하여, **정해진 요건이 모두 충족되는 경우에 한해 괴롭힘으로 평가**한다.
즉, 직장 내 괴롭힘 판단은 다음과 같은 과정을 거친다.

① **행위자**: 사용자 또는 근로자인가, 그리고 그가 피해자에 대해 지위 또는 관계상의 우위를 가지고 있는가.

② **피해자**: 근로기준법상 보호대상에 해당하는 근로자인가, 고용형태와 무관하게 보호범위에 포함되는가.

③ **행위 장소**: 사업장 안팎을 불문하고, 업무와 관련된 공간·상황에서 이루어진 것인가.

④ **행위 요건**:
- 지위 또는 관계상의 **우위를 실제로 이용**한 행위였는가
- 그 행위가 **업무상 적정범위**를 벗어난 것이었는가
- 그로 인해 피해자에게 **신체적·정신적 고통**이나 **근무환경의 악화**가 있었는가

직장 내 괴롭힘 요건 요약

1. 괴롭힘 행위자 : 사용자 또는 근로자일 것
   (고객 등 제3자에 의한 괴롭힘은 산업안전보건법상 사업주의 보호조치 의무)
2. 괴롭힘 대상 : 다른 근로자
3. 행위가 아래의 내용을 충족해야 함
   (1) 직장에서의 지위 또는 관계 등의 우위를 이용할 것
   (2) 업무상 적정 범위를 넘을 것
   (3) 신체적·정신적 고통을 주거나 근무환경을 악화시키는 행위일 것

따라서 직장 내 괴롭힘 여부는 어느 한 요소만을 근거로 단정할 수 없고, 위 네 가지 단계를 종합적으로 충족하는지에 따라 최종 판단한다.

1 행위자

직장 내 괴롭힘의 행위자는 크게 사용자와 근로자로 나눌 수 있다. 근로기준법 제76조의2는 "사용자 또는 근로자가 직장에서의 지위 또는 관계 등의 우위를 이용하여…"라고 규정하고 있으므로, 사용자인 사업주뿐만 아니라 사업장 내 모든 근로자도 행위자가 될 수 있다.

1) 사용자

여기서 말하는 사용자의 범위는 같은 법 제2조 제1항 제2호에 따른 정의에 따라 판단하게 된다. 즉, 사용자는 ① 사업주, ② 경영담당자, ③ 근로자에 관한 사항에 대하여 사업주를 위하여 행위하는 자로 나눌 수 있다.

① 사업주

사업주는 근로계약 관계의 최종적 사용자로서, 근로자를 직접 고용하고 지휘·감독하는 자를 의미한다. 대표이사, 기관장, 사업소유자가 모두 여기에 포함된다. 사업주는 인사권과 재정권 등 절대적 권한을 행사할 수 있으므로, 그 지위를 배경으로 한 폭언, 모욕, 부당한 배제 등은 피해자에게 심각한 고통과 위축을 초래한다.

② 사업 경영 담당자

사업 경영 담당자는 사업주로부터 인사·경영 관리 권한을 위임받아 근로자를 지휘·감독하는 자를 뜻한다. 대표이사, 등기이사, 임원 등이 대표적이다. 이들은 평가권과 배치권을 바탕으로 근로자에게 직접적 영향력을 행사하므로, 권한을 남용하여 반복적 욕설·모욕적 언동·부당한 지시를 하는 경우 직장 내 괴롭힘으로 평가된다.

③ 근로자에 관한 사항에 대하여 사업주를 위하여 행위하는 자

이는 형식적으로 근로자의 지위를 가지고 있으나, 사업주 또는 사업 경영 담당자로부터 권한을 위임받아 인사·노무와 관련된 사항을 처리하는 자를 말한다. 인사 노무 담당자, 현장 관리자, 직무상 지휘·감독권을 행사하는 자가 여기에 해당한다. 이들은 사업주의 권한을 대리하여 행사하는 위치에 있기 때문에, 그 권한을 이용하여 근로자에게 불합리한 지시나 모욕적 언동을 한다면 행위자로 본다. 다만 단순한 직위나 직책에 의해서가 아니라, 해당 근로자가 실제로 수행하는 직무 내용과 권한 범위에 따라 판단해야 한다.

| 판례 | 공사감독을 하지 않은 이사 겸 현장소장은 사용자에 해당하지 않음 (대법원 1983. 6. 28. 선고 83도1090 판결)

피고인이 회사의 이사 겸 상가신축공사 현장소장으로 있었으나 **인부들의 공사감독은 주로 대표이사의 친척되는 공소외인이 맡아보고 있었으며 노임 등도 대표이사가 동 공소외인을 통하여 지급**하여 왔는데 대표이사가 수표를 부도관계로 도주한 후로 피고인이 사후수습을 위하여 미불노임등 채무를 조사확인한 사실 뿐이라면 피고인은 근로기준법 제15조(1975. 1. 1. 시행)에 규정된 사업경영담당자이거나 **근로자에 관한 사항에 대하여 사업주를 위하여 행위하는 자**라고 할 수 없다.

| 판례 | 생산부서 과장이라는 사용자로 단정하기 어려움 (대법원 1989. 11. 14. 선고 88누6924 판결)

근로자에 대한 사항에 대하여 사업주를 위하여 행동하는 자에 해당하는지의 여부는 그가 근로자에 관한 어떤 사항에 대하여 사업주로부터 일정한 권한과 책임을 부여받고 있었는지의 여부에 따라 결정되는 것이라 할 것이다. 그러므로 위 OOO이 이른바 사용자에 해당하는지의 여부를 판단하는 원심으로서는 먼저 **근로자에 관한 어떤 사항에 대하여 사업주로부터 일정한 권한과 책임을 부여 받은 자인지의 여부를 심리하여야** 할 것이다. 원심이 이에 이르지 아니하고 위 ○○○이 공작과 과장대리로서 **근로에 관한 사항을 감독할 수 있다는 이유만으로 그를 사용자라고 단정한 것은 심리미진과 이유불비 아니면 사용자에 관한 법리 오해의 위법이 있다** 할 것이므로 이 점을 지적하는 논지는 이유있다.

| 판례 | 학교법인 경영 병원의 원장이 직접 간호원을 채용하였다면 간호원들에 대한 관계에서는 병원장도 사용자임 (대법원 1980. 11. 11. 선고 80도1070 판결)

피고인은 공소외 학교법인 산하 병원의 원장으로서 피고인도 공소외 학교법인의 피용자 지위에 있다 하겠으나 그렇다 하더라도 기록에 의하면 본건에서 문제가 된 **위 병원의 간호원들은 병원장인 피고인이 직접 채용한 사실**(공판기록 20, 21면: 수사기록 39면 참조)**을 알 수 있으니 적어도 위 간호원들에 대한 관계에서는 피고인도 근로기준법 제15조 소정의 사용자임이 분명하다** 할 것이고 따라서 피고인이 사용자가 아님을 전제로 한 상고논지는 채용할 수 없다.

| 판례 | **고용이나 급료의 지급 등 근로자에 관한 사항에 대해 실질상 직무를 수행한 일반 이사도 사용자에 해당함 (대법원 1995. 12. 5. 선고 95도2151 판결)**

원심이 적법하게 확정한 바와 같이 피고인은 ○○전자 주식회사 이사로서 대표이사인 주△△과 같이 근로자들을 고용하고 급료를 지급하는 등 회사의 근로자에 관한 사항에 대하여 실질상 직무를 집행하여 왔으므로 근로기준법 제15조의 사용자에 해당한다고 봄이 상당할 것이고, 이와 같은 취지에서 이 사건 임금 등 체불에 대하여 피고인을 유죄로 인정한 원심의 조치는 정당하고 거기에 소론과 같은 근로기준법상의 사용자에 관한 법리오해의 위법이 없다.

여기서, 한 가지 유의해야 할 점은 사용자가 직장 내 괴롭힘 행위자가 되는 경우에는 일반 근로자와 달리 별도의 행정벌 규정이 적용된다는 것이다. 「근로기준법」 제116조는 사용자가 제76조의2를 위반해 괴롭힘을 한 경우 1천만 원 이하의 과태료를 부과하도록 정하고 있으며, 위반 횟수와 행위 유형에 따라 과태료 액수가 차등화된다. 예컨대 한 사람에게 반복적으로 괴롭힘을 하거나 여러 사람에게 괴롭힘을 한 경우, 사업장 밖에서 괴롭힘을 한 경우, 사용자의 친족이 근로자를 괴롭힌 경우 각각 별도의 부과 기준이 마련되어 있다. 과태료는 원칙적으로 행위자 개인에게 부과되며, 위반 횟수가 늘어날수록 가중된다. 이러한 규정은 사업주가 괴롭힘 예방·조치 의무의 주체일 뿐 아니라, 직접 행위자가 될 수 있다는 점을 고려한 것이다.

근로기준법

제116조(과태료)

① 사용자(사용자의 「민법」 제767조에 따른 친족 중 대통령령으로 정하는 사람이 해당 사업 또는 사업장의 근로자인 경우를 포함한다)가 제76조의2를 위반하여 직장 내 괴롭힘을 한 경우에는 1천만원 이하의 과태료를 부과한다.

근로기준법 시행령

제59조의3(사용자의 친족인 근로자의 범위)

법 제116조제1항에서 "대통령령으로 정하는 사람"이란 다음 각 호의 사람을 말한다.

1. 사용자의 배우자
2. 사용자의 4촌 이내 혈족
3. 사용자의 4촌 이내 인척

※ '혈족': 부모와 자식, 형제자매 등 혈연관계를 맺고 있는 사람
(예시) 부모·조부모, 자식, 손자녀, 형제자매, 부모의 형제자매 등

※ '인척': 혼인에 의하여 관련된 사람(혈족의 배우자, 배우자의 혈족, 배우자의 혈족의 배우자)
(예시) 배우자의 부모, 배우자의 형제자매, 형제자매의 배우자, 부모의 형제자매의 배우자, 자식의 배우자

Q 근로자가 아닌 사용자의 친족이 괴롭힌 경우?

A 사용자가 아닌 친족 근로자가 직장 내 괴롭힘을 한 경우에도 법적 보호는 가능하다. 「산업안전보건법」은 고객이나 제3자로부터의 폭언·폭행 등으로부터 근로자를 보호하기 위해 사업주의 건강장해 예방 및 조치 의무를 규정하고 있으며, 이 의무를 위반해 불리한 처우가 발생하면 사업주에게 과태료가 부과된다. 즉, 행위자가 친족이라 하더라도 사용자는 이를 예방하고 조치해야 할 책임을 면할 수 없다.

Q 사용자의 괴롭힘에 대한 과태료 규정에서 위반행위의 횟수에 따른 과태료 부과 기준은?

A 과태료 부과는 위반행위의 횟수에 따라 가중된다. 근로기준법 시행령은 최근 1년간 같은 유형의 위반행위로 과태료를 받은 경우, 동일한 행위를 다시 하면 종전 부과 처분을 기준으로 위반 횟수를 계산하도록 하고 있다. 따라서 초범보다 재범, 재범보다 삼진의 경우 과태료 금액이 더 무겁게 부과된다.

위반 행위 (근로기준법 시행령 별표7)	과태료 금액(만 원)		
	1차	2차	3차 이상
파. 사용자가 법 제76조의3제2항을 위반하여 직장 내 괴롭힘 발생 사실 확인을 위한 조사를 실시하지 않은 경우	300	500	500
하. 사용자가 법 제76조의3제4항을 위반하여 근무장소의 변경 등 적절한 조치를 하지 않은 경우	200	300	500
거. 사용자가 법 제76조의3제5항을 위반하여 징계, 근무장소의 변경 등 필요한 조치를 하지 않은 경우	200	300	500
너. 법 제76조의3제7항을 위반하여 직장 내 괴롭힘 발생 사실 조사 과정에서 알게 된 비밀을 다른 사람에게 누설한 경우	300	500	500

Q **괴롭힘 행위를 한 사용자(또는 친족)에 대한 과태료가 부과되는 대상은?**

A 과태료는 회사에 일괄적으로 부과되는 것이 아니라, 괴롭힘 행위를 실제로 한 **개인에게 직접** 부과된다. 이는 행위자 개인의 책임을 명확히 함으로써, 사용자나 근로자 모두가 직장 내 괴롭힘 행위에 대한 법적 책임에서 자유로울 수 없다는 점을 보여준다.

2) 근로자

근로자도 직장 내 괴롭힘의 행위자가 될 수 있다. 행위자가 될 수 있는 근로자의 범위는 원칙적으로 피해자의 사용자와 근로관계를 맺고 있는 모든 근로자이다. 직장 내 괴롭힘은 전형적으로 상급자가 하급자를 대상으로 발생하지만, 동료나 하급자에 의해서도 나타날 수 있다. 근로기준법 제76조의2는 사용자뿐 아니라 근로자에 의한 괴롭힘까지 포섭하고 있으며, 실제 현장에서는 동료 간, 하급자와 상급자 간, 정규직과 비정규직 간 등 다양한 관계에서 괴롭힘이 발생한다. 중요한 것은 형식적 직급이 아니라 피해자가 저항하기 어려운 관계상의 우위가 존재했는지 여부다.

① 상급자

직장 내 괴롭힘에서 가장 일반적인 유형은 상급자에 의한 행위다. 상급자는 지휘·감독권, 평가권, 인사권을 바탕으로 피해자에게 사실상 거부하기 어려운 압력을 행사할 수 있다. 반복적 폭언·모욕, 업무와 무관한 지시, 특정 근로자의 업무배제 등은 모두 상급자의 권한 남용에 해당한다.

② 동료 근로자

같은 직급의 근로자 사이에서도 괴롭힘은 발생할 수 있다. 특히 집단적 다수성이 특정 개인을 고립시키는 방식으로 나타난다. 예를 들어 단체 대화방에서 특정인을 반복적으로 배제하거나, 회식·행사에서 지속적으로 제외하는 경우가 대표적이다.

③ 하급자

직급은 낮더라도 전문성을 무기로 상급자를 반복적으로 모욕하거나, 여러 하급자가 연대하여 상급자에게 압박을 가하는 경우에도 괴롭힘이 성립할 수 있다. 형식적으로는 상급자가 우위에 있는 것처럼 보이지만, 실질적으로는 저항하기 어려운 상황이 조성되었다면 관계상의 우위를 이용한 것으로 평가된다.

④ 파견관계에서의 교차 괴롭힘

파견관계에서는 보다 세밀한 검토가 필요하다. 사용사업주 소속 근로자가 파견근로자를 괴롭히는 경우에는 「근로기준법」상 직장 내 괴롭힘에 해당할 수 있다. 이는 파견법 제34조에 따라 사용사업주도 파견근로자에 대한 사용자 지위를 가지기 때문이다.

반대로 파견근로자가 사용사업주 소속 근로자를 괴롭히는 경우에는 양자가 동일한 사용자 소속이 아니므로 직장 내 괴롭힘으로 성립하기 어렵다. 그러나 이 경우에도 사용사업주는 자기 소속 근로자를 보호할 책임이 있으므로, 피해 근로자에 대한 분리·배치 조정·근무환경 정비 등의 조치를 취해야 한다. 실무적으로는 파견사업주와 사용사업주가 협력하여 사실관계를 조사하고, 각각의 지위에 맞는 조치를 분담하는 것이 바람직하다.

| 참고 판례 | **대법원 2013. 11. 28. 선고 2011다60247 판결**

근로자파견에서의 근로 및 지휘·명령 관계의 성격과 내용 등을 종합하면, 파견사업주가 고용한 근로자를 자신의 작업장에 파견받아 지휘·명령하며 자신을 위한 계속적 근로에 종사하게 하는 사용사업주는 파견근로와 관련하여 그 자신도 직접 파견근로자를 위한 보호의무 또는 안전배려의무를 부담함을 용인하고, 파견사업주는 이를 전제로 사용사업주와 근로자파견계약을 체결하며, 파견근로자 역시 사용사업주가 위와 같은 보호의무 또는 안전배려의무를 부담함을 전제로 사용사업주에게 근로를 제공한다고 봄이 타당하다. 그러므로 **근로자파견관계에서 사용사업주와 파견근로자 사이에는 특별한 사정이 없는 한 파견근로와 관련하여 사용사업주가 파견근로자에 대한 보호의무 또는 안전배려의무를 부담한다는 점에 관한 묵시적인 의사의 합치가 있다고 할 것이**고, 따라서 사용사업주의 보호의무 또는 안전배려의무 위반으로 손해를 입은 파견근로자는 사용사업주와 직접 고용 또는 근로계약을 체결하지 아니한 경우에도 위와 같은 묵시적 약정에 근거하여 사용사업주에 대하여 보호의무 또는 안전배려의무 위반을 원인으로 하는 손해배상을 청구할 수 있다.

⑤ 원·하청 관계에서의 교차 괴롭힘

원·하청 관계에서도 유사한 문제가 발생할 수 있다. 원청 근로자와 하청 근로자는 서로 다른 사용자에 소속되어 있으므로, 양자 간 행위는 근로기준법상 직장 내 괴롭힘으로 보기 어렵다. 다만 원청 사업주는 사업장 전체의 안전과 보건을 관리할 의무를 부담하므로, 협력업체 근로자를 포함한 포괄적인 보호 체계를 마련해 직장 내 괴롭힘을 예방하고 대응할 필요가 있다.

참고 **사내하도급 근로자 가이드라인(2022. 11., 일부 발췌)**

3. 괴롭힘 및 성희롱 예방·대응조치

가. 도급사업주 조치사항

(1) 도급사업주는 소속 근로자가 사내하도급 관계에서의 우위를 이용하여 업무상 적정한 범위를 넘어 사내하도급 근로자에게 신체적·정신적 고통을 주거나 근무환경을 악화시키는 행위(이하 "괴롭힘"이라 한다)와 성희롱을 예방하고 괴롭힘이나 성희롱이 발생하는 경우 조치 등에 관한 내용을 취업규칙에 규정한다.

(2) 도급사업주는 소속 근로자에게 사내하도급 근로자에 대한 성희롱 금지와 예방 등을 위한 사항을 포함하여 교육을 실시한다.

(3) 도급사업주 소속 근로자와 사내하도급 근로자 간의 괴롭힘 또는 성희롱이 문제되어 수급사업자가 조사를 실시하는 경우에 도급사업주는 이에 적극적으로 협조하고, 필요한 경우 수급사업주와 공동조사를 실시한다.

(4) 도급사업주는 사내하도급 근로자에 대한 소속 근로자의 괴롭힘 또는 성희롱 발생 사실이 확인된 때에는 해당 소속 근로자에 대한 근무장소 변경 등 필요한 조치를 한다.

(5) 도급사업주는 괴롭힘 또는 성희롱에 대한 신고 또는 주장을 이유로 해당 사내하도급 근로자 및 수급사업주에 대하여 불이익한 조치를 하지 않는다.

나. 수급사업주 조치사항

(1) 수급사업주는 사내하도급 근로자에 대한 괴롭힘 또는 성희롱 발생 사실의 신고가 접수되거나 그 사실을 인지한 경우에는 지체 없이 그 사실에 대한 조사를 실시한다.

(2) 수급사업주는 조사 기간 동안 괴롭힘 또는 성희롱과 관련하여 피해를 입었거나 입었다고 주장하는 사내하도급 근로자에 대하여 본인의 의사에 반하지 않는 범위에서 업무의 일시적 중단, 휴게시간 연장, 근무장소 변경, 유급휴가 명령 등 적절한 보호조치를 한다.

(3) 수급사업주는 조사 결과 괴롭힘 또는 성희롱 발생 사실이 확인된 때에는 즉시 이를 도급사업주에게 통보하고, 피해 사내하도급 근로자에 대해서는 본인이 요청하면 근무장소 변경, 유급휴가 명령 등 적절한 조치를 한다.

2 피해자

직장 내 괴롭힘의 피해자는 사용자의 지휘·감독을 받는 모든 근로자가 될 수 있다. 근로기준법 제76조의2는 행위자를 "사용자 또는 근로자"로 규정하고 있는데, 이는 괴롭힘의 상대방이 될 수 있는 근로자의 범위를 제한하지 않는다는 의미다. 따라서 정규직뿐 아니라 기간제·단시간·파견·용역 근로자 등 고용형태와 무관하게 모두 보호 범위에 포함된다.

실무에서는 피해자가 '근로기준법상 근로자'에 해당하는지가 문제 되기도 한다. 형식적 지위와 상관없이, 임금을 목적으로 종속적인 관계에서 노무를 제공한다면 근로자로 인정된다. 따라서 수습·인턴, 단기계약직, 심지어 특수형태근로종사자 중에서도 근로자성이 인정되는 경우라면 보호 대상이 될 수 있다.
이처럼 피해자 범위는 넓게 해석되며, 사건 처리 과정에서는 피해자가 사용자와 맺은 고용형태나 계약 형식보다 실질적인 근로 제공 관계를 중심으로 판단해야 한다.

1) 원칙적 범위

피해자는 원칙적으로 「근로기준법」 제2조 제1항 제1호에서 규정하는 근로자, 즉 사용자와 근로계약 관계에 있는 모든 근로자를 포함한다. 고용형태, 계약기간, 근속연수와 무관하게 동일한 사용자 소속이라면 누구나 피해자가 될 수 있다. 따라서 정규직은 물론, 기간제·단시간 근로자, 촉탁직, 수습근로자, 파견근로자, 외국인 근로자도 예외 없이 보호 범주에 속한다.

2) 근로자성 판단기준

피해자성을 판단할 때 중요한 것은 형식적 지위가 아니라 실질적인 종속관계다. 사용자의 지휘·감독을 받으며 근로를 제공하고 임금을 지급받는 관계라면 근로자로 보아야 하고, 따라서 직장 내 괴롭힘의 피해자가 될 수 있다. 이 기준은 계약서의 명칭이나 직함과 관계없이, 실제 업무 수행 방식과 종속성 여부에 따라 판단한다.

3) 취약 근로자의 보호

기간제·단시간·파견근로자, 수습근로자, 외국인 근로자 등은 괴롭힘 상황에서 문제 제기를 주저하거나 권리구제 절차를 활용하기 어려운 경우가 많다. 따라서 법적으로는 동일하게 보호되지만, 실무적으로는 이들 집단에 대해 더 세심한 배려가 필요하다. 특히 외국인 근로자의 경우 언어·문화적 장벽으로 인해 고립되기 쉽기 때문에, 예방교육과 신고 절차 안내를 강화하는 것이 중요하다.

4) 근로자가 아닌 자의 한계

용역계약을 맺은 외부 인력이나 특수고용 형태의 종사자, 자영업자는 「근로기준법」상 근로자에 해당하지 않으므로 직장 내 괴롭힘 제도의 직접적인 보호 대상은 아니다. 그러나 이 경우에도 산업안전보건법상 안전배려의무나, 회사의 윤리규정·협력업체 관리규정 등을 통해 간접적인 보호 체계를 마련할 수 있다.

참고 **공무원의 근로기준법 적용 관련 질의 회시 (근로기준정책과-122, 2020. 1. 6.)**

- 「근로기준법」은 근로자 모두에게 적용되는 일반법입니다.
  - 다만, 개별 조항에 따라서는 「근로기준법」의 특별법적 지위에 있는 법령이 있는 경우 해당 법령이 우선 적용됩니다.
  - 대법원도 공무원은 원칙적으로 「근로기준법」상 근로자에 해당하지만, 구체적인 근로조건 등에 대해서는 「국가공무원법」 및 「공무원행동강령」 등이 특별법으로서 적용된다는 입장입니다(대법원 86다카1355, 94다446 판결 등 참조).
  - 공무원 관련 법령을 종합적으로 고려할 때, 「근로기준법」에 따른 직장 내 괴롭힘 금지 제도는 공무원에게 직접 적용되지 않고, 「국가공무원법」및 「공무원행동강령」, 「공무원고충처리규정」, 「공무원 징계령」 등이 우선 적용됩니다.
- 따라서 공무원이 괴롭힘 피해를 받았거나 혹은 그 사실을 알게 된 경우에는 「국가공무원법」 제76조의2에 따라 인사혁신처 및 각 기관에 설치된 고충처리심사위원회 등을 통해 괴롭힘, 갑질 등에 대한 구제를 받을 수 있습니다(구체적인 신고 등은 인사혁신처에 문의 바람).
  - 아울러 공공분야에서의 갑질, 괴롭힘 근절을 위하여 '19년 국무조정실 주관 하에 관계부처 합동으로 마련한 「공공분야 갑질 종합대책」에 따라 기관별 갑질신고 센터가 설치되어 있음을 알려드리니 참고하시기 바랍니다.

참고 **공공분야 갑질 근절을 위한 가이드라인(관계부처 합동, 2019. 2.)**

- 적용범위
  - 이 가이드라인은 중앙행정기관, 지방자치단체, 공공기관의 운영에 관한 법률에 따른 공공기관, 지방공기업법에 따른 지방공기업, 그리고 지방자치단체 출자·출연 기관의 운영에 관한 법률에 따른 지방자치단체 출자·출연 기관에 적용한다.
  - 중앙행정기관, 지방자치단체, 공공기관 등으로부터 공무를 위탁받아 행하는 기관·개인 또는 법인과 공무원으로 의제 적용되는 사람에게도 적용한다.

3 행위 장소

직장 내 괴롭힘은 반드시 사업장 안에서만 발생하는 것은 아니다. 「근로기준법」 제76조의2는 장소적 범위를 한정하지 않고 있으며, 고용노동부 지침 역시 업무와 관련된 장소에서 발생한 행위 전반을 포섭하고 있다.

1) 사업장 내 장소

사무실, 회의실, 공장, 매장, 병원, 차량 등 근로자가 업무를 수행하는 공간은 모두 직장 내 괴롭힘의 장소가 될 수 있다. 탈의실, 휴게실, 구내식당 등 근무와 밀접하게 연결된 장소도 예외가 아니다.

2) 사업장 외 장소

회식, 워크숍, 출장지, 야유회, 동호회 활동 등 공식·비공식 행사가 이루어지는 장소도 업무와 관련이 있다면 괴롭힘 발생 장소로 인정된다. 특히 회식 자리에서의 모욕적 언행이나 사적 모임에서의 반복적 배제도 직장 내 괴롭힘으로 문제 될 수 있다.

3) 온라인 공간

업무와 관련된 단체 메신저방, 이메일, 그룹웨어, 업무용 SNS 등 비대면 공간도 괴롭힘의 무대가 될 수 있다. 특정 근로자를 단체 대화방에서 의도적으로 배제하거나, 반복적으로 모욕적인 메시지를 보내는 경우가 대표적이다.

Q **익명으로 게시된 온라인 게시판에서의 폭언 등도 직장 내 괴롭힘에 해당하나요?**

A 직장 내 괴롭힘이 성립하려면 행위자가 사용자 또는 근로자로 특정되어야 하고, 피해자가 저항하기 어려운 관계상의 우위를 이용한 행위임이 확인되어야 한다. 그러나 익명 게시판 등에서는 행위자를 특정하기 어렵고, 그로 인해 우위성을 이용한 행위라고 평가하기 힘들다. 따라서 단순히 익명성을 기반으로 한 폭언이나 모욕적 표현만으로는 근로기준법상 직장 내 괴롭힘에 해당한다고 보기는 어렵다.

4) 장소 불문 원칙

궁극적으로 중요한 것은 장소 그 자체가 아니라 **업무와의 관련성**이다. 피해자가 사용자와의 관계 속에서 근로를 제공하는 과정에서 괴롭힘을 당했다면, 장소가 사무실이든 회식 자리든 온라인이든 불문하고 직장 내 괴롭힘이 성립할 수 있다.

4 행위 요건

직장 내 괴롭힘은 단순히 불쾌한 언행이나 인간관계 갈등만으로는 성립하지 않는다. 괴롭힘으로 인정되기 위해서는 행위가 일정한 법적 요건을 충족해야 하며, 이는 「근로기준법」 제76조의2에서 제시하는 세 가지 기준으로 나눌 수 있다. 즉, ① 지위 또는 관계상의 우위를 이용했는가, ② 그 행위가 업무상 적정 범위를 벗어났는가, ③ 그 결과 피해자에게 신체적·정신적 고통이나 근무환경의 악화가 있었는가를 차례로 검토해야 한다.

1) 지위 또는 관계상의 우위를 이용할 것

직장 내 괴롭힘 성립에서 가장 먼저 검토되는 요건은 행위자가 피해자보다 지위나 관계상 우위를 가지고 있었는지, 그리고 그 우위를 실제로 이용했는지 여부다. 단순히 상하관계가 존재한다는 사실만으로는 부족하며, 피해자가 괴롭힘 행위에 대해 저항하거나 거절하기 어려운 상태가 조성되었는지가 핵심이다.

「근로기준법」 제76조의2는 '직장에서의 지위 또는 관계 등의 우위를 이용하여'라는 요건을 명시하고 있다. 여기서 말하는 우위란 직급 차이에만 한정되지 않는다. 인사평가·보직 배치·계약 갱신과 같은 인사권한, 정규직과 비정규직의 고용형태 차이, 다수 대 소수의 수적 차이, 근속연수와 전문성의 격차, 나이·학벌·출신지 등 조직문화 속 위계질서 모두가 피해자가 거절하기 어려운 힘으로 작용할 수 있다. 이러한 요소들이 단독 또는 복합적으로 작용해 피해자가 사실상 대응하기 어려운 환경을 형성한다.

우위가 인정된다고 해서 곧바로 직장 내 괴롭힘으로 이어지는 것은 아니다. 중요한 것은 그러한 우위가 실제 행위 과정에서 활용되었는지, 즉 행위자가 그 지위를 배경으로 피해자의 자유로운 의사표현이나 거절 가능성을 제약했는지 여부다. 상사가 평가권을 배경으로 반복적 모욕을 가하거나, 계약 연장을 무기로 부당한 사적 용무를 지시한 경우는 대표적인 사례다. 반면 단순한 직급 차이만 존재하거나, 회의 중 일시적인 질문·주의에 불과한 경우는 우위를 이용했다고 보기 어렵다.

관계적 우위는 형식적 지휘·감독 관계가 없는 상황에서도 성립할 수 있다. 직급이 낮은 근로자가 선임자와 연대하여 압박을 가하거나, 특정 업무에서 독보적 전문성을 무기로 동료를 반복적으로 비난하는 경우가 그 예이다. 실제 판례도 "행위자가 하급자라 하더라도 사실상 우위를 확보·활용해 피해자가 저항하기 어려운 상황을 조성했다면 '우위를 이용한 것'에 해당한다"라고 판시한 바 있다.

따라서 실무적으로는 △ 우위적 권한이나 관계가 존재했는지, △ 그 우위가 행위 과정에서 실제로 작동했는지, △ 피해자가 저항하기 어려운 상태였는지를 종합적으로 살펴야 한다. 결국 '우위를 이용한다'는 요건의 본질은 우위성의 존재와 그 실제 이용의 결합에 있다.

- 직위·직급상의 차이: 상사와 부하 직원의 관계, 관리자와 평가 대상자의 관계 등.
- 고용형태의 차이: 정규직과 비정규직, 무기계약직과 기간제 등 고용안정성의 격차.
- 전문성의 차이: 특정 업무 분야에서 독보적인 기술이나 지식을 가진 자가 이를 무기로 삼는 경우.
- 인원수의 우위: 다수의 동료가 한 명을 따돌리거나 집단적으로 압박하는 경우.
- 인적 네트워크·관계망: 회사 내 영향력 있는 집단이나 특정 라인에 속한 자가 이를 이용하는 경우.
- 근속연수·연령·학벌 등 조직문화 속에서 사실상 위계질서를 형성하는 요인들.

| 참고 판례 | 서울행정법원 2021. 9. 9. 선고 2020구합74627 판결

이 사건에서 원고 본인은 피해자보다 직위가 낮지만, 원고와 피해자 및 E 과장 단 3명으로 구성된 '콥' 내에서 가장 선임자인 E 과장과 합세하는 수법을 사용하여 피해자를 상대로 지위 및 관계상의 우위를 점할 수 있었고, 이러한 우위를 바탕으로 피해자를 괴롭힌 것이라 평가할 수 있다.

| 참고 판례 | 서울행정법원 2022. 1. 18. 선고 2020구합84143 판결

원고(청원경찰 조장 아님)는 메일을 통해 청원경찰 조장이던 피해자 3에게 손괴된 무전기 안테나 덮개에 대한 조치를 취하도록 지시하거나(2019. 7. 22. 09:51 메일), 방검복 착용에 관한 내부방침 변경에 대해 비꼬는 말투로 시정할 것으로 요구하였으며(2019. 8. 12. 21:40 메일), 직접 대면하여 이야기할 것으로 요구한 피해자 3에게 자신의 근무경력이나 연령 등을 내세워 거부하면서 피해자 3의 얼굴을 보거나 목소리를 듣는 것만으로 스트레스를 받아 미칠 지경이라는 표현을 사용하였는바(2019. 8. 15. 09:43 메일), 이와 같이 원고가 조장의 지도 및 감독권한을 무시하고 직장에서의 지위 또는 관계 등의 우위를 이용하여 조장인 피해자 3에게 부당한 업무지시를 한 것은 업무상 적정범위를 넘어 정신적 고통을 주거나 근무환경을 악화시키는 행위에 해당한다.

| 참고 판례 | 울산지방법원 2022. 9. 22. 선고 2021가합14843 판결

A는 다른 직원들 앞에서 공공연히 B가 나이 어린 여자임에도 자신의 상급자로 있는 것에 대한 불만을 표현하였던 점, 다른 직원들로 하여금 B가 포함되어 있는 카카오톡 단체방에는 교대완료 메시지를 남기지 않도록 하는 지시하거나 피해자 3이 B에게 직접 업무보고를 하자 '그걸 왜 B가 알게 했냐'며 피해자 3에게 화를 내는 등 B를 의도적으로 배제시키려고 하였던 점 등의 사정까지 더하여 보면 이는 B에 대한 직장 내 괴롭힘에 해당한다고 판단된다.

2) 업무상 적정범위를 넘을 것

업무상 적정범위를 넘어섰다고 평가되기 위해서는 문제된 행위가 단순히 불쾌하거나 불편한 경험이라는 차원을 넘어, 법에서 정한 요건을 충족해야 한다. 즉, ① 행위가 사회통념상 업무상 필요성이 인정되지 않거나, ② 필요성이 있다 하더라도 그 방식이나 정도가 사회통념상 상당성을 벗어난 경우여야 한다. 이 두 가지 중 하나에 해당한다면, 해당 행위는 적정범위를 넘어선 것으로 평가된다.

먼저, 행위의 업무 관련성을 검토한다. 직무 자체와 직접 관련된 지시나 지도뿐 아니라, 업무수행에 편승하거나 이를 빙자하여 이루어진 행위라면 외형상 업무와 연관성을 가진 것으로 볼 수 있다. 따라서 회식, 단체 채팅방, 워크숍, 교육 등에서 발생한 모욕적 언행이나 배제 행위도 업무 관련성이 인정될 수 있다. 반대로, 전혀 업무와 무관한 사적 갈등이나 개인적 다툼이라면 직장 내 괴롭힘으로 평가하기 어렵다.

업무 관련성이 인정되더라도, 그 행위가 업무 목적과 합리성을 갖추었는지를 다시 따져야 한다. 필요성이 없는 지시나 지도 혹은 필요성이 있다 하더라도 사회통념상 현저히 부당하게 이루어진 경우라면 적정범위를 벗어난다. 예컨대 단순한 실수 지적을 넘어 공개적인 자리에서 반복적으로 망신을 주는 행위, 지속적인 폭언·모욕, 물리적으로 불가능한 업무량을 강제로 부과하는 행위는 전형적인 예이다.

또한 차별적·편향적 부과도 문제된다. 동일한 업무를 수행하는 다른 근로자에게는 요구하지 않으면서 특정 근로자에게만 과도한 업무를 반복적으로 지시하거나, 정당한 이유 없이 회의·행사·메신저 등에서 지속적으로 배제하는 행위는 적정범위를 벗어난 행위로 평가된다. 정당한 업무 목적과 필요성이 없는 경우, '사적 심부름'이나 개인적 용무를 반복적으로 강요하는 경우도 마찬가지다.

이처럼 업무상 적정범위를 넘어선 행위는 매우 다양한 유형으로 나타난다.

- 폭행·협박: 업무 수행과 관련해 신체적 폭행이 발생한 경우에는 그 자체로 적정범위 초과에 해당한다.
- 언어적 행위: 지도나 질책의 범위를 벗어나 공개적 모욕이나 인격적 비하로 이어질 때, 반복적이고 지속적인 폭언은 적정범위를 넘는다.
- 업무 배제·따돌림: 정당한 이유 없이 회의·행사·메신저에서 특정인을 배제하거나, 사무기기 접근을 제한하는 경우.
- 사적 용무 지시: 개인적 심부름이나 사생활적 요구를 반복적으로 강요하는 경우.
- 무관업무 반복 부과: 해당 직무와 무관한 일을 지속적으로 지시하거나, 과도하게 업무를 몰아 부과하는 경우.
- 과도한 업무량: 물리적으로 불가능하거나 다른 동료와 비교해 현저히 불합리한 과업을 부여하는 경우.

위와 같은 행위는 모두 근로기준법 제76조의2에서 말하는 '업무상 적정범위'를 벗어난 것으로 평가될 수 있다.

반대로, 업무 수행을 위한 합리적이고 일시적인 지시·지도는 괴롭힘으로 볼 수 없다. 예컨대 안전규정을 위반한 근로자에게 엄중히 주의를 주는 경우 혹은 성과 향상을 목적으로 객관적 근거에 따라 피드백을 제공하는 경우는 사회통념상 적정 범위 내 행위로 본다. 따라서 실무에서 괴롭힘 성립 여부를 판단할 때는 단순히 피해자가 불쾌했다고 해서 결론을 내리지 않고, 행위의 필요성과 방식이 사회통념상 어느 정도로 평가되는지를 종합적으로 고려해야 한다.

판례 역시 같은 입장이다. '업무상 명백히 불필요한 것이거나 수행 불가능한 것을 강제하는 행위', '업무상의 합리성이 없이 능력이나 경험에서 현저히 벗어난 수준의 낮은 업무를 반복적으로 부과하는 행위'도 외형상 업무 범위 내에 있는 것처럼 보이더라도 괴롭힘에 해당할 수 있다고 판시하였다. 이는 단순한 업무 지시라는 외피를 두르고 있더라도, 실질적으로는 괴롭힘 행위로 인정될 수 있음을 보여주는 중요한 기준이다.

| 참고 판례 | 대구지방법원 2022. 6. 15. 선고 2021나314644 판결

사용자 또는 근로자가 직장에서의 지위 또는 관계 등의 우위를 이용하여 업무상 적정범위를 넘어 다른 근로자에게 신체적 정신적 고통을 주거나 근무환경을 악화시켰다면, 이는 위법한 '직장 내 괴롭힘'으로서 피해 근로자에 대한 민사상 불법행위책임의 원인이 된다. '직장 내 괴롭힘'에는 '폭행·상해 등의 신체적 공격행위'나 '폭언·협박 등의 정신적인 공격행위'와 같이 명백히 업무 범위를 벗어나는 행위뿐만 아니라 **'업무상 명백히 불필요한 것이거나 수행 불가능한 것을 강제하는 행위', '업무상의 합리성이 없이 능력이나 경험에서 동떨어진 정도의 낮은 업무를 명령하는 행위' 등 외견상으로 업무 범위 내의 행위로 보이는 행위도 포함된다.**

| 참고 판례 | 수원지방법원 성남지원 2020. 6. 30. 선고 2019가합400151 판결

원고는 이 부분 징계 사유에 관하여 원고가 근무 과정에서 일부 직원들에게 질책은 한 적은 있으나, 욕설을 하거나 폭언에 이를 정도의 발언은 하지 않았고, 특히, ① 행사 등에 참석하도록 한 것은 강요가 아닌 독려에 불과하고, ② 회식에 참석하지 않을 경우

블랙리스트에 적겠다는 말은 원고가 아닌 Q이 한 발언이며, ③ 2018. 4. 16.회의 시간 중 한 말은 혼잣말로 말한 것이 과장되었고, ④ 원고의 책상을 청소하고 차를 준비하라고 지시한 적은 없다는 취지로 주장한다.

원고가 2018. 4. 16.경 4. 11. 출장을 가는 과정에서 차를 대기해두지 않았다는 사유로 고성을 지르며 욕설을 하고, 평소 출장이나 휴가를 보고하지 않은 직원들에게 공개적으로 화를 내며, 회의 과정에서 '씨발' 등의 욕설을 몇 차례 하였으며, 회식에 안 오면 블랙리스트에 적는다는 등의 언급을 하며 회식 참여를 강권하였고, 출근 전에 직원들이 차(茶)를 준비하게 해 두고, 책상을 청소하라고 지시하는 등 앞서 D위원회가 인정한 바와 같은 징계사유에 해당하는 행위를 한 사실을 인정할 수 있고, 원고가 질책이라고 주장하는 행위들이 **여러 직원들이 보는 가운데 공개적으로** 노골적인 질책을 하는 형태로 이루어진 이상 이를 받아들이는 입장에서는 폭언으로 평가할 만한 행위로 보이고, 원고의 발언 중 상대방을 구체적으로 지칭하지 않고 혼잣말로 욕설을 한 부분이 있다고 하더라도, 지사장인 원고가 다른 사람들이 들을 수 있는 상황에서 욕설을 섞은 혼잣말을 한 것 역시 이를 듣는 하급자인 상대방에게 적지 않은 두려움을 줄 수 있으므로 역시 징계 사유에 해당할 수 있는 행위라 할 것이며, 갑 제6, 10, 11호증의 각 기재만으로는 이를 뒤집기 부족하고, 달리 반증이 없다. 따라서 이 부분 원고의 주장은 이유 없다.

| 참고 판례 | 서울행정법원 2023. 2. 24. 선고 2022구합70612 판결

조교들의 업무상 잘못을 교정할 필요가 매우 컸고, 그에 비하여 볼 때 원고의 행동은 사회적으로 적절한 범위 내에 있는 것으로서 '직장 내 괴롭힘' 등에 해당하지 않는다고 주장한다.

그러나 직장 내 괴롭힘과 관련하여, **피해자들의 업무미숙 또는 실수가 중하다고 하여 가해자에게 허용되는 언행의 범위가 넓어진다고는 볼 수 없다.** 또한 업무상 지시나 지적의 경우에도 상급자와 하급자가 느끼는 정서적 간극이 매우 크고 상급자의 인식과 무관하게 하급자로서는 충분히 괴롭힘으로 느낄 수 있으므로, **상급자가 그럴 의도가 아니었다 하여 그와 같은 행동이 모두 정당화될 수는 없고,** 앞서 인정한 사실 및 증거들에 의하여 알 수 있는 다음과 같은 사실 내지 사정들을 종합하여 보면, 전체적으로 원고가 조교들에게 직장에서의 지위 또는 관계 등의 우위를 이용하여 업무상 적정범위를 넘어 조교들에게 정신적 고통을 주고 근무환경을 악화시키는 행위를 한 사실 등이 인정되므로 이는 교원의 품위유지의무와 복무의무를 위반한 것으로 징계사유에 해당한다.

| 참고 판례 |　수원지방법원 2023. 5. 26. 선고 2022가단546552 판결

설령 피고 B, C의 주장처럼 원고의 근무태만(업무 중 휴대전화 사용, 잦은 사담), 근무방식의 잘못과 능력 부족, 신입사원 등에 대한 직장 내 괴롭힘, 이로 인한 다른 직원들과의 갈등 등 원고의 잘못된 행동으로 인하여 피고 B, C가 원고에게 위와 같은 언동이나 업무방식 등을 취하게 된 것이라 하더라도, 그러한 사정만으로 앞서 본 위 피고들의 원고에 대한 모욕적인 언동과 임의적인 업무배제 내지 부당하고 불공평한 근무환경 조성 등 일련의 행동들이 위법성이 없는 적법한 조치였다고 볼 수는 없다(피고들의 주장과 같이 원고의 근무방식이나 태도 등에 잘못이 있다면, 이는 소외 회사에 정식으로 보고 내지 신고하여 적법한 조사 및 징계절차, 인사권자에 의한 공식적인 업무 내지 보직 변경절차 등을 통해 해결함이 타당하다).

| 참고 판례 |　부산지방법원 동부지원 2023. 3. 15. 선고 2022가단131727(본소), 2022가단131734(반소) 판결

피고의 행위에 다소 과격한 표현이 있기는 하나, 이는 대부분 업무수행 중에 업무지시 과정에서 발생한 것으로 피고에게 원고를 괴롭힐 목적 등이 있다고 보이지 아니하는 한 민사상 불법행위에 이른다고 인정하기에 부족하고, 달리 이를 인정할 만한 증거가 없다... (중략) ... 원고의 피고에 대한 업무방해 등 고소사건에서 수사기관은 "원고의 직속상사인 피고가 지시할 수 있는 정당한 권한 내의 행동으로 일반인의 경험칙과 상식에 부합하며 직장상사로서 정당한 행동이다"라는 이유 등을 들어 불송치 결정을 하였고, 소외 회사도 이 부분과 관련한 징계사유는 없는 것으로 판단하였다.

| 참고 판례 |　수원지방법원 2022. 1. 20. 선고 2020가합20923 판결

외상센터는 응급의료센터의 상위개념으로 일반 응급실에서의 처치 범위를 넘은 중증외상 환자에 대하여 즉시 응급수술과 치료가 필요한 곳이어서, 매우 위중하고 급박한 상황이 발생할 수 있으므로, 이곳에 근무하는 간호사에게는 고도의 전문성과 숙련성이 요구된다는 점, D는 원고를 교육하는 입장에서 업무상 적정범위를 넘지 않는 한 자신의 재량으로 원고에게 지시를 할 수 있고, 원고가 간호사로서 독자적으로 업무를 수행할 수 있도록 독려하고 가르쳐야 하는 지위에 있는 점 등을 고려하면, 원고가 주장하는 D의 언행이 교육의 목적을 벗어나서 원고에 대한 폭언에 해당한다고 단정하기 어렵다.

3) 신체적·정신적 고통 또는 근무환경 악화

직장 내 괴롭힘이 성립하려면 행위로 인해 피해자에게 신체적·정신적 고통이 발생했거나, 근무환경이 사회통념상 객관적으로 악화되었음이 인정되어야 한다. 단순히 기분이 상하거나 일시적으로 불쾌했다는 정도만으로는 부족하다. 판단은 피해자의 주관적 경험에만 기초하지 않고, 사회통념상 평균적인 근로자의 입장에서 보아 상당한 고통이 발생했는지를 종합적으로 살펴야 한다.

'근무환경 악화'란 피해자가 능력을 발휘하는 데 간과할 수 없을 정도의 지장이 발생하는 것을 의미한다. 따라서 근무공간을 통상적이지 않은 장소로 전보하거나, 이른바 면벽근무를 지시하는 등 인사권의 행사범위 안에 있다 하더라도 객관적으로 직무수행에 적절하지 않은 경우라면 근무환경이 악화된 것으로 평가된다. 즉, 단순한 불쾌감을 넘어 피해자가 업무를 수행하기 위한 기본적 여건이 현저히 훼손되어, 직장에서 자신의 역량을 제대로 발휘할 수 없게 된 상태가 이에 해당한다. 반복적 따돌림으로 협업이 사실상 불가능해진 경우, 부당한 업무배제와 고립으로 경력 개발 기회가 제한되는 경우는 대표적인 사례다.

고통이나 환경 악화 여부는 주관적 요소와 객관적 요소를 결합해 판단한다. 피해자가 실제로 불안·우울·수면장애 등 신체적·정신적 증상을 호소했는지, 진단서나 상담 기록이 있는지는 중요한 단서다. 그러나 반드시 의학적 증빙이 있어야만 인정되는 것은 아니다. 피해자의 호소가 있고 그것이 사회통념상 평균적인 근로자의 관점에서도 수긍 가능하다면 고통의 발생은 인정될 수 있다는 것이 행정지침과 판례의 입장이다.

또한, 행위자의 의도가 없었다 하더라도 결과적으로 피해자가 신체적·정신적 고통을 받았거나 근무환경이 악화되었다면 요건은 충족된다. 행위자가 단순한 지시나 관리 행위라고 주장하더라도, 그 결과로 피해자가 객관적으로 직무수행을 지속하기 어려운 상태에 놓였다면 괴롭힘으로 인정될 수 있다.

특히 면벽근무 지시나 부당한 전보·전출 등은 단순히 괴롭힘 차원을 넘어 「근로기준법」 제23조(해고 등의 제한) 위반으로 노동위원회에 부당인사조치 구제를 신청할 수 있다. 실무에서는 괴롭힘 판단과 동시에 별도의 법적 구제절차 가능성도 함께 검토해야 한다.

법원 역시 이러한 입장을 명확히 하고 있다. "행위자의 의도와 관계없이 피해자에게 유·무형의 손해가 발생한 경우 직장 내 괴롭힘에 해당한다"라고 판시하면서, 직장의 규모, 업무의 필요성과 방식, 구성원 간의 관계, 조직 내 위계질서 등을 종합적으로 고려해야 한다고 밝혔다. 이는 단순히 지시의 주관적 목적이 아니라, 결과적으로 피해자가 입은 신체적·정신적 손해와 근무환경 악화 여부를 중심으로 판단해야 함을 보여준다.

반대로, 일시적인 언쟁이나 단발적 불쾌감에 그친 경우 또는 피해자가 불편함을 호소하였더라도 사회통념상 평균적인 근로자의 관점에서 근무환경이 객관적으로 악화되었다고 보기 어려운 경우에는 이 요건을 충족했다고 볼 수 없다.

| 참고 판례 | 대법원 2022. 4. 28. 선고 2020도15738 판결

개인의 육체적·정신적 건강 상태, 종교나 신념, 성장 배경과 가족 관계 등을 둘러싼 환경에 따라 음주에 대한 선호도나 거부감의 정도는 사람마다 크게 다를 수 있고, **직장의 규모, 업무의 내용과 방식, 구성원 간의 친소 관계와 조직 내 위계질서를 포함한 직장 문화 등 근로 환경에 따라서 회식 자리에서의 음주와 관련해 근로자 개인이 느끼는 압박감의 정도 또한 다를 수 있다.** 상사의 공식적·명시적 업무 지시가 아니더라도, 회식 참석과 같은 업무 외의 일을 요구하거나 그러한 분위기를 조성하는 **상사의 태도가 강압적으로 느껴지는지와 그 정도 역시 근로자의 성격, 경력, 회사 내 지위 등에 따라 다를 수 있고, 이를 단지 근로자 개인의 취향의 문제로 취급할 수는 없다. 특히 회사의 대표(운영자)와 근로자가 직접적, 일상적으로 접촉하는 소규모 회사의 경우 위와 같은 사정은 근로자에게 더욱 크게 영향을 미칠 수밖에 없다.**

4) 소결: 종합적 판단기준

직장 내 괴롭힘의 성립 여부는 개별 요건을 기계적으로 충족하는지 여부만으로 단정할 수 없다. 실제 사건에서는 행위자와 피해자의 관계, 행위가 발생한 장소와 구체적 상황, 행위에 대한 피해자의 반응, 행위의 내용과 횟수·정도, 반복성·지속성 여부 등 여러 요소가 복합적으로 작용하기 때문이다. 따라서 **행위의 전후 맥락과 구체적 사정을 종합적으로 고려하여 판단해야** 한다.

특히 판단 기준은 피해자의 주관적 감정에만 의존하지 않고, **객관적으로 피해자와 같은 위치에 있는 일반적이고 평균적인 근로자의 입장에서 신체적·정신적 고**

통 또는 근무환경 악화가 발생할 수 있는 행위였는지를 중심으로 삼는다. 그 결과 피해자에게 실제로 신체적·정신적 고통이나 근무환경의 현저한 악화가 초래되었다면 직장 내 괴롭힘이 성립한다고 보아야 한다.

이와 관련하여, 대법원은 성희롱 사건에서 이미 유사한 법리를 확인한 바 있다. 행위자의 성적 동기나 의도가 반드시 존재할 필요는 없으며, 당사자의 관계, 장소와 상황, 행위의 내용과 정도, 반복성 여부 등 구체적 사정을 종합하여 판단해야 하고, 객관적으로 일반적이고 평균적인 사람의 입장에서 성적 굴욕감이나 혐오감을 느낄 수 있는 행위라면 성희롱이 성립한다고 판시하였다.

이 법리는 비록 성희롱 사건에 관한 것이지만, **피해자의 주관적 의도보다는 객관적 상황과 사회통념을 기준으로 종합 판단해야 한다는 점에서 직장 내 괴롭힘 사건에도 동일하게 적용될 수 있다.** 결국 괴롭힘 판단에서도 행위자의 의도가 아니라 피해자에게 미친 실질적 영향, 그리고 사회통념상 일반적 근로자가 같은 상황에서 느낄 객관적 침해 정도를 중심으로 종합적으로 검토해야 한다.

| 참고 판례 | 대법원 2018. 4. 12. 선고 2017두74702 판결

성희롱이 성립하기 위해서는 **행위자에게 반드시 성적 동기나 의도가 있어야 하는 것은 아니지만**, 당사자의 관계, 행위가 행해진 장소 및 상황, 행위에 대한 상대방의 명시적 또는 추정적인 반응의 내용, 행위의 내용 및 횟수, 행위가 일회적인 것인지 아니면 계속적인 것인지 여부 등의 구체적 사정을 참작하여 볼 때, **객관적으로 상대방과 같은 처지에 있는 일반적이고도 평균적인 사람으로 하여금 성적 굴욕감이나 혐오감을 느낄 수 있게 하는 행위**가 있고, 그로 인하여 행위의 상대방이 **성적 굴욕감이나 혐오감을 느꼈음이 인정되어야** 한다.

3 직장 내 괴롭힘 판단 사례

1 직장 내 괴롭힘 판단 사례

아래는 고용노동부 매뉴얼에서 소개하는 대표적인 직장 내 괴롭힘 사례들이다.

사례 술자리, 시말서 강요

가해자인 선배가 후배인 피해자에게 술자리를 마련하지 않으면 인사상 불이익을 주겠다고 반복하여 말한 사건. "술자리를 만들어라", "아직도 날짜를 못 잡았느냐", "사유서를 써와라", "성과급의 30%는 선배를 접대하는 것이다" 등 반복적으로 술자리를 갖자는 발언을 하고 시말서, 사유서를 쓰게 한 행위

본 사안에서 행위자는 부서 내 선배로서 인사평가나 업무 지시에 일정한 영향력을 가진 지위를 이용하여, 후배 직원인 피해자에게 반복적으로 술자리를 마련할 것을 강요하였다. "술자리를 만들어라", "아직도 날짜를 못 잡았느냐", "사유서를 써 와라" 등의 발언은 업무 수행과 무관한 사적 요구임에도 지속적으로 이루어졌으며, 이를 따르지 않을 경우 인사상 불이익이 있을 수 있음을 암시하는 등 관계상의 우위를 이용한 행위였다.

이와 같은 언행은 사회 통념상 업무상 적정범위를 현저히 넘어선 것으로, 피해자에게 불안감과 정신적 압박을 유발하는 등 근무환경이 악화되었다고 볼 수 있다.

따라서 본 건은 직장 내 관계에서의 지위 우위를 이용하여 업무와 무관한 사적 행위를 반복적으로 강요하고, 피해자에게 정신적 고통을 초래한 행위로서 「근로기준법」 제76조의2에서 정한 직장 내 괴롭힘에 해당한다.

1) 인정 사례

사례 **업무전환, 따돌림**

육아휴직 후 복직한 직원에게 전에 담당하던 업무(창구 수신업무)가 아닌 창구 안내 및 총무 보조업무를 주고, 직원을 퇴출시키기 위한 따돌림을 지시함. 피해자를 제외한 다른 직원들만 참석한 회의에서 피해자를 내쫓기 위하여 따돌림을 할 것을 지시하는 취지의 내용을 전달하였음. 이후 책상을 치우고 창구에 앉지 못하게 할 것을 지시, 그를 직원으로 생각하지 않는다는 취지의 발언을 하는 등 행위를 하여 피해자는 우울증을 앓았고, 결국 퇴사함

행위자는 회사의 임원으로서, 육아휴직 후 복귀한 직원에게 복귀 전 담당하던 창구 수신업무가 아닌 안내 및 총무 보조업무를 부여하였다. 또한 피해자를 배제한 채 회의를 소집하여 다른 직원들에게 피해자를 '퇴출시키기 위한 따돌림'을 지시하는 취지의 발언을 하는 등, 명백히 지위의 우위를 이용하였다.

이러한 행위는 「남녀고용평등법」 제19조 제4항에서 정한 '휴직 전과 같은 업무 또는 같은 수준의 임금이 지급되는 직무로의 복귀 의무'를 위반한 것으로, 업무상 필요성이 없는 인사조치에 해당한다. 더구나 다른 직원들에게 피해자를 배제하거나 비하하도록 유도한 것은 사회통념상 현저히 부당한 행위로서, 업무상 적정범위를 벗어난 것으로 평가된다.

이로 인해 피해자는 극심한 정신적 스트레스와 우울증을 겪었으며, 결국 퇴사에 이르게 되는 등 근무환경이 실질적으로 악화되었다.

따라서 본 건은 직장 내 지위를 이용하여 복귀 직원을 조직적으로 배제·비하하고, 부당한 업무배치 및 따돌림을 통해 정신적 고통을 초래한 행위로서, 「근로기준법」 제76조의2에서 정한 직장 내 괴롭힘에 해당한다.

※ 해당 사안은 「남녀고용평등법」 제19조 제4항 위반으로도 처벌 가능(실제 사안에서도 남녀고용평등법 위반으로 인해 처벌됨)

사례 **룸·사이드미러 없이 운전**

회장이 운전기사에게 운전이 마음에 들지 않는다며 지속적으로 폭언·욕설을 하고, 때로는 운전 중인 운전기사의 머리를 뒤에서 가격하며 마구 때리기도 함. 룸미러와 사이드미러를 접은 상태에서 운전하도록 하여 피해자는 극도의 스트레스 속에서 운전 업무를 함

행위자인 회장은 사용자로서의 지위를 이용하여, 고용된 운전기사에게 지속적으로 폭언과 욕설을 하였고, 때로는 머리를 때리는 등 신체적 폭행을 가하였다. 또한 룸미러와 사이드미러를 접은 상태에서 운행을 지시하는 등, 피해자가 안전하게 업무를 수행하기 어렵게 만드는 행위를 반복하였다.
이러한 행위는 업무 수행과 무관하며 사회 통념상 명백히 부당한 폭언·폭행으로, 업무상 적정범위를 현저히 초과한 것이다. 특히 행위자가 사용자 지위에서 우위를 절대적으로 행사하였다는 점에서 피해자는 이에 저항하기 어려웠고, 극도의 긴장과 두려움 속에서 업무를 수행해야 했다.

결과적으로 피해자는 반복된 폭언·폭행과 비정상적인 업무 지시에 따라 신체적·정신적 고통을 겪으며 근무환경이 심각하게 악화되었다.

따라서 본 사안은 사용자의 지위를 이용하여 업무와 무관한 폭언·폭행 및 부당한 지시를 반복함으로써 피해자에게 심리적·신체적 고통을 초래한 행위로서, 「근로기준법」 제76조의2에서 정한 직장 내 괴롭힘에 해당한다.

※ 해당 사안은 「근로기준법」상 '폭행'으로도 처벌 가능하므로 이를 우선 적용

사례 **폭행 위협, 반복 인사 강요**

회식 자리에서 직장 상사가 소주병을 거꾸로 쥐어 잡고 피해자를 가격하려고 위협하고, 고객들 앞에서도 피해자의 목을 짓누르는 신체적 폭력을 가하기도 함. 또한 부장님과 다른 직장 동료가 한자리에 모인 자리에서 피해자에게 종이를 던지며 모욕을 주는 행위를 가하기도 하고, 차렷 자세로 인사를 반복적으로 시키는 등 지속적인 괴롭힘을 가함

행위자인 상사는 부하 직원인 피해자에게 소주병을 거꾸로 쥐어 들고 위협하거나, 목을 짓누르는 등 신체적 폭행을 가하였다. 또한 회식 자리와 사무실 등에서 다른 직원

들이 지켜보는 앞에서 피해자에게 종이를 던지며 모욕적인 언사를 하는 등 공개적 망신을 주는 행위를 반복하였다.

이러한 언행은 상사라는 지위를 이용하여 가한 폭력과 모욕으로서, 업무상 필요성과는 전혀 무관할 뿐 아니라 사회 통념상 현저히 부당한 행위이다. 특히 공개적 모욕은 피해자의 인격을 침해하고 조직 내 위신을 훼손하는 행위로, 신체적 폭행과 결합되어 피해자에게 극심한 정신적 고통을 초래하였다.

따라서 본 사안은 지위를 이용해 부하 직원에게 신체적 폭력과 공개적 모욕을 가함으로써 신체적·정신적 고통을 유발하고 근무환경을 현저히 악화시킨 행위로서, 「근로기준법」 제76조의2에 따른 직장 내 괴롭힘에 해당한다.

사례 개인적 업무 강요

본래 업무에 더하여 대표의 개인적인 일까지 보며 운전기사, 수행비서 역할까지 하였고, 눈이 많이 온 날 맨손으로 대표의 부인 자동차 눈 제거 작업까지 시킴. 직원을 동원해 대표 개인 밭의 옥수수 수확과 판매까지 시키지만, 회사 분위기가 워낙 보수적인 곳이라 이에 대한 문제 제기도 할 수 없는 분위기임

행위자인 회사 대표는 피해자인 직원에게 본래의 업무 외에 자신의 개인적인 일을 반복적으로 시켰다. 대표의 운전기사로서 수행 업무를 넘어, 대표 부인의 차량 눈 제거 작업이나 개인 밭의 옥수수 수확 및 판매 등 명백히 사적 영역에 속하는 일을 수행하도록 지시하였다. 회사 내에서는 대표의 권한이 절대적이어서 이에 대해 문제 제기를 하기 어려운 분위기였다.

이와 같은 행위는 사용자의 지위를 이용하여 업무상 필요성과 무관한 개인 용무를 반복적으로 수행하도록 한 것으로, 사회 통념상 업무상 적정범위를 현저히 초과한다. 피해자는 이러한 부당한 지시에 지속적으로 노출되면서 근로자로서의 자존감이 훼손되고, 본래의 업무 수행에도 어려움을 겪는 등 근무환경이 악화되었다.

따라서 본 사안은 대표가 사용자로서의 지위를 이용하여 직원에게 사적 업무를 강요하고, 이에 따라 근무환경을 저해한 행위로서, 「근로기준법」 제76조의2에서 정한 직장 내 괴롭힘에 해당한다.

사례 **단순 업무 반복**

구매부서 직원으로 입사하여 3개월 차 된 이모 씨는 평직원임. 구매과장은 근속연수가 3년 이상 된 차모 씨가 하고 있던 업무 중 일부를 이모 씨에게 인계하라고 지시하였으나, 차모 씨는 구매 관련 정보 및 업무 진행 과정 등을 전혀 알려주지 않고 제품 목록에 라벨 붙이기, 창고 정리, 운전, 거래업체 심부름 등 단순 업무만 지시함. 더불어, 특별한 이유 없는 장시간 근로 지시, 교육과정에서의 욕설 등 폭언으로 인하여 괴로움 호소

행위자는 입사 3년 차 선배사원으로, 입사 3개월 차 신입사원인 피해자에게 인수인계나 업무 설명 없이 라벨 붙이기, 창고 정리, 운전, 거래업체 심부름 등 단순 반복 업무만을 지속적으로 지시하였다. 또한 별다른 이유 없이 조기출근과 장시간 근로를 요구하며, 교육과정에서는 폭언과 욕설을 반복하였다.

행위자는 근속연수와 업무 숙련도, 인수인계 과정 등을 통해 피해자보다 명백히 우위에 있었으며, 이러한 지위를 이용하여 정당한 업무 목적과 무관한 행위를 지속적으로 한 것으로 보인다. 특히 반복적인 단순노동 지시와 폭언은 사회 통념상 업무상 필요성을 인정하기 어렵고, 신입사원의 직무능력 향상에 기여하지 않는 행위로서 명백히 업무상 적정범위를 벗어났다.

피해자는 지속적인 모욕적 언행과 과도한 업무 지시로 인해 극도의 스트레스와 위축감을 호소하였으며, 정상적인 근무 수행이 곤란할 정도로 근무환경이 악화되었다.

따라서 본 사안은 직장 내 지위를 이용해 신입사원에게 업무상 필요성과 무관한 단순업무를 반복 지시하고, 폭언을 수반한 행위를 지속함으로써 정신적 고통을 초래한 경우로서, 「근로기준법」 제76조의2에 따른 직장 내 괴롭힘에 해당한다.

사례 **(대법원 2008. 6. 26. 선고 2006다30730 판결: 학교법인의 손해배상책임 인정) : 전공과 관련 없는 강의 배정**

대학교수는 자신의 전공분야에 대해 강의하고 이를 통해 자신의 학문 연구를 보다 발전시키는 것이 인격권 실현의 본질적 부분에 해당하므로, 대학교수의 사용자인 학교법인이 그 업무지휘권 등의 행사에 지장을 초래하는 등의 특별한 사정이 없는데도, 오로지 소속 대학교수를 본연의 업무에서 배제하려는 의도 하에 그 의사에 반하여 전공분야와 관련 없는 과목의 강의를 배정함으로써 결국 강의할 수 없게 함

행위자인 학교법인은 사용자로서의 지위를 이용해, 대학 교수를 본래의 전공 분야와 무관한 과목 강의로 배정하였다. 이는 교수의 본질적인 직무인 학문 연구와 교육 활동의 실현을 방해하고, 본연의 업무에서 사실상 배제하려는 의도가 있었다고 볼 수 있다.

이러한 조치는 업무상 필요성과는 무관하며, 대학 교수의 직업적 자율성과 인격적 실현의 기회를 침해하는 행위로서 사회 통념상 용인될 수 없다. 특히 해당 교수는 전공 관련 강의를 할 수 없게 되어 연구 활동에 제약을 받았고, 교육자로서의 전문성이 훼손되는 등 정신적 고통과 근무환경의 악화를 겪었다.

따라서 본 사안은 사용자가 지위를 이용해 교수의 본래 업무에서 배제하고, 전공과 무관한 과목을 강의하도록 하여 학문 연구와 교육 활동을 방해한 행위로서, 「근로기준법」 제76조의2에 따른 직장 내 괴롭힘에 해당한다.

사례 업무분장 조정

팀장 B는 G팀 내 셀 배치를 변경하면서 기존의 A, B, C셀에서 D셀 하나를 더 추가하였는데 D셀에는 나머지 셀들과는 달리 셀장 없이 셀원인 피해자만을 배치하였다. 위 업무분장 조정 이후 피해자는 실질적인 업무를 담당하지 못하게 되었다. 또한 팀장 B는 위 업무분장 조정 및 부서배치 변경에 따른 자리배치를 새로 정하면서 피해자에 대한 아무런 통지 없이 다른 팀원들과 달리 원고만 혼자서 따로 앉도록 정하였다

행위자인 팀장은 업무 셀 구성을 변경하면서 기존 A·B·C셀 외에 D셀을 추가하였고, 해당 셀에는 다른 직원들과 달리 피해자 한 명만을 배치하였다. 그 결과 피해자는 동료들과의 협업이 불가능해졌으며, 실질적인 업무 수행이 이루어지지 않는 등 사실상 조직 내에서 고립되었다. 또한 팀장은 부서 배치 변경 과정에서 피해자에게 어떠한 사전 통지도 하지 않고, 원고만 혼자서 따로 근무하도록 지시하였다.

이러한 행위는 상급자인 팀장이 인사권과 조직 구성 권한을 이용해 특정 직원을 배제한 것으로, 업무상 필요성이 인정되지 않는다. 피해자가 맡던 담당 업무가 폐지되지 않았음에도 실질적인 역할을 부여하지 않고 분리 배치한 것은 사회 통념상 업무상 적정범위를 벗어난 조치로 평가된다.

이로 인해 피해자는 정당한 업무를 수행하지 못한 채 조직 내에서 고립감과 수치심을 느끼며 극심한 정신적 스트레스를 받았고, 근무 의욕이 저하되는 등 근무환경이 현저히 악화되었다.

따라서 본 사안은 상급자가 지위를 이용해 업무상 필요성이 없는 조직 개편을 통해 부하 직원을 배제·고립시킴으로써 정신적 고통을 초래한 행위로서, 「근로기준법」 제76조의2에서 정한 직장 내 괴롭힘에 해당한다.

2) 불인정 사례

사례 업무적 보완 계속 요구

의류회사 디자인팀장은 조만간 있을 하계 신상품 발표회를 앞두고, 소속 팀원에게 새로운 제품 디자인 보고를 지시함. 디자인 담당자가 수차례 시안을 보고하였으나, 팀장은 회사의 이번 시즌 신제품 콘셉트와 맞지 않는다는 이유로 보완을 계속 요구하였고, 이로 인해 디자인 담당자는 업무량이 늘어났으며 스트레스를 받음

행위자인 디자인팀장은 신상품 발표회를 앞두고 소속 팀원들에게 새로운 제품 디자인 보고를 지시하였으며, 피해자인 디자인 담당자가 제출한 시안을 보고받은 후 회사의 시즌 콘셉트와 맞지 않는다는 이유로 지속적인 보완을 요구하였다. 이 과정에서 피해자는 업무량이 증가하고 스트레스를 호소하였다.

그러나 팀장은 회사의 디자인 방향과 제품 콘셉트를 총괄하는 관리자로서, 부하직원의 결과물을 검토하고 개선을 지시할 권한이 있으며, 해당 지시는 제품 품질 향상이라는 업무 목적에 부합한다. 보완 요구가 사회 통념상 비합리적이거나 모욕적인 방식으로 이루어졌다는 정황도 확인되지 않았다.

따라서 본 사안은 업무상 필요성에 따른 정당한 지시의 범위 내 행위로서, 일부 업무 스트레스가 발생하였더라도 이는 통상적인 근로과정에서 수반되는 부담의 수준에 해당한다. (직장 내 괴롭힘에는 해당하지 않는다.)

사례 업무평가 등급

입사 10년 차의 영업소 매니저 김 씨는 입사 동기 중 유일하게 아직 영업소장으로 승진하지 못함. 다음 인사에서 승진하기 위해서는 이번 근무평정에서 A등급이 꼭 필요하나, 평정자인 본부장은 김 씨의 근무성적을 지난번에 이어 B등급으로 통보함. 김씨의 영업소장도 본부장 평가에서 B등급으로 통보받은 것으로 보아 영업소 실적이 다른

지점에 비해 떨어지는 건 사실로 보이지만, 승진을 앞둔 자신에 대한 상사의 배려를 기대했던 김 씨는 B등급이 나오자 본부장이 본인의 승진을 고의적으로 막는 게 아닐까 하는 생각으로 괴로움

행위자인 본부장은 근무평정권자로서 영업소장 및 매니저의 실적과 관리 역량을 종합 평가하여 등급을 부여하는 위치에 있었다. 피해자인 영업 매니저 김 씨는 동기 중 유일하게 소장으로 승진하지 못한 상태에서, 이번 인사평정에서 A등급을 받아야 승진이 가능한 상황이었으나, 본부장으로부터 B등급을 통보받았다. 김 씨는 자신의 실적이 타 지점보다 낮지 않음에도 불구하고 본부장의 주관적 판단에 의해 낮은 등급을 받았다고 느껴 심리적 박탈감을 호소하였다.

그러나 영업 실적 및 관리역량에 대한 평정은 본부장의 고유 권한으로, 객관적 평가 기준에 따라 직무성과를 비교·판단하는 과정에서 이루어진 정당한 인사권의 행사로 볼 여지가 있다. 평가 등급이 기대에 미치지 못했다는 사정만으로 이를 의도적 배제나 괴롭힘 행위로 단정하기는 어렵다. 또한 본부장이 평가 과정에서 폭언, 모욕, 부당한 차별 등을 가했다는 정황도 확인되지 않았다.

따라서 본 사안은 객관적 업무평가의 결과에 따른 인사상의 조치로서, 사회 통념상 업무상 필요성을 벗어난 행위로 보기 어려워 「근로기준법」 제76조의2에 따른 직장 내 괴롭힘에는 해당하지 않는다.

---

2 직장 내 괴롭힘 실제 사례

다음은 언론이나 판례 등에서 실제 발생한 사례 중 직장 내 괴롭힘으로 볼 수 있는 사례로 고용노동부 매뉴얼에 제시된 사례들이다. 다만, 해당 행위가 있었다는 사실만으로 직장 내 괴롭힘으로 인정되는 것은 아니라는 점은 유의해야 한다(구체적 행위 내용, 사실관계 등을 토대로 추가 판단이 필요하며, 결과는 달라질 수 있다).

1) 신체적 폭력 · 모욕 · 협박형 괴롭힘

사례 (인권위 진정사건: 17진정0169100) : 직접적인 체벌

공공일자리 사업으로 학교도서관에 근무하는 장애인에 대한 체벌사건. 피해자에게 컴퓨터 등 전자기기를 못 만지게 하고, 어기면 피해자의 손바닥을 플라스틱 자로 때리고 손을 들어 벌을 서게 함

사례 (인권위 진정사건: 16진정0186100) : 욕설, 비난, 비웃음 등 무시 및 냉난방 관련 차별대우

동료 간 피해자에 대한 따돌림 사건. 피해자를 의도적으로 무시하고, 피해자 면전에서 비웃음, 비난, 욕설 등 수시로 언어폭력을 가하고, 겨울, 여름에는 피해자에게 보일러나 에어컨 등을 제공하지 않고 가해자들끼리만 사용함

사례 (인권위 진정사건: 12진정0974000) : 욕설, 위협, '야', '너', 고함, 고의적 업무지연 및 방해, 해고 등 불이익 위협

학교 교감이 같은 학교 소속 교사들을 상대로 욕설, 위협 등을 행한 사건. 학교 교감이 교사들에게 결재요청을 받자 책상을 내리치고 고함을 지르며, '야', '너' 등의 호칭을 사용하거나, 결재서류를 고의적으로 반려하고 지연시켜 업무를 방해하고, 해고 등을 언급하며 불이익으로 위협하는 등 폭언을 가함. 컨설팅을 받지 않겠다는 의견을 말하는 교사의 팔을 잡아끌고 고함을 지르는 등 위협을 함

사례 지속적 폭언, 욕설 및 폭행, 고의적 업무방해

부회장이 운전기사에게 운전이 마음에 들지 않는다며 지속적으로 폭언, 욕설을 하고, 때로는 운전 중인 운전기사의 머리를 뒤에서 가격하며 마구 때리기도 함. 룸미러와 사이드미러를 접은 상태에서 운전하도록 하여 피해자는 극도의 스트레스 속에서 운전업무를 함

사례 **물리적 위협, 신체 폭행, 종이 등 물건 던지기, 얼차려 등**

회식 자리에서 직장상사가 소주병을 거꾸로 쥐어 잡고 피해자를 가격하려고 위협하고, 고객들 앞에서도 피해자의 목을 짓누르는 신체적 폭력을 가하기도 함. 또한 부장님과 다른 직장동료가 한자리에 모인 자리에서 피해자에게 종이를 던지며 모욕을 주는 행위를 가하기도 하고, 차렷 자세로 인사를 반복적으로 시키는 등 지속적인 괴롭힘을 가함

사례 **신체 폭행, 급여삭감 지시 등 위협**

요식업에 취업해 사장에게 일을 배우던 중 사장은 피해자의 배우는 태도가 마음에 들지 않는다며, 주먹으로 흉부나 팔 부분을 폭행하고 숨이 넘어갈 정도로 목을 조르기도 함. 사장은 피해자가 만든 요리를 맛보고 맛이 없어 버릴 때마다 월급에서 만 원씩 제한다고 하면서 실제로 월급에서 49만 원을 다시 사장 계좌로 보내라고 하여 그렇게 한 적도 있음

사례 **폭언 및 협박**

재계약 결정권을 갖고 있는 지역본부 매니저는 기분에 따라 “능력 안 되면 몸빵이라도 해야지 씨○~~”, “씨○, 대가리 안 쓰냐? 내가 입에 걸레를 물어야 돌아가냐?”, “미친 ○ 너네들 어차피 갈 데 없잖아”라는 등의 잦은 폭언과 협박을 함

사례 **복장 지적 등 모욕**

피해자가 감기에 걸려 겉옷을 입거나 마스크를 착용하는 것에 대해 상사가 지속적인 비난을 하고, 직원들 앞에서 “패딩은 세탁해서 입고는 다니냐”, “옷에서 냄새가 난다”는 등의 모욕적 발언을 함.
또한 직원들 앞에서 피해자가 입고 다니는 옷과 가방 등을 지적하며 “3천 원 주고 산 거냐”, “시장에서 산 물건만 쓴다”는 등의 모욕감을 줌

사례 **폭언, 욕설, 모욕, 물건파괴 등 고의적 근무환경 악화**

사내 이사는 현장에 근무하는 외국인 근로자와 내국인 근로자에게 폭언과 욕설로 업무 지시와 잔소리를 함. 뿐만 아니라 직원에게 몸에서 냄새가 난다고 근무할 때 창문을 활짝 열어놓고 근무하라고 모욕을 주는 등 폭언은 점점 심해짐. 또한 근무시간에 외부에서 술을 먹고 사무실에 와서 욕설을 하며 피해자에게 그만두라고 하고, 이에 반박하자 사무실 유리 테이블을 박살내고 모든 근로자를 욕설과 폭언으로 불러서 깨진 유리를 청소시킴. 또한 피해자를 위협하기 위해 산소절단기와 해머를 이용해 계단을 절단하거나, 음주상태에서 회사 포크레인을 직접 몰고 사무실을 손괴하는 등 비정상적 행동을 함

사례 **물리적 위협**

상사에게 업무를 보고하던 중 "왜 틀렸어?", "손 올려봐"라고 하면서 피해자의 왼손 중지를 잡고 커터칼로 피해자의 왼손 중지를 자르려는 행동을 하는 등 공포 분위기를 조성함

사례 **모욕, 욕설, 폭언 등**

대표는 5명의 직원들에게 전 직원 앞에서 무엇을 잘못했는지 설명하라는 지시를 하고, 이후 다른 직원들에게 쪽지를 나눠주면서 5명의 직원에 대해 권고사직, 생산직 발령 및 급여 강등, 6개월 감봉, 무죄(대표이사, 전 직원 10% 감봉) 중 어떠한 처분이 적절한지 적어 내라고 함. 그 결과를 직원들 모바일메신저 단체채팅방에 올려 공유하도록 지시하는 등 해당 직원들을 모욕함. 수시로 직원들에게 욕설을 하고, 본인이 죽게 되면 너희들을 먼저 다 죽이고 죽겠다는 등 입에 담을 수 없는 막말을 함

사례 **부적절한 호칭 사용(야, 너), 공개적 욕설 등**

공기업 자회사에서 인사, 총무, 구매 등의 업무를 수행하던 피해자는 업무상 실수를 계기로 상사와 관계가 악화. 이후 상사로부터 욕설 등의 폭언뿐만 아니라 다른 직원들로부터도 따돌림을 당함.

구체적으로는 업무 내·외적으로 피해자를 의도적으로 배제하거나 필요한 정보를 제공하지 않기, 피해자를 부를 때 사내에서 부적절한 호칭(공식 직함이 아닌 "야! 너!" 등) 사용하기, 공개적인 자리에서 욕설하기, 노동조합으로부터의 해고에 대한 협박 등 다양한 행위가 있었음

사례 폭력, 폭언, 위협 행위를 동반한 성과 압박

중견 전자부품 회사에서 근무하던 피해자는 우수한 실적으로 본사 영업부로 발탁될 만큼 회사에서 인정을 받았으나, 시장 내에서 회사 점유율이 떨어지면서 시장점유율을 회복시키라는 압박을 지속적으로 받아 옴. 상사의 실적 추궁은 일반적인 수준 이상을 넘어 폭력적인 행동과 폭언을 동반함. 출장 다녀온 후 결과가 좋지 않으면 폭언을 하고, 보고서를 찢고 집기를 던지는 등의 위협적인 행동을 지속함

사례 욕설 등 폭언

신규간호사로 입사하자 업무를 가르쳐주는 프리셉터(일종의 멘토)가 배정됨. 프리셉터로부터 입사 3일째부터 태움이 시작됨. "그만둘 거면 빨리 그만둬라", "쥐어 팰 수도 없고", "이게 눈에 안보이냐? 눈깔을 빼서 씻어줄까?" 등 폭언을 하고, 시간 내에 완료할 수 없는 양의 업무를 부과하고는 못했다고 욕을 하기도 함

사례 욕설 등 폭언

수술실 간호사로 근무 중인데, 한 수술의사는 수술할 때마다 간호사에게 소리를 지르거나 반말을 하고, "씨×, 씨×" 하면서 욕하고 수술기구 던짐. 신참 간호사일수록 그 정도는 더욱 심함. 간호사들이 그 의사로 인해 퇴직을 많이 하다 보니 간호사 부족으로 남은 간호사는 업무가 더욱 가중되고 당직 수도 늘어남. 너무 힘들어 병원에 해결해 달라 요구했지만 병원은 의사 편만 들어 이를 제대로 해결해 주지 못함

사례 욕설, 폭행, 물건 던지기 등

가전 배송일을 하는 부기사로 일을 하고 있는 피해자의 사수는 업무 미숙을 이유로 수시로 욕을 하고, 발길질에 손찌검까지 함. 배송 가서 고객이 물이나 음료수를 줘도 혼자 다 마시고 피해자는 마시지도 못하게 하여 목이 너무 말라 화장실에 가서 수돗물을 마신 적도 있음. 피우던 담배나 라이터를 얼굴로 던진 적도 있음

사례 **서류 등 물건 던지기, 성추행적 발언 등**

회사 차장은 개인적인 일로 기분이 나쁘면 출근해서 아무나 걸려라 하고 트집을 만들어내서 괴롭힘. 수시로 "주둥이에 그게 뭐냐, 쥐 잡아 먹었냐" "너는 집에서 그렇게 하냐, 부모가 그렇게 가르치더냐", "내가 오빠 같아서 걱정돼서 그러니 남친을 만나면 꼭 콘돔을 써라"와 같은 상식에서 벗어난 언행을 반복함. 서류를 집어던지는 건 기본이며, 상부에 보고해봐야 차장은 다시 보복성 공격을 퍼붓곤 함

사례 **욕설, 협박, 비인격적 행위 강요**

이사장은 잦은 욕설과 폭언은 물론이고, 본인의 뺨을 먼저 때리고 직원들을 때려서 정당방위라고 주장하겠다고 이야기하는 한편, 회의 중에 직원 입에 손소독제를 넣으려고 시도한 적도 있음

2) 조직적 배제·차별·따돌림형 괴롭힘

사례 **(대법원 2008. 6. 26. 선고 2006다30730 판결: 학교법인의 손해배상책임 인정) : 업무배제 의도 하에 당사자 의사에 반하여 전공과 관련 없는 과목의 강의 배정**

대학교수는 자신의 전공분야에 대해 강의하고 이를 통해 자신의 학문연구를 보다 발전시키는 것이 인격권 실현의 본질적 부분에 해당하므로, 대학교수의 사용자인 학교법인이 그 업무지휘권 등의 행사에 지장을 초래하는 등의 특별한 사정이 없는데도, 오로지 소속 대학교수를 본연의 업무에서 배제하려는 의도 하에 그 의사에 반하여 전공분야와 관련 없는 과목의 강의를 배정함으로써 결국 강의할 수 없게 함

사례 **(광주지방법원 2012. 10. 24. 선고 2012나10375 판결: 손해배상책임 인정) : 육아휴직 복직자에 대한 따돌림, 차별, 험담 등**

육아휴직 후 복직한 직원에게 전에 담당하던 업무가 아닌 보조업무를 주고, 직원을 퇴출시키기 위한 따돌림을 지시한 사건. 피해자를 제외한 다른 직원들만 참석한 회의에서 피해자를 내쫓기 위하여 따돌림을 할 것을 지시하는 취지의 내용을 전달하였으며, 이후 책상을 치우고 창구에 앉지 못하게 할 것을 지시, 그를 직원으로 생각하지 않는다는 취지의 발언을 하는 등 차별적인 대우를 함

사례 **(서울행법 2000. 8. 14. 선고 2000구34224 판결: 이로 인한 정신적 질환에 대한 산재보상 인정) : 업무용 물품 및 ID 회수 및 사용금지, 따돌림 지시 등 차별적 대우**

승진에서 누락되어 반발한 직원이 명예퇴직 권고대상자로 선정된 후 이에 항변하는 과정에서 괴롭힘을 당한 사건. 업무변경과 관련한 문제를 따지는 과정에서 폭행, 업무용 물품 및 ID를 회수, 자리를 회의용 탁자로 이동시키고 이후 회의용 탁자와 의자 회수, 피해자가 컴퓨터를 쓰지 못하게 하고, 직원들에게 전자우편 동시 발송 시 피해자를 제외하도록 지시하는 등 직장 내에서의 따돌림, 차별적 대우

사례 **면벽근무 지시, 부당한 징계나 배치전환**

기업 차원에서 명예퇴직을 거부하는 사무직 직원에게 사물함만 바라보도록 자리를 배치하는 일명 면벽근무를 지시함. 피해자는 회사가 명예퇴직 대상자로 통보한 20명 중 한 명이었으나, 피해자가 명예퇴직을 거부하자 이러한 면벽근무를 지시하였으며, 10분 이상 자리를 비우면 상급자에게 보고, 쉬는 시간 이외에 흡연, 개인전화 등을 금지시킴. 개인 노트북 사용을 이유로 보안규정 위반으로 감봉징계를 하기도 하고, 사무업무와 아무런 관련 없는 자재관리로 배치전환을 하기도 함

사례 **부당해고 복직자 대상 차별적 대우 및 고의적 근무환경 악화**

부당해고 판정으로 받고 복직한 직원에 대해 기업 차원에서 '복직자 관리방안'을 만들어 화장실 앞에서 근무하도록 지시, 다른 근로자들에 비하여 집중적인 근태 관리, 고강도의 업무지시를 시키는 계획을 수립하고 실제 해당 방안과 유사하게 피해자의 근무환경을 악화시키는 조치를 취함

사례 **적대적 근무환경 조성 및 부적절한 인사조치**

창사 이래 60여 년 동안 결혼하는 여성 직원을 예외 없이 퇴사시키는 관행을 유지. 이로 인한 퇴사를 거부하는 여성 직원에게는 근무환경을 적대적으로 만들거나 부적절한 인사조치를 통해 퇴사를 강요함

사례 **따돌림 지시**

새로 부임한 상무는 피해자가 마음에 들지 않는다면서 피해자의 부하 직원들을 포함하여 회사 직원들로 하여금 피해자를 왕따시키도록 하고, 이로 인해 피해자는 점심식사도 혼자 하게 됨. 사실상 자발적으로 퇴사하도록 압박하는 것으로 느껴짐

사례 **사무실 및 사무용품 사용을 어렵게 하여 근로환경 악화**

근로조건을 하향하는 근로계약을 강요하여 이를 거절하자, 회사는 사무실 비밀번호와 피해자 개인 컴퓨터의 비밀번호를 일방적으로 바꾸어 접근을 막고, 업무용 메신저에서 피해자를 강퇴 시키는 등 노골적으로 따돌림

사례 **업무 미부여 등**

주·야간 근무를 하다가 상시주간업무로 변경되었는데, 이로 인해 다른 동료들의 업무강도가 강해졌다며 팀장이 회사 내에서 왕따를 시키기 시작함. 이후 일을 시키지 않다가 출근대기를 3주시키고 그 이후에는 아무런 기약도 없이 책상에만 앉아 있게 함. 업무부여를 요청하였으나, 업무에서 배제된 채 청소나 잡일 등만을 지시함

사례 **업무용 컴퓨터 및 사무실 출입제한 등 근무여건 악화**

육아휴직 후 복직하려 했으나, 사장은 복직시킬 의사가 없다고 하였고 이에 노동부에 진정을 제기한 결과 복직하게 됨. 복직 후 10년간 해왔던 기존 경리업무가 아닌 기술영업부에 속해 마케팅 업무를 하도록 하고 업무용 컴퓨터 등은 한 달 후 지급하겠다 하고 지급하지 않음. 9시 이전에 출근해도 사무실에는 들어오지 못하게 하고, 점심시간도 12시부터 13시까지로 하되 13시 이전에는 사무실에 들어오지 못하게 함. 다른 직원들과 사적으로도, 업무적으로도 얘기하지 말라며, 모든 대화는 직원을 통해 녹취하겠다고 함

사례 **모욕 및 따돌림**

직속 상사로부터 성추행을 당하곤 했던 직원의 부탁에 의해 대리자로서 내부고발을 함. 가해자의 성추행 사실을 가해자의 상사에게 얘기하였으나, 도리어 내부고발 한 사실을 가해자에게 바로 전달. 이후 그 상사는 수시로 피해자에게 윽박지르거나 삿대질하고, 회의에서 배제하거나 직원들 앞에서 대놓고 무시하는 발언을 계속함. 팀원들도 피해자를 따돌리는 등 상사의 괴롭힘에 동참함

사례 **근로계약 연장 관련 위협**

기간제 근로자로 근무하고 있음. 직속 상사인 부장은 수시로 '재계약을 해줄까 말까', '티오를 한 명 줄여야 하는데 ○○씨 자를까 아니면, ○○씨 자를까?'라고 비인격적인 발언을 수시로 함. 부장에게 그런 얘기를 들을 때마다 비참한 생각이 드니 시정해달라고 정중히 요청하였으나, 해당 부장은 도리어 다른 직원들에게 피해자에 대한 험담을 계속하였고, 결과적으로도 피해자는 사업소의 기간제 근로자 중 유일하게 재계약 탈락함

3) 사적 용무·부당 지시형 괴롭힘

사례 **본래 업무 외 사적 용무 지시**

본래 업무에 더하여 대표의 개인적인 일까지 보며 운전기사, 수행비서 역할까지 하였고, 눈이 많이 온 날 맨손으로 대표의 부인 자동차 눈 제거 작업까지 시킴. 직원을 동원해 대표 개인 밭의 옥수수 수확과 판매까지 시키지만, 회사 분위기가 워낙 보수적인 곳이라 이에 대한 문제제기도 할 수 없는 분위기임

사례 **부당한 시말서 요구, 업무와 무관한 지시 등**

상사가 특별한 위법행위나 회사 내규를 위반한 사항이 없음에도 시말서를 요구하고, 이에 부득이 시말서를 작성했음에도 추가적인 시말서 작성을 계속 요구하거나, '어떠한 처벌도 감수하겠다'는 등의 비자발적인 문장을 기재할 것을 강요함.
역량강화라는 이유로 독후감 작성을 요구하여 이에 따라왔으나, 피해자에게만 드라마 전편(1~20화)을 시청하고 독후감을 작성해 오라는 등 이해할 수 없는 독단적 지시를 계속함. 이러한 지시는 업무시간 외 집에서 개인적인 시간을 할애해야 하는 것으로 계속된 지시에 괴로움

사례 **폭언·폭행·사적 용무 지시**

주유소 주유원인 피해자는 별다른 잘못 없이 고객에게 폭언, 폭행을 당하였으나, 사업주는 이를 방치하고 이와 관련한 형사사건에서 피해자에게 형사 합의서를 작성할 것을 종용함. 또, 사업주의 텃밭이나 개인 땅에서 막노동을 시키고, 이를 거절하면 폭언과 욕을 함. 휴일에 전화해서 출근하라고 하고, 이에 갑자기 출근하면서 약 3분 정도만 늦어도 폭언과 욕을 함

사례 **사적 용무 지시**

상사의 지시로 상사의 흰머리 뽑기, 옥수수와 고구마 껍질 까고 굽기, 라면 끓이기, 안마 등 업무와 관련 없는 온갖 잡일을 해야 했음. 상사가 먹고 남은 음식을 모두 먹으라고 했고, 막내라는 이유로 음식을 남기지도 못하게 함

사례 **사적 용무 지시(논문이나 강의자료 대신 준비)**

상사가 본인의 대학원 박사 학위 논문 작성을 직원에게 시키고, 개인적인 외부 강의를 위한 프리젠테이션 자료작성, 자료수집, 시험문제 출제, 채점 등의 업무를 근무시간에 직원에게 시킴. 이로 인해 직원은 근무시간도 부족하여 집으로 가져가 해야 하는 경우도 있었음

사례 **사적 용무 지시(청소 등 가사 업무 지시)**

비정규직으로 청소업무 중에 행정부장이라는 상급자가 자신이 집 이사를 하니 본인 집에 와서 집안 청소를 하라고 지시함. 거절하기가 어려워 받아들일 수밖에 없었음

사례 **사적 용무 지시(업무와 무관한 영어강의 지시)**

상급자가 하급자에게 자신에게 영어를 가르쳐 줄 것을 지시함. 영어교육 사실에 대해서는 다른 사람에게 누설하지 말 것을 지시. 영어교육은 업무 분장에도 없으며, 임원 및 다른 인사부서의 협의도 없이 상사의 지시만으로 회사 회의실에서 몰래 업무시간 중 진행함. 그 과정에 400페이지가 넘는 영어 교재를 스캔하도록 지시한 적도 있는 등 영어교육을 위한 준비 때문에 다른 직원보다 1시간 일찍 출근할 수밖에 없었음

사례 **사적 용무 지시(운동 등 취미활동 강요 등)**

새로 부임한 상사가 직원들 몇 명을 뽑아 회사 내 체력 단련장에서 개인 운동 트레이너 역할을 시키고, 운동 중간 그리고 운동이 끝난 후에 자신의 몸을 마사지하도록 지시함

사례 **사적 용무 지시(운동 등 취미활동 강요 등)**

회사에서 마라톤을 사실상 강제로 실시함. 일주일에 주 2회 참여(지각 및 결석 시 벌금 부과)해야 하고, 훈련일지 작성 및 참여인원 수 파악을 위한 인증사진을 제출해야 함. 마라톤대회 출전 시에는 개인사비로 출전해야 함. 1년에 1~2번씩 동계·춘계훈련 이름으로 1박 2일 훈련을 강행함

사례 **사적 용무 지시(행위자의 가족 용무를 지시)**

호텔에서 근무 중인데 사장의 아버지가 근처에서 식당을 하고 있음. 사장은 호텔 직원들을 돌아가면서 아버지 식당에 보내 숯불 올리는 일 등 본래 업무와 전혀 관련 없는 식당 일을 시킴. 사장은 아버지로부터 도움을 받아야 한다는 핑계로 직원들을 계속해서 다른 사업장(아버지 식당)에서 근무하도록 함

사례 **교육 및 교육비 강요**

병원 이사장은 외부 교육기관을 불러 간호사, 의사 등을 대상으로 근무 시간 외에 교육을 실시함. 자율 참석이라고 하나 후반으로 갈수록 교육 참여가 강제가 되었고 그 과정에서 많은 폭언들이 있었음. 직원들은 교육비 명목으로 300만 원에서 많게는 1,000만 원 이상을 냈는데 교육비를 내지 못한 직원은 왕따를 당하고 낸 직원들은 차기 인사에서 이익을 보았음

사례 **고함 및 근무시간 외 사적인 대화 강요**

상사가 퇴근 이후 주말, 저녁 시간에 술에 취해서 팀 모바일메신저 단체채팅방에 하소연하는 글을 올리고 대답 안하면 대답 왜 안하냐고 답을 요구하여 팀원들이 힘들어 함. 상사 본인 의지대로 안되면 직원들에게 소리를 지르고 윽박지르는 등의 행위로 정신적 고통을 유발함

4) 회식·사내행사·여가 강요형 괴롭힘

사례 **(대전지방법원 2015. 8. 28. 선고 2014고합207 판결: 강요미수죄 인정) : 회식 강요, 회식비 부담 강요 등**

가해자인 선배가 후배인 피해자에게 술자리를 마련하지 않으면 인사상 불이익을 주겠다고 반복하여 말한 사건. "술자리를 만들어라", "아직도 날짜를 못 잡았느냐", "사유서를 써와라", "성과급의 30%는 선배를 접대하는 것이다" 등 반복적으로 술자리를 갖자는 발언을 하고 시말서, 사유서를 쓰게 한 행위

사례 **반대 의사와 관계없이 음주 강요**

회사대표가 냉면 사발에 술을 섞어서 마시도록 하는 등 직원들에게 폭음을 강요함. 이는 성별에 상관없이 무조건적임. 직원들의 개인 사정은 상관없고 무조건으로 오라고 하면 가야하고, 거절하면 회사생활을 힘들게 하는 등 어떤 식으로든지 보복을 하여 어쩔 수 없이 불려 나갈 수밖에 없음. 실례로 중국집 회식에서 여직원들에게 짜장면을 먹고 난 그릇에 소주와 맥주를 섞어 마시도록 강요한 적도 있음

사례 **반대 의사와 관계없이 장기자랑 강요**

회사에서 행사가 있을 때마다 직원들에게 장기자랑 준비를 강요. 이를 위해 점심시간 등 휴게시간까지 연습을 지시하고, 복면가왕과 같은 장기자랑을 준비하라며 가면이나 복장까지도 개인적으로 준비하도록 함. 이를 입고 이사장, 국장, 직원들 앞에서 노래를 부르도록 강요함

사례 **비인격적 행위 강요**

회사 뒤풀이 술자리에서 사장은 술자리에 참여한 전 직원에게 술을 입에서 입으로 넘겨 전달해서 마시게 하는 행위를 강요함. 한 남직원이 너무 역겨워 입으로 넘겨받은 술을 몰래 뱉자 사장은 왜 뱉냐며 똑같은 행위를 다시 시켜 마시게 함

3 실무에서 자주 묻는 사례

직장 내 괴롭힘은 개념과 성립요건이 비교적 명확하게 정리되어 있지만, 실제 사건에서는 경계가 모호한 경우가 많다. 같은 행위라 하더라도 맥락과 관계, 반복성 여부에 따라 결과가 달라질 수 있기 때문이다. 따라서 실무에서는 전형적인 괴롭힘 유형뿐 아니라, 괴롭힘인지 단순한 갈등인지 쉽게 구분되지 않는 사례들까지 신중하게 살펴야 한다.

1) 업무지시·질책

사례 회의 중 반복된 반말 질책

예시 팀장이 주간회의에서 부하직원이 보고를 제대로 하지 못하자, "똑바로 해라", "왜 그렇게밖에 못 하느냐"라고 반말과 질책을 여러 차례 반복하였다. 회의 자리에는 다수의 동료가 함께 있었고, 지적을 받은 직원은 얼굴이 붉어지며 말문이 막혔다. 이후 해당 직원은 회의에서 발언을 꺼리게 되었고, 스스로 고립감을 호소하였다.

공개적인 자리에서 반복적으로 행해진 반말과 질책은 단순한 업무 피드백 범위를 넘어, 피해자의 인격을 침해하고 근무환경을 위축시키는 결과를 낳는다. 지도 목적이 있었다 하더라도 사회통념상 합리적인 방식이라 보기 어렵다면 괴롭힘으로 인정될 수 있다. 특히 반복성과 공개성이 결합할 경우 괴롭힘 성립 가능성이 더욱 높아진다.

사례 반복적 지적과 공개적인 압박

비공식 파트장 역할을 하던 선임 직원이 팀원의 태도와 대화 방식을 반복적으로 문제 삼았다. 그는 사소한 표현이나 말투까지 공개적으로 지적하며, 다른 동료들 앞에서 "왜 그렇게 눈치 없이 말하느냐", "그런 태도로는 팀에 도움이 안 된다"고 꾸짖었다. 피해자는 모욕감을 호소하며 점차 팀 내 소통을 피하게 되었다.

업무 지도라는 명분이 있더라도, 반복적이고 공개적인 지적은 피해자의 근무환경을 실질적으로 악화시킨다. 파트장의 공식 권한 유무와 관계없이, 사실상 우위적 지위를 활용하여 지속적으로 모욕을 주었다면 괴롭힘으로 평가될 수 있다. 따라서 지적의 내용뿐 아니라 방식과 빈도를 함께 살펴야 한다.

사례 **교육 목적이라 주장한 공개 질책**

팀장이 회의 중 한 직원에게 "이것밖에 못 하느냐", "수준이 너무 낮다"라며 큰 소리로 반복해 질책하였다. 그는 "교육 목적이었다"라고 주장했으나, 피해자는 이후 불안 증세를 보이며 회의 참여를 기피하였다. 주변 동료들도 해당 직원을 무능한 사람으로 인식하기 시작했다.

교육과 피드백은 관리자의 책무지만, 그 방식이 모욕적이고 반복적이라면 합리적 범위를 벗어난다. 특히 공개적 자리에서 행해져 근로자의 명예와 신뢰를 침해한다면 근무환경 악화로 인정될 수 있다. 법원과 행정실무에서도 반복성과 공개성은 직장 내 괴롭힘 판단의 핵심 요소로 작용한다.

사례 **반복된 능력 폄하와 험담**

상사가 특정 직원의 능력 부족을 동료들 앞에서 반복적으로 언급하고, 다른 자리에서는 "그 직원은 기본이 안 돼 있다"라며 험담을 이어갔다. 피해자는 고립감과 불안감을 호소하였고, 팀 내에서도 해당 직원을 낮게 평가하는 분위기가 형성되었다.

업무 평가의 범위를 벗어나 인격 자체를 부정하는 방식으로 반복된 발언은 괴롭힘으로 인정될 수 있다. 상사가 지닌 평가권과 영향력이 결합될 경우, 피해자에게 미치는 파급력이 크기 때문이다. 실무적으로는 단순한 업무 능력 지적과 인격적 모욕을 구분하여, 반복성과 지속성 여부를 함께 검토해야 한다.

사례 **지시 불이행에 대한 공개적 망신**

부하 직원이 상사의 지시와 다르게 업무를 처리하자, 상사가 회의 자리에서 "이렇게밖에 못 하느냐"라며 공개적으로 강하게 질책하였다. 피해자는 수치심을 느끼고 이후 회의 발언을 회피하였다.

업무 지시 불이행을 지적하는 것은 정당할 수 있으나, 공개적 망신을 주는 방식은 사회통념상 적정 범위를 벗어난다. 특히 반복적이고 모욕적인 표현으로 이루어진 경우, 괴롭힘으로 인정되어 근무환경 악화의 요건을 충족하게 된다.

사례 **업무 결과에 대한 격앙된 언사**

직원이 제출한 보고서에 대해 상사가 "이런 걸 어떻게 보고서라고 가져오느냐, 수준 이하다"라며 격앙된 어조로 언급하였다. 피해자는 이후 보고서 제출을 두려워하며 직무수행에 어려움을 호소하였다.

지도 과정에서의 질책은 정당할 수 있지만, 모욕적이고 격앙된 언사가 반복된다면 괴롭힘으로 평가될 수 있다. 특히 업무 관련 피드백이라는 명분으로 포장되더라도, 피해자가 정상적인 직무수행을 못 하게 될 정도로 위축된다면 근무환경 악화로 인정된다.

사례 **모욕적 발언이 반복된 경우**

팀 내 상위자가 특정 직원에게 지속적으로 "넌 도대체 왜 이 모양이냐"는 모욕적 발언을 하였다. 피해자는 위축감과 불안감을 호소하며 근무 의욕을 잃었다. 상위자는 단순한 지적이었다고 주장했으나, 발언은 반복적으로 이루어졌고 공개성도 있었다.

모욕적 발언이 반복적으로 지속된다면, 지도 목적이라 하더라도 괴롭힘으로 인정될 수 있다. 반복성과 공개성이 결합될 경우 피해자의 근무환경을 현저히 악화시키므로, 인격적 침해로서 법적 책임이 발생한다.

2) 관계 배제

사례 **업무용 메신저방에서의 배제**

팀 내 주요 업무지시와 일정 공유가 이루어지는 단체 채팅방에서 특정 직원만 제외되었다. 그 결과 해당 직원은 반복적으로 보고와 회의 일정을 놓치게 되었고, 상사에게 지적을 받았다.

업무에 필수적인 소통 채널에서 특정인을 의도적으로 제외하는 것은 단순한 불편을 넘어 업무수행 자체를 방해하는 행위다. 지속적이고 의도적으로 배제된다면 직장 내 괴롭힘으로 인정될 가능성이 높다.

사례 **집단적 따돌림으로 인한 고립**

신입 직원이 입사 후부터 점심 식사, 회의 토론, 소규모 프로젝트 배정 등에서 자연스럽게 배제되었다. 동료들은 대화를 중단하거나 자리를 피하는 방식으로 거리를 두었고, 피해자는 협업 자체가 어려워졌다. 결국 불안장애 진단을 받고 병가를 신청했다.

구성원 다수가 힘을 합쳐 특정인을 고립시키는 것은 수적 우위에 의한 괴롭힘이다. 직접적 폭언이나 지시가 없어도, 반복적이고 구조적인 배제는 근무환경을 현저히 악화시키므로 괴롭힘으로 인정된다.

3) 인사·업무배치 관련

사례 **전보 발령으로 인한 전문성 박탈**

한 부서는 조직 개편 과정에서 오랜 기간 특정 분야에서 전문성을 쌓아온 직원을 전혀 무관한 부서로 전보 발령했다. 회사는 "조직 효율성"을 이유로 내세웠지만, 피해자는 "전문성과 경력 개발 기회를 박탈당했다"라며 괴롭힘을 주장했다.

전보 자체는 사용자 권한이지만, 업무상 필요성과 합리성이 부족하고 특정인을 배제·고립시키려는 의도가 엿보인다면 괴롭힘으로 인정될 수 있다. 특히 전보로 인해 경력 단절이나 능력 발휘 불가능 상태가 되었다면 근무환경 악화 요건을 충족한다.

사례 **면벽근무 지시**

상사가 문제를 일으켰다는 이유로 직원에게 다른 직원과의 협업이 불가능한 자리, 이른바 '면벽 자리'를 지정했다. 피해자는 심한 모욕감과 소외감을 호소하며 결국 퇴사를 고려하게 되었다.

면벽근무는 전형적으로 인사권 남용을 통한 괴롭힘으로 평가된다. 인사 명목을 띠더라도 근무환경을 객관적으로 악화시키는 대표적 행위이므로, 근로기준법상 괴롭힘 요건을 충족한다고 본다.

4) 온라인·비대면 사례

사례 익명게시판에서의 모욕적 발언

사내 익명게시판에 특정인을 지목하는 듯한 비난 글이 반복적으로 올라왔다. 작성자를 특정하기 어려웠지만, 피해자는 자신이 대상임을 직감하고 심한 정신적 스트레스를 호소하였다.

익명성을 이유로 괴롭힘 책임이 사라지지 않는다. 다만 행위자를 특정할 수 없는 경우 법적 제재는 제한될 수 있다. 그럼에도 사용자는 근무환경 악화를 막기 위해 모니터링과 차단 조치를 취할 의무가 있다.

사례 반복적 직무 격하

한 직원은 성과가 낮다는 이유로 몇 차례에 걸쳐 중요 업무에서 제외되고 단순 사무에만 배치되었다. 공식적 인사발령은 아니었지만 사실상 경력과 무관한 업무만 맡게 되면서, 조직 내 위상이 크게 떨어졌다.

직무 배제나 반복적 격하는 사용자의 인사권 범위를 넘어 부당한 차별과 고립 효과를 낳는다. 특히 동일 수준의 다른 근로자와 비교할 때 합리적 이유 없이 불리하게 대우받는다면 괴롭힘으로 인정될 수 있다.

사례 전보 발령과 해고 위협이 결합된 경우

회사 측이 문제 인력으로 지목된 직원에게 지방 전보를 통보하고, 거부하면 징계 해고 가능성을 시사했다. 피해자는 사실상 퇴사를 압박받는 것으로 받아들였다.

인사권은 원칙적으로 재량 범위에 속하지만, 징계·해고와 결합한 불이익 전보는 사실상 퇴직 강요로 이어질 수 있다. 이는 부당전보·부당징계의 문제와 동시에 직장 내 괴롭힘 요건에도 해당할 여지가 크다.

사례 화상회의에서의 공개 욕설과 퇴출 위협

임원 보고용 화상회의에서 팀장은 특정 팀원에게 회의 시작부터 고성을 질렀고, 발표 중 실수가 나오자 노골적 욕설을 사용하며 "능력 없으면 나가라"는 발언까지 했다. 회의에는 다수 부서원이 접속해 있었고, 피해자는 이후 불면과 불안을 호소했다.

공개성·반복성·언사의 강도가 결합하면 업무 피드백의 외양을 갖췄더라도 업무상 적정범위를 벗어난 인격침해가 된다. 특히 비대면 회의라도 청중 범위가 넓을수록 명예·신뢰 침해가 커져 근무환경 악화로 인정될 소지가 높다.

사례 업무용 이메일을 통한 반복적 모욕

상사가 보고서를 제출한 직원에게 이메일로 "이런 것도 못 하느냐", "차라리 다른 일을 찾아보라"는 식의 모욕적 문구를 반복해 보냈다. 메일은 팀 전체가 참조된 상태에서 발송되어 피해자는 수치심을 느꼈다.

이메일, 그룹웨어 등 비대면 환경에서의 반복적 모욕도 공개성·지속성이 결합하면 오프라인과 동일하게 괴롭힘으로 인정된다. 특히 팀 전체를 참조하는 방식은 피해자의 명예와 근무환경에 심각한 악영향을 미친다.

사례 사적 시간의 메신저 압박

상사가 밤늦은 시간마다 업무와 무관한 메시지를 보내거나, 주말에도 보고서를 지시하는 메시지를 반복하였다. 피해자는 휴식권을 침해당했다고 주장했다.

업무시간 외 반복적 연락은 업무상 적정범위를 넘어선 지시로, 근로자의 개인생활을 침해한다. 이러한 행위가 지속될 경우 괴롭힘으로 인정될 가능성이 크며, 최근 판례와 행정해석도 이를 근무환경 악화 사유로 본다.

5) 사적 영역 개입

사례 반복적인 사적 심부름 지시

상사가 부하 직원에게 자신의 자녀를 데리러 가라고 지시하거나, 개인적인 택배를 대신 수령하게 했다. 이 같은 지시는 단발성에 그치지 않고 여러 차례 반복되었다. 피해자는 업무와 무관한 사적 심부름을 계속 요구받으면서 모욕감과 피로감을 호소하였다.

직무와 무관한 사적 지시는 업무상 적정범위를 벗어난 대표적 행위다. 반복성과 강제성이 결합하면 근무환경 악화를 초래하며, 사회통념상 정당화될 수 없다.

사례 특정 종교활동 참여 강요

부서장이 종교적 신념을 이유로 부하 직원들에게 예배 참석을 권유하며, 참여 여부를 인사평가에 반영할 것처럼 언급했다. 일부 직원은 불이익이 두려워 참여했지만, 피해자는 이를 거절하다가 직장 내에서 소외감을 느끼게 되었다.

종교·정치적 활동 참여를 사실상 강제하는 것은 근로자의 자기결정권과 신앙의 자유를 침해한다. 이는 업무 목적과 무관할 뿐 아니라, 저항하기 어려운 관계상의 우위를 이용한 괴롭힘으로 인정될 수 있다.

사례 개인 생활에 대한 과도한 개입

상사가 반복적으로 특정 직원의 연애, 결혼, 가정사에 대해 집요하게 묻거나 사적인 모임을 강요했다. 피해자는 사생활 침해로 불쾌감을 넘어, 직장 내 인간관계 유지 자체가 힘들어졌다고 진술했다.

업무와 무관한 개인적 질문이나 모임 강요는 업무상 필요성이 없는 행위다. 단순한 관심 차원을 넘어 반복적·지속적으로 사생활을 침해하면, 사회통념상 괴롭힘으로 인정된다.

사례 **휴일에 개인 운전을 강요한 경우**

상사가 자신의 가족 모임에 가면서 부하 직원에게 운전을 맡겼다. 피해자는 거절하기 어려운 분위기 속에서 사적 요구에 응할 수밖에 없었고, 이후에도 유사한 요구가 이어졌다.

휴일에 이뤄진 행위라도 업무상 지위 우위를 이용하여 사적 요구를 반복 강요한 경우, 업무 적정범위를 벗어난 괴롭힘으로 본다. 단발적이면 애매할 수 있으나, 지속성이 있으면 명백히 인정된다.

---

6) 주관적 괴로움 사례

사례 **회의 중의 단발적 언쟁**

프로젝트 진행 방식에 대해 회의 중 상사와 직원이 격렬한 언쟁을 벌였다. 상사가 목소리를 높이며 불만을 표출하자, 피해자는 수치심을 느끼고 괴롭힘이라고 주장했다.

일시적·우발적 언쟁은 업무 과정에서 불가피하게 발생할 수 있다. 사회통념상 평균적인 근로자의 관점에서 보아 근무환경이 객관적으로 악화되었다고 보기 어렵다면, 직장 내 괴롭힘으로는 인정되지 않는다.

사례 **지적을 단순히 불쾌하게 느낀 경우**

상사가 직원의 보고서에서 문법 오류와 데이터 오류를 지적하였다. 직원은 이를 공개석상에서 받은 지적이라 모욕적이었다고 진술했지만, 실제로는 차분하게 이루어진 일회성 피드백이었다.

지적을 받는 과정에서 일시적으로 불쾌감을 느낄 수 있으나, 업무상 필요한 지도가 합리적인 방식으로 이뤄졌다면 괴롭힘이 아니다. 피해자의 주관적 감정만으로 괴롭힘 성립 여부를 단정할 수는 없다.

사례 안전 규정 위반에 대한 엄중한 주의

현장에서 안전모를 착용하지 않은 직원에게 상사가 엄중히 주의를 주며 공개적으로 안전 수칙 준수를 강조했다. 피해자는 망신을 당했다고 주장했지만, 동료들은 모두 같은 지도를 받았다.

근로자의 안전과 직무 수행을 위한 합리적 범위 내의 지도·감독은 괴롭힘이 될 수 없다. 사회통념상 정당한 업무 목적이 인정되는 경우, 다소 불편하거나 강하게 느껴지더라도 괴롭힘 성립 요건을 충족하지 않는다.

사례 친밀한 농담이 불편하게 느껴진 경우

팀장이 회식 자리에서 특정 직원에게 "요즘 살이 좀 찐 것 같다"라는 농담을 하자, 피해자는 모욕감과 불쾌함을 느꼈다. 그러나 발언은 일회적이었고, 특별히 모욕 의도가 드러나지 않았다.

사소한 농담이라도 피해자가 주관적으로 불편함을 느낄 수 있다. 그러나 반복성·공개성·관계상의 우위성이 결합하지 않은 단발적 발언은 법적 의미의 괴롭힘으로 보기는 어렵다.

4 경계가 모호한 사례

직장 내 괴롭힘은 근로자가 일상적으로 겪는 갈등이나 불편한 경험과는 구별되어야 한다. 모든 갈등 상황이 곧바로 법적 의미의 괴롭힘에 해당하는 것은 아니기 때문이다. 근로관계에서는 일정한 긴장이나 갈등이 불가피하게 발생할 수 있고, 이를 무조건 법적 제재의 대상으로 삼을 경우 조직 운영 자체가 위축될 우려가 있다. 따라서 괴롭힘과 단순한 불편함, 정당한 업무 지시, 적법한 인사권 행사는 명확히 구분할 필요가 있다.

사례 **퇴사자를 겨냥한 상사의 '상습적 험담'이 남은 구성원에게 준 위축감**

회의나 잡담 자리에서 상사는 반복적으로 "그 사람은 반성이 없다", "기본이 안 돼 있었다" 등 퇴사자를 폄하하는 말을 했다. 이를 들은 구성원들은 "찍히면 나도 저렇게 될 수 있다"라는 불안감을 호소했고, 발언과 보고를 회피하기 시작했다.

특정인을 비난하는 언행이라도, 반복·지속되어 팀 전반의 분위기를 위축시키면 근무환경 악화로 이어질 수 있다. 다만 퇴사자 비평이 직무 토론의 일환인지, 인신공격과 낙인찍기에 가까운지, 빈도·맥락을 종합해 본다.

사례 **친밀한 사이에서 오가던 비속어가 관계 악화 후 '모욕'으로 변한 경우**

같은 부서의 두 사람이 퇴근 후에도 함께 여행을 다닐 정도로 친밀했다. 평소 농담 섞인 비속어가 두 사람 사이의 말버릇처럼 굳어 있었는데, 개인적 갈등으로 사이가 틀어진 뒤에도 상사는 예전과 같은 어투를 이어 갔다. 상대방은 이제 그 말을 장난이 아닌 '공격'으로 받아들였고, 업무상 불이익이 두려워 문제 제기를 주저했다고 밝혔다.

같은 단어라도 관계의 맥락 변화에 따라 의미가 달라진다. 과거의 친근한 농담이, 적대적 상황에서 반복되면 인격권 침해로 평가될 수 있다. 실무에서는 단어 자체보다 관계 변화, 반복성, 피해자의 수용 정도를 종합적으로 고려해야 한다.

사례 **야유회 석상에서의 1회성 욕설**

사내 야유회 저녁 자리, 술이 무르익은 가운데 평소 사이가 좋지 않던 동료가 갑자기 욕설과 비하 발언을 쏟아냈다. 주변에서 말려 더 이상 확대되지는 않았고, 당사자도 다음 날 사과했다.

단발적·우발적 욕설은 비난받아 마땅하지만, 곧바로 법적 괴롭힘으로 인정되지는 않는다. 다만 이후에 반복·지속되거나, 행사 전후의 업무 연장선에서 우위성이 작동한 정황이 있다면 판단이 달라질 수 있다.

사례 면담 중 '조직과 맞지 않는다'는 발언

팀장이 면담 과정에서 직원에게 "당신은 우리 조직과 맞지 않는다"라는 발언을 하였다. 피해자는 모욕감과 위축을 느꼈다고 주장했으나, 팀장은 정당한 인사평가의 일환이었다고 항변하였다. 사건은 일회성 발언에 불과했으며, 공개적인 자리에서 이루어진 것도 아니었다.

단발적인 인사평가성 발언은 괴롭힘으로 인정되기 어렵다. 그러나 동일한 평가가 반복되거나 공개적으로 인격을 부정하는 방식으로 이어진다면 괴롭힘으로 판단될 수 있다. 실무에서는 발언의 횟수, 맥락, 전달 방식이 중요한 판단 기준이 된다.

사례 상사의 인사 무시와 대화 차단

한 상사가 특정 직원의 인사를 장기간 무시하며 사실상 대화를 단절했다. 피해자는 모욕감과 위축을 호소하며 괴롭힘으로 신고했다.

일회적 태도 문제라면 괴롭힘으로 단정하기 어렵다. 그러나 조직 내 지위 차이와 지속성이 결합해 피해자가 업무상 소통을 포기할 정도의 위축감을 느꼈다면, 괴롭힘으로 인정될 수 있다. 실무에서는 반복성·지속성·맥락을 기준으로 판단한다.

사례 회식과 단체행사에서 반복적으로 제외된 직원

한 부서에서는 단합 차원에서 정기적으로 회식과 소규모 행사를 열었으나, 특정 직원만 지속적으로 초대에서 빠졌다. 동료들은 "우연일 뿐"이라고 해명했지만, 피해자는 의도적인 고립이라고 느끼며 직장에서의 소속감을 상실했다.

회식·행사 자체가 근무시간 외라 하더라도, 조직문화와 협업관계에 중요한 기능을 한다면 특정인의 반복적 배제는 근무환경 악화에 해당할 수 있다. 단순한 실수가 아니라 배제의 고의성과 반복성이 확인된다면 괴롭힘으로 평가될 수 있다. 다만 우연인지, 의도적 차별인지를 가리는 것이 핵심이다.

사례 **업무 지적을 두고 '엄격한 피드백'인지 '모욕적 질책'인지 의견이 갈린 경우**

상사가 보고서 오류를 지적하며 다소 강한 어조로 비판했다. 피해자는 모욕감을 느껴 괴롭힘이라 주장했지만, 동료들은 "통상적인 피드백이었다"라고 진술했다.

동일한 행위에 대한 주관적 인식 차이가 클 때, 객관적으로 사회통념상 평균적 근로자의 입장에서 평가해야 한다.

이러한 사례들은 모두 괴롭힘인지 아닌지 단정하기 어려운 경계에 위치한다. 괴로움과 괴롭힘, 정당한 지시와 괴롭힘, 인사권 행사와 괴롭힘은 서로 맞닿아 있어 경계가 명확하지 않은 경우가 많기 때문이다.

따라서, 실무에서는 피해자의 주관적 경험만으로 판단하지 않고, ▲ 행위의 반복성·공개성, ▲ 관계상 우위의 작동 여부, ▲ 업무 관련성, ▲ 사회통념상 평균적인 근로자의 관점에서 근무환경이 악화되었는지 여부를 종합적으로 검토해야 한다.

단순히 불쾌감이나 일시적 갈등으로 그친 경우라면 괴롭힘으로 보기는 어렵다. 그러나 사회통념상 합리성을 상실하고 피해자의 근무환경을 실질적으로 악화시킨 경우라면 괴롭힘으로 평가될 수 있다.

판례에서도 이러한 기준이 확인된다. 예컨대 법원은 상사가 부하 직원에게 회의 자리에서 몇 차례 질책을 한 사건에서는 업무상 필요에 따른 지적으로 보아 괴롭힘을 부정하였다.

반면, 반복적으로 공개석상에서 모욕적 언행을 하고 팀 내 의사소통에서 배제한 사건에서는 근무환경 악화가 인정된다고 보았다. 이처럼 실무에서는 동일한 행위 유형이라도 횟수·방식·맥락에 따라 법적 평가가 달라질 수 있다는 점을 유의해야 할 것이다.

CHAPTER 04

스토킹 개념 및 판단기준

CHAPTER 04

스토킹 개념 및 판단기준

1 스토킹 예방 및 대응체계 구축·운영[1]

1 조직 내에서 스토킹 예방활동을 해야 하는 이유

사용자는 모든 구성원이 안전하게 일할 수 있는 근로환경을 제공할 법적 의무가 있다. 스토킹은 대개 면식 관계에서 지속·반복되며 피해자의 일상 공간을 침해하기 쉬워, 피해자의 일상이 이루어지는 직장에서 **초기 징후를 포착하고 개입**하는 것이 중요하다. 특히 가해자가 조직 외부인이라도 직장에 나타나는 사례가 빈번해 동료·방문 민원·협력업체 등 제3자의 안전까지 위협할 수 있다. 실태 연구에 따르면 스토킹 피해자의 약 17%가 퇴사 또는 구직 포기 우려를 밝힌 바 있으며 (H. Morgan & R. E. Truman, Stalking Victimization, 2019, BJS, 2022), 이는 **조직 차원의 적극적 예방·보호**가 인력 유출을 막고 작업장 안전을 지키는 데 직결됨을 시사한다. 무엇보다 스토킹은 **시간이 지날수록 수위가 높아질 수 있고**, 경우에 따라 **생명·신체 침해로 비화**할 수 있으므로 **신속한 개입과 조기 대응이 필수**다.

2 고충체계 연계와 스토킹 대응 특화

직장 내 스토킹은 **강압적 구애·갑질·지속적 괴롭힘**의 형태로 나타나며, 성희롱·직장 내 괴롭힘 규범에 포섭될 수 있다. 따라서 조사·심의 등 사건처리는 기

1 여성가족부. (2023). 스토킹 예방지침 표준안 및 해설 참조. 지침 전문은 '제5장 사건 처리를 위한 준비'에 기술

존 고충상담·심의 체계(성희롱·성폭력 고충창구·위원회, 직장 내 괴롭힘 창구·위원회, 인사·징계위원회 등)와 **통합 운영**이 가능하다.

다만 스토킹 대응에는 다음의 실무적 차별점이 있다.

- **보호조치의 선(先)적용과 조기 개입**: 스토킹은 **급박한 위험**으로 이어질 가능성이 높으므로, 상담 직후 **사안 처리 개시 이전이라도** 피해자의 의사에 부합하는 **분리·접근 제한·연락 경로 변경 등 보호조치**를 지체 없이 검토·시행한다.
- **전담 창구와 담당자의 역할 명확화**: **신고·상담 창구를 지정**(기존 고충부서 겸임 가능)하고, 담당자는 상담을 통해 위험 정황을 신속 파악한 뒤, **피해자 의사에 반하지 않는 범위에서** 기관장에 조기 보고하여 **보호조치 판단과 집행**이 선행되도록 연결한다.

이와 같이 조직은 기존 고충체계를 활용하되, **위험도 기반의 선제 보호**와 **책임 있는 창구 운영**을 통해 스토킹의 확산·심화를 차단하고, 이어지는 2절(개념·법령)과 3절(판단기준)에서 제시할 **법적 기준과 판단 프레임**으로 절차를 정교화한다.

2 스토킹 개념 및 관련 법령

1 입법 경과와 주요 개정 포인트

종래 스토킹은 2012년 「**경범죄 처벌법**」 개정으로 신설된 '지속적 괴롭힘' 조항(제3조 제1항 제41호)으로 다루어졌다. 즉, 상대방의 명시적 의사에 반하여 반복적으로 접근·지켜봄·따라다님 등을 하면 10만 원 이하 벌금·구류·과료로 처벌하는 방식이었다.

그러나 스토킹이 폭행·살인 등 강력범죄로 비화하는 사건이 잇따르자, 범죄 예방과 피해자 보호를 위해 2021. 4. 20. 「**스토킹범죄의 처벌 등에 관한 법률**」(이하 '스토킹처벌법')이 제정되었다. 이로써 '스토킹'이 법률상 개념으로 정의되고, 처벌·제재의 대상임이 명확해졌다. 스토킹처벌법은 연인관계나 교제 요구 등 특정 목적 제한을 두지 않아 직장·고용·채권·층간소음 등 다양한 사회관계·일상 영역에서 발생하는 스토킹을 포섭하고, 폭행·협박·주거침입·정보통신망 불안감 유발·위치정보법 위반 등 여타 법률과의 복합 적용 가능성도 전제한다.

이후 2023. 7. 11. 개정으로는 반의사불벌 조항이 폐지되고 온라인 스토킹 처벌 규정이 확대되었으며, 위치추적 전자장치 부착 도입 및 기간 연장 등 잠정조치가 강화되고 긴급응급조치 위반에 대한 제재도 강화되었다.

한편 스토킹처벌법 제정·시행에 맞추어 스토킹 방지 및 피해자 보호 제도를 정비할 필요성이 커졌고, 이에 따라 「**스토킹방지 및 피해자보호 등에 관한 법률**」(이하 '스토킹방지법')이 제정(2023. 1. 17.)·시행(2023. 7. 18.)되었다. 스토킹방지법은 공공기관 등의 자체 예방지침 마련을 의무화하는 근거가 되었고, 이를 바탕으로 각 기관의 실정에 맞춘 표준안과 해설·매뉴얼이 배포되었다.

※ (정리) ① 2012년: 경범죄처벌법 '지속적 괴롭힘'으로 기초 대응 → ② 2021. 4. 20.: 스토킹처벌법 제정으로 독립 법체계 구축 → ③ 2023. 7. 11.: 반의사불벌 폐지 등 처벌·보호 강화 → ④ 2023. 1. 17. 제정·7. 18. 시행: 스토킹방지법으로 예방지침 의무화 및 피해자 보호체계 정비

2 「스토킹 처벌법」의 주요 내용

구분	내용	비고
스토킹 행위 (제2조 제1호)	• 상대방의 의사에 반(反)하여 정당한 이유 없이 다음 각 목의 어느 하나에 해당하는 행위를 하여 상대방에게 불안감 또는 공포심을 일으키는 것 가. 상대방 또는 그의 동거인, 가족(이하 "상대방 등"이라 한다)에게 접근하거나 따라다니거나 진로를 막아서는 행위 나. 상대방 등의 주거, 직장, 학교, 그 밖에 일상적으로 생활하는 장소(이하 "주거 등"이라 한다) 또는 그 부근에서 기다리거나 지켜보는 행위 다. 상대방 등에게 우편 · 전화 · 팩스 또는 「정보통신망 이용 촉진 및 정보보호 등에 관한 법률」 제2조 제1항 제1호의 정보통신망을 이용하여 물건이나 글 · 말 · 부호 · 음향 · 그림 · 영상 · 화상(이하 "물건 등"이라 한다)을 도달하게 하거나 정보통신망을 이용하는 프로그램 또는 전화의 기능에 의하여 글 · 말 · 부호 · 음향 · 그림 · 영상 · 화상이 상대방 등에게 나타나게 하는 행위	• 응급조치 (제3조) • 긴급응급조치 (제4조)

	라. 상대방 등에게 직접 또는 제3자를 통하여 물건 등을 도달하게 하거나 주거 등 또는 그 부근에 물건 등을 두는 행위 마. 상대방 등의 주거 등 또는 그 부근에 놓여져 있는 물건 등을 훼손하는 행위 바. 다음의 어느 하나에 해당하는 상대방 등의 정보를 정보 통신망을 이용하여 제3자에게 제공하거나 배포 또는 게시하는 행위 1) 「개인정보 보호법」 제2조 제1호의 개인정보 2) 「위치정보의 보호 및 이용 등에 관한 법률」 제2조 제2호의 개인 위치 정보 3) 1) 또는 2)의 정보를 편집 · 합성 또는 가공한 정보(해당 정보주체를 식별할 수 있는 경우로 한정한다) 사. 정보통신망을 통하여 상대방 등의 이름, 명칭, 사진, 영상 또는 신분에 관한 정보를 이용하여 자신이 상대방 등인 것처럼 가장하는 행위	
스토킹 범죄 (제2조 제2호)	• 지속적 또는 반복적으로 스토킹행위를 하는 것	• 형사처벌 • 잠정조치 (제9조)
응급조치 (제3조)	• 사법경찰관리는 진행 중인 스토킹행위에 대하여 신고를 받은 경우 즉시 현장에 나가 다음 각 호의 조치를 하여야 함 1. 스토킹행위의 제지, 향후 스토킹행위의 중단 통보 및 스토킹행위를 지속적 또는 반복적으로 할 경우 처벌 서면경고 2. 스토킹행위자와 피해자 등의 분리 및 범죄수사 3. 피해자 등에 대한 긴급응급조치 및 잠정조치 요청의 절차 등 안내 4. 스토킹 피해 관련 상담소 또는 보호시설로의 피해자 등인도(피해자 등이 동의한 경우만 해당한다)	• 피해자 등의 신원과 사생활 비밀 누설 금지 (제17조의3)
긴급응급조치 (제4조)	• 사법경찰관은 스토킹행위 신고와 관련하여 스토킹행위가 지속적 또는 반복적으로 행하여질 우려가 있고 스토킹범죄의 예방을 위하여 긴급을 요하는 경우 스토킹행위자에게 직권으로 또는 스토킹행위의 상대방이나 그 법정대리인 또는 스토킹행위를 신고한 사람의 요청에 의하여 다음 각 호의 조치를 할 수 있음 1. 스토킹행위의 상대방 등이나 그 주거 등으로부터 100미터 이내의 접근 금지 2. 스토킹행위의 상대방 등에 대한 「전기통신기본법」 제2조 제1호의 전기 통신을 이용한 접근 금지	
스토킹행위자에 대한 잠정조치 (제8조, 제9조)	• 검사는 스토킹범죄가 재발될 우려가 있다고 인정되면 직권 또는 사법경찰관의 신청에 따라 법원에 다음 각 호의 조치를 청구할 수 있음 1. 피해자에 대한 스토킹범죄 중단에 관한 서면 경고	

	2. 피해자 또는 그의 동거인, 가족이나 그 주거 등으로부터 100 미터 이내의 접근 금지 3. 피해자 또는 그의 동거인, 가족에 대한 「전기통신기본법」 제2조 제1호의 전기통신을 이용한 접근 금지 3의2. 「전자장치 부착 등에 관한 법률」 제2조 제4호의 위치(이하 "전자장치"라 한다)의 부착 4. 국가경찰관서의 유치장 또는 구치소에의 유치	
스토킹범죄 피해자 전담조사제 (제17조)	• 경찰관서의 장은 스토킹범죄 전담 사법경찰관을 지정하여 특별한 사정이 없으면 전담 사법경찰관이 피해자를 조사하도록 조치하여야 함 • 경찰관서의 장은 전담 사법경찰관에게 스토킹범죄의 수사에 필요한 전문지식과 피해자보호를 위한 수사방법 및 수사절차 등에 관한 교육을 실시하여야 함	
벌칙 (제18조, 제20조)	• 스토킹범죄 시: 3년 이하의 징역 또는 3천만 원 이하의 벌금 • 흉기 또는 그 밖의 위험한 물건을 휴대하거나 이용한 스토킹범죄 시: 5년 이하 징역 또는 5천만 원 이하 벌금 • 다음 각 호의 어느 하나에 해당하는 사람은 3년 이하의 징역 또는 3천만 원 이하의 벌금 1. 제9조 제4항을 위반하여 전자장치의 효용을 해치는 행위를 한 사람 2. 제17조의3 제1항을 위반하여 피해자 등의 주소, 성명, 나이, 직업, 학교, 용모, 인적 사항, 사진 등 피해자 등을 특정하여 파악할 수 있게 하는 정보 또는 피해자 등의 사생활에 관한 비밀을 공개하거나 다른 사람에게 누설한 사람 3. 제17조의3 제2항을 위반하여 피해자 등의 주소, 성명, 나이, 직업, 학교, 용모, 인적 사항, 사진 등 피해자 등을 특정하여 파악할 수 있게 하는 정보를 신문 등 인쇄물에 싣거나 「방송법」 제2조 제1호에 따른 방송 또는 정보통신망을 통하여 공개한 사람 • 잠정조치 불이행 시: 2년 이하의 징역 또는 2천만 원 이하 벌금 • 긴급응급조치 불이행 시: 1년 이하의 징역 또는 1천만 원 이하 벌금	

1) 스토킹의 개념: '스토킹행위'와 '스토킹범죄'의 구분

스토킹의 법적 개념은 상대방의 의사에 반하여 정당한 이유 없이 접촉이 지속적이고 반복적으로 이루어지며, 그로 인해 불안이나 공포가 발생하는지를 핵심으로 한다. 「스토킹처벌법」은 이 요건을 바탕으로 '스토킹행위'와 '스토킹범죄'를 구분하여 정의하고 있다. 먼저 **스토킹행위**는 상대방의 의사에 반해 정당한 이유 없이 불안·공포를 일으키는 일련의 행동을 말한다. 접근·진로차단, 주거·직장 등 생활공간 부근의 대기·지켜봄, 우편·전화·정보통신망을 통한 반복적 도달, 물건의 전달·방치·훼손, 개인정보·위치정보 제공·게시, 그리고 온라인·오프라인에서의 사칭(가장)까지 폭넓게 포함된다(제2조 제1호). 이러한 스토킹행위가 지속적 또는 반복적으로 이어지면 **스토킹범죄**가 성립한다(제2조 제2호). 판단의 핵심은 **반복성**, 그리고 **피해자에게 실제로 불안·공포를 유발했는지 여부**다.

2) 응급조치

진행 중인 스토킹행위가 신고되면 **사법경찰관리는 즉시 현장에 나가 스토킹행위를 제지**하고, 향후 중단을 서면으로 경고하며, 가해자(스토킹행위자)와 피해자 등을 분리하고 범죄수사를 진행한다. 피해자 등에 대해서는 긴급응급조치 및 잠정조치 요청 절차를 안내하고, 동의 시 상담소·보호시설로 인도한다(제3조).

3) 긴급응급조치

스토킹행위의 지속·반복 우려가 있고 예방을 위해 긴급한 경우, 사법경찰관은 직권 또는 요청에 따라 ① 피해자 등 또는 그 주거 등으로부터 **100미터 이내 접근 금지**, ② **전기통신을 이용한 접근 금지**를 명할 수 있다. 조치 후에는 결정서를 작성하고, 검사는 **48시간 이내** 지방법원 판사에게 사후승인을 청구한다. 승인되지 않으면 조치를 즉시 취소하며, 긴급응급조치 기간은 **1개월을 초과할 수 없다**. 취소·변경·효력 상실에 관한 절차는 법에 따른다(제4~7조)

4) 잠정조치

보다 강한 보호가 필요하면 검사는 직권으로 또는 경찰의 신청을 받아 **법원에 잠정조치를 청구**한다(제8조). 법원은 결정으로 **서면경고, 100m 이내 접근금지, 전기통신을 이용한 접근금지, 전자장치(위치추적) 부착, 유치장·구치소 유치** 중 하나 이상을 병과하여 명할 수 있다(제9조 제1항). 이때 접근금지·통신금지·전자장치 부착은 기본 **3개월**로 정하고 각 3개월 범위에서 두 차례까지 연장할 수 있으며, 유치 조치는 최대 **1개월**을 넘길 수 없다(제9조 제7항). 아울러 전자장치를 임의로 분리·손상하거나 전파를 방해하는 등 효용을 해치는 행위는 금지된다(제9조 제

4항). 잠정조치의 집행·고지, 변경·취소·연장 등의 절차는 법에 따르며(제10조·제11조), 관련 통지는 정해진 상대방에게 이루어진다.

5) 스토킹범죄 피해자 전담조사제

검찰총장은 각 지방검찰청 검사장에게 **스토킹범죄 전담 검사**를 지정하도록 하고, 경찰관서의 장은 **스토킹범죄 전담 사법경찰관**을 지정하여 스토킹범죄에 대한 전문적 대응과 수사가 이뤄지도록 한다(제17조). 또한 법원 또는 수사기관이 스토킹행위의 상대방, 피해자 또는 스토킹범죄를 신고한 사람을 증인으로 신문하거나 조사하는 경우 「**특정범죄신고자 등 보호법」의 신변안전조치**를 준용한다(제17조의2 신설). 아울러 **피해자 등의 신원·사생활 비밀 누설 금지**(제17조의3 신설) 및 **피해자에 대한 변호사 선임의 특례**(제17조의4 신설) 규정을 둔다.

6) 벌칙

스토킹범죄는 3년 이하의 징역 또는 3천만 원 이하의 벌금에 처하고, 흉기 등 위험한 물건을 휴대·이용한 경우 5년 이하의 징역 또는 5천만 원 이하의 벌금에 처한다(제18조). 법원은 유죄 선고 또는 약식명령 고지 시 수강명령·이수명령 등 재범 예방 조치를 **병과**할 수 있다(제19조). 전자장치 효용 해침, 피해자 정보 누설·공개는 3년 이하 징역 또는 3천만 원 이하 벌금이며, 잠정조치(접근·통신금지) 불이행은 2년 이하 징역 또는 2천만 원 이하 벌금, 긴급응급조치 불이행은 1년 이하 징역 또는 1천만 원 이하 벌금에 해당한다(제20조).

3 「스토킹 방지법」의 주요 내용

구분	내용
스토킹방지법의 목적(제1조)	• 스토킹을 예방하고 피해자를 보호 · 지원함으로써 인권증진에 이바지함을 목적으로 함
정의(제2조)	• “스토킹”이란 「스토킹처벌법」 제2조 제1호에 따른 스토킹행위 및 같은 조 제2호에 따른 스토킹범죄를 말함 • “스토킹행위자”란 스토킹을 한 사람을 말함 • “피해자”란 스토킹으로 직접적인 피해를 입은 사람을 말함

국가 등의 책무 (제3조)	1. 스토킹 신고체계의 구축 · 운영 2. 스토킹 예방 · 방지를 위한 조사 · 연구 · 교육 및 홍보 3. 피해자를 보호 · 지원하기 위한 시설의 설치 · 운영 4. 피해자에 대한 법률구조와 주거 지원 및 취업 등 자립 지원 서비스의 제공 5. 피해자의 신체적 · 정신적 회복을 위하여 필요한 상담 · 치료회복프로그램 제공 6. 피해자에 대한 보호 · 지원을 원활히 하기 위한 관련 기관 간 협력체계의 구축 · 운영 7. 스토킹의 예방 · 방지와 피해자의 보호 · 지원을 위한 관계 법령의 정비와 각종 정책의 수립 · 시행 및 평가 8. 피해자의 안전확보를 위한 신변 노출 방지와 보호 · 지원 체계의 구축 9. 피해자 지원 기관 및 시설 종사자의 신변보호를 위한 안전대책 마련
실태조사 및 예방교육 등 (제4조, 제5조)	• 성평등가족부장관은 3년마다 스토킹에 대한 실태조사 실시 • 국가기관과 지방자치단체 등은 스토킹의 예방과 방지를 위하여 스토킹 예방교육 실시할 수 있음 • 수사기관의 장은 업무 관련자를 대상으로 필요한 교육을 실시하여야 함 • 국가기관과 지방자치단체 등은 스토킹 방지를 위한 자체 예방지침 마련, 사건 발생 시 재발방지대책 수립 · 시행 등 필요한 대책을 마련하여야 함
피해자 등에 대한 불이익조치의 금지 (제6조 제1항)	• 피해자 또는 스토킹 사실을 신고한 자를 고용하고 있는 자는 스토킹으로 피해를 입은 것 또는 신고를 한 것을 이유로 다음 각 호의 불이익조치 금지 1. 파면, 해임, 해고, 그 밖에 신분상실에 해당하는 신분상의 불이익조치 2. 징계, 정직, 감봉, 강등, 승진 제한, 그 밖에 부당한 인사조치 3. 전보, 전근, 직무 미부여, 직무 미배치, 그 밖의 본인의 의사에 반하는 인사조치 4. 성과평가 또는 동료평가 등에서 차별이나 그에 따른 임금 또는 상여금 등의 차별 지급 5. 직업능력 개발 및 향상을 위한 교육훈련 기회의 제한, 예산 또는 인력 등 가용자원의 제한 또는 제거, 보안정보 또는 비밀정보 사용의 정지 또는 취급자격의 취소, 그 밖에 근무조건 등에 부정적 영향을 미치는 차별 또는 조치 6. 주의 대상자 명단 작성 또는 그 명단의 공개, 집단 따돌림, 폭행 또는 폭언 등 정신적 · 신체적 손상을 가져오는 행위 또는 그 행위의 발생을 방치하는 행위 7. 직무에 대한 부당한 감사 또는 조사나 그 결과의 공개 8. 그 밖에 본인의 의사에 반하는 불이익조치
피해자 보호조치 (제6조 제2항)	• 피해자를 고용하는 있는 자는 피해자의 요청이 있으면 업무 연락처 및 근무장소의 변경, 배치 전환 등의 적절한 조치를 할 수 있음
지원시설 (제8조~제11조)	• 국가나 지방자치단체는 피해자 등의 보호 · 지원과 효과적인 피해 방지를 위하여 피해자 지원시설(이하 "지원시설"이라 한다)을 설치 · 운영할 수 있음 • 지원시설의 업무 1. 스토킹 신고 접수와 이에 관한 상담 2. 피해자 등의 신체적 · 정신적 안정과 일상생활 복귀 지원 3. 피해자 등의 보호와 임시거소의 제공 및 숙식 제공 4. 직업훈련 및 취업정보의 제공

	5. 피해자 등의 질병치료와 건강관리를 위하여 의료기관에 인도하는 등의 의료 지원 6. 스토킹행위자에 대한 고소와 피해배상청구 등 사법처리 절차에 관하여 「법률구조법」 제8조에 따른 대한법률구조공단 등 관계 기관에 대한 협조 및 지원 요청 7. 수사 · 재판 과정에 필요한 지원 8. 스토킹의 예방 · 방지를 위한 홍보 및 교육 9. 스토킹과 스토킹 피해에 관한 조사 · 연구 10. 다른 법률에 따라 지원시설에 위탁된 업무 11. 그 밖에 피해자 등을 보호 · 지원하기 위하여 대통령령으로 정하는 업무 • 성평등가족부장관이나 지방자치단체의 장은 지원시설 종사자의 자질을 향상시키기 위하여 필요한 교육 실시
벌칙 (제16조~제18조)	• 고용주의 불이익조치 시: 3년 이하 징역 또는 3천만 원 이하 벌금 • 비밀유지의 의무(지원시설의 장 또는 종사자이거나 장 또는 종사자이었던 자는 그 직무상 알게 된 비밀을 누설해서는 안 됨) 위반 시: 1년 이하의 징역 또는 1천만 원 이하의 벌금 • 법인의 대표자나 법인 또는 개인의 대리인, 사용인, 그 밖의 종사자가 그 법인 또는 개인의 업무에 관하여 상기 위반행위(불이익조치, 비밀 누설)를 한 경우: 그 행위자를 벌하는 외에 그 법인 또는 개인에게도 해당 조문의 벌금형 과함(양벌규정) • 사법경찰관리의 업무 수행 방해 시: 1천만 원 이하 과태료

1) 목적 · 정의

이 법은 스토킹을 **예방**하고 **피해자를 보호 · 지원**함으로써 인권증진에 이바지하는 것을 목적으로 한다(제1조). “스토킹”은 「스토킹처벌법」의 스토킹행위와 스토킹범죄를 포함하고, “스토킹행위자”는 스토킹을 한 사람, “피해자”는 스토킹으로 직접 피해를 입은 사람을 말한다(제2조).

2) 국가 등의 책무

국가와 지방자치단체는 신고체계 구축·운영, 조사·연구·교육·홍보, 보호·지원시설 설치·운영, 법률구조·주거·취업 등 자립 지원, 상담·치료회복프로그램 제공, 유관기관 협력체계 구축·운영, 법령·정책 정비 및 평가, 신변 노출 방지와 보호·지원 체계 구축, 지원기관 종사자 안전대책을 시행하고, 이에 필요한 예산 조치를 한다(제3조).

3) 실태조사·예방교육·자체지침

성평등가족부장관은 **3년마다 실태조사**를 실시·발표하고 정책에 반영한다(제4조). 국가기관·지자체·학교 등은 **예방교육**을 실시할 수 있고, **수사기관의 장은 의무적**으로 관련자 교육을 실시한다(제5조 제1항). 예방교육은 성희롱·성폭력 등 타 법률상 교육과 통합할 수 있다(제5조 제2항). 또한 각 기관은 **자체 예방지침**을 마련하고, 사건 발생 시 **재발방지대책**을 수립·시행해야 하며(제5조 제3항, 제6항), 사용자는 직장 내 스토킹 예방 노력을 하여야 한다(제5조 제4항). 성평등가족부장관은 교육 자료·프로그램을 개발·보급한다(제5조 제5항).

4) 불이익조치 금지(사업장) 및 피해자 보호조치

피해자 또는 신고자를 고용하고 있는 자는 이를 이유로 파면·해임·해고, 징계·정직·감봉·강등·승진 제한 등 부당한 인사조치, 전보·전근·직무 미부여·재배치 등 본인의 의사에 반하는 인사조치, 평가·임금 등 차별 지급, 교육훈련 기회 제한·자원 제한·비밀정보 사용 정지 등 근무조건상 불이익, 명단 작성·공개·따돌림·폭행·폭언 및 방치, 부당 감사·조사 또는 그 결과 공개, 그 밖의 의사에 반하는 **불이익조치를 하여서는 아니 된다**(제6조 제1항).

또한 피해자를 고용하고 있는 자는 요청이 있으면 **업무 연락처·근무장소 변경, 배치 전환 등 적절한 조치**를 할 수 있다(제6조 제2항).

5) 취학 지원

피해자 등(가족 포함)이 학생이고 주소지 외 지역으로의 취학이 필요한 경우, 국가·지자체는 원활한 취학을 지원한다(제7조).

6) 지원시설(설치·업무·자격·교육·의사 존중)

국가·지자체는 피해자 등의 보호·지원을 위해 **지원시설을 설치·운영**할 수 있고, 위탁·경비 지원·설치·운영 기준을 정한다(제8조). 지원시설은 **신고 접수·상담, 안정·일상 복귀 지원, 보호·임시거소·숙식 제공, 직업훈련·취업정보, 의료기관 인도 등 의료 지원, 법률구조기관 협조 요청**(고소·배상 등), **수사·재판 지원, 홍보·교육, 조사·연구, 위탁업무·대통령령 업무, 그 밖의 보호·지원 업무**를 수행한다(제9조).

장·종사자 결격 사유와 자격기준이 정해져 있고(제10조), 성평등가족부장관·지자체장은 종사자 교육을 실시하며 전문기관 위탁이 가능하다(제11조). 지원시설의 장·종사자는 피해자 등이 분명히 밝힌 의사에 반하여 업무를 하여서는 아니 된다(제12조).

7) 수사 협조 및 현장출동

지원시설의 장은 **긴급 구조 필요시 경찰관서장에게 동행을 요청**할 수 있고, 경찰관서장은 특별한 사유가 없으면 응해야 한다(제13조). 사법경찰관리는 신고 접수 시 지체 없이 현장에 출동하며, 관련 장소 출입·조사·질문 권한을 행사하되 증표 제시 의무가 있다. 조사 시 피해자·신고자·목격자 등이 자유롭게 진술할 수 있도록 스토킹행위자와 **분리**하는 등 필요한 조치를 해야 하며, 누구든지 정당한 사유 없이 현장조사를 **방해해서는 안 된다**(제14조).

8) 비밀유지

지원시설의 장 또는 종사자(퇴직자 포함)는 직무상 알게 된 비밀을 누설하여서는 아니 된다(제15조).

9) 벌칙·양벌·과태료

불이익조치를 한 고용주는 3년 이하의 징역 또는 3천만 원 이하의 벌금에 처한다(제16조 제1항). 비밀유지 의무 위반 시 1년 이하의 징역 또는 1천만 원 이하의 벌금에 처한다(제16조 제2항). **양벌규정**에 따라 법인의 대표자 등 종사자가 위반행위를 하면 행위자 처벌과 별도로 법인 또는 개인에도 벌금형을 과한다(제17조, 상당한 주의·감독을 다한 경우 예외). 사법경찰관리의 현장조사 방해 시 1천만 원 이하 과태료가 부과되고, 성평등가족부장관 또는 지방자치단체장이 부과·징수한다(제18조).

3 스토킹 성립요건 및 판단기준

성평등가족부 "스토킹 예방지침 표준안"에서 사용하는 용어는 앞서 살펴본 「스토킹처벌법」에서 정의하는 스토킹행위 및 스토킹범죄에 따른다. '스토킹행위'는 상대방의 의사에 반하여 정당한 이유없이 「스토킹처벌법」 제2조 제1호 가목에서 사목까지 열거된 행위를 하여 불안감 또는 공포감을 일으키는 것을 말하고, '스토킹범죄'는 스토킹행위를 지속적이거나 반복적으로 하는 것을 말한다.

스토킹범죄의 처벌 등에 관한 법률 제2조(정의)

이 법에서 사용하는 용어의 뜻은 다음과 같다.

1. **"스토킹행위"**란 상대방의 의사에 반(反)하여 정당한 이유 없이 다음 각 목의 어느 하나에 해당하는 행위를 하여 상대방에게 불안감 또는 공포심을 일으키는 것을 말한다.
   가. 상대방 또는 그의 동거인, 가족(이하 "상대방등"이라 한다)에게 접근하거나 따라다니거나 진로를 막아서는 행위
   나. 상대방등의 주거, 직장, 학교, 그 밖에 일상적으로 생활하는 장소(이하 "주거등"이라 한다) 또는 그 부근에서 기다리거나 지켜보는 행위
   다. 상대방등에게 우편·전화·팩스 또는「정보통신망 이용촉진 및 정보보호 등에 관한 법률」 제2조제1항제1호의 정보통신망(이하 "정보통신망"이라 한다)을 이용하여 물건이나 글·말·부호·음향·그림·영상·화상(이하 "물건등"이라 한다)을 도달하게 하거나 정보통신망을 이용하는 프로그램 또는 전화의 기능에 의하여 글·말·부호·음향·그림·영상·화상이 상대방등에게 나타나게 하는 행위
   라. 상대방등에게 직접 또는 제3자를 통하여 물건등을 도달하게 하거나 주거등 또는 그 부근에 물건등을 두는 행위
   마. 상대방등의 주거등 또는 그 부근에 놓여져 있는 물건등을 훼손하는 행위
   바. 다음의 어느 하나에 해당하는 상대방등의 정보를 정보통신망을 이용하여 제3자에게 제공하거나 배포 또는 게시하는 행위
      1) 「개인정보 보호법」 제2조제1호의 개인정보
      2) 「위치정보의 보호 및 이용 등에 관한 법률」 제2조제2호의 개인위치정보
      3) 1) 또는 2)의 정보를 편집·합성 또는 가공한 정보(해당 정보주체를 식별할 수 있는 경우로 한정한다)

사. 정보통신망을 통하여 상대방등의 이름, 명칭, 사진, 영상 또는 신분에 관한 정보를 이용하여 자신이 상대방등인 것처럼 가장하는 행위
2. "**스토킹범죄**"란 지속적 또는 반복적으로 스토킹행위를 하는 것을 말한다.

법률상 정의된 스토킹 개념에 따른 스토킹 판단기준(성립요건)은 아래와 같다.

1 스토킹 행위자

스토킹 주체는 제안이 없다. 스토킹 행위자는 **기관 소속 임직원으로 한정되지 않고** 보다 넓은 범위로 인정될 수 있다.
공공기관의 경우 내부 '**스토킹 예방지침**'에 **행위자 범위**를 명시해 둘 필요가 있다. 기관장을 포함한 재직 중인 전 구성원(비정규직, 인턴, 사회복무요원, 공무직, 기간제·시간제 근로자 등)뿐만 아니라, 업무관련성이 있는 제3자(고객·이용자·협력업체 담당자 등)에게도 지침이 적용될 수 있다.

| 판례 | 업무관련성이 있는 고객에 의한 스토킹 피해 (서울중앙지방법원 2020고단585판결)

피고인은 피해자가 운영하는 한의원에서 치료를 받았던 것을 계기로 피해자를 알게 된 이후 피해자가 운영하는 한의원에 찾아가거나 수시로 전화를 걸고, 피해자에게 성적 수치심을 유발할 수 있는 내용이 담긴 휴대폰 문자메시지를 보내거나 전화를 거는 등의 스토킹 행위를 반복하여 위와 같이 형사처벌을 받았다. 그럼에도 피고인은 피고인의 집에서 휴대폰을 사용하여 총 57회에 걸쳐 피해자에게 성적 내용이 담긴 문자메시지를 전송하였다.

2 스토킹 행위의 대상

「스토킹처벌법」은 **상대방 본인**뿐만 아니라 **그의 동거인, 가족**에 대한 행위 역시 스토킹 행위로 본다. 즉, 피해자 가족·동거인을 향한 접근·연락·게시 등도 **피해자에 대한 간접 스토킹**으로 포섭될 수 있다.

| 판례 | 피해자의 가족에 대한 스토킹 행위
(서울서부지방법원 2013고단2920판결)

피고인은 직장 상사로 알게 된 피해자가 자신을 만나주지 않는다는 이유로 피해자의 사무실로 약 3개월 동안 146회에 걸쳐 전화하였다는 내용의 업무방해죄로 징역 6월을 선고받고 같은 해 그 형의 집행을 종료하였다. 또한 피고인은 피해자와 그의 처에게 피해자와 만나고 싶다는 등의 문자메시지를 약 4개월 동안 1208회에 걸쳐 보내 정보통신망 이용촉진 및 정보보호 등에 관한 법률위반죄로 벌금 700만원을, 피해자의 처에게 약 21일 동안 901회에 걸쳐 전화를 하여 괴롭혀 경범죄처벌법위반죄로 벌금 10만원을 각 선고받고, 피해자의 주거지에 침입하여 현관문을 두드리고 피해자에게 욕설을 하여 주거침입죄, 모욕죄로 벌금 300만원의 구약식명령 처분을, 피해자의 사무실 앞에서 욕설을 하며 소란을 피워 업무방해죄로 벌금 100만원의 구약식명령 처분을 각각 받았다.

3 상대방 의사에 반하여

실무에서는 **피해자의 신고 자체가 거부 의사의 표명**으로 평가된다. 피해자가 불안·공포를 호소하며 신고했다면, 원칙적으로 **행위가 피해자 의사에 반한 것**으로 본다.

또한 **명시적 거부가 없더라도**, 반복된 교제 거절, 연락 무응답 등 맥락상 드러난 **묵시적·추정적 거부**가 확인되면 '의사에 반하여' 요건은 충족될 수 있다.

| 판례 | 상대방의 거부 의사에 반하여 지속적으로 연락하는 스토킹 행위
(서울남부지방법원 2021고단5472 판결)

피고인은 피해자의 전 직장 동료로 피해자가 거부 의사를 밝혔음에도 지속적으로 전화 및 문자를 발송한 사람이다. 피고인은 피해자에게 전화를 걸어 발신자 전화 표시를 피해자에게 도달하게 하고, 피해자의 주거지 앞에서 피해자를 기다리다 귀가하는 피해자를 만나 말을 걸며 접근하고, 경찰서에 가겠다는 피해자의 옷을 잡아당겨 진로를 막아서는 행위를 하여 피해자에게 불안감 또는 공포심을 일으켰다.

「경범죄 처벌법」(지속적 괴롭힘)은 피해자 **명시적 의사에 반할** 것을 요구하지만, 「스토킹 처벌법」은 **'상대방의 의사에 반하면'** 요건을 충족하므로, 관계 권력관계나 상황 때문에 적극적 거절이 어려운 사정도 함께 고려한다.

경범죄 처벌법 제3조(경범죄의 종류)

① 다음 각 호의 어느 하나에 해당하는 사람은 10만원 이하의 벌금, 구류 또는 과료(科料)의 형으로 처벌한다.

41. (지속적 괴롭힘) 상대방의 명시적 의사에 반하여 지속적으로 접근을 시도하여 면회 또는 교제를 요구하거나 지켜보기, 따라다니기, 잠복하여 기다리기 등의 행위를 반복하여 하는 사람

4 정당한 이유없이

법은 '정당한 이유'가 없을 것을 요건으로 둔다. 따라서 **민사집행 등 공무집행**, 「채권의 공정한 추심에 관한 법률」에 따른 **적법한 채권추심** 등은 원칙적으로 스토킹에 해당하지 않는다. 다만 형식적 명목만으로 '정당성'이 인정되는 것은 아니며, 개별 사안에서 수단의 필요성·상당성을 따져 본다.

| 판례 | 대구지방법원 2015고단808 판결, 서울서부지방법원 2019고정909 판결

차용증에 기재된 돈을 받기 위해 문자메시지로 총 59회에 걸쳐 전송한 경우 정보통신망법 위반에 해당한다고 판시

5 행위

다음 7가지 유형 중 어느 하나에 해당하면 스토킹행위 요건이 충족된다. 각 유형은 **오프라인·온라인을 포괄**하며, **제3자를 통한 전달·게시·가장**까지 포함한다.

1) 접근하거나 따라다니거나 진로를 막아서는 행위

「스토킹처벌법」 제2조 제1호 가목은 **상대방 또는 그 동거인·가족에 대해 '접근' 하거나 '따라다니'거나 '진로를 막아서는' 행위**를 스토킹행위로 규정한다. 실무에서 흔히 보이는 유형은, 예컨대 **호감**을 이유로 피해자의 **주거지까지 뒤따라가거나, 전화번호를 묻겠다며 이동 경로를 가로막는 경우** 등이다.

다만 행위자가 '정당한 이유'를 주장하더라도, 그 행위가 사회통념상 요구되는 긴급성·보충성(필요 최소성)을 결여하면 스토킹행위로 평가될 수 있다. 예컨대 **휴대폰 판매를 위한 호객행위, 취재를 이유로 한 취재원의 이동 차단, 채권추심 명목의 채무자 진로 방해** 등은 겉으로는 목적이 있더라도 **상당성·필요성**이 없으면 가목의 스토킹행위에 해당할 수 있다.

| 판례 | 인천지방법원 2022고단5377 판결

피고인은 피해자 B와 직장동료인 사이이다. 피고인은 피해자를 만나기 위해 피해자의 집 현관문 앞에 이르러 피해자를 기다리는 행위를 하고, 같은 달 피해자의 집에 찾아가 피해자에게 접근하는 행위를 하였다.

| 판례 | 서울중앙지방법원 2022고단3060 판결

피고인과 피해자는 같은 직장에 근무했던 동료 사이이다. 피고인은 ...(중략)... 총 18회에 걸쳐 문자메시지를 보내고, 총 28회에 걸쳐 전화통화를 하고, 총 2회에 걸쳐 선물이 포함된 문자메시지를 보내고, 총 2회에 걸쳐 피해자의 직장으로 찾아가는 스토킹행위를 하였다.

| 판례 | 춘천지방법원 강릉지원 2022고단244 판결

피고인은 약 2개월 동안 총 46회에 걸쳐 자신의 휴대전화를 이용하여 피해자에게 연락을 하고, 피해자가 업무를 하는 아파트 부근 주차장에서 피해자가 주차된 자신의 차량에 탑승하자 위 차량 앞에 선 후 피해자가 앉아 있는 운전석 쪽으로 다가가 차문을 열려고 시도하고 피해자가 차문을 시정하여 열리지 않자 창문을 계속 두드렸다.

2) 주거, 직장 등 또는 그 부근에서 기다리거나 지켜보는 행위

「스토킹처벌법」 제2조 제1호 나목은 '상대방 또는 그의 동거인·가족의 주거, 직장, 학교, 그 밖에 일상적으로 생활하는 장소 또는 그 부근에서 **기다리거나 지켜보는 행위**'를 스토킹행위로 명시한다. 기다리거나 지켜보는 행위 자체가 지속·계속의 개념을 내포하고 있어 어느 정도 지속되어야 스토킹행위에 해당하는지 판단이 어려울 수 있는데, 이에 관해 일본 판례는 자동차가 있는지 여부를 **슬쩍 엿보거나 방에 불이 켜져 있는지를 잠깐 관찰하는 것**도 '지켜보기'에 해당한다고 보면서, "관찰에 어느 정도의 시간이 필요한지는 **관찰의 목적**에 달려 있다"라고 판시한 바 있다. 따라서 짧은 시간의 대기·관찰이라도 사안에 따라 스토킹행위 해당 가능성을 배제할 수 없다.

또한 「스토킹처벌법」의 장소적 범위는 '일상적으로 생활하는 장소 또는 그 부근'으로 규정되어 있어, 우연히 들른 장소가 포함되는지 문제가 될 수 있다. 이와 관련하여 일본은 2021년 5월 「스토킹규제법」을 개정하면서 '일상적으로 생활하는 장소'를 **'피해자가 실제로 소재하는 장소'로 확장**해, 평소 동선이 아니더라도 **우연을 가장한 대면까지 고려**하여 일련의 행위 과정을 조사할 필요가 있다는 입장을 취하고 있다.[2]

| 판례 | 대전지방법원 천안지원 2022고정398, 2022고정471 판결

피고인은 직장 동료인 피해자 A를 알게 되어 피해자와 간헐적으로 만남을 지속하여 오다가 피해자로부터 이별 통보를 받게 되어 피해자와 갈등이 생기게 되었다. 그러던 중 피고인은 접근금지가처분 결정을 받게 되었다. 그럼에도 불구하고 피고인은 정당한 이유없이 피해자의 주거지 앞 복도를 약 3시간 동안 서성이며 피해자를 기다리는 행위를 하여 피해자에게 불안감을 일으켰고, 재차 피해자의 주거지를 찾아가 피해자의 주거지 문을 발로 차고 피해자를 기다리는 행위를 하여 피해자에게 불안감을 일으켰다. 이로써 피고인은 피해자의 주거에 침입함과 동시에 지속적 또는 반복적으로 스토킹행위를 하였다.

2 경찰청, 스토킹 대응 매뉴얼(경찰청 국가수사본부 형사국·생활안전국, 2022. 9). 69~70쪽 참조

| 판례 | 청주지방법원 2023. 7. 28. 선고 2023고정95 판결

피고인은 직장동료로 알게 된 피해자에게 지속적인 호감을 표시하였으나 피해자가 같은 해 지속적으로 이를 거절하는 의사를 분명히 표시하였음에도, 피해자의 휴대전화로 총 21번 전화통화를 시도하고, 피해자에게 총 66회에 걸쳐 카카오톡 메시지를 전송하고, 피해자 주거지 앞을 찾아가 서성이고, 주거지 출입문에 여러 차례 귀를 가져다 대는 행위를 하였다.

3) 정보통신망 등을 이용하여 물건이나 글·말·부호·음향·그림·영상·화상 등을 도달하게 하는 행위 등

「스토킹처벌법」 제2조 제1호 다목은 '**상대방 또는 그의 동거인, 가족에게 우편·전화·팩스 또는 정보통신망을 이용하여 물건이나 글·말·부호·음향·그림·영상·화상 등을 도달하게 하거나, 정보통신망을 이용하는 프로그램 또는 전화의 기능에 의하여 글·말·부호·음향·그림·영상·화상이 상대방 또는 그의 동거인, 가족에게 나타나게 하는 행위**'를 스토킹행위로 규정한다. 핵심은 '도달'이다. 따라서 피해자가 **전화 수신을 거절**하거나 **문자·메신저를 스팸·수신거부 처리**해 실제 내용을 보지 못했더라도, 행위자가 반복적으로 내용을 **상대방에게 도달시키는 시도**를 하면 스토킹행위 해당성이 문제된다. 유사 규정인 정보통신망법 판례는 **스팸 처리로 메시지를 읽지 못했더라도 반복적 '도달'은 성립**한다고 보았고,[3] 일본 판례도 **착신거부 내역 등으로 발신 사실을 인식할 수 있다면 스토킹행위 해당을 긍정**한다.[4] 요컨대 수신 여부와 무관하게 반복적 '도달' 자체가 판단의 포인트다.

아울러, **지속·반복적으로** "자기 또는 타인의 성적 욕망을 유발·만족시킬 목적으로 성적 수치심·혐오감을 일으키는 말·음향·글·그림·영상·물건을 상대방에게 도달"시킨 경우에는 **「성폭력처벌법」 제13조**(통신매체이용음란) 해당 가능성이 크다. 이때 재발 우려가 보이면 피해자 보호를 위해 「스토킹처벌법」상 긴급응급조치·잠정조치 또는 「스토킹방지법」상의 보호조치를 **병행 검토**하는 것이 실무상 안전하다.

3 대법원 2018. 11. 15. 선고 2018도14610 판결

4 경찰청, 스토킹 대응 매뉴얼(경찰청 국가수사본부 형사국·생활안전국, 2022. 9). 70~71쪽 참조

| 판례 | 창원지방법원 거창지원 22023고단96 판결

피고인은 피해자 B와 업무상 이유로 서로 알게 된 관계이다. 피고인은 피해자에게 사적 용무로 연락을 하거나 찾아갔던 문제로 피해자와 다툼이 생기자 화해를 하자는 명목으로 피해자의 거부 의사에도 불구하고 문자메시지를 피해자의 휴대전화로 전송한 것을 비롯하여 그 무렵부터 총 101회에 걸쳐 피해자에게 문자메시지와 카카오톡 메시지를 전송하고 전화를 걸었다.

| 판례 | 서울북부지방법원 2022고정1214 판결

피고인은 피해자와 전 직장동료 관계에 있었던 자이다. 피고인은 피해자가 퇴사하기 전에 동료들과 피고인을 험담하였다는 이유로 피해자로부터 사과를 받고자, 피해자에게 전화를 한 것을 비롯하여 반복적으로 스토킹행위를 하여 피해자에게 불안감과 공포심을 느끼게 하였다.

| 판례 | 광주지방법원 2022고정761 판결

피고인과 피해자는 같은 직장에 다니는 동료 사이이다. 피고인은 피해자에게 문자메시지를 보냈다가 피해자로부터 업무 외적으로 문자를 받는 게 불편하다는 답장을 받았음에도, 피해자의 의사에 반하여 정당한 이유없이 총 384회에 걸쳐 카카오톡 메시지를 전송하여 피해자에게 공포심 또는 불안감을 일으키는 스토킹 행위를 지속적 또는 반복적으로 하였다.

4) 직접 또는 제3자를 통하여 주거나 직장 등에 물건 등을 두는 행위 등

「스토킹처벌법」 제2조 제1호 라목은 '상대방 또는 그의 동거인, 가족에게 직접 또는 제3자를 통하여 물건이나 글·말·부호·음향·그림·영상·화상 등을 **도달**하게 하거나 주거, 직장, 학교, 그 밖에 일상적으로 생활하는 장소 또는 그 부근에 물건이나 글·말·부호·음향·그림·영상·화상을 **두는** 행위'를 스토킹행위로 명시한다. 이에 따라 가해자가 **직접 전달**하거나 **택배 등을 이용**해 피해자의 주거 등 부근에 물건을 보내거나 두는 행위(예: 꽃, 흉기성 물건, 동물 사체 등)는 사안의 맥락에 따라 스토킹행위에 해당할 수 있다.

| 판례 | 수원지방법원 안양지원 2023고단84 판결

피고인은 피해자와 같은 회사 및 부서에서 근무하며 연인처럼 지내던 중, 피해자로부터 더 이상 연락하거나 접근하지 말 것을 요구받은 사실이 있었다. 그럼에도 피고인은 피해자의 직장으로 얼그레이 차 티백을 택배로 발송하여 도달하게 하거나 부재중 전화 표시를 남기는 등 피해자의 의사에 반하여 정당한 이유없이 피해자에게 불안감 또는 공포심을 일으키는 행위를 하였다.

| 판례 | 대전지방법원 2022고단1029 판결

피고인은 피해자와 회사 동료 사이로 피해자에게 접근하였으나 피해자가 거부의 의사 표시를 하였음에도 피해자의 신발장에 하트가 그려진 편지를 넣어두는 등 피해자에게 계속적으로 접근하였다.

5) 주거, 직장 등 또는 그 부근에 놓여져 있는 물건 등을 훼손하는 행위

「스토킹처벌법」 제2조 제1호 마목은 '상대방 또는 그의 동거인·가족의 주거·직장·학교 그 밖의 일상적 생활장소 또는 그 부근에 놓여 있는 물건이나 글·말·부호·음향·그림·영상·화상을 **훼손**하는 행위'를 스토킹행위로 규정한다. 물건 훼손 자체가 피해자에게 불안·공포를 유발할 수 있으므로, **행위의 장소·대상·경위와 함께 지속·반복 여부**를 종합하여 판단한다.

| 판례 | 서울중앙지방법원 2022고단4163 판결

피고인은 피해자와 직장에서 함께 근무하였던 사이이다. 피고인은 피해자가 거주하는 빌라로 찾아가 피해자의 벨을 눌렀으나 피해자가 공동현관문을 열어주지 않자 배달기사가 지나가 공동현관문이 열린 기회를 이용하여 빌라 안으로 들어가 피해자가 거주하는 ○○○호 문 앞에 음식과 음료수를 놓고 가고, 피해자가 거주하는 위 빌라로 찾아가 피해자의 집 현관문 도어락 비밀번호를 알아내 집 안으로 들어가기 위하여 비밀번호를 수회 누르고 도어락에 붓으로 밀가루를 칠하였다.

| 판례 | 서울중앙지방법원 2021고단5087, 2021고단6542(병합), 2021고단7305(병합) 판결

피고인은 피해자의 직장인 사무실 앞에서, 주변에 있던 위험한 물건인 라이터를 이용하여 간판의 뒷면 접착제에 불을 붙여 접착제를 녹이고, 골목에 있던 빗자루와 표지판 등을 이용하여 사무실 간판을 떼어 내 손괴하였다.

6) 개인정보, 개인위치정보 등을 정보통신망을 이용하여 제3자에게 제공하거나 배포 또는 게시하는 행위

제2조 제1호 바목은 다음 중 하나에 해당하는 상대방 등의 정보를 '**정보통신망을 이용하여**' **제3자에게 제공·배포·게시**하는 행위를 스토킹행위로 본다: ①「개인정보 보호법」제2조 제1호의 개인정보, ②「위치정보의 보호 및 이용 등에 관한 법률」제2조 제2호의 개인위치정보, ③ 위 정보를 편집·합성·가공한 정보(해당 정보주체를 식별할 수 있는 경우). 온라인 유포는 노출 범위와 전파성이 크므로, 반복성·영향의 중대성이 함께 고려된다.

| 판례 | 춘천지방법원 강릉지원 2018고단1105 판결

피고인은 피해자가 운영하는 ○○학원에 수강 등록한 다음 위 피해자에게 개인적으로 만나자는 문자메시지를 반복적으로 전송하고 SNS에 마치 피해자와 교제하는 듯한 글을 게시하였으나, 피해자로부터 '수업내용 외 개인적인 문자는 보내지 말아 달라', '수강료를 환불해 줄 테니 학원에 나오지 말아 달라'는 답장을 받게 되자, 이에 화가 나 위험한 물건인 염산 3통을 사 들고 위 ○○학원으로 찾아갔다.

7) 정보통신망을 통해 상대방 등의 정보를 이용하여 자신이 상대방 등인 것처럼 가장하는 행위

제2조 제1호 사목은 '정보통신망을 통하여 상대방 또는 그의 동거인·가족의 이름·명칭·사진·영상 또는 신분에 관한 정보를 이용하여 **자신이 그 사람인 것처럼 가장**하는 행위'를 스토킹행위로 명시한다. 계정·프로필·연락수단을 **사칭해 접촉**

하거나 **주변인과의 관계를 교란**하는 유형이 여기에 포함되며, 반복·지속성과 그로 인한 불안·공포 유발 여부가 핵심 판단 요소다.

6 지속성 또는 반복성

앞서 살펴 본 스토킹행위를 **지속적 또는 반복적**으로 하면, 즉 지속성 또는 반복성 중 하나가 충족되면 스토킹범죄가 성립된다. 또한 **1회적**인 사건이라도 행위가 일정 시간 **계속**되었다면 **지속성**이 인정될 수 있으며, 그 시간의 길이 자체는 결정적 요건이 아니다.

| 판례 | 수원지방법원 안산지원 2021가단81434 판결

피고는 회사 회식 후 대리기사를 불러 귀가하던 피해자의 승용차를 가로막으며 "노래방에 가지 않으면 넌 끝이다"라고 말하며 계속하여 출발한 피해자에게 약 15회에 걸쳐 전화를 계속하였다. 이로써 피고는 상대방의 명시적 의사에 반하여 지속적으로 접근을 시도하여 면회 또는 교제를 요구하거나 지켜보기, 따라다니기, 잠복하여 기다리기 등의 행위를 반복해서 하였다.

| 판례 | 광주지방법원 순천지원 2018고단1431 판결

피고인은 피해자 집 앞에서 기다리면서 피해자에게 전화를 걸어 만나자고 요구하였으나 피해자가 이에 응하지 않자 "문 열어!"라고 고함을 치면서 주먹과 발로 현관문을 수회 차는 등 같은 날 약 1시간 30분 동안 소란을 피우며 면회를 요구하였다. 이로써 피고인은 상대방의 명시적 의사에 반하여 지속적으로 접근을 시도하여 면회 또는 교제를 요구하거나 지켜보기, 따라다니기, 잠복하여 기다리기 등의 행위를 반복하였다.

CHAPTER 05

사건처리를 위한 준비

1 성희롱·괴롭힘 사건처리 기본원칙

2 사건 전담 처리조직의 결정 및 프로세스 구축

3 예방·처리 지침 작성

CHAPTER 05

사건처리를 위한 준비

1 성희롱·괴롭힘 사건처리 기본원칙

1 근로관계에서 비롯한 사용자의 배려의무

성희롱·괴롭힘 사건처리의 출발점은 근로관계에서 비롯되는 사용자의 배려의무에서 찾을 수 있다. 사용자는 근로계약을 통해 근로자에게 업무를 지휘·명령할 권한을 가지는 동시에, 근로자의 인격권을 존중하고 쾌적하고 안전한 근로환경을 보장할 의무를 부담한다. 이러한 법리는 다음과 같은 판례에서도 확인된다.

| 참고 판례 | 대법원 1996. 4. 23. 선고 95다6823 판결

근로계약에 따라 계속적으로 근로를 제공하는 근로자는 인간으로서의 존엄과 가치를 지닌 인격체이고 근로자는 자신의 전인격을 사용자의 사업장에 투입하고 있는 점에서 근로관계에 있어서 근로자의 근로제공은 자신의 인격과 분리될 수 없는 것이고 한편 근로계약에 따른 근로자의 근로제공은 단순히 임금획득만을 목적으로 하는 것은 아니고 근로자는 근로를 통하여 자아를 실현하고 나아가 기술을 습득하고 능력을 유지·향상시키며 원만한 인간관계를 형성하는 등으로 참다운 인격의 발전을 도모함으로써 자신의 인격을 실현시키고 있다는 점도 부인할 수 없다. 그러므로 사용자는 특별한 사정이 없는 한 근로자와 사이에 근로계약의 체결을 통하여 자신의 업무지휘권·업무명령권의 행사와 조화를 이루는 범위 내에서 근로자가 근로제공을 통하여 이와 같이 참다운 인격의 발전을 도모함으로써 자신의 인격을 실현시킬 수 있도록 배려하여야 할 신의칙상의 의무를 부담한다고 할 것이다.

| 참고 판례 | 대법원 1998. 2. 10. 선고 95다39533 판결

근로관계는 이른바 계속적 채권관계로서 인적 신뢰관계를 기초로 하는 것이므로, 고용계약에 있어 피용자가 신의칙상 성실하게 노무를 제공할 의무를 부담함에 대하여, 사용자로서는 피용자에 대한 보수지급의무 외에도 **피용자의 인격을 존중하고 보호하며 피용자가 그의 의무를 이행하는 데 있어서 손해를 받지 아니하도록 필요한 조치를 강구하고 피용자의 생명, 건강, 풍기 등에 관한 보호시설을 하는 등 쾌적한 근로환경을 제공함으로써 피용자를 보호하고 부조할 의무를 부담한다.**

따라서 사업주는 직장 내 성희롱이나 괴롭힘으로부터 근로자를 보호하기 위해 신속하고 공정한 절차를 마련할 책임이 있다.

2 사내 자율적 대응의 중요성

사용자의 배려의무는 곧 사업장 내부에서의 자율적 해결 책임으로 이어진다. 특히 직장 내 괴롭힘의 경우, 근로기준법은 이를 법으로 금지하면서도 구체적인 처리 절차는 각 사업장 스스로 취업규칙에 반영하도록 하고 있다. 이는 사업장별 자율적 해결을 전제로 한 제도 설계이다.
성희롱 역시 남녀고용평등법에서 사용자의 예방·조치 의무가 규정되어 있으며, 사업주는 내부 절차를 통해 피해자 보호와 사건의 신속한 해결을 도모해야 한다. 만약 이러한 절차가 제대로 작동하지 않는다면, 피해자는 외부 기관에 의존할 수밖에 없고, 이는 조직의 신뢰도 저하와 법적 제재로 이어질 수 있다.

Q 사업장에서 자율적 대응이 이행되지 않는 경우에는 방법이 없나?

A 아니다. 외부 기관을 통한 대응이 가능하다. (자세한 내용은 다음의 참조 참고) 지방고용노동관서에 진정을 접수하여 직장 내 괴롭힘으로 인정되는 경우, 법령에 따라 처리된다. 특히, '21. 10. 14.부터는 사용자가 직장 내 괴롭힘 행위자인 경우와 사용자가 조치의무를 이행하지 않는 경우, 과태료 부과 등의 실효적 제재도 실시하고 있다. 직장 내 성희롱의 경우에도 사용자 등의 성희롱에 대해 500만 원 이하의 과태료 처분에 처해질 수 있다.

Q 취업규칙 규정이 근로기준법 내 규정보다 완화된 내용을 정한 경우에는?

A 취업규칙 직장 내 괴롭힘 관련 규정이 완화되어 규정됨에 따라 근로기준법에서의 강행규정 내용과 모순·저촉되는 경우, 그 취업규칙 규정은 무효라고 해석하고, 근로기준법에 따라 처리하면 된다.

다만 사내 절차로 해결되지 않거나 사용자가 가해자인 경우에는 피해자가 외부 기관 절차를 활용할 수 있다. 따라서 사내 고충상담원을 비롯한 담당자는 신고인 등이 외부 처리 절차에 관해 문의할 때 적절히 안내하고 대응할 수 있도록 기본적인 내용을 숙지할 필요가 있다.

참고 외부 기관을 통한 대응

1. 국가인권위원회 진정

구분	내용
진정 당사자	• 성희롱 · 괴롭힘 피해자 (고용노동부 진정과 달리 근로자가 아닌 사람도 진정 가능) • 피해 당사자 이외에 피해 사실을 알고 있는 제3자 또는 단체도 가능 • 국가인권위원회 직권조사 가능
진정의 상대방	• 성희롱 · 괴롭힘 행위자 • 기관장, 사업주(개인, 법인, 단체, 국가기관, 지방자치단체)
진정 방법	• 행위가 발생일로부터 1년 이내 제기 가능 • 동일 사안이 다른 기관에서 진행 · 종결된 경우 각하 가능 • 방문, 전화(1331), 이메일, 인터넷, 우편 등
조사	• 조사관이 진정인, 피해자, 피진정인 또는 관계인에 대한 출석요구, 진술 청취, 자료제출 요구, 사실 조사 가능 • 조사결과보고서 작성 후 차별시정위원회 상정 • 조사 중 또는 조사 종결 후 합의 · 조정 권고 가능
결과	• 행위자 · 사용자에 대해 행위 중지, 원상회복, 손해배상, 재발방지, 제도 개선, 징계 권고 가능 • 불이행 시 검찰에 수사의뢰 또는 고용노동부로 이관 가능 • 피해자 권리구제를 위해 대한법률구조공단 등 법률지원 연계

2. 검찰에의 고소·고발

<table>
<tr><td rowspan="1">「남녀고용평등법」 위반</td><td colspan="2">• 직장 내 성희롱 관련 신고자, 피해주장자, 피해자에 대하여 해고 기타 불리한 처우를 한 사업주(남녀고용평등법 제14조 제6항 위반 사업주)를 상대로 고용노동부뿐 아니라 검찰에 직접 고소, 고발할 수 있음
• 그러나 실무상으로는 고용노동부에 고소, 고발하는 것과 같은 절차를 밟게 됨
• 공소시효 : 5년
• 3년 이하 징역 또는 3천만 원 이하 벌금</td></tr>
<tr><td>「형법」 위반</td><td colspan="2">• 강간, 강제추행, 협박, 모욕, 명예훼손 등
• 괴롭힘 사안은 모욕, 명예훼손, 협박죄로 연결되는 경우 많음
* 과거에는 성범죄가 친고죄(피해자의 고소가 없으면 공소할 수 없는 범죄)였으나 2013. 6. 19. 이후 발생 범죄부터는 친고죄가 아님</td></tr>
<tr><td>「성폭력범죄의 처벌에 관한 특례법」 위반</td><td colspan="2">• 제10조(업무상 위력에 의한 추행)
• 제13조(통신매체를 이용한 음란행위)
• 제14조(카메라 등을 이용한 촬영)
• 제14조의3(촬영물 등을 이용한 협박 · 강요)</td></tr>
<tr><td rowspan="2">사건처리</td><td>기소</td><td>• 검사가 피의자에 대해 공소를 제기하여 형사재판에 회부하는 것
• 벌금 등을 청구함이 상당한 사건에 대해서는 공소제기와 함께 공판절차 없이 벌금 등에 처하는 약식명령을 청구할 수 있음
• 약식명령 고지 시 피의자는 7일 내 정식재판 청구 가능</td></tr>
<tr><td>불기소</td><td>• 공소를 제기하지 않는 결정을 통칭함
• 기소유예: 범죄가 인정됨에도 불구하고 범인의 연령, 피해자와의 관계 등을 참작하여 공소를 제기하지 않는 것
• 혐의없음, 죄가 안됨, 공소권 없음 등의 처분</td></tr>
<tr><td>불복절차</td><td colspan="2">불기소 처분을 받은 경우 고소권자가 고등법원에 항고할 수 있음</td></tr>
</table>

3. 민사상 손해배상 청구

• 현행법상 「형법」과 「성폭력범죄의 처벌에 관한 특례법」 등에 법정된 성폭력범죄에 해당하지 않는 성희롱에 대해서는 행위자를 직접 처벌하는 법이 없음. 다만, 불법행위인 성희롱에 대한 법적 책임을 묻는 것은 피해자가 행위자와 기관장 및 사업주에게 성희롱 피해와 성희롱 발생 및 처리에 대하여 민사상 손해배상청구를 통해 가능함

• 손해배상액이 2천만 원 이하의 금전지급을 청구하는 사건의 경우, 소액재판을 통해 신속하게 해결가능

성희롱·괴롭힘 행위자의 배상책임	• 행위자가 고의·과실로 인격권 침해, 정신적 손해 발생 시 배상책임 •「민법」 제750조(불법행위의 내용) 고위 또는 과실로 인한 위법행위로 타인에게 손해를 가한 자는 그 손해를 배상할 책임이 있다. •「민법」 제751조(재산 이외의 손해의 배상) ① 타인의 신체, 자유 또는 명예를 해하거나 기타 정신상 고통을 가한 자는 재산 이외의 손해에 대하여도 배상할 책임이 있다.
사용자(사업주, 기관장)의 배상책임	• 근로계약상 배려의무 위반으로 인한 불법행위 책임 •「민법」 제756조(사용자의 배상책임) ① 타인을 사용하여 어느 사무에 종사하게 한 자는 피용자가 그 사무집행에 관하여 제3자에게 가한 손해를 배상할 책임이 있다. 그러나 사용자가 피용자의 선임 및 그 사무감독에 상당한 주의를 한 때 또는 상당한 주의를 하여도 손해가 있을 경우에는 그러하지 아니하다.

4. 고용노동부 진정·고소·고발

진정 대상		• 직장 내 괴롭힘 피해자 • 직장 내 성희롱 피해자(특히 사용자 가해 또는 보호의무 위반 시) • 제3자(괴롭힘 사실을 인지한 동료 등)도 진정 가능 • 성희롱 진정 신청의 상대방은 '사업주'(직장 내 성희롱 행위자는 신청의 상대방이 아님)
대상 행위	성희롱	• 진정 대상 행위: 사업주의 직장 내 성희롱 금지의무, 직장 내 성희롱 예방 교육 및 교육내용 비치 의무, 직장 내 성희롱 사건 조사 의무, 행위자에 대한 조치의무, 피해자에 대한 보호 의무, 비밀누설 금지 의무, 피해자 등에 대한 불리한 처우 금지 의무 위반 행위 • 고소, 고발 대상 행위: 사업주가 피해자 등에 대한 불리한 처우 금지 의무 위반 행위
	괴롭힘	• 진정 대상 행위: 직장 내 괴롭힘 발생 사실, 조사·피해자 보호 등을 포함한 조치 의무 불이행, 신고를 이유로 한 불리한 처우 등 직장 내 괴롭힘 관련 사항 • 고소, 고발 대상 행위: 사업주가 피해자 등에 대한 불리한 처우 금지 의무 위반 행위
진정 방법		• 지방고용노동관서 방문, 우편, 팩스, 온라인(민원마당)* 접수 가능 * 고용노동부 민원마당(minwon.moel.go.kr) 접속 → 화면상단 민원신청 → 서식민원 중 '기타 진정신고서'를 작성하여 신청 • 익명 진정 가능(단, 사실 확인 과정에서 신분 확인은 불가피) • 진정은 피해 발생일로부터 3년 이내 가능
공소시효		• 형사소송법 제249조 규정에 따라 "장기 5년 미만의 징역에 해당되는 범죄의 공소시효는 5년"이므로 피해자 등에 대한 불리한 처우 금지 위반에 대해 고소하는 경우, 공소시효는 5년임

조사	• 근로감독관이 피해자 · 행위자 · 사용자를 조사하고 자료 제출 요구 • 성희롱 사건은 전담감독관 2인(남녀 각 1명) 배정 운영
시정지시	• 법 위반이 확인되면 근로감독관은 사용주에게 시정지시 발부 • 시정지시는 피해자 보호조치(근무장소 변경, 유급휴가 명령, 행위자 징계 등), 재발방지 대책 마련 등을 포함
이행명령	• 사용자가 시정지시를 이행하지 않을 경우, 노동부는 이행명령 발부 가능 • 불이행 시 과태료 부과(최대 500만 원) 또는 검찰 송치 가능
불리한 처우 금지	• 피해자나 신고인에게 해고, 징계, 전보, 근로조건 불이익을 주는 경우 법 위반 • 위반 시 형사처벌 대상(3년 이하의 징역 또는 3천만 원 이하의 벌금) - 근로기준법 제76조의3 제6항, 남녀고용평등법 제14조 제6항)
결과 및 사후관리	• 시정이 완료되면 경고조치 후 행정종결 • 미이행 시 과태료 · 형사절차 병행 • 피해자의 재진정 가능, 필요시 특별근로감독 실시

5. 노동위원회 구제 및 시정신청

• 구제신청

신청 당사자 및 신청 상대방	• 신청인: 사용자로부터 부당한 해고, 휴직, 전직, 감봉 기타 징벌을 당한 직장 내 성희롱 피해자, 행위자(단, 상시 5인 미만 사업장 소속 근로자는 신청할 수 없음) • 신청 상대방: 부당한 해고, 징계 등을 행한 사용자
신청 방법	• 사용자의 해고 등 부당한 조치가 있은 날로부터 3개월 이내에 신청해야 함 • 해당 사업장을 관할하는 지방노동위원회에 신청
구제명령	• 노동위원회는 양 당사자에 대한 조사, 심문회의를 한 후 해고 등 조치가 부당한지 여부를 판단하여 원상회복 및 해고기간 동안의 미지급임금 지급의 구제명령을 내림 • 부당해고 구제명령의 경우에 한하여 근로자가 원직복직을 원하지 않는 경우 원직복직을 명하는 대신 해고기간 동안 근로를 제공하였더라면 받을 수 있었던 임금상당액 이상의 금품을 근로자에게 지급하도록 하는 금전보상 명령을 내릴 수 있음
구제명령을 이행하지 않는 경우의 조치	• 구제명령 이행기간(30일 이내)까지 이행하지 아니한 사용자에게는 2천만 원 이하의 이행강제금 부과 • 이행강제금은 매년 2회까지 2년간 부과징수할 수 있음 • 구제명령에 대한 재심신청 또는 행정소송을 제기하지 않아 확정된 결정을 이행하지 아니하면 노동위원회의 고발에 의해 1년 이하의 징역 또는 1천만 원 이하의 벌금형에 처해짐

구제명령에 대한 불복절차	• 지방노동위원회의 결정에 불복하는 사용자나 근로자는 결정서를 통지받은 날로부터 10일 이내에 중앙노동위원회에 재심신청 가능 • 중앙노동위원회의 재심판정에 불복하는 사용자나 근로자는 판정서를 송달받은 날로부터 15일 이내에 행정소송 제기 가능

• 시정신청

신청 당사자 및 신청 상대방	• 신청인: 사업주로부터 근무 장소 변경, 배치전환, 유급휴가 명령 등 적절한 조치를 받지 못했거나 해고·징계 등 불리한 처우를 받은 직장 내 성희롱 피해자 및 고객 등에 의한 성희롱 피해자(상시 1인 이상 全 사업장에 적용) • 신청 상대방: 적절한 조치의무를 이행하지 않았거나 해고, 징계 등 불리한 처우를 행한 사업주
신청 방법	• 사용자의 해고, 징계 등 부당한 조치가 있은 날로부터 6개월 이내에 신청해야 함 • 해당 사업장을 관할하는 지방노동위원회에 신청
시정명령	• 노동위원회는 적절한 조치 미이행 및 불리한 처우 등의 중지, 적절한 배상명령* 등의 시정명령을 할 수 있음 * 사업주에게 명백한 고의가 인정되거나, 차별적 처우 등이 반복되는 경우 (손해액의 3배 이내의 징벌적) 배상명령도 가능
시정명령을 이행하지 않는 경우의 조치	• 사업주가 확정된 시정명령을 이행하지 않는 경우 1억 원 이하 과태료를 부과할 수 있음 • 지방고용노동관서에서는 확정된 시정명령에 대하여 사업주에게 이행상황을 제출할 것을 요구(이행상황 제출 요구에 불응 시 즉시 과태료 부과) * 사업주가 확정된 시정명령을 이행하지 않으면 시정신청을 한 근로자는 지방고용 노동관서에 신고 가능 • 사업주는 근로자가 노동위원회 시정제도와 관련하여 '차별적 처우등의 시정신청, 노동위원회에의 참석 및 진술, 재심신청 또는 행정소송의 제기, 시정명령 불이행의 신고'를 이유로 해고나 그 밖의 불리한 처우를 하지 못함(위반 시 즉시 범죄인지*) * 3년 이하의 징역 또는 3천만 원 이하의 벌금
시정명령에 대한 불복절차	• 지방노동위원회의 시정명령 또는 기각결정에 불복하는 사용자나 근로자는 시정명령서나 기각결정서를 통지받은 날로부터 10일 이내에 중앙노동위원회에 재심신청 가능 • 중앙노동위원회의 재심판정에 불복하는 사용자나 근로자는 판정서를 송달받은 날로부터 15일 이내에 행정소송 제기 가능

3 성희롱·괴롭힘 사건처리 기본원칙

사건처리의 기본원칙은 크게 다섯 가지로 나눌 수 있다. 이는 단순한 법적 의무 준수를 넘어, 피해자 보호와 조직 신뢰 회복, 재발 방지를 위한 실무 지침이다.

1) 신속성과 적극적 대응

성희롱·괴롭힘 사건은 **'지체 없이'** 처리하는 것이 원칙이다. 「남녀고용평등법」과 「근로기준법」은 모두 사용자가 신고나 인지 즉시 조사에 착수하도록 규정한다. 신고 접수 후 장기간 방치하거나 조사 개시가 늦어지면 피해자의 불안이 가중되고, 2차 피해로 이어질 수 있다. 따라서 사건 접수 즉시 조사 착수 여부를 결정하고, 필요한 경우 임시조치(근무장소 변경, 배치전환, 유급휴가 등)를 우선적으로 시행해야 한다.

판례 또한 사건 처리의 신속성과 성실성을 강조하고 있다. 대법원은 성희롱 사건에서 사용자가 신속하게 조사하고 적절히 조치하지 않은 경우 그 자체로 사용자 책임을 인정할 수 있다고 판시하였다(대법원 1998. 2. 10. 선고 95다39533 판결).

참고 행정해석 **직장 내 괴롭힘 조사기간(근로기준정책과-1389, 2022. 4. 25.)**

질의

근로기준법 제76조의3 제3항에서의 "조사 기간"이란 단순히 직장내 괴롭힘을 조사하는 기간을 의미하는 것인지, 아니면 가해자에 대한 징계조치를 완료할 때까지를 의미하는지

회시 답변

근로기준법 제76조의3 제3항의 **"조사기간"**은 달리 판단할 사정이 없는 한 **직장 내 괴롭힘 신고를 접수받거나 직장 내 괴롭힘 발생 사실을 인지하여 조사가 시작된 시점부터 "조사 결과 직장 내 괴롭힘 발생 사실이 확인되거나 발생하지 않았다고 확인된 때"** 까지의 기간을 의미하는 것으로 보아야 할 것임

2) 피해자 보호와 2차 피해 방지

사건처리의 핵심은 **피해자의 신체적·정신적 안전과 근로환경 회복**이다. 따라서 사건 처리 전 과정에서 피해자의 의견을 존중해야 하며, 피해 사실 유무가 확정되지 않은 경우에도 피해자의 고충을 최소화할 수 있는 보호조치를 선행할 필요가 있다. 특히 **피해 사실의 유포, 따돌림, 인사상 불이익 등으로 이어질 수 있는 2차 피해를 철저히 방지**하는 것이 중요하다.

피해자 보호의 취지는 「남녀고용평등법」, 「근로기준법」상 불리한 처우 금지 원칙으로 제도화되어 있다. 이를 위해 사건 관련자의 비밀유지 서약, 상담 지원, 심리치료 연계, 노동부·산재보험 제도와의 연계 등 다양한 수단이 활용될 수 있다.

3) 공정성과 절차적 권리 보장

조사와 심의는 무엇보다 중립적으로 운영되어야 한다. 피해자와 피신고인 모두가 진술과 소명의 기회를 가질 수 있어야 하며, 이를 통해 절차적 공정성이 확보된다. 사건처리위원회는 성별 균형과 전문성을 고려해 구성하는 것이 바람직하며, 필요할 경우 외부 전문가를 참여시켜 편견이나 이해충돌을 차단할 수 있다.

또한 **신고인과 피신고인 모두에게 진행 절차를 명확히 안내**해야 한다. 특히 피신고인에게는 자기 방어를 위해 최소한의 사건내용이 사전에 고지되어야 하며, 이러한 절차적 고지가 이루어져야 이후 과정에서 정당성 시비를 줄일 수 있다. 다만, 개인정보나 민감한 진술 내용까지 과도하게 공개될 경우 신고인의 권익이 침해될 수 있으므로, 고지 범위는 **절차적 권리와 개인정보 보호 사이에서 적절한 균형점**을 찾는 것이 중요하다.

4) 객관적 사실확인과 합리적 판단

사건의 사실관계는 추측이나 소문에 의존해서는 안 되며, **면담·문답서·증거자료 등을 교차 검증하는 방식**으로 확인해야 한다. 판단에 있어서는 권력관계의 불평등, 고용형태와 성별 차이 같은 맥락적 요소가 함께 고려되어야 하며, 성희롱 사건에서는 성인지 감수성이, 괴롭힘 사건에서는 상황적 맥락 파악이 특히 중요하다.

5) 균형 있는 조치와 사후관리

사건처리 결과는 **피해자 보호와 행위자 징계라는 두 축에서 균형 있게** 이루어져야 한다. 징계는 단순한 처벌에 머무르지 않고 재발방지 교육이나 조직문화 개선으로 이어져야 한다. 사건이 종결된 이후에도 피해자의 직장 복귀와 관계 회복을 지원하는 후속 조치가 필요하며, 사건 경험은 예방교육 자료로 환류될 수 있다.

2 사건 전담 처리조직의 결정 및 프로세스 구축

1 사건 전담 처리조직의 결정

1) 전담 조직 설정과 사례 검토의 중요성

성희롱·괴롭힘 사건의 본격적인 처리를 위해서는 먼저 어느 부서가 고충처리 업무를 전담할 것인지 결정하는 것이 필요하다. 일반적으로 감사실이 설치된 조직에서는 감사실이 사건을 담당하는 경우가 많다. 그러나 공공부문 감사실은 청렴도 제고, 윤리경영, 인권경영, ESG 관련 업무까지 함께 수행하는 경우가 많아, 성희롱·괴롭힘 사건은 인사부서(HR)에서 처리하는 경우도 적지 않다. 일부 금융기관에서는 성희롱 사건은 감사실, 괴롭힘 사건은 인사부서가 담당하도록 분리하거나, 별도의 전담 기구를 두어 사건을 처리하기도 한다.

이처럼 **전담 부서의 설정은 조직의 규모, 특성, 운영문화에 따라 달라진다**. 따라서 담당자는 타 기관의 운영 사례를 검토하여 현 조직에 가장 적합한 체계를 도출해야 한다. 다양한 조직이 운영하는 고충처리 절차와 모델을 비교·분석하는 과정은 실효성 있는 통합 고충처리제도 확립을 위한 중요한 기초 작업이 된다.

대학의 인권센터는 독립적이고 전문적인 체계를 구축하여 학생과 교직원의 권익 보호와 고충 해결을 담당하고 있으며, 모 지방공기업은 인권침해신고센터를 운영하여 공공부문 내 인권보호 체계를 강화하고 있다. 또한 모 시장형 공기업은 통합 솔루션센터를 통해 노동 문제를 신속히 처리하고 갈등을 예방하려는 시도를 하고 있으며, 민간 대기업의 인권센터는 인권 친화적 기업 문화를 바탕으로 근로자 고충을 전담 처리하여 체계적인 대응을 보장한다.

이처럼 **다양한 조직 사례를 종합적으로 분석하는 것은 기관별 성공적 운영 요소를 추출하고, 이를 표준화된 절차로 발전시키는 데 기여**한다. 나아가 기관별 특수성을 반영하면서도 공통적으로 적용할 수 있는 모델을 설계하는 기반이 되며, 결과적으로 근로자의 권리를 효과적으로 보호하고 조직 내 신뢰 회복 및 갈등 예방에 중요한 역할을 하게 된다.

2) 각 조직의 고충처리 프로세스 모델

① A대학 인권센터: 통합적 고충처리 모델[5]

- 개요: 학내 구성원(학생·교직원·연구원) 전용 독립 창구로, 상담-조사-조치-사후관리 전 과정을 표준화해 운영한다. 예방교육·캠페인과 사건 데이터 환류를 결합해 장기적 문화 개선을 목표로 한다.
- 운영 구조: 단일 창구·다채널 접수(온라인·전화·방문), 초기 위험평가 후 신속한 보호조치(분리, 근무·학업 지원). 조사 단계에서 당사자 진술·소명권 보장, 비밀유지·2차 피해 방지 원칙을 엄격 적용. 외부(법률·상담·의료) 연계 상시화
- 절차 요약: 신고 접수 → 초기 상담(안전·요구 파악) → 독립 조사(증거수집·면담) → 중재/징계·제도개선 병행 → 사후관리(심리·학업/근무지원)
- 실무 체크포인트: 학내 특성상 이해관계 얽힘이 잦으므로 제척·기피 기준을 명문화하고, 학생·직원 혼합 사건은 임시 분리·접근제한을 우선 결정한다. 교육·캠페인 소재는 사례를 익명화해 환류한다.

② B지방공기업: 인권센터-인권침해구제위원회 연계

- 개요: 내부 직원뿐 아니라 협력사 종사자까지 포괄하는 공공기관형 모델
- 운영 구조: 인권센터가 접수·초기상담을 총괄하고, 구제위원회가 독립 심의를 담당한다. 익명접수 허용, 외부 전문가(변호사·노무사·상담) 참여로 공정성 확보
- 절차 요약: 접수 → 초기 상담·보호조치 → 독립 조사(외부 협력 병행) → 중재/징계·법적 절차 연계 → 사후관리(심리·의료 지원)

---

5 A대학 인권센터 2012년에 설립

- 실무 체크포인트: 협력사 사건은 통지·자료교환 루트, 보호조치 책임소재를 사전 합의(MOU)로 고정한다. 공공기관 특성상 문서·기한 준수와 대외 커뮤니케이션 문안(보도·의회 질의 대응)을 별도 템플릿으로 준비한다.

③ C시장형 공기업: 고충솔루션센터(감사실 조사분담)

- 개요: 센터가 컨트롤타워로 접수-상담-분류를 맡고, 사안별로 조사 주체를 분담(예: 성희롱=센터, 괴롭힘=감사실)
- 운영 구조: 다채널 접수, 초기 위험평가-보호조치 표준화. 조사 전문성을 살리기 위해 감사실과 분업하되, 절차 흐름은 단일 사건번호로 일원화
- 절차 요약: 접수 → 초기 상담·보호조치 → 조사(센터/감사실 분담) → 중재·징계 → 사후관리
- 실무 체크포인트: 조사 주체가 달라도 질문서·열람범위·기록체계는 동일 규격을 사용. 협력업체 사건 접수 제한이 있는 경우, 대체 신고·연계 경로(원·하청 공조)와 안내 문안을 명시한다.

④ D시장형 공기업: 준법경영실 신설(다단계 조사)

- 개요: 본사 준법경영실을 신설해 고충 조사 전담. 경중도에 따라 지역 인사팀-본사-외부기관으로 단계적 배분
- 운영 구조: 피해자 중심주의를 전 단계에 내재화(초기 안내·분리·접근제한). 외부감독·전문가 참여로 투명성 강화
- 절차 요약: 접수/초기 상담 → 경중도 분류 → 내부 1차/외부 전문조사 → 심의·양정 → 사후 프로그램(피해자 회복·가해자 교육)
- 실무 체크포인트: 사업장 다수·이해상충 위험이 높아 제척·기피 자동 트리거(고위직·원하청·온라인 확산)를 설정하고, 외부조사/외부심의로 자동 전환한다.

⑤ E대기업: 그룹 표준-독립조사 결합형

- 개요: 그룹 표준 프로세스를 모든 계열에 적용하고, 사실조사는 독립적으로 수행. 협력업체 근로자까지 신고 대상에 포함
- 운영 구조: 단일 창구·익명 채널 병행, 피해자 요구를 초동 단계에서 반영. 외부자문 풀을 상시 가동해 공정성·전문성 확보

- 절차 요약: 접수(익명 포함) → 초기 상담·보호조치 → 독립 조사(외부 자문 병행) → 중재/징계·제도개선 → 사후관리(심리·의료 지원)
- 실무 체크포인트: 그룹 표준과 현장 SOP 간 불일치 방지를 위해 로그·서식·양정기준표를 통일하고, 협력사 사건은 계약조항과 맵핑해 집행력을 확보한다.

⑥ F·G대기업: 조사위원회 운영(내·외부 혼합형)

- 개요: 내부 인사·법무와 외부 전문가(변호사·노무사·심리) 혼합 구성의 조사위원회가 고위직·민감 사건을 중심으로 처리.
- 운영 구조: F사는 지역별 위원회로 적시성 강화, G사는 윤리이슈까지 통합(윤리경영위원회).
- 절차 요약: 접수/초기평가 → 조사위원회 배당·제척/기피 검토 → 조사·심의 → 조치·재발방지 → 모니터링
- 실무 체크포인트: 방어권 보장을 질문서·면담·증거열람 "범위 통제"로 구현하되, 민감정보 가림·최소공개·신고서 원본 배포 제한(요지 통지로 대체)을 원칙화한다.

⑦ H해외기업: 글로벌 기준-현지화 결합형

- 개요: 본사 글로벌 표준을 유지하면서 각국 법·문화에 맞춘 현지 SOP를 병행
- 운영 구조: 온라인 익명 접수, 다국적 조사위원회, 결과 통보 후 즉시 보호·지원(분리·상담·교육) 패키지 집행
- 절차 요약: 온라인 접수 → 초기 상담·분류 → 조사(내/외부 혼합) → 조치·교육 → 장기 모니터링
- 실무 체크포인트: 데이터 이관·국경 간 증거보전 이슈가 잦아, 기록관리·개인정보 이전 적법성(표준계약조항 등) 체크리스트를 필수 부속으로 둔다.

⑧ I해외기업: 거버넌스·모니터링 강화형

- 개요: 본사 통합 거버넌스 아래 현지화 절차를 운영하고, 종결 후 장기 모니터링을 제도화
- 운영 구조: 초기 심각도 평가 후 조사 방식 결정(외부 전문가 협의), 조사 전 과정의 투명 기록·권리고지, 조치 이후 피해자·가해자 모두의 추적관리

- 절차 요약: 접수/평가 → 조사(내/외부) → 조치·교육 → 장기 모니터링(보복·2차 피해 점검)
- 실무 메모: KPI·리스크지도에 '사건 후 90일 재접촉률·보복신고 0건 유지' 등 지표를 연결해 관리층 책임을 명확히 한다.

3) 소결: 시사점 및 조직 규모별 적용 모델

① 시사점·공통원칙

- 독립성·전문성 확보(외부 풀 상시화), 단일 창구·표준 절차(접수 → 상담 → 조사 → 심의/조치 → 사후관리), 선보호·후확인과 2차 피해 방지의 절차화, 제척·기피·외부전환 자동 트리거 운영, 기록관리·SLA·품질지표 기반의 상시 환류가 공통 분모다.

② 규모별 적용

- 소규모(~50인 이하): 단일 책임 창구(대표 직속 등) + "사건별 외부조사 원칙". 경량 매뉴얼(필수 서식·체크리스트 중심)로 운용
- 중규모(50~300인): 고충담당 2인 이상(성별 균형) + 외부 자문 계약, 사안 경중·민감도 따라 내부·외부 하이브리드 조사, 반기 사건리뷰로 규정·교육 업데이트
- 대규모(300인 이상·다지점): 전담 센터+상설 조사위원회, 본사 표준과 현장 SOP 이중 구조, 사건 데이터 기반 리스크 지도·재발방지 프로젝트 상시 가동

③ 자가 진단 체크포인트

- 신고창구가 한눈에 보이고, 각 단계의 기한·담당이 명확한가
- 조사 주체의 독립성이 제도적으로 보장되는가(외부전문가 풀 보유)
- 피해자 보호·2차 피해 방지가 원칙 수준이 아니라 행동 절차로 매뉴얼에 담겼는가
- 서식·처리이력(로그)·증빙 등 기록관리 체계가 일관되게 작동하는가
- 사건 결과가 교육·제도 개선으로 정기 환류되고 있는가

2 사건 처리 프로세스 구축 및 매뉴얼 마련

1) 사건 처리 프로세스 구축

고충처리 전담기구 확정 후에는 담당자가 즉시 운영할 수 있도록 처리 프로세스를 구축하고 매뉴얼을 정비한다. 본 절은 설계의 목적과 원칙을 먼저 제시한 뒤 전체 프로세스를 개관하며, 단계별 세부 운영기준은 후속 장에서 순차적으로 다룬다.

① 목적 및 설계원칙

사건처리 체계의 목적은 **피해자 보호의 실효성**과 **사실확인의 공정성**을 동시에 달성하는 데 있다. 이러한 목적을 달성하기 위해 다음의 설계원칙을 제시한다.

첫째, **피해자 중심과 비밀유지**다. '최소정보 공유(need-to-know)' 원칙을 전제로 접근권한을 등급화하고, 열람·변경·반출에 대한 로그를 시스템적으로 남긴다. 조사·심의 전 과정에서 2차 피해 방지 조치를 반복 점검한다.

둘째, **신속성과 예측가능성**이다. 단계별 기준시간(SLA)을 명확히 하여 접수 당일 초동보호, 48시간 이내 조사개시 결정, 14영업일 내 본조사, 7영업일 내 심의·통보를 표준으로 삼을 것을 제안한다. 긴급 사안은 '선(先)보호·후(後)절차'를 원칙으로 한다.

셋째, **독립성과 공정성**을 절차에 내재화한다. 조사·심의의 제척·기피 절차를 규정하고, 필요시 외부전문가를 참여시킨다. 대표자·임원 사건 등 이해상충 우려가 큰 사안은 외부조사·외부심의를 기본값으로 한다.

넷째, **통합처리와 일관성**이다. 성희롱·괴롭힘·갑질·스토킹·디지털 침해가 중첩된 복합 사안은 단일 사건번호와 하나의 조사계획서로 병렬 조사한다. 심의서는 법체계 적용을 모듈별로 분리해 적기하되, 보호조치·통보·사후관리 흐름은 하나로 유지한다.

다섯째, **문서·증거의 체계화**다. 접수기록-초동보호 체크리스트-임시조치 결정서-조사계획서-질문지·진술서-증거수집 로그-조사보고서-심의의결서·양정표-조치통보서-사후점검표로 이어지는 연결형 서식 번들을 사용한다. 디지털 증거는 동의·직무관련성·최소범위를 원칙으로 수집하고, 원본·작업본을 분리 관리한다.

여섯째, **상담·치유 지원의 내재화**다. 초동·조사 단계에 상담 질문틀과 면담기법을 적용하고, 심리·의료·법률 지원(EAP 및 외부기관)을 상시 연계한다. 피해자 보호조치는 사건 진행 단계와 무관하게 선제적으로 유지·보강한다.

일곱째, **데이터 기반 개선과 사후관리**다. 사건유형·소요기간·조치수준·재발지수 등 KPI를 분기 단위로 분석하여 교육·규정 개정·조직문화 개선에 피드백한다. 종결 후 30·60·90일 모니터링을 표준화하여 재접촉·보복·온라인 2차 가해를 점검하고, 필요한 보호조치를 갱신할 것을 제안한다.

30·60·90일 사후 모니터링 운영안

공통 원칙

- **목표**: 재접촉·보복·2차 가해 조기 탐지, 보호조치의 효과 점검, 필요 조치의 보완
- **방식**: 피해자 중심 1:1 점검(비대면 우선) + 관리자 관찰 + 디지털 모니터링(사내 메신저/게시판 등)
- 기록: 「사후점검표」에 체크리스트·면담요약·증빙(스크린샷 등)·추가조치·담당자/기한을 기입
- 프라이버시: 최소정보 공유, 비식별화 기록, 열람권한 등급화

D+30점검(1차)

- 체크:
  - ① 분리·근무조정 등 임시조치가 실효적으로 작동하는가
  - ② 불필요한 접촉·비난·소문, 온라인 2차 가해 징후 유무
  - ③ 상담(EAP/외부) 연계 진행상황, 추가 유급휴가 등 회복지원 필요성
  - ④ 팀 내 교육·커뮤니케이션 이후 분위기 변화(관리자 확인 포함)
- **조치**: 조치 미흡 시 즉시 보완(좌석/스케줄/접근권한 조정), 필요시 추가 교육·경고

D+60점검(2차)

- 체크:
  - ① 보호조치의 조정 필요성(느슨/과도 구간 보정)
  - ② 피해자의 업무적 적응도·평정 영향(불이익 징후 점검)
  - ③ 조직개선 권고 이행률(관리자 언행 변화, 팀 회의 규칙 준수 등)
- **조치**: 경미한 2차 가해는 교육·경고로 즉시 교정, 반복/의도성 확인 시 징계 절차 연계

D+90점검(3차·종결 판단)

- 체크:
  ① 재발 징후 없음, 보호조치의 단계적 해제 가능 여부
  ② 남은 리스크의 상시 모니터링 전환 필요성
  ③ 케이스 리뷰: 조사-심의-조치-교육-문화개선의 교훈 도출
- 조치/종결: 종결 가능 시 종결보고서에 사후개선 과제·담당자·기한 명기. 필요시 추가 모니터링(월 1회×3~6개월) 연장

즉시 확대(에스컬레이션) 기준

- 피해자에 대한 직접/간접 접촉, 보복성 발언·평정, 온라인 모욕·신상공개 등 2차 가해 징후 발견 시: 보호조치 상향(완전 분리·접근차단), 추가 조사·징계 절차 착수, 플랫폼 삭제·법무 대응 즉시 병행

② 고충처리 절차 개관

고충처리 절차는 조직의 규모와 형태에 따라 달라질 수 있으나, 일반적으로 ① **신고·상담 → ② 조사 → ③ 심의 → ④ 조치·종결**의 네 단계로 구성·운영할 것을 권장한다. 민간에서는 '심의' 단계가 생략되는 경우가 있으나, 조사결과의 적정성을 한 번 더 점검하고 후속조치의 일관성을 확보하기 위해 **사건심의**(케이스 리뷰) **단계**를 별도로 두는 편이 바람직하다.

신고·상담 단계에서는 조직이 마련한 채널(전담창구·사이버신고·전화·서면·방문·이메일 등)을 통해 접수된 신고·제보·인지 사실을 **사건으로 등록**하고 상담을 진행한다. **익명 상담이 가능하도록 설계**하는 것이 바람직하며, 신고인이 사과 수령 등으로 **상담 단계에서 종결**을 원할 수 있다. 다만 **사용자**가 직장 내 성희롱이나 직장 내 괴롭힘의 발생 사실을 **알게 된 경우**에는 지체 없이 사실확인을 위한 조사를 실시해야 한다(성희롱: 남녀고용평등법 제14조 제1항, 괴롭힘: 근로기준법 제76조의2 제1항). 이때 피해자 의사를 존중하여 조사 범위·방식을 조정할 수 있으나, **최소한의 사실확인**은 진행한다.

조사 단계에서는 조사개시 결정을 거쳐 조사계획 수립-면담-증거 확보로 이어간다. 조사기간은 **내부 기준**으로 정하되, 통상 20영업일을 기본으로 하고 필요시 10영업일 범위에서 연장하는 방식을 활용한다(조직 여건에 따라 조정한다). **조사 진**

행 중에는 피해자 보호를 위해 **근무장소 변경·유급휴가 명령 등 적절한 조치**를 시행한다(성희롱: 남녀고용평등법 제14조 제3항, 괴롭힘: 근로기준법 제76조의2 제3항). 최근에는 피해자와의 접촉 차단을 위해 피신고인을 재택근무로 전환하는 방식도 활용된다. **성폭력·스토킹 등 범죄 혐의가 있는 경우에는 수사기관 신고·연계를 병행**한다. 공공기관·공직유관단체의 성희롱 사건은 **성평등가족부 사건관리시스템 및 소관 부처 양성평등담당관에 통보**한다.

심의 단계는 징계위원회와 동일한 기구가 아니라, **조사결과의 사실판단·규정 적용·보호조치의 적정성을 재점검**하고 **징계양정·후속조치·2차 피해 방지·재발방지에 관한 의견·권고**를 정리해 인사 절차로 연계하는 중간 검토 단계로 운영한다. 이 단계를 둠으로써 사건 처리의 일관성·공정성·예측가능성이 높아지고, 당사자 통보 내용과 사후관리 계획이 명확해진다.

조치·종결 단계에서는 **피해자 의사를 고려**하여 **분리 유지·배치전환·근무시간·좌석 조정·유급휴가 등 보호조치**를 확정하고(성희롱: 남녀고용평등법 제14조 제3항, 괴롭힘: 근로기준법 제76조의2 제3항), 불리한 처우 금지와 2차 피해 방지 조치를 철저히 한다(성희롱: 남녀고용평등법 제14조 제4항, 괴롭힘: 근로기준법 제76조의2 제4항). 징계 등 제재는 내부 징계절차에 회부하여 결정하며, 과정에서 **피해자 의견을 청취**하고 필요시 보호조치를 갱신한다. 공공기관·공직유관단체는 성희롱·성폭력 사건의 경우 **성평등가족부 사건관리시스템에 재발방지 대책서를 제출**하는 등 보고 의무를 이행한다. 종결 후에는 사후 모니터링을 통해 재접촉·보복·온라인 **2차 가해 여부를 점검하고 추가 조치를 시행**한다.

각 단계의 핵심 산출물은 다음과 같다:

- 신고·상담: 사건번호 부여, 초동 보호조치 기록, 권리고지서
- 조사: 조사계획서, 진술·증거 수집 기록(디지털 포함), 조사보고서
- 심의: 심의의견서/의결서(사실판단·규정 적용·양정 의견), 보호·조직개선 권고안
- 조치·종결: 조치통보서(당사자별), 사후관리 계획(모니터링 일정·책임자)

다음 그림은 위 네 단계를 한눈에 볼 수 있도록 정리한 **기본 흐름도**로, 단계별 유의점을 다시 한번 표시하였다.

고충처리 기본 절차

단계	절차	내용
신고 및 상담	고충 상담 신청, 신고, 인지	• 고충상담원, 사이버신고센터, 전화, 서면, 방문, 이메일 등 조직에서 설정한 신고채널 • 누구든지 신청 가능
	상담 실시	• 제3자 상담 및 익명상담 가능 • 사건처리 절차 안내
	조사 미신청 시 상담 종결	• 고충 해소를 위한 필요가능한 조치(분리조치, 유급휴가, 재택근무 등 조직 내부적으로 설정한 조치) 실시 • 대응요령 등 안내 • 이후 조사 진행 속행 가능함을 안내
↓		
조사	조사 신청	• 조사신청서 제출(인지만으로도 조사 개시 가능) • 피해자 동의 시 성희롱 사건 통보(공공기관) - 성평등가족부 사건관리시스템 및 소관 부처 양성평등정책담당관에 통보 • 성폭력 · 스토킹 범죄의 경우 수사기관 신고
	조사 (내부적으로 기간 설정 필요)	• 조사기간 동안 피해자 보호조치 • 중지 사유 발생 시 중지(합의를 원하는 경우, 피해자의 조사 중단 요청 등)
↓		
심의	고충심의위원회	• 성희롱 · 괴롭힘 · 스토킹의 판단(2차 피해 포함) • 피해자 등에 대한 보호조치 • 2차 피해 방지를 위한 조치 • 재발방지에 관한 사항 등 심의
↓		
조치 및 종결	피해자 보호조치 및 행위자 징계	• 피해자 의사를 고려한 적절한 보호조치 • 징계절차 회부 등 제재절차 진행 • 징계 전 피해자 의견청취(필수적)
	재발방지 대책 수립 및 2차 피해 방지조치	• 재발방지를 위한 제반 대책 수립 · 제출 - (공공기관) 성평등가족부 사건관리시스템 제출, 소관 부처 양성평등정책담당관에 공문 제출 - (공공기관) 사건절차 완료 전이라도 3개월 이내 우선 제출, 완료 후 추가제출 • 피해자, 신청인, 조력자에 대한 2차 피해 방지조치 및 모니터링

참고 **피해자 보호조치 적용범위 및 방법**

- **적용 기간**: 피해자 보호조치는 **신고접수 시점부터 바로 적용**될 수 있으며, **사건이 종료된 후에도 2차 피해로부터 보호를 위한 조치가 필요**하며, 조사 절차를 진행하지 않고 상담으로 사건을 종결하거나 조사를 중지하는 경우에도 경우에 따라 적용 가능
- **적용 대상**: 피해자 외에도 **신청인, 조력자, 대리인에게도 적용**되며, 피해자 등과 분리를 위해 피신청인에게도 적용될 수 있음
- **적용 방법: (피해자의 의사를 고려한)** 근무장소·시간 조정, 좌석·동선 변경, 파견·전보, 접근권한 차단, 유급휴가 부여, 휴가사용 권고, 상담(EAP)·법률·의료 연계 등

2) 통합 매뉴얼 마련

고충사건 대응은 단발성 조치가 아니라 **반복 가능한 운영 체계**를 갖추는 일이다. 일관된 기준 없이 개별 사건을 임시방편으로 처리하면 보호조치의 실효성과 사실 확인의 공정성이 모두 약화된다. 본 장은 조직 규모와 무관하게 적용 가능한 표준 절차·보호원칙·품질관리 기준을 제시하고, 이후 장에서 접수·조사·심의·조치 각 단계의 세부 운영기준을 순차적으로 다룬다.

실무에서는 **내부 규정 제·개정과 프로세스 구축 시 정부부처 발행 매뉴얼이 주요 기준으로 활용**되므로, 조직 맞춤형 매뉴얼을 마련하되 현실적으로 정부 매뉴얼을 참고하는 방안을 병행한다. 다만 정부 매뉴얼의 법적 성격과 한계를 이해하고 법령과의 정합성을 확보할 필요가 있다.

① 정부부처 발행 매뉴얼의 법적 성질

정부부처 매뉴얼은 통상 훈령·예규·지침에 해당하는 **행정 내부준칙 성격**을 가진다. 대법원은 내부준칙의 **대외적 구속력을 부인한다**(대법원 1983. 6. 14. 선고 83누54 판결).

대법원 1983. 6. 14. 선고 83누54 판결

훈령이란 행정조직 내부에 있어서 그 권한의 행사를 지도·감독하기 위하여 발하는 행정명령으로서 훈령, 예규, 통첩, 지시, 고시 등 그 사용명칭 여하에 불구하고 공법상의 법률관계 내부에서 준거할 준칙 등을 정하는 데 그치고 대외적으로는 아무런 구속력도 가지는 것이 아님

그럼에도 현실에서는 감독·컨설팅·행정지도 과정에서 사실상 준거 자료로 활용된다. 예컨대 고용노동부 「직장 내 괴롭힘 예방·대응 매뉴얼」(2019, 2023)은 사업장의 판단·시스템 구축에 참고하도록 제시된 문서임을 밝히고 있어, 현장에서는 **표준 참고지침**으로 기능한다는 점을 유의한다.

② 정부 매뉴얼의 실무 적용 · 설계 원칙

내부 규정 체계는 **법령 → 중앙부처 매뉴얼 → 조직 내부규정·세부 매뉴얼의 3단 정합성**을 원칙으로 한다. 특히 **법적 의무 사항**(인지 즉시 조사·보호, 불이익 금지 등)은 상위 법령(남녀고용평등법 제14조, 근로기준법 제76조의2·제76조의3 등)에 직접 근거를 두고, 정부 매뉴얼은 **운영상 지침·서식·세부 절차**로 보완한다. 또한 훈령·예규 입안의 일반원칙(필요성·적법성·적절성·조화성·명확성)을 준용하여 용어·절차를 간결하고 명확하게 규정한다. 요약하면, **법은 의무의 근거, 정부 매뉴얼은 운영의 설계도, 사내 매뉴얼은 실행지침**의 역할을 한다.

훈령·예규 등의 발령 및 관리에 관한 규정

제2조(기본원칙) ① 중앙행정기관(대통령 및 국무총리 소속 기관의 장을 포함한다. 이하 같다)은 훈령 · 예규 · 고시(그 명칭에 관계없이 법령의 시행 또는 행정사무처리 등과 관련하여 발령하는 규정 · 규칙 · 지시 · 지침 · 통첩 등을 포함하며, 이하 "훈령 · 예규등"이라 한다)를 입안할 때에는 다음 각 호의 원칙에 따라 입안하여야 한다.

1. **필요성**: 훈령 · 예규등은 법령(법률, 조약, 대통령령, 총리령 및 부령을 말한다. 이하 같다) 집행의 통일성 등을 확보하기 위하여 필요한 경우에만 발령할 것
2. **적법성**: 법률에 근거 없이 국민의 권리의무에 관한 사항을 규정하거나 법령의 내용과 다른 사항 또는 다른 중앙행정기관의 소관업무에 관한 사항을 규정하지 아니할 것
3. **적절성**: 행정기관이 쉽게 확보할 수 있는 서류를 국민에게 제출하게 하거나 현실에 맞지 아니한 사항을 규정하여 국민에게 불편을 주지 아니할 것
4. **조화성**: 다른 훈령 · 예규등과 조화와 균형이 유지되도록 하고, 중복 · 상충되는 내용이 없을 것
5. **명확성**: 국민이 훈령 · 예규등을 이해하기 쉽도록 누구나 알기 쉬운 용어와 표현 등을 사용하여야 하며, 재량권이 남용되지 아니하도록 구체적이고 명확하게 규정할 것

② 중앙행정기관의 장은 소관 훈령 · 예규등을 제정 또는 개정하거나 폐지하려는 경우 국민의 의견을 수렴하고 그 내용을 널리 알리기 위하여 노력하여야 한다.

③ 중앙행정기관의 장은 훈령 · 예규등의 내용이 적법하고 현실에 맞게 유지될 수 있도록 소관 훈령 · 예규등을 지속적으로 재검토하고 관리하여야 한다. 하여 업무능률을 떨어뜨리게 되는지를 검토하여야 한다.

③ 현행 정부부처의 고충처리 관련 매뉴얼의 평가 및 문제점

성희롱·괴롭힘·갑질·스토킹 등 고충유형별 정부 매뉴얼은 서로 다른 법적 근거와 기관 지침을 토대로 별도 개발·운영되어 왔다. 공공·민간 현장에서 사건 처리의 기본 준거로 널리 활용되지만, 분절성으로 인해 적용 일관성, 피해자 보호의 구체성, 복합사안(예: 성희롱+괴롭힘) 대응, 디지털 환경 대응 등에서 한계가 드러난다. 본 절은 앞 절의 법적 성격 검토를 전제로, 주요 매뉴얼의 **핵심 한계**를 실무 관점에서 압축 정리하고, 다음 절의 통합형 설계로 자연스럽게 연결하는 것을 목표로 한다.

평가 대상은 다음과 같다:

- 고용노동부 「직장 내 성희롱 예방·대응 매뉴얼」(2024. 1)
- 여성가족부 「공공부문 성희롱·성폭력 사건 처리 매뉴얼」(2023)
- 고용노동부 「직장 내 괴롭힘 예방·대응 매뉴얼」(2023. 4)
- 인사혁신처 「공공분야 갑질 근절 가이드라인」(2023)
- 여성가족부 「스토킹 예방·대응 매뉴얼」(2023)

이하에서는 각 매뉴얼별로 핵심 한계를 표로 제시하고, 바로 옆 열에 통합형 보완 방향(요지)을 대응시킨다. 세부 절차·서식화는 후속 장(접수·조사·심의·조치·사후관리)에서 구체화한다.

구분/근거 매뉴얼	핵심 한계(요지)	통합형 보완 방향
성희롱(민간·공공 적용) 고용노동부「직장 내 성희롱 예방·대응 매뉴얼」(2024. 1)	① 장기 보호·심리지원 프로토콜의 구체성 부족 ② 분리조치·유급휴가 등 보호조치의 종류·발동기준·기간 불명확 ③ 원·하청 교차사건 처리 권한·협력 절차 미비 ④ 명예고용평등감독관 등 자율장치의 실효성 낮음	① 보호조치 **발동·유지·해제 기준과 유형(휴가·배치·원격근무 등)** 표준화 ② **SLA(처리기한)+30·60·90일 사후모니터링 의무화** ③ 원·하청 **공조 체크리스트·MOU** 서식 마련(통보·자료공유 루트 포함) ④ 내부장치 한계를 보완할 **외부 연계(심리·법률) 경로** 상시화
성희롱·성폭력(공공) 여성가족부「공공부문 성희롱·성폭력 사건 처리 매뉴얼」(2023)	① 공공부문 전용 설계로 **민간 적용성 낮음** ② 초기대응~사후관리 단계가 복잡하여 **신속 보호 저해** ③ **법적 절차 vs 행정절차** 정합성 가이드 미흡 ④ 유급휴가 등 **보호조치의 범위·기준** 불명확	① 민간 전환 시 사용하는 **축약 플로우·역할맵** 부록화 ② 초기 단계 **원스톱 보호 패키지**(분리·심리·안내)로 간소화 ③ 수사·징계·행정절차 **동시 진행 맵핑표** 제시 ④ 휴가·분리조치 케이스별 템플릿과 승인권한 체계 명시
직장 내 괴롭힘 고용노동부「직장 내 괴롭힘 예방·대응 매뉴얼」(2023. 4)	① 피해자-행위자 **신속 분리** 운용기준 미흡 ② **'업무관련성'** 요건이 과도하게 작동할 소지 ③ 조사 중 **별건 신고의사 확인** 등 형식주의 유발 ④ 대표이사 가해 등 **고위직 사건** 대응의 현실성 부족	① **즉시분리 체크리스트**와 대체근무·접근제한 표준안 제시 ② 업무관련성은 **포괄·맥락기준**으로 내부규정에 재정의 ③ **"인지 즉시 조사"** 원칙과 조사범위 한정 운영지침 병기 ④ 고위직 사건은 **외부조사·이사회 통지·대체 의사결정 라인**을 의무화
갑질(공공) 인사혁신처「공공분야 갑질 근절 가이드라인」(2023)	① 공공 특화로 **민간 적용성 한계** ② **독립적 외부조사** 규정 부재 → 이해상충 위험 ③ 피해자 보호조치 **명확성·속도 부족**	① 민간 확장 **모듈형 부록(**역할·책임 차이 반영) 신설 ② 외부전문가 풀·사건 **배당 기준** 도입 ③ 즉시분리·비밀유지·보복금지 **패키지화** 및 기한 부여
스토킹 여성가족부「스토킹 예방·대응 매뉴얼」(2023)	① 사건 종결 후 **장기 보호** 설계 부족 ② **디지털 스토킹**(온라인·기술매개) 대응 지침 미흡 ③ **직장 내 특수성**(근무동선·접근권한) 반영 미약	① **장기 모니터링(30·60·90일+)·** 접근금지 위반 대응 절차 내재화 ② 디지털 증거보전·플랫폼 삭제요청·계정보안 **표준 프로토콜** 수록 ③ 근무공간 분리·근무표 조정·개인정보 접근제어 등 **직장특화 조치** 명문화

※ 위 표는 각 매뉴얼의 상세 서술을 실무 결정에 필요한 핵심 쟁점으로 압축한 요지다. 세부 절차·서식은 각 단계 장(접수·조사·심의·조치·사후관리)에서 구체화한다.

④ 보완 설계의 공통 방향 및 통합형 매뉴얼 예시

위 표의 한계 진단을 전제로, 본 절은 조직 규모와 무관하게 작동하는 통합형 고충처리 체계를 **단일 흐름**으로 설계·운영하는 방법을 정리한다. 핵심은 사건의 법적 성격이 복합적이어도 절차는 하나의 트랙에서 진행하되, **보호조치의 실효성과 사실확인의 공정성**을 동시에 확보하는 데 있다.

가. 설계·운영 원칙

아래 원칙은 앞선 "기본원칙(신속성·피해자 보호·공정성·사실확인·사후관리)"을 운영 관점에서 구체화한 것이다. 중복 설명은 최소화했다.

1. 정합성(법-정부 매뉴얼-내부 규정 일치)

상위 법령에 직접 명시된 의무(인지 즉시 조사·보호, 불이익 금지 등)는 **내부 규정에 명문화하고, 정부 매뉴얼의 운영 기준은 사내 세부 절차와 서식으로 체계화**한다. 즉, 법은 근거, 정부 매뉴얼은 설계도, 사내 매뉴얼은 실행지침의 역할을 분담한다.

2. 단일 절차·복수 유형 표기

성희롱·괴롭힘·갑질·스토킹·디지털 침해가 겹친 사건도 사건번호 하나로 접수-조사-심의-조치-사후관리를 진행한다. 사건 유형은 접수 시 복수로 표시하고, 최종 확정은 심의 단계에서 한다.

3. 선(先)보호·후(後)확인과 비밀유지

합리적 위험이 보이면 조사 이전이라도 분리, 배치전환, 접근제한, 유급 임시휴가 등 **임시조치를 즉시 시행**한다. 필요한 최소 정보만 공유하고(**열람 권한 등급화**), 임시조치의 결정-재평가-해제 과정을 **문서**로 남긴다.

4. 공정성·이해상충 배제 및 외부 전환 기준

피신고인의 방어권은 **질문서·면담·증거열람의 범위 통제**로 보장하되, **민감정보 최소화·가림 처리**와 비밀유지를 우선한다. **신고서 원본·사본 배포는 원칙적으로 제한**하고, 핵심 내용은 요지 통지로 대체한다.

조사·심의의 **제척·기피 절차**를 두고, 대표·임원 사건, 이해상충 우려, 원·하청 교차 사건, 대규모 온라인 확산 등은 사전에 정한 기준에 따라 **자동으로 외부조사·외부심의로 전환**한다.

5. 기록·기한·품질 관리의 상시화

모든 사건에 전자자료 보존 지시(기간·매체·핵심어 특정), 열람 범위 제한, 온라인 2차 피해 차단 절차를 기본 적용한다. 내부 처리기한 기준(예: 접수 24시간 내 위험평가, 48시간 내 임시조치 통지, 20영업일 내 1차 조사보고)을 정하고, 사후점검(30·60·90일)과 분기별 품질지표 점검으로 재발방지까지 관리한다.

나. 통합형 매뉴얼 구성

현행 매뉴얼은 성희롱·괴롭힘·갑질·스토킹 등 유형별로 나뉘어 있어 복합 사안이 발생하면 절차가 겹치고 속도가 늦어진다. 본 절은 이러한 한계를 보완하기 위해, 복합 사안도 하나의 흐름으로 처리하되 피해자 보호의 실효성과 사실확인의 공정성을 함께 확보하는 통합형 고충처리 틀을 제시한다.

이 틀은 법령-정부 매뉴얼-내부 규정의 정합성을 전제로 하며, 본문에는 "원칙·권한·절차"를, 수치 기준·점검표·서식(처리기한, 품질지표, 보호조치 결정·재평가·해제 양식 등)은 부록으로 분리한다.

아래에 통합형 고충처리 매뉴얼의 구성(목차 예시)과 체크포인트를 제시한다.

목 차

1. 서론
   1) 목적과 필요성
   2) 대상 및 범위
   3) 통합형 고충처리의 기대효과

> 본 매뉴얼은 법-정부 매뉴얼-내부규정 3단 정합성을 전제로 함(상위법 직접의무는 내부규정에 그대로 반영)
> 단일 절차·복수 유형 표기 원칙(복합사안도 절차는 하나, 유형 표기는 여러 개)
> 서식은 연결형 번들로 사용: 접수기록 → 위험평가 → 보호조치(발동·재평가·해제) → 조사 → 심의 → 조치통보 → 사후점검
> ※ 실무 체크포인트: 3단 정합성(법-정부-내규) 맵핑표와 최신 버전표(개정·적용일)가 존재·유지되는가

2. 주요 고충 사례 정의
   1) 성희롱 및 성폭력

2) 직장 내 괴롭힘
3) 갑질
4) 스토킹
5) 디지털 성폭력 및 디지털 인격권 침해

정의는 사례 중심으로 간략 제시, 판단기준 함께 제시
복합사안은 우선 보호, 후 분류 확정(최종 분류는 심의 단계에서 확정)
최신 판례·해석 변경 시 연 1~2회 정기 반영(개정일·적용일 표기)
※ **실무 체크포인트:** 최근 12개월 내 개정 이력과 교육 반영 기록(공지·교안 업데이트)이 남아 있는가

3. 고충 접수 절차
1) 접수 방법 (온라인, 전화, 대면 등 다채널 접수)
2) 신고서 작성 방법 및 서식
3) 익명신고와 보호방안

단일 창구+다채널 운영, 접수 즉시 사건번호 부여
접수 24시간 내 위험평가, 48시간 내 임시조치 통지와 같은 기준 설정
권리고지·비밀유지는 표준문안으로 즉시 안내, 익명 접수 시 보호 범위·한계를 명확 고지
※ **실무 체크포인트:** 신고창구가 인트라넷·교육자료·사내공지에서 동일 표기로 노출되고, SLA(24h/48h) 준수 로그가 존재하는가

4. 초기 대응 절차
1) 피해자 보호조치(보호조치 발동·재평가·해제)
2) 긴급 보호조치 및 추가적인 심리적 지원
3) 복합적 고충 상황에서의 초기 대응 가이드

"선보호·후확인" 적용: 분리·배치전환·접근제한·유급임시휴가를 체크리스트 기준으로 즉시 결정
각 조치별 기간·검토주기·해제 기준을 서식에 기입하고, 변경 이력 기록
범죄 혐의나 긴급성 있을 시 수사 연계·법률지원 동시 안내(EAP/외부기관 목록 사전 마련)
※ **실무 체크포인트:** 보호조치 발동-재평가-해제 결정서가 사건기록에 첨부되어 있고, 해제 후 모니터링 전환 기록이 있는가

5. 고충 조사 및 처리

1) 조사 방법 및 절차(계획, 증거 수집, 진술 청취 등)

2) 조사팀 구성 및 역할(독립성 및 공정성 확보)

3) 디지털 증거 수집과 분석

조사개시 결정 후 조사계획 → 면담 → 증거수집 순으로 진행(표준 질문지·로그 사용)
피신고인 방어권은 질문서 제공·면담·증거열람 "범위 통제"로 보장하되, 민감정보 가림·최소공개 원칙. 신고서 원본/사본 배포는 제한, 요지 통지로 대체
전자자료 보존지시(기간·매체·핵심어 특정), 원본·작업본 분리 보관, 열람권한 등급화
대표·임원 사건·이해상충·원·하청 교차·대규모 온라인 확산 등은 사전 기준에 따라 외부조사로 자동 전환

※ **실무 체크포인트**: 제척·기피 적용 기록, 외부조사 자동 전환 트리거 충족 시 실제 전환 사례, Legal Hold·열람등급·요지 통지의 증빙이 있는가

6. 사건 심의 및 조치

1) 심의위원회 구성 및 운영

2) 심의 결과에 따른 구제 조치 및 교육

3) 재발 방지 대책 수립

심의 목적은 사실판단·규정 적용·양정 의견·보호조치 타당성 재점검(심의=징계가 아님)
제척·기피 절차를 즉시 적용하고, 앞의 외부전환 사유 해당 시 외부 심의로 전환
양정기준표에 따라 의견을 작성(임의적)하고, 인사 절차와의 연결을 문서로 남김

※ **실무 체크포인트**: 심의록에 양정기준표 참조와 보호조치 타당성 재점검 결과가 포함되어 있는가

7. 피해자 보호 및 사후 관리

1) 피해자에 대한 법률, 심리 지원

2) 재발 방지 및 사후 모니터링

3) 피해자 보호를 위한 정기적 상황 점검

종결 후 30·60·90일 점검을 표준화(재접촉·보복·온라인 2차 가해 확인, 관리자 관찰 포함)
보호조치의 재평가·단계적 해제 기록 의무화(해제 후 모니터링 전환 여부 판단)
내부 EAP·외부 지원기관 경로는 사전 지정·상시 안내

※ **실무 체크포인트**: 3060·90일 점검 체크리스트, 재접촉·보복 확인란, 후속 조치 실행 근거가 일괄 보관되는가

8. 예방 교육 및 인식 개선

1) 예방 교육 프로그램 구성

2) 정기적 인식 개선 캠페인

3) 디지털 환경에서의 인권 보호를 위한 특별 교육

관리자·현장 맞춤 교육 표준안 운영(신규·보수·특별교육 구분, 이수 관리) 사건에서 도출된 시사점은 비식별 사례로 교육 콘텐츠에 환류 디지털 2차 피해·계정 보안 등 특화 교육 포함 ※ **실무 체크포인트:** 사건 시사점 → 교육 콘텐츠 반영 기록(버전·반영일자)과 이수율 지표가 관리되는가

9. 실무자를 위한 FAQ 및 주요 상황별 대응 가이드

1) 사례별 대응 FAQ(빈발 쟁점의 표준대응)

2) 돌발 상황 및 긴급 상황별 대응 방안

3) 복합적 고충 상황에서의 실무 대응 가이드

빈발 사례로 구성 각 문항은 표준 답안+관련 서식·부록 링크를 함께 제시(본문 반복 서술 최소화, 부록에 최신본 일원화) 법·판례 변경 시 반기~1년에 1번 업데이트 계획·고지 주기 명시 ※ **실무 체크포인트:** FAQ 각 문항에 서식/부록 링크가 작동하고, 업데이트 로그(개정 이유·일자)가 남아 있는가

10. 참고자료 및 관련 법령

1) 근로기준법, 남녀고용평등법, 스토킹 처벌법 등 관련 법령

2) 추가적인 참고자료 및 서식 안내

3) 피해자 지원을 위한 외부 기관 연락처 목록

법령·행정지침은 버전(개정일·적용일) 표기를 의무화 내부 규정과의 연결표(조문-내규-서식 맵핑) 제공 외부 기관 연락처는 주기를 정해(가령, 분기 1회) 유효성 점검 ※ **실무 체크포인트:** 법령·지침 버전표와 조문-내규-서식 맵핑표가 최신이며, 외부기관 연락처 유효성 점검 기록이 있는가

3 예방·처리 지침 작성

본 장은 정부부처 예방·처리 지침을 **참조 기준**으로 삼되, 이를 사내 규정에 편입하고 운용하는 **내부 기준**을 명확히 하는 데 목적이 있다. 적용 우선순위는 **법령 → 정부 지침·매뉴얼**(참조) **→ 사내 규정·세부 매뉴얼이며, 충돌 시에는 법령이 우선**하고 내부 규정은 법령을 반영하여 해석·적용한다. 모든 지침에는 버전(개정일·적용일)을 명시하고 연 1~2회 정기 점검한다.
각 매뉴얼의 상세 평가는 앞서 제3절 「현행 정부부처의 고충처리 관련 매뉴얼: 평가 및 문제점」에서 핵심 한계를 정리했으므로, 본 절에서는 평가를 생략하고 편입·운용 기준만 제시한다.

1 정부 예방·처리 지침 표준안

1) 성희롱·성폭력: 성평등가족부, 성희롱·성폭력 예방지침 표준안(2025)

① 개요와 활용 범위

성평등가족부의 「성희롱·성폭력 예방지침 표준안」(2025)은 매년 갱신되는 공공부문 중심 표준 지침이다. 해설과 서식이 체계적으로 정리되어 있어 민간에서도 절차 이해와 교육 설계의 참고자료로 활용할 가치가 있다. 다만 조직 여건상 일부 조항의 직접 적용이 어려울 수 있으므로, 필요시 고용노동부 「직장 내 성희롱 예방·대응 매뉴얼(2024. 1)」의 취업규칙 예시를 병행 참조하는 접근이 적합하다.

② 역할 분리와 절차적 공정성에 관한 검토

표준안은 피해자의 반복 진술 부담을 줄이고 원스톱 대응을 구현하려는 취지에서 고충상담원에게 상담·접수·조사·지침 개정 등 다층적 역할을 부여하는 경향이 있다. 그러나 실무적으로는 이해상충과 절차적 공정성 문제가 발생할 수 있다. 본 실무서는 상담-조사-심의-인사 후속조치를 역할·주체별로 분리하는 방식을 권고한다. 즉, 초기 안전확보와 권리고지는 상담 라인에서, 사실조사는 내부 전담 또는 외부 전문기관에서, 사실판단과 양정 의견은 심의기구에서 담당하도록 설계한다. 이렇게 하더라도 피해자 중심·신속보호·비밀유지라는 표준안의 핵심 취지는 유지되며 공정성과 신뢰성이 강화된다. 고충상담원의 역할·책임은 이 원칙을 전제로 조직 규모와 전문성 수준에 맞게 재설계해 내부 지침에 반영한다.

③ 사내 편입 포인트

- **정합성 · 우선순위**: 법령 → 정부 지침(참조 기준) → 사내 규정·세부 매뉴얼의 3단 정합성을 유지하고, 충돌 시 상위 법령과 사내 의무 규정이 우선한다. 모든 문서는 버전(개정일·적용일) 명시 및 연 1~2회 정기 검토를 원칙으로 한다.
- **고위직 · 이해상충 특례**: 대표·임원·이해상충 우려 사안은 외부조사·외부심의 자동 전환과 단축 기한을 명문화한다.
- **보호조치 운영**: "선보호·후확인"을 원칙으로 하고, 보호조치(발동·재평가·해제)는 표준 서식과 검토 주기(예: 2~4주)를 고정한다.
- **통지 · 서식 표준화**: 조사·심의 결과 통지, 재발방지대책 제출·이행 점검 서식에 필수 기재항목과 비식별 원칙을 반영한다.
- **기록 · 점검 내재화**: 사건관리 시스템에 인지일-위험평가-보호조치-조사-심의-통지-재발방지 이행까지 전 주기를 구조화하여 기록하고, 분기 자체점검-연말 종합평가로 환류한다.
- **공공 요소의 민간화**: 공표·점검 항목은 내부 공시(KPI·ESG 보고)와 내부감사 체크리스트로 변환해 실효성을 확보한다.

성희롱 · 성폭력 예방지침 표준안 및 해설안

(일반 문의 : 성폭력방지과 02-2100-6429, 6392)
(사건대응 문의 : 성폭력방지과 02-2100-6164, 6166, 6168, 6169)
(교육 관련 문의 : 폭력예방교육과 02-2100-6445)

※ 본 지침은 기관 내 성희롱·성폭력 예방지침의 마련을 위한 안내이고, 각 기관은 본 내용을 참조해 기관 실정에 맞는 자체지침을 제정하여야 함

- 필요시, 국가기관, 지방자치단체 등은「스토킹 예방지침」및「여성폭력 2차 피해 방지지침」과 통합 제정 가능

* 해당 지침은 여성가족부 홈페이지(정책정보〉정책자료실〉 주제별 정책자료〉 인권보호) 및 예방교육 통합관리 홈페이지(폭력예방교육 소개〉자료실) 참고

제1조(목적)

제1조(목적) 이 지침은「양성평등기본법」제31조 및 같은 법 시행령 제20조,「성폭력방지 및 피해자 보호 등에 관한 법률」제5조 및 같은 법 시행령 제2조에 따라 ○○○ 기관의 장이 성희롱·성폭력 예방을 위하여 필요한 사항을 정함을 목적으로 한다.

제2조(적용범위)

제2조(적용범위)
① 이 지침은 ○○○기관의 장과 소속 구성원(○○○기관의 장과 고용관계에 있는 자, 소속 학생을 포함)에게 적용되며, ○○○기관의 통제범위 내에 있는 것으로 인정되거나 업무관련성이 있는 제3자가 피해자인 성희롱·성폭력을 포함한다.
② 이 지침의 피해자 보호는 피해자, 신고자, 조력자, 대리인에게도 적용된다.

○ 지침의 적용대상에는 기관장을 포함한 재직 중 전 구성원(비정규직, 인턴, 사회복무요원, 무기계약(공무직)·기간제·시간제 근로자 등 포함)과 소속 학생이 포함되어야 함
○ 기관과 업무관련성이 있는 제3자까지 적용범위에 넣음으로써 기관이 해결하여야 할 성희롱·성폭력의 범위를 확장해서 명시

제3조(성희롱·성폭력의 정의)

제3조(정의) 이 지침에서 사용하는 용어의 뜻은 다음과 같다.
1. '성희롱'이란 「양성평등기본법」 제3조제2호의 규정에 따라 업무, 고용, 그 밖의 관계에서 국가기관·지방자치단체 또는 대통령령으로 정하는 공공단체(이하 "국가기관등"이라 한다)의 종사자, 사용자 또는 근로자가 다음 각 목의 어느 하나에 해당하는 행위를 하는 경우를 말한다.
   가. 지위를 이용하거나 업무 등과 관련하여 성적 언동 또는 성적 요구 등으로 상대방에게 성적 굴욕감이나 혐오감을 느끼게 하는 행위
   나. 상대방이 성적 언동 또는 요구에 대한 불응을 이유로 불이익을 주거나 그에 따르는 것을 조건으로 이익 공여의 의사표시를 하는 행위
2. '성폭력'이란 「성폭력범죄의 처벌 등에 관한 특례법」 제2조제1항에 규정된 죄에 해당하는 행위를 말한다.
3. '2차 피해'란 「여성폭력방지법」 제3조제3호에 규정된 2차 피해에 해당하는 피해를 입는 것을 말한다.

○ 「양성평등기본법」 등에 근거한 성희롱 개념을 지침에서 명시

* '성적 언동'이란 남녀 간의 육체적 관계나 남성 또는 여성의 신체적 특징과 관련된 육체적, 언어적, 시각적 행위로써 사회공동체의 건전한 상식과 관행에 비추어 볼 때, 객관적으로 상대방과 같은 처지에 있는 일반적이고도 평균적인 사람으로 하여금 성적 굴욕감이나 혐오감을 느끼게 할 수 있는 행위를 의미함(대법원 2018. 4. 12. 선고 2017두74702 판결)

○ 「성폭력범죄의 처벌 등에 관한 특례법」에 근거한 성폭력 개념 명시

○ 「여성폭력방지법」에 근거한 2차 피해 개념 명시

제4조(기관장의 책무)

제4조(○○○장의 책무)
① ○○○기관의 장은 성희롱·성폭력 방지를 위한 다음 각 호의 제반 조치를 강구하고 시행할 책무가 있으며, 성희롱·성폭력 발생 시 필요한 조치를 적절하고 신속하게 이행하여야 한다.
  1. 성희롱·성폭력 예방교육의 실시
  2. 성희롱·성폭력 고충상담창구의 설치·운영
  3. 성희롱·성폭력 고충처리절차 및 매뉴얼 마련

4. 성희롱·성폭력 피해자의 보호 및 2차 피해 예방
5. 성희롱·성폭력 근절의지 및 행위자 무관용의 원칙 천명
6. 소속구성원에 대한 성희롱·성폭력 예방 홍보
7. 성희롱·성폭력 예방교육 참석 및 관련 예산 확보
8. 성평등한 조직문화의 정착을 위한 노력 등

② ○○○기관의 장은 제1항에 따른 조치를 이행하기 위하여 매년 성희롱·성폭력 방지조치 연간 추진계획을 수립하여야 한다.

○ 기관장에게 성희롱·성폭력 방지조치 및 사건 발생 시 적절한 구제절차를 이행할 의무가 있음을 명시

○ 기관장에게 피해자 보호의 의무가 있음을 명시

○ 성희롱·성폭력 행위자에 대한 무관용 원칙을 조직 구성원에게 천명함으로써 성희롱·성폭력 예방 효과를 높임

○ 성희롱·성폭력 예방지침을 구성원들에게 적극 알려 성희롱·성폭력에 대한 인식을 개선하고 사건 발생 시 피해자 보호와 구제절차를 안내

○ 성희롱·성폭력 방지에 있어 기관장의 역할이 중요하므로 기관장이 예방교육에 반드시 참석할 필요가 있음

○ 고충상담원 교육, 전문강사에 의한 교육 실시 등 성희롱·성폭력 방지를 위한 예산 확보 필요

○ 성희롱·성폭력 방지조치 실효성 확보를 위하여 연간 추진계획의 수립 필요

제5조(상급기관의 관리·감독 강화)

제5조(상급기관의 관리·감독)

① 성희롱·성폭력 행위자가 공직유관단체의 기관장이거나 임원급에 있는 자인 경우에는 이 지침에도 불구하고 지체없이 상급기관으로 성희롱·성폭력 고충에 대한 조사를 이관하고, 이후의 조치도 상급기관의 지휘·감독을 받도록 한다.

② 제1항에 따라 조사를 이관하는 경우에는 당사자에게 그 사실을 알려주어야 하고 사건발생기관에서는 피해자 보호조치를 취해야 한다.

○ 상급기관은 산하 공공기관(「양성평등기본법 시행령」 제2조의 공직유관단체)에 대한 관리·감독 강화를 위하여 해당 기관의 감사 시 성희롱·성폭력 관련 사항을 점검 (상급기관 예방지침에 명시)

- 예방교육 관련 계획수립 여부, 교육 내용 및 방법, 교육 참여율, 고충상담창구 설치 등 방지조치, 사건조치결과 및 재발방지대책 수립 등을 점검

○ 공공기관의 기관장 또는 고위직 임원이 행위자로 지목된 경우, 상급기관이 있는 경우에는 상급기관에서 조사 및 조치가 이루어질 수 있도록 하며 이와 관련, 상급기관은 세부절차를 마련하여야 함

- 기관장 또는 고위직 임원이 행위자인 경우 기관에서 사건을 은폐 또는 축소할 우려가 있으므로 상급기관에서 조사를 이관 받아 진행하고 조사 이후 절차도 지휘·감독하도록 함

○ 조사를 이관할 경우 피해자, 행위자에게 알려 사건처리 현황을 인지할 수 있도록 함

- 상급기관은 사건 발생기관과 사건 진행현황에 대해 공유하고 피해자 보호 등에 함께 노력하도록 함

○ 상급기관은 조사를 이관 받을 담당 부서를 지침이나 연간운영계획 등에 명시 (예: '고충상담부서', '해당 기관의 관리·감독 부서' 등)

〈공직유관단체의 상급기관 예방지침 수정〉

제5조(상급기관의 관리·감독)

① ○○○기관의 장은 소속 공직유관단체의 성희롱·성폭력 예방을 위하여 감사 시 성희롱·성폭력 방지조치 등 관련 사항을 점검하여야 한다.

② 소속 공직유관단체에서 성희롱·성폭력 행위자가 해당 공직유관단체의 장이거나 임원급에 있는 자인 사건의 조사를 ○○○기관으로 이관한 경우, ○○부서는 해당 사건을 조사하고 사건발생기관에서 이행하는 이후의 조치도 지휘·감독한다.

제6조(고충상담창구)

제6조(고충상담창구) ① 성희롱·성폭력 예방을 위한 업무의 처리와 소속 구성원의 성희롱·성폭력 피해 상담, 성희롱·성폭력 사건의 조사 및 처리를 위하여 ○○부서 (○○노조, ○○성희롱·성폭력 전문기관)에 성희롱·폭력 고충상담창구(이하 "고충상담창구"라 한다) 및 고충상담원을 두고 조직 내외에 적극 알려 이를 인지할 수 있도록 한다.

② ○○○기관은 고충상담창구의 업무를 처리하기 위하여 성희롱·성폭력 고충상담원(이하 "고충상담원"이라 한다)을 2인 이상 지정하여야 하며, 남성 및 여성이 반드시 각 1인 이상 포함되도록 구성한다.
③ 고충상담창구의 업무는 다음 각 호와 같다.
1. 성희롱·성폭력 피해(2차 피해 포함)에 대한 상담
2. 성희롱·성폭력 사건에 대한 고충의 접수·조사 및 처리
3. 성희롱·성폭력 사건 처리 관련 부서 간 협조·조정에 관한 사항
4. 성희롱·성폭력 재발 방지 대책의 수립과 이행에 관한 사항
5. 성희롱·성폭력 고충 처리 절차 및 매뉴얼 마련에 관한 사항
6. 성희롱·성폭력 예방을 위한 교육·홍보 등 기타 성희롱·성폭력 예방 업무

④ 고충상담창구 내에 별지 제00호 서식의 고충접수 및 처리대장, 성희롱·성폭력 고충처리 절차 및 매뉴얼을 작성·비치하여야 한다.

제6조의2(사이버신고센터) ① ○○○기관의 장은 성희롱·성폭력 피해 신고의 편의성을 위하여 사이버신고센터를 설치·운영하여야 하고 스마트폰, 태블릿 PC 등 모바일에서 신고센터를 운영할 수 있다.
② 사이버신고센터 등 운영을 조직 구성원들에게 적극 알려 이를 인지할 수 있도록 한다.

○ 고충상담창구의 설치 명시
- 소속기관이 있는 경우 부속기관 및 특별지방행정기관 등의 고충상담창구 설치 근거 명시
- 고충상담창구 설치뿐만 아니라 조직 구성원 등이 이를 인지할 수 있도록 안내 필요
- 성희롱·성폭력 사안은 소속 직원의 복무조건과 밀접히 연관된 사항이므로 복무담당부서의 소관으로 우선 고려할 수 있으나, 고충 처리 절차의 공정성과 전문성 제고를 위해 기관의 여건에 따라 복무담당 부서 외 노동조합, 직장협의회, 여성정책 관련 부서, 외부 전문기관(성희롱·성폭력, 양성평등) 등을 지정할 수 있음
- 상담, 조사 등 사건처리 절차들을 여러 부서에서 나눠서 담당하는 경우, 총괄부서를 지정하여 피해자 지원의 사각지대가 발생하지 않도록 노력 필요

○ 고충담당자를 2인 이상 지정하되 남·녀 각 1인 이상으로 지정
- 상시근로자 중 어느 한 성(性)이 5인 미만일 경우 남·녀 구분없이 동일 성으로 2인 이상 지정 가능
- 상시근로자 30인 미만 기관은 1인 이상 지정 가능

- 기관이 전국적으로 분포되어 있는 사업장에서는 지사 별로, 또는 사업본부 별로 고충상담원을 지정할 것

○ 기관 규모와 상관없이 모든 기관은 고충상담창구를 설치·운영하여야 하고, 상담 내용의 비밀 보장과 피해자 보호 등을 위해 상시근로자 30인 이상 근무 기관은 원칙적으로 독립된 공간의 고충상담창구를 설치해야 함

- 독립된 공간의 고충상담창구 설치에 대해 상시근로자 30인 미만 근무기관의 경우는 예외로 하되, 상담 시 비밀이 보장되는 환경이 되도록 할 것

○ 고충상담창구의 업무 예시

- 고충상담창구의 업무로 상담과 조사 기능을 수행하여야 하나 기관의 사정과 필요에 따라 분리 운영할 경우 각각의 역할분담과 역할수행에 대하여 명확하게 지침에 명시하도록 함
- 성희롱·성폭력 관련 상담 및 고충처리를 위한 공식 창구로서 고충의 접수·처리·재발방지·교육 및 모니터링(사건처리에 따른 조치 이행사항) 등 성희롱·성폭력 방지조치의 이행과 관련된 업무를 지침에 명시하도록 함

○ 직접적인 대면 내지 전화 상담이 어려운 피해자의 상담 및 신고를 위하여 사이버 신고센터 설치

- 사이버신고센터에 신고된 사실이나 내용은 고충상담원만 열람할 수 있는 형태로 운영하여 2차 피해를 방지
- 스마트폰, 태블릿 PC 등 모바일신고가 가능하도록 모바일 신고센터까지 확대 운영 권고

제7조(고충처리 업무의 지원)

제7조(고충처리 업무의 지원)
① ○○○기관은 고충상담원의 성희롱·성폭력 관련 상담 및 고충처리 업무 역량 강화를 위해 외부 전문기관 교육수강을 적극 지원하여야 한다.
② 신규로 임명된 고충상담원은 임명된 날부터 3개월 이내에 성희롱 상담 및 고충처리 관련 전문교육을 이수하여야 한다. 다만, 불가피한 상황이 발생한 경우 6개월 이내에 이수할 수 있다.
③ 기관의 장은 고충상담원이 고충처리 업무를 행할 때 공정하고 독립적으로 임할 수 있도록 보호하고 지원하여야 한다.
④ ○○○기관의 장은 제6조 제3항의 고충상담창구의 업무를 지원하기 위해 외부 전문가를 선임할 수 있다.
⑤ ○○○기관의 장은 성희롱·성폭력 상담의 공신력과 전문성을 제고하기 위하여 제6조에 따른 고충상담창구와 제6조의2에 따른 사이버신고센터의 업무를 외부전문기관에 위탁할 수 있다.

○ 성희롱·성폭력 관련 상담 및 고충처리 업무 종사자에 대한 전문적인 교육훈련의 시기와 횟수를 명시

- 신규로 임명된 고충상담원은 3개월 이내 전문교육을 이수하되, 교육기관에 의한 사정 등 불가피한 경우 6개월 이내 반드시 전문교육을 이수해야 함

○ 기관의 장은 고충상담원이 고충처리 업무를 행할 때 공정하고 독립적으로 임할 수 있도록 보호하고 지원하여야 함

- 행위자, 기타 조직구성원이 고충상담원, 성희롱·성폭력 고충심의위원회 위원 등 직장 내 성희롱 업무담당자에 대해 부당한 비난, 압박, 강요, 협박 등으로 공정한 사건처리를 방해하는 것 금지

○ 피해자가 근무 조건 등 불이익을 우려하여 직장 동료와 상담하는 것을 거부하거나 두려워할 경우를 대비하여 외부전문가를 고충상담원으로 지정할 수 있음

○ 성희롱·성폭력의 상담과 조사에 관한 업무의 전문성과 독립성을 위해 외부기관에 위탁할 수 있음

- 피해자는 근무 조건 및 불이익을 우려하여 직장 내에서 상담하는 것에 대한 거부감과 두려움이 있을 수 있으므로 외부기관에 업무를 위탁할 수 있음

제8조(예방교육)

제8조(예방교육)

① ○○○기관의 장은 매년 연초 성희롱·성폭력 예방교육의 실시 시기·내용·방법 등에 관한 세부 실시계획을 수립하여야 한다.

② 성희롱·성폭력 예방교육은 전문가 강의, 시청각 교육, 사이버교육 등의 방법으로 매년 각 1시간 이상 실시하되 최소 1회는 대면교육으로 실시하여야 하며, 다음 각 호의 내용이 포함되어야 한다.

1. 성희롱·성폭력 관련 법령 및 지침
2. 성희롱·성폭력 발생 시의 처리절차 및 조치기준
3. 성희롱·성폭력 피해자에 대한 고충상담, 구제절차 및 보호조치
4. 성희롱·성폭력을 한 자에 대한 징계 등 제재조치
5. 민원인, 고객 등에 의한 성희롱·성폭력 예방과 발생 시 대처 방안
6. 기타 성희롱·성폭력 예방에 관한 사항 등

③ 신규임용된 사람에 대해서는 임용된 날부터 2개월 이내에 교육을 실시하여야 한다(양성평등기본법 시행령 제20조1항1호).

④ ○○○기관의 장은 성희롱·성폭력 예방교육 효과 제고를 위하여 1년에 1회 고위직 대상 별도 교육을 실시*하여야 하며, 학생에게는 오리엔테이션 등을 통해 성희롱·성폭력 예방교육을 실시할 수 있다.
⑤ 성희롱·성폭력 예방교육을 실시한 경우에 ○○과장은 교육일시 및 방법, 교육참석자 명단, 교육내용, 교육사진, 강사프로필 등에 관한 실시결과를 ○○○기관의 장에게 보고하여야 한다.
⑥ ○○○기관의 장은 성희롱·성폭력 예방교육의 내용을 구성원이 자유롭게 열람할 수 있는 장소나 인터넷사이트에 항상 게시하거나 갖추어 두어 구성원에게 널리 알려야 한다.

○ 소관 부서에서 성희롱·성폭력 예방교육의 세부실시계획을 수립하여 기관장에게 보고하도록 함
○ 성희롱·성폭력 예방교육의 방법을 예시하고, 교육에 포함하여야 할 내용을 명시
- 교육의 방법은 성평등가족부 산하 한국양성평등교육진흥원 「강사찾기」 등을 활용한 전문가 강의와 기관 내 담당자의 설명을 병행하는 것이 바람직
- 교육의 내실화를 위해서는 기관장 훈시 혹은 영상물 시청만으로는 미흡하며 별도의 충분한 시간을 확보하여 교육을 실시하도록 함
- 예방교육은 양성평등 감수성 제고를 위해 매년 최소 1회는 대면교육으로 실시해야 함
- 신규 임용된 사람에 대해서도 성희롱·성폭력 방지 및 권리구제 등에 관한 예방교육 필요
○ 업무 및 조직의 특수성에 따라 고객 등에 의한, 고객에 대한 성희롱·성폭력 발생 방지 및 대처 교육 필요
○ 성희롱·성폭력 방지 효과성 제고와 피해자에 대한 적절한 구제 및 보호를 위하여 고위직과 관리자 대상으로 별도 교육 의무 실시
* 다만, 종사자 100인 미만인 "공직유관단체와 대학교"는 '25년 별도 교육 의무 대상기관에서 제외
○ 성희롱 방지와 성희롱 사건 발생 시 적절한 대처를 위하여 학생 대상으로 성희롱 예방교육 실시 권장
○ 교육실시결과를 기관장에게 보고하도록 함
- 예방교육 실시계획 및 결과는 기관장의 결재를 얻도록 하고 교육 참석자 명단은 서명(날인)을 받아 증빙자료로 보관
○ 성희롱 예방교육의 내용은 구성원이 손쉽게 열람할 수 있도록 게시하여야 함

제9조(고충상담)

> 제9조(고충상담)
> ① 성희롱·성폭력과 관련하여 상담을 원하는 소속구성원은 서면, 전화, 온라인 및 방문 등의 방법으로 고충상담창구에 상담을 신청할 수 있다.
> ② 고충상담원은 상담의 신청을 받은 경우에 지체없이 상담에 응하여야 하며, 조사신청 등 처리절차를 안내하여야 한다.

○ 성희롱·성폭력 고충상담 신청의 방법 안내
- 상담 시에는 관련 법령, 조사 및 처리절차 등 피해자에게 필요한 정보를 제공하여야 함을 명시하는 것이 바람직
- 피해자가 고충업무 담당부서가 아닌 자신의 상급자나 관리자에게 상담이나 고충처리를 요청하였을 때에는 고충상담창구 등 처리절차를 안내하고 이관하여 처리하는 것이 바람직
- 고충상담원은 지방자치단체의 장이나 교육감이 연루된 사건에 대해 상담 신청이나 신고를 받았을 때 신고인에게 성평등가족부가 운영하는 '직장 내 성희롱·성폭력 신고센터'에 신고할 수 있음을 안내

제10조(통보 및 신고의무)

> 제10조(통보 및 신고의무)
> ① 국가기관등의 장은 해당 기관에서 성희롱, 성폭력 사건이 발생한 사실을 알게 된 경우 피해자의 명시적인 반대의견이 없으면 지체 없이 그 사실을 성평등가족부장관에게 통보한다.
> ② 국가기관, 지방자치단체, 공직유관단체의 장과 해당 기관, 단체 내 피해자 보호 관련 업무 종사자는 기관 또는 단체 내에서 위계 또는 위력 등에 의한 성폭력 사건이 발생한 사실을 직무상 알게 된 때에는 피해자의 명시적인 반대의견이 없으면 즉시 수사기관에 신고해야 한다.

○ 기관에서 성희롱·성폭력 사건이 발생한 사실을 알게 된 경우 피해자의 명시적인 반대의견이 없으면 지체 없이 사건을 성평등가족부로 통보

※「양성평등기본법」 제31조의2,「성폭력방지법」 제5조의4

- 예방교육통합관리시스템(https://shp.mogef.go.kr) 내 「사건관리시스템」을 통해 사건 발생 사실을 성평등가족부로 통보
  * (국가기관, 지방자치단체, 공직유관단체, 대학) 시스템 이용
  * (각급학교 등) 2025년 폭력 예방교육 운영안내 p.143 첨부 서식으로 작성하여 엑셀 대장(별도 공문 안내 예정)과 함께 공문으로 제출(성평등가족부 성폭력방지과 수신)
- 고충상담이나 피해 신고를 받은 고충상담원은 피해자(또는 대리인)에게 성평등가족부에 사건을 통보하고 수사기관에도 신고할 의무가 있음을 안내하여야 함
- 이 경우 통보 및 신고 의무는 피해자(또는 대리인)가 조사를 원할 경우, 사건(통보, 신고) 동의 의사를 확인하여 기관장에게 보고할 때 발생함
- 피해자와 행위자가 속한 기관이 다를 경우, 재발방지를 위해 행위자가 속한 기관에서 사건 통보와 재발방지대책 수립·제출하고, 이 경우 피해자 기관은 피해자 보호 및 지원, 2차 피해 예방을 위한 필요한 조치를 함
  ※ 피해자 소속 기관의 협조 등을 통해 피해자 통보 동의 의사 확인 필요
  ※ 통보 및 제출 의무 위반 시 시정명령 및 과태료 부과 대상은 행위자가 속한 기관이 됨

○ 피해자가 명시적으로 반대하지 않았음에도 성평등가족부로 성폭력 사건 발생사실을 통보하지 아니한 경우 성평등가족부장관은 해당 기관에 시정을 명할 수 있고, 시정명령 미이행시 5백만 원 이하의 과태료 부과
※ 「성폭력방지법」 제22조 제1항 및 제38조 제1항
(참고) 피해자(또는 대리인)가 조사를 원할 경우, 사건 통보 동의 의사를 확인하여 기관장에게 보고한 때 기준

○ 통보받은 사건이 중대하다고 판단되는 경우, 성평등가족부가 해당 기관에 대한 현장점검을 실시하고, 점검 결과 해당 기관에 시정이나 보완을 요구
※ 국가기관의 장, 시·도지사, 시장·군수·구청장(자치구 구청장) 또는 교육감에 의한 성희롱·성폭력 사건, 피해자가 다수인 성폭력 사건, 성희롱 사건이 여러 차례 반복해서 일어난 기관에서 발생한 성희롱 사건, 그 밖에 피해의 내용과 규모 등을 고려하여 점검이 필요하다고 인정하는 성희롱·성폭력 사건
- 성평등가족부가 사건의 중대성 등을 판단하기 위해 통보된 사건통보서 등에 대한 보완을 요청하거나, 현장점검을 위한 자료요구를 받은 경우, 해당 기관은 적극적으로 협조
- 현장점검 결과 통보받은 시정·보완 요구사항에 대해서는 이행실적 및 계획을 작성하여 지정된 기간 내에 성평등가족부에 제출

○ 기관 또는 단체 내에서 위계, 위력 등에 의한 성폭력 사건(「성폭력범죄의 처벌 등에 관한 특례법」 제10조 제1항 또는 「형법」 제303조 제1항*)이 발생한 사실을 알게 된 때에는, 피해자의 반대의견이 없으면 수사기관에 신고

* 위계 또는 위력에 의한 추행 또는 간음

- 이를 위반하여 성폭력 사건을 신고하지 아니한 자에게는 300만 원 이하의 과태료 부과

※ 「성폭력방지법」 제9조 제2항, 제38조

제11조(조사)

제11조(조사)

① 성희롱·성폭력 고충에 대한 조사를 원하는 피해자(피해자의 대리인을 포함한다)는 서면 또는 정보통신 등의 방법으로 별지 제○○호 서식의 성희롱·성폭력 조사 신청서를 제출하여야 하며, 고충상담원은 지체 없이 조사 신청을 접수하여야 한다.

② 고충상담원은 제1항에 따른 신청서를 접수한 날로부터 신속하게 조사를 실시하여야 하며, 20일 이내에 조사를 완료하여야 한다. 다만, 특별한 사정이 있는 경우 10일의 범위 안에서 조사 기간을 연장할 수 있다.

③ ○○○기관의 장은 제2항에 따른 조사 과정에서 피해자의 인격이나 명예가 손상되거나 사적인 비밀이 침해되지 아니하도록 하여야 한다.

④ 공정하고 전문적인 조사를 위하여 조사과정에 외부 전문가 등을 참여시키거나 외부 전문가의 자문을 얻을 수 있다.

⑤ 피해자가 조사받을 경우 피해자가 신청하면 조사에 지장을 줄 우려가 있는 등 부득이한 경우를 제외하고 신뢰관계인이 동석할 수 있도록 한다.

⑥ 제1항의 규정에 따라 조사가 진행 중인 사안에 대해 피해자가 법령에 따라 다른 기관에서 조사 또는 처리를 원하거나, 명시적으로 사건조사에 반대하는 경우 조사를 중지할 수 있다.

⑦ 성희롱·성폭력사건 조사 진행상황을 피해자에게 서면, 온라인, 전화 등 방법을 통해 알려주어야 한다.

○ 피해자의 신청에 따라 조사를 진행하여야 함을 명시

- 조사신청은 상담과 달리 서면 등 피해자의 의사를 확인할 수 있는 방법으로써 신청하도록 하여(대리인의 경우 위임장 등 첨부) 피해자의 의사에 반하여 처리되지 않도록 함

- 상담 단계에서도 조사 신청절차를 적극적으로 안내하여 피해자가 처리절차를 인지하지 못하여 신청을 누락하지 않도록 함
- 조사는 상담을 진행하지 않은 고충상담원이나 별도 조사자가 진행하는 것이 바람직하며, 기관의 사정에 따라 상담을 진행한 고충상담원이 조사를 할 수 있음

○ 처리기한을 명시하되 기관내부 절차에서는 사안 처리의 비밀 유지와 신속성이 매우 중요하므로 최대한 단기간으로 설정

○ 조사 과정에서 피해자의 인격이나 명예가 손상되거나 사적인 비밀이 침해되지 아니하도록 주의하여야 함을 명시

○ 조사과정에서부터 외부 전문가 등이 조사하거나 자문을 얻을 수 있도록 명시
- 기관 관리자는 피해자의 입장보다는 기관의 안정성과 명예를 위한다는 명분으로 소극적으로 대처하여 피해자 보호에 소홀할 수 있으므로 외부전문가 또는 노동조합 등이 조사에 참여하거나 자문을 구하는 것이 전문성과 공정성을 높일 수 있음
- 외부 전문가 등이 참여, 위탁한 조사일 경우에도 고충상담원은 기관 내 조사 담당자로서 객관적 사건조사를 위한 지원, 진행사항에 대한 점검과 기관 내 2차 피해 방지를 위한 역할을 해야 함

○ 성희롱·성폭력 피해자가 조사받을 경우 신뢰관계인이 동석할 수 있도록 하되 조사에 지장을 줄 우려가 있는 등 부득이한 경우에는 이를 제한할 수 있음

○ 조사절차가 진행 중인 사안에 대해 피해자가 국가인권위원회 등 다른 기관에서 조사 또는 처리를 원하거나, 명시적으로 사건 조사를 반대하는 경우에 조사를 중지할 수 있음을 명시
- 피해자의 의사에 따라 조사가 중지되었더라도 피해자 상담 또는 모니터링을 실시하여 필요시 피해자에 대한 보호조치 실시

○ 조사 진행상황에 대하여 피해자가 잘 알 수 있도록 서면 등으로 고지해야 함

○ 성희롱 관련 각종 서식은 「공공부문 성희롱·성폭력 사건 처리 매뉴얼」

※ 성평등가족부 홈페이지-정책정보-정책자료실-주제별 정책자료-인권보호

제12조(조사결과의 보고)

> 제12조(조사결과의 보고) 고충상담원은 성희롱·성폭력 사안에 대한 조사를 완료한 즉시 그 결과를 ○○○장에게 보고하여야 한다.

○ 성희롱·성폭력 사안에 대한 조사 후 그 결과를 기관장에게 보고하여야 함을 명시

제13조(피해자 보호 및 비밀유지)

> 제13조(피해자 보호 및 비밀유지)
> ① ○○○기관의 장(인사·복무 등에 관한 권한을 ○○○기관의 장으로부터 위임받은 자를 포함한다. 이하 이 조에서 같다)은 조사 기간 동안 피해자를 보호하기 위하여 필요한 경우 피해자의 의사를 고려하여 행위자와의 업무·공간 분리, 휴가 등 적절한 조치를 하여야 한다.
> ② ○○○기관의 장은 피해자, 신고자, 조력자, 대리인에 대하여 고충의 상담, 조사신청, 협력 등을 이유로 다음 각 호의 어느 하나에 해당하는 불리한 처우를 하여서는 아니 된다.
> 1. 파면, 해임, 해고, 그 밖에 신분상실에 해당하는 불이익 조치
> 2. 징계, 정직, 감봉, 강등, 승진 제한 등 부당한 인사조치
> 3. 전보, 전근, 직무 미부여, 직무 재배치, 그 밖에 본인의 의사에 반하는 인사조치
> 4. 성과평가 또는 동료평가 등에서 차별이나 그에 따른 임금 또는 상여금 등의 차별 지급
> 5. 직업능력 개발 및 향상을 위한 교육훈련 기회의 제한, 예산 또는 인력 등 가용자원의 제한 또는 제거, 보안정보 또는 비밀정보 사용의 정지 또는 취급자격의 취소
> 6. 주의 대상자 명단 작성 또는 그 명단의 공개, 집단 따돌림, 폭행 또는 폭언 등 정신적·신체적 손상을 가져오는 행위를 하거나 그 행위의 발생을 방치하는 행위
> 7. 직무에 대한 부당한 감사 또는 조사나 그 결과의 공개
> 8. 그 밖에 피해자, 신고자, 조력자, 대리인의 의사에 반하는 불이익 조치
>
> ③ 기관의 장은 조사 결과 직장 내 성희롱·성폭력 발생 사실이 확인된 때에는 필요한 경우 피해자의 의사를 고려하여 근무장소의 변경, 배치전환, 휴가 등 적절한 조치를 하여야 한다.
> ④ 기관장, 고충상담원 등 성희롱·성폭력 고충과 관계된 사안을 직무상 알게 된 자는 사안의 조사 및 처리를 위해 필요한 경우를 제외하고는 동 사안 관계자의 신원은 물론 그 내용 등에 대하여 이를 다른 사람에게 누설하여서는 아니 된다.

○ 조사 과정에서의 피해자 보호도 중요

○ 피해자에 대한 '관리자'의 불이익조치 금지 의무 외에 보호 의무도 명시함으로써 피해자에 대한 보호조치 강화

○ 피해자와 행위자의 업무 및 공간 분리 등 피해자의 신변을 보호하기 위한 규정 마련

○ 성희롱·성폭력과 관련된 피해의 주장이 제기된 경우에 행위자 혹은 관리자가 피해자 및 조사협조자 등에 대하여 인사, 복무 등에 있어서 불리한 처우를 하지 못함을 명시하고 불리한 처우를 열거

○ 조사 결과 성희롱·성폭력 발생 사실이 확인된 때에는 피해자의 의사를 고려하여 근무장소의 변경, 배치전환, 휴가 등 적절한 조치를 하여야 함을 명시

○ 고충상담원, 고충심의위원회 위원 등 성희롱·성폭력 사안을 직무상 알게 된 자는 사안의 조사 및 행위자 징계 등의 처리를 위하여 필요한 경우를 제외하고는 피해자 및 행위자 등 관계자의 신원과 신청 내용 등에 관해 비밀을 유지할 의무가 있음을 명시

- 비밀유지에 대한 서약서를 작성하고 피해자에 대한 정보가 노출되지 않도록 유의

제14조(고충심의위원회의 설치 및 구성)

제14조(고충심의위원회의 설치 및 구성)

① 성희롱·성폭력 사건을 심의하기 위하여 성희롱·성폭력 고충심의위원회(이하 "위원회"라 한다)를 구성한다.

② 위원회는 위원장을 포함하여 최소 6인의 위원으로 구성한다.

③ 위원장은 ○○○기관의 장이 지명하는 자로 한다.

④ 위원은 남성 또는 여성의 비율이 전체 위원의 10분의 6을 초과하여서는 아니되며, 위원 중 2명 이상을 외부 성희롱·성폭력 방지 관련 전문가들(이하 "외부위원"이라 한다)로 위촉한다.

⑤ 위원회의 개최 등 위원회의 사무를 처리하기 위하여 간사 1인을 두되, 간사는 고충상담원으로 한다.

⑥ 성희롱·성폭력 사건은 위원회를 반드시 경유하도록 한다. 다만 예외적인 사유가 있는 경우는 제외한다.

※ 중앙행정기관, 시·도, 시·군·구(자치구), 시·도 교육청의 경우 추가

⑦ 제4항 후단에도 불구하고 ○○○기관의 장(중앙행정기관의 장, 시·도지사, 시장·군수·구청장(자치구의 구청장), 교육감)이 성희롱·성폭력 행위자로 지목된 경우에는 내부위원과 외부위원을 각각 동수로 구성하여야 한다.

○ 사안의 심의를 위하여 위원회의 설치와 구성에 관한 사항 명시

- 기관 사정에 따라 상설 위원회로 두거나 성희롱·성폭력 사건 발생 시 구성하여 운영할 수 있음
- 위원회의 구성 방식은 기관의 사정에 따라 다를 수 있으나, 전문성과 대표성을 고려하여 구성
- 위원장은 기관장이 지명하는 자로 함
- 심의의 객관성과 중립성을 위하여 고충상담원은 간사로만 참여하고, 위원회 위원으로서 심의에 참여하는 것은 지양, 또한 고충상담, 사건조사 등 사건처리 과정에 관여한 내부구성원, 외부전문가 역시 위원으로서 심의에 참여하는 것은 바람직하지 않음
- 전체 위원 중 남성 또는 여성의 비율이 60%를 초과할 수 없게 하여 처리의 편향성에 대한 시비의 소지 제거

○ 상시 종사자 30인 미만의 기관은 최소 3인(외부위원은 1인 이상)으로 위원회 구성 가능(단, 기관장 포함 5인 이하의 기관은 여건에 따라 자율적으로 구성) 이 경우 남성 또는 여성 위원의 비율이 전체 위원의 10분의 7을 초과하여서는 아니된다.

○ 고충심의위원회의 객관성을 담보하고, 피해자에 대한 구제 절차와 행위자에 대한 조치가 적절하게 취해질 수 있도록 최소 2인 이상의 외부 전문가를 위원회에 참여시킬 필요가 있음

○ 성희롱·성폭력 사건은 고충심의위원회를 반드시 경유하도록 하되 조사 중지 사유 발생, 학생-학생(학폭위 사건) 간 사건 등 예외적인 경우는 제외

○ 중앙행정기관, 시·도, 시·군·구 및 시·도 교육청은 아래와 같이 조항 추가

- 기관장이 연루된 성희롱·성폭력 사건이 발생할 경우 피해자 보호조치, 재발방지대책을 심의·의결하기 위해 고충심의위원회를 소집·운영할 수 있으며, 내부위원과 외부 전문가를 동수로 구성

제15조(고충심의위원회의 운영)

제15조(고충심의위원회의 운영)

① 위원회의 회의는 위원장이 소집한다.

※ 중앙행정기관, 시·도, 시·군·구(자치구), 시·도 교육청의 경우 수정

① 위원회의 회의는 위원장이 소집한다. 다만, ○○○기관의 장(중앙행정기관의 장, 시·도지사, 시장·군수·구청장(자치구의 구청장), 교육감)이 성희롱·성폭력 행위자로 지목된 경우에는 사건 발생 사실을 안 날로부터 7일 이내에 회의를 개최하여야 한다.

② 사건의 당사자 또는 사건과 특수한 관계를 가진 자는 해당 심의·의결에서 제척된다. 사건 당사자는 특정 위원이 심의·의결의 공정성을 기대하기 어려운 사정이 있는 경우 위원회에 위원의 기피를 신청할 수 있고, 위원 본인도 직·간접적으로 이해관계가 있는 안건의 심의에 대해 회피할 수 있다.
③ 위원장은 기피 신청을 받으면 기피 여부에 대한 결정을 한다. 이 경우 기피 신청의 대상이 된 위원에게서 그에 대한 의견을 받을 수 있다.
④ 위원회는 다음 각 호에 관하여 심의한다.

※ 중앙행정기관, 시·도, 시·군·구(자치구), 시·도 교육청의 경우 수정
④ 위원회는 다음 각 호에 관하여 심의한다. 다만, ○○○기관의 장(중앙행정기관의 장, 시·도지사, 시장·군수·구청장(자치구의 구청장), 교육감)이 성희롱·성폭력 행위자로 지목되었을 경우 제1호에 대해서는 심의하지 아니 한다.

1. 성희롱·성폭력의 판단(2차 피해 포함)
2. 피해자에 대한 보호조치
3. 2차 피해 방지를 위한 조치
4. 그 밖에 성희롱·성폭력의 재발 방지에 관한 사항

⑤ 위원회의 심의는 재적위원 과반수 찬성으로 의결한다.
⑥ 위원회는 심의결과를 ○○○기관의 장에게 보고하여야 한다.

○ 회의 운영에 관한 사항 규정
  - 위원회 권한의 크고 작음에 따라 위원장의 직무 및 회의 소집방법, 의사·의결 정족수 등을 정할 수 있음
○ 공정한 사건 심의를 위해 신고인 등 당사자와 위원 간 기피신청 및 회피 권리 포함
○ 성희롱·성폭력 성립 여부뿐만 아니라 피해자의 보호조치 등의 조치도 위원회에서 심도 깊게 논의할 수 있도록 심의사항을 명시
○ 서면 통보 시 통보서에 신고된 내용, 인정된 내용, 심의결과 등을 명시
○ 중앙행정기관, 시·도, 시·군·구 및 시·도 교육청은 아래와 같이 조항 수정 및 추가
  - 기관장이 연루된 성희롱·성폭력 사건이 발생할 경우, 신속한 피해자 보호 및 재발방지대책 논의를 위해 위원회 조기 소집

제16조(조사 등 결과 통지)

> 제16조(조사 등 결과 통지)
> ○○○기관의 장은 당사자에게 별지 제00호의 서식에 따라 서면으로 사건 조사 결과 및 위원회의 심의결과 등을 지체 없이 통지하여야 한다.

○ 고충상담원의 조사 및 고충심의위원회의 심의 결과를 당사자에게 통지해야 함을 규정

○ 기관장이 행위자일 경우에는 당사자에 인사·복무에 관한 권한을 위임받은 자를 포함

제17조(징계)

> 제17조(징계)
> ① ○○○기관의 장은 성희롱·성폭력에 해당한다고 인정될 경우 행위자에 대하여 무관용의 원칙에 따라 징계 등 제재절차가 이루어지도록 하여야 한다.
> ② ○○○기관의 장은 제1항에 따른 징계 등 제재 절차에서 피해자에게 의견 진술 기회를 부여해야 한다.
> ③ ○○○기관의 장은 성희롱·성폭력 사건을 은폐하거나 피해자에게 2차 피해를 준 경우 관련자를 엄중 징계한다.
> ④ ○○○기관의 장은 조사 중인 성희롱·성폭력 행위가 중징계에 해당되는 사항이라고 판단되는 경우 의원면직을 허용하여서는 아니 된다.

○ 성희롱·성폭력 방지를 위해서는 행위자에 대한 엄중 징계가 필요하므로 무관용의 원칙 적용 명시 필요
  - 성희롱·성폭력에 해당하는 경우에는 법령에 따른 징계사유에 해당하므로 임의로 징계절차를 생략할 수 없음

○ 성희롱·성폭력 행위자에 대한 조치 전 피해자의 의견을 듣도록 명시하여 피해자의 의견을 존중하도록 함

○ 성희롱·성폭력 사건을 은폐하거나 피해자에게 근로권, 학습권 등에 대한 추가 피해가 발생한 경우 관련자에 대한 엄중 징계를 통해 성희롱·성폭력 방지 효과 기대
  - 사건에 대한 소문을 확산시킴은 성희롱·성폭력 2차 가해임을 주지시키고, 발견 시 처벌받을 수 있음을 고지함으로써 2차 피해에 대하여 예방할 수 있음

○ 행위자에 대한 징계조치 시 재발방지 교육(특별인권교육)을 병과하여 실시할 수 있음

○ 성범죄 행위자가 의원면직 등을 통해 징계를 피하려는 것을 사전 차단하여 철저한 성범죄 예방과 엄정 대응 필요

○ 성희롱·성폭력 피해자 등에게 2차 피해를 입힌 경우 해당 기관의 징계 기준에 해당할 경우 징계 가능

제18조(재발방지조치 등)

> 제18조(재발방지조치 등)
>
> ① ○○○기관의 장은 성희롱·성폭력의 재발 방지를 위하여 사건 발생 시 재발방지대책(2차 피해 방지 포함)을 수립·시행한다.
>
> ② 재발방지대책에는 사건처리 경과 및 조치결과에 관한 사항, 성희롱·성폭력 방지조치 및 예방교육의 개선 등에 관한 사항, 피해자에 대한 불이익 조치 금지 및 보호조치 등 2차 피해 방지에 관한 사항, 그 밖에 기관 내 성희롱·성폭력 사건의 재발방지를 위하여 필요한 사항을 포함한다.
>
> ③ ○○○기관의 장은 성희롱·성폭력 방지를 위하여 필요하다고 인정되는 경우 특별 성희롱·성폭력 예방교육, 성희롱·성폭력의 실태 또는 인식에 대한 조사 등을 실시할 수 있다.
>
> ④ ○○○기관의 장은 성희롱·성폭력 사건 행위자 재발방지를 위한 인식개선 교육을 실시하여야 한다.
>
> ⑤ ○○○기관의 장은 제1항에 따른 재발방지대책을 사건이 발생한 사실을 안 날부터 3개월 이내에 성평등가족부와 주무부처에 제출하여야 한다. 다만, 공직유관단체의 경우에는 해당 공직유관단체의 업무를 관장하는 행정기관의 장에게도 제출하여야 한다.
>
> ※ 중앙행정기관, 시·도, 시·군·구(자치구), 시·도 교육청의 경우 추가
>
> ⑥ 제5항에도 불구하고, ○○○기관의 장(중앙행정기관의 장, 시·도지사, 시장·군수·구청장(자치구의 구청장), 교육감)에 의한 성폭력 사건인 경우 해당 사실을 안 날부터 1개월 이내에 재발방지대책을 성평등가족부장관에게 제출하여야 한다.

○ 성희롱·성폭력 사안의 처리방법을 규정

- 성희롱·성폭력 재발방지대책은 1) 사건처리 경과 및 조치에 관한 사항, 2) 성희롱·성폭력 방지조치 및 예방교육의 개선 등에 관한 사항, 3) 2차 피해 방지에 관한 사항, 4) 그 밖에 기관 내 성희롱·성폭력 사건의 재발방지를 위하여 필요한 사항을 포함하여, 표준서식에 맞춰 수립

* 「양성평등기본법 시행령」 제20조의2, 「성폭력방지법 시행령」 제2조의3

- 성희롱·성폭력 사건 행위자에 대해 자체 재발방지 프로그램을 마련하거나 민간단체 등에서 운영하는 행위자 재발방지 교육을 이수하도록 함
  다만, 동일 사건으로 법원 판결 등에 따른 성폭력 치료프로그램 등을 이수한 경우에는 제외함
- 수립한 재발방지대책은 성평등가족부에 예방교육통합관리시스템(https://shp.mogef.go.kr) 내 「사건관리시스템」으로 제출하고, 주무부처에도 제출

* (국가기관, 지자체, 공직유관단체, 대학) 시스템 이용

* (각급학교 등) 2025년 폭력 예방교육 운영안내 p.148 첨부 서식으로 작성하여 엑셀 대장 (별도 공문 안내 예정)과 함께 공문으로 제출(성평등가족부 성폭력방지과 수신)

○ 성평등가족부장관은 재발방지대책의 점검 등을 위하여 제출된 재발방지대책에 대한 보완을 요청할 수 있으며, 필요한 경우 현장점검을 실시하고, 점검 결과 시정이나 보완을 요구할 수 있음

- 성평등가족부가 현장점검 여부 등을 판단하기 위해 기관이 제출한 재발방지대책에 대한 보완 요청 시, 해당 기관은 이에 적극적으로 협조
- 현장점검 결과 통보받은 시정·보완 요구사항에 대해서는 이행실적 및 계획을 작성하여 지정된 기간 내에 성평등가족부에 제출

○ 기관에서 성폭력·성희롱 사건이 발생한 사실을 알게 된 경우, 해당 사실을 안 날부터 3개월 이내에 재발방지대책을 성평등가족부장관에게 제출

※ 「양성평등기본법」 제31조의2 및 「성폭력방지법」 제5조의4

- 다만 성폭력방지법 시행령으로 정하는 기관장*에 의한 성폭력 사건일 경우 해당 사실을 안 날부터 1개월 이내에 재발방지대책을 성평등가족부장관에게 제출

  * 중앙행정기관의 장, 시·도지사, 시장·군수·구청장(자치구의 구청장) 또는 교육감

※ 「성폭력방지법」 제5조의4 제1항 단서, 동법 시행령 제2조의3 제2항

- 피해자와 행위자가 속한 기관이 다를 경우, 재발방지를 위해 행위자가 속한 기관에서 사건 통보와 재발방지대책 수립·제출하고, 이 경우 피해자 기관은 피해자 보호 및 지원, 2차 피해 예방을 위한 필요한 조치를 함

※ 피해자 소속 기관의 협조 등을 통해 피해자 통보 동의 의사 확인 필요

※ 통보 및 제출 의무 위반 시 시정명령 및 과태료 부과 대상은 행위자가 속한 기관이 됨

○ 성폭력 사건 재발방지대책을 법정기한 내 제출하지 아니한 경우 성평등가족부장관은 해당 기관에 시정을 명할 수 있고, 시정명령 미이행 시 5백만 원 이하의 과태료를 부과

※ 「성폭력방지법」 제22조 제1항 및 제38조 제1항

2) 괴롭힘: 고용노동부, 직장 내 괴롭힘 관련 취업규칙 표준안(2023)

① 개요와 활용 범위

고용노동부 「직장 내 괴롭힘 예방·대응 매뉴얼(2023.4)」에 수록된 '취업규칙 표준안'은 본 집필 시점의 최신 기준으로, 조직 내 괴롭힘 예방과 사건 처리의 최소요건을 항목별로 정리하고 있다. 성평등가족부 지침이 주로 공공부문을 상정해 설계된 데 비해, 고용노동부 표준안은 민간·공공을 불문하고 취업규칙에 편입하기 쉬운 구조라는 장점이 있다. 표준안의 핵심은 신고 창구의 명확화, 신속한 조사개시와 비밀유지, 피해자 중심의 보호조치, 행위자에 대한 조치와 재발방지, 그리고 기록관리와 교육의 정례화로 요약된다.

특히 사건 흐름(접수-조사-심의/조치-사후관리)이 조문 형태로 제시되어 있어 실제 취업규칙 개정 시 조항 간 정합성을 확보하기 용이하다. 또한 사용자(회사)의 조사·보호 의무와 보복금지 원칙을 명문으로 두고, 필요시 외부전문가를 활용해 이해상충을 차단하도록 설계돼 있다. 따라서 민간·공공부문 모두에서 큰 구조를 유지한 채 조직 규모·업종 특성에 맞춰 문언과 절차 수준만 조정해도 현장 적용이 가능하다. 아울러 성희롱 절차와의 접점(중첩 사건, 동시 보호조치, 비밀유지와 정보공개 범위 조정)도 예상해 두고, 관련 규정과의 교차 참조를 남겨두면 운영상 충돌을 줄일 수 있다.

다만 표준안은 "기본형"이므로, 각 조직의 리스크 프로파일(사업장 규모, 다지점 운영, 원·하청 구조, 노사관계, 조사역량 등)에 맞춘 보완 설계가 필요하다. 이하 ②에서는 실제 취업규칙·내규에 편입할 때 검토할 쟁점을 정리한다.

② 사내 편입 포인트

- **적용범위**: 표준안 문구를 그대로 둘 경우 임직원뿐 아니라 협력사 종사자·특수형태근로종사자까지 포섭될 여지가 있다. 범위를 넓히면 보호의 사각지대를 줄이는 장점이 있으나, 회사의 조사·보호·조치 책임과 분쟁 리스크가 함께 확대된다. 원·하청 교차 사건이 빈번하거나 협력사 출입이 상시인 환경이라면, 협력사와의 공조 프로토콜(MOU, 통보·자료공유 루트, 접근제한 협력 절차)을 함께 마련해 시행 가능성을 담보하는 편이 안전하다. 반대로 내부 인력만 대상으로 한정할 경우, 외부 이해관계자 사건의 접수·이관 기준과 안내 절차를 별도 규정으로

명확히 둔다.

- **예방교육 운영**: 남녀고용평등법상의 성희롱 예방교육과 달리 '괴롭힘 예방교육'은 권고 성격이 강하다. 연례 의무화를 선택한다면 대상 구분(관리자·현장조직), 이수·미이수 관리, 신규 입사자 편성, 불참 사유 처리 기준을 취업규칙 또는 세부지침에 명문화해 운영 부담을 예측 가능하게 한다. 의무화가 어려워도 "신규자 기본교육 + 관리자 보수교육 + 사건 후 맞춤교육(재발방지)"의 3축은 최소 유지하는 편이 실효적이다.
- **조사체계·주체**: 모든 사건을 조사위원회로 처리하면 상징성과 공정성은 높지만, 상시 가동·기피·비밀유지·속도 측면에서 부담이 크다. 일반 사건은 전담 조사조(2인 이상·성별 분산)가 담당하고, 대표·임원 사건, 이해상충 우려, 원·하청 교차, 대규모 온라인 확산 등은 사전 기준에 따라 외부조사·외부심의로 자동 전환하도록 설계한다. 피신고인의 방어권은 질문서 사전 통지·면담·증거열람의 "범위 통제"로 보장하되, 민감정보 최소화·가림 처리와 신고서 원본·사본 비배포(요지 통지 대체) 원칙을 함께 둔다.
- **보호조치 운영**: "선(先)보호·후(後)확인"을 원칙으로 하고, 분리·배치전환·접근제한·유급임시휴가 등 각 조치별 발동 요건·기간·검토 주기·해제 기준을 서식과 연동해 운용한다. 사건 초기 "접수 24시간 내 위험평가, 48시간 내 임시조치 통지"와 같은 시간 기준(SLA)을 설정하면 조직 규모와 무관하게 초기 대응 품질을 일정 수준으로 유지할 수 있다.
- **기록·보안·증거관리**: 전자자료 보존지시(기간·매체·핵심어 명기), 원본·작업본 분리 보관, 열람권한 등급화, 온라인 2차 피해 차단은 취업규칙 조항과 세부 운영지침(내부 표준)으로 겹겹이 확보한다. 사건 로그·열람기록·조치 이행 체크리스트는 종결 후 30·60·90일 점검과 연동해 재발방지까지 관리한다.
- **노사협의·대외대응**: 취업규칙 개정·신고(근로기준법 제93조)는 필수 절차이므로 노사협의회·노조가 존재한다면 사전 협의를 표준 프로세스에 포함한다. 노동청·수사기관 등 외부기관의 문의·자료요구에 대비해 비식별화 제출 원칙과 전용 문안을 마련해 두면 담당자 부담과 2차 노출 위험을 낮출 수 있다.
- **규정 정합성·버전관리**: 성희롱·개인정보·징계·윤리·정보보안·출입통제 규정과 상호 참조를 붙이고, 법령-정부 지침-사내 규정의 3단 맵핑표와 버전표(개정

일·적용일)를 상시 유지한다. 연 1~2회 정기 검토로 판례·행정해석·내부 사례를 반영하고, 변경분은 교육 콘텐츠와 FAQ에 즉시 환류한다.

직장 내 직장 내 괴롭힘 관련 취업규칙 표준안

* 취업규칙은 사내 규범이므로 사업장의 특수성 등을 고려하여 규정

① 기존 취업규칙에 직장 내 괴롭힘 예방·대응규정을 추가하는 경우

제○장 직장 내 괴롭힘의 예방

제○조(직장 내 괴롭힘 행위의 금지) ① 직장 내 괴롭힘이란 임·직원이 직장에서의 지위 또는 관계 등의 우위를 이용하여 업무상 적정범위를 넘어 다른 직원에게 신체적·정신적 고통을 주거나 근무환경을 악화시키는 행위를 말한다.

② 직원은 다른 직원뿐 아니라 협력사 직원에 대하여도 직장 내 괴롭힘 행위를 하여서는 아니 된다.

참고

직장 내 괴롭힘 금지 주체는 이 취업규칙의 적용을 받는 직원이지만, 그 대상은 협력사 직원으로 통칭되는 파견근로자 또는 하청근로자도 포함시키는 것으로 규정하여 직장 내 괴롭힘 금지 관련 취업규칙 내용이 사업장 전반에 적용될 수 있도록 함이 바람직

제○조(금지되는 직장 내 괴롭힘 행위) 회사에서 금지되는 구체적인 직장 내 괴롭힘 행위는 다음 각 호와 같다.

1. 신체에 대하여 폭행하거나 협박하는 행위(얼차려, 물건 던지기, 멱살을 잡는 등 물리적 유형력을 신체에 행사하는 행위 포함)
2. 지속·반복적인 욕설이나 폭언
3. 다른 직원들 앞에서 또는 온라인상에서 모욕감을 주거나 개인사에 대한 소문을 퍼뜨리는 등 명예를 훼손하는 행위
4. 합리적 이유 없이 반복적으로 개인 심부름 등 사적인 용무를 지시하는 행위
5. 합리적 이유 없이 업무능력이나 성과를 인정하지 않거나 조롱하는 행위
6. 반대 의사에도 불구하고, 업무상 필요성이 없는 행위 강요(복장, 음주, 장기자랑, 취미활동 등 강요)
7. 집단적으로 따돌리거나, 정당한 이유 없이 업무와 관련된 중요한 정보 또는 의사결정 과정에서 배제하거나 무시하는 행위

8. 정당한 이유 없이 상당기간 동안 근로계약서 등에 명시되어 있는 업무와 무관한 일을 지시하거나 근로계약서 등에 명시되어 있는 업무와 무관한 허드렛일만 시키는 행위
9. 정당한 이유 없이 상당기간 동안 일을 거의 주지 않는 행위
10. 그 밖에 업무의 적정범위를 넘어 직원에게 신체적·정신적 고통을 주거나 근무환경을 악화시키는 행위

참고

표준안에서는 직장 내 괴롭힘으로 볼 수 있는 대표적인 행위 중심으로 최소한의 예시를 규정

→ 매뉴얼 본문에 있는 행위 예시. 체크리스트, 사례 등을 참고하여 각 사업장별로 금지가 필요한 행위를 추가할 수 있음.

회사 차원에서 노동관계법령을 위반한 것으로 볼 여지가 있는 행위는 표준안에서는 일단 제외하였으나, 법령 위반을 별론으로 하더라도 경우에 따라서 제10호를 적용하여 직장 내 괴롭힘으로 인정할 수도 있을 것임

제○조 (직장 내 괴롭힘 예방교육) ① 회사는 직장 내 괴롭힘 예방을 위한 교육(이하 "직장 내 괴롭힘 예방교육"이라 한다)을 1년에 1회 이상 실시한다.

② 직장 내 괴롭힘 예방교육은 1시간으로 한다.

③ 직장 내 괴롭힘 예방교육의 내용은 다음 각 호와 같다.

1. 직장 내 괴롭힘 행위의 정의
2. 금지되는 직장 내 괴롭힘 행위
3. 직장 내 괴롭힘 상담절차
4. 직장 내 괴롭힘 사건처리절차
5. 직장 내 괴롭힘 피해자 보호를 위한 조치
6. 직장 내 괴롭힘 행위자에 대한 조치
7. 그 밖에 직장 내 괴롭힘 예방을 위한 내용

④ 회사는 직장 내 괴롭힘 예방교육의 주요 내용을 직원들이 쉽게 확인할 수 있도록 조치한다.

제○조(직장 내 괴롭힘 행위 발생 시 조치) ① 누구든지 직장 내 괴롭힘 발생 사실을 알게 된 경우 그 사실을 회사에 신고할 수 있다.

② 회사는 전항에 따른 신고를 접수하거나 직장 내 괴롭힘 발생 사실을 인지한 경우에는 지체 없이 그 사실 확인을 위한 조사를 객관적으로 실시한다.

③ 회사의 직장 내 괴롭힘 행위에 관한 조사 및 조치에 관한 구체적인 절차는 별도로 정한다.

제○장 표창 및 징계

제○조(징계) 다음 각 호의 어느 하나에 해당하는 직원에 대하여 인사위원회를 거쳐 징계할 수 있다.

1. ~ 9. (생 략)

10. 직장 내 괴롭힘 행위를 한 자

11. 기타 이에 준하는 행위로 직장질서를 문란하게 한 자

참고

기존에 있는 징계사유에 직장 내 괴롭힘 행위를 한 경우를 추가하여 사내에서 직장 내 괴롭힘을 한 직원에 대한 징계 근거를 마련

② 별도의 직장 내 괴롭힘 예방·대응규정을 제정하는 경우

- 취업규칙으로 간단하게 직장 내 괴롭힘 행위를 규율하는 것보다 별도의 규정을 두어 규율할 수 있음
- 직장 내 성희롱에 관한 예방규정을 마련하여 시행하고 있는 회사는 직장 내 성희롱을 포함한 직장 내 괴롭힘 예방규정을 통합, 제정하여 운영할 수 있음
- 아래 표준안의 절차규정 등은 본 매뉴얼의 내용을 토대로 한 것임

제1조(목적) 회사는 직장 내에서 괴롭힘 행위를 예방하여 직원들이 안전하게 근로할 수 있도록 이 규정을 시행한다.

제2조(적용범위) 이 규정은 임·직원과 협력사 직원 및 특수형태근로종사자로서 회사와 계약을 맺고 있는 자(이하 "직원"이라 한다)에 대하여 적용한다.

제3조(회사의 책무) 회사는 직장 내 괴롭힘을 예방하고 직장 내 괴롭힘이 발생하였을 때 적절히 대응할 수 있도록 정책을 수립·시행하여야 한다.

제4조(직장 내 괴롭힘 행위의 금지) ① 직장 내 괴롭힘 행위란 임·직원이 직장에서의 지위 또는 관계 등의 우위를 이용하여 업무상 적정범위를 넘어 다른 직원에게 신체적·정신적 고통을 주거나 근무환경을 악화시키는 행위를 말한다.

② 누구든지 직장 내 괴롭힘 행위를 하여서는 아니 된다.

제5조(금지되는 직장 내 괴롭힘 행위) 회사에서 금지되는 직장 내 괴롭힘 행위는 다음 각 호와 같다.

1. 신체에 대하여 폭행하거나 협박하는 행위
2. 지속·반복적인 욕설이나 폭언

3. 다른 직원들 앞에서 또는 온라인상에서 모욕감을 주거나 개인사에 대한 소문을 퍼뜨리는 등 명예를 훼손하는 행위
4. 합리적 이유 없이 반복적으로 개인 심부름 등 사적인 용무를 지시하는 행위
5. 합리적 이유 없이 업무능력이나 성과를 인정하지 않거나 조롱하는 행위
6. 집단적으로 따돌리거나, 정당한 이유 없이 업무와 관련된 중요한 정보 또는 의사결정 과정에서 배제하거나 무시하는 행위
7. 정당한 이유 없이 상당기간 동안 근로계약서 등에 명시되어 있는 업무와 무관한 일을 지시하거나 근로계약서 등에 명시되어 있는 업무와 무관한 허드렛일만 시키는 행위
8. 정당한 이유 없이 상당기간 동안 일을 거의 주지 않는 행위
9. 그밖에 업무의 적정범위를 넘어 직원에게 신체적·정신적 고통을 주거나 근무환경을 악화시키는 행위

참고

표준안에서는 직장 내 괴롭힘으로 볼 수 있는 대표적인 행위 중심으로 최소한의 예시를 규정
→ 매뉴얼 본문에 있는 행위 예시, 체크리스트, 사례 등을 참고하여 각 사업장별로 금지가 필요한 행위를 추가할 수 있음.
회사 차원에서 노동관계법령을 위반한 것으로 볼 여지가 있는 행위는 표준안에서는 일단 제외하였으나, 법령 위반을 별론으로 하더라도 경우에 따라서 제10호를 적용하여 직장 내 괴롭힘으로 인정할 수도 있을 것임

제6조(직장 내 괴롭힘 예방·대응 조직) 회사 내 인사부서에 직장 내 괴롭힘의 예방·대응 업무를 총괄하여 담당하는 직원(이하 "예방·대응 업무담당자"라 한다)을 1명 이상 둔다.

제7조(직장 내 괴롭힘 상담원) ① 회사는 제11조에 따른 상담업무를 담당하는 직원(이하 "상담원"이라 한다)을 둔다. 이 경우 직장 내 성희롱 사건에 관한 업무를 담당하는 고충상담원이 있는 경우 그를 상담원으로 할 수 있다.
② 상담원은 성을 고려하여 남성과 여성을 고루 배치하며, 직원들 사이에 신망이 높은 직원 중에서 선임한다.
③ 상담원은 직장 내 괴롭힘 사건에 관한 상담을 하면서 알게 된 내용을 누설하여서는 아니 된다. 다만, 사건의 처리를 위하여 결재권자 및 사업주에게 보고하는 경우는 그러하지 아니한다.
④ 상담원의 임기는 2년으로 하며, 연임할 수 있다.

제8조(직장 내 괴롭힘 예방교육) ① 회사는 직장 내 괴롭힘 예방을 위한 교육(이하 "직장 내 괴롭힘 예방교육"이라 한다)을 1년에 1회 이상 실시한다.
② 직장 내 괴롭힘 예방교육은 1시간으로 한다.
③ 직장 내 괴롭힘 예방교육의 내용은 다음 각 호와 같다.

1. 직장 내 괴롭힘 행위의 정의
2. 금지되는 직장 내 괴롭힘 행위
3. 직장 내 괴롭힘 상담절차
4. 직장 내 괴롭힘 사건처리절차
5. 직장 내 괴롭힘 피해자 보호를 위한 조치
6. 직장 내 괴롭힘 행위자에 대한 조치
7. 그 밖에 직장 내 괴롭힘 예방을 위한 내용

④ 회사는 직장 내 괴롭힘 예방교육의 주요 내용을 직원들이 쉽게 확인할 수 있도록 조치한다.

제9조(직장 내 괴롭힘 발생 시 처리절차) 회사는 직장 내 괴롭힘 사건을 처리하기 위하여 다음 각 호의 절차에 따른다.

1. 사건의 접수
2. 상담을 통한 피해자의 의사 확인
3. 피해자의 의사에 기초한 당사자 간 해결 또는 정식 조사의 실시
4. 정식 조사의 결과를 토대로 한 직장 내 괴롭힘의 확인
5. 행위자에 대한 징계 조치, 피해자 보호조치 등의 결정

제10조(사건의 접수) ① 누구든지 직장 내 괴롭힘 발생 사실을 알게 된 경우 그 사실을 예방·대응 담당자에게 신고할 수 있다.
② 예방·대응 담당자는 제1항에 따른 신고가 있는 경우 또는 그 밖의 방법으로 직장 내 괴롭힘 발생 사실을 인지한 경우 사건을 접수한다.

제11조(상담) ① 제10조에 따라 사건이 접수된 경우 상담원은 지체 없이 신고인을 대면하여 상담한다.
② 신고인이 피해자가 아닌 제3자인 경우 상담원은 신고인을 먼저 상담한 후 피해자를 상담한다.
③ 상담원은 피해자에게 직장 내 괴롭힘에 관한 구제방법 및 회사 내 처리절차에 대하여 충분히 설명하고, 피해자가 사건의 해결을 위하여 선택하는 처리방향에 대하여 청취한다.

④ 상담원은 상담이 종료하면 그 결과를 예방·대응 담당자에게 보고하여야 한다.
⑤ 상담원은 상담 시 신고인 등에게도 상담 내용에 대한 비밀유지 의무가 있음을 고지하여야 한다.

제12조(당사자 간 해결) ① 상담원은 피해자가 직장 내 괴롭힘 피해를 입었다고 판단하고, 피해자가 그 행위의 중단을 위하여 행위자와 분리되기만을 요구하는 경우, 그 내용을 예방·대응 담당자를 통하여 사업주에게 보고하여 상응하는 조치가 취해질 수 있도록 한다.
② 상담원은 피해자가 행위자의 괴롭힘 행위 중단 및 사과 등 직접적인 합의를 원하는 경우에는 피해 사실에 대하여 피해자와 피해자가 추천한 참고인 등에 관한 조사를 실시하고, 그 결과 직장 내 괴롭힘이 확인되면 피해자의 요구안을 정리하여 행위자에게 전달하여 합의를 진행한다.
③ 제2항에 따른 합의가 이루어진 경우에는 모든 관련 서류는 비공개처리하고 사건을 종결한다.
④ 제2항에 따른 합의가 이루어지지 않은 경우에는 상담원은 피해자를 다시 상담한 후 정식 조사 의사 등을 확인하여 그에 따라 조치한다.

제13조(정식 조사) ① 회사는 피해자가 직장 내 괴롭힘에 관하여 정식 조사를 요구하는 경우 지체 없이 제14조에 따라 조사위원회를 구성하고, 조사위원회가 구성되면 즉시 조사에 착수한다.
② 조사위원회는 조사가 개시된 날부터 20일 이내에 완료하여야 한다. 다만 특별한 사정이 있는 경우 10일의 범위에서 조사 기간을 연장할 수 있다.
③ 피해자 및 행위자에 대하여 조사하는 경우 2명 이내의 조사위원이 참여하여야 한다. 이 경우 외부전문가가 위원으로 선임되어 있으면 그 위원이 참여하도록 노력하여야 한다.
④ 조사위원회는 조사가 종료되면 조사보고서를 작성하여 사업주에게 보고하고 인사위원회로 보고서를 이관한다.
⑤ 조사위원회는 제4항에 따른 조사보고서 작성 시 행위자에 대한 조치와 관련한 피해자의 의견을 듣고 그 내용을 기재하여야 한다.
⑥ 조사위원회와 조사를 받은 사람들은 비밀유지 서약을 하여야 하며, 조사 내용 및 조사과정에서 알게 된 사실을 다른 사람에게 누설하여서는 아니 된다.
⑦ 상담원은 직장 내 괴롭힘 조사 진행상황을 피해자에게 서면, 온라인, 전화 등의 방법을 통해 알려주어야 한다.

제14조(조사위원회) ① 직장 내 괴롭힘 사건의 공정하고 전문적인 조사를 위하여 조사위원회를 구성한다.
② 조사위원회는 노동조합에서 추천하는 사람 또는 노사협의회 근로자위원을 포함하여 5명 이내로 구성한다. 이 경우 조사의 전문성을 위하여 외부 전문가를 위원으로 선임할 수 있다.
③ 조사위원회 위원장은 위원 중에서 대표이사가 임명하는 사람으로 한다.
④ 제2항 및 제3항에도 불구하고 대표자가 행위자로 신고된 경우에는 회사의 감사가 조사위원회를 구성한다. 이 경우 감사는 회사의 바용으로 외부 전문가를 위원으로 선임할 수 있다.

참고

대표이사가 행위자인 경우 조사의 공정성을 위하여 감사가 조사를 실시하는 주체로 규정하는 것이 바람직

제15조(조사기간 중 피해자 보호) 회사는 제13조에 따른 정식조사기간 동안 피해자가 요청하는 경우에는 근무장소의 변경, 유급휴가 명령 등 피해자의 요청을 고려하여 적정한 조치를 한다.

제16조(직장 내 괴롭힘 사실의 확인 및 조치) ① 제13조 제4항에 따라 조사위원회의 조사보고서가 이관되면 취업규칙 제○○조에 따른 인사위원회 위원장은 지체 없이 인사위원회를 소집한다.
② 인사위원회는 조사위원회의 조사보고서를 토대로 직장 내 괴롭힘 인정 여부, 직장 내 괴롭힘 인정 시 행위자에 대한 징계 양정에 관한 사항을 의결한다.
③ 대표이사가 행위자로 신고된 경우 감사는 지체 없이 이사회 소집을 청구하고 소집된 이사회에 출석하여 조사 결과에 따라 직장 내 괴롭힘 인정 여부, 직장 내 괴롭힘 인정 시 대표이사에 대한 징계 등 조치에 관한 내용을 보고한다.
④ 이사회는 감사의 보고를 받으면 대표이사에 대한 조치를 의결한다. 다만, 인사위원회에서 통지한 대표이사에 대한 조치가 주주총회의 의결사항인 경우 지체 없이 임시총회를 소집한다.

참고

대표이사가 행위자인 경우 인사위원회에서 징계 등 조치를 결정하여 집행할 수는 없는 만큼, 상법을 참고하여 사업장 상황에 맞게 규정함

* 위 제3항 및 제4항의 규정은 상법 제4장 주식회사 부분의 규정을 참고하여 규정한 예임

제17조(사건의 종결) ① 회사는 인사위원회의 의결 결과를 당사자에게 서면으로 통지하고 사건을 종결한다.

② 인사위원회에서 직장 내 괴롭힘으로 인정하지 않은 경우 상담원은 피해자를 다시 상담하여 피해자의 고충을 해소할 수 있는 방법을 찾도록 노력해야 한다.

참고 매뉴얼에 언급된 '심의위원회'를 구성할 경우 아래와 같이 규정을 만들 수 있을 것임

제15조(심의위원회의 설치 및 구성)

① 직장 내 괴롭힘 사안의 처리를 심의하기 위하여 심의위원회를 구성한다.

② 위원회는 위원장을 포함한 6명의 위원으로 구성한다.

③ 위원장은 사업주가 지명하는 자로 한다.

④ 위원은 남성 또는 여성의 비율이 전체위원의 10분의 6을 초과하여서는 아니되며, 위원 중 2명 이상을 외부 전문가들로 위촉한다.

⑤ 위원회의 개최 등 위원회의 사무를 처리하기 위하여 간사 1인을 두되, 간사는 상담원으로 한다.

제16조(심의위원회의 회의)

① 심의위원회의 회의는 필요에 따라 위원장이 소집한다.

② 위원회 위원 중 인정할만한 상당한 이유가 있는 경우 피해자는 특정위원을 기피신청하거나, 해당위원이 회피할 수 있다.

③ 위원회는 다음 각 호에 관하여 심의한다.

1. 직장 내 괴롭힘 행위의 판단
2. 피해자에 대한 보호조치
3. 행위자에 대한 징계 등 적정한 조치에 대한 권고
4. 그 밖에 직장 내 괴롭힘 행위의 재발 방지에 관한 사항

④ 위원회의 심의는 재적위원 과반수 찬성으로 의결한다.

⑤ 위원회는 심의결과를 사업주에게 보고 후, 당사자에게 서면으로 통보하여야 한다.

제18조(직장 내 괴롭힘 피해자의 보호) ① 회사는 제16조에 따라 직장 내 괴롭힘이 인정된 경우 피해자가 요청하면 근무장소의 변경, 배치전환, 유급휴가의 명령 등 적절한 조치를 한다.

② 회사는 피해자의 피해복구를 위해 심리상담 등 필요한 지원을 한다.
③ 회사는 사건이 종결된 때부터 2년 간 반기별로 해당 사건의 행위자에 의한 직장 내 괴롭힘 재발 여부, 피해자에 대한 불리한 처우 등의 발생하지 않는지 모니터링하고 피해자를 지원한다.

제19조(징계) ① 회사는 직장 내 괴롭힘 행위자에 대하여는 취업규칙 제○○조에 따른 징계사유 등에 따르되, 무관용 원칙에 따라 징계 등이 이루어지도록 한다.
② 회사는 직장 내 괴롭힘 사건을 은폐하거나 피해자, 신고자 또는 사건 관련 진술자 등에게 신고 등을 이유로 또 다른 직장 내 괴롭힘 행위를 한 경우 관련자를 엄중 징계한다.

제20조(재발방지조치 등) ① 회사는 사건이 종결되면 직장 내 괴롭힘 행위의 재발 방지를 위하여 필요한 대책을 수립·시행한다.
② 회사는 직장 내 괴롭힘 행위의 재발 방지를 위하여 필요하다고 인정되는 경우 직장 내 괴롭힘 행위자에 대하여 상담 또는 교육 등을 실시하거나 받을 것을 명할 수 있다.

3) 스토킹: 성평등가족부, 스토킹 예방지침 표준안(2023)

① 개요와 활용 범위

최근 스토킹에 대한 사회적 문제의식이 높아지면서, 「스토킹방지 및 피해자보호 등에 관한 법률」(제정 2023. 1. 17., 시행 2023. 7. 18.)에 따라 공공기관 등은 자체 예방지침을 마련·운영할 의무가 부여되었다. 다수의 공공기관은 주무부처 지침을 바탕으로 별도 지침을 제정하거나, 기존의 성희롱·괴롭힘 지침과 결합해 통합형 지침으로 운영하고 있다.

민간 부문은 아직 법정 의무가 동일하게 부과된 것은 아니지만, 공공 기준이 민간으로 확산되는 경향과, 스토킹이 조직 내 고충의 한 유형으로 언제든지 발생할 수 있다는 점을 고려하면, 선제적으로 내부 기준을 정비해 두는 것이 바람직하다. 특히 스토킹은 업무시간·사업장 경계를 넘어(출퇴근·주거·온라인 공간 등) 지속·반복적으로 이어지며, 디지털 매개(메신저·SNS·위치추적 등)와 결합되는 특성이 강하다. 따라서 단일 사건의 성희롱·괴롭힘과 동일 선상에서만 다루기보다, 긴급 대응·물리·정보보안·대외기관 연계까지 포함한 '통합 보호-조사-사후관리' 체계로 편입하는 것이 실무적으로 유효하다.

② 사내 편입 포인트

본 항목은 제4장 가.설계·운영 원칙(1·2·3·4·5항)을 전제로 하며, 스토킹 특성상 추가·보완이 필요한 운영 요소만 정리한다. 즉, 정합성·선보호·SLA(24시간 위험평가/48시간 임시조치), 제척·기피·외부 전환의 일반 원칙은 제4장 가.설계·운영 원칙을 따른다.

- **적용 범위·관계사 공조**: 임직원 외 협력사·파견·특고까지 적용할지 결정하고, 확대 시에는 통보 루트·자료공유·출입·접근제한 협력 절차를 MOU 부속서로 고정한다. 내부 대상에 한정한다면, 외부 이해관계자 사건의 접수-이관-통지 템플릿을 별도 부록으로 둔다.
- **디지털·물리 결합 보호조치**: 온라인 지속 추적, 계정 탈취 시도가 확인되면 계정보안 강화(2FA·비밀번호 재설정), 플랫폼 삭제요청, 해시·메타데이터 보전을 즉시 병행한다. 동시에 출입권한 조정, 방문객 관리, 귀가 동선 보호, 주차구역·CCTV·비상벨 강화 등 물리 보안을 단계별 체크리스트로 시행한다.
- **외부 전환 트리거(스토킹 특화)**: 주거·통근 동선 파악, 차량 대기, 위치기반 앱 악용, 장비 설치 의심, 대규모 온라인 유포가 확인되면 조사·심의를 자동 외부 전환하고, 경찰·지자체·피해자지원기관 공조를 즉시 개시한다.
- **방어권·비밀유지 운용**: 피신고인의 질문서·면담·증거열람은 범위 통제로 보장하되, 피해자 식별·위치·연락처 등 민감정보는 비식별 요지 통지로 대체하고, 신고서 원본·사본 배포는 제한한다.
- **통지·서식 표준화**: 권리고지, 임시조치 통지, 플랫폼 신고·삭제요청서, 법집행기관 협조요청서, 사후 30·60·90일 점검표를 서식 번들로 일괄 관리하고, 수신·열람 로그를 남긴다.
- **사후 모니터링**: 사건 종결 후 일정 기간(예: 90일) 재접촉·보복·온라인 재유포 여부를 점검하고, 보호조치 해제 시 모니터링 전환계획을 함께 기록한다.
- **교육·브리핑**: 관리자·현장조직 대상 징후 인지-신고-초동 보호 3단계를 사례기반으로 교육하고, 야간근무·현장직 등 고위험군 브리핑 스크립트를 별도 배포한다.

스토킹 예방지침 표준안 및 해설

※ 본 지침은 「스토킹방지 및 피해자보호 등에 관한 법률」(2023. 1. 17. 제정, 2023. 7. 18. 시행)에 의해 공공기관 등의 스토킹 방지를 위한 자체 예방지침 마련이 의무화됨에 따라, 각 기관의 실정에 맞는 자체 지침 마련을 위한 안내로 배포됨

※ 일러두기

- (스토킹 사건처리 시 기존 고충상담기구 등과 통합 운영 가능) 직장 내 스토킹은 강압적 구애 혹은 갑질, 지속적 괴롭힘의 형태로 나타나는 경우가 많은데, 이러한 행위들은 성희롱이나 직장 내 괴롭힘 개념에 포섭될 수 있음. 이에 스토킹 사건 조사 및 심의 등 사건처리 시 기존의 고충상담기구와 통합 운영할 수 있음(예 : 성고충상담창구 및 성희롱·성폭력 고충심의위원회, 직장 내 괴롭힘 고충상담창구 및 괴롭힘 고충심의위원회, 인사위원회, 징계위원회 등)
- 다만, 기존 성희롱·성폭력 예방지침 등과 본 지침의 차별점은 다음과 같음

(피해자 보호조치를 통한 조기 개입) 스토킹은 생명·신체의 침해와 같은 극단적이고 위험한 결과를 야기할 확률이 높은 행위인 만큼, 기관 내에서도 피해자를 긴급하게 보호할 필요성이 있음. 이에 사용자가 피해자를 신속하고 안전하게 보호할 수 있도록 하는 보호조치에 대한 판단과 시행이 상담 후 사안처리 착수 이전부터 지체없이 이루어지도록 함

(고충처리업무담당자의 역할) 직장 내 스토킹 피해에 대한 신고 내지 상담을 위한 창구로서 업무담당자를 지정(기존의 고충처리부서 등에 지정 가능)하고, 업무담당자는 상담을 진행하며 스토킹 피해 및 위험의 정황을 파악하고 피해자의 의사에 반하지 않는 한 이를 기관장에게 보고하여 적절한 보호조치의 판단과 시행이 사전에 조치되도록 하는 역할을 함

제1조(목적)

제1조(목적) 이 지침은 「스토킹방지 및 피해자보호 등에 관한 법률」 제5조 및 같은 법 시행령 제3조에 따라 ○○○기관의 장이 스토킹을 예방하고 피해자를 보호·지원하기 위하여 필요한 사항을 정함을 목적으로 한다.

- 지침의 근거 법률이 「스토킹방지 및 피해자보호 등에 관한 법률」(2023. 1. 17. 제정, 2023. 7. 18. 시행)임을 명시
- 지침의 목적이 기관 내 스토킹 예방 및 피해자 보호에 있음을 명시
- 기관 내 구성원의 스토킹 피해 사실을 인지한 조기 단계부터 개입하여 피해자 보호조치 등을 취함으로써 상황이 악화되지 않고 더 빠르게 해결되는 효과를 거둘 것으로 기대됨

참고 왜 직장에서의 스토킹 예방 활동을 해야 하는가

- 사용자는 모든 직원이 안전하게 일할 환경을 제공해야 할 법적인 의무를 갖고 있음
- 스토킹 피해자 중 17%는 직장을 그만두거나 구직 기회를 포기할 것이라는 두려움을 갖고 있음(H Morgan, R.E. & Truman, Stalking Victimization, 2019, Bureau of Justice Statistics, 2022)
- 스토커가 직장 외부인이라 하더라도 피해자의 직장에 나타나는 일이 빈번한 경향을 보임. 이러한 경향은 피해자뿐만 아니라 그 동료 등의 직장 관계자의 안전을 위협할 수 있음
- 스토킹은 주로 안면이 있는 사이에서 지속적·반복적으로 발생하여 피해자의 생활환경을 침해하는 경우가 많음. 이에 피해자의 일상생활이 이루어지는 직장 내에서 발생할 가능성이 있고, 스토킹은 점점 심각해지는 특성이 있으므로, 회사에서는 초기에 피해자의 고충을 파악하여 대응할 필요가 있음
- 아울러 스토킹은 극단적으로는 생명, 신체의 침해로 이어지는 경우도 있기 때문에 신속히 개입할 필요가 있음

제2조(적용 범위)

제2조(적용 범위) 이 지침은 ○○○기관의 장, 소속 구성원(○○○기관의 장과 고용관계에 있는 자, 이에 준하는 관계인을 포함), ○○○기관과 업무관련성이 인정되는 제3자에게 적용된다.

- 지침의 적용 대상에는 기관장을 포함한 재직 중인 전 구성원(비정규직, 인턴, 사회복무요원, 무기계약(공무직)·기간제·시간제 근로자 등 포함)이 포함되어야 함
- 기관과 업무관련성이 있는 제3자까지 적용 범위에 넣음으로써 기관이 해결하여야 할 스토킹의 범위를 명시
  - 직장 내 스토킹은 근무장소·근무시간 내라는 협의의 의미에서 일어나는 일로 단절적으로 이해할 수 없는 특성이 있으며 직장 외 일상에서 구애의 행위나 괴롭힘의 일종으로 발생하는 스토킹을 사용자가 고용관계와 연결하여 해석하고 보호할 수 있도록 해야 함
  - 기관 구성원뿐만 아니라 업무관련성 있는 제3자 등을 본 지침의 규율을 받는 자로 규정함으로써 피해자에 대하여 실효적인 보호를 도모하고자 함

제3조(정의)

제3조(정의) 이 지침에서 사용하는 용어의 뜻은 다음과 같다.

1. “스토킹”이란 「스토킹방지 및 피해자보호 등에 관한 법률」 제2조제1호의 규정에 따라 「스토킹범죄의 처벌 등에 관한 법률」 제2조제1호에 따른 스토킹행위 및 같은 조 제2호에 따른 스토킹범죄를 말한다.
2. “스토킹행위자”란 스토킹을 한 사람을 말한다.
3. “피해자”란 스토킹으로 직접적인 피해를 입은 사람을 말한다.

- 「스토킹방지 및 피해자보호 등에 관한 법률」 및 「스토킹범죄의 처벌 등에 관한 법률」에 근거한 스토킹 개념을 지침에서 명시

  * 「스토킹범죄의 처벌 등에 관한 법률」에 따른 “스토킹행위”란 상대방의 의사에 반(反)하여 정당한 이유 없이 다음 각 목의 어느 하나에 해당하는 행위를 하여 상대방에게 불안감 또는 공포심을 일으키는 것을 말하고, “스토킹범죄”란 이러한 스토킹행위를 지속적 또는 반복적으로 하는 것을 말한다.

  가. 상대방 또는 그의 동거인, 가족(이하 “상대방등”이라 한다)에게 접근하거나 따라다니거나 진로를 막아서는 행위

  나. 상대방등의 주거, 직장, 학교, 그 밖에 일상적으로 생활하는 장소(이하 “주거등”이라 한다) 또는 그 부근에서 기다리거나 지켜보는 행위

  다. 상대방등에게 우편·전화·팩스 또는 「정보통신망 이용촉진 및 정보보호 등에 관한 법률」 제2조제1항제1호의 정보통신망(이하 “정보통신망”이라 한다)을 이용하여 물건이나 글·말·부호·음향·그림·영상·화상(이하 “물건등”이라 한다)을 도달하게 하거나 정보통신망을 이용하는 프로그램 또는 전화의 기능에 의하여 글·말·부호·음향·그림·영상·화상이 상대방등에게 나타나게 하는 행위

  라. 상대방등에게 직접 또는 제3자를 통하여 물건등을 도달하게 하거나 주거등 또는 그 부근에 물건등을 두는 행위

  마. 상대방등의 주거등 또는 그 부근에 놓여져 있는 물건등을 훼손하는 행위

  바. 상대방등의 다음의 어느 하나에 해당하는 정보를 정보통신망을 이용하여 제3자에게 제공하거나 배포 또는 게시하는 행위

    1) 「개인정보 보호법」 제2조제1호의 개인정보
    2) 「위치정보의 보호 및 이용 등에 관한 법률」 제2조제2호의 개인위치정보
    3) 1) 또는 2)의 정보를 편집·합성 또는 가공한 정보(해당 정보주체를 식별할 수 있는 경우로 한정한다)

  사. 정보통신망을 통하여 상대방등의 이름, 명칭, 사진, 영상 또는 신분에 관한 정보를 이용하여 자신이 상대방등인 것처럼 가장하는 행위

스토킹의 예시

- A는 동료 B의 책상에 도청 시설을 설치하고, B의 집에서 물건을 훔치거나 집 열쇠를 복사하고 미행을 하거나 반복적인 전화를 B가 받으면 침묵하는 패턴을 보였음. 이로 인해 B는 직장을 떠나기로 결정하였음
- C는 직장 동료 D와 일정 기간 교제한 후 헤어졌는데, 그 후부터 D는 C를 미행하고 집 주변을 돌아다니고 전화를 반복적으로 거는 등의 행위를 하였음. C가 경찰에 신고하여 D는 스토킹처벌법 위반 관련 조사를 받던 중 C의 직장으로 찾아가 살해하였음
- E는 직장 동료 F의 책상에 편지와 선물, 직접 구운 과자를 남기는 등의 행위를 하였음. F가 거절 의사를 밝혔음에도 E는 몇 시간마다 전화를 걸고 F의 취미생활 장소에 나타났음. E는 인사팀에 거짓말을 하여 F의 주소와 집 전화번호 등의 정보에 접근할 수 있었음. E의 스토킹 행위를 파악한 회사는 징계해고 결정을 내렸는데, 2년 뒤 E는 해당 사업장을 방문하여 F를 포함한 여러 명의 직원을 공격하여 인명 피해가 발생하였음 (이상의 사례들은 National Stalking Helpline, A Guide for Employers on Dealing with Stalking in the Workplace에서 인용)
- G는 직장 동료인 H의 SNS 프로필 사진이나 게시물을 수시로 검색하여, H의 특수한 가족 상황을 알게 된 것을 빌미로 자신과 교제할 것을 종용하고 '교제하지 않으면 주변에 소문내겠다'고 협박하는 발언이나 메시지 발송을 하였음
- I가 입사 동기인 J에게 "다음에 밥을 같이 먹자."라고 하자 J는 I가 자신에게 호감이 있다고 착각하여 지속적인 연락을 하고, I가 퇴근할 때까지 기다리거나 밥을 먹자고 하였음. I는 J에 대한 호감이 전혀 없었기 때문에 사적인 연락을 하지 말아달라고 J에게 요청하였으나 연락이 지속되었음. 상사들은 "I와 J가 잘 어울린다. 잘 만나봐라. 열 번 찍어 안 넘어가는 나무가 없다."라고 하면서 J의 스토킹 행위를 독려하는 듯한 발언을 하여 결국 I가 퇴사결정을 함
- K는 직장 동료 L을 대상으로 스토킹을 하던 중 L의 전화번호, 주소, 출신학교, 전 남자친구 등에 대한 정보를 인터넷상에 배포하고 L에 대한 악의적인 루머를 배포하는 행위를 계속하였고 이로 인하여 L은 대인기피증을 앓을 정도로 심각한 정신적 피해를 입음
- M은 스토킹 대상인 N의 이름이나 소속 기관 정보를 사칭하여 M과 N이 연인관계인 것처럼 왜곡하는 거짓된 인터넷 게시물을 올리고 주변 친구나 지인들에게 이러한 내용을 배포하는 행위를 하였음

(이상의 사례들은 언론 기사 등 다양한 사례를 참고하여 각색한 것임)

제4조(스토킹 예방교육)

제4조(스토킹 예방교육) ① ○○○기관의 장은 스토킹의 예방과 방지를 위하여 필요한 교육을 실시할 수 있고, 이를 위해 스토킹 예방교육의 시기·내용·방법 등에 관한 세부 실시계획을 수립할 수 있다.

② 제1항에 따라 스토킹 예방교육을 실시하는 경우 「가정폭력방지 및 피해자보호 등에 관한 법률」 제4조의3에 따른 가정폭력 예방교육, 「성매매방지 및 피해자보호 등에 관한 법률」 제5조에 따른 성매매 예방교육, 「성폭력방지 및 피해자보호 등에 관한 법률」 제5조에 따른 성교육 및 성폭력 예방교육, 「양성평등기본법」 제31조에 따른 성희롱 예방교육 등을 성평등 관점에서 통합하여 실시할 수 있다.

③ 스토킹 예방교육은 다음 각 호의 내용을 포함해야 한다.

1. 스토킹 관련 법령 및 지침
2. 스토킹의 특성 및 징후, 사례
3. 스토킹 발생 시의 처리 절차 및 조치 기준
4. 스토킹 피해자에 대한 고충상담, 구제절차 및 보호조치
5. 스토킹 행위자에 대한 징계 등 제재조치
6. 민원인, 고객 등 업무관련성 있는 제3자에 의한 스토킹 예방과 발생 시 대처방안
7. 기타 스토킹 예방에 관한 사항 등

④ ○○○기관의 장은 스토킹 예방교육의 내용을 구성원이 자유롭게 열람할 수 있는 장소나 인터넷 사이트에 항상 게시하거나 갖추어 두어 구성원에게 널리 알려야 한다.

- 스토킹 예방교육은 기관에서 의무적으로 실시하고 있는 성희롱·성폭력 등 각종 폭력 예방교육과 통합하여 실시할 수 있음을 명시
- 스토킹 예방교육의 방법을 예시하고, 교육에 포함하여야 할 내용을 명시
  - 스토킹 예방교육을 기존의 폭력예방교육에 통합하여 실시하는 경우, 「스토킹범죄의 처벌 등에 관한 법률」 등 스토킹 관련 법령 내용이 추가되는 데 그치는 것이 아니라, 스토킹을 가능하게 하는 인식과 관행의 변화를 도모하는 등의 교육이 필요
  - 어떤 행위가 스토킹인지 직원들이 스스로 판단할 수 있도록 관련 사례를 풍부하게 공유하고, 스토킹의 양태 및 특성, 징후 등에 대한 내용을 교육 항목에 포함하도록 함

- 어떤 일들이 상대방에 대하여 폭력이 되는지, 관계성에 기댄 일방적 소통구조가 갖는 위험성이 무엇인지, 개인 간의 일로 치부할 것이 아니라 어떤 지점에서부터는 사회나 국가의 개입이 필요해지는지 등에 대한 교육이 필요함

• 업무 및 조직의 특수성에 따라 고객 등에 의한, 고객에 대한 스토킹 발생 방지 및 대처 교육 필요

• 스토킹 예방교육의 내용은 구성원이 손쉽게 열람할 수 있도록 게시하여야 함

※ 근거 법률

제5조(스토킹 예방교육 등) ① 국가기관, 지방자치단체, 「초 · 중등교육법」에 따른 각급 학교 및 대통령령으로 정하는 공공단체의 장은 스토킹의 예방과 방지를 위하여 필요한 교육을 실시할 수 있다. 다만, 수사기관의 장은 사건 담당자 등 업무 관련자를 대상으로 필요한 교육을 실시하여야 한다.

② 제1항에 따라 스토킹 예방교육을 실시하는 경우 「가정폭력방지 및 피해자보호 등에 관한 법률」 제4조의3에 따른 가정폭력 예방교육, 「성매매방지 및 피해자보호 등에 관한 법률」 제5조에 따른 성매매 예방교육, 「성폭력방지 및 피해자보호 등에 관한 법률」 제5조에 따른 성교육 및 성폭력 예방교육, 「양성평등기본법」 제31조에 따른 성희롱 예방교육 등을 성평등 관점에서 통합하여 실시할 수 있다.

④ 「양성평등기본법」 제3조제3호에 따른 사용자는 스토킹 예방교육을 실시하는 등 직장 내 스토킹 예방을 위한 노력을 하여야 한다.

제5조(고충상담창구 등)

제5조(고충상담창구 등) ① 스토킹 예방을 위한 업무 처리를 위하여 기존의 고충처리부서(○○부서, ○○노조 등)에 스토킹 고충상담창구(이하 "고충상담창구"라 한다) 및 고충처리업무담당자를 두고 조직 내외에 적극 알려 이를 인지할 수 있도록 한다. 이때 고충상담창구는 기존 고충상담창구와 통합 운영할 수 있다.

② ○○○기관은 고충상담의 업무를 처리하기 위하여 스토킹 고충상담원(이하 "고충상담원"이라 한다)을 지정하여야 하며, 성희롱·성폭력 고충상담원 또는 직장 내 괴롭힘 상담원이 이를 겸할 수 있다.

③ 고충상담창구의 업무는 다음 각 호와 같다.

1. 스토킹 피해(2차 피해 포함)에 대한 상담
2. 스토킹 사건에 대한 고충의 접수 및 처리

3. 스토킹 피해자 보호조치의 검토 및 이를 시행하기 위한 부서 간 협조·조정에 관한 사항
4. 스토킹 재발 방지 대책의 수립과 이행에 관한 사항
5. 스토킹 고충 처리 절차 및 매뉴얼 마련에 관한 사항
6. 스토킹 예방을 위한 교육·홍보 등 기타 스토킹 예방 업무

④ 고충상담창구 내에 별지 제1호 서식의 고충접수 및 처리대장, 스토킹 고충처리절차 및 매뉴얼을 작성·비치하여야 한다.

⑤ 고충상담원은 피해자에게 기관의 스토킹 고충처리절차를 구체적으로 설명하여 피해자가 기관 내 고충처리절차를 충분히 이해하고 활용할 수 있도록 지원하여야 한다.

⑥ 고충상담원은 피해자가 요청한 제8조의 보호조치 이행을 점검하고 피해자 상담 후 결과를 ○○○기관의 장에게 보고하는 등 피해를 최소화하기 위한 조치를 지원하여야 한다. 이때 기관장이 가해자일 경우에는 제17조에 의하여 상급 기관에 신고하여야 한다.

⑦ 고충상담원은 상담 과정에서 피해자에게 다음 각 호의 2차 피해를 주는 행위를 하여서는 아니 된다.

1. 피해자를 비난하거나 위축시키는 등의 행위
2. 정당한 이유 없이 다음 각 목의 어느 하나에 해당하는 행위
   가. 피해자의 책임을 언급하는 등의 행위
   나. 피해자의 고충 접수의 의도를 의심하는 행위
   다. 피해자의 피해 사실을 인정하지 않으려는 예단을 가지거나 사소한 것으로 취급하는 행위
   라. 피해자의 과거 언행을 부적절하게 질문하는 행위
   마. 스토킹 행위자를 옹호하거나 두둔하는 행위
   바. 비공식적으로 사건에 대해 언급하는 행위
3. 스토킹 행위자를 동석시키는 행위
4. 목격자 회유 및 피해자 입장에서의 진술을 방해하는 행위
5. 그 밖에 이에 준하는 2차 피해를 주는 행위

⑧ ○○○기관의 장은 스토킹 피해 신고의 편의성을 위하여 사이버신고센터를 설치·운영하거나 스마트폰, 태블릿 PC 등 모바일에서 신고센터를 운영할 수 있고, 이를 조직 구성원들에게 적극 알려 인지할 수 있도록 한다.

⑨ 스토킹 피해 사실을 인지하거나 피해자로부터 고충 상담을 받은 상급자(피해자의 업무 및 근로조건에 영향을 줄 수 있는 자)는 피해자에게 스토킹 고충처리 절차를 충실하게 안내하여야 하고, 피해자의 의사에 반하지 않는 한 고충상담원에게 이를 알려야 한다.

• 기존 고충상담창구 내지 고충처리부서 활용
  - 기관의 상황에 따라 기존 고충상담창구나 고충상담원을 활용하되 스토킹 업무 담당자를 지정하고, 조직 구성원 등이 이를 인지할 수 있도록 안내 필요
  - 스토킹 사안은 소속 직원의 복무 조건과 밀접히 연관된 사항이므로 복무담당부서의 소관으로 우선 고려할 수 있으나, 고충 처리 절차의 공정성과 전문성 제고를 위해 기관의 여건에 따라 복무담당부서 외 노동조합, 직장협의회, 여성정책 관련 부서, 외부 전문기관(스토킹, 양성평등) 등을 지정할 수 있도록 함
  - 상담 내용의 비밀보장과 피해자 보호 등을 위해 상시근로자 30인 이상 근무 기관은 원칙적으로 독립된 공간의 고충상담창구를 설치하도록 함. 다만 상시근로자 30인 미만 근무기관의 경우는 예외를 인정하되, 상담 시 비밀이 보장되는 장소적 환경을 마련하도록 함
  - 기관별로 고충처리업무와 관련한 인적·물적 설비 등에 대한 상황이 다르므로, 스토킹 고충상담원을 추가로 지정할 수도 있고, 기존 성고충상담원이나 괴롭힘 고충상담원이 스토킹 고충상담을 겸할 수도 있되, 스토킹 상담 및 고충처리 관련 교육을 정기적으로 받도록 함
• 고충상담창구의 업무 예시
  - 스토킹 관련 상담 및 고충처리를 위한 창구로서 고충의 접수·처리, 재발방지·교육 및 모니터링(사건처리에 따른 조치 이행사항) 등 스토킹 방지조치의 이행과 관련된 업무를 지침에 명시하도록 함
• 상담 후 사건 조사 등 처리 절차의 정식 진행 전에 피해자에게 원하는 보호조치를 확인하고 이에 관하여 조치하는 것을 고충상담원의 책무로 명시
  - 피해를 최소화하기 위한 조치를 지원하기 위한 예로서 ○○○기관의 장에게 보고하는 등으로 규정하였으나, 기관의 장이 행위자인 경우에 기관의 장 대신 상급기관 또는 감사기구 등 적절한 단위에서 보호조치의 이행을 관리하도록 하여야 할 것임
• 상담 과정에서 고충상담원이 하여서는 안 되는 2차 피해를 주는 행위를 구체적으로 열거, 명시

- 상담 시 다른 사람의 시선으로부터 차단된 고충상담장소에서 상담을 진행하되, 피해자 등이 스토킹을 겪고 있다는 사실을 공개하면 의심하거나 단정하는 태도를 보여서는 안 됨. 피해자는 다른 사람들이 믿어주지 않으리라는 두려움 때문에 신고를 꺼리기 때문에 상담 및 면담 과정에서의 태도가 중요함

• 직접적인 대면 내지 전화 상담이 어려운 피해자의 상담 및 신고를 위하여 사이버신고센터 설치 가능
  - 사이버신고센터에 신고된 사실이나 내용은 고충상담원만 열람할 수 있는 형태로 운영하여 2차 피해를 방지
  - 스마트폰, 태블릿 PC 등 모바일신고가 가능하도록 모바일 신고센터까지 확대 운영 권고

• 스토킹 피해자가 기관 내 고충처리절차를 신청하기 전에 기관의 상급자에게 1차적으로 피해 사실을 호소, 조력을 구하는 경우가 많음. 상급자가 1차적으로 스토킹 사건을 인지하는 경우 고충처리절차를 안내하는 것을 상급자의 책무로 명시하여 상급자가 자의적으로 스토킹 사건에 개입하는 것을 예방함
  - 아울러 피해자로부터 고충 상담을 받은 상급자의 경우 고충상담원에게 이를 알릴 의무를 두어 조직 내에서 스토킹 피해가 은폐되지 않도록 할 필요성이 있음

제6조(고충처리 업무의 지원)

제6조(고충처리 업무의 지원) ① ○○○기관은 고충상담원의 스토킹 관련 상담 및 고충처리 업무 역량강화를 위해 외부 전문기관 교육수강을 적극 지원하여야 한다.
② 기관의 장은 고충상담원이 고충처리 업무를 행할 때 공정하고 독립적으로 임할 수 있도록 보호하고 지원하여야 한다.
③ ○○○기관의 장은 제5조 제3항의 고충상담창구의 업무를 지원하기 위해 외부전문가를 선임할 수 있다.
④ ○○○기관의 장은 스토킹 상담의 공신력과 전문성을 제고하기 위하여 제5조에 따른 고충상담창구 및 사이버신고센터의 업무를 외부전문기관에 위탁할 수 있다.

• 고충상담원에 대한 전문적인 교육 등 전문성 및 역량을 강화하려는 노력 필요
  - 스토킹 사안에 따라 성희롱·성폭력이나 괴롭힘 고충과 중첩될 수 있고, 이에 스토킹고충상담원의 업무가 가중되고 전문성 또한 더 요구된다 할 것이므로, 스토킹 상담 전담 부서·상담원 마련을 검토할 수 있음
    * A공기업의 모범 사례: 미투 운동 이후 본부 인사팀에 성희롱·성폭력 업무만 전담하는 담당자를 배치하여 전보배치 과정에서 2차 피해 여부까지 점검할 수 있는 시스템 운영

- 기관의 장은 고충상담원이 고충처리 업무를 행할 때 공정하고 독립적으로 임할 수 있도록 보호하고 지원하여야 함
- 피해자가 근무조건 등 불이익을 우려하여 직장 동료와 상담하는 것을 거부하거나 두려워할 경우를 대비하여 외부전문가의 지원을 받거나 외부기관에 위탁할 수 있음
  - 스토킹 피해자 상담, 조사 업무의 전문성과 독립성을 위해 외부전문가의 지원을 받거나 외부기관에 위탁할 수 있음

제7조(고충 상담 및 처리)

제7조(고충 상담 및 처리) ① 스토킹과 관련하여 상담을 원하는 소속구성원은 서면, 전화, 온라인 및 방문 등의 방법으로 고충상담원에게 상담을 신청할 수 있다.
② 상담을 접수받은 경우 고충상담원은 지체 없이 상담에 응하여야 하며, 조사신청 등 처리절차를 안내하여야 한다.
③ 고충상담원은 상담을 진행하여 스토킹 피해 및 위험의 정황을 파악하고 피해자의 명시적인 의사에 반하지 않는 한 이를 ○○○기관의 장에게 보고하여 제8조의 보호조치가 이루어지도록 해야 한다.

- 기관 내 스토킹 피해에 관해 상담을 신청할 권리 명시 및 고충상담 신청의 방법 안내
  - 피해자가 고충업무 담당부서가 아닌 자신의 상급자나 관리자에게 상담이나 고충처리를 요청하였을 때에는 고충상담창구 등 처리 절차를 안내하고 이관하여 처리하는 것이 바람직함
- 상담 시에는 관련 법령, 조사 및 처리 절차, 피해자 지원정책(법률구조, 주거지원, 의료지원) 등 피해자에게 필요한 정보(붙임 참고)를 제공하여야 함을 명시하는 것이 바람직함
- 상담을 진행한 경우 지체 없이 기관장에게 보고, 피해자 보호를 위한 보호조치가 시행될 수 있도록 조치할 것을 명시하여야 함

제8조(피해자 보호조치 시행)

제8조(피해자 보호조치 시행) ① ○○○기관은 피해자의 안전한 업무환경을 위하여 근무 시간 및 장소의 변경, 배치전환 등의 적절한 보호조치를 시행할 수 있다.
② ○○○기관은 직장 내에서 스토킹이 발생한 경우 스토킹행위자에게 피해자에 대한 접근금지, 피해자의 근무 장소 및 일정 파악 금지 등 준수할 사항을 고지하여야 한다.

③ ○○○기관은 제1항 및 제2항에 따른 보호조치의 원활한 시행을 위해 외부전문가의 자문을 구할 수 있다.
④ 제1항 및 제2항에 따른 보호조치는 행위자에 대한 징계 의결이 있기 전에도 피해자보호 필요성을 고려하여 실시할 수 있고, 이러한 경우에도 피해자의 의사를 고려하여야 한다.
⑤ 제1항 및 제2항에 따른 보호조치는 스토킹이 사실이 아닌 것으로 판단된 경우에 종료할 수 있다.
⑥ ○○○기관은 제1항 및 제2항에 따른 보호조치를 시행함에 있어 피해자의 신원, 피해 내용 등이 다른 사람에게 누설되지 않도록 해야 한다.
⑦ ○○○기관은 기관 또는 단체 내에서 스토킹 사건이 발생한 사실을 직무상 알게 된 때에는 피해자의 명시적인 반대의견이 없으면 수사기관에 협조를 요청할 수 있다.

- 근무 시간 및 장소의 변경, 배치전환 등 피해자 보호조치의 시행은 정식 조사절차 이전에도 시행할 수 있음

※ 근거 법률
「스토킹방지 및 피해자보호 등에 관한 법률」 제6조(피해자 등에 대한 불이익조치의 금지 등)
② 피해자를 고용하고 있는 자는 피해자의 요청이 있으면 업무 연락처 및 근무 장소의 변경, 배치 전환 등의 적절한 조치를 할 수 있다.

  - 초기에 시행한 보호조치가 적절하게 피해자의 안전을 보호하고 있는지 점검하면 피해자 보호조치의 효과성은 높아질 수 있음
- 피해자의 추가 피해 방지를 위해서, 직장 내에서 스토킹이 발생한 경우 기관은 스토킹행위자에게 준수할 사항(예컨대 온라인/오프라인상 접근금지, 피해자의 근무 장소 및 근무 일정 파악 금지 등)을 서면 등으로 고지하여야 함
  - 스토킹행위자의 준수사항은 스토킹 신고와 관련하여 「스토킹범죄의 처벌 등에 관한 법률」상 취해지는 경찰의 긴급응급조치나 법원의 잠정조치의 내용이기도 함
  - 물론, 본 지침의 적용 범위가 기관의 구성원 및 업무관련성 있는 제3자인 만큼, 본 조항은 행위자가 업무관련성이 없는 제3자로 고지가 사실상 불가능한 경우에는 적용되지 않음
- 제3항의 '외부전문가'에는 변호사, 관련 분야 박사학위 소지자, 성희롱·성폭력이나 직장 내 괴롭힘 업무에 대한 교육을 이수하고 관련 업무를 담당하였던 자 또는 이에 준하는 전문 지식과 자격을 갖춘 자 등이 해당함

• 스토킹 피해 사실 인지 단계부터 스토킹 인정 이후까지 피해자의 복귀와 회복을 위한 기관 차원의 지원방안 마련 필요

- 스토킹 행위자가 고객이나 전 배우자 등 외부인인 경우에는 직장 내 징계절차가 무의미하므로, 외부인이 스토킹 행위자인 경우 또한 고려해서 피해자 보호를 위한 가능한 보호조치를 강구하여야 함(예: 출입 통제, 정보 접근 제한, 근무 장소에 추가 보안 조치 등)

• 고충상담원이 상담 후 사실관계 확인 등의 조사를 실시하여(외부전문가의 참여나 자문 등 포함) 스토킹이 사실이 아닌 것으로 판명된 경우에는 피해자 보호조치를 중단·종료하되, 피해자의 의견을 듣고 설명하는 과정을 거쳐야 함

• 피해자 보호조치를 시행함에 있어서 피해자의 신원, 피해 내용 등이 누설되지 않도록 할 의무가 있음을 명시

- 스토킹 피해자가 조직 내 소문, 평판 저하 등을 우려하여 고충을 제기하지 못할 경우 직장 내 피해자 보호 시스템이 작동하지 못하여 살인, 폭행 등의 심각한 결과를 초래할 수 있음 → 비밀유지와 2차 피해 언행을 방지해야 할 중대한 이유임

• 기관 내 스토킹 사건이 발생한 사실을 직무상 알게 된 때에는 수사기관에 신고하는 등 협조를 요청할 수 있음

- 스토킹의 경우 피해자가 안전을 확보한 상태로 지속적으로 행위자와 같이 근무할 수 있는 경우가 드물 것으로 예상되며 기관 내에서 보호조치를 하더라도 이를 이유로 회사 밖에서 더욱 위험한 접근과 스토킹을 시도할 위험도 있으므로 수사기관과의 공조가 매우 중요함. 따라서 회사 내 스토킹 관련 상담 등이 이루어질 경우, 초기부터 수사기관과 적극적으로 공유할 필요가 있으며, 피해자에게도 이러한 위험성을 충분히 숙지시키고 안내하여 설득할 필요가 있음

• 스토킹 관련 보호조치 판단 시 구체적으로 고려되어야 하는 사항은 다음과 같음. 보호조치 검토 과정에서 피해자의 의사를 적극적으로 반영해야 함

- 행위자와의 분리를 위한 조치를 우선적으로 실시해야 함. 행위자에게 피해자에 대한 접근, 피해자의 근무 일정이나 장소 등 관련 정보에 대한 접근을 하지 말 것을 고지해야 함.
- 피해자의 안전을 개선시킬 수 있도록 작업 관행을 바꿀 수 있는지 고려해야 함. 피해자의 업무 연락처 및 근무 장소의 변경, 부서 배치전환 등을 할 수 있음. 피해자의 연락처, 주소, 업무 스케줄 등 기관 내에 공개된 정보가 있는지 점검하고 최대한 삭제하기 위해 노력해야 함

※ 신당역 살인사건 사례 등을 고려하여 행위자가 인트라넷을 통해 온라인으로 피해자 관련 정보에 접근하지 못하도록 차단 필요

- 만약 피해자가 혼자 작업하는 근로자라면 다른 업무를 부여하거나 단독 작업의 비중을 줄일 수 있는지 여부에 대한 배려가 필요함
- 피해자가 출근 시간과 퇴근 시간을 변경할 수 있도록 유연근무시간제, 재택근무, 원격근무 등을 허가할 수 있음
- 피해자가 출퇴근 시간에 사업장에 드나드는 과정에서 발생할 수 있는 위험요소가 있는지 점검하고, 보안요원이 사업장 출입구 인근이나 주차장 등에서 동행할 필요성이 있는지 점검할 수 있음
- 사업장의 보안을 개선하여 주변 환경을 더 안전하게 변화시킬 수 있는지 검토해야 함. 피해자의 근무 장소를 옮길 필요성이 있는지, 근무 장소의 조명, CCTV, 건물과 주차장의 이동 경로, 출입자 통제 시설이 적절한지, 근무 장소에 추가 보안 조치를 할 필요성이 있는지, 출입 통제 시설이 없는 기관의 경우 보안설비 등의 마련 등 피해자 보호를 위한 보호조치 사항을 고려할 필요가 있음
- 업무용 전화, 메신저, 이메일 등을 통한 언어폭력 및 공격을 포착, 차단할 수 있는 기술의 적용 가능성, 긴급 상황에 도움을 요청할 수 있는 장비나 기술을 제공할 수 있는지 고려할 필요가 있음
- 온라인 스토킹의 경우 법 위반 시 중대한 징계사유라는 점을 교육 및 안내를 통해 직원들에게 적극적으로 홍보해야 함
- 행위자의 보복 조치에 노출되지 않도록 향후 얼마의 기간 동안 안전조치를 시행할 것인지에 대한 정기적인 검토가 필요함. 스토킹은 일회적이지 않고 계속적·반복적으로 발생하기 때문에 초기에 수립한 보호조치가 적절하게 피해자의 안전을 보호할 수 있는지 정기적으로 검토해야 함. 사건의 종료 이후에도 상당 기간 안전조치를 유지할 필요가 있음

제9조(조사 등)

제9조(조사 등) ① 스토킹 고충에 대한 조사를 원하는 피해자(피해자의 대리인을 포함한다)는 서면 또는 정보통신 등의 방법으로 별지 제2호 서식의 스토킹 조사 신청서를 제출하여야 하며, 고충상담원은 지체 없이 조사 신청을 접수하여야 한다.
② 고충상담원은 제1항에 따른 신청서를 접수한 날로부터 신속하게 조사를 실시하여야 하며, 20일 이내에 조사를 완료하여야 한다. 다만, 특별한 사정이 있는 경우 10일의 범위 안에서 조사 기간을 연장할 수 있다.
③ ○○○기관의 장은 제2항에 따른 조사 과정에서 피해자의 인격이나 명예가 손상되거나 사적인 비밀이 침해되지 아니하도록 하여야 한다.

④ 공정하고 전문적인 조사를 위하여 조사 과정에 외부전문가 등을 참여시키거나 외부전문가의 자문을 얻을 수 있다.

⑤ 피해자가 조사받을 경우 피해자가 신청하면 조사에 지장을 줄 우려가 있는 등 부득이한 경우를 제외하고 신뢰관계인이 동석할 수 있도록 한다.

⑥ 제1항의 규정에 따라 조사가 진행 중인 사안에 대해 피해자가 법령에 따라 다른 기관에서 조사 또는 처리를 원하거나, 명시적으로 사건조사에 반대하는 경우 조사를 중지할 수 있다.

⑦ 스토킹사건 조사 진행상황을 피해자에게 서면, 온라인, 전화 등 방법을 통해 알려주어야 한다.

⑧ 고충상담원은 해당 사안이 성희롱·성폭력이나 그 외 직장 내 괴롭힘 등과 복합된 사건의 경우에는 관련 사안 처리 담당 부서에 협조를 요청할 수 있고, 협조 요청을 받은 관련 ○○○부서는 정당한 이유 없이 이를 거절할 수 없다.

- 피해자의 신청에 따라 조사를 진행하여야 함을 명시
  - 조사신청은 상담과 달리 서면 등 피해자의 의사를 확인할 수 있는 방법으로써 신청하도록 하여(대리인의 경우 위임장 등 첨부) 피해자의 의사에 반하여 처리되지 않도록 함
  - 상담 단계에서도 조사 신청절차를 적극적으로 안내하여 피해자가 처리절차를 인지하지 못하여 신청을 누락하지 않도록 함
  - 조사는 상담을 진행하지 않은 고충상담원이나 별도 조사자가 진행하는 것이 바람직하며, 기관의 사정에 따라 상담을 진행한 고충상담원이 조사를 할 수 있음
- 처리기한을 명시하되 기관 내부 절차에서는 사안 처리의 비밀 유지와 신속성이 매우 중요하므로 최대한 단기간으로 설정
- 조사 과정에서 피해자의 인격이나 명예가 손상되거나 사적인 비밀이 침해되지 아니하도록 주의하여야 함을 명시
- 조사 과정에서부터 외부전문가 등이 조사하거나 자문을 얻을 수 있도록 명시
  - 기관 관리자는 피해자의 입장보다는 기관의 안정성과 명예를 위한다는 명분으로 소극적으로 대처하여 피해자 보호에 소홀할 수 있으므로 외부전문가 또는 노동조합 등이 조사에 참여하거나 자문을 구하는 것이 전문성과 공정성을 높일 수 있음
  - 외부전문가 등이 참여, 위탁한 조사일 경우에도 고충상담원은 기관 내 조사 담당자로서 객관적 사건조사를 위한 지원, 진행사항에 대한 점검과 기관 내 2차 피해 방지를 위한 역할을 해야 함

• 피해자가 조사받을 경우 신뢰관계인이 동석할 수 있도록 하되 조사에 지장을 줄 우려가 있는 등 부득이한 경우에는 이를 제한할 수 있음
• 조사절차가 진행 중인 사안에 대해 피해자가 국가인권위원회 등 다른 기관에서 조사 또는 처리를 원하거나, 명시적으로 사건 조사를 반대하는 경우에 조사를 중지할 수 있음을 명시
• 조사 진행상황에 대하여 피해자가 잘 알 수 있도록 서면 등으로 고지해야 함
• 제8항의 ○○○부서는 아래의 경우로 처리함
 - 성희롱·성폭력과 복합된 사건의 경우에는 성고충상담창구 등 성고충처리 절차 담당 부서
 - 그 외 직장 내 괴롭힘 등과 복합된 사건의 경우에는 괴롭힘 상담창구, 괴롭힘 상담원, 인권담당부서, 인사위원회, 인사담당부서, 징계위원회 등 담당 권한이 있는 부서
• 고충상담원의 사실확인 등을 위한 협조 요청이 있을 경우, 업무 분장 회피 등으로 인한 피해자 보호 약화를 방지하고 담당 부서의 책임성을 강화하기 위하여 "정당한 이유 없이 이를 거절할 수 없다"라는 규정을 명확히 할 필요성이 있음

제10조(조사결과의 보고)

제10조(조사결과의 보고) 고충상담원은 스토킹 사안에 대한 조사를 완료한 즉시 그 결과를 ○○○기관의 장에게 보고하여야 한다.

• 스토킹 사안에 대한 조사 후 그 결과를 기관장에게 보고하여야 함을 명시

제11조(불리한 처우 금지 및 비밀유지)

제11조(불리한 처우 금지 및 비밀유지) ① ○○○기관의 장은 피해자, 신고자, 조력자, 대리인에 대하여 고충의 상담, 신고, 협력, 제8조에서 규정한 보호조치를 요구·신청했다는 것 등을 이유로 다음 각 호의 어느 하나에 해당하는 불리한 처우를 하여서는 아니 된다.

1. 파면, 해임, 해고, 그 밖에 신분상실에 해당하는 신분상 불이익 조치
2. 징계, 정직, 감봉, 강등, 승진 제한 등 부당한 인사조치
3. 전보, 전근, 직무 미부여, 직무 재배치, 그 밖에 본인의 의사에 반하는 인사조치
4. 성과평가 또는 동료평가 등에서 차별이나 그에 따른 임금 또는 상여금 등의 차별 지급

5. 직업능력 개발 및 향상을 위한 교육훈련 기회의 제한, 예산 또는 인력 등 가용자원의 제한 또는 제거, 보안정보 또는 비밀정보 사용의 정지 또는 취급자격의 취소, 그 밖에 근무조건 등에 부정적 영향을 미치는 차별 또는 조치
6. 주의 대상자 명단 작성 또는 그 명단의 공개, 집단 따돌림, 폭행 또는 폭언 등 정신적·신체적 손상을 가져오는 행위 또는 그 행위의 발생을 방치하는 행위
7. 직무에 대한 부당한 감사 또는 조사나 그 결과의 공개
8. 그 밖에 피해자, 신고자, 조력자, 대리인의 의사에 반하는 불이익 조치

② ○○○기관의 장은 기관 구성원들이 피해자에 대하여 스토킹 피해사실을 이유로 또는 제8조에서 규정한 보호조치를 요구·신청했다는 것 등을 이유로 집단 따돌림, 폭행 또는 폭언, 그 밖에 정신적·신체적 손상을 가져오는 행위로 인한 2차 피해(정보통신망을 이용한 행위로 인한 피해를 포함한다)를 주지 않도록 하여야 한다.

③ 기관장, 고충상담원 등 스토킹 고충과 관계된 사안을 직무상 알게 된 자는 사실관계 확인 및 사안 처리, 피해자의 보호를 위해 필요한 경우를 제외하고는 동 사안 관계자의 신원은 물론 그 내용 등에 대하여 이를 다른 사람에게 누설하여서는 아니 된다.

- 스토킹과 관련된 피해의 주장이 제기된 경우에 행위자 혹은 상급자·관리자가 피해자 및 조사협조자 등에 대하여 인사, 복무 등에 있어서 불리한 처우를 하지 못함을 명시하고 불리한 처우를 열거. 피해자의 보호조치 요구, 외출, 휴가 사용 등을 이유로 한 불리한 처우도 금지
  - 근로계약 관계에 한정하지 않고, 계약의 형식에 관계없이 근로자와 유사하게 노무를 제공하는 사람이 신고인 또는 피해자인 경우 포함
- 스토킹 사안을 직무상 알게 된 자는 사안의 조사 및 행위자 징계 등의 처리를 위하여 필요한 경우를 제외하고는 피해자 및 행위자 등 관계자의 신원과 신청 내용 등에 관해 비밀을 유지할 의무가 있음을 명시
  - 비밀유지에 대한 서약서를 작성하고 피해자에 대한 정보가 노출되지 않도록 유의

※ 근거 법률

「스토킹방지 및 피해자보호 등에 관한 법률」 제6조(피해자 등에 대한 불이익조치의 금지 등)

① 피해자 또는 스토킹 사실을 신고한 자를 고용하고 있는 자는 피해자 또는 스토킹 사실을 신고한 자에게 스토킹으로 피해를 입은 것 또는 신고를 한 것을 이유로 다음 각 호의 어느 하나에 해당하는 불이익조치를 하여서는 아니 된다.

1. 파면, 해임, 해고, 그 밖에 신분상실에 해당하는 신분상의 불이익조치
2. 징계, 정직, 감봉, 강등, 승진 제한, 그 밖에 부당한 인사조치
3. 전보, 전근, 직무 미부여, 직무 재배치, 그 밖에 본인의 의사에 반하는 인사조치
4. 성과평가 또는 동료평가 등에서 차별이나 그에 따른 임금 또는 상여금 등의 차별 지급
5. 직업능력 개발 및 향상을 위한 교육훈련 기회의 제한, 예산 또는 인력 등 가용자원의 제한 또는 제거, 보안정보 또는 비밀정보 사용의 정지 또는 취급자격의 취소, 그 밖에 근무조건 등에 부정적 영향을 미치는 차별 또는 조치
6. 주의 대상자 명단 작성 또는 그 명단의 공개, 집단 따돌림, 폭행 또는 폭언 등 정신적·신체적 손상을 가져오는 행위 또는 그 행위의 발생을 방치하는 행위
7. 직무에 대한 부당한 감사 또는 조사나 그 결과의 공개
8. 그 밖에 본인의 의사에 반하는 불이익조치

제16조(벌칙) ① 제6조제1항을 위반하여 신고자 또는 피해자에게 해고나 그 밖의 불이익조치를 한 자는 3년 이하의 징역 또는 3천만원 이하의 벌금에 처한다.

제12조(고충심의위원회의 설치 및 구성)

제12조(고충심의위원회의 설치 및 구성) ① 스토킹 사건을 심의하기 위하여 스토킹 고충심의위원회(이하 "위원회"라 한다)를 구성하되, 기존에 설치된 고충심의위원회(성희롱·성폭력 고충심의위원회, 직장 내 괴롭힘 고충심의위원회 등)와 통합 운영할 수 있다.
② 위원회는 위원장을 포함하여 최소 6인의 위원으로 구성한다.
③ 위원장은 ○○○기관의 장이 지명하는 자로 한다.
④ 위원은 남성 또는 여성의 비율이 전체 위원의 10분의 6을 초과하여서는 아니되며, 위원 중 2명 이상을 외부의 스토킹 관련 전문가(이하 "외부위원"이라 한다)로 위촉한다.
⑤ 위원회의 개최 등 위원회의 사무를 처리하기 위하여 간사 1인을 두되, 간사는 고충상담원으로 한다.
⑥ 제4항 후단에도 불구하고 ○○○기관의 장(지방자치단체의 장, 시·도 교육감)이 스토킹 행위자로 지목된 경우에는 내부위원과 외부위원을 각각 동수로 구성하여야 한다.

- 사안의 심의를 위하여 위원회의 설치와 구성에 관한 사항 명시

- 기관 사정에 따라 상설 위원회로 두거나 스토킹 사건 발생 시 구성하여 운영할 수 있음. 또한 기존에 설치된 고충심의위원회(성희롱·성폭력 고충심의위원회, 직장 내 괴롭힘 고충심의위원회 등)에서 심의하도록 규정할 수 있음
- 위원회의 구성 방식은 기관의 사정에 따라 다를 수 있으나, 전문성과 대표성을 고려하여 구성
- 위원장은 기관장이 지명하는 자로 함
- 심의의 객관성과 중립성을 위하여 고충상담원은 간사로만 참여하고, 위원회 위원으로서 심의에 참여하는 것은 지양. 또한 고충 상담, 사건 조사 등 사건처리 과정에 관여한 내부구성원, 외부전문가 역시 위원으로서 심의에 참여하는 것은 바람직하지 않음
- 전체 위원 중 남성 또는 여성의 비율이 60%를 초과할 수 없게 하여 처리의 편향성에 대한 시비의 소지 제거

• 상시 종사자 30인 미만의 기관은 3인(외부위원은 1인 이상)으로 위원회 구성 가능(단, 기관장 포함 5인 이하의 기관은 여건에 따라 자율적으로 구성) 이 경우 남성 또는 여성 위원의 비율이 전체 위원의 10분의 7을 초과하여서는 안 됨
• 고충심의위원회의 객관성을 담보하고, 피해자에 대한 구제 절차와 행위자에 대한 조치가 적절하게 취해질 수 있도록 최소 2인 이상의 외부전문가를 위원회에 참여시킬 필요가 있음
• 지방자치단체와 시·도 교육청은 아래와 같이 조항 추가
- 지방자치단체의 장이나 교육감이 연루된 스토킹 사건이 발생할 경우 피해자 보호조치, 재발방지대책을 심의·의결하기 위해 고충심의위원회를 소집·운영할 수 있으며, 내부위원과 외부전문가를 동수로 구성

• 시·도는 특별시장, 광역시장, 특별자치시장, 도지사, 특별자치도지사가 연루된 스토킹 사건이 발생할 경우 성평등가족부에 고충심의위원회의 구성에 필요한 외부전문가의 추천을 요청하여야 함

제13조(고충심의위원회의 운영)

제13조(고충심의위원회의 운영) ① 위원회의 회의는 위원장이 소집한다. 다만, ○○○기관의 장이 스토킹 행위자로 지목된 경우에는 사건 발생 사실을 안 날로부터 7일 이내에 회의를 개최하여야 한다.

② 사건의 당사자 또는 사건과 특수한 관계를 가진 자는 해당 심의·의결에서 제척된다. 사건 당사자는 특정 위원이 심의·의결의 공정성을 기대하기 어려운 사정이 있는 경우 위원회에 위원의 기피를 신청할 수 있고, 위원 본인도 직·간접적으로 이해관계가 있는 안건의 심의에 대해 회피할 수 있다.

③ 위원장은 기피 신청을 받으면 기피 여부에 대한 결정을 한다. 이 경우 기피 신청의 대상이 된 위원에게서 그에 대한 의견을 받을 수 있다.

④ 위원회는 다음 각 호에 관하여 심의한다. 다만, ○○○기관의 장(지방자치단체의 장, 시·도 교육감)이 스토킹 행위자로 지목되었을 경우 제1호에 대해서는 심의하지 아니한다.

1. 스토킹의 판단(2차 피해 포함)
2. 피해자에 대한 보호조치
3. 2차 피해 방지를 위한 조치
4. 그 밖에 스토킹의 재발 방지에 관한 사항

⑤ 위원회의 심의는 재적위원 과반수 찬성으로 의결한다.

⑥ 위원회는 심의결과를 ○○○기관의 장에게 보고하여야 한다.

- 회의 운영에 관한 사항 규정
  - 위원회 권한의 크고 작음에 따라 위원장의 직무 및 회의 소집 방법, 의사·의결 정족수 등을 정할 수 있음
- 공정한 사건 조사를 위해 신고인과 위원 간 기피신청 및 회피 권리 포함
- 스토킹 성립 여부뿐만 아니라 피해자의 보호조치 등의 조치도 위원회에서 심도 깊게 논의할 수 있도록 심의사항을 명시
  - 조사 등 정식 사건처리 절차 착수 전에 시행된 피해자 보호조치의 중단, 연장, 추가 등 사전조치의 적절성 등에 대해서도 심의 필요
- 서면 통보 시 통보서에 신고된 내용, 인정된 내용, 심의 결과 등을 명시
- 지방자치단체와 시·도 교육청은 아래와 같이 조항 수정 및 추가
  - 지방자치단체의 장이나 교육감이 연루된 스토킹 사건이 발생할 경우, 신속한 피해자 보호 및 재발방지대책 논의를 위해 위원회 조기 소집

제14조(조사 등 결과 통지)

제14조(조사 등 결과 통지) ○○○기관의 장은 당사자에게 별지 제3호의 서식에 따라 서면으로 사건 조사결과 및 위원회의 심의결과 등을 지체 없이 통지하여야 한다.

- 고충상담원의 조사 및 고충심의위원회의 심의 결과를 당사자에게 통지해야 함을 규정
- 지방자치단체의 장과 교육감이 행위자일 경우에는 당사자에 인사·복무에 관한 권한을 위임받은 자를 포함

제15조(징계)

제15조(징계) ① ○○○기관의 장은 스토킹에 해당한다고 인정될 경우 행위자에 대하여 징계 등 제재 절차가 이루어지도록 하여야 한다.
② ○○○기관의 장은 제1항에 따른 징계 등 제재 절차에서 피해자에게 의견진술 기회를 부여하여야 한다.
③ ○○○기관의 장은 스토킹 사건을 은폐하거나 피해자에게 2차 피해를 준 경우 관련자에 대하여 징계 등 조치를 하여야 한다.

- 기관장의 책무에서 스토킹 행위자에 대한 제재가 이루어지도록 명시
  - 사법기관에서의 판단과 별개로 사내 절차에 따라 행위자에게 징계 등 조치를 할 수 있음
  - 스토킹에 해당하는 경우에는 법령에 따른 징계사유에 해당할 수 있으므로 임의로 징계절차를 생략할 수 없음(「국가공무원법」 제78조, 「근로기준법」 제76조의3 등)
  - 「스토킹범죄의 처벌 등에 관한 법률」에 따라 '응급조치, 긴급응급조치, 잠정조치' 등이 있는 경우가 있을 수 있고, 특히 접근금지와 관련한 조치가 있는 상황이나 있었던 상황이라면, 반드시 피해자와의 분리조치(근무장소 변경 등의 조치)를 수반한 징계조치(전보 등)가 포함될 수 있도록 하여야 할 것임
- 스토킹 사건을 은폐하거나 피해자에게 근로권, 학습권 등에 대한 추가 피해가 발생한 경우 관련자에 대한 징계 등의 조치를 통해 2차 피해 방지 효과 기대
  - 스토킹으로 시작되지 않은 성희롱이라고 해도 거절의 의사를 밝히거나 신고를 하는 순간 2차 피해의 일환으로 스토킹이 발생할 수 있어 행위자에게 미리 금지되는 행위를 주지시켜야 하며 그럼에도 불구하고 행위가 발생한 경우 별개의 건으로 추가조사 시행 후 이를 징계사유로 삼아야 함
- 행위자에 대한 징계조치 시 재발방지교육(특별인권교육)을 병과하여 실시할 수 있음

제16조(재발방지조치 등)

제16조(재발방지조치 등) ① ○○○기관의 장은 스토킹의 재발 방지를 위하여 사건 발생 시 재발방지대책(2차 피해 방지 포함)을 수립·시행한다.

② 재발방지대책에는 사건 처리경과 및 조치결과에 관한 사항, 스토킹 방지 조치 및 예방교육의 실시 등에 관한 사항, 피해자 또는 스토킹 사실을 신고한 사람에 대한 불이익조치 금지 및 보호조치 마련 등 2차 피해 방지에 관한 사항, 그 밖에 기관 내 스토킹 사건의 재발방지를 위하여 필요한 사항을 포함한다.
③ ○○○기관의 장은 제1항의 재발방지대책을 수립·시행하는 경우 스토킹이 성희롱·성폭력과 결합된 사건인 경우에는 「성폭력방지 및 피해자보호 등에 관한 법률」 제5조 또는 「양성평등기본법」 제31조에 따른 재발방지대책과 통합하여 수립·시행할 수 있다.
④ ○○○기관의 장은 스토킹 방지를 위하여 필요하다고 인정되는 경우 특별 스토킹 예방교육, 스토킹의 실태 또는 인식에 대한 조사 등을 실시할 수 있다.
⑤ ○○○기관의 장은 스토킹 사건 행위자에 대한 재발방지 교육을 실시한다.
⑥ ○○○기관의 장은 피해자에게 치료 및 상담 등 피해 복구를 지원한다.

- 재발방지조치 등 관련 사항 규정
  - 스토킹이 성희롱·성폭력과 복합된 사건인 경우에는 「스토킹방지 및 피해자보호 등에 관한 법률 시행령」 제3조 제5항에 따라, 위 재발방지대책을 「성폭력방지 및 피해자보호 등에 관한 법률」 제5조 제1항 또는 「양성평등기본법」 제31조 제1항에 따른 재발방지대책과 통합하여 수립·시행할 수 있음
  - 스토킹이 직장 내 괴롭힘과 복합된 사건의 경우에는 직장 내 괴롭힘 예방·대응 규정 표준안(2022년 표준취업규칙 별첨) 제19조에 따른 재발방지대책과 통합하여 수립·시행할 수 있음. 각 기관에 마련되어 있는 "직장 내 괴롭힘 예방지침"의 재발방지조치 등 참고 가능

제17조(상급기관의 관리·감독 강화)

제17조(상급기관의 관리·감독 강화) ① 스토킹 행위자가 공직유관단체의 기관장이거나 임원급에 있는 자인 경우에는 이 지침에도 불구하고 지체 없이 상급기관으로 스토킹 고충에 대한 조사를 이관하고, 이후의 조치도 상급기관의 지휘·감독을 받도록 한다.
② 제1항에 따라 조사를 이관하는 경우에는 당사자에게 그 사실을 알려주어야 하고 사건발생기관에서는 피해자 보호조치를 취해야 한다.

• 공공기관의 기관장 또는 고위직 임원이 행위자로 지목된 경우, 상급기관이 있는 경우에는 상급기관에서 조사 및 조치가 이루어질 수 있도록 하며 이와 관련, 상급기관은 세부절차를 마련하여야 함
  - 기관장 또는 고위직 임원이 행위자인 경우 기관에서 사건을 은폐 또는 축소할 우려가 있는 등 기관에서 자체적으로 사건을 처리하기 어려우므로 상급기관에서 조사단계에서부터 지휘 · 감독하도록 함
• 조사를 이관할 경우 피해자, 행위자에게 알려 사건처리 현황을 인지할 수 있도록 함
  - 상급기관은 사건 발생기관과 사건 진행현황에 대해 공유하고 피해자 보호 등에 함께 노력하도록 함
• 상급기관은 조사를 이관받을 담당 부서를 지침이나 연간운영계획 등에 명시(예: 고충상담부서로 이관, 해당 기관의 관리·감독 부서로 이관 등)

붙임 스토킹 피해자 지원 제도

구분	지원내용	안내기관
초기상담	• 정보제공 및 관련기관 연계 (보호시설, 법률, 의료 등)	여성긴급전화1366
상담지원	• 스토킹 피해의 신고접수와 이에 관한 상담, 보호시설 연계 등	성폭력 · 가정폭력상담소 (통합상담소 포함), 여성긴급전화1366, 해바라기센터
	• 피해자 치료회복프로그램	성폭력 · 가정폭력상담소 (통합상담소 포함), 가정폭력 · 성폭력 피해자 보호시설, 스토킹 시범사업 운영기관
피해자보호	• 긴급피난처 입소(최대 7일)	여성긴급전화1366
	• 범죄피해자 임시숙소 제도(1~5일)	경찰관서(사건담당 경찰관 또는 피해자전담경찰관)
	• 스토킹 피해자 주거지원 - 긴급주거지원(7일 이내, 최대 30일) - 임대주택 주거지원(3개월, 1회 연장 가능) ※ 지자체별 스토킹 피해자 보호시설 및 가정폭력 · 성폭력 피해자 보호시설도 이용 가능	스토킹 시범사업 운영기관, 가정폭력 · 성폭력 피해자 보호시설

구분	지원내용	안내기관
의료지원	• 신체적 · 정신적 치료비용 등 의료비 지원	시 · 도 및 시 · 군 · 구, 성폭력 · 가정폭력상담소 (통합상담소 포함), 가정폭력 · 성폭력 피해자 보호시설, 여성긴급전화1366, 해바라기센터
법률지원	• 법적 절차 진행 시 무료법률 지원기관 연계 **[무료법률 지원]** • 신청방법: 기관 문의 - 대한법률구조공단(☎132) - 한국가정법률상담소(☎1644-7077) - (사)한국성폭력위기센터 (☎02-883-9284) - 대한변협법률구조재단 (☎02-3476-6515) • 지원내용 : 민 · 형사 소송 지원	성폭력 · 가정폭력상담소 (통합상담소 포함), 가정폭력 · 성폭력 피해자 보호시설, 여성긴급전화1366, 해바라기센터
	• 수사기관 조사 및 법원 증인신문 동행	성폭력 · 가정폭력상담소 (통합상담소 포함), 가정폭력 · 성폭력 피해자 보호시설, 해바라기센터

2 통합형 예방·처리 지침 표준안

이 절에서는 앞 장에서 정리한 설계·운영 원칙(단일 절차·복수 유형 표기, 선보호·후확인, 제척·기피·외부 전환, 기록·품질관리)을 한데 묶어, 현장에서 곧바로 적용할 수 있는 표준 지침을 제시한다. 본 지침은 공공·민간 모두를 포괄하도록 구성되었으며, 공공 특례(상급기관 통보·감독, 대외 제출기한 등)와 민간 특례(이사회·감사위원회 보고, ESG/내부감사 연계)는 별표 모듈로 분리해 충돌 없이 끼워 넣을 수 있게 했다. 본문 용어는 "기관의 장"으로 통일하되, 민간에서는 '대표이사'로 읽도록 별표에서 용어 맵핑을 제공한다.

무엇보다 이 표준안은 "법령-정부 지침-사내 규정"의 3단 정합성을 전제로 한다. 상위 법령이 부여한 직접 의무(예: 인지 즉시 보호·조사, 불이익 조치 금지)는 사내 규정에 명문 반영하고, 정부 지침은 운영 세부(절차·서식·해설)로 흡수한다. 본문 조문은 이 원칙을 내재화해, 하나의 사건번호로 접수-보호-조사-심의-조치-사후점검이 이어지도록 설계했다. 복합 사안에서도 절차는 분기하지 않고, 유형 표기만 복수로 관리한다.

운영 철학은 간명하다. 초기에는 '선보호·후확인'을 원칙으로 삼아 24시간 내 위험평가, 48시간 내 임시조치 통지(SLA)를 가동한다. 조사 단계에서는 피신고인의 방어권을 보장하되, 민감정보 최소화·가림 처리·신고서 원본·사본 비배포(요지 통지 대체)로 비밀유지를 우선한다. 대표·임원 사건, 이해상충 우려, 원·하청 교차, 대규모 온라인 확산 등은 미리 정한 기준에 따라 자동으로 외부조사·외부심의로 전환한다. 전 과정의 로그와 증거는 전자자료 보존지시-원본·작업본 분리-열람권한 등급화로 관리하고, 종결 후 30·60·90일 사후점검과 분기 품질점검으로 재발 위험을 추적한다.

현장 적용은 서식 번들을 통해 뒷받침된다. 접수기록, 권리고지·비밀유지 통지, 위험평가표, 보호조치 결정·재평가·해제 기록지, 조사신청서·질문서·열람기록지, 심의의결서·양정 의견서, 조치집행 체크리스트, 사후점검표, 재발방지대책 제출서, 기록관리 점검표, 버전·정합성 맵핑표를 한 묶음으로 제공해, 문서 간 누락이나 중복 없이 연결되도록 했다. 변경 사항은 반기~연 1회 정기 검토로 버전(개정일·적용일)을 갱신하고, 교육·FAQ에 즉시 환류한다.

도입 절차는 간단하다. ① 현행 규정·프로세스 진단(정합성·공정성·속도 관점), ② 본 표준안의 조문·서식을 조직 특성에 맞게 최소 수정(공공·민간 특례 선택), ③ 관리자·고충담당 집중 교육과 구성원 기본 교육, ④ 일정기간 시범 운영 후 보완-정식 시행 순으로 진행하면 된다. 특히 협력사와의 경계면이 넓은 조직은 원·하청 공조 프로토콜(MOU·통보·자료공유·접근제한 협력 절차)을 동시에 정비해 시행 가능성을 담보하는 편이 안전하다.

실무 체크포인트 한 줄만 짚고 본문으로 들어간다. "3단 정합성(법-정부-사내) 맵핑표와 문서 버전표(개정·적용일)가 상시 유지되는가."

이 기준이 갖춰져 있다면, 다음의 통합형 표준 지침은 조직의 규모와 업종을 막론하고 곧바로 작동한다.

직장 내 성희롱·성폭력·괴롭힘·스토킹 및 2차 피해 예방·처리 지침

제정 2000. 00.00.
개정 2000. 00.00.

제1조(목적)
이 지침은 「양성평등기본법」, 「성폭력방지 및 피해자보호 등에 관한 법률」, 「근로기준법」, 「여성폭력방지기본법」, 「스토킹방지 및 피해자보호 등에 관한 법률」 등 관련 법령에 따라 조직 내 성희롱·성폭력·괴롭힘·스토킹(이하 "성희롱 등")을 예방하고, 피해자를 보호·지원하며, 2차 피해를 방지하기 위한 절차와 기준을 정함을 목적으로 한다. 본 지침은 제4장 가. 설계·운영 원칙(단일 절차·복수 유형 표기, 선보호·후확인, SLA, 제척·기피·외부전환, 기록·품질관리)을 전제로 적용한다.

제2조(적용범위 및 해석)
① 이 지침은 기관의 장과 그와 고용관계에 있는 모든 구성원에게 적용한다.
② 조직의 통제범위 또는 업무관련성이 인정되는 제3자(관계기관 직원, 민원인, 고객, 협력사 종사자 등)로 인한 피해, 또는 제3자가 피해자인 경우에도 본 지침을 준용한다.
③ "기관의 장"은 공공에서는 기관의 장, 민간에서는 대표이사를 의미한다. 본문에서는 "기관의 장"으로 통일하여 표기한다(용어 맵핑은 별표C 참조).
④ 피해자 보호조치는 피해를 입었다고 주장하는 자, 신고인, 조력인에게도 동일하게 적용한다.

제3조(정의)
① "성희롱"은 「양성평등기본법」 제3조제2호에 따른다.
② "성폭력"은 「성폭력범죄의 처벌 등에 관한 특례법」 제2조제1항 각 죄를 말한다.
③ "직장 내 괴롭힘"은 지위·관계의 우위를 이용하여 업무상 적정범위를 넘어 신체·정신 고통을 주거나 근무환경을 악화시키는 행위를 말한다.
④ "스토킹"은 「스토킹방지 및 피해자보호 등에 관한 법률」 제2조제1호에 따른다.
⑤ "2차 피해"는 본 지침의 피해자·신고자·조력자에 대한 불이익·비밀누설·평판훼손 등 후속 피해 전반을 포함한다.

제4조(기관의 장의 책무)
① 기관의 장은 다음을 강구·시행한다: 예방교육(2차 피해 포함), 고충상담창구 설치·운영, 고충처리 절차·매뉴얼 마련, 피해자 보호 및 2차 피해 방지, 무관용 원칙 천명, 예방 홍보, 예산 확보, 정기 실태조사, 재발방지 대책 수립.
② 매년 '성희롱·성폭력·괴롭힘·스토킹 및 2차 피해 방지 연간 추진계획'을 수립한다.

③ 외부전문가가 조사·심의 과정에서 2차 피해를 야기한 경우 즉시 해촉한다.
④ 고위직·이해상충·원·하청 교차·대규모 온라인 확산 등은 사전 기준에 따라 외부조사·외부심의로 자동 전환한다(제23조).

제5조(상급자의 책무)
상급자는 사건 인지 시 절차를 안내하고(피해자 의사에 반하지 않는 한) 고충상담창구에 연결한다. 고충처리 종료 시까지 2차 피해가 발생하지 않도록 보호하며, 종료 후에도 관찰·예방에 협력한다.

제6조(예방교육)
① 주관부서의 장은 매년 성희롱·성폭력·스토킹·직장 내 괴롭힘 및 2차 피해 예방교육의 실시 시기·내용·방법 등에 관한 세부 실시계획을 수립하여 기관장에게 보고하여야 한다.
② 제1항에 따라 스토킹·직장 내 괴롭힘 및 2차 피해 예방교육은 성평등 관점에서 성희롱·성폭력 예방교육과 통합하여 실시할 수 있다.
③ 교육은 매년 1시간 이상 실시하고, 법령·사례·절차·보호·제재·대외대응을 포함한다. 신규자는 임용 2개월 내 교육한다. 관리자 대상 심화교육을 연 1회 추가할 수 있다.(공공기관의 경우 고위직 별도 대면 교육 2시간 필수)
④ 주관부서의 장은 교육일시 및 방법, 교육 참석자 명단, 교육내용, 교육사진, 강사프로필 등에 관한 실시 결과를 원장에게 보고하여야 한다.
⑤ 교육 자료는 상시 열람 가능하도록 게시한다.

제7조(고충상담창구 및 고충상담원)
① 성희롱 등 상담, 접수, 조사·처리를 위해 고충상담창구를 두고 적극 공지한다.
② 고충상담원은 2인 이상 지정하며(가능하면 남녀 각 1인 이상), 조직 여건상 불가한 경우 예외를 둘 수 있다.
③ 창구의 업무는 상담, 접수·조사·처리, 보호조치 검토 및 부서 간 조정, 재발방지대책 수립·이행, 교육·홍보, 절차·매뉴얼 관리이다.
④ 창구에는 고충접수·처리대장과 절차·매뉴얼을 비치한다.
⑤ 고충상담원은 피해자 비난·사소화·부적절 질문·행위자 옹호·비공식 언급 등 2차 피해 행위를 해서는 안 된다.

제8조(사이버신고센터)
기관의 장은 신고 편의를 위해 사이버신고센터를 설치·운영할 수 있으며, 구성원에게 적극 고지한다.

제9조(고충상담원 역량·독립성 지원)
① 기관의 장은 고충상담원의 전문교육 수강을 지원한다. 신규 지정자는 3개월(부득이 시 6개월) 이내 전문교육을 이수한다.
② 고충상담원이 공정·독립적으로 업무를 수행하도록 보호·지원한다.
③ 필요시 외부전문가를 선임하여 창구 업무를 지원할 수 있다.

제10조(상담)
① 구성원은 서면·전화·온라인·방문으로 상담을 신청할 수 있다. 고충상담원은 지체 없이 응한다.
② 고충상담원은 절차를 설명하고, 피해자 요청 보호조치 및 2차 피해 방지 조치의 이행을 점검하여 기관의 장에게 보고한다(기관의 장이 행위자인 경우 별표A 또는 별표B에 따른다).
③ 위험 정황이 합리적으로 확인되면 심의·조사 전이라도 즉시 보호조치(분리·배치전환·접근제한·유급임시휴가)를 가동한다(제12조, 선보호·후확인).
④ 사건은 단일 사건번호로 일괄 관리하고(복수 유형 표기), 단계별 진행상황과 결과를 피해자에게 통지한다.

제11조(대외 통보·신고)
① 공공부문 등 대외 통보·감독이 요구되는 경우의 통보·신고 의무와 절차는 별표A(공공 특례)에 따른다.
② 민간부문에서의 이사회·감사위원회 보고, 내부감사 대응, ESG 공시 연계 등은 별표B(민간 특례)에 따른다.

제12조(피해자 보호조치)
① 상담·조사 기간 동안 필요시, 그리고 사실 확정 후 피해자 의사를 고려하여 업무·공간 분리, 배치전환, 근무형태 조정, 접근제한, 유급임시휴가 등을 실시한다.
② 유급휴가 기간은 의료소견 등 객관 자료를 기준으로 정한다.
③ 징계·배치전환 등 행위자 조치 전 피해자 의견을 청취한다.
④ 스토킹 사건은 피해자 반대가 없는 한 수사기관 협조를 요청할 수 있다.
⑤ 사실이 아닌 것으로 판정된 경우 보호조치는 종료할 수 있다.
⑥ 보호조치는 발동-재평가-해제 기준과 주기를 서식과 연동해 관리하고(통상 2~4주 검토주기), 접수 24시간 내 위험평가-48시간 내 임시조치 통지(SLA)를 원칙으로 한다.

제13조(조사)
① 피해자(또는 대리인)는 서식(조사신청서)으로 신청한다. 고충상담원은 지체 없이 접수한다.

② 조사기간은 신청 접수일로부터 20일 이내 완료를 원칙으로 하며, 특별한 사정이 있으면 10일 범위에서 연장할 수 있다.
③ 수사·타 기관 절차 개시, 신청 취소, 피해자의 명시적 반대 등 정당 사유가 있으면 중지·유예 또는 종결할 수 있다.
④ 2차 피해가 접수되면 동일 사건으로 병합 조사할 수 있다.
⑤ 관련 부서는 조사 협조 의무를 진다.
⑥ 조사 중 성적 불쾌감·인격 침해·비밀침해가 발생하지 않도록 주의한다.
⑦ 전문성·공정성 확보를 위해 외부전문가를 참여시킬 수 있으며, 2차 피해 판단 등 특정 쟁점은 외부전문가 참여를 필수로 한다.
⑧ 피해자 신청 시 신뢰관계인 동석을 허용한다(조사에 중대한 지장 우려 시 제외).
⑨ 절차·진행·결과는 서면·온라인·전화 등으로 피해자에게 통지한다.
⑩ 기본 사실관계가 동일한 종결 사안은 특별한 사정이 없으면 재조사하지 않는다.
⑪ 피신고인의 방어권은 질문서 사전 통지, 면담 기회, 증거열람의 범위 통제로 보장하되, 민감정보 최소화·가림 처리·신고서 원본·사본 비배포(요지 통지 대체)를 원칙으로 한다.

제14조(조사결과 보고)
내부 또는 외부기관이 조사를 완료하면 즉시 기관의 장에게 보고한다.

제15조(불리한 처우 금지 및 비밀유지)
피해자·신고자·조력자에 대한 신분상 불이익, 인사상 불이익, 차별적 평가·보상, 따돌림·폭언, 부당 감사·공개 등 모든 불리한 처우를 금지한다. 직무상 알게 된 사건 관련 신원·내용은 필요 범위를 넘어 누설할 수 없다.

제16조(고충심의위원회 설치·구성)
① 사건 심의를 위하여 위원회를 둔다. 위원장 포함 7인 이상으로 구성하고, 간사는 고충상담원이 맡는다.
② 특정 성(性)이 60%를 초과하지 않도록 성별 균형을 유지하며(소규모 조직은 예외 허용), 외부전문가 2인 이상을 포함한다.
③ 제척·기피·회피는 즉시 적용한다. 2차 피해 등 민감 의제 심의 시에는 외부위원 과반수를 원칙으로 한다.

제17조(고충심의위원회 운영)
① 필요시 위원장이 소집한다. 특별한 사정이 없는 한 성희롱·성폭력 사건은 위원회 경유를 원칙으로 한다.

② 위원회는 사실 판단, 규정 적용, 양정 의견, 보호조치 타당성 재점검, 재발방지 대책을 심의·의결한다. 의결은 재적 과반수 찬성으로 한다.
③ 심의결과는 기관의 장에게 보고하고, 당사자에게 서면 통지한다.

제18조(징계 등 조치)
① 법령상 성희롱 등 해당이 인정되면 무관용 원칙에 따라 인사규정상 징계 등 제재 절차를 밟는다.
② 조치 전 피해자 의견 진술 기회를 보장한다.
③ 은폐·2차 피해 유발자는 엄중 징계한다.
④ 중징계 해당 사안 조사 중에는 의원면직을 허용하지 않는다.

제19조(업무담당자 보호)
사건 담당자에 대한 부당 비난·압박·협박 등 공정 처리 방해 행위를 금지하며, 위반 시 징계할 수 있다.

제20조(재발방지 대책)
① 사건 발생 시 기관의 장은 재발방지대책(2차 피해 포함)을 수립·시행한다.
② 대책에는 처리경과·조치결과, 예방교육, 불이익 금지·보호조치, 기타 필요사항을 포함한다.
③ 성희롱·성폭력·스토킹이 결합된 사건은 관계 법령의 재발방지 대책을 통합하여 수립할 수 있다.
④ 필요시 인사조치·특별예방교육·실태·인식 조사 등을 시행하되, 피해자에게 불이익이 되지 않도록 한다.
⑤ 전 직원 대상 예방·재발방지 교육을 실시하고, 피해자 치료·상담을 지원한다.
⑥ (공공 특례) 관계 법령에 따른 대외 제출 기한 등은 별표A에 따른다.

제21조(상급기관·거버넌스)
① 행위자가 기관장급인 경우 등 이해상충 상황에서는 지체 없이 상급기관 이관 및 지휘·감독을 받는다(공공: 별표A).
② 민간은 이사회·감사위원회 보고·감독, 내부감사 연계 등 거버넌스 라인을 가동한다(별표B).

제22조(기록·증거·품질관리)
① 전자자료 보존지시(기간·매체·핵심어 특정), 원본·작업본 분리보관, 열람권한 등급화, 온라인 2차 피해 차단을 모든 사건의 기본 절차로 한다.

② 사건 로그(인지-위험평가-보호-조사-심의-통지-재발방지 이행)를 구조화하여 기록하고, 종결 후 30·60·90일 사후점검으로 재발 위험을 모니터링한다.
③ SLA, 접수 24시간 내 위험평가, 48시간 내 임시조치 통지, 20영업일 내 1차 조사보고를 원칙으로 한다.
④ 분기 자체점검·연말 종합평가로 품질지표를 관리하고, 교육·규정에 환류한다.

제23조(공정성·외부전환·방어권)
① 제척·기피·회피 절차를 두고, 대표·임원 사건, 이해상충 우려, 원·하청 교차 사건, 대규모 온라인 확산 등은 사전 기준에 따라 자동으로 외부조사·외부심의로 전환한다.
② 피신고인의 방어권은 질문서·면담·증거열람의 범위 통제로 보장한다. 민감정보는 최소화·가림 처리하고, 신고서 원본·사본 배포는 제한하며 요지 통지로 대체한다.

제24조(정합성·버전 관리)
법령-정부 지침-사내 규정의 3단 정합성을 유지하며, 충돌 시 상위법·사내 의무 규정이 우선한다. 모든 문서는 버전(개정일·적용일) 표기 및 연 1~2회 정기 검토를 원칙으로 하며, 변경분은 교육·FAQ에 즉시 환류한다.

부　칙 〈2000. 00. 00.〉

이 지침은 승인한 날부터 시행한다.

별표A(공공 특례 모듈)
대외 통보·감독
① 성희롱 사건 대외 통보, 상급기관 보고·지휘·감독 절차·양식을 명시한다.
② 재발방지대책의 대외 제출 기한(예: 접수일로부터 3개월 이내)과 제출 주체·경로를 규정한다.

실태조사·공시
정기 실태조사, 대국민 공시·점검 항목을 규정한다.

기관장 사건
행위자가 기관장급이면 즉시 상급기관 이관, 내부 조치는 보호조치 중심으로 제한한다.

별표B(민간 특례 모듈)

이사회·감사위원회 보고

심각 사건의 분기 보고, 연 1회 종합 보고 템플릿과 라인을 규정한다.

ESG·내부감사 연계

KPI·ESG 보고와 내부감사 체크리스트에 재발방지·품질지표를 반영한다.

협력사 사건

원·하청 MOU(통보·자료공유·접근제한 협력 절차) 및 사건 이관 기준을 둔다.

별표C(용어 맵핑)

기관의 장 = 공공: 기관장 / 민간: 대표이사

고충상담창구 = 조직별 지정 부서(예: 감사·인사·인권/솔루션센터)

상급기관 = 공공의 감독기관 / 민간의 이사회·감사위원회

별표D(적용 매트릭스: 조문×영역)

각 조문이 공통/공공 추가/민간 추가인지 한눈에 확인할 수 있도록 1쪽 표로 정리한다.

별표E(서식·운영 번들)

접수기록, 권리고지·비밀유지 통지, 위험평가표, 보호조치 결정·재평가·해제 기록지, 조사신청서·질문서·열람기록지, 심의의결서·양정 의견서, 조치집행 체크리스트, 사후 점검표(30·60·90일), 재발방지대책 제출서, 기록관리 점검표, 버전·정합성 맵핑표.

CHAPTER 06

신고 및 접수 단계의 실무

1 사건의 접수

2 접수 시 체크리스트와 유의사항

3 신고 남용 직원 대응방안

CHAPTER 06

신고 및 접수 단계의 실무

1 사건의 접수

1 신고·인지에 따른 사건 접수 운영

직장 내 괴롭힘 등은 법에 따라 **누구든지 신고**할 수 있으므로, 신고자의 지위와 무관하게 신고가 접수되면 **즉시 사건으로 관리**되어야 한다. 신고 창구는 예방·대응 담당조직에 대한 직접 신고뿐 아니라 온라인 신고센터, 전용 이메일 등 다양한 경로를 통해 **항시 이용 가능하도록 보장**한다. 이때 신고자의 신원과 신고 내용은 철저히 비밀로 보호하며, 신고로 **인한 불이익 조치가 금지됨을 명확히 고지**하여 우려를 선제적으로 해소한다.

공식 신고가 없더라도 담당조직이 사실을 **인지**한 경우에는 사건으로 접수할 수 있다. 신고 또는 인지 시점부터 사용자는 **지체 없이 사실 확인을 위한 조사에 착수해야** 한다. 다만 제재와 관할은 유형별로 달리 적용된다. 직장 내 괴롭힘은 사용자 의무 위반 시 **노동청 진정 및 과태료 등 행정제재**가 가능하고, 직장 내 성희롱 역시 **조사·보호·조치 의무 미이행에 대한 행정적 제재**가 예정된다. 특히 직장 내 성희롱·성폭력은 아래와 같은 외부 신고채널도 활용가능하다. 직장 내 스토킹은 우선 **피해자 안전조치가 핵심**이며(분리·접근차단·출입통제·경찰 연계 등), 성희롱·괴롭힘 요건에 해당하는 부분은 각 법률 체계에 따라 병행 처리한다.

참고 **외부 신고 채널(성희롱·성폭력, 공공부문 중심)**

1. 인사혁신처 인사신문고
- 적용 대상: 국가공무원(일반·외무·경찰·소방 등)의 성희롱·성폭력 피해, 성비위 관련 인사불이익
- 신고 경로(온라인): 인사혁신처 홈페이지 → 참여민원 → 신고센터 → 인사신문고
- 연락 창구: 전화 044-201-8500 / 이메일 mpm8500@korea.kr
- 비고: 사건기관 미조치 또는 미흡 시 인사혁신처 직접 조사 가능

2. 성평등가족부 공공부문 직장 내 성희롱·성폭력 신고센터
- 적용 대상: 국가기관·지방자치단체·공직유관단체 종사자의 직장 내 성희롱·성폭력
- 신고 경로(온라인): 성평등가족부 홈페이지→상담·신고→성희롱·성폭력 신고센터
- 연락 창구: 전화 02-735-7544
- 비고: 신고 사건은 발생 기관을 기준으로 성평등가족부가 조치 상황을 점검

이러한 위험을 예방하려면 사내 인트라넷·교육자료·안내문 등을 통해 **신고 절차와 보호 원칙을 상시 공개**하고, 구성원이 쉽게 접근·이용할 수 있도록 **접근성을 지속적으로 개선**할 필요가 있다. 아울러 소속 부서장 개인 라인을 통한 자체 상담·조사는 객관성과 공정성을 저해할 우려가 있으므로, **전용 접수 채널과 전담 조직**을 통해 사건을 관리하고 **조사 주체와 인사·징계 주체의 분리**를 원칙화하는 것이 바람직하다.

2 신고 및 접수 프로세스

1) 피해자 보호와 사용자 조사의무의 조화

사건 처리 프로세스의 큰 틀은 앞 장에서 살펴보았으므로, 이 절에서는 **신고·접수 단계의 특이사항**을 중심으로 정리한다. 먼저, 고용노동부 매뉴얼의 흐름을 보면 피해자가 정식조사가 아닌 **행위자의 사과 등 당사자 간 합의**를 원하거나, **행위자로부터 보호조치만을 요구**하는 경우에는 **조사를 생략하거나 약식조사로 종료**할 수 있도록 구성되어 있다.

고용노동부 매뉴얼상의 프로세스

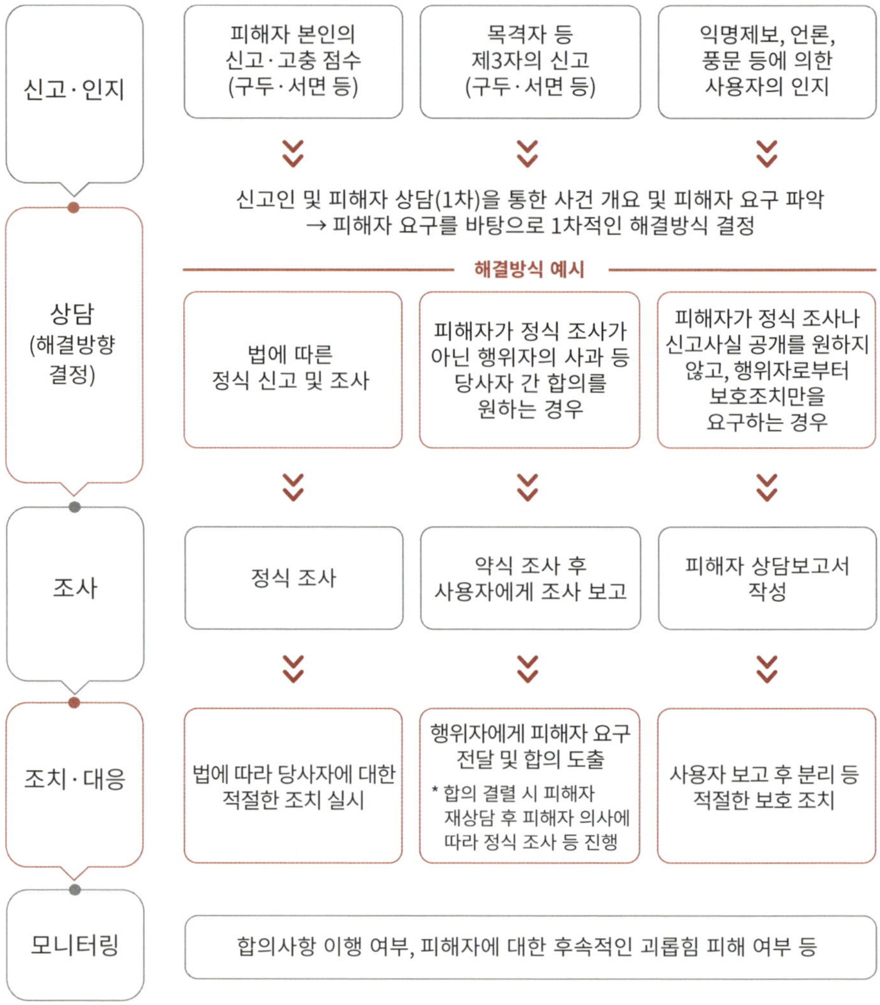

다만 이러한 구성은, 피해자 신고가 있는 경우뿐 아니라 **사용자의 인지 국면**에서도 '**지체 없이' 조사에 착수해야 한다**고 규정하는 근로기준법 제76조의2 취지와 **형식상 충돌** 소지가 있다. 예컨대 고충상담원이 조직 구성원(사용자성 포함)으로서 상담 과정에서 사실을 **인지**했다면, 이는 법문상 '인지'에 해당하여 **조사 의무를 촉발하는지** 문제된다. 더 나아가 피해자는 정식조사를 원치 않더라도 **동일·유사 피해의 재발 가능성이 존재**하거나 **사안이 중대**하여 조직에 **중대한 손실**을 초래할 우려가 있는 경우, **피해자 의사만으로 조사에 착수하지 못한 채 상담 등으로 종결해야 하는지**라는 질문으로 이어진다. 나아가 사규상 징계사안임에도 조사에 착수하지 못하고 피해자 의사만을 우선하게 되면, 징계권(인사경영권)이 사실상 무력화될 수 있다는 점도 고려해야 한다.

이에 대해서 우선 정부부처의 매뉴얼에서는 아래와 같이 답하고 있다.

Q **피해자 본인이 사용자의 조사를 원하지 않는 경우는 어떻게 해야 하는가?**

A **피해자 본인이 사용자의 조사를 원하지 않는 경우일지라도 사용자는 법률에 따른 조사의 의무를 이행하기 위해 노력을 하여야** 합니다.– 특히, 피해근로자가 조사를 원하지 않는 것이 회사의 직장 내 괴롭힘 판단에 대한 불신이 주된 이유인 경우, 상호존중 및 신뢰의 직장문화가 구성되지 못한 경우로서 **제3의 조사기관·위원회 등을 구성하거나 위탁하는 방안을 고려함이 바람직할 것입니다. (직장 내 괴롭힘 예방·대응 매뉴얼, 고용노동부, 2023. 4)**

상담단계에서는 피해자의 괴롭힘 피해 상황 등을 파악, 사건의 처리방향을 결정 **피해자가 비밀보장을 원하며, 공식적인 사건으로의 진전을 원하지 않는 경우 이를 고려한 절차를 진행할 수 있음(직장 내 괴롭힘 판단 및 예방·대응 매뉴얼, 고용노동부, 2019. 2)**

관련하여 우리 법인이 자체적으로 고용노동부에 질의하여 회신받은 내용은 다음과 같다.

Q **고용노동부 매뉴얼상 피해자가 정식조사가 아닌 행위자의 사과 등 당사자 간 합의를 원하는 경우나 행위자로부터 보호조치만을 요구하는 경우 조사를 생략하거나 약식조사 등으로 조사를 종료할 수 있는 것은, 신고 또는 사용자의 인지 시 지체 없이 조사에 들어가라는 근로기준법 제76조의2 규정과 상충하는 것은 아닌지?**

A

처리결과(답변내용)

답변일 2019-09-20 11:02:42

처리결과(답변내용)

1. 안녕하십니까. 고용노동부 근로기준정책과입니다.

2. 귀하의 문의사항은 '직장 내 괴롭힘 판단 및 예방,대응 매뉴얼'(38페이지)에 직장 내 괴롭힘 발생 시 상담과정에서 피해자가 분리만을 요구하는 경우 조사를 생략
하거나, 당사자 간 합의만을 원하는 경우 약식조사할 수 있다는 내용이 있는데, 동 내용이 근로기준법 제76조의3제2항의 사용자의 조사의무와 배치되는 것 아닌지에 관한 사항으로 사료됩니다.

3. 근로기준법 제76조의3제2항은 "사용자는 제1항에 따른 신고를 접수하거나 직장 내 괴롭힘 발생 사실을 인지한 경우에는 지체 없이 그 사실 확인을 위한 조사를 실시하여야 한다."라고 직장 내 괴롭힘 발생시 사용자 조사의무를 규정하고 있습니다.

- 동 조사의 범위에는 직장 내 괴롭힘 피해자에 대한 기초사실 확인 및 처리 방향과 관련한 의사의 확인과 같은 기초조사(일종의 상담 등), 가해자·참고인 조사 등과 사업장 전반에 대한 조사, 설문 등이 모두 포함되는 것으로 보입니다.

- 이러한 점을 고려할때 동 조항에서 조사의 의미를 피해자의 의사 또는 피해의 경중에 상관없이 전사적인 전면 조사만을 의미하는 것으로 해석하기는 어렵다고 판단됩니다.

- 따라서 피해자에 대한 기초사실 확인 및 처리 방향 등에 대한 의사 확인 등의 기초조사를 실시하고 그 결과 피해자의 의사를 존중하여 괴롭힘 관련 사안을 처리하는 것을 동 조항 위반으로 해석하기는 어렵다고 판단됩니다.

정리하자면, **조직 내 고충상담을 통해 성희롱 피해 사실을 인지했지만 피해자가 신고할 의사가 없는 경우**, 기관의 **조사 절차와 비밀유지 방침을 충분히 설명하여 안심하고 신고하도록 설득**하는 것이 우선이다. 그럼에도 내부 조사받기를 원하지 않는 경우, **피해자 중심주의 원칙**에 따라 **강제할 수 없다**. 이때 **고충상담일지**에 **'신고를 원하지 않는다'**는 **피해자의 명확한 의사와 설명 내용을 기록**하고, **외부 구제 절차 안내 및 연계 지원을 제공**한다. 한편 행위자가 특정되어 있거나 재발 위험 또는 사안 중대성이 확인되는 경우에는, **임시 고충심의위원회를 소집**하여 **특별 예방교육 실시, 특별 신고기간 운영 등 재발방지 대책**을 의결·실행하고, **설문조사·면담 등 전수 점검**을 병행할 수 있다.

2) '상담 선행' 현실에 따른 프로세스 보완

고용노동부 등에서 제시하는 순서도는 대체로 **신고·인지가 선행**되고, **신고 후 상담을 통해 이후 프로세스를 결정**하여 사건을 해결하는 경우를 전제로 한다. 그러나 실무에서는 이와 달리 비공식 고충상담이 먼저 이루어진 뒤 정식 신고 요청을 거쳐 사건이 진행되는 사례가 더 많다.

이러한 현실을 반영할 때, 다음과 같은 보완·운용이 바람직해 보인다.

'상담 선행' 현실을 감안한 신청·신고 프로세스 보완

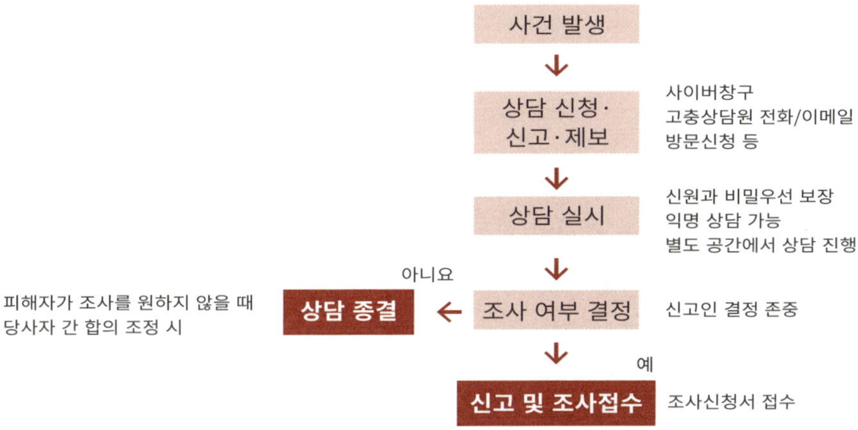

- **상담 선행 모델의 표준화:** 비공식 상담 접수 → 초기 위험평가 및 임시 보호조치 필요성 판단 → 권리고지·비밀유지 고지 → 정식 신고 전환 의사 확인 → 지체 없는 조사 착수의 흐름으로, 지연 없이 정식 트랙에 편입한다.
- **인지 트리거의 정렬:** 상담자(고충상담원 포함)가 상담 중 사실을 알게 되었더라도 이는 곧바로 법문상 사용자 '인지'에 해당하는 것은 아니다. 다만 이를 관리상 신호로 보고, 피해자 비밀을 전제로 초기 위험을 점검하고 보호조치 필요성을 우선 검토한다. 정식조사 개시 여부는 원칙적으로 피해자 의사를 반영하여 별도로 판단한다.
- **피해자 의사와 조직 리스크의 조화:** 피해자가 정식조사를 원치 않더라도 제3의 피해 가능성이나 사안 중대성이 확인되면 최소한의 사실확인과 재발방지 대책 의결을 진행하되, 비밀보장과 2차 피해 방지를 최우선 기준으로 삼는다.

2 접수 시 체크리스트와 유의사항

1 전용 신고채널로 접수된 경우

전용메일·웹폼·전용번호 등 **사내 전용 신고채널**로 접수된 사건을 대상으로, 접수 직후에 적용해야 할 **핵심 운영 원칙과 유의사항**을 정리한다. 즉시 등록과 권리 안내, 초동점검과 필요한 임시조치, 최소 열람·보안 관리, 중복 접수의 병합·이력 보존 등 기본 운용 기준을 명확히 해 실무 혼선을 방지한다.

1) 운영원칙

① 즉시 공유·접수

최초 신고자는 **지체 없이** 고충처리 **전담부서**에 신고내용을 전달한다. 담당부서는 매일 접수함을 확인하여 누락이 없도록 한다. **'누구든지'** 신고할 수 있으므로 **신고인의 신상이 불명확해도 일단 접수**한다.

② 담당 배정

고충처리 담당부서는 **최초 상담 담당자**를 지정한다(이해충돌 가능자는 배제).

③ 접수 확인 및 안내문 교부

상담자는 **정상 접수 사실**을 알리고, **사내 처리 절차 안내문**을 교부한다. **수령·안내 확인 서명**을 받거나 동등한 방식으로 확인 기록을 남긴다.

④ 기초사실 정리

상담자는 최초 신고 내용으로 **기초사실**을 정리한다.

- **당사자**(신고인, 피해자, 피신고인) 신원 및 **관계**
- 주장되는 **행위 내용**(성희롱·괴롭힘·스토킹 등)
- **신고인의 요구사항**(보호, 분리, 합의 의사 등)

절차가 미흡해 보이더라도 **접수를 무마하지 말고**, 기초사실을 **구체화·명확화**한다.

기록 최소요건: ① 접수 기록(대장/파일), ② 안내문 교부·확인, ③ 기초사실 정리, ④ 즉시조치 여부, ⑤ 추가 확인 목록, ⑥ 선택한 소통 방식.
보안: 열람대상 **최소화**, 자료는 **잠금 보관** 또는 권한 제한 폴더에 보관(반출·공유는 결재 후).
중복·병합: 동일·유사 신고가 여러 창구로 들어온 경우 **사건번호로 묶어 관리**하고, 유입 경로·시점 등 이력은 모두 남긴다.

⑤ 즉시 확인·조치 필요사항 점검

조사 전에라도 최초 내용만으로 즉시 확인해야 할 사항이 있는지 본다(신고인 요청, 피해 정도, 2차 피해 위험을 고려)

- **분리조치**: 신고인·피해자로 지목된 사람-피신고인, 물리적·업무적 분리
- **보호조치**: 유급휴가, 심리상담, 의료지원 등
- **피신고인 임시 인사조치**: 대기발령, 업무배제 등
- **수사기관 공조** (스토킹 사건): 피해자의 명시적 반대의견 없을 시 즉시 협조 요청

스토킹은 내부 보호조치를 하더라도 **사업장 밖에서 보복성 접근 위험**이 더 커질 수 있고, 피해자가 **가해자와 동일 공간에서 안전하게 근무하기도 어렵다**. 따라서 상담 초기부터(피해자 명시적 반대가 없을 때) 수사기관과 공조하고, 위험과 절차를 **충분히 설명해 동의를 확보**한다. 아래 **전용 체크리스트**는 이 특수성을 반영한다.

스토킹 사건: 보호조치 체크리스트

☐ **초기 원칙**: 피해자 의사 반영, 분리조치 우선
☐ **접근 차단 고지(가해자)**: 피해자 접근 금지, 근무일정·장소 등 **정보 접근 금지**
☐ **정보보안**: 피해자 연락처·주소·스케줄 등 내부 공개정보 점검·삭제 (정보시스템 통한 온라인 접근 차단)
☐ **업무·배치 조정**: 연락처·근무장소 변경, 부서 전환, **단독 작업 축소**
☐ **근무형태 조정**: 유연근무 / 재택·원격 / 출퇴근 시간 변경
☐ **동선 안전**: 출입구·주차장 등 **위험요소 점검**, 필요시 보안요원 동행
☐ **사업장 보안**: 근무지 이전 필요성 / 조명·CCTV / 이동경로 / 출입통제 설비 보강

□ **디지털 보호:** 업무용 휴대전화·메신저·이메일 필터·차단 기술 적용, 긴급 호출 장비 제공
□ **온라인 스토킹 경고:** 중대한 징계사유임을 구성원 대상 교육·공지
□ **수사기관 공조:** 상담 초기부터 사건 정보 지속 공유, 피해자에게 위험·절차 안내
□ **보복 대응 계획:** 예상 기간 설정 → 안전조치 **정기 재점검**(예: 매 2·4·8주)
사건 종결 후에도 **유지 기간** 설정

Q **스토킹 조사 등 사건처리 절차 개시 이전에도 피해자에 대한 보호조치가 가능한가?**

A 스토킹은 생명·신체의 침해와 같은 위험한 결과를 야기할 확률이 높은 만큼, 피해자를 긴급하게 보호할 필요성이 있다. 따라서 상담 후 스토킹 사건처리 착수 이전에도 피해자 보호조치를 시행할 수 있다.

⑥ 추가 확인 목록화

최초 내용으로 **확보가 어려운 항목은 추가 상담·메일** 등으로 확인할 수 있도록 **목록화**해 둔다.

⑦ 추가 소통 방식 안내·선택

신고인에게 **추가 소통 방식**을 제시하고, **신고인의 의사와 가능 시간을 반영**한다.

- **익명** 소통 희망: 사내 신고채널의 익명 기능, 사외 메일 등
- **실명** 소통 가능: 대면 상담, 통화, 사내메일 등

처리 기준(예시)

- 자동안내: 접수 즉시 → 접수번호·담당창구·일정·권리 안내
- 초기점검: 1영업일 이내 → 점검표(분리·접근 제한 필요성 포함)
- 조사 착수 통지: 3영업일 이내 → 조사계획(초안)·착수 통지
- 임시조치: 점검 직후 → 조치·해제 기록(해제 시 재점검 포함)

2) 자주 하는 질문

Q 익명 신고, 믿고 받아도 되나?

A 익명 여부와 무관하게 **사실 특정 가능성을 기준**으로 처리한다. 필요한 범위만 설명하고 **불필요한 개인정보 수집은 지양**한다. 동일·유사 내용의 **반복 제기**는 허위·악용·반복 신고 대응 절차로 **선별**한다.

Q 신고인이 "정식 조사는 원치 않는다"라고만 말하는 경우, 아무것도 못 하나?

A 피해자 의사는 존중하되, 신고·인지 시 **지체 없는 초동 점검·기록 유지·전담부서 통보**는 진행한다. 정식 조사 개시는 **원칙적으로 피해자 의사를 따르되, 보호 필요성·제3자 피해 가능성·사안 중대성을 함께 고려해 결정**한다.

Q 신고인이나 피신고인이 퇴직한 사건도 다뤄야 하나?

A **퇴직 여부와 무관**하게 가능한 범위에서 **사실확인**을 하고, 결과에 따라 **피해자 보호·재발방지**를 이행한다. 개인 징계는 제한될 수 있으나 **교육·제도개선** 등 **조직 조치**는 별도로 수행한다.

참고 퇴사자 관련 행정해석

근로기준정책과-737(2022. 3. 2.): 피해 근로자가 **퇴직**한 경우라도 제76조의3에 따른 조사·조치 의무는 소멸하지 않음

근로기준정책과-1569(2020. 4. 14.): **퇴사한 근로자도 신고 가능**("누구든지" 신고 취지). 퇴사 여부는 **신고·조사 개시를 부정하지 않음**

근로기준정책과-4213(2021. 12. 13.): **가해자로 지목된 자가 퇴사**했더라도 가능한 범위에서 **사실확인·피해보호·재발방지**를 해야 함.

Q 수사기관에서 수사 중이면, 회사 조사는 멈춰야 하나?

A **병행이 원칙**이다. 형사절차와 별개로 회사의 **내부 조사·보호조치** 의무는 존속한다. 다만 일정·자료 요구가 충돌하지 않도록 **범위·시기 조정**을 하고, 분리·**접근 제한 등 피해자 보호**는 지체 없이 시행한다.

외부 수사가 개시되면 내부 조사를 보류하도록 한 지침도 있다. 이는 수사기관 결론과의 불일치에 따른 책임 부담을 우려한 운영 장치지만, 법 취지상 안전점검·보호조치·절차 기록 등 최소 의무는 계속해야 한다.

Q 중복·다중 접수된 경우 어떻게 처리하나?

A **단일 사건으로 통합 관리**한다. 최초 접수 시점을 기준으로 **하나의 관리번호**를 부여하고, 나머지 유입은 연결 접수로 기록한다. 각 경로의 **접수시각·통지대상·조치 내역**은 타임라인으로 남겨 향후 분쟁 시 **입증 가능성**을 확보한다. 일정·통지는 단일 창구로 일원화하고, 열람권자 최소화 원칙을 적용한다.
단, 내용·당사자가 실질적으로 다르면 **분리 사건**으로 유지하되, 상호 참조만 남긴다.

---

3) 간접고용 상황에서의 역할 구분

파견·사내하도급 등 **간접고용**에서는 **조사·피해자 보호·행위자 조치의 주체**가 분리될 수 있다. 원칙적으로 **현장 지휘권·사업장 관리권을 가진 사용사업주**가 조사·**보호의 주체**가 되고, **행위자에 대한 인사조치**는 **파견사업주** 내지는 **협력업체**가 담당한다. **공간 공유 여부, 동일 업무라인, 보안통제 권한** 등을 함께 고려해 역할을 명확히 한다.

구분	직장 내 성희롱 · 괴롭힘 등			
근로자 파견	신고인	피신고인	사용사업주	파견사업주
	파견근로자	사용사업주 근로자	• 조사의무 • 피해자 보호의무 • 행위자 조치의무	• 조사의무 • 피해자 보호의무
	사용사업주 근로자	파견근로자	• 조사의무 • 피해자 보호의무 • 행위자 조치의무	• 조사의무 • 행위자 조치의무
사내 하도급 (업무의 연속성 +같은공간)	신고인	피신고인	원청사	협력업체
	협력업체근로자	원청사 근로자	• 조사의무 • 피해자 보호의무 • 행위자 조치의무	• 조사의무 • 피해자 보호의무
	원청사 근로자	협력업체 근로자	• 조사의무 • 피해자 보호의무 • 행위자 조치의무	• 조사의무 • 행위자 조치의무

2 신고 전용 채널 외 접수

전형적인 사내 신고채널 이외에도 **퇴직자 면담**, **임직원 상담프로그램**(EAP), **외부 커뮤니티**(예: 블라인드)에서 **실명 또는 특정이 가능한 게시물** 등으로 담당자가 사실을 알게 되는 경우가 있다. 이처럼 전용 채널 외 유입 상황에서는 먼저 **공통 절차**(권리 안내·초동점검·임시조치·기록 보관 등)를 '전용 신고채널로 접수된 경우'의 기준대로 **그대로 적용**하고, 아래와 같이 **비정형 유입 특성**에 맞춰 보완한다.

1) 운영원칙

• 조사의무 · 이관 안내

최초 접수자는 신고인에게 신고 접수 시 회사에 **조사의무가 있음과 고충처리 전담부서로 이관**됨을 즉시 안내한다.

※ 다음 행위는 2차 가해이므로 금지: **신고취하 회유, 불이익 언급·암시, 합의 종용**

※ 소속관리자가 전담부서로 이관하지 않고 **자체 처리하는 행위 금지**(객관성·절차 하자·의무 위반 우려)

• **접수 이관 방식 선택**

신고인이 아래 둘 중 하나를 고른다.

① 신고인이 **직접** 전담부서에 접수, ② 최초 접수자가 **대리** 접수

• **신고인 직접 접수 선택 시 확인 루틴**

최초 접수자는 3일 이내(내부 기준 설정, 과도하게 길게 금지) 접수 여부를 확인한다. 미접수면 **방법 재안내**하고 **대리 접수 가능도 알린다.**

• **신고인 대리 접수 선택 시 즉시 공유**

최초 접수자는 사실 왜곡·2차 가해 방지 위해 **접수 사실 그대로** 전담부서에 즉시 전달한다(사실 재구성·추가 심문 금지).

• 이후 절차

전담부서 접수 후에는 '전용 신고채널로 접수된 경우' 가이드를 그대로 적용한다. (권리 안내, 초동점검·임시조치, 기록·보안, 병합 관리 등 공통 절차는 모두 전용 채널 기준 준용)

2) 자주 하는 질문

Q 신고가 없이 소문·게시물·제보로 알게 됐다면 조사해야 하나?

A 신고 접수뿐 아니라 **사실을 인지한 경우에도 지체 없이 사실확인 조사를 해야** 한다(근로기준법 제76조의3 제2항, 남녀고용평등법 제14조 제2항). '인지'는 **행위·당사자·장소 등이 특정되는 제보나 게시물 등 사회통념상 객관적으로 알 수 있는 정도**를 말한다. 성희롱·성폭력은 **피해자 상담**을 우선해 침묵 이유와 원하는 해결방식을 파악하고, **분리·상담·의료 연계** 등 보호조치를 먼저 검토한다.

Q 부서에서 자체종결해 버린 경우는?

A 원칙적으로 **지양**한다. 자체 처리만으로는 **객관성·기록성·비밀유지**에 한계가 있고, 사용자에게 부과된 '지체 없이 조사' 의무 이행 문제가 생길 수 있다. **전담**

부서가 **절차를 재점검·진행하는 것이 원칙**이다. 다만, 조치로 실질적 해소가 되었고 신고인이 **재조사 불원**을 밝힌 경우, 전담부서가 **절차 하자(권리 안내·비밀유지·기록관리) 유무를 점검**한 뒤 **재조사 생략**을 검토할 수 있다.

Q 관리자가 사내 프로세스를 위반한 경우의 조치는?

A 즉시 징계는 곤란할 수 있다. **2차 가해가 없는 단순 절차 위반**은 곧바로 인사 조치로 이어지기 어렵다. 대신 **재발 방지 체계**를 갖춘다.

① 전사 교육·공지로 **절차 준수 의무** 상시 고지

② **미준수 시 불이익** 가능성 사전 안내

③ 취업규칙에 사내 규정 위반(포괄 조항)을 징계사유로 명시해 **반복·중대한** 위반에 대응

Q 부서·관리자가 선(先)조치를 했는데 부적절한 경우의 조치는?

A 즉시 **시정**한다. 신고인의 의사에 반한 조치, 노출·회유 등 **부적절한 선조치가 확인**되면 근로기준법 제76조의3, 남녀고용평등법 제14조 취지에 따라 곧바로 수정한다. 정정 절차는 다음과 같다.

① 신고내용과 잘못된 조치의 **사실관계 재확인**

② 신고인 면담으로 **원하는 보호 방향 파악**

③ 해당 방향에 맞춰 **조치 변경·보완,** 이후 기록 정리

---

3 기타 제3자로부터의 신고 접수

직장 내 성희롱·괴롭힘 사건이 당사자(신고인·피신고인)가 아닌 제3자(목격자·주변인 등)의 제보로 시작되는 경우에 적용한다. 이 절은 이러한 경우 **무엇을 먼저 확인**하고, **어떤 점을 반드시 지켜야 하는지**를 실무 관점에서 정리한다.

(권리 안내·초동점검·임시조치·기록 보관 등 공통 절차는 '전용 신고채널로 접수된 경우' 기준을 그대로 따른다.)

1) 운영원칙

• **당사자 조사 원칙 고지**

제3자 신고인에게 **사실 확인**은 **당사자 중심**(피해자로 지목된 사람·피신고인)으로 진행됨을 먼저 알린다. 상담·조사의 일반적 흐름은 **제보자**(제3자) → **피해자로 지목된 사람** → **참고인** → **피신고인** 순서임을 안내한다.

• **피해자 연락·확인 동의 체크**

제3자 신고인이 **피해자로 지목된 사람의 동의를 받았는지**, 그리고 **그 사람에게 제보 내용을 확인해도 되는지**를 묻고 기록한다. 동의가 불명확할 때는 접근 방식을 조정한다(개인정보·비밀보호 우선).

• **제3자 신원 공개 범위 확정**

제3자 신고인의 신원 비공개 의사(완전 비공개/부분 공개/동의 시 공개)를 확인하여 기록한다. 비공개 요청 시 조사 과정에서 **신원이 추정되지 않도록** 질문·기록 방식을 조정한다.

• **입증 가능 자료·방법 확인**

메시지·게시글 캡처, 일시·장소 메모, CCTV 존재, 동석자 등 **입증 수단**의 유무를 확인하고, **원본 보존**(원본성 유지) 등 보존 조치를 안내한다.

• **협조 가능 범위 확인**

정식 조사로 전환될 경우 제3자 신고인이 **참고인 진술·자료 제출 등 협조**가 가능한지 확인한다. 협조가 어려우면 대체 확인 경로(다른 참고인, 현장 기록 등)를 함께 설계한다.

※ 유의사항(보호·비밀관리)

- 제3자 신고인도 **불이익 처우 금지 원칙의 보호 대상**이다. 인사·평가 등에서 불이익이 생기지 않도록 관리한다.
- 조력자·참고인은 법정 열거 보호 대상은 아니더라도 보복·2차 가해 예방 관점에서 보호가 필요하다(비밀유지 고지, 필요시 분리·접근 제한 검토).
- **비밀관리**가 최우선이다. 특히 **조사 개시 전** 피신고인이나 주변에 제보 내용이 확산되지 않도록 문서·대화·메신저 취급에 각별히 유의한다.

2) 자주 하는 질문

Q 가해자(피신고인)만 특정되고 피해자가 특정되지 않는 경우는?

A 피해자 특정이 되지 않으면 **조사 범위가 과도하게 넓어지고** 성희롱·괴롭힘 성립 판단이나 적절한 보호조치가 곤란하므로, 제3자 신고인 추가 확인과 **제한적 참고인 면담을 통해 특정을 시도**한다. 이때 **오인 특정이나 원치 않는 노출이 없도록** 사전 고지하고 최소 범위로 진행하며, 소문·익명 설문 등으로만 인지된 사안은 전사 공지와 핫라인 안내로 **공식 신고를 유도**하고 **채널 가시성과 응답 속도**를 주기적으로 점검·개선한다.

Q 피해자로 지목된 사람이 "피해가 아니다"라고 하는 경우는?

A 성립 판단은 **조사 후**에 이뤄진다. **조사는 진행하되, 2차 피해 방지·보호조치 유무·방식·절차를 설명**해 안심하고 참여하도록 돕는다. 최종적으로 **조사·조치를 원치 않는다는 명시적 의사**가 확인되면 개인정보·비밀유지를 준수해 그 사실을 제3자 신고인에게 알리고 **사건 종결을 검토**할 수 있다.

Q 신고인은 불분명하고 증거·진술 확보가 어려운 경우는?

A 제보를 바탕으로 여건에 맞게 **예비 조사(설문·실태점검)** 등을 통해 사건 존재 여부와 범위를 **먼저 좁힌다**. 특정 인원이 드러나면 그 범위를 중심으로 **조사 계획을 확정**하고, 새로 지목되는 참고인까지 순차 면담한 뒤 확인된 사실관계에 근거해 종결한다. 전 과정과 판단 근거는 간단히라도 **기록해 조사 의무 이행을 입증 가능**하게 한다.

Q 제3자 신고(가족·협력사·고객)는 어떻게 처리하나?

A 법령상 **'누구든지'** 신고할 수 있으므로 외부 제3자의 신고도 **동일 기준으로 접수·처리**한다. 다만 제3자 신고인의 **동의 없이 신원 공개는 지양**하며, 신고인에게는 비공개 원칙과 보호 대상임을 안내한다. 피해자(당사자)에게는 제3자 신원이 비공개이더라도 **본질적 장애가 없는 범위에서 절차 진행이 가능**함을 고지한다.

※ 일반적 고충상담 단계에서의 기초사실 확인과 신고인이 원하는 해결방식 청취 등에 관한 상세 내용은 다음 장 '상담 단계의 실무'에서 다룬다.

3 신고 남용 직원 대응방안

최근 근로자 권익이 부각되면서 고소·고발·진정이 증가하고, 명확한 증거 없이 사용자나 동료를 겨냥한 악의적 제보도 늘고 있다. 성희롱·괴롭힘 신고는 법에 따라 불이익 처우가 금지되고 일정한 보호가 부여되지만, 그 이면에서 허위 신고로 인한 선의의 피해가 발생하거나 악의적 반복신고로 인사·노무 행정력이 소모되는 문제도 나타난다. 관련 제재 기준과 운용 방안은 아직 충분히 정립되지 않았다. 본래 신고 제도는 권리 보호와 고충 해소를 위한 장치이지만, 그 취지를 벗어난 **허위·악용·반복 사용**에 대해서는 **인사·노무 관점의 명확한 대응 기준이 필요**하다. 이 장은 접수·초동 단계부터 적용할 수 있는 운영 원칙과 판단 기준을 체계적으로 제시한다.

1 고소·고발·진정의 권리

의심할 만한 행위에 대해 합리적 근거를 바탕으로 고소·고발을 제기하는 것, 고충 신고를 하는 것 등은 적법한 권리 행사다. 수사기관 불기소 등 결과만으로 신고 자체를 이유로 징계·제재할 수는 없다. 아울러 근로기준법 제104조 제2항 및 직장 내 괴롭힘·성희롱 관련 법제는 신고·통보를 이유로 한 불이익 처우 금지를 명시한다. 따라서 신고자에게 제재를 가하는 데에는 엄격한 한계가 있다.

이는 정당한 문제 제기를 위축시키지 않기 위한 기본 보호기조이지만, 그 자체가 남용까지 용인된다는 뜻은 아니다. 이에 따라 현장 운용은 다음과 같이 정리한다. 초기에 **신고의 선의를 전제**로 하고, **필요·상당성 범위의 보호조치를 우선**한다. 다만 제도 취지를 벗어난 **허위·악용·반복 사용**은 **명확한 기준과 절차로 제어**한다.

- **조사 우선·판단 사후**: 허위·악용·반복 여부는 본 조사 종료 후에만 판단한다. 남용 의심이 있더라도 접수·초동점검·필요조치는 멈추지 않는다.
- **독립성**: 1차 조사에 절차 하자나 이해충돌이 의심되면 독립 조사(내부 타부서·외부 전문기관)로 재검토한다.
- **2차 가해 점검**: 조사 과정에서의 노출·회유·낙인 등 2차 가해 발생 여부를 별도 항목으로 체크한다.

- **객관성**: 최종 판단은 일반적·객관적 관점에서, 사건의 맥락(관계·권한·빈도·영향)을 함께 고려해 내린다.

2 고소·고발·진정 권리의 한계

1) 제재 가능 범위

신고 제도는 권리 보장을 전제로 운영하되, 취지를 벗어난 남용에 대해서는 대응이 가능하다. 예컨대 **뚜렷한 근거 없이 사용자나 동료를 고소·고발**하거나, **인격 비난을 포함한 진정서**를 반복 제출하여 회사의 신용·명예를 훼손하는 행위는 권리 범위를 벗어난 것으로 보아 **징계권 행사**가 가능하다.

2) 용어 정의와 판단 기준

신고 남용과 관련해 실무에서 자주 마주치는 유형은 허위 신고, 악용 신고, 반복 신고의 세 가지다. 이어서 각 개념의 의미와 판단 기준을 간단히 정리한다.

1) 허위 신고

신고의 **핵심 사실**(예: 폭언·폭행·신체접촉 등)이 객관적 사실과 불일치하는 경우를 말한다. 핵심은 **고의성**이다. 신고인이 허위를 **인지하고 신고**했거나(확정적 고의), 진실에 대한 확신 없이 **가능성만으로 신고**한 경우(미필적 고의)까지 포함한다. 다만 과장·기억오차 등 **사건 판단을 바꾸지 않는 경미한 오류**는 허위로 보지 않는다.

2) 악용 신고

신고 제도를 **개인적 이익 추구의 수단**으로 삼아 **핵심 사실을 허위로 주장**하면서, **그 허위를 알면서**(확정적 고의) 또는 진실 여부에 대한 확신 없이 **가능성만을 가지고**(미필적 고의) 신고한 경우를 말한다. 전보·유급휴가·징계·평가 회피 등 사익 추구 정황이 문서·면담·조사 기록에서 드러나고, 신고의 핵심 내용이 객관적 사실과 불일치하며, 허위 인식(또는 최소한의 인식 가능성)이 확인될 때 악용 신고로 평가한다. 다만 사소한 과장이나 기억 차이로 사건 판단이 달라지지 않는 수준은 악용으로 보지 않는다.

3) 반복 신고

동일 또는 실질 동일 사안을 **새로운 사실·자료 없이** 거듭 제기하는 경우를 말한다. 반복 여부는 내부 기준(기간·횟수·신규자료 유무 등)에 따라 판단하되, **새로운 증거가 제시되면** 반복으로 보지 않는다.

3 징계사유 적용 및 징계 외 민·형사상 제재 방안

무분별한 신고 남용에 대해 징계 시 고려할 수 있는 사유와 징계 외 대외적 제재 수단은 다음과 같다.

1) 조직 내 징계사유 적용

① 조직 내 질서문란

취업규칙·징계규정의 일반 조항(조직 질서문란 등)에 근거해, 반복적 악의적 신고나 허위 신고에 대해 징계가 가능하다. "기업은 직장 질서의 확립·유지에 필요한 합리적 범위 내에서 위반행위를 규율할 수 있다"라는 유형의 규정이 근거가 된다.

② 직장질서 준수의무

사용자가 근로자에 대한 보호의무와 임금지급의무를 부담하고 있는 것과 같이 근로자 역시 노무제공의무와 더불어 **성실의무**를 부담하고 있기 때문에 **근로계약에 따른 기본적인 직장질서 준수의무**를 부담한다. 이에 근거하여 무분별한 허위신고, 진정, 고소·고발에 대응할 수 있다.

2) 징계 외 민·형사상 제재

형법

제307조(명예훼손)

① 공연히 사실을 적시하여 사람의 명예를 훼손한 자는 2년 이하의 징역이나 금고 또는 500만원 이하의 벌금에 처한다.

② 공연히 허위의 사실을 적시하여 사람의 명예를 훼손한 자는 5년 이하의 징역, 10년 이하의 자격정지 또는 1천만원 이하의 벌금에 처한다.

① 명예훼손

단순히 관계기관에 사실관계를 신고·제출한 정도라면 통상 '**공연성**' 인정이 어려워 명예훼손 성립이 쉽지 않다. 다만 사내·외 게시판 게시, 메신저·메일을 통한 광범위 전파 등으로 요건을 충족하는 경우에는 명예훼손 책임이 문제될 수 있다. 즉, 신고 행위 자체가 곧바로 처벌로 이어지지는 않지만, **전파 가능성 있는 방식으로 사실**(또는 허위사실)을 **적시**했다면 형사책임 검토가 가능하다는 점을 유의한다.

참고 **명예훼손의 성립요건**

① **사실 또는 허위사실의 적시**: 현실적으로 존재·증명 가능한 과거·현재의 상태를 말한다. 사실 적시도 처벌 대상이며, 허위사실 적시는 가중처벌 대상이다. 적시 내용은 사회적 평가를 저하시킬 만한 **구체적 사실**이어야 하며, 단순한 의견·감정 표명은 제외된다.

② **공연성**: 불특정 또는 다수인이 인식할 수 있는 상태여야 한다. 실명뿐 아니라 닉네임 등으로 특정이 가능하면 요건 충족 여지가 있다.

③ **비방의 목적**: 타인의 명예를 훼손하려는 목적이 요구된다. 단순 비판·의견 표명은 여기에 해당하지 않는다.

④ **사회적 평가 저하**: 발언·전파로 인해 상대방의 사회적 평가가 저하될 수 있어야 한다.

명예훼손과 관련한 참고 판례를 간단히 소개한다. 이 판례는 징계회부 사실의 공표가 명예훼손에 해당할 수 있는지를 다룬 것으로, 고소·고발 남용 국면을 직접 다룬 사건은 아니지만, 사내 사안이 외부의 법적 절차와 어떻게 접점을 이루는지, 그리고 명예훼손의 성립요건을 실무적으로 이해하는 데 유용한 기준을 제시한다.

| 참고 판례 | 징계회부 사실의 게시와 명예훼손
(대법원 2021. 8. 26. 선고 2021도6416 판결)

징계절차에 회부되었을 뿐인 단계에서 그 사실을 회사 게시판에 게시한 행위는 사회적으로 상당한 행위라고 보기 어렵다.

판결요지

공연히 사실을 적시하여 사람의 명예를 훼손하는 행위가 진실한 사실로서 오로지 공공의 이익에 관한 때에는 형법 제310조에 따라 처벌할 수 없다. 여기서 **'오로지 공공의 이익에 관한 때'**라 함은 적시된 사실이 **객관적**으로 볼 때 공공의 이익에 관한 것으로서 행위자도 **주관적**으로 공공의 이익을 위하여 그 사실을 적시한 것이어야 한다. 여기의 공공의 이익에 관한 것에는 널리 국가·사회 기타 일반 다수인의 이익에 관한 것 뿐만 아니라 **특정한 사회집단이나 그 구성원 전체의 관심과 이익에 관한 것도 포함**한다. 적시된 사실이 공공의 이익에 관한 것인지 여부는 **당해 적시 사실의 내용과 성질, 당해 사실의 공표가 이루어진 상대방의 범위, 그 표현의 방법 등 그 표현 자체에 관한 제반 사정을 감안함과 동시에 그 표현에 의하여 훼손되거나 훼손될 수 있는 명예의 침해 정도 등을 비교·고려하여 결정**하여야 하며, **행위자의 주요한 동기 내지 목적이 공공의 이익을 위한 것이라면** 부수적으로 다른 사익적 목적이나 동기가 내포되어 있더라도 형법 제310조의 적용을 배제할 수 없다.… 회사 징계절차가 공적인 측면이 있다고 해도 징계절차에 회부된 단계부터 그 과정 전체가 낱낱이 공개되어야 하는 것은 아니고, 징계혐의 사실은 징계절차를 거친 다음 일응 확정되는 것이므로 징계절차에 회부되었을 뿐인 단계에서 그 사실을 공개함으로써 피해자의 명예를 훼손하는 경우, 이를 사회적으로 상당한 행위라고 보기는 어렵고, 그 단계에서의 공개로 원심이 밝힌 공익이 달성될 수 있을지도 의문이다.

시사점

징계절차는 징계의 정당성 판단의 중요한 요소인데, 최근 징계과정에서 징계혐의 사실이 공표될 경우 형사상 명예훼손이 문제된 사안으로 징계혐의 사실은 징계절차를 거친 다음 확정되는 것이어서 징계절차에 회부되었을 뿐인 단계에서 그 사실을 공개한 것은 피해자가 입게 되는 피해가 크므로 공공의 이익이 있더라도 명예를 훼손하는 것이라는 사례

향후 **사내에서 징계절차 회부만으로 징계혐의사실을 공표하거나 공개하는 것은 명예훼손 문제가 될 수 있으므로** 각별한 주의가 요구됨

② 업무 방해·영업 방해

형법

제314조(업무방해)

① 제313조의 방법 또는 위력으로써 사람의 업무를 방해한 자는 5년 이하의 징역 또는 1천500만원 이하의 벌금에 처한다.

② 컴퓨터등 정보처리장치 또는 전자기록등 특수매체기록을 손괴하거나 정보처리장치에 허위의 정보 또는 부정한 명령을 입력하거나 기타 방법으로 정보처리에 장애를 발생하게 하여 사람의 업무를 방해한 자도 제1항의 형과 같다.

근로자가 개인적 목적을 위해 허위사실을 유포하거나 동료를 선동해 정상적 업무를 저해한 정황이 확인되면, 업무방해죄 성립 가능성을 검토한다. 특히 조사로 **핵심 사실이 허위**임이 드러나고 그 유포가 **업무 차질·혼란·전산 장애** 등 구체적 방해로 이어진 경우, 내부 징계와는 별도로 법무와 협의해 형사상 책임 검토를 진행한다.

참고 **업무방해죄의 성립요건**

① **정당한 업무의 존재:** 방해 대상은 법적으로 허용된 직업활동·경제활동이어야 한다(불법 영업 방해는 해당 없음).
② **명확한 방해 행위:** 허위사실 유포·위계(기망)·위력(물리적·심리적 압박) 등으로 업무를 구체적으로 저해해야 한다.
③ **고의성:** 과실·실수만으로는 성립하지 않으며, 업무를 방해하려는 고의가 필요하다.

4 판단 이후 조치

조사·판단이 끝나면 조직은 결과를 **명확히 고지**하고, **내부 규율 정비, 대외 법률 대응 연계, 피신고인 회복**까지 일관된 기준으로 마무리해야 한다. 아래 조치는 서로 맞물려 작동한다는 점을 전제로, 과잉조치·소극조치 모두를 경계한다.

1) 신고인 안내(악용·반복 확정 시)

판단이 확정되면, 먼저 신고인에게 결과와 향후 처리 방식을 **차분하고 중립적인 문구**로 통지한다. 새로운 사실이 없는 동일 사안의 반복 제기에 대해서는 **추가 조사 의무가 없음**을 분명히 고지하고, 본안이 불성립된 경우 **초기에 부여한 임시 보호조치는 종료·원복**됨을 알린다(이 원칙은 접수 단계 안내문에도 미리 명시해 둔다). 또한 **반복 제기가 제3의 괴롭힘이 될 수 있음을 안내**하되, 감정적 표현은 피하고 모든 안내는 **기록**으로 남겨 분쟁을 예방한다.

2) 내부 제재(취업규칙 정합화)

내부 규율은 **규정 근거-수위 체계-의사결정 라인**의 세 축으로 정리한다. 품위유지·성실의무 위반, 허위 보고·문서작성, 조사 방해, 비밀유지의무 위반, 반복·악의 제보에 따른 조직질서 저해 등 취업규칙상의 근거 조항을 점검하고, **교육·주의 → 경고 → 징계**로 단계화된 수위를 적용하되 개별 사안의 경과기록, 재발 여부, 조직 영향도를 함께 고려한다. 무엇보다 본안 **조사·판단** 라인과 **제재 의사결정** 라인을 **분리**해 이해충돌을 차단한다.

3) 대외 법률 리스크 연계

내부 절차와 별개로, 명예훼손·모욕, 개인정보 보호법 위반, 업무방해, 무고죄 등 **대외 법률수단의 적용 가능성을 검토**한다. 적용 여부는 **구성요건 충족과 입증 가능성**을 기준으로 법무와 협의해 판단하고, 그 근거로 **판단서 요지·증거목록·절차 준수 기록**(권리고지·초동점검·병합 타임라인)을 정리해 둔다. 내부 징계가 외부 절차를 대체하지는 않지만, **정돈된 내부 기록**은 대외 대응의 신뢰도를 높인다.

4) 사안 유형별 적용 기준

신고 남용 가능성이 의심될 때는 유형별로 운용 기준을 나눠 생각하면 실무 판단이 선명해진다.

① 보호조치 악용(전보·휴가 목적)

먼저 보호조치 악용(전보·휴가 목적) 사례는, 보호조치가 안전 확보를 위한 임시조치라는 성격을 전제로 운용한다. 남용 의심이 있더라도 필요·상당성 범위의 조치는 부여한다. 다만 본안 불성립으로 종결되면 보호조치는 종료·원복할 수 있음을 **접수 단계 안내문에서 미리 고지**해 예측 가능성을 높인다. 동일 패턴의 반복이 확인되면 교육·주의·경고·징계로 수위를 단계화한다. 종료 고지 시에도 **재발 모니터링과 상담 창구는 유지된다는 메시지**를 함께 전달해 신고 위축을 방지한다.

참고 **안내문 예시 – 접수 직후(남용 관련 사전 안내)**

"귀하의 신고는 정상 접수되어 사실확인을 진행합니다. 제도는 선의의 문제 제기를 보호합니다. 다만 조사 종료 후, 신고 내용의 핵심사실이 허위이고 사익 목적이 결부되었거나 새로운 사실 없는 반복 제기로 확인될 경우, 내부 규정에 따른 조치가 있을 수 있음을 알려드립니다."

참고 **안내문 예시 – 보호조치 종료·원복(불성립 종결 시)**

"초동 보호조치는 조사 단계의 안전 확보를 위한 임시조치였습니다. 본 사안이 불성립되어 조치를 종료·원복합니다. 재발 우려 모니터링과 상담 지원은 계속 제공되며, 새로운 사실이 있으면 언제든지 알려주십시오."

② 징계 회피형 역신고

기존 징계 절차와 신고 조사를 **분리된 트랙**으로 병행한다(일정·자료만 조정). 본안이 불성립하고, 신고의 고의·목적성이 소명되는 경우 악용 판단이 가능하다. 이때 제재 판단은 **본안 판단 라인과 분리된 의사결정 라인**에서 진행해 이해충돌을 피한다.

③ 반복·다중 신고

한편, 반복·다중 신고는, 사건ID로 병합 관리하되 유입 **타임라인을 보존**해 향후 분쟁 대비 입증력을 확보한다. 동일·실질 동일 사안에 대해 신규 사실이 없으면 추가 개시를 하지 않는다는 요지를 **요약 통지**하고, 신규 자료 제출 경로를 함께 안내한다. **고의적 반복**이 확인되면 경고 → 징계로 단계화한다.

참고 **안내문 예시 – 반복 신고 요약 통지**

"동일 사안에 관하여 신규 사실·증거가 확인되지 않아 추가 조사를 개시하지 않습니다. 새로운 자료가 있을 경우 별지 서식으로 제출해 주시기 바랍니다."

5) 피신고인 보호·회복

허위·악용·반복 신고에 대한 문제의식 못지않게 선의의 피신고인 보호도 핵심 쟁점으로 부상하고 있다. 실무에서 우선 적용할 수 있는 기준과 조치는 다음과 같다. 먼저 **심리지원을 제공한다**(사내·외 상담, 의료·EAP 연계), 이어 **인사상 회복**을 실시한다. 평가·보직·근무지 등에서 발생한 불이익은 원상회복하며, **불필요한 경력 오염 기록은 정정·삭제**한다. 대내 커뮤니케이션은 필요한 최소 범위에서 사실관계를 정정해 **명예를 회복**하되, 과도한 공개는 지양한다. 아울러 일정 기간 **2차 피해 모니터링**을 통해 보복·낙인·따돌림 징후를 점검하고, 이상이 확인되면 즉시 **보완조치**를 가동한다.

5 체크리스트

앞서 정리한 **신고 남용 대응의 운영 원칙-판단 기준-사후 조치**를 일목요연하게 점검할 수 있도록 체크리스트로 묶었다. 현장 적용 과정에서 계속 보완할 전제이며, 아래 틀을 기준으로 조직 상황에 맞게 세부 항목을 추가·수정한다.

- 조사 전

☐ 권리 안내(비밀·불이익 금지·절차/일정·이의제기) 통지·수신확인
☐ 초동점검(분리·접근 제한·상담/의료) 및 필요조치 시행
☐ 기초사실 확인(일시·장소·행위유형·당사자·관계)
☐ 동일 사안 다중 접수는 한 사건으로 병합, 각 시점·경로는 타임라인으로 기록

- 조사 중

☐ 남용 판단 절차와 본 사안 조사 절차 분리 진행(의사결정 라인 분리 포함)
☐ 증거 원본성·동일성 보전
☐ 2차 가해 징후 점검

- 조사 후(판단)

☐ 판단서(기준-사실-증거-판단, 고의·목적성 논증)
☐ 결과 통지(결과·사유·불복 경로, 서면 통지)
☐ 기록 보안(분리 보관·열람 최소·반출 승인)

• **사후 조치**

□ 신고인 안내(반복 제한·보호조치 종료)

□ 내부 제재 집행(규정 근거·수위 결정, 본안 라인과 분리된 의사결정)

□ 피신고인 회복조치(상담·의료 연계, 인사상 원상회복·명예회복·모니터링)

CHAPTER 07

상담 단계의 실무

1 고충처리와 고충상담창구

2 고충상담 단계별 실무지침

3 조사여부 결정

4 상담 단계에서 자주하는 질문

CHAPTER 07

상담 단계의 실무

1 고충처리와 고충상담창구

1 고충 및 고충처리에 대한 이해

1) 고충 및 고충처리의 의의

'고충(grievance)'은 근로조건·직장환경·인사·대우 등과 관련해 근로자가 느끼는 개인적·구체적 불만을 뜻한다. 집단의 일반적 요구가 아니라, 개별 근로자의 사적이고 특수한 문제라는 점이 특징이다. 이러한 고충을 조직의 정해진 절차를 통해 접수·검토·해결하는 일련의 과정을 '고충처리(grievance procedure)'라 한다.

2) 전통적 고충처리 제도의 맥락

조직은 각기 오랫동안 다양한 창구를 통해 구성원의 문제를 다뤄 왔다. 예컨대 법정 제도인 '고충처리(근로자참여 및 협력증진에 관한 법률)', 인사상담(인간관계·동기관리 관점의 상담), EAP(외부 전문가 기반 근로자지원프로그램) 등이 그것이다. 특히 상시 30인 이상 사업장은 고충처리 제도 설치가 의무이고, 노사협의회를 두는 곳은 그 위원 중에서 고충처리위원을 선임하도록 하고 있다. 다만 현실에서는 '형식적 운영'에 머무는 사례도 적지 않았다. 반대로 최근 직장 내 괴롭힘·성희롱 대응의 중요성이 커지면서, 별도의 고충상담원을 두기 어려운 중소사업장 중심으로 기존 「근로자참여 및 협력증진에 관한 법률」상의 '고충처리위원' 기능을 실질화하려는 움직임이 뚜렷하다.

전통적 고충해소 방안

구분	내용
고충처리	• 「근로자참여 및 협력증진에 관한 법률」기반의 법정 제도. 상시 30인 이상 의무 설치, (노사협의회 설치 시) 협의회 위원 중 선임. 접수 후 통상 10일 이내 결과 통보를 원칙으로 운용한다.
인사상담	• 인사관리 기법의 하나로, 구성원의 불만 · 애로를 조기 파악 · 완화하는 상시 상담(공무원의 경우 '인사고충상담'으로 규정화)
EAP(Empioyee Assistance Programe)	• 심리 · 법률 · 재무 등 외부 전문가가 개입해 업무수행에 영향을 주는 문제를 단기 개입으로 돕는 제도(「근로자복지기본법」에서 도입 권고)

참고 노사협의회를 통한 고충처리-고충처리위원

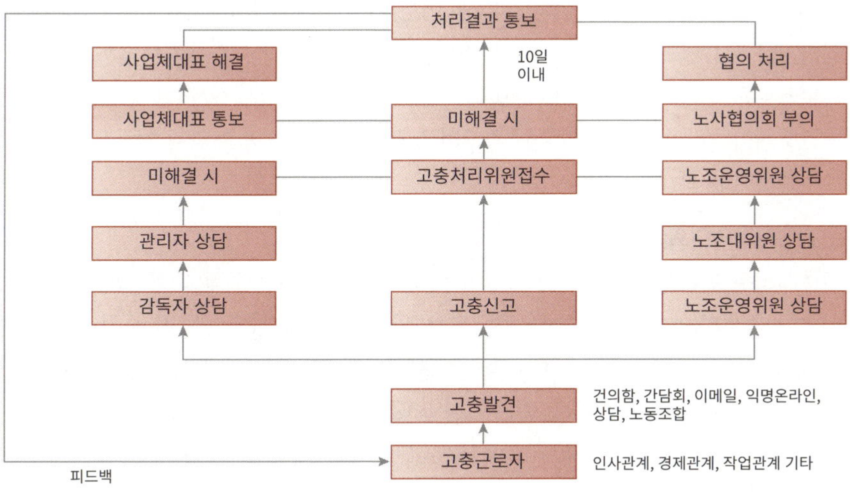

1. 의의

• 상시 30인 이상의 근로자를 사용하는 모든 사업 또는 사업장에는 고충처리위원을 두어야 함

- 노사협의회는 근로조건 결정권이 있는 30인 이상 사업 또는 사업장을 대상으로 하는 반면, 고충처리위원을 두는 사업장은 **근로조건의 결정권과 관계없이** 30인 이상의 사업장이면 고충처리 위원을 두어야 함

※ 고충처리위원을 두지 아니한 때에는 200만 원 이하의 벌금에 해당

2. 고충처리위원의 구성 및 임기

(1) 고충처리위원의 구성

- 고충처리위원은 **노사를 대표하는 3인 이내**의 위원으로 구성함
  - 노사를 대표하는 3인이므로 노사 각각을 대표하는 3인 이내라는 의미가 아님
  - 고충처리는 근로자를 위한 것으로 노사 각각을 위한 고충처리라는 것은 논리에 맞지 않음
- **노사협의회가 설치되어 있는 사업 또는 사업장의 경우**에는 **노사협의회가 그 위원 중에서 선임**함
  - 선임의 방법에 관하여 정한 바가 없으므로 협의회 운영규정 작성 시 선임절차(호선 등) 등을 규정하는 것이 바람직함
  - 여성근로자가 많은 경우에는 여성에 특유한 고충발생도 많기 때문에 고충처리위원 중 1인을 여성으로 위촉하는 것도 바람직함

(2) 고충처리위원의 임기

- 고충처리위원의 임기는 **명시된 규정은 없으므로** 노사협의회운영규정 등에 별도로 정하거나 노사협의회 위원의 임기를 준용할 수있음
  - 보궐위원의 임기는 전임자의 잔임기간으로 함
  - 고충처리위원의 임기가 만료된 경우라도 후임자가 선출될 때까지 계속 그 직무를 수행하여야 함

(3) 고충처리위원의 배치 및 고충의 처리

- 고충처리위원은 상시 사업장에 근무하는 자로 사업 또는 사업장에 배치하되 하나의 사업에 종사하는 근로자가 지역별로 분산되어 있더라도 전체 근로자 수가 30인 이상 일때에는 그 **주된 사무소에 고충처리위원을 배치**하여야 함. 다만 **지역을 달리하는 단위사업장의 근로자 수가 30인 이상일 때**에는 **각 사업장단위별로 배치**하여야함
- 근로자의 고충사항에는 법에 의한 보호를 받지 못하고 있는 사항이나 개인 신상에 관한 사항까지 포함
  - 고충처리는 결국 근로자가 직무에 전념하는 것을 방해하는 불만·애로사항 제거를 목적으로 함

1) 고충사항의 청취

- 고충처리위원은 근로자로부터 고충사항을 청취하여야 함
  - 대부분의 고충은 근로자로부터 제기되지만 관리자 또는 감독자의 고충이 있는 경우 근로자 측 고충처리위원이 처리하는 것도 가능

2) 고충사항의 신고 및 처리

- 근로자가 고충사항이 있는 때에는 고충처리위원에게 구두 또는 서면으로 신고하고 신고를 접수한 고충처리위원은 **지체 없이** 이를 처리
- 고충처리위원은 가능한 한 상담실에서 상담토록 하고 간판 등을 부착하여 근로자들이 쉽게 이용할 수 있도록 함
- 별도 상담실이 없을 경우에는 타인의 출입이 빈번하지 않은 장소를 이용해 상담함으로써 고충근로자의 비밀을 보호하도록 노력
- 근로자의 고충사항을 접수하였을 때에 **당해 근로자가 원하지 아니할 경우**에는 근로자참여 및 협력증진에 관한 법률 시행규칙 제8조 별지제4호서식 내용 중 **상세한 사항은 기록하지 아니할 수 있음**
- 근로자의 고충사항은 인터넷 홈페이지 개설, 사내 신문고 설치 등 최고경영자에게 직접 고충을 제기할 수 있도록 하여 one-stop으로 처리할 수 있도록 하는 등 **다양한 채널을 확보**하는 것이 바람직함
- 개인의 고충사항이 **다수 또는 전체근로자에 해당하는 사항**이거나 **고충처리위원이 처리하기 곤란한 사항일 경우**에는 **협의회의 안으로 상정하여 해결**하도록 함

3) 처리결과의 통보

- 고충처리위원이 고충사항을 근로자로부터 청취한 때에는 **10일 이내**에 조치사항이나 기타 처리결과를 당해 근로자에게 통보하여야 함

4) 대장비치

- 고충처리위원이 근로자참여 및 협력증진에 관한 법률 시행규칙 제4호 서식의 고충사항의 접수 및 그 처리에 관한 대장을 작성·비치하고 이를 **1년간** 보존하여야 함
- 고충처리위원은 고충처리과정에서 근로자의 사생활 관련 사항이 외부에 노출되지 않도록 유의해야 하며, 고충처리대장을 **아무나 열람하지 못하도록 관리**하여야 함
- 고충처리대장은 고충처리위원·사업주·근로감독관 등 관계자 외의 자에게는 열람을 금지하여 근로자의 **비밀을 보장**하여야 함

(4) 고충처리위원의 신분 및 처우

- 고충처리위원은 **비상임·무보수**로 함
- 사용자는 고충처리위원으로서의 직무수행과 관련하여 고충처리위원에게 **불이익한 처분을 하여서는 아니 됨**
- 고충처리에 소요되는 시간에 대해서는 이를 **근로한 것으로 봄**

2 고충상담창구 및 고충상담절차의 의의

1) 고충상담창구의 개념

'고충상담창구'는 성희롱·성폭력·괴롭힘 등 사건과 관련해 상담·신고를 접수하는 **경로**를 말한다. '창구'는 물리적 창구에 한정되지 않는다. 온라인 신고·익명 폼, 지정 고충상담원, 외부 전문기관(위탁 센터) 등 다양한 형태가 포함된다. 중요한 것은 **알기 쉬운 접근성과 예측 가능한 절차**다. 창구에는 접수대장·처리 절차·내부 매뉴얼을 상시 비치하고, 조직 안팎에 적극적으로 안내한다.

참고 **공무원 고충상담제도**

고충상담 = 기관별 인사고용상담 + 소청심사위원회 온라인 고충상담

기관별 고충상담 신청 및 처리 만내

- 인사혁신처는 공무원들의 고충에 대한 관심을 촉구하고, 부처·기관별 편차를 방지하고자 고충상담에 대한 가이드라인을 마련했습니다.
  ※ 세부내용: 「공무원 인사고충상담표준지침」(2018. 8. 16.) 참조
- 해당 가이드라인의 주요내용은 다음과 같습니다.

기본원칙 ······ 상담내용 비밀유지. 처리대장을 통한 관리. 상담 신청자와 상담원에 대한 불이익 금지 등 신분보장

▼

기관장의 책무 ······ 고충상담 전담부서 지정 및 공지. 상담 창구(온·오프라인) 운영. 소속 공무원의 근무만족도·고충실태에 대한 정기 조사

▼

고충상담원 권한 ······ 자료제출 요구권한 등 고충해소에 필요한 권한 부여

▼

기타 ······ 신청서·처리대장·근무만족도 조사 등 필요서식 마련

- 상담을 신청하고자 하는 공무원은 소속기관의 고충상담 전담부서의 담당 직원에게 ① 고충내용 ② 필요조치 등을 기재한 신청서를 제출하거나 구두로 신청하며 기관 내외부 전문 상담원으로부터 상담을 받을 수 있습니다.

소청심사위원회 「온라민 고충상담 채널」 운영

- 소청심사위원회는 공무원이 성희롱, 상급자의 갑질, 집단 따돌림 등 기관 내 상담이 어려운 고충에 대한 공직사회의 고충신문고로써 역할을 수행하고자, 온라인 고충상담 채널을 운영 합니다.
- 온라인 상담신청 건에 대해서는 소청심사위원회 직원이 직접 상담하고, 적절한 처리방법을 안내해주며, 필요한 경우 신청자의 동의를 얻어 소속 기관장에게 통보하여, 성실한 처리를 유도합니다.
  ※ https://sochung.mpm.go.kr/-'온라인 청구'-'고충청구'-'고충상담 신청' 이용

- 공무원의 고충은 해당 기관내부에서 임용권자 단위로 상담하는 것이 원칙이나, 소청심사위원회 「**온라인고충상담채널**」을 통한 상담도 가능하다.
- 공무원의 고충처리제도는 **고충심사 + 고충상담 + 신고** 등 3가지로 구성되어 있으며, 이중 고충심사청구제도는 민간기업에는 없는 공무원의 특수한 고충처리방법이다.

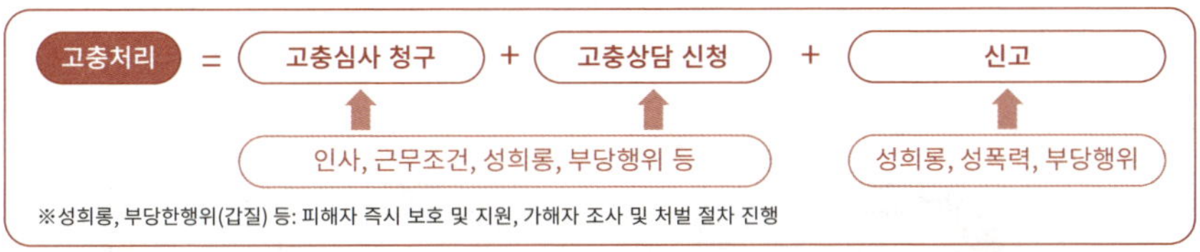

고충처리의 대상

- 소청제도는 공무원이 받은 신분상 중대한 불이익처분이 주요 대상인 반면, 고충제도는 근무조건·처우·인사상 직면하게 되는 일상의 모든 신상문제를 그 대상으로 하고 있습니다.

<근무조건에 관한 사항>
- 봉급·수당 등 보수에 관한 사항
- 근무시간·휴식·휴가에 관한 사항
- 업무량, 작업도구, 시설안전, 보건위생 등 근무환경에 관한 사항
- 출산·육아·자녀교육, 질병치료, 주거·교통 및 식사편의 제공 등 후생복지에 관한 사항

<인사관리에 관한 사항>
- 승진·전직·전보 등 임용에 관한 사항
- 근무성적평정·경력평정·교육훈련·복무 등 인사운영에 관한 사항
- 상훈·제안 등 업적성취에 관한 사항

<상하급자나 통료, 그 밖에 업무 관련자 등의 부적절한 행위로 인한 고충>
- 「성폭력범죄의 처벌 등에 관한 특례법」 제2조에 따른 성폭력범죄
- 성희롱 등 부적절한 언행이나 신체적 접촉
- 위법·부당한 지시나 요구
- 신체적·정신적 고통을 주거나 근무환경을 악화시키는 직장 내 괴롭힘
- 성별·종교별·연령별 등에 의한 차별대우

<기타 신상문제에 관한 사항>
- 기타 개인의 정신적·심리적·신체적 장애로 인하여 발생되는 직무수행과 관련된 고충

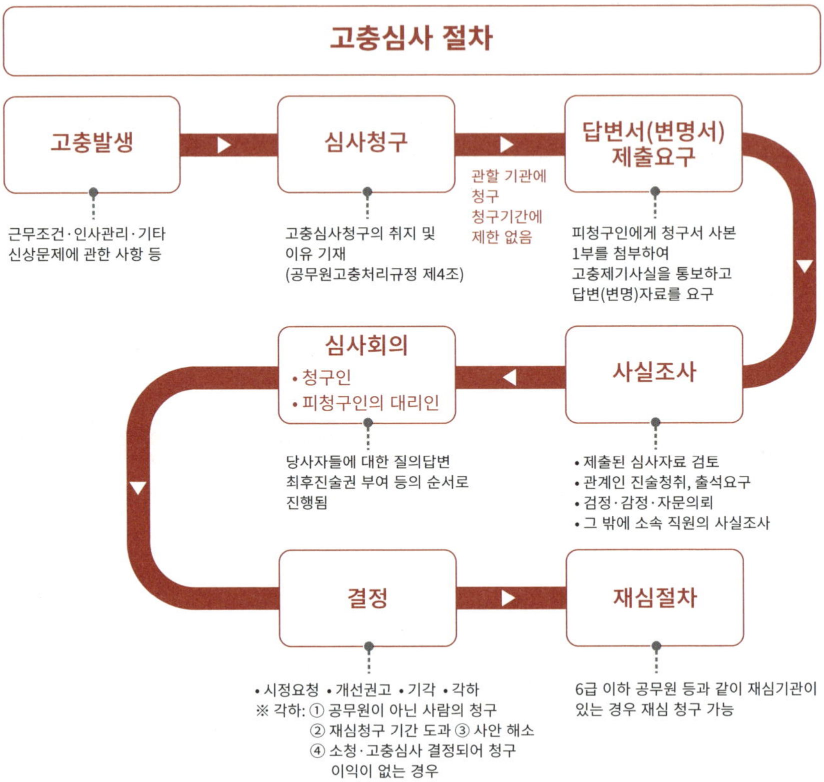

2) 고충상담원의 지정과 지원

가장 대표적인 '고충상담창구인' 고충상담원은 고충상담창구의 '얼굴'이자, 조직이 약속한 **보호·공정·신뢰**를 현실로 만드는 실행자다. 제도가 작동하려면 지정 원칙, 역할과 권한, 운영모델, 역량·보상, 독립성과 보안, 지원체계까지 **선발-운영-지원** 전 주기의 설계가 명확해야 한다.

① 지정·배치 기준

구성원의 **신뢰**와 **중립성**을 최우선으로 선발한다. 관리자·전문인력을 기본 풀로 하되 **성별·직군·근무지의 다양성을 반영**하고, 가능하면 남녀 최소 각 1인 이상을 원칙으로 한다. 본사에만 상징적으로 두는 방식보다는 **사업부·지사 단위 분산 배치**를 통해 **'바로 닿을 수 있는 창구'**를 만든다. 필요시 **외부 위탁창구**를 병행해 접근성을 높인다.

② 역할 · 권한 · 운영모델

• 역할

고충상담원은 사건과 조직을 처음으로 연결하는 창구다. 먼저 당사자의 말을 안전하게 듣고, 비밀보장·불이익 금지 등 권리를 안내한다. 이어 초동 보호 필요성(분리·접근 제한·상담·의료 연계 등)을 점검하고, 기초사실(언제·어디서·무슨 일·누가)을 정리한다. 신고 전환 의사를 확인하여 정식 절차로 이관하고, 인사·법무·보안·EAP 등 관련 부서와 협조·조정을 진행한다. 종결 후에는 2차 피해 모니터링과 재발 방지 제안까지 이어간다. 역할과 업무범위는 **조직의 규모·문화·자원에 맞춰 탄력적으로 설계**할 수 있다.

예시 업무 범위

- 성희롱 · 성폭력(2차 피해 포함) 상담
- 성희롱 · 괴롭힘 사건의 고충 접수 · 처리 지원
- 인사 · 법무 · 보안 · EAP 등과의 협조 · 조정
- 재발 방지 대책 수립 제안 및 이행 연계
- 절차 · 매뉴얼 개선 제안
- 예방 교육 · 홍보 연계

• 권한

역할이 작동하려면 **최소 권한이 문서로 보장**되어야 한다. 상담·보호 관련 자료에 대한 필요 최소 범위 열람권, 분리·접근 제한 등 임시 보호조치의 요청·권고권(최종 결정은 전담부서·사용자), 이해충돌 발생 시 대체 상담원·외부창구로의 전환 요구권, 기록·보안 관리 책임과 책임자 지정 등이 그 핵심이다.

• 운영모델

조직 규모·문화·사건 빈도에 맞춰 내부 전담형, 외부 위탁형, 하이브리드형 중에서 선택·조합한다. 어떤 모델이든 접수 → 보호 → 이관 → 종결(사후관리)의 단계가 일관되게 보이도록 설계하는 것이 관건이다.

- **내부 전담형**: 인사 등 내부에 전담·겸임 배치. 장점은 신속성과 조직 이해, 유의점은 이해충돌 관리

- **외부 위탁형**: 전문기관 1차 상담 위탁. 장점은 전문성·익명성, 유의점은 조직 맥락 공유
- **하이브리드형**: 내부 접점 + 외부 백업. 예: 민감 사안은 외부 1차, 일반 사안은 내부 1차

③ 독립성 · 보안 · 이해충돌 회피

상담 기능은 조사·징계 의사결정 라인과 기능적으로 분리해 **독립성을 유지**한다. 사건 관계자와의 이해충돌이 생기면 곧바로 대체 상담원 또는 외부창구로 전환한다. 기록은 최소 열람 원칙, 분리 보관, 반출 승인제를 적용해 **비밀을 보호**한다.

④ 역량 · 지원체계

법·절차 지식에 더해, **트라우마에 대한 이해를 바탕으로 한 상담 2차 피해 예방 감수성, 기록·보안 운영**은 필수 역량으로 둔다. **연 1회 이상 외부 전문교육**을 기본으로 하되, 여건이 어려운 경우 자체 교육·내부 스터디로 보완하고 사례 슈퍼비전(익명 케이스 리뷰)을 제도화한다. 또한 필요시 남녀고용평등법상 명예고용평등감독관 연계도 검토하되, 현 제도의 실효성을 고려해 선택적으로 운용한다. 상담은 **'부수 업무'가 아니므로 전담 시간 배정, 성과 반영, 전용 공간과 보안 툴 제공, 상담자 소진**(번아웃) **예방 프로그램**까지 함께 운영한다. 사내 포털·온보딩·정기 교육을 통해 상담 경로, 보호 원칙, 예상 타임라인을 지속 안내하고, **익명화 통계와 개선 사례를 정기 공유**해 신뢰를 축적한다.

전문성 확보는 일회성 교육으로 끝내지 않는다. **공공기관**에서 **신규**로 임명된 고충상담원은 관련 전문교육을 임명된 날로부터 **3개월 이내**(예외적인 경우 6개월까지 수강기한 연장) 이수하도록 하고 있는 점을 참고할 만하다(성희롱 방지조치 부진기관 사유는 아니나, 현장점검 지적사항이 될 수 있음).

3 고충상담의 중요성

고충이 접수되면 상담이 시작된다. 이 단계는 신청인이 조직의 정책·권리를 처음으로 확인하고, 해결 가능성을 가늠하는 관문이다. 상담의 질은 피해 최소화와 이후 절차의 공정성에 직결된다. 무엇보다 상담은 **사실 파악**을 넘어 **처리 방향**(조사

전환, 보호조치, 외부 연계)을 결정하는 분기점이므로, 상담원이 유의사항을 정확히 숙지하고 **예측 가능한 안내-기록-보호**를 구현하는 것이 핵심이다.

2 고충상담 단계별 실무지침

1 상담 개관

지금까지 살펴본 내용을 기본으로 이후 살펴볼 고충상담의 목적, 방법, 확인사항 등을 개관하면 아래와 같다.

구분	세부 내용
목적	• 피해자의 피해복구 • 사건의 개요 파악, 피해자의 요청사항을 청취·이행을 통한 피해자의 보호 • 직장 내 성희롱·괴롭힘 등 행위의 중단
방법	• 피해자 요청에 따른 비공식 해결(사과·중재·합의 등) • 피해자·행위자 간 합의 종결 또는 조정을 통한 합의 종결 • 피해자 신청 시 대면상담 진행 • 제3자 신청 시 제3자 대면상담 후 피해자 대면상담 진행
필수조치	• 비공식 절차에서도 유급휴가 또는 배치전환 등 보호조치 검토
확인사항	• 신청인·피해자, 행위자 인적 사항 및 당사자 간 관계 • 직장 내 성희롱·괴롭힘 등 행위의 내용·경위 • 행위로 인한 피해 양상 • 해결과정의 우려상황, 피해자 요청사항 • 직접증거 및 정황증거(목격자, 이메일, 녹음, 메신저 대화, 일기, 치료기록 등)
유의점	• 비밀이 보장되는 공간에서 상담 진행 • 비공식 절차만 신청하더라도 공식 절차 안내 필수 • 중대 사안 또는 성폭력 범죄 의심 시 비공식 절차만으로 종결 지양 • 비공식 절차만을 원하는 경우, 합리성 검토 및 2차 가해 우려 시 공식 절차 권유·보호조치 방안 외부 자문 검토 • 비공식 상담일지는 고충상담원이 관리하되, 피해자 비밀 보호를 위해 상부 보고는 원칙적으로 제한

2 단계별 상담지침

위의 개관 내용을 바탕으로 상담 진행 단계별 세부 지침을 살펴보도록 한다.

1) 상담 준비

① 신청서 검토와 질문지 구성

고충상담신청서 또는 신고서를 기초 자료로 삼아 질문지를 준비한다. 질문지는 **① 개인 인적 사항, ② 사건 개요, ③ 고충의 영향, ④ 대응·관점, ⑤ 원하는 사건 해결방향**의 다섯 축으로 구성하는 것이 표준이다. **평가적·책임 전가형 질문을 배제하고, 합의 종용이나 취하 회유로 인식될 만한 질문**이 없는지 살펴본다.

절차별 주요 질문: 개인 인적 사항 파악

- 이름과 소속이 어떻게 되나요?
- 피신고인의 이름과 소속은 어떻게 되나요?
- 피신고인과의 관계는 어떻게 되나요?

절차별 주요 질문: 사건 개요 파악

- 신고내용을 육하원칙에 의거 구체적으로 말씀해 주실 수 있나요?
- 언제(when) 그런 일이 일어났나요?
- 어디에서(where) 일어난 일인가요?
- 그 사람이 무엇을 어떻게 했는지(what/how) 구체적으로 설명해 보겠어요?
- 그 뒤로도 그런 일이 또 있었나요? 그 일이 얼마나 오래 지속되었나요?
- 혹시 당시에 그 행위를 본 사람이 있나요?
- 주변에 이 문제에 대하여 이야기를 나눈 사람이 있나요? 어떤 이야기를 나누었나요?
- 그 일을 기록한 일지나 이 일과 관련하여 상대와 주고받은 말, 문자나 메일, 치료증빙 등 증거가 될 만한 정황자료들이 있을까요?

절차별 주요 질문: 고충 내용 파악

- 그때 심경이 어땠나요?
- 그때 어떤 생각을 하였나요?
- 그 일로 인해 일상/직장생활에 어떤 영향을 받았나요?
- 그 일로 인해 일상/직장생활에 어떤 어려움을 겪고 있나요? (직무상의 불이익, 고용 환경 악화, 신체적 손상, 정신적 고통 등)

절차별 주요 질문: 대응방식과 관점 파악

- 그 당시 상대방에게 어떻게 대응하였나요?
- 그 당시 상대방(행위자에게 그만두라고 말했거나, 표정이나 제스처, 행동 등으로 거부 의사를 표현한 적이 있으면 말씀해 주시겠어요?
- 상대방의 행동에 가만히 있었던 이유가 무엇일지 생각해 보시겠어요?
- 이런 일을 겪은 자신에 대해 어떻게 생각하시나요?
- 그 당시 상대방(행위자)은 무슨 생각과 마음이었을까요?
- 사건에 대해 혹은 행위자에 대해 어떤 생각이나 견해를 갖고 있나요?

절차별 주요 질문: 원하는 사건 해결 방향 파악

- 피해 당시 회사에 고충상담창구가 있다는 것을 알고 계셨나요?
- 지금 고충상담을 신청하게 된 특별한 계기가 있으신가요?
- 본인이 가장 원하는 것은 무엇인가요?
- 사건이 어떻게 해결되기를 원하세요?
- 본인이 가장 두려운 것은 무엇인가요?
- 본인이 아무것도 하지 않았을 때, 어떤 문제가 발생할 것 같은가요? 이 경우 가장 최악의 상황은 무엇이라고 보는지요?
- 본인이 상담종결 혹은 합의처리, 혹은 조사처리를 선택할 경우 예상되는 결과는 무엇인가요?
- 최선의 상황과 최악의 상황은 무엇이라고 보나요?

② 신고인(내담자)과 상담일정 및 장소 조정

상담은 **비밀이 보장되는 독립 공간**에서 진행한다. 출입 동선을 분리하고 제3자의 접근이 통제되는 장소를 확보하며, 대기·귀가 과정에서 피신고인과 마주치지 않도록 **시간차 배정**을 원칙으로 한다. 일정은 내담자의 근무·건강 상태를 고려해 **충분한 시간을 확보**하되, 한 번의 면담에서 가능한 범위까지 진행하여 반복 진술을 최소화한다. 필요시 야간·원격 상담 등 대안을 제시하고, **통역·장애 편의**(필기자료, 휴식, 보조공학기기)와 **신뢰인 동석 여부**를 사전 확인한다. 상담자는 중립적 태도로 내담자가 진술하기 편안한 분위기를 조성하고, 장소·일정·상담자 성별 선택 가능 여부 등을 안내하여 자기결정권을 보장한다.

원격 상담은 전용 회선과 **보안이 설정된 플랫폼**을 사용하며, **녹화·녹음 여부와 저장 방식은 사전에 고지**한다. 초청 메일·문자는 사건 성격이 노출되지 않도록 제목·표현을 **중립화**하고, 조직의 **공용 캘린더 자동 공유가 되지 않도록 설정**을 **점검**한다. 안전 위험이 식별되는 경우에는 **일정보다 보호조치가 우선**이며, 긴급 상황에서는 즉시 보호조치 라인으로 이관한다. 또한 면담 배정 전에 **이해충돌을 사전 점검**하여 상담자와 피신고인이 동일 부서이거나 친분 관계가 확인되면 즉시 **대체 상담자를 지정**한다.

③ 상담 기록을 위한 준비

상담 전 **필수 서식**(상담일지, 개인정보 제공 동의서, 자료 제공 동의서)을 미리 준비한다. 면담 시작 전에 무엇을 기록·보관하고 누가 열람할 수 있는지를 간단히 고지하고, **요지 확인·서명 방식**(자필 또는 전자서명)을 안내한다. 증빙을 받을 가능성이 있으면 **제출 방법과 전용 업로드 경로**를 미리 안내한다. 녹취는 동의 시에만 진행한다는 원칙만 간단히 알리고, 거부 시에는 요지 확인으로 대체함을 안내한다.

2) 정보수집과 제공

면담 준비가 끝나면 이제 실전이다. 고충상담원 교육을 받았다 해도 타인의 고충을 듣고 정리하는 일은 결코 쉽지 않다. 내담자 역시 어려운 국면에서 오는 만큼 쉽게 입을 열지 않을 수 있다. 이때 함께 어색한 침묵 속에 머물러서는 안 된다. 사전에 **확인할 사항, 제공할 정보, 주의할 점**을 분명히 숙지한 뒤, 그 순서에 따라 차분히 면담을 이끈다.

① 고충상담원이 확인할 사항

- **고충 제기 계기 · 현재 우려**
  - 고충상담을 요청하게 된 계기, 즉시 필요한 보호가 무엇인지 확인한다.
- **사건 당사자 및 관련자 인적 사항**
  - 신청인 및 피신고인(행위자로 지목된 자): 이름, 소속, 직위, 연락처
  - 상급자(보고라인): 이름, 소속, 직위, 연락처
  - 증인·참고인: 이름, 소속, 직위, 연락처
- **사건 개요**
  - 문제 언동(6하 원칙으로 기술), 발생 일시·장소, 반복·지속 여부와 기간
  - 고충 내용 및 영향: 직무상 불이익, 정신적 고통, 신체적 손상 등
  - 증거·정황: 목격자, 일지, 메신저·이메일, 녹음, 치료기록 등 보유 여부
- **신청인의 대응 방식과 관점**
  - 당시 중지 요청 또는 거부 의사 표시 여부, 이후 대응 경과
  - 신청인 자신과 피신고인에 대한 현재 인지·정서적 태도
- **해결방안 탐색 및 결정**
  - 신청인이 원하는 것: 사건 해결 방식(비공식/공식/외부 연계),
  - 행위자·관리자·동료와의 관계에서 바라는 변화·요구사항

② 상담신청인에게 제공할 정보

- **직장 내 성희롱 · 괴롭힘 · 스토킹 등 개념 및 성립요건**
- **내부 규정 · 절차**: 회사 지침, 고충처리 절차(접수-보호-이관-조치-사후관리), 예상 소요
- **비밀보장과 범위**: 필요한 사람에게만 공유, 법령상 제출 예외, 열람권한
- **신고인 보호제도**: 불이익조치 금지, 분리·접근 제한·좌석/보고라인 조정·유급 휴식 등
- **권리 · 의무**: 진술·의견제출권, 사실확인의 협조의무, 비밀유지의무
- **도움의 유형 · 범위**: EAP·의료·법률·외부기관 연계(경찰·고용노동부·국가인권위 등) 연계 가능성
- **비공개 처리의 한계**: 정식 조사 미진행·비공개 요청 시 발생할 수 있는 제약 사항

③ 기타 상담에서 주의할 사항

가. 금지 질문·2차 피해 예방

면담 전 과정에서 상담자는 **평가적·책임 전가형 질문을 배제**하고, **합의 종용이나 취하 회유로 들릴 수 있는 표현을 사용하지 않는다.** 특히 신고의 시기나 동기를 의심하는 말(“왜 이제야 신고하는가”), 신고인의 느낌·피해를 폄하하는 말(“둘이 사이가 좋았던 것 같은데 왜 문제 삼는가”), 과거 대처를 질책하는 말(“그때 왜 거부 의사를 밝히지 않았는가”)은 **2차 가해로 받아들여질 수 있으므로 금지**한다.

나. 초회 면담 운영 원칙

첫 면담은 **6하 원칙**에 맞춰 사실과 요청사항을 충분히 듣되, 반복·지속 여부와 기간도 함께 확인한다. 면담은 **충분한 시간을 사전 확보**하여 진행하고, 필요하면 **중간 휴식**을 제공하며, 선정적 세부 묘사나 불필요한 반복 진술은 피한다. 면담 말미에는 상담자가 요지를 **객관적 언어**로 구두로 정리해 내담자에게 확인을 받고, 상담일지에는 요지 확인 사실과 정정 요청 여부만 기록한다. 여기서 말하는 ‘필요 최소 범위’는 중복적이거나 가학적인 질문을 줄이자는 취지이지, 핵심 사실·영향·보호 필요성 청취를 제한하자는 뜻이 아니다.

다. 기록 운영

기록은 **즉시 기록**(동시기록)을 **원칙**으로 하며, **평가·추정 표현은 넣지 않는다.** 직접 진술은 **인용부호**로 구분하고, 일시·장소·참석자·권리고지 여부·증빙 존재 여부·보호 필요성·후속 계획을 빠짐없이 남긴다. 녹취는 당사자 동의 시에만 진행하고 거부하는 경우에는 요지 확인으로 대체됨을 안내한다. 보관·반출·보존 등 구체적 기준은 ‘(4) 종결·기록·보고’를 따른다.

라. 증빙 접수·전달 경로

증빙은 **전용 업로드나 지정 공식 계정**을 우선 안내한다. 다만 **개인 메일·메신저로 받은 경우**에도 접수를 거부하지 말고, 받은 자료를 즉시 사건 파일에 저장하고(수신 일시와 발신자만 간단히 남긴다) 다음부터는 공식 경로로 제출해 달라고 안내한다. 디지털 자료는 원본 보존을 우선 안내하고, **스크린샷만 있는 경우**에는 **원본 위치와 수신 일시를 함께 기재**하도록 한다.

마. 제3자(타인) **신청 시 공유 범위**

제3자가 문제를 알린 경우에는 **피해자 의사 확인 전 불필요한 정보 확산을 금지**하고, **업무상 필요한 최소 범위에서만 공유**한다. 피해자 접촉 전에 **안전 동선, 가능한 보호조치, 권리고지문**을 준비해 예측 가능하고 안전한 면담을 마련한다.

3) 해결방식 결정

해결방식은 하나로 고정하지 않는다. 사안의 성격과 중대성, 재발 가능성, 증빙의 유무, 신청인의 안전과 의사, 조직의 법적·윤리적 의무를 함께 고려해 비공식-공식-외부 연계 중에서 선택하거나 조합한다. 원칙은 두 가지다. 첫째, 안전과 보호를 우선 확보한다. 둘째, 선택의 이유와 전환 조건을 분명히 해 예측 가능성을 보장한다.

① 선택지와 기준 정리

- **상담종결**: 정보 제공과 안내만으로 종료한다. 신청인이 추가 절차를 원치 않고 안전 위험이 낮을 때 가능하지만, 사실확정·재발방지 효과는 제한적이다.
- **비공식 합의/중재**: 사과, 재발방지 약속, 업무분리 등으로 신속한 수습을 도모한다. 다만 사안이 중대하거나 권력격차·재발 위험이 큰 경우에는 적합하지 않다. 합의가 사건의 존재를 소멸시키지 않으며, 필요시 언제든 공식 절차로 전환될 수 있음을 안내한다.
- **공식 조사**: 사실판단과 조치(징계, 교육, 조직 개선)에 직결되어 명확성이 높다. 다만 시간과 에너지가 더 필요하고, 조사 과정에서 2차 피해 예방과 비밀 관리가 중요하다.
- **외부 연계**: 형사범죄 의심(수사기관), 직장 내 괴롭힘·조치의무 위반(고용노동부), 차별·인권침해 성격이 강하거나 제도 개선이 필요한 경우(국가인권위) 등에서 고려한다. 내부 신뢰성이 낮거나 고위직 연루 시에도 검토 대상이다. 내부 절차와 병행 가능함을 알린다.

② 신청인 의사 확인 및 전환 조건 설정

신청인의 **자기결정권을 존중하되, 범죄성·안전 위험이** 큰 경우에는 **공식 조사** 또는 **외부 연계**를 권고한다. 신청인이 원하는 경로를 확인하고(예: 정식 조사 진행,

중재 후 종결, 조사 중 합의 종결, 보호조치만으로 종결 등) 동의의 **자발성과 비강요성**을 점검한다. 동시에 **전환 조건**을 명시한다. 재접촉·보복 발생, 추가 피해 확인, 합의 불이행, 추가 증거 확보 등의 사정이 생기면 **공식 절차 전환을 우선 검토·권고**한다. 다만 법정 조치 의무가 발생한 경우에는 신청인의 의사와 무관하게 필요한 범위의 공식 사실확인을 착수한다.

③ 보호조치의 확정

해결방식의 선택과는 별개로 **보호조치**는 **즉시 검토**한다. 법문상 규정된 근무장소 변경, 배치전환, 유급휴가 부여 외에도 보고·결재선 조정, 피신고인 대기발령(분리조치의 일환), 심리상담 및 의료 지원 등 가능한 수단을 놓고 **현재 위험 수준에 맞춰 필요 최소 범위로 적용한다. 적용 기간과 재평가 주기**(예: 1·2·4주)를 미리 정하며, 이해충돌 방지와 비밀유지 원칙을 함께 고지한다. 특히 정식 조사로 진행될 경우에는 조사 절차와 범위, 예상 소요기간, 회사가 제공할 수 있는 보호조치의 종류를 사전에 안내하고, 조사 기간 동안 신고인이 원하는 보호조치가 무엇인지 구체적으로 확인한다. 법령상 신고인은 '**직장 내 성희롱·괴롭힘 피해를 주장하는 것'만으로도 보호 대상**이 되므로, 추후 판단에서 성희롱·괴롭힘이 아닐 가능성이 높아 보이는 상황이라 하더라도 조직은 심리상담 안내 등 합리적인 보호조치를 성실히 이행해야 한다. 보호조치는 원칙적으로 피해자 의사에 반하여 불이익이 되지 않도록 설계한다.

4) 종결·기록·보고

① 사건 진술 및 요구안정리 (상담보고서 형태로 문서화)

초기 상담이 끝나면 상담자는 곧바로 상담일지를 정리한다. 기록은 상담과 동시에 진행하는 것을 원칙으로 하고, 평가나 추정은 배제하며 실제로 들은 말과 확인된 사실만 남긴다. 신고인의 직접 진술은 따옴표로 구분하고, 일시·장소·참석자, 행위의 경위와 방식, 반복 여부, 증빙의 존재, 신고인이 바라는 보호조치와 후속 희망사항을 누락 없이 적는다. 권리 및 비밀유지 고지는 언제 어떤 내용을 알렸는지 간단히 기재한다. 상담일지는 내부 기록을 위한 문서이므로 조사문답서의 서명 확인과 달리 **신고인 서명을 별도로 받지 않고 작성되는 것이 일반적**이다. 상담일지는 **보호조치의 방향을 제안하는 문서**일 뿐 결정 문서는 아니므로, 위험 수준(접촉 가능성·보복 징후·심리 위험)을 간단히 판단해 분리, 보고선 조정, 유급휴가, 상담·의료 연계 등 구체적 제안을 적고 재점검 일정(1·2·4주)을 함께 표기하되, "결정은 결재로 확정됨"을 분명히 구분하여 서술한다.

예시 상담일지

1. 신고개요

2025-10-06 10:15 이메일 접수. 마케팅팀 A가 B차장의 행위로 직장 내 성희롱 신고

2. 상담개요

2025-10-06 11:00~11:35 / HR 상담실 / 대면

3. 인적 사항

- 피상담자: 마케팅팀 A대리(사번 1234, 직위 대리)
- 피신고인: 마케팅팀 B차장(사번 5678, 직위 차장 · 팀 내 평가권 보유)

4. 상담내용

- 관계: 동일 팀, B가 A의 연말평가권 보유, 사적 친분 없음(근무 2년 같은 보고선)
- 일시: 2025-09-24 22:10경(회식 종료 직후) 및 2025-09-25 09:12 · 09:15 · 09:21
- 장소: 강남구 ○○로 구간 택시 뒷좌석, 다음 날 사내 메신저
- 경위: 회사 공식 회식 후 같은 방향 귀가 중 B 제안으로 동승, 평소 사적 대화 거의 없었음
- 행위 내용: "택시에서 허리를 감싸고 밀착했다" 약 1분 지속, A가 몸을 빼며 거부 의사 표시함, 다음 날 "어제 잘들어갔어요?", "제가 어제 술이 많이 취해서..", "제가 실수한 것 없죠?"메시지 3회 발송, A는 답변하지 않음
- 반복성: 신체접촉은 처음이나 2025년 8월 이후 사적 식사 제안성 메시지 3회 수신 진술
- 업무관련성 · 지위 이용: B는 팀 내 인사 · 평가권 보유, A는 연말평가 · 배치에 불이익 우려 진술
- 사후 경과: 9/24 귀가 후 동료에게 카톡으로 상황 알림, 9/25 오전 팀채팅방 · 대면 접촉 회피 시도
- 증빙 유무: 있음(카카오톡 메시지 캡처 3건, 사내 메신저 로그 1건, 회식 결제내역 1건, 참고인 C 진술 의사)

5. 요청사항

B와 공간 · 보고선 분리, 유급휴가 3일, 심리상담 1회 연계, 추후 징계 검토

6. 검토의견(□ 상담종결 ■ 조사진행)

- 권리 · 비밀 고지: 11:03 완료(불이익 금지 · 보호조치 신청권 · 자기방어권)
- 보호조치: B 대기발령 2주(급여 유지), 좌석 및 보고선 분리, 유급휴가 3일, 상담 연계
- 재점검: 1 · 2 · 4주차
- 정식 조사: 동의
- 증빙 보관 위치: 내부드라이브 HR/2025/017/증빙 〈MSG_0925_1~3.png, IM_0925.log, RCPT_0924.pdf〉

7. 확인

담당 · 팀장 결재

② 내부결제 및 기록 보전

상담일지는 작성 즉시 조직의 결재선에 따라 상신하며, 최종 결재권자가 보호조치의 시행 여부와 범위를 확정한다. 위험이 높다고 판단되는 사안은 접수 당일 결재를 원칙으로 하고, 결재가 완료되면 **신고인**에게는 본인에게 적용될 조치의 내용과 기간, 문의 창구를 알리고, **집행이 필요한 부서**에는 좌석·출입·보고선 등 집행에 필요한 항목만 전달한다. **피신고인 통지**는 관련자 비식별을 유지한 채 본인이 준수해야 할 임시조치와 소명 기회만 안내한다(최소 고지).

모든 기록은 지정된 사건 폴더에 저장하고, 열람 권한은 상담자·팀장·최종 결재권자로 한정한다. 외부 제출이 필요한 경우에는 식별정보를 제거한 별도 파일을 사용한다. 보관 기간은 기관 규정에 따르되, 분쟁이나 수사가 진행 중인 사건은 보관을 연장하고, 종결 시에는 상담종결 또는 조사진행 여부와 보호조치 재점검 결과를 마지막으로 정리해 닫는다.

3 이해관계자별 유의점

일반적인 고충상담에서 상담원이 주로 대면하는 당사자는 신고인(피해자)이다. 다만 예외적으로 피신고인·참고인이나 상급자·관리부서가 절차를 문의해 오기도 하며, 분리조치·좌석·출입 변경처럼 **당일 집행**이 필요한 과제가 발생하거나, 피신고인의 해명 문의와 팀장의 공지 범위 문의에 대응해야 하는 **상황**을 마주하게 된다. 이때 상담 창구가 최소한의 안내를 못 하면 불필요한 노출, 비공식 합의 종

용, 확인되지 않은 소문 유포 등 2차 피해가 커지므로, 본 절은 상담 단계에서의 역할을 **기록 · 보호 · 다음 단계로의 안전한 연결**로 한정하고, 응대 범위를 **안전 확보 · 권리고지 · 집행 연계**로 좁히며, 사실판단과 심문은 **조사 단계**에서 다룬다는 경계를 분명히 하기 위해 마련하였다.

1) 피신고인(행위자로 지목된 자) 응대

상담 단계에서 피신고인을 대면·통화로 접촉하는 **목적**은 절차와 의무를 알리고, 임시조치 준수와 소명 기회를 안내하는 데 그친다. 행위의 진위를 다투는 질의응답, 합의·사과를 압박하는 설득, 신고인 정보 제공은 금지한다. **반드시 알려야 할 핵심**은 다음과 같다: 사실확인 절차가 개시되었고 본인이 지켜야 할 임시조치(접촉 제한, 자리·보고선 변경 등)가 있으며, 불리한 처우·보복·소문 유포는 금지이고, 소명 기회와 문의 창구가 마련되어 있다는 점. 모든 안내는 **비식별 · 최소고지**로 하고, 내용과 시각을 상담일지에 남긴다.

2) 주변인(상급자·동료·HR·관리자) 응대

주변인을 만나는 주된 이유는 필요한 **조치 실행과 현장 정리**다. 좌석·출입·보고선 변경, 근무표 조정, 문건 비공개 관리, 소문 차단 같은 실행 과제는 현장 상급자와 관리 부서의 협조 없이는 돌아가지 않는다. 상담원은 무엇을, 언제, 어디까지 공지해야 하는지와 **"하지 말아야 할 것"**을 간단히 전달한다. **해야 할 일**은 조치 지시 이행, 비밀유지, 확인되지 않은 추측 정보 공유 금지, 소문 즉시 차단이고, **하면 안 되는 일**은 비공식 면담으로 합의 유도, 피해자 탓하기, 추측성 브리핑이다. 사실관계 확인 질문이 나오면 "**조사 단계**에서 다룬다"라는 경계를 분명히 한다.

3) 참고인 관련 문의

상담 단계에서 참고인을 직접 조사하지는 않는다. 다만 안전을 위해 동선 분리나 일시적 접촉 자제를 알릴 필요가 있을 때 또는 참고인이 스스로 연락해 보호를 요청할 때가 있다. 이 경우에도 역할은 **안내와 보호**에 한정한다. 비밀유지와 보복 금지를 고지하고, 면담·진술은 **조사 단계**에서 정식 절차로 진행된다는 점을 알린 뒤, 필요한 보호조치 요청은 **결재권자 승인으로 확정**된다.

4) 상담-조사 경계와 기록

상담 단계의 모든 접촉은 목적을 **안내·보호·집행 연계**로 좁히고, 사실판단이나 책임판단이 필요한 사안은 조사단계로 이관한다. 누구에게, 언제, 무엇을 안내했는지와 조치 집행을 위해 어느 부서에 무엇을 요청했는지를 상담일지에 간단히 남긴다. **증빙 유무와 보관 위치**(예: 내부드라이브 경로, 파일 식별자)도 빠뜨리지 않는다.

4 상담 커뮤니케이션 기본

1) 질문기법

초기 상담에서 내담자는 성희롱·직장 내 괴롭힘으로 심리적 부담이 크고, 관련 제도·절차를 충분히 모른 채 도움을 구하는 경우가 많다. 상담자는 이 점을 전제로 **상대의 속도에 맞춰 경청하되, 평가하지 않는다**. 질문은 "네/아니오"를 유도하는 **닫힌 질문**보다 상황·경위·영향을 넓게 듣는 **열린 질문**을 기본으로 한다. 또한 단순히 "네, 알겠습니다"라고 받아 적는 데 그치지 말고 "지금 말씀은 ○○라는 뜻인가요?"처럼 **객관적 언어로 요지를 되비춰 확인**하여, 사실 관계와 내담자가 원하는 바를 정확히 파악한다.

닫힌 질문	열린 질문
"그리고 그 사람이 만졌나요?"	"그때 무슨 일이 있었나요?"
"그래서 하지 말라고 하셨나요?"	"그 상황에 어떻게 반응하셨나요?"
"그래서 기분이 나쁘셨어요?"	"그 일을 겪고 어떤 느낌이 들었나요?"
"그 일은 이번 한 번이었죠?"	"비슷한 일이 다른 때에도 있었나요?"
"목격자가 있었나요?"	"그때 주변에 누가 있었는지 기억나시나요?"
"증거는 갖고 계신가요?"	"관련 자료가 있다면 어떤 것들이 있나요?"

2) 말의 속도·정보량 조절

상담자는 속도와 정보량을 **상대의 처리 여력**에 맞춘다. 쉬운 사실 나열은 짧고 빠르게, 판단이 필요한 내용·숫자·지명·일정 안내는 천천히 또렷하게, 한 번에 한 가지씩 전달한다.

상황	권장속도 · 방식	이유	예시문구
사건의 큰 흐름 소개	**약간 빠르게,** 핵심만	전반 구조를 먼저 잡기 위해	"접수-기록-보호 제안-결재 순서로 진행됩니다"
모두가 아는 사실 · 단순 나열	**빠르게**	인지 부하 최소화	"장소는 회식 식당, 이동은 택시, 다음 날 메신저입니다"
숫자 · 인명 · 지명 · 시간	**천천히,** 반복 확인	오기 · 오청 방지	"9월 25일 오전 9시 12분, 15분, 21분이 맞나요?"
인과관계 · 절차 안내	**천천히,** 단계화	오해 방지	"우선 분리 제안을 올리고, 결재 후 통지합니다"
추론 · 의심 소지가 있는 내용	천천히, 중립 표현	재자극 · 오해 최소화	"말씀하신 내용은 이렇게 이해됩니다… 제가 맞게 이해한 것인지 확인 부탁드립니다"
감정이 동요될 때	**속도 낮추기** · 짧은 문장	정서 조절 지원	"잠시 쉬었다가 이어가겠습니다. 지금까지 부분만 정리할게요"
강조 · 중요 안내	**천천히,** 한 문장씩	핵심 고지 확보	"오늘부터 귀하에게 적용되는 좌석 · 보고선 분리 조치는 2주간 유지되며, 필요시 1 · 2 · 4주 재점검으로 변경될 수 있습니다; 문의는 HR 상담창구 OOO(내선 ####)로 주세요."

3) 상담 핵심고지 요약

이미 본문 곳곳에 서술된 안내를 다시 모은 **체크리스트형 예시**다. 현장에서 한눈에 확인해 **누락을 막고 일관성을 유지**하려는 목적이며, 각 조직의 실정에 맞게 용어·항목을 가감해 활용하면 된다.

고지 항목	언제	핵심 키워드	기록 체크
비밀유지 · 열람 제한	첫 안내	기록은 필요한 인원만 열람	☐ 고지 완료
불리한 처우 금지	첫 안내	신고로 인한 불이익 금지	☐ 고지 완료
최소고지 원칙	통지 전	필요한 대상 · 내용만 통지	☐ 고지 전 확인
보호조치 신청 가능	요구 파악 직전	필요 보호 말하면 상신	☐ 요청 요지 기록
조사 이관 기준	경계 안내 시	사실 · 책임 판단은 조사 단계	☐ 이관 쟁점 메모

녹취 동의	녹취 제안 시	동의 시에만, 거부 시 요지 확인	☐ 동의 여부
2차 피해 금지	종료 전	소문 · 보복 금지	☐ 고지 완료
지원 경로	종료 전	상담 · 의료 · 문의 창구 안내	☐ 담당 · 연락처
보호조치 확정 통지	결재 후	조치 내용 · 기간, 1 · 2 · 4주 재점검, 문의 창구	☐ 통지 기록

5 품질관리 · 사후관리

품질관리 · 사후관리는 사건 이후를 **과정 · 사람 · 데이터** 세 축으로 다룬다. 30 · 60 · 90일 점검으로 조치의 유지 · 변경 · 해제를 결정하고, 상담자 소진 예방 · 슈퍼비전으로 현장의 안전과 역량을 지키며, 비식별 내부 지표 · 피드백으로 개선을 반복한다.

1) 30 · 60 · 90일 점검과 보호조치 재평가

초기 조치가 실행된 뒤에는 **정기 재평가**로 안전과 효과를 확인한다. '30 · 60 · 90일 점검' 세부 항목과 표준 체크리스트는 제4장에서 이미 제시했으므로 여기서는 원칙만 정리한다. 점검은 사건의 경과와 현재 위험(접촉 가능성 · 보복 징후 · 심리 상태), 조치의 적합성(분리 · 보고선 · 근무 · 휴가 · 상담 연계) 그리고 조정 필요 여부를 간단히 확인하는 절차다. 기록은 "언제, 무엇을 확인했고, 무엇을 유지 · 변경 · 해제했는지" 한 줄로 남기고, 변경이 있을 때만 사유를 덧붙인다. 점검 과정에서 새로운 위험이 드러나면 **즉시 결재**로 조정하고, 반대로 안정이 확인되면 단계적으로 해제한다.

2) 상담자 지원

여러 조직에서 고충 상담 · 자문을 하며, 고충상담원은 물론 일회성으로 심의위원회에 참여한 구성원조차 사건 노출만으로 극도의 스트레스와 2차 외상 반응을 호소하는 장면을 여러 차례 보았다. 그래서 이제는 사건의 질을 높이는 일만큼 **상담자**(실무자)**를 지키는 체계**를 갖추는 일이 중요하다. **슈퍼비전**은 처리 과정의 판단 근거와 윤리 이슈를 점검해 업무 품질을 끌어올리는 절차이고, 소진 예방 운영은

2차 외상과 과로를 줄이는 보호 장치다. 고강도 사건 뒤에는 짧은 **디브리핑**으로 감정 정리를 돕고, 월 1회 팀 단위 슈퍼비전으로 체크포인트를 공유한다. 교육은 정기적으로 실시하되 2차 피해·외상 반응·최소고지 원칙에 따른 소통에 관련 내용을 포함하고, 여건이 되는 범위에서 실무자의 직접적 스트레스 관리 워크숍을 병행한다. 기록은 **참여 여부와 일정만 최소 기재**하고, 개인 심리상담 내용은 **인사 평가와 완전히 분리해 보관**한다.

3) 내부 통계·피드백

사건을 개인의 경험에만 맡기지 않으려면, **비식별 내부 지표**로 흐름을 살펴야 한다. 예시는 다음과 같다: 접수 경로 비율(이메일·내부 포털·대면), 사건 유형·중복 여부, 보호조치 종류와 평균 유지 기간, 30·60·90일 점검에서의 유지·변경·해제 비율, 재발 신고율, 상담 대기 시간, 교육·슈퍼비전 참여율. 통계는 내부 기준을 정해 (예: 분기별) 공유하되 식별 가능 정보는 제거하고, 결과는 **개선 과제**로 바로 연결한다(예: 특정 부서의 반복 위험 → 관리자 교육·근무환경 조정, 통지 지연 → 결재선 재정비). 피드백 채널은 신고인·피신고인·관리자용을 분리하고, 자유서술 의견은 요지화해 **재발 방지 대책**에 반영한다.

※ 한 줄 요약

핵심은 간단하다. **정기 재평가**로 안전을 확인하고, 사람이 지치지 않게 보호 장치를 돌리며, 숫자로 드러난 신호를 개선으로 연결한다.

3 조사 여부 결정

조사 여부에 관한 기본 원칙은 앞선 단계별 상담지침에서 다뤘지만, **정식 조사 개시 여부 자체**가 지니는 쟁점과 의미가 커 별도로 한 번 더 정리한다. 이하에서는 사건이 **상담으로 종결되는 경우와 정식 조사로 진행되는 경우**를 나누어 살핀다.

1 상담으로 사건 종결

1) 종결 사유와 각하 기준

상담으로 종결할 수 있는 경우는 크게 다음과 같다. 신고인이 **후속 절차 진행을 원하지 않는 경우**, 상담 과정에서 **당사자 간 합의**가 성립되어 추가 사실확인의 실익이 낮은 경우, 신고인이 **외부 절차**(노동청·인권위 등)로 진행하며 내부 절차 중단을 요청한 경우, 그리고 **각하 사유에** 해당하는 경우다.

여기서 각하는 **업무관련성이 전혀 없어** '조직 내 고충'으로 보기 어렵거나, 이미 **동일 사안을 조사·조치 완료**했는데 새로운 쟁점 없이 **반복 접수**된 경우 등을 말한다. 각하 판단 시에는 **'신고 접수 종결 보고서'**에 사유와 근거를 간단히 정리하고, 처리 결과를 신고인에게 **통보**한다. 이때 각하 사유와 함께, **새로운 사실·증빙이 생기면 재접수가 가능**하다는 점, 외부 절차 이용 시 **내부 창구의 지원 범위**를 안내한다. 종결·각하 여부와 무관하게 **현재 위험이 확인되면 보호조치**(분리·보고선 조정·근무조정·유급휴가·상담 연계 등)를 **필요 최소 범위로 제안**하고, 실제 시행은 결재로 확정한다.

2) 종결 후 지원과 모니터링

상담으로 사건을 종결하더라도 **지원은 계속**된다. 지속 상담으로 **피해 중지·감소**를 돕고, **대응 방법**을 구체적으로 안내한다. 피해자가 원하면 **업무·공간 분리, 배치 전환, 유급휴가 부여** 등 조치를 검토해 시행한다. 상담 진행 중 합의가 이루어진 경우에는 합의 내용을 간단히 기록하고, **이행 여부**를 확인한다. 또한 종결 후라도 피해자가 원하면 **언제든 조사로 전환할 수 있음**을 분명히 알린다.

상담으로 사건 종결 시 고충상담원 유의점

- **현재진행형 피해가 확인**되면 종결 여부와 상관없이 **피해 중지·보호조치 즉시 가동**
- 조치 없이 종결하지 않음, **"언제든 상담·조사 재개 가능"**을 알리고 **관련자·현장 모니터링 지속**
- **절차에 대한 두려움·부담을 파악**하고 분리·최소고지·신뢰관계인 동석·단계적 조사 등 **구체 대안 제시로 정보에 기반한 선택 지원**

2 조사 진행 결정

1) 신고인이 원할 때: 절차 전환 안내

피해자가 **정식 조사를 원하면** 상담을 마무리하고 다음 단계로 **절차 전환**을 돕는다. 상담은 **선택적 절차**이므로, 상담 없이도 **신고/조사신청서 작성·제출 후** 곧바로 조사로 이행할 수 있음을 함께 알린다. 이때 **대리인 선임**과 **신뢰관계인 동석 가능 여부**, **비밀유지**와 **최소고지 원칙**, **예상 기간**과 **조사 범위 합의**(무엇부터 확인할지, 어떤 자료를 우선 볼지) 등을 간단히 안내한다. 조사로 전환하기로 정해지면 **조사신청서**(또는 동등한 서면 의사표시)를 받고, **보호조치의 유지·변경·해제** 계획을 결재로 확정하며, 통지는 **필요한 사람에게 필요한 내용만** 알린다.

2) 신고인이 망설일 때: 핵심 설명과 선택지

상담원 판단상 **조사가 필요**해 보이지만 신고인이 **주저**할 때는, 필요한 정보를 제공해 스스로 선택할 수 있게 돕는다. 첫째, **법적 의무**를 설명한다(직장 내 성희롱·괴롭힘은 인지 시 사실확인이 요구됨). 둘째, **방식의 선택지**를 제시한다: 대면 위주만이 아니라 **문서·메신저·메일 자료 검토**, **단계적**(제한범위) 조사, **비식별 통지**, **설문 기반 탐색** 등 **덜 노출되는 방법**이 가능하다는 점. 셋째, **보호**와 **비밀**을 재확인한다(접촉 제한·보복 금지, 문의 창구 고정). 넷째, **조사 부재의 한계**도 솔직히 알린다(조사가 없으면 보호조치와 행위자 조치의 강도·지속성에 제약). 다섯째, 이 사안은 **개인 간 갈등이 아니라 조직규범으로 규율되는 문제**라는 점을 분명히 한다(타인의 근로환경을 침해하는 행위를 조직이 규범과 절차로 다룸). 마지막으로 **권리 안내**를 덧붙인다(신뢰관계인 동석, 대리인 선임, 기록 열람 범위 고지). 아울러, **피신고인의 행위가 사실로 확인될 경우 징계**는 조직 규정에 따라 결정됨을 안내하되, 판단과 평가는 조사 단계에서 이뤄진다는 점도 주지한다. 요지는 **두려움을 줄이는 구체 정보**를 제공해 신고인이 **스스로 결정**하도록 돕는 것이다.

3) 끝내 거부할 때: 안전 유지와 기록, 대안 조치

설명을 거친 뒤에도 신고인이 **정식 조사를 거부**하면, 곧바로 종결하기보다는 먼저 **거부 사유**를 확인해 **대안**(좌석·보고선 분리, 근무조정, 상담·의료 연계 등)을 제시한다. 그럼에도 정식조사를 최종 거부하는 경우에는 신고인과의 상담을 종결하고, **정식 조사 거부 확인서를 작성**하여 보관한다. **현재 위험이 있으면 보호조치**는 계속 돌린다. 사안이 **중대**하거나 **조직 영향**이 큰 경우에는 신원 노출을 줄이는 방식으로 **제한적 사실확인**(예: 비식별 통지, 익명 설문, 긴급고충심의위원회)을 검토하되, 범위와 목적을 안전 확보에 한정한다. 이후에는 2~4주 내 재연락 창구를 열어 두고, 신고인이 원할 때 언제든 조사로 전환할 수 있음을 다시 알린다.

4 상담 단계에서 자주하는 질문

Q 고충상담원을 반드시 지정해야 하는가?

A 공식 접수가 없더라도 조직은 사건 처리 절차를 마련해 **성희롱·괴롭힘이 금지된다는 정책을 구성원에게 분명히 알릴 필요**가 있다. 고충상담원의 핵심 역할은 상담을 통해 피해자의 회복을 지원하는 일이므로, **신고인이 자신을 드러내는 데 부담이 적은 사람**을 지정하는 것이 바람직하다. 실무에서는 인사업무 담당자를 겸임 지정하는 사례가 많지만, 이해충돌과 접근성 문제로 적절하지 않을 수 있다. 구성원에게 **신뢰**를 받고 **비밀을 철저히 지킬 수 있는 인력**을 우선 고려하고, 여건이 어려우면 외부 전문기관 위탁도 대안이 될 수 있다.

Q 고충상담원 역할은 어떻게 부여하는 것이 바람직한가?

A 고충상담원의 핵심 역할은 **비공식 상담을 수행**하는 것이다. 현실적으로 모든 조직이 이 방식을 완전히 채택하기는 어렵지만, 최소한 1차 비공식 상담에 한해서는 고충상담원이 **누구에게도 보고하지 않을 의무**(비밀유지)를 명확히 부여한다. 내부 지정 인력의 전문성이 부족할 수 있으므로, 필요시 **외부 전문가의 상담·자문을 상시로 연계할 수 있는 체계**를 갖춘다.

아울러 조직 사정을 잘 아는 **내부 전문가로서의 강점**을 살려 교육, 실태조사(서베이) 등 성희롱·괴롭힘 **예방 업무 전반**을 수행하게 하는 것도 바람직하다.

Q 무엇이 '상담 접수' 대상인가(범위 판단 기준)?

A 기준은 **업무환경에 미치는 영향**이다. 조직 내 지위·업무 관계에서 발생했거나 그와 기능적으로 연결된 언행(회식·출장·이동·업무 메신저 포함)은 접수해 다룬다. 외부인(고객·협력사·용역 등)이라도 사업장 근로환경에 영향이 있으면 접수한다. 과거사라도 **현재 위험·재발 가능성·조사 실익**이 있으면 상담 접수 후 처리 경로를 정한다. 단, 순수 사생활 영역이나 조직과 무관한 분쟁은 외부 연계·안내로 갈 수 있으며, 이때도 안전 우려가 보이면 최소 보호조치 제안을 검토한다.

Q 첫 상담에서 무엇을 우선 고지·확인하나?

A 우선 **비밀유지·열람 제한, 불리한 처우 금지, 보호조치 신청 가능, 녹취 동의제**를 짧게 고지한다. 이어 **6하 원칙**으로 **사실의 큰 흐름, 현재 위험(접촉·보복·건강 상태), 희망 보호조치와 연락 창구, 조사 전환 의사**를 **확인**한다. 기록은 신고개요·면담 기본정보·권리고지 시각·요청사항·임시 제안을 즉시 남기고, 통지는 필요 대상·필요 내용만으로 준비한다. 핵심은 평가를 미루고 안전·권리고지·다음 단계 연결을 분명히 하는 것이다.

Q 신고인이 조사를 원치 않는데 위험이 보이면 어떻게 하나?

A 신고인의 의사는 존중하되 안전 확보 의무는 별개다. 현존 위험이 보이면 분리·보고선 조정·좌석·근무표 변경·유급휴가·상담 연계 등 **필요 최소 보호조치**를 즉시 상신·시행한다. 통지는 집행에 필요한 대상·내용으로만 한정하고, 1·2·4주(또는 30·60·90일) 재평가 일정을 예고해 **유지·변경·해제**를 결정한다. 기록에는 신고인의 현재 의사, 위험 판단 근거, 시행·예정 조치와 재평가 일정을 남긴다.

Q 상담 단계에서 참고인을 만나도 되는가?

A **원칙적으로 하지 않는다.** 참고인 면담은 사실관계 확인 영역에 해당하므로 조사 단계에서 다룬다. 다만 안전 목적상 **동선 분리·접촉 자제 안내가 필요**하면 대상·범위·기간을 최소화해 **운영 부서에만** 알린다. "참고인 비면담" 원칙을 명시하고, 예외 안내를 한 경우에는 대상·내용·시각만 남긴다.

Q 상담단계에서 증거 보존은 어떻게 요청하나?

A 상담 단계에서 **직접 증거 수집·열람은 하지 않는다.** 다만 자동 삭제로 사라질 위험이 있으면, 상담원은 보전 필요를 제안하고 결재권자 또는 IT·법무가 공식 '보존 조치'를 내리도록 연결한다. 범위는 최소화한다(예: 특정 기간의 사내 메신저·메일 헤더·출입기록·CCTV 등) 그리고 기한·대상·권한을 명확히 적어 삭제 중지만 우선 걸어 둔다. 원본은 소관 부서가 보관하고, 분석용 마스킹 사본은 조사 단계에서 만든다. 상담 기록에는 "무엇을 왜 보전 제안했는지, 누구에게 언제 전달했는지"만 남긴다. 신고인 보유 자료는 원본 보존(삭제·수정 금지)과 사본 제출 원칙을 안내한다.

Q 회식·이동 중 발생도 업무관련성에 포함되나?

A **통상 포함**한다. 근로시간 해당 여부와 성희롱·괴롭힘 성립 여부는 다른 문제이므로 혼동하지 않는다. 조직 활동과 기능적으로 연결된 회식·이동, 업무 채널 메신저에서의 상호작용은 근로환경에 영향을 미친다. 지휘·평가 관계, 사실상 참석 강요 여부, 다음 날 업무 연결성 등 맥락을 확인하고, 기록은 회식의 성격·참석/귀가 경로·업무 연결 고리를 6하 원칙으로 남기되 결론은 "연계 강함/중간/약함" 등 정도 표현으로 기술한다.

Q 상호 신고·역신고가 들어오면 어떻게 하나?

A 두 건을 **완전히 따로 처리**한다. 먼저 각각에 **별도 사건번호와 폴더**를 부여해 기록·열람을 분리하고, 한쪽 자료를 다른 쪽에 자동 공유하지 않는다. 다음으로 **보복·2차 피해 금지**를 가장 먼저 알린다. 팀에는 사건 내용을 퍼뜨리지 말고, 필요한 업무 변경만 알리는 **비식별 안내**를 짧게 한다(예: "보고선·좌석 조정이 당분간 적용됩니다"처럼 사람·사건명은 밝히지 않음). 사실확인은 **각 사건의 타임라인과 증거**를 기준으로 각각 진행한다. 참고인이 겹치면 **질문 순서와 범위**를 조정해 한 진술이 다른 진술에 영향을 주지 않게 한다. 마지막으로 **분리 처리 결정, 고지 시각, 각 사건번호, 취한 조치**를 간단히 문서로 남긴다.

Q 임시조치를 누가 결정하나?

A **상담원은 제안, 결재권자가 확정**한다. 누가 최종 확정하는지는 내부 규정으로 결재선·대행 기준·부재 시 대체 절차를 명확히 정해 둔다. 위험이 높으면 접수 당일 결재를 원칙으로 하며, 시행 후 1·2·4주(또는 30·60·90일) 재평가로 **유지·변경·해제를 결정**한다. 제안 사유, 결재 내용, 통지 대상·범위, 시행일·종료 예정일을 기록하고, 임시조치가 제재가 아닌 안전 장치임을 고지한다.

Q 관리자에게 무엇을 어디까지 공지하나?

A **집행에 필요한 항목만** 알린다(좌석·출입·보고선·근무표·접촉 제한 등) 그리고 **사건 서술·세부 진술·신원 정보는 제외**한다. 공지 대상은 최소 범위(직속 관리자·총무/보안/IT 등)로 한정하고, 문안을 표준화해 편차를 줄인다. 공지 일시·대상·핵심 항목, 비밀유지 고지 사실을 기록하고 **재유통 금지**를 알린다.

Q 신고인이 피신고인의 징계 수위를 물을 때는 어떻게 대응하나?

A **상담 단계에서 구체 수위를 약속·추정하지 않는다.** 징계 판단은 사실성·중대성·반복성·권력관계·가중·감경 요소 등 규정 기준을 따라 별도 절차에서 결정된다고 설명하고, "사실확인 → (심의) → 징계 → 통지"의 구조를 안내한다. 오해를 막기 위해 "최종 징계는 조사·심의에 따라 결정되므로 지금 단계에서는 수위를 단정할 수 없고, 모든 사건에 동일한 기준을 적용한다"라는 것을 분명히 하고, **질의가 있었다는 사실과 안내 요지를 기록**한다.

Q 신고인이 사내 절차를 불신할 때 어떻게 대응하나?

A 불신은 드문 일이 아니다. 주로 비밀이 지켜질까, 행위자가 상급자라 조직이 그 편을 들지 않을까, 해결 의지 없이 시간만 끌지 않을까 하는 걱정에서 비롯된다. 먼저 **무엇이 걱정인지 구체적으로 묻고 메모**한 뒤, 다음을 짧고 명확하게 안내한다. ① **외부 절차 병행 가능**(노동청·인권위·수사)과 내부 보호조치의

동시 유지 ② **역할 분리**: 상담-조사-심의-징계-인사 평가가 서로 다른 축에서 운영됨 ③ **누가 무엇을 볼 수 있는지**(열람 권한 목록)와 **정보가 어디에, 얼마나 보관되는지** ④ **통지·면담 진행 방식**(비식별 문안 사용, 필요 최소 통지) ⑤ **예상 일정표**(주요 단계와 지연 시 대처) ⑥ **동행·대리 선택권**(신뢰관계인 동석, 대리인 선임). 또한 **조사가 없을 때의 한계**(보호·조치 강도의 제약)는 솔직히 알리고, 원하면 외부 채널만으로 진행해도 내부는 보호조치와 증거보전 연계를 돕는다고 말해 준다. 끝으로 **걱정의 핵심·제시한 대안·다음 확인 일정을 상담일지에 남긴다.**

Q 신고인의 요구가 과도해 보일 때(즉시 부서이동 등 반복 요구)는?

A 먼저 그 요구가 **당장의 안전 확보에 필요한지부터 가려 본다.** 안전·건강에 직결되면 임시조치로 상신하고, 인사 재배치·징계 선확정처럼 절차를 건너뛰는 요구는 "가능/불가능/대안"으로 구분해 설명한다. 대안은 시간·공간 분리, 보고선 조정, 일정 조정, 단기 휴무·상담 연계 등 **단계적 조합**으로 제시한다. **상신 항목과 미수용 사유**를 한 줄로 남긴다.

Q 재택근무 등 보호조치로 인사상 불이익을 우려할 때는?

A **불리한 처우 금지**를 알리고, 재택·휴무 등 보호조치가 신고인 요청·동의에 근거한 **임시 안전 장치**임을 안내한 뒤 그 사실을 기록한다. **평가·배치 등 인사 판단은 사건 처리 라인과 분리**해 운영하고, 보호조치로 인한 결근·가동 저하가 평가상 불이익으로 연결되지 않도록 **내부 기준**을 미리 정해 문서화한다. 30/60/90일 점검으로 불이익 징후를 모니터링하고, 징후가 보이면 HR 평가 담당(이의신청 창구)과 고충 창구에 즉시 알려 재평가·정정 절차를 시작한다.

Q 공간·업무 특성상 물리적 분리가 어려울 때는?

A 중소규모 사업장, 현장직·고객대면 직무, 2인 1조 근무처럼 같은 공간·장비를 함께 써야 하는 직무에서는 분리가 특히 어렵다. 이럴 때는 완전한 분리가 아니라 겹치는 접점을 최소화하는 방식으로 접근한다. **시간 분리**(시차근무·교대표 조정), **라인 분리**(보고선·업무 흐름 재배열), **접점 차단**(출입·회의·프로젝트 분리), **원격·대체 배치**(재택·임시 재배치)를 조합한다. 단기적으로 **좌석·동선·업무규칙**을 바꾸고, 중장기적으로 조직 설계를 재검토한다. 불가 사유가 있으면 **대체수단·재평가 일정**을 문서화해 "분리 불가=미조치"로 오해되지 않게 한다.

Q 유급휴가 제도가 없을 때의 보호조치

A 규정에 별도 조항이 없어도 안전·건강 보호를 위한 합리적 조치는 실시할 수 있다. 선택지는 조직 여건에 맞춰 **연차 선사용(동의 전제), 근무시간 단축·시차, 재택근무, 업무·보고선 조정, 업무 경감·교육·상담 시간 근무 인정, 임시 유급 대기·유급 휴식**(기간·급여 유지 명시), **임시 배치 전환** 등을 조합한다. 조치 시에는 ① **신청·동의 경위**, ② **기간·재평가 주기**(예: 1·2·4주), ③ **평가·보상에 불이익을 주지 않는다는 원칙**, ④ **급여 정산 처리 방식**, ⑤ **최소 고지 통지 대상**을 간단히 기록한다. 필요한 경우 예산·규정의 포괄 조항(안전·보건, 인사권 범위)을 근거로 삼고, 장기화·불이익 판단이 얽히면 그때 **인사위원회 상정을 검토**한다.

Q 면담 중 "이게 성희롱·괴롭힘이 맞나요?"를 반복해 묻는 경우

A **상담 단계는 판단을 내리는 단계가 아님을 먼저 알린다.** 대신 법·내규의 핵심 요소(원치 않은 성적 언동·업무환경 악화, 반복성·권력관계 등)를 중립적 언어로 설명하고, 당사자가 겪은 일과 그로 인해 겪는 어려움을 차분히 듣는다. 무엇이라고 단정해 이름 붙이기보다 "해당 기준에 비춰 이러한 점을 확인해 간다"라고 안내하고, **불안을 낮출 지원 방법**(보호조치 제안, 신뢰관계인 동석, 외부 절차 병행 가능)을 함께 알린다. 마지막으로 **이 질문이 있었고 어떤 설명을 했는지** 요지를 상담일지에 남긴다.

Q 신고인의 신뢰관계인(대리인) 선임·동석을 거부할 수 있는가?

A 결론부터 말해, **민간 조직의 내부 상담·조사·징계 절차에서 신뢰관계인(동료, 노무사, 변호사 등) 동석을 법으로 반드시 허용해야 하는 의무는 명시돼 있지 않다.** 형사절차에서의 '변호인의 조력 받을 권리'는 수사·재판에 국한되고, 근로기준법·남녀고용평등법도 내부 절차의 동석권을 직접 규정하지는 않는다. 다만 공공기관의 행정절차(징계 등)에는 행정절차법상 대리·동석이 가능한 경우가 있다.

그렇다고 **일률적으로 거부하는 운영은 바람직하지 않다.** 신뢰관계인 동석은 신고인의 불안과 노출 우려를 낮추고, 진술의 일관성과 절차적 신뢰를 높인다. 고용노동부·교육·복지 분야 지침들도 실무상 허용을 권고하는 흐름이다. 따라서 **"허용 원칙, 예외적 제한"을 기본**으로 다음과 같이 운영 기준을 마련하는 편이 안전하다.

- **허용 범위:** 신고인·피신고인 모두에게 선택권을 알리고, **동석인의 역할은 진술 보조·정리로 한정**하며 **대리 답변·압박·대화 주도는 금지**
- **비밀·질서 유지: 비밀유지 서약**(자료 촬영·반출 금지 포함)과 **진행 규칙**을 사전 고지
- **형태의 유연성:** 대면이 어렵거나 노출 우려가 크면 원격(전화·화상) 동석도 허용
- **대리 창구 일원화:** 변호사·노무사가 대리로 선임되면 **연락·송달·일정 협의를 대리 창구로 일원화**해 혼선 최소화

반대로 **정당한 제한 사유가 있을 때는 제한할 수 있다.** 예를 들어 ① 동석인이 **사건의 직접 참고인**이어서 증거 오염 우려가 크거나, ② **비밀유지에 중대한 위험**이 예상되거나, ③ 진행을 **방해·지연**하는 등 절차 질서가 현저히 훼손되는 경우다. 이때도 전면 거부 대신 **대안**을 먼저 제시한다(다른 동석인 지정, 원격 동석, 시간대 분리, 사전 질문 접수 등).

운영상 유의점은 세 가지다. 첫째, **거부는 예외**임을 문서로 남기고, 필요시점·사유·제시한 대안을 간단히 기록한다. 둘째, **쌍방 동일 기준**을 적용한다(신고인·피신고인 모두 동석 허용범위·제한 사유·진행 규칙을 똑같이 적용). 셋째, **절차 단계별 안내**가 분명해야 한다: 상담 단계에서는 동석을 원칙적으로 허용하되 상담의 목적(기록·보호·다음 단계 연결)을 넘어서는 공방·심문은 하지 않는다고 알리고, 조사·심의 단계에서는 앞서 정한 기준에 따라 동석·대리를 운영한다.

요약하면, **법적 강제는 아니지만 허용이 원칙·제한은 예외**가 실무의 바람직한 기준이다. 이유 없는 일괄 거부는 신뢰를 떨어뜨리고 분쟁 리스크를 키우므로, **역할과 한계를 명확히 한 동석 운영**을 설계해 두는 것이 좋다.

Q **외부 절차(노동청·인권위·수사)와의 병행 원칙은?**

A **외부 절차와 병행할 수 있다.** 자료 제출의 중복·노출을 줄이기 위해 창구를 일원화하고, 일정·질문 중복을 조정한다. 내부 보호조치는 별도로 유지·조정하며, 외부 제출 자료는 **비식별 처리·마스킹을 원칙**으로 한다. 병행 사실과 각 절차의 역할·상호 영향(증언·자료 재사용 등)을 기록하여 증언과 자료 재사용 등에서 혼선을 방지한다.

Q **협력사·외주·프리랜서 사건은 어떻게 다루나?**

A **현장 안전을 최우선 원칙으로 보호조치를 실시**한다. 계약, 출입, 업무 지시 등의 라인을 통해 **사건 발생 사실을 신속하게 통지하고 집행**한다. 사건 당사자가 협력사 직원, 고객, 위탁 인력이더라도 사업장 근로 환경에 영향을 미치는 경우 사용자가 보호조치와 사실 확인에 책임과 권한을 가진다. 책임 소재와 재발 방지 대책은 계약서 조항과 업무 지시 체계에 근거해 명확히 규정하고, 관련 기록과 보관, 열람 범위에 대해 상호 합의한다.

Q **장애·임신 등 배려가 필요한 당사자는 어떻게 지원하나?**

A 합리적 배려를 제공한다. **속도 조절·중간 휴식·조용한 공간 변경·질문 방식 조정(짧게/순서 제공)·서면/서술 대체·신뢰관계인 동석**을 준비하고, 필요하면 **원격 면담·보조공학(확대 글자, 자막, 녹취 후 전사본 확인)·수어/통역**을 지원한다. 배려 내역은 **최소한으로 기록**하되, 건강·장애 관련 **민감정보는 분리 보관**하고 접근을 제한한다. 일정·질문·자료 형식은 당사자가 편한 방식에 맞춰 미리 합의해 조정한다. 추가로, **장시간 면담 회피(분할 진행), 장소 동선 최소화, 임신·치료 일정 우선 반영** 같은 안전·건강 요소를 먼저 본다. 마지막으로 어떤 배려를 언제 제공했는지와 당사자 확인만 간단히 남긴다.

Q 오래전 사건을 이제 접수한 경우 처리 가능 여부

A 지금 필요한 건 두 가지다. **현재의 위험을 낮추는 일과 조사로 의미 있는 사실을 확인할 수 있는지 가늠하는** 일이다. (더 엄밀히 말하면, 고충상담 단계에서는 진위를 단정하려 들기보다 일단 접수하고, 이러한 판단은 뒤이은 절차에서 다룬다는 점을 유의한다.) 시간이 많이 지나 사실확인이나 징계의 실익이 줄 수 있다. 그래도 그때의 일이 현재 업무환경·관계에 계속 영향을 주거나 유사 행위 재발 우려가 있으면, 경과를 정리하고 재발 방지 조치를 중심으로 접근한다. 내부 절차에서는 규정상 **징계시효**와 **자료 보존 기간**을 먼저 확인하고, 가능한 조사 범위·증거 한계·결정 기준을 솔직히 안내·기록한다. 직장 내 **성희롱**은 법이 '알게 되면 지체 없이 조사'하도록 할 뿐 **별도의 신고 시효를 두지 않는다**. 직장 내 **괴롭힘**은 2019. 7. 16. **법 시행 이후**의 행위를 원칙적으로 다루되, 시행 전부터 이어진 경우라면 연속성을 고려해 판단한다. 형사 절차 검토가 필요한 **스토킹**은 「스토킹범죄의 처벌 등에 관한 법률」(2021. 10. 21. 시행)의 적용 대상이며, **시행 이후 발생한 사건에 직접 적용**된다. 공소시효는 기본형 5년, 흉기 휴대 등 가중 시 7년임을 유의한다.

CHAPTER 08

조사 단계의 실무

CHAPTER 08

조사 단계의 실무

핵심 요약 가이드

조사의 목적

사건의 사실관계를 명확히 하고, 절차적 공정성을 확보하여 이후 심의·조치 단계의 합리적 판단 근거를 마련한다.

실무 체크리스트

7-1. 조사 개관

☐ 조사와 상담의 구분: 상담은 정서적 지지, 조사는 사실 확인과 법적 판단

☐ 조사의 목적과 필요성: 피해자 보호, 행위자 책임, 조직 신뢰 회복

☐ 법적 근거와 사용자의 의무: 근로기준법 제76조의3, 남녀고용평등법 등

☐ 조사의 특성: 객관성·중립성·신속성

7-2. 조사 준비 단계

☐ 조사계획 수립: 범위·대상·일정 확정

☐ 조사 주체의 결정: 내부/외부 조사자 선정

☐ 조사 대상자의 선정: 신고인·피신고인·참고인 구분

☐ 조사 일정 및 장소 조율: 일정 충돌 방지, 비밀보장 가능한 공간 확보

☐ 조사 일정 및 출석 통지: 서면 통지, 권리 안내 포함

☐ 피해자 보호조치: 분리·유급휴가·비밀보장, 2차 피해 예방

7-3. 면담 조사

☐ 면담 전 사전 안내: 비밀유지, 녹취 동의

☐ 질의서 준비·활용: 핵심 쟁점 정리, 오픈 질문 중심

☐ 신고인·참고인·피신고인 면담: 진술권·방어권 보장

☐ 조사 기법: 백트래킹·리프레이밍·순차적 질문

☐ 면담 기록과 관리: 문답서·녹취록 작성·보관

7-4. 조사 결과 정리 및 보고
☐ 조사결과보고서: 기본정보, 사건·면담 개요, 판단, 권고 포함
☐ 사실관계 확정: 증거 수집·평가, 진술 신빙성 판단
☐ 법적 판단: 관련 법령에 비추어 행위 해당 여부 정리
☐ 좋은 보고서 작성 지침: 객관성, 명확성, 증거 기반

유의사항

조사는 반드시 중립적 태도를 유지하면서 진행되어야 하며, 모든 조사 대상자의 진술권과 방어권이 충분히 보장되어야 한다.
조사결과보고서를 작성할 때에는 사실, 판단, 권고를 명확히 구분하여 기재해야 한다.
증거는 객관적 기준에 따라 수집·평가해야 하며, 진술만으로 판단하는 경우에도 신빙성을 충분히 검토해야 한다.

1 조사 개관

직장 내 성희롱·괴롭힘 사건의 처리는 여러 단계로 이루어지지만, 그중에서도 가장 핵심이 되는 단계는 '조사'이다. 사건의 실체를 규명하지 못한다면, 이후의 보호조치나 징계 절차도 공정성을 확보할 수 없게 된다. 따라서 조사는 단순히 사건을 확인하는 절차를 넘어, 피해자 보호와 행위자 책임, 나아가 조직의 신뢰 회복까지 이어지는 중요한 과정이라고 할 수 있다.

1 조사와 상담의 구분

조사는 종종 상담과 혼동되지만, 목적과 성격이 다르다. 상담은 피해자가 겪은 경험을 경청하고 정서적 지지를 제공하는 과정이다. 이 단계에서는 피해자의 회복과 심리적 안정을 우선시하며, 당사자의 요구에 따라 휴가나 보호조치를 연결하기도 한다.
반면 조사는 "실제로 무엇이 일어났는가"를 객관적으로 확인하는 절차이다. 상담

이 피해자의 주관적 경험을 존중하고 지지하는 단계라면, 조사는 그 경험이 법률상 성희롱·괴롭힘에 해당하는지 여부를 따져보는 단계다.
예컨대 피해자가 "팀장이 반복적으로 모욕적인 발언을 했다"라고 호소하는 경우, 상담자는 "많이 힘드셨겠다"라는 말로 공감하고, 정서적 회복을 위한 방안을 모색한다. 그러나 조사자는 같은 진술을 출발점으로 삼아 "어떤 발언이, 언제, 어디서, 어떻게 반복되었는가" 구체적인 사실관계를 확인하고, 그 행위가 법에서 규정한 '괴롭힘' 또는 '성희롱'에 해당하는지 평가한다.

2 조사의 목적과 필요성

조사의 가장 큰 목적은 사실관계를 확인하는 것이다. 성희롱이나 괴롭힘 사건은 은밀하게 발생하는 경우가 많아, CCTV나 이메일 같은 명확한 물적 증거가 확보되지 않는 경우가 많다. 결국 조사자는 신고인, 피신고인, 참고인의 진술과 정황증거를 종합해 사건의 실체를 파악해야 한다.
만약 조사를 소홀히 하면 어떤 일이 생길까? 피해자의 호소만으로 서둘러 결론을 내린다면 피신고인에게 불공정한 처분이 내려질 수 있다. 반대로, 조사가 늦어지거나 형식적으로 이루어지면 피해자의 권리가 침해되고, 조직 내 신뢰도도 무너진다. 따라서 조사는 어느 한쪽의 입장에 치우치지 않고, 신고인의 권리와 피신고인의 방어권을 동시에 보장하는 절차로 운영되어야 한다.
또한, 조사는 단순히 회사 내부의 분쟁 해결 절차에 그치지 않는다. 법은 사용자가 성희롱이나 괴롭힘 사건을 알게 되었을 때 반드시 조사를 하도록 요구하고 있다. 즉, 조사는 선택이 아니라 법적 의무다.

3 법적 근거와 사용자의 의무

조사가 회사의 선택이나 재량이 아니라 법에서 정한 사용자 의무라는 점은 매우 중요하다. 법적 근거는 직장 내 괴롭힘의 경우 「근로기준법」 제76조의3, 직장 내 성희롱의 경우 「남녀고용평등법」 제14조이지만, 두 법률이 사용자에게 요구하는 내용은 본질적으로 같다. 사건의 성격이 성희롱이든 괴롭힘이든, 사용자는 다음과 같은 의무를 반드시 이행해야 한다.

첫째, **신속한 조사 의무**다. 신고가 접수되거나 사용자가 사실을 알게 되면 지체 없이 조사를 시작해야 한다. 며칠, 몇 주 뒤로 미루는 것은 피해자의 불안감을 키우고, 증거 확보를 어렵게 만든다.

둘째, **피해자 보호 의무**가 있다. 조사가 진행되는 동안 피해자가 추가적인 피해를 입지 않도록 근무 장소 변경이나 유급휴가 같은 임시 조치를 취해야 한다. 무엇보다 피해자의 의사에 반한 조치는 오히려 2차 피해로 이어질 수 있으므로, 보호조치 역시 피해자와의 협의를 거쳐야 한다.

셋째, **행위자에 대한 조치 의무**가 뒤따른다. 조사 결과 성희롱이나 괴롭힘 사실이 확인되면, 사용자는 지체 없이 행위자에게 징계나 배치 전환 등 필요한 조치를 취해야 한다. 이를 소홀히 하면 조직 내 불신을 키울 뿐 아니라, 사용자 스스로가 법적 책임을 부담하게 된다.

넷째, **비밀유지 의무**도 양 법률에 공통적으로 규정되어 있다. 조사 과정에서 알게 된 사실을 피해자의 동의 없이 외부에 누설하는 것은 금지된다. 조사자는 물론 보고를 받은 관리자까지 모두 같은 의무를 지며, 이를 어길 경우 추가적인 법적 책임이 발생한다.

마지막으로, **불이익 처우 금지 의무**가 있다. 사용자는 피해자나 신고인에게 해고, 전보, 인사상 불이익을 주어서는 안 된다. 이는 법 위반일 뿐 아니라 조직 내 신뢰를 근본적으로 무너뜨리는 행위로 간주된다.

이처럼 조사 과정에서 사용자가 지켜야 할 핵심 원칙은 성희롱과 괴롭힘을 불문하고 동일하다. 법적 근거가 각각 다를 뿐, "신속한 조사-피해자 보호-행위자 조치-비밀유지-불이익 금지"라는 다섯 가지 의무가 사건 처리의 뼈대를 이룬다. 따라서 조사자는 항상 이 다섯 가지 틀을 기준으로 조사 과정을 설계하고 실행해야 한다.

근로기준법

제76조의3(직장 내 괴롭힘 발생 시 조치)

② 사용자는 제1항에 따른 신고를 접수하거나 직장 내 괴롭힘 발생 사실을 인지한 경우에는 지체 없이 당사자 등을 대상으로 그 사실 확인을 위하여 객관적으로 조사를 실시하여야 한다.

③ 사용자는 제2항에 따른 조사 기간 동안 직장 내 괴롭힘과 관련하여 피해를 입은 근로자 또는 피해를 입었다고 주장하는 근로자(이하 "피해근로자등"이라 한다)를 보호하기 위하여 필요한 경우 해당 피해근로자등에 대하여 근무장소의 변경, 유급휴가 명령 등 적절한 조치를 하여야 한다. 이 경우 사용자는 피해근로자등의 의사에 반하는 조치를 하여서는 아니 된다.

④ 사용자는 제2항에 따른 조사 결과 직장 내 괴롭힘 발생 사실이 확인된 때에는 피해근로자가 요청하면 근무장소의 변경, 배치전환, 유급휴가 명령 등 적절한 조치를 하여야 한다.

⑤ 사용자는 제2항에 따른 조사 결과 직장 내 괴롭힘 발생 사실이 확인된 때에는 지체 없이 행위자에 대하여 징계, 근무장소의 변경 등 필요한 조치를 하여야 한다. 이 경우 사용자는 징계 등의 조치를 하기 전에 그 조치에 대하여 피해근로자의 의견을 들어야 한다.

⑥ 사용자는 직장 내 괴롭힘 발생 사실을 신고한 근로자 및 피해근로자등에게 해고나 그 밖의 불리한 처우를 하여서는 아니 된다.

⑦ 제2항에 따라 직장 내 괴롭힘 발생 사실을 조사한 사람, 조사 내용을 보고받은 사람 및 그 밖에 조사 과정에 참여한 사람은 해당 조사 과정에서 알게 된 비밀을 피해근로자등의 의사에 반하여 다른 사람에게 누설하여서는 아니 된다. 다만, 조사와 관련된 내용을 사용자에게 보고하거나 관계 기관의 요청에 따라 필요한 정보를 제공하는 경우는 제외한다.

남녀고용평등과 일·가정 양립 지원에 관한 법률

제14조(직장 내 성희롱 발생 시 조치)

② 사업주는 제1항에 따른 신고를 받거나 직장 내 성희롱 발생 사실을 알게 된 경우에는 지체 없이 그 사실 확인을 위한 조사를 하여야 한다. 이 경우 사업주는 직장 내 성희롱과 관련하여 피해를 입은 근로자 또는 피해를 입었다고 주장하는 근로자(이하 "피해근로자등"이라 한다)가 조사 과정에서 성적 수치심 등을 느끼지 아니하도록 하여야 한다.

③ 사업주는 제2항에 따른 조사 기간 동안 피해근로자등을 보호하기 위하여 필요한 경우 해당 피해근로자등에 대하여 근무장소의 변경, 유급휴가 명령 등 적절한 조치를 하여야 한다. 이 경우 사업주는 피해근로자등의 의사에 반하는 조치를 하여서는 아니 된다.

④ 사업주는 제2항에 따른 조사 결과 직장 내 성희롱 발생 사실이 확인된 때에는 피해근로자가 요청하면 근무장소의 변경, 배치전환, 유급휴가 명령 등 적절한 조치를 하여야 한다.

⑤ 사업주는 제2항에 따른 조사 결과 직장 내 성희롱 발생 사실이 확인된 때에는 지체 없이 직장 내 성희롱 행위를 한 사람에 대하여 징계, 근무장소의 변경 등 필요한 조치를 하여야 한다. 이 경우 사업주는 징계 등의 조치를 하기 전에 그 조치에 대하여 직장 내 성희롱 피해를 입은 근로자의 의견을 들어야 한다.

⑥ 사업주는 성희롱 발생 사실을 신고한 근로자 및 피해근로자등에게 다음 각 호의 어느 하나에 해당하는 불리한 처우를 하여서는 아니 된다.

1. 파면, 해임, 해고, 그 밖에 신분상실에 해당하는 불이익 조치
2. 징계, 정직, 감봉, 강등, 승진 제한 등 부당한 인사조치
3. 직무 미부여, 직무 재배치, 그 밖에 본인의 의사에 반하는 인사조치
4. 성과평가 또는 동료평가 등에서 차별이나 그에 따른 임금 또는 상여금 등의 차별 지급
5. 직업능력 개발 및 향상을 위한 교육훈련 기회의 제한
6. 집단 따돌림, 폭행 또는 폭언 등 정신적 · 신체적 손상을 가져오는 행위를 하거나 그 행위의 발생을 방치하는 행위
7. 그 밖에 신고를 한 근로자 및 피해근로자등의 의사에 반하는 불리한 처우

⑦ 제2항에 따라 직장 내 성희롱 발생 사실을 조사한 사람, 조사 내용을 보고 받은 사람 또는 그 밖에 조사 과정에 참여한 사람은 해당 조사 과정에서 알게 된 비밀을 피해근로자등의 의사에 반하여 다른 사람에게 누설하여서는 아니 된다. 다만, 조사와 관련된 내용을 사업주에게 보고하거나 관계 기관의 요청에 따라 필요한 정보를 제공하는 경우는 제외한다.

Q **회사 익명게시판에 신고글이 올라왔는데, 회사로 신고가 접수되진 않은 상태. 사용자가 '인지'한 것으로 보아 조사를 실시해야 하는지?**

A 회사의 익명게시판이나 블라인드 등 외부 채널에 익명으로 신고글이 게시된 경우라도, 그 내용이 사용자에게 인지되었다면 근로기준법 제76조의3 제1항에서 정한 조사 의무가 발생할 수 있다. 단, 신고글을 실제로 조사하기 위해서는 그 내용만으로 사건의 실체를 파악할 수 있어야 한다. 즉, 피해자나 행위자, 피해 내용, 행위의 시점과 장소 등이 일부라도 특정되어 있어야 조사 수행이 가능하다.

익명 신고글의 내용이 지나치게 추상적이거나, 당사자를 특정할 수 없는 수준이라면 조사 자체가 현실적으로 불가능하다. 그러나 이 경우에도 단순히 "익명이라서 조사가 불가하다"는 이유로 종결하기보다는, 사내 익명신고 제도나 특별 신고기간 운영 등 추가적인 경로를 마련하여 피해자가 신원을 밝히지 않고도 안전하게 신고할 수 있는 환경을 조성하는 것이 바람직하다.

요컨대, 익명 신고의 경우 사용자는 조사 의무의 대상 여부를 일률적으로 판단하기 보다, 신고 내용의 구체성·특정 가능성·사건 실체 확인 가능성을 종합적으로 검토해야 하며, 피해자가 실명으로 나서기 어려운 사정이 있다면 피해자를 보호하기 위한 적극적인 대응 방안을 강구해야 한다.

4 조사의 특성

조사가 가지는 특성을 이해하는 것은 실무에서 매우 중요하다.

무엇보다 **신속성**이 요구된다. 사건 발생 직후 조사를 해야 기억이 선명하고 증거 확보가 용이하다. 메신저 대화나 CCTV 영상처럼 일정 기간이 지나면 삭제되는 자료는 늦게 움직일수록 확보가 어렵다.

또한 **공정성**이 필수적이다. 조사는 피해자의 주장을 확인하는 절차이기도 하지만, 동시에 피신고인의 해명 기회도 반드시 보장해야 한다. 어느 한쪽의 말만 듣고 결론을 내린다면 조사 자체가 불공정해지고, 회사가 내린 조치도 법적 분쟁에서 신뢰를 얻기 어렵다.

체계성도 중요하다. 조사는 단순히 질문을 던지고 답변을 기록하는 과정이 아니다. 누가 조사에 참여할지, 어떤 질문을 어떤 순서로 할지, 확보한 증거를 어떻게 정리할지 사전에 계획되어야 한다. 절차가 체계적이지 않으면 동일한 사건도 조사자에 따라 결과가 달라지는 문제가 생긴다.

마지막으로, 조사의 결과물은 **신뢰성**을 갖추어야 한다. 조사보고서는 훗날 징계위원회, 노동위원회, 심지어 법정에 제출될 수 있다. 따라서 조사자는 항상 "이 기록이 외부 기관의 검토를 견딜 수 있는가?"라는 관점을 가지고 조사에 임해야 한다.

2 조사 준비 단계

조사는 철저한 준비에서 시작된다. 사건이 접수된 직후 바로 면담에 들어가는 경우도 있지만, 준비 없이 조사에 착수하면 방향을 잃거나 불필요한 논란을 낳을 수 있다. 따라서 조사자는 먼저 "무엇을, 어떻게, 누구에게서 확인할 것인가"라는 기본 틀을 세운 뒤에 조사를 진행해야 한다. 이 절차가 제대로 갖추어져야 조사 결과가 설득력을 얻고, 이후 단계의 공정성이 보장된다.

1 조사계획 수립(범위, 대상 일정)

조사계획은 사건 처리의 설계도다. 접수 직후 곧바로 면담에 들어가면 질문의 초점이 흐려지고, 쉽게 확보할 수 있었던 자료를 놓치기 쉽다. 계획 단계에서 "무엇을, 누구에게, 어떤 순서와 방법으로 확인할 것인지"를 문서로 정해 두면 이후 절차가 흔들리지 않는다. 아래 항목은 사건별로 표현을 달리하되, 골격은 늘 같아야 한다.

1) 조사 범위 확정

① 사건 구조화 및 신고행위 특정

조사의 출발점은 신고서에 담긴 진술 중에서 **사실 확인이 필요한 피해 사실**을 골라내어 조사 범위로 삼는 것이다. 신고에는 사실, 감정, 평가, 요구가 섞여 있는 경우가 많다. 이 단계에서는 그 가운데서 **구체적 행위가 드러난 부분**만을 조사 대상으로 삼고, 감정과 가치판단, 조치 요구는 판단·처분 단계에서 다루도록 분리한다. 이렇게 해야 면담과 자료 확보가 특정 행위의 존재 여부와 맥락을 검증하는 방향으로 일관되게 진행된다.

신고 내용은 시간순으로 정리돼 있지 않거나, 감정적 표현과 다양한 사건이 함께 적혀 있는 경우가 많다. 따라서 조사자는 그 내용을 검토하면서 **사실관계를 확인해야 할 개별 상황을 구분**해 두어야 한다. 이렇게 구분된 각각의 상황을 사건 단위로 삼고, 그 안에서 다시 **조사대상으로 삼을 구체적 행위를 특정**해야 한다.

예를 들어, 신고인이 2025년 4월경 메신저 대화 도중 피신고인으로부터 "제발 쓰레기 같은 일 좀 나한테 주지 마라"는 폭언을 들었다며 신고서를 제출한 경우 조사 범위는 해당 메신저 대화의 정확한 시점과 표현, 대화 원본의 존재 여부, 대화에 참여한 다른 직원의 진술 등이 된다.

또 다른 예로, 회의 자리에서 반복적으로 공개 질책을 당했고 특히 다른 직원들이 보고할 때와 달리 본인에게만 큰 목소리로 "이건 준비가 안 됐다", "다시 해와라"라는 식의 지적을 받았다며 신고한 경우, 조사 범위는 특정 회의의 일시와 장소, 발언의 구체적 문구, 동일 회의에서 다른 직원들에게는 어떻게 지적했는지의 비교, 당시 참석자와 회의록의 존재 여부가 된다.

성희롱의 경우에도, '2025년 6월 10일 퇴근 직전 사무실에서 외모·복장에 대해 성적 비유가 사용되었다'는 성적 발언 피해 신고가 접수되었다면, 당시 발언의 구체적인 문구, 목격자 진술, 해당 발언의 반복 여부 등이 구체적 조사 대상이 된다.

즉, 조사 범위 확정은 신고서를 다시 쓰는 작업이 아니라, 그 속에서 **조사로 검증할 개별 사건을 구분하고, 각 사건에서 확인해야 할 구체 행위를 특정하는 과정**이다. 이렇게 정리된 범위는 이후 면담 질문과 자료 확보의 우선순위로 이어져, 조사가 사실관계 규명에 집중되도록 만든다.

예시 사건 구조화 및 신고행위 특정

신고인	김OO	피신고인	관리팀장 박OO
신고 내용		신고일	2025. 9. 24.

관리팀에서 근무하는 김○○입니다. 박○○ 팀장과 함께 일하면서 계속 불편한 일이 반복되고 있습니다.

먼저, 2025년 4월경, 메신저로 업무 얘기를 주고받던 중에 **"제발 쓰레기 같은 일 좀 나한테 주지 마라"**라는 폭언을 들었습니다. 처음에는 장난처럼 말한 건가 했는데, 업무 지시 중에 그런 표현을 쓰는 게 너무 기분이 나빴습니다. 그냥 가볍게 넘기기에는 제가 직접 그런 말을 들은 입장이어서 계속 마음에 남아 있습니다.

[사건 1] 2025년 4월경, 메신저상 발언(쓰레기 같은 일)

회의 자리에서도 비슷한 상황이 이어집니다. 다른 직원들이 보고할 때는 그냥 한두 마디 하고 넘어가면서, 제가 보고할 때는 유독 큰소리로 **"이건 준비가 안 됐다", "다시 해와라"**라고 말합니다. 특히 지난달 팀 전체 회의 때는 같은 말을 세 번이나 반복하면서 저를 지적했고, 동료들 앞에서 망신을 당하는 기분이었습니다. 제가 잘못한 부분이 있을 수도 있겠지만, 유독 저한테만 이런 식으로 반복해서 얘기하는 게 이해가 되지 않습니다.

[사건 2] 회의 중 반복적 공개 질책 (+ 2025년 8월경)

업무 중 질문을 드려도 마찬가지입니다. 비용 처리나 일정 관련해서 확인이 필요해 여쭤보면 **"그건 네가 알 필요 없다"**는 식으로 저를 무시하며 끊어버린 적이 여러 번 있었습니다. 다른 직원들에게는 친절히 설명해주는 걸 본 적이 있는데, 저한테만 이렇게 대하는 것 같아 점점 위축되고, 말하기도 조심스럽습니다.

[사건 3] 비용 처리, 일정 확인 등 업무 질의 시 차별적 대응

이런 일이 한두 번이 아니라 계속 겹치다 보니, 업무 자체보다 팀장님 반응을 먼저 걱정하게 되고 회사에 있는 게 점점 불편해지고 있습니다. 동료들 앞에서 지적당한 일들이 떠올라서 스스로 위축되고, 메신저를 받을 때도 혹시 또 무슨 말을 할까 긴장하게 됩니다.

이 모든 일들로 인해 저는 정신적으로 압박을 느끼며 정상적으로 근무하기가 어렵습니다. 회사에서 사실관계를 확인해 주시고, 저와 같은 상황이 다시 발생하지 않도록 적절한 조치를 취해 주시기 바랍니다.

② 실무상 유의점

범위를 확정할 때는 몇 가지 기준을 함께 고려해야 한다. 단발 고강도와 반복 저강도는 모두 조사 대상이 될 수 있으며, 업무지시와 질책의 경계는 지시의 합리성과 언행의 모욕성이 결합되었는지를 따져야 한다. 또한 공개성은 피해 범위와 사건의 파급력을 좌우하므로, 장소와 열람·청취 범위를 간단히 병기해 두는 것도 필요하다.

2) 조사 주체의 결정

조사는 사건 당사자 사이의 이해가 첨예하게 대립하는 절차이므로, 누가 조사하는가가 곧바로 절차의 공정성과 신뢰를 좌우한다. 신고인과 피신고인 모두 납득할 수 있는 조사 주체를 정하지 못하면, 조사 결과가 아무리 충실해도 불신이 남게 된다. 따라서 조사 주체의 결정은 조사 시작 단계에서 반드시 신중하게 다루어야 한다.

① 독립성과 중립성의 원칙

조사 주체는 무엇보다도 독립성과 중립성을 갖추어야 한다. 같은 부서에서 근무하거나, 당사자의 인사평가에 영향을 미치는 위치에 있는 사람이 조사에 참여한다면, 결과가 편향되었다는 의심을 피할 수 없다. 이는 절차 전체를 무력화시키는 요인이 된다. 따라서 이해관계가 있는 인물은 배제하는 것이 원칙이다.

② 조사팀의 구성

가능하다면 조사는 단독이 아닌 2인 이상의 조사팀으로 진행하는 것이 바람직하다. 한 명이 질문에 집중하고 다른 한 명이 기록을 맡으면 면담의 정확성과 효율성이 높아지고, 동일한 진술을 두 사람이 함께 확인함으로써 기록의 신뢰성도 강화된다. 기업의 규모가 크거나 사건의 파장이 클 경우에는 인사·노무 부서 외에도 별도의 고충처리위원이나 감사부서 담당자를 포함시킬 수 있다.

외부 전문가를 조사위원으로 위촉하는 것도 방법이 될 수 있다. 노무사, 변호사, 성희롱·괴롭힘 사건 처리 경험이 있는 전문가가 참여하면 객관성과 전문성을 동시에 확보할 수 있고, 조직 내부의 이해관계가 복잡한 사건일수록 외부 참여가 조사 결과에 대한 신뢰를 높여준다.

③ 역할의 구분

조사팀을 꾸릴 때는 각자의 역할을 명확히 구분하는 것이 필요하다. 누가 질문을 주로 담당하고, 누가 기록을 맡으며, 누가 증거자료를 관리할 것인지 미리 정리해 두어야 한다. 역할이 모호하면 면담 중 기록이 누락되거나 조사 후 책임이 불분명해질 수 있다. 또한 조사 과정에서 새로운 쟁점이 발견되거나 추가 조사가 필요할 경우, 누가 최종 결정을 내릴 권한을 갖는지도 사전에 정해 두어야 한다.

④ 실무 유의사항

조사 주체의 공정성은 이후 분쟁에서 자주 문제 되는 부분이다. 따라서 조사 개시 전에 조사자가 당사자와 직접적인 이해관계가 없다는 점을 확인하는 절차를 거쳐 두는 것이 바람직하다. 외부 전문가가 참여하는 경우에는 역할과 책임의 범위를 조사 시작 단계에서 분명히 해 두는 것으로 충분하다.

3) 조사 대상자의 선정

조사의 범위를 확정한 뒤에는, 그 사실관계를 확인할 수 있는 인물을 정해야 한다. 조사 대상자를 어떻게 선정하느냐에 따라 조사 결과의 충실성이 크게 달라진다. 불필요하게 많은 사람을 불러 조사하면 소문이 확산되고 2차 피해 위험이 커지는 반면, 필요한 인물을 빼놓으면 사실확정에 공백이 생긴다. 따라서 "최소한으로 필요한 인물만, 그러나 반드시 필요한 인물은 빠짐없이" 조사 대상자로 선정하는 것이 원칙이다.

① 기본 구조

조사 대상자는 크게 세 부류로 나눌 수 있다. 첫째는 신고인으로, 피해 사실을 최초로 알린 사람이다. 둘째는 피신고인으로, 행위자로 지목된 사람이다. 셋째는 참고인으로, 사건을 직접 목격했거나 관련 정황을 알고 있는 사람이다. 기본적으로 이 세 부류가 모두 포함되어야 조사가 균형 있게 진행될 수 있다.

만약 신고가 피해자가 아닌 제3자에 의해 이루어졌다면, 그 과정에서 특정된 피해자 역시 조사에 참여하게 된다. 이 경우에는 제3자의 신고인 지위가 사라지는 것이 아니라, 신고자와 피해자 모두가 신고인으로서 조사에 참여하게 된다는 점을 명확히 해 두어야 한다.

② 참고인의 범위

참고인은 **앞서 조사 범위로 확정된 사건별로** 선정한다. 각 사건마다 사실관계를 확인할 수 있는 사람이 누구인지 구체적으로 짚어내고, 동일한 인물이 여러 사건에 중복된다면 "반드시 필요한 최소 인원" 원칙에 따라 중복된 인원을 우선 선정한다. 이렇게 해야 불필요하게 많은 인원을 조사하는 일을 피하면서도, 사건별 사실 확인에 공백이 생기지 않는다.

참고인을 선정할 때는 사실 확인에 직접 도움이 되는 인물만을 포함시키는 것이 바람직하다. "소문을 들었다"는 간접 진술자까지 모두 포함시키면 조사 범위가 불필요하게 넓어지고, 진술의 신뢰성도 떨어진다. 반면 실제 현장에 있었던 사람, 당시 메신저 대화에 참여한 사람, 회의에 참석했던 사람 등은 반드시 포함해야 한다. 특히 **직접 목격자를 최우선으로 선정**하는 것이 원칙이다. 단순히 소문을 들은 사람은 참고인에서 제외하는 것이 바람직하며, 당사자와의 친분이나 갈등처럼 이해관계가 뚜렷한 인물은 진술의 객관성이 제한될 수 있으므로 신중히 고려해야 한다. 따라서 참고인 선정은 **"반드시 필요한 최소 인원"**이라는 기준을 지키면서도, 사건 현장에서 실제로 무엇을 보거나 들은 사람이 누구인지에 초점을 맞추어야 한다.

조사자는 참고인 후보를 정할 때, 신고인이 언급한 인물만을 기준으로 삼지 말고 **조직도, 업무분장, 회의록 등 객관적 자료**를 활용해 누락 없이 명단을 구성하는 것이 필요하다. 신고인이 특정하지 않았더라도 회의에 참석했던 사람이나 해당 대화를 본 사람이 있다면, 그 역시 조사 범위에 포함시켜야 한다.

③ 조사 순서

대상자 선정은 조사 순서와도 연결된다. 원칙적으로는 신고인을 먼저 조사하고, 이어 참고인을 조사한 뒤, 마지막으로 피신고인을 조사한다. 이렇게 하면 신고인 진술을 토대로 참고인에게 사실 여부를 교차 확인할 수 있고, 이후 피신고인에게는 이미 제시된 쟁점을 중심으로 방어 기회를 충분히 제공할 수 있다. 다만 사건의 성격상 참고인을 먼저 조사하는 것이 효율적일 경우에는 순서를 조정할 수 있다. 중요한 것은 피신고인에게도 충분한 반론 기회를 부여하는 것이다.

④ 실무 유의사항

조사 대상자 선정은 단순히 명단을 정하는 것이 아니라, 조사 범위와 직결된 사실관계 검증 계획을 세우는 단계다. 따라서 각 대상자에게서 어떤 사실을 확인할 것인지, 어떤 자료를 요청할 것인지를 사전에 정리해 두는 것이 필요하다. 특히 사건별로 선정된 참고인에게는 그 사건에서 확인해야 할 핵심 포인트가 무엇인지 미리 설정해 두어야 한다. 예를 들어, 회의 중 발언 사건이라면 정확한 표현과 분위기, 메신저 대화 사건이라면 대화 원문과 참여자 확인, 성적 발언 사건이라면 구체 문구와 목격 여부가 주요 확인 사항이 된다.

또 참고인의 진술을 받을 때는 사건에 직접적인 이해관계가 없는지, 당사자와 친분·갈등 관계가 없는지를 살펴야 한다. 이해관계가 있는 참고인은 진술의 신빙성에 한계가 있을 수 있으므로, 보강 증거와 함께 검토해야 한다.

예시 조사 대상자 확정

<직장 내 괴롭힘 신고 사건 조사 대상자>

- **사건 총 6명(신고인 1명, 피신고인 1명, 참고인 4명)**

피조사자 신분	부서	대상자	직급	휴대폰	이메일	조사 범위	조사 형태	비고
신고인	관리팀	김○○	사원	010-xxxx-xxxx	xxxx@maro.kr	전체	대면	
피신고인	관리팀	박○○	팀장/부장	010-xxxx-xxxx	xxxx@maro.kr	전체	대면	
참고인 1	관리팀	이○○	사원	010-xxxx-xxxx	xxxx@maro.kr	사건 2	대면	
참고인 2	관리팀	최○○	과장	010-xxxx-xxxx	xxxx@maro.kr	사건 2	대면	
참고인 3	재무팀	박○○	대리	010-xxxx-xxxx	xxxx@maro.kr	사건 3	대면	
참고인 4	홍보팀	강○○	대리	010-xxxx-xxxx	xxxx@maro.kr	사건 2	대면	서면 대체 가능

- **조사대상자 연락처**

김○○	010-xxxx-xxxx	xxxx@maro.kr
박○○	010-xxxx-xxxx	xxxx@maro.kr
이○○	010-xxxx-xxxx	xxxx@maro.kr
최○○	010-xxxx-xxxx	xxxx@maro.kr
박○○	010-xxxx-xxxx	xxxx@maro.kr
강○○	010-xxxx-xxxx	xxxx@maro.kr

- **참고인 선정 기준 : 반드시 필요한 최소 인물로 선정하되,**
  - 직접 목격자 최우선: 사견 현장에 있었던 사람
  - 소문 전달자 제외: 단순히 소문만 들은 사람
  - 이해관계 고려: 객관적 증언이 가능한 사람

4) 조사 일정 및 장소 조율

조사 대상자가 정해지면, 그 순서와 시기를 조율하는 절차가 뒤따른다. 조사 일정은 단순히 시간표를 짜는 문제가 아니라, 진술 확보의 신뢰성과 당사자의 권리 보장에 직접 연결되는 중요한 단계다.

① 조사 순서의 원칙

조사 순서는 원칙적으로 **신고인 → 참고인 → 피신고인**의 흐름을 따른다. 먼저 신고인의 진술을 기초로 사실관계를 구조화하고, 이어 참고인 면담을 통해 교차 확인을 거친 뒤, 마지막으로 피신고인에게 충분한 소명 기회를 부여하는 방식이다. 이 순서가 지켜져야 진술의 일관성과 사건의 맥락을 올바르게 파악할 수 있다.

다만 참고인이 외부 일정으로 먼저 조사될 필요가 있거나, 사건의 성격상 참고인의 진술이 조사 방향을 좌우하는 경우에는 예외적으로 순서를 바꿀 수 있다. 피신고인 조사는 가능하면 조사 과정의 마지막 단계에서 진행하는 것이 바람직하다.

② 일정 조율의 방식

조사 일정은 당사자의 사정을 고려하되, 사건의 신속한 처리를 위해 지체 없이 확정해야 한다. 신고인과 참고인에게는 통상 며칠 전 안내만으로도 충분하지만, 피신고인의 경우에는 방어권 보장을 위해 **가능하면 최소 1주일 전**에는 조사 일정을 통지하는 것이 바람직하다. 일정 안내는 문서화된 통지를 기본으로 하되, 그 전에 전화로 개별 사정을 확인하여 가능한 시간대를 확보한다. 통화는 외부에 노출되지 않는 조용한 환경에서 진행하고, 통화 후에는 이메일 등으로 확정 일정을 남겨 두는 것이 원칙이다.

〈조사 일정 안내 및 조율을 위한 통화 예시〉

> **예시 조사 일정 안내 및 조율(신고인)**
>
> "안녕하세요, 김OO 사원님. 인사팀 장OO 과장입니다.
>
> 신고하신 고충 건에 대해 정식 조사 일정을 잡고자 연락드렸습니다.
>
> **혹시 지금 사무실에 계시다면, 잠시 자리를 옮기신 후 통화 가능하실까요?**

(장소 이동 후)

먼저 사전 안내 사항을 전달 드리겠습니다.

이번 조사는 「근로기준법」 및 사내 규정에 따라 비밀유지 의무가 적용됩니다. 따라서 신고 내용이나 조사 관련 사항은 주변에 공유하지 않으시길 부탁드립니다.

또한, **개인정보 제공 동의서와 보안 유지 서약서를 이메일로 보내드릴 예정이니, 작성 후 회신** 부탁드립니다.

이번 조사는 사실관계 확인을 위한 절차로 공정하고 객관적으로 진행될 예정입니다. **조사 기간 중 특별히 필요하신 보호조치가 있다면 말씀해 주시기 바랍니다.**

현재 김OO 사원님의 조사 일정은 10월 1일 오전 9시 30분부터 11시 30분까지로 예정되어 있습니다.

다만 조사 상황에 따라 다소 변동될 수 있습니다. 혹시 같은 시간에 회의나 출장 등 참여가 어려운 사정이 있으신가요?

네, 확인 감사합니다. 확정된 시간과 조사 장소는 이메일로 다시 안내드리겠습니다."

※ 조사 일정은 메일보다는 통화로(시급성). 통화는 가급적 핸드폰으로 사무실 밖 독립된 장소에서 (보안 측면)

예시 조사 일정 안내 및 조율(참고인)

"안녕하세요, 이OO 사원님. 인사팀 장OO 과장입니다.

사내 고충 조사와 관련해 **사실 확인을 위한 참고인으로서 조사 참여를 요청**드리고자 연락 드렸습니다.

혹시 지금 사무실에 계시다면, 잠시 자리를 옮기신 후 통화 가능하실까요?

(장소 이동 후)

먼저 사전 안내 사항을 전달 드리겠습니다.

이번 조사는 「근로기준법」 및 사내 규정에 따라 비밀유지 의무가 적용됩니다. 따라서 조사 관련 사항이나 질문 · 답변 내용을 주변에 공유하지 않으시길 부탁드립니다.

또한, 개인정보 제공 동의서와 보안 유지 서약서를 이메일로 보내드릴 예정이니, 작성 후 회신 부탁드립니다.

참고인 조사는 사실관계 확인을 목적으로 공정하고 객관적으로 진행될 예정입니다. 특별히 참여에 불편이나 제약이 있으시면 말씀해 주시기 바랍니다.

현재 이OO 사원님의 조사 일정은 10월 1일 오후 1시부터 2시까지로 예정되어 있습니다만, 조사 상황에 따라 다소 변동될 수 있습니다. 혹시 같은 시간에 회의나 출장 등 참여가 어려운 사정이 있으신가요?

네, 확인 감사합니다. 확정된 시간과 조사 장소는 이메일로 다시 안내드리겠습니다.

그리고 **마지막으로 다시 한번 당부**드리겠습니다. **오늘 안내 드린 사항이나 조사 관련 발언을 외부에 하는 것은 비밀유지 의무 위반에 해당될 소지가 있으니, 반드시 유의해주시기 바랍니다."**

※ 조사 일정은 메일보다는 통화로(시급성). 통화는 가급적 핸드폰으로 사무실 밖 독립된 장소에서 (보안 측면)

※ 참고인 · 피신고인에게는 관련 내용 발설 금지 한번 더 강하게 강조

예시 조사 일정 안내 및 조율(피신고인)

"안녕하세요, 박OO 부장님. 인사팀 장OO 과장입니다.
현재 사내에 접수된 직장 내 괴롭힘 신고와 관련하여 피신고인으로서 조사를 받으셔야 해서 연락드렸습니다.
혹시 지금 사무실에 계시다면, 잠시 자리를 옮기신 후 통화 가능하실까요?

(장소 이동 후)
먼저 사전 안내사항을 전달 드리겠습니다.
이번 조사는 「근로기준법」과 사내 규정에 따라 진행되는 절차이며, 비밀유지 의무가 적용됩니다. 조사 과정이나 관련 내용을 주변에 발설하는 행위는 엄격히 금지됩니다. **특히, 조사와 관련하여 다른 직원들에게 언급하는 행위는 비밀유지 의무 위반이자 경우에 따라 '2차 가해'로 간주될 수 있으니 각별히 유의해 주시기 바랍니다.**
또한, 개인정보 제공 동의서와 보안 유지 서약서를 이메일로 보내드릴 예정이니, 작성 후 회신 부탁드립니다.

이번 **조사에서 확인할 내용**은 다음 세 가지입니다.
① 2025년 4월경 메신저를 통한 질책, ② 회의 중 반복적이고 공개적인 질책, ③ 비용처리 · 일정 확인 등 업무 질의 시 차별적 대응입니다.

조사 일정은 10월 2일 오후 1시부터 4시까지로 예정되어 있습니다만, 조사 상황에 따라 다소 변동될 수 있습니다. 혹시 같은 시간에 회의나 출장 등 참여가 어려운 일정이 있으신지요?

네, 확인 감사합니다. 확정된 시간과 조사 장소, 조사 내용은 이메일로 다시 한번 안내드리겠습니다.

그리고 **마지막으로 다시 한번 강조** 드리겠습니다. **오늘 안내 드린 사항 또는 조사와 관련된 내용을 주변에 알리거나 공유하는 행위는 비밀유지 의무 위반에 해당하며, 경우에 따라 추가적인 불이익이나 '2차 가해'로 판단될 수 있습니다. 반드시 유념해 주시기 바랍니다.**

※ 조사 일정은 메일보다는 통화로(시급성). 통화는 가급적 핸드폰으로 사무실 밖 독립된 장소에서 (보안 측면)

※ 참고인 · 피신고인에게는 관련 내용 발설 금지 한번 더 강하게 강조

여러 명을 같은 날 조사할 때에는 **면담 사이에 간격**을 둔다. 간격은 다음 면담의 대기·노출을 막고(동선 분리), 직전 면담의 기록을 정리·확인하며, 필요시 보완 질문을 추가할 시간을 확보하기 위한 것이다. 시간 초과 가능성도 고려하여 '완충 시간(버퍼)'을 미리 편성하고, 출입·대기 시각을 달리 잡아 당사자 간 **마주침을 회피**한다. 이러한 간격 배치는 진술의 신뢰성과 비밀 유지, 2차 피해 예방을 동시에 담보하는 기본 설계다.

예시 **조사 일정 및 장소 확정**

<직장 내 괴롭힘 신고 사건 조사 일정>

일자	시간	부서	조사대상자	구분	조사장소	비고
2025-10-01	09:30~11:30 (2"00')	관리팀	김○○	신고인	별관 2층 회의실	
	13:00~14:00 (1"00')	관리팀	이○○	참고인 1	별관 2층 회의실	
	14:30~15:30 (1"00')	관리팀	최○○	참고인 2	별관 2층 회의실	
	16:00~17:00 (1"00')	재무팀	박○○	참고인 3	별관 2층 회의실	
일자	**시간**	**부서**	**조사대상자**	**구분**	**조사장소**	**비고**
2025-10-02	10:30~11:30 (1"00')	홍보팀	강○○	참고인 4	별관 2층 회의실	
	13:00~16:00 (3"00')	관리팀	박○○	피신고인	별관 2층 회의실	

- 조사 일정은 피신고인의 방어권을 고려하여 조사 통보 후 최소 2~3일 내지 최대 1주일 후 진행하는 것 추천
- 조사 순서는 **신고인 → 참고인 → 피신고인** 순으로 진행. 불가피한 경우 서면으로 대체하나, **당사자는 대면조사 원칙**
- 조사 시간은 보안 유지와 조사 상황의 유동성에 대비해 **간격을 두어 배치**
- 조사 장소는 **직원들과 분리된 별도 공간**에서 실시(방음 및 조사대상자가 심리적 위축을 느끼지 않는 중립적 장소)
- 조사 완료 후 **문답서 작성 및 서명을 위해 노트북과 프린터 등의 장비가 구비된 곳**에서 진행

③ 조사 장소의 요건

조사 장소는 **조용하고 방해받지 않는 공간**이어야 한다. 면담이 외부에 노출되면 사건의 신뢰가 손상되고, 조사 대상자가 위축되거나 불필요한 소문이 생길 수 있다. 따라서 일반 사무공간보다는 별도의 회의실이나 상담실을 확보하는 것이 바람직하다.

특히 피해자 면담 조사의 경우에는 상대방과 마주칠 우려가 없는 동선과 위치를 고려해야 하며, 공간의 배치도 심리적 안정에 영향을 줄 수 있으므로 충분한 배려가 필요하다.

또한 조사 장소에는 기본적인 준비가 갖추어져야 한다. 면담 조사 내용을 즉시 기록하고 서명받을 수 있도록 노트북, 프린터, 녹취 장치 등의 준비를 해두는 것이 바람직하다.

④ 실무 유의사항

일정 조율 과정에서는 비밀유지가 특히 강조되어야 한다. 일정 안내 과정에서 불필요한 정보가 외부에 유출되면 피해자 신원이나 사건 내용이 드러나 2차 피해로 이어질 수 있다. 따라서 모든 연락은 최소한의 범위에서만 공유하고, 통지문에는 조사 목적과 비밀유지 의무만 간명하게 기재하는 것이 원칙이다.

5) 조사 일정 및 출석 통지

일정이 확정되면 이를 당사자에게 공식적으로 통지해야 한다. 단순한 안내가 아니라, 조사 절차가 정식으로 개시되었음을 알리고 당사자의 권리를 보장하는 단

계이므로 그 방식과 내용에 특별히 유의해야 한다.

① 통지의 시기

조율 단계에서 이미 일정 협의가 이루어졌다면, 통지는 그 합의를 문서로 확인하는 절차다. 따라서 지나치게 늦지 않게, **면담 최소 며칠 전에는 반드시 문서 통지가 도달**해야 한다. 피신고인의 경우에는 방어권 보장을 위해 조율 단계에서부터 충분한 준비기간을 확보하는 것이 중요하며, 확정 통지 시점에서는 이미 준비에 착수할 수 있도록 여유를 두어야 한다.

② 통지의 방식

최종 통지는 반드시 **문서화된 방식**으로 이루어져야 한다. 이메일, 공문, 내부 통지 시스템 등 어떠한 형식이든 기록으로 남아야 하며, 이후 절차에서 일정 통지 여부를 둘러싼 불필요한 논란을 예방할 수 있다. 다만 문서 통지에 앞서 전화로 간단히 일정을 재확인하면 혼선을 줄일 수 있다.

③ 통지의 내용

통지문에는 필요한 정보만을 담는다. 일시와 장소, 면담 대상자, 비밀유지 원칙, 진술의 기록·녹취 가능성 등이 포함되어야 한다. 사건의 구체적 사실관계나 신고인의 신원이 노출될 수 있는 세부 사항은 배제한다. 통지의 목적은 사건의 쟁점을 알리는 것이 아니라, 절차 참여와 권리 보장을 보장하는 데 있기 때문이다.

④ 비밀유지와 유의사항

출석 통지 단계에서조차 비밀유지의 원칙은 지켜져야 한다. 통지문이 다른 직원에게 전달되거나 내용이 외부로 알려지면 사건이 확대되고 2차 피해가 발생할 수 있다. 따라서 통지는 필요한 최소한의 대상에게만 전달하고, 통지문 말미에 "조사와 관련된 사실은 외부에 알리거나 공유할 수 없다"라는 안내를 덧붙여 구성원의 주의를 환기하는 것이 바람직하다.

예시 출석 통지서(피신고인용)

출석 통지서

문서번호 : xx-xxxx
수신대상 : 관리팀 박○○

사건번호	2025-xx-xxx			
신고인	성명	-	소속	-
피신고인	성명	박○○	소속	관리팀
신고 사유	직장 내 괴롭힘			
의견진술을 요하는 사항	직장 내 괴롭힘 사건에 대한 사실 확인			
근거	취업규칙 제00장, 근로기준법 제76조의3 제2항			

1. 본 조사위원회는 위 사건의 신고를 접수하여 사건을 조사하고자 합니다.

2. 사건의 공정한 조사를 위하여 귀하의 진술을 듣고자 하오니 출석하여 주시기 바랍니다.
   가. 출석일시 : 2025년 x 월 x 일 x 시
   나. 출석장소 : 별관 2층 회의실

3. 지정된 일시 및 장소에 출석할 수 없는 사유가 있을 시에는 필히 사전 고지를 한 후, 가능한 일시 및 장소로 변경하여야 합니다.

4. 정당한 이유나 절차 없이 3회 이상 출석을 거부할 경우 피신고인의 진술 및 자기 방어권을 포기하는 것으로 인정합니다.

○○○○ 조사위원장 (인)

문의할 곳	Tel	E-mail	

Q 대면조사 등 인터뷰에 참여하는 시간은 근로시간에 포함되는지?

A 포함된다. 직장 내 괴롭힘 조사는 사용자의 지휘·감독 아래 이루어지는 업무 관련 활동이므로 근로시간에 산입된다. 만약 소정근로시간 외에 조사가 진행된다면 이는 연장근로에 해당하여 가산수당 지급 의무가 발생한다. 따라서 원칙적으로는 근무시간 내에 조사 일정을 배정해야 하며, 부득이하게 근무 외 시간에 조사가 진행될 경우 사전에 동의를 받아야 한다.

Q 피신고인에게 조사 일정을 안내할 때, 신고 내용을 구체적으로 알려달라고 요구하면 어떻게 해야 하는지?

A 피신고인에게 신고 내용을 전부 공개하는 것은 신고인의 신원 보호와 비밀 유지 의무 위반 위험이 있다. 따라서 일정 수준의 요지만 안내하고, 구체적 사실관계는 대면조사 과정에서 질문을 통해 확인하는 방식이 원칙이다. 필요 이상의 구체적 내용을 사전에 제공하지 않도록 주의해야 한다.

Q 피신고인이 신고인이 제출한 조사신청서 사본을 달라고 요구하면 수용해야 하는지?

A 수용할 의무는 없다. 신청서에는 피해자의 인적 정보와 구체적 피해 내용이 담겨 있어 비밀유지 조항에 따라 제공할 수 없다. 다만, 피신고인에게는 성희롱·괴롭힘 사건의 '대상자'라는 사실을 통지하고, 조사 과정에서 충분한 진술 기회를 보장함으로써 방어권은 보장해야 한다.

Q 피신고인이 비밀유지서약서 작성을 거부한다면 어떻게 해야 하는지?

A 설령 서약서를 작성하지 않더라도 법과 규정에 따른 비밀유지 의무는 발생한다. 다만 거부한 경우, 조사자는 다시 한번 구두로 비밀유지 의무를 안내하고 이를 기록에 남겨야 한다.

Q **피신고인이 대면조사 자체를 거부하면 어떻게 해야 하는지? 또는 조사에 응하겠다고는 하지만 회의나 출장 등을 이유로 조사 일정 변경을 계속 요청하며 조사를 지연시키는 경우에는 어떻게 해야 하는지?**

A 피신고인에게 조사에 협조해야 할 법적 진술 의무는 없지만, 사실 확인 및 후속 조치를 위해 응해야 할 책임은 있다. 불가피한 사정이 있을 경우 화상회의나 서면조사 방식으로 대체할 수 있으며, 반복 거부로 인해 불이익이 발생할 수 있음을 서면으로 통지해야 한다.

Q **조사에 대해 발설하지 말라고 했더니, 직원이 상급자에게 조사 참석 사실을 설명해야 한다고 합니다. 이런 경우는 어떻게 해야 하는지?**

A 회사는 조사 참여자가 불이익을 받지 않도록 보호해야 할 의무가 있다. 따라서 '인사 관련 면담' 등 일반적이고 모호한 용어로 대체해 설명할 수 있도록 안내하고, 조사 자체에 대한 언급은 피하도록 지원해야 한다.

Q **신고인이 사내 게시판에 신고 사실과 조사 진행 상황을 올렸습니다. 비밀유지 의무 위반인지?**

A 「근로기준법」 제76조의3 제7항은 '피해 근로자의 의사에 반해' 타인에게 내용을 누설하지 말 것을 규정하고 있다. 따라서 피해자의 동의가 있다면 법적 위반은 아니지만, 사건에 대한 소문이 확대·재생산되어 2차 피해를 유발할 가능성이 매우 높다. 따라서 조직 내 질서와 피해자 보호를 위해 모든 조사 참여자에게 비밀유지 의무를 준수할 것을 권고하는 것이 바람직하다.

| 판례 | 조사참여자가 성희롱 조사 과정에서 알게 된 비밀을 누설하거나, 가해자·피해자의 사회적 가치를 침해하면 위법하다 (대법원 2017. 12. 22. 선고 2016다202947 판결)

개정 남녀고용평등법 제14조 제7항 본문은 직장 내 성희롱 발생 사실을 조사한 사람, 조사 내용을 보고 받은 사람 또는 그 밖에 조사 과정에 참여한 사람(이하 '조사참여자'라 한다)은 해당 조사 과정에서 알게 된 비밀을 직장 내 성희롱과 관련하여 피해를 입은 근로자 또는 성희롱 피해 발생을 주장하는 근로자(이하 '피해근로자 등'이라 한다)의 의사에 반하여 다른 사람에게 누설해서는 안 된다고 정하여 조사참여자의 비밀누설 금지의무를 명시하고 있다.

위 개정 법률이 시행되기 전에도 개인의 인격권, 사생활의 비밀과 자유를 보장하는 헌법 제10조, 제17조, 직장 내 성희롱의 예방과 피해근로자 등을 보호하고자 하는 남녀고용평등법의 입법 취지와 직장 내 성희롱의 특성 등에 비추어, 직장 내 성희롱 사건에 대한 조사가 진행되는 경우 조사참여자는 특별한 사정이 없는 한 비밀을 엄격하게 지키고 공정성을 잃지 않아야 한다. 조사참여자가 직장 내 성희롱 사건을 조사하면서 알게 된 비밀을 누설하거나 **가해자와 피해자의 사회적 가치나 평가를 침해할 수 있는 언동을 공공연하게 하는 것은 위법**하다고 보아야 한다. 위와 같은 언동으로 말미암아 피해근로자 등에게 추가적인 2차 피해가 발생할 수 있고, 이는 결국 피해근로자 등으로 하여금 직장 내 성희롱을 신고하는 것조차 단념하도록 할 수 있기 때문에, 사용자는 조사참여자에게 위와 같은 의무를 준수하도록 하여야 한다.

| 판례 | 공익 목적의 피해사례 공유는 행위자에 대한 명예훼손이 성립하지 않는다(대법원 2022. 1. 13. 선고 2017도19516 판결)

이 사건 이메일은 피고인의 직장 내 성희롱 피해사례에 관한 것으로 회사조직과 그 구성원들의 공적인 관심 사안이다. 피고인은 자신의 성희롱 피해사례를 공유함으로써 직장 내 성희롱 예방과 피해구제에 도움을 주고자 이 사건 이메일을 전송하였다. 따라서 이 사건 이메일을 전송한 피고인의 주된 동기나 목적은 공공의 이익을 위한 것이고, 설령 부수적으로 피고인에게 이 사건 전보인사에 대한 불만 등 다른 사익적 목적이나 동기가 있었다고 하더라도, 그러한 사정만으로 피고인에게 피해자를 비방할 목적이 있다고 보기는 어려우므로, 피해자를 비방할 목적이 있다는 점에 대하여 범죄의 증명이 이루어졌다고 볼 수 없다.

2 조사 기간 중 피해자 보호조치

조사가 시작되면 무엇보다 중요한 것은 피해자가 조사 과정에서 추가적인 불이익이나 불편을 겪지 않도록 보호하는 일이다. 보호조치는 단순한 배려가 아니라 법에서 명시한 사용자 의무이자, 조사 전 과정에 걸쳐 지켜야 할 기본 원칙이다.

1) 보호조치의 법적 근거

「근로기준법」 제76조의3과 「남녀고용평등법」 제14조는 모두 사용자가 직장 내 괴롭힘이나 성희롱 사건을 인지하면 지체 없이 조사를 실시하고, 그 과정에서 피해자가 불리한 처우를 받지 않도록 해야 한다고 규정하고 있다. 이는 조사가 진행되는 동안 피해자가 안전하게 근무할 수 있도록 환경을 마련할 책임이 사용자에게 있음을 명확히 한 것이다.

2) 임시적 보호조치의 내용

실무에서 가장 먼저 검토되는 조치는 **근무 장소나 동선의 분리**다. 피해자가 행위자와 같은 공간에서 일해야 하는 상황이라면, 좌석 이동, 부서 내 업무조정, 일시적 재배치 등이 필요하다. 경우에 따라서는 일정 기간 **유급휴가**를 부여하는 것도 가능하다. 중요한 것은 피해자의 의사를 우선적으로 반영하는 것이다. 피해자의 동의 없이 일방적으로 조치를 취하면, 오히려 또 다른 불이익으로 받아들여질 수 있다.

3) 2차 피해의 예방

조사 기간에는 피해자에 대한 소문, 따돌림, 압박 등이 쉽게 발생할 수 있다. 따라서 조사자는 면담 초기부터 당사자와 참고인에게 **비밀유지 의무**를 명확히 고지해야 하며, 이를 위반할 경우 징계나 불이익 조치로 이어질 수 있음을 안내해야 한다. 특히 피해자와 같은 팀 내에서 발생할 수 있는 불필요한 언행을 주의시키고, 피해자가 고립되거나 불리한 평가를 받지 않도록 관리자의 역할을 강조할 필요가 있다.

4) 보호조치의 조정과 종료

보호조치는 영구적인 것이 아니라, 조사 진행 상황과 피해자의 요구에 따라 조정되어야 한다. 예를 들어, 초기에 좌석 분리가 필요했지만 이후 행위자에 대한 징계가 이루어지면, 보호조치도 자연스럽게 종료될 수 있다. 따라서 보호조치는 시행과 동시에 지속적인 점검과 보완이 뒤따라야 하며, 피해자의 상태와 요구를 주기적으로 확인하는 절차가 중요하다.

피해자 보호조치는 조사 절차와 나란히 가야 하는 축이다. 조사를 아무리 공정하게 진행해도, 피해자가 그 과정에서 또 다른 불이익을 당한다면 사건 처리의 정당성은 무너진다. 따라서 보호조치는 조사와 동등하게, 초기에 설계되고 끝까지 유지되어야 하는 기본 장치라 할 수 있다.

Q **신고인은 피신고인과의 분리조치를 원하고 있는데, 회사 규모가 작아 분리조치가 가능한지?**

A 물리적으로 완전한 분리가 어렵다면 그 사정을 피해 근로자에게 설명하고 가능한 대안을 찾아야 한다. 보호조치는 피해자의 요구를 그대로 수용하는 것이 아니라, 현실적으로 가능한 범위에서 안전을 보장하는 것이다. 근무 장소 분리뿐 아니라 결재 라인의 분리, 업무 분장 조정 등 다양한 방식으로 분리가 가능하다.

Q **신고 내용이 직장 내 괴롭힘에 해당하지 않는 것 같지만, 신고인이 조사기간 중 보호조치로 인사 이동을 요청하는 경우 수용해야 하는지?**

A 인사상 조치가 불가능한 특별한 사정이 없다면 수용을 고려할 수 있다. 다만 피해자의 요구를 반드시 따라야 하는 것은 아니며, 회사가 제시하는 대안을 검토할 수 있다. 신고인이 회사의 제안을 모두 거부한다면 그 과정을 서면으로 남겨 두는 것이 필요하다.

Q **피해자 보호조치 차원에서 피신고인을 대기발령할 수 있는지?**

A 규정에 근거가 있다면 대기발령은 보호조치로 시행할 수 있다. 다만 정당성이 인정되지 않으면 부당한 인사조치가 될 위험이 있다. 장기적이거나 금전적 손실이 크다면 법적 리스크가 발생할 수 있으므로, 일시적이고 비례적인 범위 내에서만 가능하다.

Q **피해자 보호를 위해 신고인을 다른 부서로 발령하려는데, 신고인이 이를 거부하는 경우 어떻게 해야 하는지?**

A 피해자의 의사에 반하는 인사조치는 「근로기준법」 위반으로 볼 수 있다. 다만 사용자의 책임이 완전히 면제되는 것은 아니므로, 부서 이동 외 가능한 보호조치를 성실히 제시해야 한다. 거부 사유는 서면으로 확인해 두고, 행위자의 2차 가해를 막기 위한 노력을 병행해야 한다.

Q **피해자 보호조치로 휴가를 부여하는 경우, 연차를 먼저 사용하게 해도 되는지?**

A 연차휴가를 강제로 사용하게 하는 것은 근로자의 권리를 침해하는 것으로 해석될 수 있다. 따라서 연차를 먼저 차감하는 방식은 허용되지 않는다. 피해자 보호조치는 별도의 특별휴가나 유급휴가를 통해 부여하는 것이 바람직하다.

3 면담 조사(대면조사·인터뷰)

직장 내 성희롱·괴롭힘 사건의 조사는 결국 사람을 통해 사실을 확인하는 과정이다. 명확한 물적 증거가 부족한 사건일수록, 면담 조사에서 확보한 진술이 사건 판단의 핵심 근거가 된다. 따라서 면담은 단순한 대화가 아니라, 법적 요건 충족 여부를 가려낼 수 있도록 구조화된 질문과 기록 과정을 거쳐야 한다.

면담은 원칙적으로 '신고인 → 참고인 → 피신고인' 순으로 진행한다. 조사자는 사건의 흐름에 따라 면담 순서를 조정할 수 있으나, 피신고인에게는 반드시 충분한 반론 기회를 보장해야 한다. 모든 면담은 '사전 안내 → 질의 → 기록 → 확인'의 틀 속에서 일관되게 이루어져야 한다.

1 면담 전 사전 안내

면담에 들어가기 전, 조사자는 먼저 조사 대상자에게 다음 사항을 명확히 고지해야 한다.

1) 조사 목적

면담은 징계나 처분을 전제한 것이 아니라, 사실관계를 객관적으로 확인하기 위한 절차임을 설명한다. 이는 조사 대상자가 불필요한 불안이나 방어적 태도를 갖지 않도록 하는 데 중요하다.

2) 비밀유지와 불이익 금지

조사 과정에서 알게 된 사항은 외부에 누설될 수 없으며, 신고인·피신고인 누구도 면담 참여로 인해 불이익을 받아서는 안 된다는 점을 고지한다. 이때 피해자·신고인의 신원 보호와 2차 피해 방지의무가 함께 강조되어야 한다.

3) 비밀유지서약서 징구

가능하다면 면담 시작 전 비밀유지서약서를 받아 두는 것이 바람직하다. 이미 사전에 서면 회신을 받은 경우라면 다시 받을 필요는 없으나, 대상자가 구두로라도 비밀유지 의무를 인지하고 있다는 점을 확인하고 기록에 남겨 두어야 한다.

4) 녹취·기록에 대한 동의

면담의 충실한 기록을 위해 녹취가 필요하다는 점을 설명하고, 대상자의 동의를 구한 뒤 녹취를 시작한다. 동의가 거부되는 경우, 조사자가 직접 문답서를 작성하고, 최종적으로 대상자가 내용을 확인·서명하는 방식으로 대체해야 한다.

2 질의서 준비와 활용

조사자는 면담에 들어가기 전 **반드시 사전 질의서를 작성해야** 한다. 질의서는 사건별로 사실관계 확인이 필요한 쟁점을 빠짐없이 담아야 하며, 추상적 표현을 구체적인 질문으로 전환하는 것이 핵심이다.

신고인 질의서는 신고서 내용을 기초로 하되, 불명확한 시점·장소·행위자를 구체적으로 묻도록 구성한다. **참고인 질의서**는 신고인 면담 후 수정·보완한다. 예컨대 신고인이 특정 회의 참석자를 언급했다면, 참고인 질의서에 "당시 해당 발언을 직접 들었는지"를 묻는 항목을 추가한다. **피신고인 질의서**는 신고인·참고인 면담이 끝난 후 보완한다. 이미 제기된 쟁점과 증거를 제시하고, 이에 대한 반론 기회를 보장하는 방식으로 설계해야 한다.

이처럼 질의서는 조사 단계마다 수정·보완되어야 하며, 사전에 철저히 준비된 질문 없이는 면담이 감정적 대화로 흘러갈 위험이 크다.

3 신고인 면담

신고인 면담은 사건의 출발점이자 가장 중요한 단계다. 이 면담을 통해 조사 범위가 실제로 어떻게 진행될지 윤곽이 잡힌다.

주요 확인 사항은 사건의 발생 시점, 장소, 행위자, 구체적 발언·행동, 반복 여부, 목격 가능성, 피해의 양상 등이다. 질문 방식은 "회의 때마다 괴롭힘을 당했다"라는 진술이 있으면, "○월 ○일 회의에서 어떤 발언이 있었는지, 당시 참석자는 누구였는지"를 확인하는 식으로 구체화한다. 면담 중 피해자가 추가적인 보호조치를 요구하는 경우, 즉시 HR 부서와 연결하여 임시 조치를 검토해야 한다. 신고인 면담의 기록은 이후 참고인·피신고인 조사에서 반드시 활용된다.

4 참고인 면담

참고인 면담은 신고인과 피신고인의 진술을 교차 검증하는 단계다. 면담 전에 반드시 참고인 질의서를 준비하고, 신고인 면담을 통해 새롭게 확인된 사실이나 구체적 정황이 있다면 이를 반영해 보완한다.

면담에서는 "그 자리에 실제로 있었는지?", "해당 발언을 직접 들었는지?", "누구와 어떤 대화를 나누었는지?"와 같이 객관적 사실을 확인하는 데 초점을 맞춘다. 단순한 추측이나 소문을 진술하려는 경우에는 "직접 본 것인지, 언제 누구로부터 들은 것인지"를 구분해 기록해야 한다.

특히 참고인의 진술은 이해관계, 기억의 정확성 등에 따라 신빙성에 차이가 있을 수 있으므로, 다른 증거와 반드시 교차 검증하여 활용하는 것이 중요하다.

5 피신고인 면담

피신고인 면담은 조사 과정에서 가장 민감하고도 중요한 절차다. 이미 신고인과 참고인의 진술을 통해 일정 부분 사실관계가 드러난 상태에서 이루어지기 때문에, 피신고인에게는 반드시 충분한 반론의 기회를 보장해야 한다. 면담은 원칙적으로 다른 면담이 모두 마무리된 뒤에 실시하는 것이 바람직하며, 사건의 특성상 순서를 달리할 필요가 있더라도 피신고인이 방어권을 행사할 수 있도록 사전에 충분히 통지해야 한다. 조사 일정은 가능한 한 최소 1주 전에는 안내되어야 한다.

면담을 진행할 때 조사자가 가장 주의해야 할 점은 **신고인의 비밀 보호**다. 피신고인에게 질문하면서 신고인의 진술을 그대로 읊어주거나, 피해자의 신원을 특정할 수 있는 방식으로 내용을 공개하는 것은 엄격히 금지된다. 다만 사건 특성상 목격자도 없고 증거도 부족한 경우, 구체적인 사실관계를 확인하기 위해서는 신고인 진술 중 일부를 제시할 필요가 생길 수 있다. 이때는 반드시 사전에 신고인의 양해를 구하고, 동의한 범위 내에서만 공개해야 한다.

이러한 한계 때문에 피신고인 면담에서는 질문을 곧바로 특정 발언이나 행동으로 좁혀 들어가기 어렵다. 조사자는 먼저 "최근 회의에서 동료들과 갈등을 겪은 적이 있었는지?", "업무 메신저에서 언쟁이 발생한 일이 있었는지?"와 같이 폭넓고 포괄적인 질문으로 시작한다. 이후 피신고인의 답변을 토대로 점차 범위를 좁혀 들어가면서, 특정 회의, 특정 발언, 특정 대화와 같은 개별 사건으로 연결하는 방식으로 진행해야 한다. 이렇게 broad-to-narrow 방식으로 질문하면, 신고인의 진술을 직접 드러내지 않고도 필요한 사실관계를 확인할 수 있다.

그럼에도 불구하고 피신고인 면담은 추상적 질문만으로 끝나서는 안 된다. "괴롭힘 사실이 있었습니까?"라는 질문은 의미 있는 답변을 끌어내기 어렵다. 조사자는 이미 제기된 쟁점을 토대로, "○월 ○일 회의에서 '자료도 못 본다'는 발언이 있었다는 주장이 있는데, 이에 대해 설명해 달라"와 같이 구체적으로 제시하고 확인하는 방식을 병행해야 한다. 단, 이 경우에도 앞서 언급한 바와 같이 피해자의 동의 범위를 벗어나서는 안 된다.

피신고인 질의서는 반드시 신고인과 참고인의 면담이 끝난 뒤 보완되어야 한다. 새로운 목격자나 구체적 발언이 확인된 경우 이를 반영하지 않으면, 피신고인에게 실질적인 반론 기회를 제공할 수 없다. 따라서 피신고인 면담은 사건 전반에서 확보된 자료와 진술을 토대로 설계되고, 조사자는 그 과정에서 새롭게 제기될 수 있는 쟁점 확대에 대비해야 한다.

면담을 시작하기 전에는 비밀유지와 불이익 조치 금지 원칙을 다시 고지해야 한다. 이는 단순한 절차적 형식이 아니라 조사 전체의 공정성을 확보하기 위한 핵심적인 장치다. 만약 피신고인이 면담을 거부하거나 진술을 회피한다면, 서면 질의서 송부나 화상조사 등 대체 방안을 안내할 수 있으며, 반복적인 거부로 불이익이 발생할 수 있다는 점을 서면으로 확인해 두는 것이 필요하다.

정리하면, 피신고인 면담은 **반론권 보장과 비밀보호**라는 두 원칙 사이의 균형을 유지하는 절차다. 조사자는 broad-to-narrow 방식으로 질문을 설계해 피해자의 진술을 직접 노출하지 않고도 사실을 검증해야 하며, 동시에 구체적 쟁점이 제기된 부분에서는 피신고인에게 명확히 답변할 기회를 제공해야 한다. 이를 통해 조사자는 공정성과 신뢰성을 유지하면서 사건 전체의 균형을 맞추고, 최종적인 사실확정에 이르는 토대를 마련할 수 있다.

6 조사 기법의 활용

면담 조사는 단순히 질문을 나열하고 답변을 받아 적는 절차가 아니다. 신고인과 피신고인이 경험한 사건은 대체로 은밀하거나 반복적인 상황 속에서 축적된 것이므로, 그 진상을 확인하기 위해서는 조사자의 질문 기법이 결정적인 역할을 한다. 특히 처음부터 직설적이고 폐쇄적인 질문만을 사용하면 방어적 태도를 강화시켜 사실 확인이 오히려 어려워질 수 있다. 따라서 면담에서는 질문을 점진적으로 구체화하면서도, 진술을 최대한 자연스럽게 이끌어내는 기술이 필요하다.

가장 기초적인 것은 **오픈 질문**이다. 이는 상황의 전체 맥락을 확인하기 위해 "그날 어떤 상황이었는지 처음부터 끝까지 말씀해 주실 수 있습니까?"와 같은 방식으로 시작한다. 피조사자가 자유롭게 서술하도록 유도하면, 예상치 못한 사실이나 새로운 정황이 드러날 수 있다. 이후 진술의 핵심이 무엇인지 확인할 단계에서는 **백트래킹**(Back-tracking) 질문이 유용하다. 예컨대, "말씀하신 대로라면 ○월 ○일 회의에서 A팀장이 '네가 왜 여기 있냐'라고 발언했고, 그 말로 모욕감을 느끼셨다는 것이 맞습니까?"와 같이 진술을 정리하고 당사자에게 확인을 구하는 방식이다. 이를 통해 진술의 일관성과 핵심 쟁점을 명확히 할 수 있다.

또 다른 중요한 기법은 **리프레이밍**(Reframing)이다. 피조사자가 "그냥 장난이었다"라고 표현하더라도, 조사자는 "그 말씀은 상대방이 모욕으로 받아들일 수 있다는 의미로 이해해도 되겠습니까?"라고 다시 물어야 한다. 이는 행위자가 인식하지 못한 문제의 성격을 객관화하여 드러내는 동시에, 피해자의 입장에서 사건을 재구성하는 효과가 있다.

조사가 진행되는 과정에서 필요한 경우에는 **순차적 질문**도 활용된다. "그날 있었던 일을 순서대로 말씀해 주시겠습니까?"라는 질문으로 시간의 흐름을 따라가면서, "그중 특히 불편하다고 느낀 순간은 언제였습니까?", "그때 사용된 구체적인 표현은 무엇이었습니까?"와 같이 점점 좁혀 들어가며 핵심 사실을 확인하는 방식이다. 이 과정은 방대한 진술을 구조화하고, 쟁점별로 분리해 검증 가능성을 높이는 데 유효하다.

끝으로, 면담 중 긴장이나 감정의 동요로 조사가 방해될 경우에는 부드러운 차단 기법이 필요하다. 예컨대 조사자가 "말씀 중에 죄송합니다만, 지금 말씀하신 ○월 ○일 사건부터 다시 확인해도 괜찮으실까요?"라고 개입하는 것이다. 이는 대화의 흐름을 억지로 끊는 것이 아니라, 조사 목적에 맞게 다시 방향을 조정하는 방법이다.

정리하면, 면담 조사는 단순히 질문-답변의 연속이 아니라, 질문의 방식과 순서를 조율하여 진술의 신뢰성과 객관성을 확보하는 과정이다. 오픈 질문으로 시작해 백트래킹으로 정리하고, 리프레이밍과 순차적 질문으로 맥락을 구체화하며, 필요할 때 부드럽게 흐름을 조정하는 것이 실무적으로 가장 핵심적인 접근법이다.

[조사 기법 활용]

사실 확인을 위한 질문 기법과 예시

1. 오픈 질문 (상황 전체 파악)	**"그날 어떤 상황이었는지 처음부터 끝까지 기억나는 대로 말씀해 주시겠습니까?"** **"그 일이 있기 전부터 어떤 분위기였는지 설명해 주실 수 있을까요?"**
2. 미러링 (상대의 말 되비추기)	피조사자: "그때는 굉장히 모욕적이었어요." 조사자: "모욕적이었다고요?" 피조사자: "네, 많은 사람들이 보는 앞에서 '네가 왜 여기 있냐'라고 말했습니다."
3. 백트래킹 (진술 정리 후 확인)	**"말씀하신 걸 정리하면, 5월 2일 회의 자리에서 A팀장이 '네가 왜 여기 있냐'라고 발언했고, 그 발언으로 수치심을 느끼셨다는 거죠?"**
4. 쿠션 화법 (민감한 질문 완화)	"혹시 불편하실 수 있지만, 정확한 사실 확인을 위해 여쭤보겠습니다. 당시 발언이 구체적으로 어떤 표현이었는지 말씀해 주실 수 있을까요?"
5. 클로즈질문 (사실 여부 확인)	**"그 발언은 5월 2일 오후 회의에서 있었습니까?"** **"그 자리에 A, B, C 세 분 모두 계셨나요?"**
6. 침묵 (추가 진술 유도)	**피조사자: "그 이후에도 계속 불편한 일이 있었습니다."** **(조사자, 고개만 끄덕이며 침묵 유지)** **피조사자: "사실은 점심시간마다 따로 불러내곤 했습니다."**
7. 리프레이밍 (객관화된 표현으로 바꾸기)	**피조사자: "그냥 장난이라고 했지만, 저는 모욕이었어요."** **조사자: "말씀하신 '장난'은, 상대방에게는 모욕으로 받아들여질 수 있었다는 의미로 이해해도 될까요?"**
8. 최소한의 반응 (경청 신호)	"네, 그렇군요.""계속 말씀해 주세요."
9. 요약 (긴 진술 정리)	**"정리하면, 4월부터 6월까지 세 차례 모욕적 발언이 있었고,** **그중 두 번은 회의석상, 한 번은 복도에서 있었다는 말씀이시죠?"**
10. 패러프레이징 (의미 풀어 말하기)	피조사자: "저는 완전히 무시당했다고 느꼈습니다." 조사자: "즉, 존중받지 못하고 배제된 느낌을 받으셨다는 거군요."
11. 투사적 질문 (간접 탐색)	"만약 다른 동료가 같은 상황을 겪었다면, 어떻게 느낄 것 같으세요?"
12. 순차적 질문 (광범위 → 구체적)	**"그날 있었던 일을 전체적으로 말씀해 주시겠습니까?"** **→ "그중에서 특히 불편했다고 느끼신 순간은 언제였습니까?"** **→ "그때 사용된 구체적인 단어는 무엇이었습니까?"**
13. 부드러운 차단 (대화 흐름 통제)	"말씀 중에 죄송합니다. 지금 말씀하신 6월 5일 사건부터 다시 확인해도 괜찮을까요?"

〈대면조사 시작/종료 시 멘트 예시〉

[인터뷰 시작/종료 시]

- [대면조사 도입]부에서 '조사 목적 및 중립성 고지', '분위기 완화' 발언 후 인터뷰 시작
  "오늘 면담은 직장 내 괴롭힘 · 성희롱 사건의 사실관계를 확인하기 위한 절차입니다. 말씀해 주신 내용은 비밀이 보장되며, 조사자는 중립적 입장에서 기록과 사실 확인만을 진행합니다."
  "혹시 긴장되실 수 있는데, 편안하게 말씀해 주시면 됩니다. 기억나는 범위에서만 말씀하셔도 괜찮습니다."
- [대면조사 마무리]에서는, 추가 진술 확인 및 절차 안내, 감사 표현으로 인터뷰 종료
  "혹시 지금까지 말씀해 주신 것 외에 더 말씀하시고 싶은 부분이 있으신가요?"
  "오늘 말씀해 주신 내용은 조사 기록에 반영됩니다. 이후 필요한 경우 추가 확인 연락을 드릴 수 있습니다."
  "어려운 상황임에도 성실히 말씀해 주셔서 감사합니다."
- 인터뷰 종료 후 기재한 **서면 문답서를 출력하여 피조사자에게 내용을 확인**하도록 하고, 수정을 원하는 부분은 모두 수정한 후, 마지막으로 문답서 하단에 피조사자의 확인 서명을 기재받고 종료

〈대면조사 녹취 관련 안내 멘트 예시〉

[대면조사 시 녹취 관련]

1. 동의 요청 멘트
"오늘 면담은 조사 기록의 정확성을 위해 녹음하려고 합니다.
녹음은 조사 목적 이외에는 사용되지 않으며, 비밀이 보장됩니다. 녹음에 동의하십니까?"

2. 동의 시 안내 멘트
"감사합니다. 말씀해 주신 대로 녹음을 진행하겠습니다.
녹취 파일은 조사 목적 외에는 사용되지 않고, 사건이 종결되면 관련 규정에 따라 안전하게 보관 · 폐기됩니다."

3. 비동의 시 안내 멘트
"알겠습니다. 녹음은 하지 않고 조사자가 직접 서면으로 기록하겠습니다.
다만, 정확한 사실 확인을 위해 필요한 경우 중간중간 말씀을 정리해 드리고 확인을 부탁드릴 수 있습니다."

7 면담 기록과 관리

면담 결과는 반드시 기록으로 남겨야 하며, 가장 바람직한 방법은 녹취와 문답서를 병행하는 것이다. 녹취는 발언의 정확성을 담보하는 수단이 되고, 문답서는 질문과 답변을 구조화하여 정리한 공식 기록으로 남는다. 조사자는 면담 후 문답서를 작성하여 대상자에게 내용을 확인시킨 뒤, 진술한 내용과 일치하는지를 검토하고 서명을 받아야 한다.

문답서를 작성할 때는 조사자의 임의적 해석을 최소화하고, 진술을 가능한 한 원문 그대로 옮겨 적는 것이 바람직하다. 대상자가 말을 반복하거나 중간에 끊는 경우 혹은 말끝을 흐리는 경우에는 "…"와 같이 실제 발언 방식을 표시한다. 다만 불필요하게 조사자의 주관적 해설이나 가치 판단을 기재하는 것은 바람직하지 않다. 이러한 방식으로 작성된 문답서는 이후 진술의 신빙성을 검토할 때 중요한 기초 자료가 된다.

작성된 기록은 철저히 보호되어야 한다. 면담 문답서와 녹취 자료는 조사팀 이외에는 접근할 수 없도록 제한하고, 조사 종료 후에도 일정 기간 비밀리에 보관해야 한다. 만약 면담 기록이 외부로 유출된다면 피해자에게 심각한 2차 피해가 발생할 수 있으며, 조사자나 사용자에게 법적 책임이 따를 수 있다. 따라서 기록 관리 단계에서는 비밀유지 의무가 무엇보다 중요한 원칙으로 작동한다.

Q **피조사자가 조사 내용을 녹취하겠다고 하는데, 허용하는지? (또는 조사 녹취 파일 제공을 요구하는 경우 제공해야 하는지?)**

A 녹취 파일을 제공하거나 외부 반출을 허용하는 것은 비밀유지 의무 위반 소지가 크고, 유출 위험이 크므로 허용하지 않는다. 다만, 장시간 조사 과정에서 본인 진술을 확인하고자 할 때는 조사자가 관리하는 장비를 통해 일부 열람을 허용할 수 있다. 사내 규정에 녹취 금지가 명시되어 있으면 이를 근거로 녹취 자체를 거부할 수 있으며, 규정이 없더라도 동일한 취지로 안내하고 상호 간 신뢰를 바탕으로 녹취 없이 조사하는 것이 원칙이다.

※ 참고 조문

「통신비밀보호법」 제14조 제1항 '누구든지 공개되지 아니한 타인 간의 대화를 녹음하거나 전자장치 또는 기계적 수단을 이용하여 청취할 수 없다', 「헌법」 제10조에 의거한 음성권 '자기의 음성이 자기 의사에 반하여 함부로 녹음되거나 재생, 녹취, 방송 또는 복제·배포되지 아니할 권리

Q **피신고인 면담에서 '기억나지 않는다'라고만 답변하는 경우, 조사를 어떻게 진행해야 하는지?**

A 일정 시간이 지난 사건일수록 구체적인 기억을 떠올릴 수 있도록 보조 질문이 필요하다. 날짜, 시간, 장소, 함께 있던 사람 등 맥락을 바꾸어가며 회상을 유도한다. 진술을 끝내 거부하거나 불리한 사안임을 이유로 회피하는 경우, 방어권 자체를 제한하게 될 수 있음을 설명하고 최대한 진술하도록 유도한다.

Q **문답조사 시 피신고인이 "오늘에서야 신고 사실을 알았다. 방어 준비를 못 했다"라고 주장하는 경우 어떻게 대응해야 하는지?**

A 성희롱·괴롭힘 사건은 '대상 사안'(예: 언어적 발언, 신체적 행위)에 대한 안내가 이미 이루어졌기 때문에 방어 준비는 가능했다고 본다. 다만, 예상치 못한 질문으로 즉시 답변이 곤란한 경우에는 진술 보완을 위한 기회를 제공한다. 진술서 제출, 증빙자료 제출, 추가 면담 요청 등 후속 절차를 통해 방어권을 충분히 행사할 수 있도록 안내한다.

Q **조사 도중 피신고인이 사직서를 제출하거나 퇴사하는 경우 어떻게 되는지?**

A 사직이 수리되기 전까지는 조사가 중단되지 않는다. 사직서 처리 기한이 정해진 경우 그 시점까지, 정해지지 않은 경우에는 민법 제660조에 따라 1개월의 통보기간 동안은 조사가 가능하다. 다만 근로관계 종료 후에는 사내 절차에 강제로 참여시킬 수 없다.

Q 조사가 진행 중인데 피해자가 사직 의사를 밝히는 경우에는 어떻게 해야 하는지?

A 피해자가 조직 내 지위가 약해 문제제기를 이어가기 어렵다고 판단할 가능성이 높다. 피해자가 퇴사하더라도 행위자 온정주의가 작동해 사건이 축소·왜곡될 수 있고, 남은 직원들이 피해자를 비난하는 2차 피해로 이어질 위험이 있다. 따라서 오히려 더 철저하게 조사를 마무리하고, 조직 문화 개선 차원의 조치까지 검토해야 한다. 피해자의 의사만을 이유로 조사를 중단하거나 축소해서는 안 된다.

Q 신고인이 두려움을 이유로 직접 조사 대신 대리인을 선임해 참여하겠다고 하는 경우, 대리인 조사가 가능한지?

A 조사의 목적은 피해 사실의 정확한 확인이므로 원칙적으로 신고인 본인이 조사에 참여해야 한다. 대리인을 통한 조사는 한계가 있으며, 구체적 피해 정황을 확인하기 어렵다. 따라서 불가피한 사정이 아니라면 직접 조사를 받을 수 있도록 설득하는 것이 바람직하다. 다만 정서적 안정이 필요하다면 대리인의 동석을 허용하는 방식은 가능하다.

Q 문답서 확인 과정에서 조사대상자가 서명을 거부하는 경우 어떻게 해야 하는지?

A 녹음에 동의해 녹취가 확보되어 있다면 문답서는 서명 없이도 증거로 활용할 수 있다. 녹취가 없는 상황에서 문답서 서명을 거부하는 경우에는 진술 요지를 기재한 조사결과보고서를 작성하고, 해당 문답서를 첨부하되 서명란은 공란으로 남긴다. 이 경우 진술인의 신원이 특정되지 않도록 가림 처리(마스킹, 블라인드)를 병행해야 한다.

Q 이미 참고인 조사가 끝났는데, 신고인이나 피신고인이 특정인을 추가 참고인으로 지목할 경우 어떻게 해야 하는지?

A 조사 개시 전 참고인 명단을 충실히 검토·확정하는 것이 원칙이다. 그러나 조사 과정에서 누락된 사실관계가 드러나거나, 특정인의 관련성이 새롭게 밝혀지는 경우에는 추가 조사가 불가피하다. 특히 기존 참고인의 진술이 허위로 드러났거나, 새로운 목격자가 특정된 경우에는 반드시 추가 조사해야 한다.

Q **본인이 작성한 문답서 사본이나 조사결과보고서를 달라고 요구하는 경우 어떻게 대응해야 하는지?**

A 조사 문답서나 보고서는 비밀유지 의무가 적용되어 직접 교부하지 않는다. 특히 성희롱·괴롭힘 사건은 개인정보와 민감 정보가 다수 포함되어 있어 외부 유출 시 피해가 크다. 외부기관(경찰, 노동청 등)에서 제출을 요구하는 경우에도 개별적으로 직접 제공하지 않고, 법원의 제출명령이나 기관 간 공식 절차를 통해 제공하는 것이 원칙이다.

4 조사 결과 정리 및 보고(조사결과보고서)

1 조사결과보고서의 의의

조사결과보고서는 직장 내 성희롱·괴롭힘 사건 처리 과정에서 마지막에 작성되는 공식 문서로, 사건 전체의 흐름을 종합하는 역할을 한다. 신고 접수 이후 면담과 자료 검토를 통해 확인된 사실을 체계적으로 정리하고, 그 사실이 법적으로 어떠한 의미를 가지는지 평가하며, 나아가 후속 조치의 방향까지 제시하는 문서다.

이 문서는 단순히 '조사를 했다는 흔적'을 남기는 수준에 그치지 않는다. 사내적으로는 피해자 보호와 행위자 징계, 재발 방지 대책의 기초 자료가 되고, 외부적으로는 노동청 조사나 법원 분쟁에서 사용자가 적정한 절차를 거쳤음을 입증하는 핵심 증거가 된다. 다시 말해, 조사보고서의 존재 여부와 작성 수준이 사건 처리의 공정성과 신뢰성을 가늠하는 잣대가 되는 것이다.

보고서의 의의는 크게 세 가지로 정리할 수 있다. 첫째, 절차적 정당성의 입증이다. 면담 일자, 조사 참여자, 질의 방식, 비밀유지 조치 등이 명확히 기록되면, 사건 처리 과정에서 불필요한 의혹을 차단할 수 있다. 둘째, 사실관계 확정의 기준 제시다. 조사자는 각 진술과 증거를 종합하여 어느 부분을 사실로 인정하고 어느 부분은 불인정되는지를 분명히 밝혀야 한다. 이는 후속 조치의 정당성을 뒷받침하는 핵심 근거가 된다. 셋째, 후속 절차와의 연결 고리다. 징계위원회, 인사위원회, 노사협의회 등 사내 의사결정 기구뿐 아니라, 외부 기관에서도 조사보고서의 내용을 토대로 사건이 처리된다. 따라서 보고서에는 조사자가 취득한 정보가 빠짐없이 포함되어야 하며, 동시에 불필요한 개인적 평가나 추측은 배제되어야 한다.

정리하면, 조사결과보고서는 사건의 종결을 선언하는 문서가 아니라, 사실관계와 법적 평가, 그리고 향후 조치의 방향을 일관되게 연결해 주는 문서다. 이 문서의 충실성은 피해자 보호와 행위자 책임, 나아가 조직 전체의 신뢰 회복 여부를 좌우하게 된다.

2 조사결과보고서 작성의 기본 원칙

1) 법률적 글쓰기 방식의 필요성

조사결과보고서는 단순히 사실을 나열하는 수준에 머물러서는 안 된다. 조사 이후 징계위원회, 노동위원회, 법원 등 외부 기관에서 다시 검증될 수 있기 때문에, 보고서는 법률적 글쓰기 방식에 충실하게 작성되어야 한다. 특히 사실의 기재와 법적 판단의 근거가 명확히 분리되어야 하며, 판단의 이유를 합리적으로 설명할 수 있어야 한다. 이를 통해 보고서는 단순한 사실기록을 넘어, 사건의 법적 의미와 조직이 취해야 할 조치 방향을 제시하는 문서로 기능할 수 있다.

2) IRAC 방식의 적용

이러한 목적을 달성하기 위해 흔히 활용되는 것이 법률가들의 기본적 글쓰기 방식인 IRAC 구조이다.

우선 **이슈**(Issue) 단계에서는 사건에서 다투어지는 쟁점을 명확히 제시한다. 예를 들어, "피신고인의 특정 발언이 근로기준법 제76조의2가 정한 직장 내 괴롭힘에 해당하는지 여부"와 같이 질문의 형태로 쟁점을 드러내면 독자가 보고서의 초점을 쉽게 파악할 수 있다.

다음으로 **규범**(Rule) 단계에서는 적용 가능한 법령, 판례, 행정해석 등 판단기준을 제시한다. 이 과정에서는 단순한 법조문 나열에 그치지 않고, 사건에 직접적으로 적용될 수 있는 핵심 요소를 선별하는 것이 중요하다.

세 번째는 **적용**(Application) 단계로, 앞서 제시한 판단기준을 실제 조사 과정에서 확인된 진술, 자료, 정황에 구체적으로 대입한다. 예컨대, "문제가 된 발언은 다수의 직원이 참석한 회의에서 반복적으로 이루어졌으며, 업무 지시와 직접 관련되지 않은 모욕적 표현이었다"와 같이 사실을 법적 기준에 맞추어 평가한다.
마지막으로 **결론**(Conclusion) 단계에서는 해당 행위가 법적 요건을 충족하는지 여부를 정리한다. 다만 조사보고서는 재판부의 판결문과 달리, 조사자가 확보한 증거와 진술에 기초하여 가능한 범위에서 판단을 내리는 문서이므로, 결론을 기술할 때에도 "해당한다고 판단된다" 또는 "해당할 개연성이 높다"와 같이 합리적인 한계를 설정하는 것이 바람직하다.

3) 세부 작성 원칙

조사결과보고서는 위 구조를 기본으로 하되, 다음의 세부 원칙들을 지켜야 한다.
가장 중요한 원칙은 **객관성과 중립성**이다. 조사자의 주관적 평가나 인상을 배제하고, 진술과 증거를 있는 그대로 기록해야 한다. 예를 들어 "매우 모욕적인 언사를 했다"라는 표현보다는, "○월 ○일 회의에서 '자료도 못 본다'라는 발언을 했다"와 같이 사실을 구체적으로 기술하는 것이 바람직하다. 조사자의 가치판단은 최소화하고, 해석은 관련 법률과 판례 기준에 따른 평가 항목에서만 제시해야 한다.
다음은 **균형성**이다. 피해자의 진술만 나열하거나 행위자의 반박만 강조하면 문서 전체가 편향적으로 보일 수 있다. 신고인·피신고인·참고인 진술을 모두 기재하고, 서로 다른 주장을 대조하여 정리해야 한다. 불일치하는 부분이 있다면 어느 쪽 주장이 신빙성이 높은지, 어떤 자료가 이를 뒷받침하는지 함께 서술해 균형을 유지한다.
또 하나의 중요한 원칙은 **구체성과 명확성**이다. 조사보고서는 내부 직원이나 외부 기관이 읽었을 때 동일한 사건을 동일하게 이해할 수 있도록 작성해야 한다. "회의 중에 모욕감을 주었다"라는 문구는 추상적이므로, 언제·어디서·어떤 표현이 있었는지를 구체적으로 적시해야 한다. 진술이 단순히 '있었다/없었다'로 갈리는 경우에도, 어떤 근거와 정황에 따라 판단했는지를 밝혀야 한다.
마지막으로 **비밀유지와 열람 제한 원칙**이 있다. 보고서에는 피해자의 개인정보와 민감한 내용이 포함되어 있기 때문에, 보관·열람 범위는 반드시 최소화해야 한다. 특히 조사에 직접 관여하지 않은 인사담당자나 관리자가 열람하는 것은 원칙적으로 제한된다. 비밀유지 의무를 위반해 보고서 내용이 외부로 유출되면, 이는 피해자의 2차 피해로 이어질 뿐 아니라 사용자에게 법적 책임까지 발생시킬 수 있다. 따라서 조사결과보고서는 객관성·균형성·구체성·비밀유지라는 네 가지 원칙 위에서 작성되어야 한다. 이 네 가지는 보고서의 형식을 위한 절차적 요건이 아니라, 보고서 전체의 신뢰성을 지탱하는 토대다.

3 보고서의 기본 구성

조사결과보고서는 일정한 체계를 갖추어 작성되어야 한다. 보고서의 구성은 사건의 맥락을 독자가 한눈에 파악할 수 있게 하고, 이후 징계위원회나 법원 등 외부 기관에서 활용될 때도 신뢰성을 확보하는 역할을 한다. 일반적으로 보고서는 ① 개요, ② 관련 규정 및 판단기준, ③ 사실관계 확정, ④ 법적 판단, ⑤ 결론 및 조치 권고의 순서로 구성된다.

조사 보고서 목차

조사보고서의 목차는 일반적으로 다음과 같이 구성됨

Ⅰ. 조사 개요
- 1. 조사 배경 및 목적
- 2. 조사 대상자
- 3. 조사 범위
- 4. 조사 기간 및 조사자

Ⅱ. 관련 규정
- 1. 사내 규정
- 2. 관련 법령 및 매뉴얼
- 3. 직장 내 성희롱 또는 괴롭힘의 판단 기준

Ⅲ. 신고 내용의 사실 확인

Ⅳ. 직장 내 성희롱 또는 괴롭힘 판단

Ⅴ. 판단 결과 및 재발방지대책 등 조치 의견
- 1. 행위자 징계조치 관련 의견
- 2. 피해자 보호조치 관련 의견
- 3. 재발방지 대책 마련 및 실행 관련 의견

1) 조사 개요

조사결과보고서는 형식적인 외관부터 신뢰성을 담보해야 한다. 따라서 보고서의 첫머리에는 사건 명칭, 조사기간, 조사자 성명 및 소속, 작성일자를 명확히 기재한 표지가 필요하다. 이는 보고서가 사내 공식문서로서 효력을 갖고, 이후 징계위원회나 법원에 제출될 때 진정성을 인정받는 최소한의 요건이다.

이어지는 개요 부분에서는 사건의 배경, 조사 경위, 조사 대상자, 조사 범위, 조사기간 및 과정, 담당 조사자를 간결하게 서술한다. 이 개요를 통해 독자는 보고서 전체를 읽기 전, 이번 조사가 어떤 맥락에서 진행되었는지 전체 그림을 파악할 수 있다.

2) 관련 규정 및 판단기준

이 부분은 본 사건을 평가하는 과정에서 준거가 될 규범과 기준을 정리해 두는 자리다. 아직 개별 사건의 사실관계에 대입하여 논증하는 것이 아니라, 이후 사실을 검토할 때 참고할 '판단의 틀'을 제시하는 데 목적이 있다.

먼저 회사 내부 규정을 명시한다. 취업규칙, 인사규정, 성희롱·괴롭힘 예방지침 등 사건의 성격에 따라 적용 가능한 조항을 최신본 기준으로 발췌해 기록한다. 이때 단순히 제목만 나열하는 것이 아니라, 사건 유형과 직접 연결될 수 있는 조문 번호나 해당 문구를 간략히 기재해 두는 것이 바람직하다.

그 다음으로 관련 법령을 정리한다. 직장 내 괴롭힘 사건이라면 「근로기준법」 제76조의2 및 제76조의3이 핵심이 되고, 성희롱 사건이라면 「남녀고용평등법」 제14조가 기본 규범이 된다. 경우에 따라 「양성평등기본법」, 「산업안전보건법」 등도 근거가 될 수 있다. 각 법률의 조문을 전체 인용할 필요는 없으나, 사건 판단과 직결되는 요지만 발췌해 기재한다.

마지막으로 판례나 행정해석, 관계 부처 매뉴얼에서 제시하는 판단 기준을 덧붙일 수 있다. 예컨대 대법원 판례가 직장 내 성희롱 판단 요소로 "성적 언동의 객관적 존재, 피해자의 수치심·혐오감 유발, 근무환경 악화 여부"를 들고 있다면, 이를 정리해 두는 방식이다. 마찬가지로 고용노동부 매뉴얼이나 여성가족부 지침 등도 사건 유형별로 주요 기준을 발췌하여 기재한다.

결국 이 부분은 구체적 사건을 다루는 것이 아니라, 조사자가 '이 사건을 어떤 규범과 기준에 비추어 볼 것인가'라는 좌표를 미리 보여주는 부분이다. 따라서 설명은 간결하되, 주요 규정과 법적 근거가 빠짐없이 제시되어야 한다.

3) 사실관계 확정

이 부분은 보고서의 중심을 이루는 내용으로, 다음 목차('(4) 사실관계 확정')에서 자세히 다룬다. 각 진술과 자료를 토대로 사건을 시간순·주제별로 정리하고, 상반되는 진술은 그대로 병기하는 방식으로 서술한다.

4) 법적 판단

확정된 사실관계가 법적 요건에 부합하는지를 평가하는 부분이다. 이 역시 다음 목차('(5) 법적 판단')에서 별도로 상세히 설명한다.

5) 결론 및 조치 권고

조사보고서의 결론은 앞서 확정된 사실관계와 법적 판단을 종합하여, 신고된 행위가 직장 내 성희롱 또는 직장 내 괴롭힘에 해당하는지 여부를 명확히 제시하는 단계이다. 이 결론은 법원의 판결처럼 최종적 구속력을 가지는 것은 아니지만, 이후 인사위원회, 징계위원회, 노사협의회 등에서 후속 조치를 결정할 때 가장 중요한 근거자료가 된다.

결론 작성 시에는 단순히 "성립한다/성립하지 않는다"라는 결과만 적는 것이 아니라, 그 판단에 이르게 된 논거를 간략히 요약하는 것이 필요하다. 예컨대 "○월 ○일 회의에서의 모욕적 발언은 여러 참고인 진술과 객관적 자료에 의해 사실로 인정되며, 이는 업무와 관련하여 특정 근로자에게 모욕감을 준 행위로서 직장 내 괴롭힘에 해당한다고 판단된다"와 같은 형식이다. 이러한 방식으로 핵심 사실, 판단 근거, 그리고 최종 평가를 간명하게 연결해야 한다.

또한 결론 부분은 조사자의 주관적 평가나 감정적 판단이 개입되지 않도록, 오직 확인된 사실과 적용된 법적 기준에 근거하여 작성해야 한다. 만약 사실관계가 불명확하거나 판단이 유보되는 부분이 있다면, 그 사정을 구체적으로 밝혀 "성립 여부를 단정하기 어렵다"라는 식으로 기술하는 것도 필요하다. 이를 통해 후속 단계에서의 의사결정 주체가 조사의 한계와 불확실성을 이해하고 합리적인 판단을 내릴 수 있도록 돕는다.

조사보고서의 마지막 부분에는 피해자 보호, 행위자 징계, 그리고 조직 차원의 재발방지 대책까지 종합적으로 정리하는 내용이 담겨야 한다.

피해자 보호조치는 조사 기간 중과 행위 인정 이후로 나누어 살펴야 한다. 우선, 조사 기간 중에는 근로기준법 제76조의3 제3항에 따라 필요한 경우 사용자가 근무장소의 변경, 배치 전환, 유급휴가 부여 등 적절한 조치를 취해야 한다. 이는 행위가 아직 사실로 확정되지 않은 상태라 하더라도 피해자가 2차 피해나 불이익을 입지 않도록 선제적으로 배려하는 조치이며, 피해자의 의사에 반해서는 아니 된다. 따라서 보고서에는 피해자가 요청한 보호조치의 내용, 실제로 취해진 조치의 내역, 그리고 해당 조치가 적절했는지에 대한 평가가 함께 기록되어야 한다.

한편, 조사 결과 직장 내 성희롱이나 괴롭힘 행위가 사실로 인정된 경우에는 근로기준법 제76조의3 제4항에 따라 피해자가 요청하면 사용자가 적절한 보호조치를 시행해야 한다. 이는 단순한 선택 사항이 아니라 법적 의무에 해당한다. 예컨대 피해자가 가해자와의 분리를 요청하면 근무장소 변경이나 배치 전환이 이루어져야 하고, 일정 기간 유급휴가를 부여하여 회복의 기회를 제공할 수도 있다. 보고서에는 피해자가 구체적으로 요청한 내용, 그 조치의 필요성, 그리고 향후 지속 여부에 대한 권고가 포함되어야 한다.

행위 사실이 인정된 경우에는 같은 법 제5항에 근거하여 **행위자에 대해 필요한 징계 등의 조치**를 권고한다. 징계 수준은 피해자의 의견, 과거 유사 사건의 양정 수준, 행위의 반복성이나 고의성, 피해 정도 등을 종합적으로 고려하여 판단해야 하며, 단순히 수준만 제시하는 것이 아니라 그러한 권고에 이른 근거까지 제시해야 한다. 이를 통해 이후 징계위원회나 인사위원회가 보고서를 토대로 합리적인 결정을 내릴 수 있도록 해야 한다.

아울러 보고서에는 사건 자체의 해결을 넘어 **조직 차원의 재발방지 대책**도 함께 담겨야 한다. 직장 내 괴롭힘·성희롱 예방교육의 강화, 익명 신고 채널의 정비, 고충처리 절차의 개선, 관리자 대상 리더십 교육 등은 그 대표적인 방안이다. 이러한 권고는 법적 의무는 아니지만, 조사자가 단순히 개별 행위를 확인하는 수준을 넘어 사건 발생의 구조적 배경과 조직의 취약성을 진단했다는 점에서 보고서의 신뢰성과 실효성을 높여준다.

결국 결론 부분은 단순한 사실관계의 확인에 머무르지 않고, 피해자 보호, 행위자 조치, 조직 문화 개선으로 이어지는 종합적 제언을 제시함으로써 사건 처리가 조직의 긍정적 변화로 이어질 수 있는 단초를 제공해야 한다. 따라서 보고서 작성자는 결론을 간명하게 정리하면서도 그 근거와 과정을 충분히 드러내어, 후속 조치가 신뢰와 설득력을 갖추도록 해야 한다.

4 사실관계 확정

사실관계 확정은 조사보고서의 중심축이다. 이 단계에서 조사자는 수집된 자료와 진술을 종합하여, 신고된 행위가 실제로 존재했는지 여부를 판단한다. 단순히 "있다/없다"를 적는 차원이 아니라, 어떤 증거와 진술이 이를 뒷받침하는지, 그 증거의 신빙성이 어느 정도인지 체계적으로 검토해야 한다.

1) 증거의 수집과 평가

조사에서 확보되는 증거는 크게 문서·전자자료, 물리적 기록, 당사자 및 참고인 진술로 나눌 수 있다. 보고서에는 각 증거가 언제, 어떤 경로로 수집되었는지 출처를 분명히 기재해야 한다. 특히 전자메일, 메신저, 회의록 등은 원본 여부와 편집 가능성을 반드시 확인해야 하며, 캡처본이나 출력물만 제출된 경우에는 진본 존재 여부를 별도로 확인하는 절차를 남겨 두어야 한다.

증거 평가는 단순한 양적 집계가 아니라, 신뢰성과 타당성을 중심으로 진행된다. 예컨대 동일한 사안에 대해 여러 참고인이 독립적으로 일치된 진술을 한 경우, 그 진술은 상호 보강 효과를 갖는다. 반대로 증거가 다소 부족하더라도 객관적 정황과 일관된 흐름이 뒷받침된다면 신빙성이 강화된다.

2) 증거 판단의 기본 원칙

사실관계 확정 단계에서는 법원과 동일한 엄격한 증명 기준("합리적 의심이 없는 정도")이 요구되는 것은 아니다. 다만, 회사가 합리적인 주의 의무를 다해 조사했는지를 기준으로 한다. 즉, 객관적 자료와 진술을 근거로 보통의 사람이라면 합리적으로 도달할 수 있는 수준의 사실판단이면 충분하다.

따라서 조사자는 모든 증거를 포괄적으로 검토하되, 그 증거가 독립적·객관적으로 사실을 뒷받침할 수 있는지 혹은 특정인의 주관적 해석에 불과한지를 구분해야 한다. 증거마다 신빙성을 구분해 등급화하는 방식(예: 강한 증거, 보조적 증거 등)을 내부적으로 활용하는 것도 실무상 유용하다.

3) 진술 증거만 있을 때의 판단

현장에는 CCTV나 녹취 같은 물적 증거가 없는 경우가 많다. 이때 사실관계는 결국 당사자와 참고인의 진술에 의존하게 된다. 진술만으로 판단해야 하는 경우, 신빙성 평가가 핵심이다.

신빙성을 평가할 때 고려해야 할 요소는 일관성, 구체성, 객관적 정황과의 부합 여부다. 시간·장소·상황을 구체적으로 특정하는 진술은 신뢰도가 높다. 또한 같은 상황을 목격한 제3자의 진술과 일치하는 경우, 비록 물적 증거가 없어도 충분히 사실을 인정할 수 있다. 반면 진술이 모호하거나, 조사 과정에서 반복적으로 번복되는 경우 혹은 다른 증거와 충돌하는 경우에는 신빙성이 약화된다.

조사자는 "신고인 진술만으로 사실을 단정"하는 오류를 피해야 한다. 그러나 피해자가 일관되고 구체적으로 진술하고, 참고인 증언이나 주변 정황이 이를 뒷받침한다면, 물적 증거가 부족해도 사실관계를 인정할 수 있다.

Q **신고인 진술 외에는 별다른 증거가 없는 경우, 신고인의 진술만을 증거로 사실 여부를 판단할 수 있는지? 간접증거와 정황증거만으로 판단할 수 있는지?**

A 법원은 피해자 진술의 일관성, 구체성, 객관적 정황과의 부합 여부를 종합적으로 고려하여 진술의 신빙성을 판단한다. 특히 '실제 경험하지 않고서는 표현할 수 없는 내용' 등의 구체성과 일관성이 확보되는 진술이라면, 비록 물적 증거가 부족하더라도 사실로 인정할 수 있을 것이다.

| 참고 판례 | 서울행정법원 2021. 11. 5. 선고 2020구합65579 판결

최초 진술서 작성 시부터 이 법정에서 증언하기까지 ... 피해상황을 구체적이고 일관되게 설명하고 있는 점 ...등에 비추어 보면, 위 피해 진술의 신빙성을 인정할 수 있다.

| 참고 판례 | 서울행정법원 2012. 7. 19. 선고 2012구합7042 판결

직장 내 성희롱의 성격상 피해자들이 상사의 비위행위에 관하여 쉽게 진술하기 어려움에도 참가인이 조사한 판촉 직원 8명 모두 원고의 비위사실에 대하여 비교적 구체적이고 상세하게 언급하면서 참기 어려운 성적 굴욕감 내지 혐오감을 느꼈다고 진술하고 있어 그 진술의 신빙성을 쉽게 배척할 수 없는 점 등을 종합해 볼 때, 위와 같은 원고의 행위는 ... 징계사유에 해당한다고 봄이 상당하다.

| 참고 판례 | 서울고등법원 2011. 7. 7. 선고 2011누3199 판결

그 세부내용의 묘사가 매우 구체적이고 풍부하며, 실제 경험하지 않고서는 표현할 수 없는 내용들이 기재되어 있고, 일부 과장된 측면이 없지 않으나 당시의 감정 상태가 자연스럽게 드러나 있다....

4) 판단 과정의 기록

보고서에는 사실관계를 확정하는 과정이 투명하게 드러나야 한다. 단순히 결론만 제시할 것이 아니라, 어떤 증거와 진술을 근거로 판단했는지를 순서대로 기술해야 한다. "신고인의 진술은 구체적이고 일관되며, 참고인 A의 진술과 일치한다. 또한 당일 회의록에서도 ○○ 발언이 확인된다. 따라서 해당 발언이 있었던 사실은 인정된다"와 같은 방식이다.

이처럼 판단 근거를 명확히 기재하면, 조사결과가 사후에 징계위원회나 법원에서 검토될 때도 정당성을 확보할 수 있다.

5) 증거 판단의 한계와 주의사항

조사자가 확보한 증거는 사건의 진실을 확인하기 위한 핵심 도구이지만, 그것이 곧바로 절대적 진실과 동일시될 수는 없다. 모든 증거는 그 한계와 맥락을 고려하여 해석해야 하며, 이 점을 간과하면 보고서 전체의 신뢰성이 흔들릴 수 있다.

무엇보다 단일 증거에 지나치게 의존하는 것은 위험하다. 녹취록이나 메신저 대화가 존재하더라도, 발언의 맥락이나 편집 가능성, 표현의 의도에 따라 의미가 달라질 수 있기 때문이다. 따라서 조사자는 특정 증거 하나만으로 사실을 단정하기보다, 가급적 여러 증거를 교차 확인하여 종합적으로 평가해야 한다.

또한 한쪽 당사자에게 불리한 진술만 강조해서는 안 된다. 신고인에게 유리한 내용은 상세히 적고, 피신고인의 방어 진술은 생략한다면 절차적 공정성이 훼손된다. 보고서에는 상반된 진술을 모두 기재한 뒤, 어떤 진술이 더 구체적이고 일관성이 있는지를 근거와 함께 설명하는 것이 필요하다.

시간 경과에 따른 기억의 한계도 고려해야 한다. 사건 발생 후 시간이 많이 흐른 경우, 세부적인 시간이나 장소를 정확히 특정하지 못한다고 해서 곧바로 진술 전체의 신빙성이 의심되는 것은 아니다. 이러한 차이는 허위라기보다 기억의 한계에서 비롯된 것으로 이해해야 한다.

마지막으로, 추측이나 감정을 객관적 사실과 혼동하지 않아야 한다. 예를 들어 "모욕감을 주려는 것 같았다"라는 진술은 피해자의 경험을 보여주는 중요한 단서이지만, 그대로 사실로 기재해서는 안 된다. 보고서에는 "피해자가 모욕감을 느꼈다고 진술함"과 같이 사실과 평가를 분리하여 기록하는 것이 바람직하다.

5 법적 판단

1) 공통 원칙

조사결과보고서에서 사실관계 확정이 "무엇이 있었는가"를 밝히는 작업이라면, 법적 판단은 "그것이 법률상 어떤 의미를 가지는가"를 검토하는 단계다. 사용자는 사실로 인정된 신고 행위가 법에서 규정하는 성희롱이나 직장 내 괴롭힘에 해당하는지를 따져야 하고, 그 결과에 따라 후속 조치의 성격과 범위가 결정된다.

이때 법적 판단은 법원의 판결처럼 최종적 구속력을 가진 결론이 아니다. 다만 법령, 판례, 행정해석에서 제시하는 판단 요소를 기준으로, 조사자가 확보한 사실관계를 대입해 "해당한다/해당하지 않는다" 혹은 "해당할 소지가 높다/단정하기 어렵다"와 같은 수준에서 평가하는 것이다. 따라서 보고서에는 판단의 근거와 과정이 명확히 드러나야 하며, 조사자의 임의적 가치판단이나 추측을 덧붙여서는 안 된다.

공통적으로 지켜야 할 태도는 세 가지다. 첫째, **요건별로 나누어 검토하는 것**이다. 법적 문서를 처음 작성하는 경우, 전체 사건을 두루뭉술하게 서술하는 데 그칠 수 있다. 그러나 보고서는 반드시 각 요건을 분리해 성립 여부를 따져야 한다. 둘째, **판단의 근거를 구체적으로 제시하는 것**이다. "괴롭힘에 해당한다고 본다"라는 문장만으로는 부족하며, 어떤 진술과 자료를 근거로 요건 충족을 인정했는지가 드러나야 한다. 셋째, **단정과 한계를 구분하는 것**이다. 증거가 부족하거나 진술이 엇갈리는 부분은 "판단하기 어렵다"는 문구로 정리하되, 그 사유를 밝혀야 한다.

2) 성희롱 사건의 판단

성희롱 사건에 대한 보고서를 작성할 때에는 「남녀고용평등법」 제2조 제2호가 규정하는 성희롱의 요건을 기준으로 한다. 즉, ① 당사자(행위자와 피해자), ② 업무 관련성, ③ 성희롱 행위(성적 언동 또는 그 밖의 요구), ④ 행위로 인한 피해를 개별적으로 검토해야 한다(성립요건은 제2장 참고).

보고서에서는 반드시 위 요건들을 하나하나 분리하여 어떤 사실과 증거를 근거로 충족 여부를 인정했는지가 드러나도록 서술해야 한다.

3) 괴롭힘 사건의 판단

직장 내 괴롭힘 사건에서는 「근로기준법」 제76조의2에 규정된 요건을 충족하는지를 따져야 한다. 즉, ① 당사자(행위자와 피해자), ② 행위 장소, ③ 직장에서의 지위 또는 관계 우위의 존재 및 이용 여부, ② 업무상 적정 범위를 넘는 행위인지 여부, ③ 신체적·정신적 고통을 주었는지 또는 근무환경을 악화시켰는지 여부를 요건별로 분리하여 검토해야 한다(성립요건은 제3장 참고).

마찬가지로 보고서에는 이 요건들을 분리하여, 각각의 성립 여부를 사실관계와 대조하여 명확히 기술해야 한다.

6 좋은 조사보고서 작성을 위한 실무 지침

조사결과보고서는 법적 절차에서 증거자료로 활용되거나 징계위원회와 같은 의사결정 기구에 제출되는 공식 문서이므로, 단순히 조사를 기록하는 차원을 넘어 객관성과 설득력을 갖추어야 한다. 이를 위해 작성자는 기본 원칙을 지키는 것에 더해, 실제 문장 구성과 증거 정리에 있어 다음과 같은 세부적인 지침을 준수할 필요가 있다.

첫째, **구체적 데이터의 제시**가 중요하다. "자주", "대부분"과 같은 추상적 표현은 모호하여 신뢰를 떨어뜨린다. 예컨대 "1주일에 2~3회", "10회 이상"과 같은 구체적 횟수와 시점을 명시해야 한다. 이는 사실관계를 독자가 쉽게 확인할 수 있게 하고, 후속 절차에서 다툼의 여지를 줄인다.

둘째, **직접 인용을 적극적으로 활용**해야 한다. 당사자가 실제로 사용한 언어나 표현을 그대로 옮겨 적으면, 조사자의 주관적 해석이 개입되는 여지를 줄일 수 있다. 원문 그대로의 진술은 객관성을 높이고, 증거자료와도 쉽게 대조할 수 있다.

셋째, **사실과 주장의 구분**을 명확히 해야 한다. "피해자는 ○○라고 주장하였다"와 같이 기술하여, 조사자의 기록임을 분명히 하고 사실로 단정하지 않는다. 반대로 확인된 사실의 경우에는 "녹취록 ○번, 참고인 A의 진술에 의해 확인되었다"와 같이 근거와 함께 명시하는 것이 바람직하다.

넷째, **진술이 충돌하는 경우**에는 특정 입장을 일방적으로 채택하기보다, 양측의 주장을 모두 기재한 뒤 객관적 근거를 붙여 평가하는 것이 원칙이다. 예컨대 "A는 ○○라고 진술한 반면, B는 ○○라고 반박하였다"와 같은 방식으로 정리하고, 판단은 별도의 사실관계 확정 단계에서 제시해야 한다.

다섯째, **증거 부족이나 판단이 애매한 경우**에는 이를 명확히 밝혀야 한다. 숨기거나 생략하는 대신 "현 단계에서 확보된 자료만으로는 사실관계를 단정하기 어렵다"와 같이 기술하면, 전체 보고서의 신뢰도를 높일 수 있다.

여섯째, **개인정보 보호**를 준수해야 한다. 진술서, 녹취록 등 부속자료에 포함된 주민등록번호, 연락처, 주소 등 민감한 개인정보는 마스킹 처리 후 첨부하는 것이 원칙이다.

일곱째, **반박 가능성에 대비**해야 한다. 보고서 작성 단계에서 제3자가 제기할 수 있는 반론을 미리 검토하고, 이에 대한 설명을 함께 담아두면 보고서의 완결성과 설득력이 제고된다.

마지막으로, **증거의 가치를 합리적으로 평가**해야 한다. 직접 목격자의 진술은 간접적 소문보다 높은 신뢰성을 갖고, 이해관계가 없는 증언은 이해관계가 얽힌 증언보다 신빙성이 크다. 일관성이 있는 진술과 모순된 진술 등 보고서에는 이러한 증거의 가치 차이를 구분하여 증거의 신빙성을 평가하는 과정을 구체적으로 드러내야 한다.

이와 같은 세부 지침들은 조사자의 문장 선택과 서술 방식에 직접적인 영향을 미친다. 따라서 좋은 보고서는 단순히 사실을 나열하는 수준을 넘어, 구체적이고 검증 가능한 데이터를 바탕으로, 반론 가능성까지 대비한 균형 잡힌 기록물이어야 한다.

예시 좋은 보고서 vs 나쁜 보고서

<좋은 보고서>

항 목	예 시
사실 중심 서술	2024.3.15. 14시 20분경, 피신고인이 신고인에게 '네가 뭘 할 수 있겠냐, 그만둬라'는 발언을 하였음(녹취록3분 25초)
명확한 증거 제시	해당 발언은 녹취록(첨부 3), 목격자 A의 진술서(첨부 5), CCTV 영상(첨부 7)을 통해 교차 확인되었음
법적 근거 명시	근로기준법 제76조의2 및 대법원 판례(2022다xxxxx)에 따르면, 업무상 지위를 이용한 인격권 침해는 직장 내 괴롭힘에 해당함
객관적 판단	위 사실관계를 종합할 때, 피신고인의 행위는 직장 내 괴롭힘의 구성 요건을 모두 충족하는 것으로 판단됨

<나쁜 보고서>

항 목	예 시
감정적 서술	피신고인이 신고인에게 충격적이고 용납할 수 없는 막말을 퍼부으며 심각한 정신적 피해를 가했음
추측성 판단	여러 정황을 볼 때 피신고인이 평소 성격이 좋지 않았던 것으로 보이며, 아마도 다른 직원들도 피해를 받았을 것으로 판단됨
근거 부족	명백한 괴롭힘 행위이므로 징계가 필요함
주관적 결론	상식적으로 생각하여도 이러한 행위는 사내에서 용납될 수 없으며, 따라서 엄중한 처벌이 내려져야 할 것으로 판단됨

CHAPTER 09

심의 및 조치 단계의 실무

CHAPTER 09

심의 및 조치 단계의 실무

핵심 요약 가이드

심의·조치의 목적

조사결과를 바탕으로 사실관계를 검토하고, 피해자 보호와 행위자 징계 및 재발방지 대책을 결정함으로써 사건을 종결한다.

실무 체크리스트

8-1. 심의 단계의 실무

- □ 심의 단계의 의의와 법적 근거: 근로기준법 제76조의3, 남녀고용평등법 제14조의2 등에서 정한 사용자 의무에 따라 사건을 심의·판단하는 단계이다.
- □ 심의기구의 구성: 위원 자격·수·전문성 검토, 외부위원 포함 여부 결정, 회의 소집 절차 마련
- □ 심의 절차의 진행: 조사결과보고서 검토 → 당사자 진술(필요시) → 위원 질의응답 → 의결 및 결정
- □ 심의단계에서의 유의사항: 비밀보장, 2차 피해 예방, 이해관계자 배제, 절차적 공정성 확보
- □ 심의 결과의 후속 절차: 결과 의결 후 피해자·행위자에게 서면 통지하고, 징계 또는 보호조치의 집행 계획을 수립한다

8-2. 조치 단계의 실무

- □ 조치 단계의 의의와 법적 근거: 심의 결과에 따른 구체적 조치(징계·보호·재발방지)를 실행하는 단계이다
- □ 피해자 보호조치: 근무지 변경, 유급휴가 부여, 심리상담 지원, 비밀보장 유지
- □ 행위자에 대한 조치: 경고·견책·감봉·정직·해임 등 징계 수위 결정, 교육 및 경고 조치 병행

☐ 조직 차원의 재발방지 대책: 예방교육 실시, 규정·절차 보완, 사건관리 매뉴얼 정비
☐ 사후 관리: 조치의 이행 여부 점검, 피해자 심리상태 모니터링, 조직 내 재발방지 이행평가

유의사항

- 심의위원회는 조사결과를 재조사하지 않고, 보고서의 사실·법리 판단이 충분한지를 검토하는 기능에 집중해야 한다.
- 피해자·행위자의 출석은 의무가 아니며, 불출석 시 서면 진술로 대체할 수 있다.
- 조치 수준은 동일·유사 사례와의 형평성을 고려하여 결정하고, 결정 사유를 명확히 기록해야 한다.
- 심의·조치 결과는 서면으로 통지하고, 위원회 회의록 및 결정 문서는 비밀을 유지한 채 보관해야 한다.

1 심의 단계의 실무

1 심의 단계의 의의와 법적 근거

성희롱·괴롭힘 사건에서 심의 단계란, 조사 결과를 토대로 사실관계를 정리하고 사건의 성립 여부를 판단하는 절차를 의미한다. 이 과정에서 피해자 보호조치의 적절성을 재검토하고, 행위자에 대한 징계양정 의견을 제시하며, 조직 차원의 재발방지 대책까지 함께 논의하게 된다.

따라서 심의는 단순히 징계 절차와 동일시될 수 없으며, 조사 단계가 '사실 확인'에 초점을 두었다면, 심의 단계는 그 사실관계에 기초하여 최종적인 판단과 조치를 결정하는 과정이라 할 수 있다. 이러한 이유로 심의 단계의 결정은 피해자 보호와 행위자 징계, 나아가 조직문화 개선 조치로 연결되므로 실무적으로 매우 중요한 의미를 가진다.

1) 공공기관의 법적 의무

공공기관은 성희롱·괴롭힘 사건 발생 시 위원회 심의를 거쳐 조치하도록 규정된 경우가 많다.

예를 들어, 성희롱 사건의 경우 「남녀고용평등법」 제14조, 직장 내 괴롭힘 사건의 경우 「근로기준법」 제76조의3이 근거가 된다. 공공기관 내부 규정이나 정부 부처의 지침(예: 「공무원고충처리규정」 등)에서는 위원회를 반드시 설치하고, 심의 절차를 통해 피해자 보호·행위자 징계 여부를 의결하도록 하고 있다.

이처럼 공공기관에서는 단순히 조사자의 보고에 기초하여 기관장이 독자적으로 판단하는 것이 아니라, 합의제 의사결정 구조를 통해 객관성과 공정성을 제도적으로 담보해야 하는 법적 의무가 강조된다.

2) 민간기업에서의 임의적 운영 가능성

반면 민간기업의 경우, 관련 법률이 심의위원회 설치를 직접 의무화하지는 않는다. 「근로기준법」은 사용자가 직장 내 괴롭힘 발생 사실을 인지하거나 신고를 접수하면 조사를 실시하고, 그 결과에 따라 적절한 조치를 취할 의무를 부과하고 있을 뿐이다. 따라서 중소규모 사업장에서는 조사 결과를 인사부서나 대표자가 검토하여 바로 조치로 이어가기도 한다.

다만 일정 규모 이상의 기업에서는 내부 규정으로 위원회를 설치하여 심의를 거치도록 하는 경우가 증가하고 있다. 이는 공공기관 수준의 절차적 공정성을 확보함으로써 법적 분쟁에 대비하고, 사건 처리의 투명성을 제고하기 위함이다. 특히 인사위원회, 윤리위원회와 같은 기존 기구를 활용하여 성희롱·괴롭힘 사건 심의를 병행하는 방식이 실무에서 자주 활용된다.

2 심의기구의 구성

사건의 성립 여부와 조치 방향을 결정하는 심의기구는 절차적 공정성과 신뢰성을 확보하는 핵심 장치이다. 조사자의 보고만으로 결론을 내릴 경우 자의적 판단 논란이 제기될 수 있으므로, 합의제 기구를 통해 판단 과정을 투명하게 운영하는 것이 바람직하다.

1) 공공기관의 위원회 구성 요건

공공기관에서는 사건 처리의 공정성을 담보하기 위해 고충심의위원회, 성희롱·성폭력 고충심의위원회, 인권경영위원회 등 다양한 명칭의 위원회를 설치하고 있다. 위원회는 대체로 7명에서 9명 정도로 구성되며, 위원장은 기관장 또는 본부장급 인사가 맡는다. 내부위원에는 사측과 노측 대표가 함께 참여하여 균형을 도모하고, 외부위원으로는 노무사, 변호사, 심리상담 전문가와 같이 독립적이고 전문적인 시각을 가진 인사가 포함된다.

공공기관 지침은 외부위원을 최소 2명 이상 포함하도록 규정하는 경우가 많으며, 성별 구성에 있어서도 특정 성별이 60%를 넘지 않도록 요구한다. 위원회의 간사는 보통 고충상담원이나 인사부서 직원이 담당하여 회의 준비, 진행, 기록을 지원한다.

또한 이해관계가 있는 위원이 사건 심의에 참여하지 못하도록 제척·기피·회피 제도를 두어 공정성을 확보해야 한다. 나아가 이러한 절차를 문서화하고, 위원 개별 서명을 통한 '이해상충 확인서'를 확보하는 등 운영의 투명성을 높일 필요가 있다. 사건의 성격상 전문성이 요구되는 경우에는 노무사, 변호사, 심리상담사 등 외부 전문가를 위원으로 위촉하는 기준을 명확히 정해 두는 것이 바람직하다.

2) 민간기업에서의 유연한 구성 방식

민간기업은 법적으로 심의위원회 설치 의무가 부과되지 않기 때문에 보다 유연하게 운영할 수 있다. 소규모 기업에서는 인사담당자나 소수의 간부가 모여 조사 결과를 검토하고 결론을 내리기도 하며, 중견·대규모 기업에서는 기존의 인사위원회, 윤리위원회, 인권경영위원회를 겸용하는 경우가 많다.

특히 법적 분쟁 가능성이 크거나 사회적 파장이 예상되는 사건의 경우에는 외부 전문가를 포함시켜 절차적 정당성을 높이려는 경향이 강하다. 즉, 민간기업에서는 반드시 위원회를 설치해야 하는 것은 아니지만, 점차 내부 규정에 근거한 위원회 운영이 보편화되고 있으며, 이는 사건 처리의 신뢰성을 높이고 향후 법적 책임을 예방하는 효과를 가져온다.

3) 공정성·전문성 확보 방안

심의기구는 단순한 형식적 합의체가 아니라 사건의 성립 여부와 조치 수준을 최종적으로 결정하는 실질적 권한을 가진다. 따라서 위원들의 전문성과 공정성이 보장되지 않으면 오히려 조직 내 불신을 증폭시킬 위험이 있다. 이를 방지하기 위해 성희롱·괴롭힘 관련 법리, 2차 피해 방지 원칙, 개인정보 보호 등에 관한 경험과 지식이 풍부한 위원을 위촉하거나 그렇지 않다면 위원들에 대한 사전 교육이 제공되어야 한다.

심의 과정에서는 특정 위원의 독단적 판단이 작용하지 않도록 합의제 원칙을 철저히 준수해야 하며, 회의록 작성 시에는 피해자와 행위자의 신원이 노출되지 않도록 비밀유지 원칙을 지키는 것이 필수적이다. 외부위원의 참여 비율을 높이는 것도 조직 내부 이해관계로부터 자유로운 결정을 가능하게 하는 유효한 방법이다.

3 심의 절차의 진행

1) 심의 개시 결정

심의는 조사가 완료되고 조사보고서가 제출된 이후에 시작된다. 공공기관에서는 보통 조사담당 부서가 사건을 위원회에 회부하고, 위원장이 회의 소집을 결정한다. 회의 소집은 피해자 보호를 위해 신속하게 이뤄져야 하며, 통상 조사 완료 후 2주 이내를 기준으로 한다. 이때 사건번호를 부여하고, 심의 개시 여부와 일정은 반드시 서면으로 기록해 두어야 한다. 이러한 기록은 향후 절차적 정당성 검증에 핵심 자료가 된다.

예시 심의위원회 참석 안내문(위원용)

고충심의위원회 참석 안내

○○○ 위원 귀하

○○○○○ 고충심의위원회는 「○○○○○ 성희롱 · 괴롭힘 예방지침」 제00조에 의거하여 제00회 고충심의위원회를 아래와 같이 개최하고자 하오니 참석하여 주시기 바랍니다.

1. 일시 : 2025년 x 월 x 일 x 시

2. 장소 : 본사 2층 대회의실

3. 안건 : 직장 내 성희롱 · 괴롭힘 신고 사건(2025-xx-xxxx)

4. 사안 개요(발생 일시, 장소, 내용 등)
   - 신고인: ○○○
   - 피신고인: ○○○
   - 행위 1: 회식 자리에서의 부적절한 성적 발언 등
   - 행위 2: 인사 평가 불이익 암시 발언 등

2025 년 x 월 x 일

○○○○○ 고충심의위원회 위원장 (서명 또는 인)

민간기업의 경우에는 위원회 회부 여부를 인사부서나 최고경영자가 판단하기도 하지만, 분쟁 가능성이 큰 사건에서는 형식적인 절차를 거쳐 심의에 부치는 것이 바람직하다.

2) 자료 검토 및 사실관계 확인

심의위원회는 조사자가 제출한 조사결과보고서를 바탕으로 사건의 개요와 조사결과를 검토한다. 이 과정에서 증거자료의 신빙성, 참고인 진술의 일관성, 조사절차의 적법성이 함께 검토된다. 위원들은 단순히 보고서를 수동적으로 받아들이는 데 그치지 않고, 필요하다면 추가 자료 제출을 요구하거나 조사자에게 사실 확인을 요청할 수 있다. 자료 검토 단계에서는 조사보고서·증거목록·진술서 등 사건별 표준 서류를 모두 확인해야 하며, 누락 여부를 점검하는 체크리스트를 활용하는 것이 바람직하다.

3) 당사자 의견 청취 및 방어권 보장

심의 절차에서 중요한 부분은 당사자의 의견을 직접 청취하는 것이다. 피해자는 자신의 피해 내용과 요구를 위원들에게 설명할 수 있고, 행위자는 자신에게 불리한 사실관계나 징계 사유에 대해 방어할 기회를 가진다.

특히 공공기관에서는 피신고인의 방어권 보장이 법적으로 강조되므로, 질의서 송부, 진술 기회 부여, 증거자료 열람·제출권이 원칙적으로 보장된다. 민간기업에서도 이러한 절차를 최대한 준용하는 것이 바람직하다. 당사자 의견 청취 과정은 반드시 회의록에 기재해야 하며, 특히 방어권 보장 여부는 추후 분쟁에서 쟁점이 될 수 있으므로 별도의 확인서를 받아 두는 것이 좋다.

예시 심의위원회 참석 안내문(당사자용)

고충심의위원회 참석 안내

○○○ 귀하

○○○○○ 고충심의위원회는 「○○○○○ 성희롱 · 괴롭힘 예방지침」 제00조에 의거하여 제00회 고충심의위원회를 아래와 같이 개최하고자 하오니 참석하여 주시기 바랍니다. 참석하기 어려운 사정이 있는 경우 서면으로 의견진술을 대신할 수 있습니다.

1. 일시 : 2025년 x 월 x 일 x 시

2. 장소 : 본사 2층 대회의실

3. 안건 : 직장 내 성희롱 · 괴롭힘 신고 사건(2025-xx-xxxx)

4. 사안 개요 (발생 일시, 장소, 내용 등)
   - 행위 1: 회식 자리에서의 부적절한 성적 발언 등
   - 행위 2: 인사 평가 불이익 암시 발언 등

2025 년 x 월 x 일

○○○○○ 고충심의위원회 위원장 (서명 또는 인)

4) 필요시 참고인·전문가 의견 청취

사안이 복잡하거나 법리적 판단이 필요한 경우, 위원회는 참고인이나 외부 전문가를 불러 의견을 청취할 수 있다. 예컨대 특정 언행이 성희롱에 해당하는지, 괴롭힘의 반복성 요건을 충족하는지 여부는 법적 기준에 따라 달라질 수 있으므로, 노무사나 변호사의 의견을 통해 심의위원들이 판단을 보완할 수 있다. 외부 전문가 의견은 서면 자문 형식으로 보관하는 것이 바람직하며, 위원회 회의록에 자문 의뢰 사유와 주요 자문 결과를 명확히 기록해야 한다.

5) 심의 판단의 기준 확인

위원회는 조사자의 보고서를 바탕으로 사건이 법령상 요건을 충족하는지 다시 검토한다. 주된 역할은 조사 단계에서 도출된 결론의 적정성을 확인하고, 그 결론을 그대로 수용할지 아니면 달리 판단할지를 결정하는 것이다.

예를 들어 조사자가 직장 내 괴롭힘 성립을 인정했더라도 위원회가 증거의 부족이나 법적 요건 미충족을 이유로 불성립으로 의결할 수 있으며, 반대로 조사자가 성립하지 않는다고 보았더라도 위원회가 피해자의 진술과 정황을 종합하여 성립으로 판단할 수도 있다.

심의 단계는 결국 조사 결과를 검증하고 최종 판단을 확정하는 과정이다. 따라서 위원회는 법령상 요건을 기준으로 사건을 재점검하면서, 조사 절차의 적정성과 증거의 신빙성까지 종합적으로 고려해야 한다. 나아가 이러한 판단의 근거와 이유를 명확히 회의록에 남기는 것이 향후 분쟁 시 절차적 정당성을 확보하는 중요한 장치가 된다. 심의 판단은 단순히 성립/불성립 여부에 그치지 않고, 피해자 보호조치의 적절성, 행위자 징계양정 의견, 조직 차원의 재발방지 대책까지 함께 검토하는 것이 원칙이다.

6) 심의 종결 및 의결

심의는 위원들의 토론을 거쳐 의결로 종결된다. 공공기관의 경우 재적위원 과반수 출석, 출석위원 과반수 찬성이라는 원칙을 적용하는 경우가 많다. 의결 과정에서는 피해자 보호조치의 필요성, 행위자 징계 여부와 수위, 조직 차원의 재발방지 대책 등을 함께 논의한다.

회의 결과는 서면으로 정리되어 기관장에게 보고되고, 피해자와 행위자에게는 별도의 통지문이 전달된다. 이때 작성되는 의결서·양정 의견서·보호조치 검토 기록은 사건의 산출물로서 문서화되어야 하며, 이는 곧바로 조치 단계에서 실행의 근거가 된다.

민간기업의 경우 법적 구속 요건은 없으나, 동일한 절차를 준용함으로써 사후 분쟁에서 절차적 정당성을 확보할 수 있다.

의결 후에는 조치결과 통보서를 피해자와 행위자에게 각각 교부하고, 조직 차원의 재발방지 대책 실행계획을 마련해야 한다. 이후 30·60·90일 단위로 이행 여부를 점검하는 사후관리 절차가 뒤따라야 한다.

예시 심의결과 통보서

고충심의위원회 심의결과 통보서

1. 사안 개요 : 2025-xx-xxxx
   (1) 당사자 (익명 처리)
      - 신청인 : ○○○
      - 피신청인 : ○○○
   (2) 사건 현황(발생 일시, 장소, 발생 경위 등)
      - 행위 1 : 회식 자리에서의 부적절한 발언 등
      - 행위 2 : 인사평가 불이익 암시 발언 등
2. 고충심위원회 심의 결과
   (1) 성희롱 여부에 대한 판단 : 행위 1 성희롱 해당
   (2) 괴롭힘 여부에 대한 판단 : 행위 2 괴롭힘 해당
   (3) 행위자 조치사항 권고 내용 : 인사위원회 예정
   (4) 피해자 보호조치 권고 내용 : 부서 이동 조치 및 심리상담 지원 연계
   (5) 2차 피해 예방 및 재발 방지대책 내용 : 행위자 대상 특별 교육 진행

2025 년 x 월 x 일

○○○○○ 기관장

예시 재발방지 대책(경기도 교육청 서식 일부 수정)

성희롱 조치 현황 및 재발방지 대책

☐ **사건 개요**

• 당사자(가해자, 피해자 등) 개요

- 가해자 : 직종 및 이름(개인정보보호를 위해 *처리)
- 피해자 : 직종 및 이름(개인정보보호를 위해 *처리)
- 참고인(있을 시) : 직종 및 이름(개인정보보호를 위해 *처리)

• 사건 발생 일시 · 장소, 발생 경위 등

- (육하원칙에 따라 사안 경위 작성)

☐ **사안 처리 경과 및 조치사항**

• 사안 처리 경과

- (일자별로 사안 처리 경과를 작성)
- 예) 2025. x. xx. 고충처리담당자가 사안 접수
  2025. x. xx. 신고 후 긴급조치 및 공간 분리

• 심의위원회 결과

• 조치 사항

- 가해자에 대한 조치사항 :
- 피해자에 대한 조치사항 :

☐ **외부기관(검 · 경찰, 교육청 등) 조사 현황**

• 해당 없음

☐ **직장 내 성희롱 주요 방지 조치 현황**

• (예방교육 실시 현황, 상담원 지정, 상담창구 설치나 위원회 구성 등 전반적인 직장 내 성희롱 사안관련 조치 현황 기재)

예) 성희롱 · 성폭력 예방지침 및 방지조치(연간)추진계획

- 지침 및 계획서, 매뉴얼, 관련 내부 규정 첨부

• 성희롱 · 성폭력 예방교육 실시 현황(최근 1년 실적)
• 고충처리담당자 지정 및 전문교육 이수
• 고충상담창구 설치
• 위원회 구성

☐ **성희롱 사건 재발방지 대책**
(항목별 구분 작성, 계획 이행 시기 등을 구체적으로 작성)
• 예방 교육 대책(내용, 대상 등)
• 전수조사, 실태조사(항목, 결과 활용 등)
• 상담창구 홍보 등
• 사후 모니터링 대책
- 신고사안을 포함하여 사건 처리 이후 모니터링 방안
- 담당자(소속) ○○○ 담당자 ○○○ (전화번호)

2025 년 × 월 × 일 작성자 : (서명 또는 날인)

4 심의 단계에서의 유의사항

심의 단계는 조사 결과를 검증하고 사건의 최종 결론을 내리는 절차이기 때문에, 그 과정에서의 작은 하자도 사건 처리 전체의 신뢰성을 흔들 수 있다. 따라서 위원회는 사건의 실체적 판단뿐만 아니라, 절차적 정당성과 이해관계자의 권리 보장을 균형 있게 고려해야 한다.

첫째, **비밀유지와 정보 보호**가 무엇보다 중요하다. 심의 과정에서 다루어지는 진술, 증거자료, 피해자의 개인정보는 외부에 유출될 경우 2차 피해를 초래할 수 있다. 위원들은 회의 시작 전부터 비밀유지 의무를 숙지해야 하며, 회의록이나 심의 자료 역시 제한된 범위에서만 열람되도록 관리해야 한다.

둘째, **절차적 공정성**을 확보해야 한다. 심의위원회가 공정하지 못하다는 인식이 퍼지면, 사건의 결론이 아무리 합리적이라 하더라도 수용되지 못한다. 따라서 당사자에게 충분히 소명할 기회를 보장하고, 이해관계가 있는 위원은 제척·기피·회피 절차를 통해 참여하지 않도록 해야 한다. 특히 피신고인의 방어권 보장이 실질적으로 보장되지 않으면, 이후 법적 분쟁에서 절차적 위법성을 지적받을 가능성이 높다.

셋째, **심의 지연과 형식화의 위험**을 경계해야 한다. 위원회가 너무 자주 열리거나 지나치게 형식적으로 운영되면 사건의 신속한 처리가 어렵고, 피해자 보호에도 소홀해질 수 있다. 반대로 위원회가 제대로 기능하지 못하면 기관장이 조사자의 보고만으로 결론을 내리는 결과를 낳아, 위원회 설치의 취지가 무색해진다. 따라서 심의는 사건의 성격과 중대성에 맞추어 필요할 때 적시에 열려야 한다.

넷째, **민간기업의 경우 간소화와 내부 조정의 활용**도 실무적으로 고려할 수 있다. 모든 사건을 형식적인 위원회 절차로 처리하는 것은 비현실적일 수 있다. 다만 사건의 성격이 중대하거나 법적 분쟁 가능성이 높은 경우에는 공공기관의 절차에 준하는 방식으로 심의를 운영하는 것이 안전하다. 반대로 경미한 사건이나 합의로 종결된 사안은 인사부서나 소규모 협의체 차원에서 처리하되, 그 과정과 결과를 기록으로 남기는 것이 필요하다.

결국 심의 단계에서의 유의사항은 **비밀보호·공정성·신속성·절차의 실효성**을 균형 있게 확보하는 것이다. 이 균형이 무너지면 피해자 보호도, 행위자 징계도, 조직문화 개선도 모두 설득력을 잃게 된다.

5 심의 결과의 후속 절차

심의위원회가 결론을 내렸다면, 그 결과는 단순히 기록으로 남는 데 그치지 않고 곧바로 **조치 단계로 이어져야** 한다. 심의와 조치가 단절된다면 피해자는 보호받지 못하고, 행위자도 절차적 권리를 보장받지 못한 채 불이익을 당할 수 있다. 따라서 심의 단계의 결론은 곧바로 실행 가능한 후속 절차와 연계되어야 한다.

무엇보다 중요한 것은 **피해자 보호조치**다. 심의위원회가 피해 발생 사실을 인정하거나 위험 가능성을 확인한 경우, 즉시 근무장소 변경, 유급휴가 부여, 행위자와의 분리 등 보호조치가 실행되어야 한다. 이때 피해자에게 충분한 설명과 선택권을 보장하여 2차 피해가 발생하지 않도록 하는 것이 핵심이다.

다음으로는 **행위자에 대한 조치**가 뒤따른다. 위원회는 사건의 성격과 중대성에 따라 경고, 감봉, 정직, 해고 등 징계수준을 권고할 수 있으며, 기관장은 이를 토대로 징계위원회나 인사위원회에 회부하거나 직접 결정을 내린다. 다만 행위자에 대한 조치는 피해자 보호와 균형을 이루어야 하며, 절차적 정당성을 갖추지 못한 징계는 오히려 법적 분쟁을 초래할 수 있다.

또한 **조직 차원의 재발방지 대책**도 심의 결과에 포함되어야 한다. 개별 사건의 처리로 끝내지 않고, 교육 강화, 인사제도 보완, 조직문화 진단 등 장기적 개선 방안으로 연결될 때 사건 처리의 의미가 커진다. 특히 공공기관은 심의 결과를 상급기관이나 감사 부서에 보고해야 할 의무가 있는 경우가 많으므로, 재발방지 대책까지 함께 기록하는 것이 필요하다.

심의 결과가 이렇게 피해자 보호, 행위자 조치, 조직문화 개선이라는 세 갈래로 후속 절차와 연계될 때, 사건 처리는 비로소 완결성을 갖게 된다. 즉, 심의 단계는 곧바로 조치 단계의 출발점이 되는 것이다.

예시 경기도 교육청 성고충심의위원회 시나리오(일부 수정)

성고충심의위원회 시나리오(예시)

1. 개회 및 안내

절차	세부 진행 발언	특이사항
정족수 확인 개회 알림	(위원장) 간사는 성원을 보고해주세요. (간　사) 재적위원 7명 중 6명이 출석하여, 성원이 되었음을 보고드립니다. (위원장) ○○○○ 성희롱 예방지침에 의거, 성원이 되었으므로 ○○○○년도 제○회 성고충심의위원회를 개회하도록 하겠습니다. [의사봉 3타]	재적 위원 과반수 참석으로 개의하되 회의 종료 시까지 성원 유지
위원장 인사	(위원장) 바쁘신 와중에도 참석해 주신 위원님들께 감사의 말씀을 드립니다. 이번 위원회는 ○○○○ 성 고충 사안을 심의·의결하기 위해 소집되었습니다. 위원님들께서는 위원회의 운영 목적과 규정에 의거 충분히 협의하셔서, 성희롱 사안에 대한 심의와 피해자 보호조치, 재발방지대책 등에 관한 결정을 내려 주시길 부탁드리겠습니다.	

절차	세부 진행 발언	특이사항
위원회 역할 및 기능	(간 사) 성고충심의위원회 역할 및 기능에 대해서 말씀드리겠습니다. 배부해드린 [○○○○ 사실확인 결과보고서] 1p를 참고해주시기를 바랍니다. - 성고충심의위원회는 ○○○를 위원장으로 총 7명의 위원으로 구성되어 있으며 여기에는 외부 전문위원이 포함되어 있습니다. - 회의는 재적위원 과반수의 출석으로 개의하고, 출석위원 과반수의 찬성으로 의결하게 됩니다. - 성고충심의위원회에서는 다음 각호에 관해 심의하게 되어 있습니다. 첫째 성희롱·성폭력 여부(2차 피해 포함) 판단, 둘째 피해자에 대한 보호조치, 셋째 성희롱·성폭력의 재발 방지(2차 피해 방지를 위한 조치 포함)에 관한 사항 등 - 따라서 위원님들께서는 위의 세 가지 심의 사항이 누락되지 않고 심의될 수 있도록 유의해주시면 됩니다. 성희롱 또는 성폭력에 해당하지 않는다고 인정될 경우도 피해자에 대한 보호조치와 재발방지에 관한 사항을 결정할 수 있으므로 이 점 참고 바랍니다. - 심의가 끝나고 서약서를 포함한 모든 자료는 폐회와 동시에 전량 회수됩니다. - 마지막으로 위원님들께서 판단한 심의 결과를 각각 대표이사, 신고인, 피신고인에게 결과를 통지하게 됩니다. (위원장) 간사의 설명 잘 들었습니다. 위원님들께서는 위원회의 운영 목적과 규정에 의거 충분히 협의하셔서 판단을 내려주시기를 바랍니다.	
안건 상정	(위원장) 오늘 심의할 안건은 다음과 같습니다. 첫째, 행위가 있는 ○○○의 성희롱에 대한 심의와 피해자 보호조치, 재발방지대책 등에 대한 안건입니다.	
제척, 기피, 회피 안내 (필요시)	(위원장) 안건 심의에 앞서 위원의 제척, 회피 여부를 확인하겠습니다. 위원의 제척, 기피, 회피 사유에 관해 설명해 드리겠습니다. (위원장) 제척, 기피, 회피 사유에 대해 말씀드리겠습니다.	회피 시 위원 정족수 등 성원이 유지될 수 있도록 유의하고, 제척, 회피, 기피 해당자는 회의에서 제외함

절차	세부 진행 발언	특이사항
	▶ 심의에서 제척되며, 관련자는 위원이 불공정한 결정을 할 우려가 있다고 인정되는 상당한 사유가 있는 때에는, 그 사실을 서면으로 소명하고 기피를 신청할 수 있으며, 기피 신청이 있을 때는 성고충심의위원회의 의결로 해당 위원의 기피 여부를 결정하게 됩니다. ▶ 위원이 제척 및 기피 사유에 해당할 때는 스스로 해당 사안의 심사와 결정에서 회피할 수 있습니다. (위원장) 위원님들께서는 오늘 심의할 사안과 관련하여 제척 사유에 해당하시거나 회피하실 분은 말씀해주시기를 바랍니다.	
주의 사항 전달	(위원장) 본격적인 진행에 앞서 심의위원회의 공정성과 신뢰성을 위해 몇 가지 말씀을 전달합니다. 첫째, 심의위원회는 사안에 대한 심의를 통하여 피해자 보호조치를 취하기 위한 목적임을 분명히 밝힙니다. 둘째, 심의위원들은 사안의 본질과 핵심을 정확하게 이해하고 공정하고 심의가 이루어지도록 최선을 다해주시기를 바랍니다. 셋째, 회의에 참석한 모든 분은 각각의 성희롱·성폭력 사안들이 매우 복잡하고 개별적인 양상을 띤다는 점을 이해하시기를 바랍니다. 따라서 사건의 본질과 상황을 이해하는 데 노력해 주시고, 심의위원회의 심의 결과를 다른 사례와 단순히 비교하지 않기를 바랍니다. 끝으로, 업무를 수행하는 과정에서 알게 된 비밀 또는 신고인·피신고인과 관련된 자료는 공개하거나 다른 사람에게 누설하여서는 안 되는 등 비밀누설 금지 의무가 있음을 유의하여 주시기를 바랍니다. 성고충심의위원회 회의는 공개하지 아니하며, 성희롱·성폭력 예방 및 대책과 관련된 업무를 수행하거나 수행하였던 자는 그 직무로 인하여 알게 된 비밀 또는 피해자·가해자 및 신고자와 참고인과 관련된 자료 누설 금지 등 비밀누설 금지 의무가 있음을 유의하여 주시기를 바랍니다.	

2. 사안 보고

절차	세부 진행 발언	특이사항
사안 보고	(위원장) 다음은 사안 보고가 있겠습니다. 간사님은 사안 보고를 간단하게 해주시기를 바랍니다. – 위원님께서는 사안의 경과 및 사안의 내용, 사실 확인 결과보고서, 확인서 등 심사 자료를 참고하시고, 조치 결정을 위해 관련자에게 추가로 확인할 사항에 대해 준비하여 주시기를 바랍니다. (간 사)는 성희롱 · 성폭력 사안을 설명해 주시기를 바랍니다. (간 사) 사안 보고 ▶ 사안 번호 20 ○○-○○ 건의 경과와 내용을 말씀드리겠습니다. (고충처리기구 사실확인 결과보고서를 정리하여 보고) ▶ 20 ○○. ○○. ○○. 성희롱 신고 사안 접수하여, ~~~ * 확인한 내용을 구체적으로 진술(사안 개요, 진행 상황, 중점 심사 사항 등) ☞ 기초 사실 및 다툼 없는 사실(A 및 B가 모두 인정한 사실)은 ~ 이며, ☞ A 및 B의 상반된 주장은 다음과 같습니다. - A 측 주장 및 목격자 진술은 ~입니다. - B 측 주장 및 목격자 진술은 ~입니다. ☞ 기타 진단서, 문자 내용 등 증빙자료가 있는 경우 요약 보고(외부 전문가위원이 보고할 수 있음) ▶ 이상입니다. (위원장) 위원님들께서는 정확한 파악을 위해 [사실확인 결과보고서]를 숙지할 시간을 갖겠습니다. [숙지 후] 위원님들께서는 보고서, 심사 자료 등 관련 자료 중에서 궁금한 사항은 (간사)님에게 질의하여 주시기를 바랍니다. 위원님들께서는 주요 쟁점 사안과 관련자 질의응답 시 주요 논의사항에 대해 협의하여 주시기를 바랍니다. (주요 쟁점과 논의사항 협의) (위원장) 주요 쟁점 사안은(　　　　　)으로 요약됩니다. 위원님들께서는 관련자 질의응답 시에 심도 있는 질문과 논의로 해당 내용에 관해 확인해주시기를 바랍니다.	

3. 신고인 측 사실확인, 의견진술, 질의응답

절차	세부 진행 발언	특이사항
입장안내	(위원장) 먼저 신고인 질의 · 응답을 하도록 하겠습니다. 간사님은 입장시켜 주세요. (위원장) 참석해 주셔서 감사합니다. 자리에 앉아주세요.	신고인 회의 장소 입장
기피 신청과 유의 사항 안내	(위원장)(간사) - 먼저, 법령의 절차에 따라 기피 신청 및 유의 사항에 대해 안내해 드리겠습니다. 본 성고충심의위원회 참석 위원 중에서 이번 심의에 대해 공정한 심의를 할 수 없다고 생각되는 위원이 있으신가요? 있으면 기피 신청해주시기를 바랍니다. - 다음으로 당사자분의 출석 진술을 듣기 전에 몇 가지 주의 사항을 말씀드리겠습니다. 첫째, 발언하기 위해서는 먼저 발언하겠다는 의사를 밝히고 위원장에게 동의를 구해주시기를 바랍니다. 둘째, 심의위원회가 진행되는 동안 욕설, 폭언, 폭행하면 퇴실 조치를 하도록 하겠습니다. 셋째, 회의 참석자 전원은 심의위원회에 참가하여 알게 된 모든 사항에 대해 비밀을 유지해야 하는 의무가 있다는 점을 기억해 주시기를 바랍니다. 또한, 심의위원회는 성희롱 · 성폭력 사안에 대하여 심의하여 피해자를 보호하고 재발방지대책 등을 수립하기 위한 것입니다.	위원장은 신고인 측이 '기피' 용어에 대한 이해가 부족할 수 있으므로 용어에 대한 이해를 돕는 설명을 함. 기피 신청을 받으면 해당 위원의 기피 여부를 성고충심의위원회에서 결정하여야 함. 이 경우 기피 신청 대상이 된 위원은 그 의결에 참여하지 못함.
사안 설명 및 사실 여부 확인	(위원장) 다음은 사안에 대한 설명이 있겠습니다. 내용을 잘 듣고 이상이 있으시면 말씀하여 주시기를 바랍니다. 간사는 사안의 내용을 설명해 주시기를 바랍니다. (간 사) 사안의 내용을 말씀드리겠습니다. (사안 설명) 이상입니다. (위원장) 설명한 내용이 맞습니까? 사실과 다른 내용이 있으면 말씀해주시고 추가로 제출할 자료가 있으면 제출해 주시기를 바랍니다. (피해자 진술) (위원장) 그동안 사실확인 절차에서 진술한 내용은 보고서를 통해 위원회에서 확인하였습니다. 이 자리에서는 신고 내용에 대한 사실 여부 확인을 위해 당사자의 진술을 직접 청취하고 조치사항을 결정하기 위하여 당사자의 의견을 듣고자 마련되었습니다. 각 신고 내용과 관련하여 위원들이 질의하면 그에 대하여 답변해주시면 됩니다. (위원장) 위원님께서는 확인하실 내용이 있으시면 질의해주시기를 바랍니다. (위원장) 신고인께서는 위원들의 질문이 이해되지 않으면 다시 질문을 요청해주시고, 답변하기 어려우신 내용은 대답을 생략할 수 있습니다. 신고인께서는 긴장하지 마시고, 사실에 근거하여 구체적이고 자세하게 말씀해주시길 바랍니다.	취조하거나 강압적인 분위기가 되지 않도록 유의

절차	세부 진행 발언	특이사항
신고인 입장 표명 및 요구사항 진술	(위원장) 마지막으로 입장이나 요구사항을 말씀해주시기를 바랍니다. (신고인 진술 청취 및 위원 질의응답) (위원장) 이상으로 신고인의 사실 확인 및 의견 진술을 마칩니다.	
사후 과정 안내	(위원장) 성실히 응답해 주신 ○○○께 감사드립니다. 더 이상의 질문이 없으시면, 성고충심의위원회 결과는 서면으로 통보 드리겠습니다. 이후의 절차나 궁금하신 내용은 담당자에게 연락해주시기를 바랍니다. 고생 많으셨습니다. 이제 귀가하셔도 되겠습니다.	피해 관련 측의 귀가 안내 시간이 길어지면 정회 가능

4. 피신고인 측 사실확인 · 의견진술 · 질의응답

절차	세부 진행 발언	특이사항
입장안내	(위원장) 다음은 피신고인과 질의응답을 하도록 하겠습니다. 간사는 피신고인을 입장시켜 주세요. (위원장) 참석해 주셔서 감사합니다. 자리에 앉아주세요.	피신고인 회의 장소 입장
기피 신청과 유의 사항 안내	(위원장)(간사) - 먼저, 절차에 따라 기피 신청 및 유의 사항에 대해 안내해 드리겠습니다. 본 성고충심의위원회 참석 위원 중에서 이번 심의에 대해 공정한 심의를 할 수 없다고 생각되는 위원이 있으신가요? 있으면 기피 신청해주시기를 바랍니다. - 다음으로 당사자분의 출석 진술을 듣기 전에 몇 가지 주의 사항을 말씀드리겠습니다. 첫째, 발언하기 위해서는 먼저 발언하겠다는 의사를 밝히고 위원장에게 동의를 구해주시기를 바랍니다. 둘째, 심의위원회가 진행되는 동안 욕설, 폭언, 폭행하면 퇴실 조치를 하도록 하겠습니다. 셋째, 회의 참석자 전원은 심의위원회에 참가하여 알게 된 모든 사항에 대해 비밀을 유지해야 하는 의무가 있다는 점을 기억해 주시기를 바랍니다. 또한, 심의위원회는 성희롱 · 성폭력 사안에 대한 심의와 피해자 보호조치, 재발방지대책 등을 논의하는 자리입니다. 심의위원회의 조치 결과를 신뢰해주시기를 바랍니다.	위원장은 피신고인 측이 '기피' 용어에 대한 이해가 부족할 수 있으므로 용어에 대한 이해를 돕는 설명을 함. 기피 신청을 받으면 해당 위원의 기피 여부를 성고충심의위원회에서 결정하여야 함. 이 경우 기피 신청 대상이 된 위원은 그 의결에 참여하지 못함.
사안 설명 및 사실 여부 확인	(위원장) 다음은 사안에 대한 설명이 있겠습니다. 피신고인께서도 관련 내용을 잘 듣고 이상이 있으시면 말씀하여 주시기를 바랍니다. 간사는 사안의 내용을 설명해 주시기를 바랍니다. (간 사) 사실확인 한 내용을 말씀드리겠습니다. (사안 설명) 이상입니다.	취조하거나 강압적인 분위기가 되지 않도록 유의

절차	세부 진행 발언	특이사항
	(위원장) ○○○는 설명한 내용이 맞습니까? 사실과 다른 내용이 있으면 말씀해주시고 추가로 제출할 자료가 있으면 제출해 주시기를 바랍니다. (위원장) 그동안 사실확인 절차에서 진술한 내용은 보고서를 통해 위원회에서 확인하였습니다. 이 자리에서는 신고 내용에 대한 사실 여부 확인을 위해 당사자의 진술을 직접 청취하고 조치사항을 결정하기 위하여 당사자의 의견을 듣고자 마련되었습니다. 각 신고 내용과 관련하여 위원들이 질의하면 그에 대하여 답변해주시면 됩니다. (위원장) 위원님께서는 확인하실 내용이 있으시면 질의해주시기를 바랍니다. (위원장) 피신고인께서는 위원들의 질문이 이해되지 않으면 다시 질문을 요청해주시고, 답변하기 어려우신 내용은 대답을 생략할 수 있습니다. 피신고인께서는 긴장하지 마시고, 사실에 근거하여 구체적이고 자세하게 말씀해주시길 바랍니다. * 주요 질의 및 확인 내용 – 신고된 행위 사실 확인(특히, 신고인 주장과 다른 경우 사실관계 확인)	
피신고인 입장 표명 및 요구사항 진술	(위원장) 마지막으로 입장이나 요구사항을 말씀해 주시기를 바랍니다. (피신고인 진술) 이상으로 가해 관련 측의 사실 확인 및 의견 진술을 마칩니다.	
사후 과정 안내	(위원장) 성실히 응답해 주신 ○○○께 감사드립니다. 더 이상의 질문이 없으시면, 성고충심의위원회의 결과는 서면으로 통보 드리겠습니다. 이후의 절차와 궁금하신 내용은 담당자에게 연락해주시기를 바랍니다. 고생 많으셨습니다. ○○○는 귀가하셔도 되겠습니다.	피신고인 측의 귀가 안내

5. 참고인 진술(필요시)

* 조치 결정을 위해 심의위원회의 권한으로 참고인을 출석시켜 진술하게 할 수 있습니다.

절차	세부 진행 발언	특이사항
위원과 참고인 질의응답	(위원장) 다음은 참고인 진술이 있겠습니다. 간사는 참고인을 입실시켜 주시기를 바랍니다. (위원장) 위원님들께서는 궁금한 사항에 대해 질의하여 주시기를 바랍니다. (참고인과의 질의 응답) (위원장) 성실히 응답해 주신 참고인께 감사드립니다. 별다른 질문이 없으시면 퇴장하여 주시기 바랍니다.	참고인이 많은 경우 순차적으로 입장

절차	세부 진행 발언	특이사항
	[참고인이 없는 경우] (간 사) 이 사안에 대한 참고인으로 ○○○와 ○○○에 대한 사실확인을 하였습니다. 두 명 모두 오늘 이 자리 참석은 원하지 않으셨기 때문에 앞서 보고드린 [○○○○ 사실확인 결과 보고서 1p]으로 이를 대체하고자 합니다. (위원장) 이상으로 신고인, 피신고인, 참고인에 대한 진술 및 사안보고 청취를 모두 마쳤습니다. 이제 사안 심의에 들어가도록 하겠습니다.	

6. 성희롱 · 성폭력 여부 심의

절차	세부 진행 발언	특이사항
성희롱 · 성폭력 해당 여부 논의와 의결	(위원장) 먼저 성희롱 · 성폭력 사안 해당 여부에 대해 심의토록 하겠습니다. 당사자 및 참고인들의 진술을 토대로 사실로 인정할 수 있는 부분이 무엇인지에 대해 말씀해 주시기 바랍니다(사실 확정). 또한 인정된 사실을 바탕으로 본 사안이 성희롱 · 성폭력에 해당하는지에 대해 말씀해 주시기를 바랍니다. (혹은 심의에 앞서 위원님들의 의견을 사안별로 자유로이 토론 후 기 배부해드린 투표용지에 성희롱 · 성폭력 해당 여부를 기표하여 해당 여부를 결정짓고자 하는데 위원님들의 의견은 어떠십니까?) ○○○의 사안에 대하여 말씀해 주시기를 바랍니다. (위원들 간 사실확정 여부 논의) (위원장) 20 ○○-01건 신고 내용 중 ( ) 부분은 실제로 있었던 사실로 판단하겠습니다. (확정된 사실에 대하여 위원들 간 성희롱 · 성폭력 여부 논의) [성희롱에 해당한다고 판단하는 경우] (위원장) 20 ○○-01건에 ○○○에 대해 심의한 결과 ○○○가 ○○○에게 한 행위는 성희롱으로 해당하는 것으로 판단하겠습니다. [성희롱에 해당하지 않는다고 판단하는 경우] (위원장) 20 ○○-01건에 대해 심의한 결과 ○○○에 대해 심의한 결과 ○○○가 ○○○에게 한 행위는 성희롱에 해당하지 않는 것으로 판단하겠습니다.	성희롱, 성폭력에 해당하지 않는다고 판단하는 경우 피해자 보호조치 등 필요한 의결 진행 후 회의 종료 (심의결과 통보서는 작성하여야 함)

7. 피해자 보호, 재발방지 대책 등 논의

절차	세부 진행 발언	특이사항
피해자 보호조치 의결	(위원장) 피해자 보호조치 재발방지 대책을 논의하도록 하겠습니다. 간사는 피해자 및 신고인 보호조치에는 어떤 내용들이 있는지 말씀해주시기를 바랍니다. (간 사) 피해자 및 신고인 보호조치에는 ****** 등이 있습니다. (위원장) 다음은 피해자 ○○○의 보호조치에 대한 위원님들의 의견을 말씀해 주시기를 바랍니다. (위원들 간 상호 논의) (위원장) ○○○의 보호조치에 대한 위원님들의 의견을 정리하겠습니다. 위원님들의 의견을 종합하여 ○○ 조치로 결정하고자 합니다. 이의 있는 위원님 계십니까? (위원장) 네, 그럼, 위원님들의 의견에 따라 제 조치를 의결하여 대표이사에게 요청하도록 하겠습니다. [의사봉 3타]	
재발방지 대책 등 심의	(위원장) 다음으로는 재발방지 대책을 논의하도록 하겠습니다. 재발방지 대책에는 관련 기관(성평등가족부 등) 컨설팅 신청, 2차 가해 혹은 성폭력 예방 교육 실시 등이 있을 수 있습니다. 재발방지 대책에 대한 위원님들의 의견을 말씀해주시기를 바랍니다. (위원들 간 협의) (위원장) 위원님들의 의견에 따라 다음과 같이 결정하고자 합니다.	※ 필요시 가해자 교육 이수 권고 가능

2 조치 단계의 실무

본 절에서 다루는 조치 단계는 심의 결과를 토대로 즉각적으로 실행되어야 하는 피해자 보호, 행위자 조치, 조직 차원의 재발방지 대책을 중심으로 한다. 다만 사건 종결 이후 장기적으로 이어지는 보호조치의 유지·재평가, 징계 집행 이후의 효과 점검, 재발방지 대책의 이행 모니터링 등은 사후관리의 영역에 해당하므로, 제9장에서 별도로 다루게 된다.

1 조치 단계의 의의와 법적 근거

조치 단계는 단순히 심의 결과를 집행하는 데 그치지 않는다. 이 단계에서는 피해자 보호, 행위자에 대한 책임 부과, 조직 차원의 재발방지라는 세 가지 목표가 동시에 고려된다. 만약 어느 하나의 축만 강조되고 다른 요소가 소홀히 다뤄진다면, 사건 처리는 형식적 절차로 전락할 수 있다. 따라서 조치 단계는 사건을 개인의 문제에서 조직의 과제로 전환하는 과정이며, 실질적인 조직 개선 효과를 내는 마지막 고리라 할 수 있다.

조치 단계의 법적 근거는 크게 두 가지 축에서 찾을 수 있다. 첫째, 「근로기준법」 제76조의3은 사용자가 직장 내 괴롭힘 발생 사실을 인지하거나 신고를 받은 경우 지체 없이 조사와 조치를 취할 의무를 명시하고 있다. 이 조항에 따르면 사용자는 피해근로자 보호조치를 시행해야 하고, 조사 결과 행위가 성희롱·괴롭힘으로 인정될 경우 행위자에 대해서는 지체 없이 필요한 조치를 취해야 하며, 조사 및 조치 과정에서 불리한 처우가 있어서는 안 된다. 둘째, 「남녀고용평등법」 제14조는 직장 내 성희롱 발생 시 사용자의 조치 의무를 규정하고 있다. 사용자는 직장 내 성희롱 사실이 확인되면 지체 없이 행위자에 대해 징계 또는 이에 준하는 필요한 조치를 해야 하며, 피해자의 근무환경 개선, 근무장소 변경, 유급휴가 부여 등 적절한 보호조치를 취해야 한다.

1) 공공기관의 법적 의무

공공기관의 경우 이러한 법적 근거에 더해, 인사혁신처 지침이나 각 기관별 성희롱·성폭력 방지 지침에 따라 조치 결과를 **상급기관에 보고**하고 재발방지 대책을 병행하도록 요구받는다. 따라서 공공기관은 사건 처리 결과를 단순히 내부에서 종결하는 것이 아니라, 외부 통제에 대비할 수 있도록 문서화와 보고 절차를 충실히 이행해야 한다. 이는 사건의 투명성과 책임성을 보장하는 장치로 기능한다.

2) 민간기업에서의 실무적 운영

민간기업의 경우 법률이 요구하는 기본적인 조치 의무를 다하는 것이 핵심이다. 다만 최근에는 기업의 **사회적 책임**(CSR)**과 ESG 경영 측면**에서 직장 내 성희롱·괴롭힘 사건 처리 방식이 대외적으로도 평가되기 때문에, 법적 요건을 넘어선 보다 적극적인 조치를 취하는 추세다.

예컨대 사건의 구체적 사실관계를 공개하지 않는 범위에서, 회사가 사건 처리 결과를 바탕으로 재발방지 대책을 마련했다는 점이나 제도 개선 방안을 임직원에게 알리는 방식이 활용된다. 또한 추가적인 교육이나 조직문화 개선 캠페인을 실시하는 것은 법적 의무는 아니지만, 신뢰 회복을 위한 중요한 조치로 인식된다.

2 피해자 보호조치

피해자 보호조치는 심의 단계의 결론이 내려진 직후 가장 먼저 실행되어야 하는 조치이다. 심의의 결론이 어떠한지에 따라 보호조치의 방식과 수준은 달라질 수 있으나, 공통적으로 피해자의 안전과 권리 보장을 최우선으로 고려해야 한다.

첫째, **성희롱·괴롭힘이 성립된 것으로 인정된 경우**에는 피해자가 다시 동일한 위험에 노출되지 않도록 강력하고 지속적인 보호조치가 필요하다. 근무장소 변경, 부서 이동, 재택근무 허용, 행위자의 전보·분리 등 물리적 조치를 우선 시행하고, 동시에 상담 지원, 치료 지원 등 정서적 회복을 돕는 조치도 병행되어야 한다. 이러한 보호조치는 일정 기간만 형식적으로 유지되는 것이 아니라, 피해자의 회복 정도와 조직 내 환경 변화를 고려하여 장기적으로 지속될 수 있어야 한다.

둘째, **심의 결과 성립되지 않는다고 판단된 경우**라도 피해자가 문제를 제기한 사실만으로 불이익을 받거나, 동료로부터 낙인·고립 등 2차 피해를 당하지 않도록 최소한의 보호조치를 유지해야 한다. 예를 들어, 피해자가 원하지 않는 전보를 강행하거나, 사건을 제기했다는 이유로 인사평가·승진 등에서 불리하게 취급하는 것은 「근로기준법」 제76조의3에서 금지하는 불리한 처우에 해당할 수 있다. 따라서 불성립 결론이 내려졌더라도 피해자에 대한 차별이나 불이익이 발생하지 않도록 조직 차원의 점검이 병행되어야 한다.

셋째, **보호조치의 절차와 방식**도 중요하다. 피해자와 행위자 분리는 피해자의 의사에 따라 신중하게 결정되어야 하며, 피해자가 원하지 않는 인사조치는 오히려 또 다른 불이익이 될 수 있으므로 반드시 사전 동의가 전제되어야 한다. 또한 보호조치는 비밀유지 원칙 아래 시행되어야 하며, 피해자의 신원이나 진술이 불필요하게 확산되지 않도록 제한된 범위에서만 공유되어야 한다.

이러한 보호조치는 사건 처리의 신뢰성을 높이는 출발점이 된다. 다만, 심의 직후의 보호조치가 피해자 보호의 전부는 아니며, 사건 이후 장기적인 상담 지원, 불이익 방지, 조직 차원의 개선 등은 별도의 과제로 다루어져야 한다. 이에 대해서는 제10장에서 보다 구체적으로 살펴본다.

Q **신고인이 신고서를 제출한 뒤 장기간 무단 결근을 하는 경우, 사규에 따라 퇴사 처리하는 것이 불리한 처우에 해당하는지?**

A 무단결근이 장기간 이어진다면 징계사유에 해당한다. 그러나 피해자가 우울증 등 질병으로 정상적인 생활이 곤란한 사정을 고려한다면, 즉각적인 징계나 퇴사 처리보다는 다른 대응이 바람직하다. 회사는 다양한 채널을 통해 지속적으로 연락을 시도하고, 신고와 관련된 후속 조치가 원활히 진행될 수 있도록 적극적으로 지원해야 한다.

Q **심의 결과 성희롱·괴롭힘으로 인정되지 않는다면, 신고인을 징계할 수 있는지?**

A 신고를 이유로 한 징계는 근로기준법 제76조의3 제6항에서 금지하는 불리한 처우에 해당하므로 허용되지 않는다. 다만 신고인이 조사 중이거나 이미 조사가 끝난 사안에 대해 고의적으로 반복적·악의적인 신고를 한 경우라면, 그리고 그 사실이 명확히 확인된다면 제재가 가능하다. 아울러 신고인의 별도의 비위행위가 신고와 무관하게 드러난 경우에는 이를 근거로 징계할 수 있다(신고와 별도 비위행위의 인과관계가 성립되지 않아야 한다).

Q **심의 결과 성희롱·괴롭힘으로 인정되지 않는 경우에도, 신고인에 대한 보호 의무가 존재하는지?**

A 성희롱·괴롭힘 사실이 인정되지 않는 경우에는 법률상 사용자가 신고인을 위해 별도의 보호조치를 취할 의무가 발생하지 않는다. 그러나 회사는 사건 처리 이후 신고인이 직장 생활로 원활히 복귀할 수 있도록 지원할 필요가 있으며, 그 과정에서 근무지 조정이나 업무 재배치와 같은 조치를 검토할 수 있다. 이러한 조치를 시행할 때에는 다른 유사 사례와의 형평성, 조직 내 공정성까지 함께 고려하는 것이 바람직하다.

Q **조사 결과 성희롱·괴롭힘으로 인정되지 않았는데 신고인이 조사보고서나 피신고인 문답서 공개를 요구하는 경우, 이에 응해야 하는지?**

A 근로기준법 제76조의3 제7항은 피해근로자 의사에 반한 비밀 유출을 차단하여 2차 피해를 막으려는 취지이다. 신고인에게 조사 관련 서류를 공개하는 것을 곧바로 비밀유지 의무 위반으로 볼 수는 없다. 그러나 사용자가 신고인의 요청에 반드시 응해야 할 법적 의무까지 부담하는 것은 아니다.

Q **피해자를 행위자와 분리해야 하는데, 부서 이동이나 전보가 불가능한 경우 보호조치는 어떻게 해야 하는지?**

A 반드시 부서 이동이나 전보를 해야 하는 것은 아니다. 재택근무, 근로시간 단축, 심리상담 프로그램(EAP) 지원 등 다양한 대체 조치를 통해 피해자를 보호할 수 있다. 상황에 맞는 현실적 수단을 선택하는 것이 중요하다.

Q **행위자에 대한 분리조치가 종료되어 신고인과 다시 함께 근무하게 될 예정인데, 신고인이 이에 대해 우려하여 회사가 신고인을 재택근무 발령을 하려고 할 때, 신고인이 이를 거부하는 경우 어떻게 해야 하는지?**

A 사용자의 재택근무 명령이 불가피한 조치인지, 이례적이거나 차별적 조치에 해당하지 않는지, 재택근무로 인해 평가나 보상에서 불리한 결과를 초래하지 않는지를 종합적으로 검토해야 한다. 이러한 요건에 비추어 불리하지 않다면, 단순히 '소문이 돌 수 있다'는 이유만으로 불리한 처우라고 단정하기는 어렵다. 또한 당사자가 원하지 않는 상황에서 회사가 재택근무 명령을 강제로 내릴 명분은 없다. 당사자가 거부한다면, 일방적인 재택근무 명령보다는 피해자가 문제 발생 시 신고할 수 있는 창구를 마련하고 모니터링을 강화하는 방식으로 지원하는 것이 바람직하다.

---

3 행위자에 대한 징계 및 인사조치

피해자 보호조치와 함께 심의 결과를 실행으로 옮기는 또 하나의 핵심은 행위자에 대한 징계 및 인사조치이다. 법령은 사용자가 사건의 사실관계를 확인한 경우,

지체 없이 행위자에 대해 적절한 조치를 취할 의무가 있음을 명시하고 있다. 이는 단순히 피해자의 권리를 보호하기 위한 차원에 그치지 않고, 직장 내에서 유사한 사건이 반복되지 않도록 억제 효과를 갖게 한다.

징계 수준은 사건의 성격과 중대성, 행위의 반복성, 피해 정도, 조직 내 파급효과를 종합적으로 고려하여 결정한다. 경미한 사건의 경우 경고나 특별교육 같은 비교적 가벼운 조치가 선택될 수 있고, 중대한 사건에서는 감봉, 정직, 해고 등 강력한 징계가 불가피하다. 이때 징계의 수위는 회사 내 징계양정기준이나 인사위원회의 기준에 따라 균형 있게 정해져야 하며, 자의적인 결정은 분쟁으로 이어질 가능성이 크다.

또한 절차적 정당성이 보장되지 않은 징계는 법적 효력을 인정받기 어렵다. 행위자에게는 소명할 기회와 증거 제출 기회가 제공되어야 하며, 징계위원회 의결 등 취업규칙이 정한 절차를 반드시 거쳐야 한다. 이러한 과정이 결여된 채 내려진 징계는 재심이나 소송에서 번복될 위험이 크다. 따라서 행위자에 대한 징계는 피해자 보호라는 목적과 더불어 행위자의 방어권 보장이라는 절차적 정의의 원칙도 함께 지켜져야 한다.

이 과정에서 행위자에게 부여된 소명 기회와 증거 제출권의 행사 여부, 징계위원회 출석 및 의견 진술 여부 등은 모두 사건번호 단위로 기록·관리되어야 한다. 징계 의결 결과는 징계 의결서와 통보서 형태로 문서화하여 향후 법적 분쟁에 대비할 필요가 있다. 또한 징계 집행 이후에도 피해자 보호조치와 충돌하거나 새로운 불이익이 발생하지 않는지 주기적으로 점검하는 사후관리 절차가 요구된다.

징계 외의 인사조치 역시 활용할 수 있다. 전보, 직무 변경, 별도의 교육 이수, 경고장 발부 등이 이에 해당한다. 특히 성희롱·괴롭힘 사건에서는 공식적인 징계 이외에도 교육이나 인식 개선 프로그램을 병행하는 것이 재발방지 차원에서 중요하다. 공공기관은 행위자 교육을 의무적으로 실시하는 경우가 많으며, 민간기업도 징계와 더불어 이러한 개선조치를 결합하는 것이 실무적으로 효과적이다.

결국 행위자에 대한 조치는 피해자 보호와 조직 질서 회복, 그리고 재발방지라는 세 가지 목적을 동시에 달성해야 한다. 징계 수위만을 강조하거나, 반대로 형식적인 교육만으로 사건을 종결하는 방식은 모두 불완전하다. 사건의 중대성에 비례한 책임 부과와, 향후 재발을 막기 위한 개선 조치가 균형 있게 이루어져야 한다.

Q 심의 결과 성희롱·괴롭힘으로 인정되지 않은 경우에도 피신고인에 대해 징계가 가능한지?

A 직장 내 성희롱·괴롭힘으로 인정되지 않은 경우에는 성희롱·괴롭힘을 사유로 피신고인에 대해 징계를 가할 수는 없다. 그러나 피신고인의 행위가 타인에게 고통을 주거나 인격권을 침해하는 등 직장 질서를 문란하게 하였다면 이를 근거로 징계는 할 수 있다.

Q 신고인이 회사의 불인정 결론이나 조치 결과에 불만을 제기하는 경우 어떻게 대응해야 하는지?

A 회사는 직장 내 괴롭힘·성희롱 성립 요건과 각 행위별 불인정 사유를 충분히 설명하는 절차를 거쳐야 한다. 단순히 결과만 통보하기보다는, 신고인이 느낄 수 있는 좌절감이나 억울함을 완화할 수 있는 개선책을 함께 모색하는 노력이 필요하다.

또한 불인정이 확정된 경우 피신고인에게 징계를 부과할 합리적 근거가 없다. 징계사유가 명확히 존재할 때에만 징계가 가능하며, 그렇지 않은 상태에서 무리하게 제재를 가하면 오히려 다른 법적 분쟁이나 내부 갈등이 발생할 수 있다. 따라서 회사는 불인정 사유를 신고인에게 투명하게 설명하고, 불만을 관리할 수 있는 소통 절차를 마련해야 한다.

Q 괴롭힘이나 성희롱이 인정되어 징계대상자인 행위자에게 사실을 통지할 때, 통지 범위는 얼마나 구체적으로 적시해야 하는지?

A 징계 혐의 사실을 모두 구체적으로 기재하면 과도한 정보 제공으로 인해 피해자 보호 의무를 위반할 위험이 있다. 판례는 취업규칙이나 단체협약에 명문 규정이 없는 경우에도 반드시 구체적으로 통지할 의무가 있는 것은 아니라고 본다. 최근 대법원 판례에서도 '개인정보 불법 취득, 집단 괴롭힘, 전산 규칙 위반' 정도로 통지했다 하더라도 절차상 하자로 보기 어렵다고 판단하였다. 다만 해당 사건에서 당사자가 징계혐의 내용을 이미 알고 있었고, 인사위원회에서 소명 기회를 보장받았다는 점이 중요하게 고려되었다.

| 판례 | 피징계자들이 혐의 내용을 이미 알고 있었고 대응할 수 있는 상황이었으므로, 징계절차는 적법
(대법원 2020. 6. 25. 선고 2016두56042 판결)

원고가 참가인들에게 징계혐의 사실을 '개인정보 불법 취득, 침해 및 유출, 집단 괴롭힘, 전산업무 운영규칙 등 위반'이라고만 통지하였다고 하여 이를 징계절차상의 하자라고 보기 어렵고, 참가인들은 **인사위원회 당시 이미 징계혐의 사실이 무엇인지 구체적으로 알고 있었고 그에 대해 충분히 대응할 수 있는 상황**이었으며 인사위원회에서 징계혐의 사실에 관하여 진술 및 소명할 기회를 부여받았다고 봄이 타당하다. 따라서 이 사건 해임처분에 절차상 하자가 있다고 볼 수 없다.

Q **조사 결과 괴롭힘으로 인정되어 행위자에게 징계를 내렸는데, 행위자가 이의를 제기하며 맞신고를 한 경우 해당 징계가 신고인에 대한 불리한 처우에 해당하는지?**

A 회사가 행위자에 대해 조치를 하는 것은 앞선 사건에 대한 처분에 해당하므로, 근로기준법 제76조의3 제6항을 이유로 인사조치를 전혀 할 수 없는 것은 아니다. 사용자의 조치가 행위자가 제기한 신고와 관련이 없고 정당한 사유가 있다면, 행위자가 신고인이라는 사실만으로 해당 조치가 제6항을 위반한 것이라고 보지 않는다.

Q **조사 결과 괴롭힘으로 인정되어 행위자에게 징계를 내렸는데, 행위자가 이의를 제기하며 맞신고를 한 경우 해당 징계가 신고인에 대한 불리한 처우에 해당하는지?**

A 회사가 행위자에 대해 조치를 하는 것은 앞선 사건에 대한 처분에 해당하므로, 근로기준법 제76조의3 제6항을 이유로 인사조치를 전혀 할 수 없는 것은 아니다. 사용자의 조치가 행위자가 제기한 신고와 관련이 없고 정당한 사유가 있다면, 행위자가 신고인이라는 사실만으로 해당 조치가 제6항을 위반한 것이라고 보지 않는다.

Q **심의위원회 절차가 모두 끝났는데, 행위자가 검찰에 기소되어 법원의 판결을 기다리는 상황에서, 법원 판결이 심의위원회 결과와 다르게 나오면 어떻게 해야 하는지?**

A 행위자에 대해 검찰이나 인권위원회 등 외부 기관이 조사·판결을 내리는 경우, 그 결과는 각 기관의 목적에 따라 판단된 것이므로 회사의 결정과 다를 수 있다. 그러나 회사가 자체적으로 사건 처리 절차를 운영하는 것은 적법하므로 외부 판단이 나올 때까지 반드시 기다릴 필요는 없다. 다만 법원의 판결 취지나 조사 결과를 존중하여 필요할 경우 보완 조치를 취해야 한다. 또한 회사 조사 과정에 위법이나 절차적 정당성 결여가 지적된 경우에는 이를 반영하여 재심하거나 추가 조치, 지원을 하는 것이 바람직하다.

Q **사건 종결 후 행위자가 피해자에 대한 악의적 소문을 유포하는 경우, 심의위원회를 다시 열어 가중처벌할 수 있는지?**

A 행위자가 피해자에게 악의적인 소문을 퍼뜨려 괴롭히는 것은 최초 성희롱·괴롭힘 행위와는 별개의 비위행위로, 다시 처벌해야 한다. 최초 조치 시 행위자에게 이후 금지될 행위와 주의사항을 교육해야 하고, 피해자에 대한 2차 가해를 금지하며 2차 가해가 있을 경우 가중처벌할 수 있음을 명확히 고지하고 교육해야 한다.

---

4 조직 차원의 재발방지 대책

성희롱·괴롭힘 사건 처리는 피해자 보호와 행위자 징계로 끝나지 않는다. 개별 사건의 조치만으로는 조직 내 동일하거나 유사한 사건의 재발을 막기 어렵기 때문이다. 따라서 사건 처리의 마지막 단계에서는 조직 차원의 재발방지 대책을 마련하고 실행하는 것이 필수적이다.

첫째, 교육과 예방 프로그램 강화가 필요하다. 사건 발생 이후에는 전 직원 대상의 특별 교육이나 부서별 맞춤형 예방교육을 실시하여, 사건이 단순히 개인적 문제로 치부되지 않고 조직 전체의 과제로 인식되도록 해야 한다. 특히 관리자의 역할 교육은 필수적이다. 관리자들이 사건 발생을 초기에 인지하고 적절히 대응하지 못하면, 이후 문제가 확대되고 책임이 가중될 수 있기 때문이다.

둘째, 제도와 절차의 보완이 뒤따라야 한다. 사건이 발생한 원인에는 종종 규정 미비, 절차의 형식화, 내부 신고체계의 취약성이 자리하고 있다. 따라서 사건 이후에는 취업규칙, 고충처리 지침, 성희롱·괴롭힘 예방 규정 등을 재점검하고 필요한 부분을 개정해야 한다. 사건을 통해 드러난 조직 내 구조적 문제를 제도 개선으로 연결하는 과정이 재발방지의 핵심이다.

셋째, 조직문화 개선이 중요하다. 사건 발생 이후 직원들 사이에 불신과 위축된 분위기가 형성될 수 있는데, 이를 그대로 두면 조직 전체의 생산성과 신뢰가 장기적으로 손상된다. 따라서 사건 처리 이후에는 소통 활성화 프로그램, 조직문화 진단, 익명 설문조사 등을 통해 분위기를 개선하고, 직장 내 존중과 배려의 문화를 확산시킬 필요가 있다. 공공기관의 경우 사건 처리 결과와 함께 재발방지 대책을 상급기관에 보고해야 하는 경우가 많으며, 민간기업도 대외적 신뢰 회복을 위해 이러한 노력이 요구된다.

아울러 사건 종결 이후에도 재발방지 대책이 실제로 작동하는지를 확인하기 위해, 30일·60일·90일 단위의 사후점검을 실시하고 그 결과를 별도의 보고서로 기록·관리하는 체계가 필요하다. 이러한 사후관리는 피해자 보호조치와 병행하여 조직 차원의 개선 효과를 안정적으로 확보하는 장치가 된다.

결국 재발방지 대책은 단순히 "사건 이후의 형식적 절차"가 아니라, 사건을 조직의 개선 계기로 삼는 과정이다. 교육, 제도, 문화라는 세 축이 균형 있게 마련될 때 비로소 사건 처리의 완결성이 확보된다.

Q **조직 내 성희롱·괴롭힘 사건 처리 과정과 결과를 예방 교육 사례로 활용하려는 경우, 피해자 보호나 사생활 침해 문제는 없는지?**

A 성희롱·괴롭힘 조사 및 결과에 대해서는 원칙적으로 비밀유지 의무가 있다. 그러나 조직이 성희롱·괴롭힘 사건에 적극적으로 대응하고 있음을 직원들에게 인식시킬 필요가 있다면 피해자의 동의를 얻어 사건 경과와 조치 결과를 사례로 교육할 수 있다. 다만 세부적인 사실 관계의 구체적인 내용까지 상세히 밝히는 것은 피해야 하며, "직급자에 의한 성희롱이 발생해 징계가 내려졌다"라는 식으로 요지만 제시하는 것이 적절하다.

피해자가 원하지 않는 경우라면 구체적인 사건 내용은 밝히지 않고, "우리 조직은 성희롱 사건 발생 시 철저히 조사하고 충실히 처리하였다"라는 정도로만 공표하는 것이 바람직하다. 어떤 경우는 피해자가 오히려 정확한 내용을 공개해 주기를 원할 수 있고, 어떤 경우는 특정될 수 있는 부분이 전혀 공개되지 않기를 원할 수 있다. 따라서 조직 문화와 상황에 맞게 융통성 있게 조정해야 한다.

만약 실제 사례를 교육에 포함하기 어려운 경우에는, 다른 기관의 유사 사례를 참고하여 반영하는 것도 방법이 될 수 있다.

CHAPTER 10

사후관리 및 피해자 보호

1 사후관리의 개념과 필요성

2 피해자 보호의 지속성

3 행위자 조치 이후의 사후관리

4 사건 불인정 이후의 갈등 관리

5 사후 모니터링 체계 구축

6 조직 차원의 신뢰 회복

7 사후관리 단계의 유의사항

CHAPTER

10 사후관리 및 피해자 보호

핵심 요약 가이드

사후관리의 목적

심의·조치 이후에도 피해자의 회복과 조직의 신뢰 회복을 지원하며, 2차 피해나 재갈등을 예방하여 사건을 실질적으로 종결하는 것을 목표로 한다.

실무 체크리스트

9-1. 사후관리의 개념과 필요성

□ 사후관리는 사건의 행정적 종결 이후에도 피해자 보호와 조직의 회복을 지원하는 절차이다.

□ 조사·심의 단계와 달리 '관계의 복원'과 '조직 신뢰 회복'에 중점을 둔다.

□ 피해자 보호의 실효성과 재발 방지 여부를 점검하기 위한 필수 단계이다.

9-2. 피해자 보호의 지속성

□ 피해자 보호조치는 사건 종결 후에도 일정 기간 유지될 수 있다.

□ 복귀 전 근무환경의 안전성을 확인하고, 피해자의 의사를 반영해 조치를 해제한다.

□ 상담, 심리치료 등 외부 전문기관과 연계한 지속적 지원체계를 운영한다.

9-3. 행위자 조치 이후의 사후관리

□ 징계나 인사조치 이후 행위자의 재적응과 조직 내 재통합을 점검한다.

□ 피해자와의 접촉은 원칙적으로 제한하며, 재갈등 우려 시 즉시 분리조치한다.

□ 행위자 교육·컨설팅을 통해 조직문화 개선과 재발방지 노력을 병행한다.

9-4. 사건 불인정 이후의 갈등 관리

□ 사건이 '불인정'으로 종결된 경우에도 양측의 심리적 불안정이나 조직 내 긴장을 관리해야 한다.

□ 신고인이 납득할 수 있는 설명과 소통 절차를 통해 신뢰 회복을 유도한다.

□ 불인정 결정 이후 발생할 수 있는 보복행위나 불이익 처우를 모니터링한다.

9-5. 사후 모니터링 체계 구축

□ 사건 종결 후 30일, 60일, 90일 단위로 점검체계를 운영하여 피해자·행위자·조직 상태를 모니터링한다.

□ 점검 결과는 간사 또는 인사책임자가 관리하고, 필요시 위원회에 보고한다.

□ 점검항목에는 심리상태, 근무환경, 관계회복 정도 등을 포함한다.

9-6. 조직 차원의 신뢰 회복

□ 조직은 사건을 계기로 제도·문화적 개선 방안을 마련해야 한다.

□ 구성원 대상 예방교육, 커뮤니케이션 회복 프로그램, 관리자 리더십 교육 등을 시행한다.

□ 사건 재발 방지를 위해 보고체계, 대응절차, 보호조치 프로세스를 정비한다.

9-7. 사후관리 단계의 유의사항

□ 사후관리는 단순한 절차의 마무리가 아니라 신뢰와 관계의 회복 과정임을 인식해야 한다.

□ 피해자와 행위자 모두에 대한 균형 잡힌 접근이 필요하며, 과도한 보호나 무관심 모두 지양해야 한다.

□ 사후관리의 전 과정은 비밀이 유지되어야 하며, 관련 문서는 안전하게 관리해야 한다.

유의사항

- 사후관리는 조사·심의의 연장이 아닌, 사건 후 조직이 '정상화'되는 과정을 지원하는 단계로 운영되어야 한다.
- 피해자 보호조치의 종료 여부는 피해자의 의사와 안전 확보 여부를 우선적으로 고려해 결정해야 한다.
- 행위자에 대한 조치 이후에는 교육·재발방지 프로그램을 통해 조직 내 재적응을 지원해야 한다.
- 사건이 불인정된 경우에도, 남은 갈등이나 불신이 재발하지 않도록 조직 차원의 모니터링과 커뮤니케이션이 필요하다.

1 사후관리의 개념과 필요성

1 사후관리의 개념

사후관리란 직장 내 괴롭힘·성희롱 사건에서 심의와 조치가 끝난 뒤에도, 피해자 보호와 조직의 안정화를 위해 이어지는 후속적 관리 절차를 말한다. 단순히 사건을 종결하는 차원을 넘어, 피해자·행위자·조직 구성원에게 남아 있는 갈등과 불안 요인을 점검·해소하는 과정을 포함한다. 다시 말해 **사후관리는 사건 처리의 부속이 아니라, 전체 절차의 필수적 단계**로 자리 잡아야 한다.

2 법적 근거

근로기준법 제76조의3은 사용자가 피해근로자에게 불리한 처우를 하지 못하도록 규정하고 있으며, 남녀고용평등법 제14조 역시 성희롱 사건 발생 시 사용자에게 피해자 보호와 비밀유지 의무를 명시하고 있다. 또한 고용노동부 「직장 내 괴롭힘 판단 및 예방·대응 매뉴얼」, 서울시 사건처리 매뉴얼 등 각종 지침에서도 **사건 처리 절차의 마지막 단계로 사후관리**를 별도로 규정하고 있다. 이는 사후관리가 선택적 지원이 아니라, 법적·제도적으로 뒷받침되는 절차임을 보여준다.

3 사후관리의 필요성

사후관리가 필요한 이유는 크게 세 가지다.

첫째, **피해자의 회복 지원**이다. 사건 종결 후에도 피해자는 소문 유포, 따돌림, 불리한 인사 등 2차 피해 위험에 노출될 수 있다. 따라서 보호조치의 유지·변경·해제, 심리·의료 지원 연계 등 지속적 관리가 필요하다.

둘째, **행위자 조치 이후의 관리**이다. 징계나 인사조치가 내려졌다 하더라도, 행위자의 맞신고, 보복행위, 태도 문제 등 새로운 갈등이 발생할 수 있다. 행위자에 대한 사후관리 없이는 사건이 다시 반복되거나 확대될 위험이 있다.

셋째, **조직 차원의 신뢰 회복**이다. 사건 처리 과정에서 동료들 사이에 불신과 긴장이 생기기 마련인데, 이를 해소하지 않으면 조직의 생산성과 협력이 장기적으로 약화된다. 사후관리 과정은 사건을 조직문화 개선의 계기로 삼을 수 있는 중요한 기회다.

2 피해자 보호의 지속성

1 보호조치의 유지·변경·해제

피해자 보호조치는 사건 심의 직후에만 필요한 것이 아니다. 사건 종결 후에도 일정 기간은 분리, 근무장소 변경, 재택근무 등 다양한 형태의 보호조치가 지속될 수 있다. 다만 보호조치를 무기한으로 이어가면 피해자에게 또 다른 불이익이 될 수 있으므로, 주기적으로 그 필요성을 재검토해야 한다.

예를 들어, 피해자가 원하지 않는 부서 전보가 장기간 유지되면 또 다른 불리한 처우가 될 수 있다. 따라서 보호조치의 유지·변경·해제 여부는 반드시 피해자의 의견을 반영하고, 결정 과정을 기록으로 남기는 것이 필요하다.

2 장기적 심리·의료 지원

피해자가 겪은 심리적 충격은 사건 종결과 동시에 사라지지 않는다. 고용노동부 매뉴얼에서도 직업트라우마센터, 전문 상담기관과의 연계를 강조하고 있으며, 일부 기관에서는 근로자지원프로그램(EAP)을 통해 상담·심리치료·법률 자문을 제공하고 있다. 이러한 장기적 관리 체계가 뒷받침되어야 피해자가 안정적으로 직장 생활에 복귀할 수 있다.

피해자 보호의 지속성을 위해 활용할 수 있는 외부 지원체계는 크게 세 가지다. 먼저, 전문 상담기관이다. 고용노동부가 운영하는 직장 내 괴롭힘 상담센터(1522-9000)에서는 법적 자문과 초기 대응 방안에 대해 공인노무사 등 전문상담사의 도움을 받을 수 있다.

다음으로, '근로자지원프로그램(EAP)'이다. 상시근로자 300인 미만 중소기업 근로자는 근로복지넷을 통해 연 7회까지 무료 상담을 신청할 수 있으며, 상담 방식은 온라인·전화·대면·집단 등 다양하다. 상담 주제 역시 직무 스트레스, 가족 문제, 조직 내 갈등 등 광범위하게 다룰 수 있다.

마지막으로, 직업트라우마센터다. 안전보건공단이 운영하며, 임상심리사 등 전문 인력이 직장 내 괴롭힘으로 인한 정신적 외상을 상담·치료·사후관리까지 지원한다. 비용은 전액 공단에서 부담한다.

이처럼 다양한 제도를 적극적으로 활용하면 피해자는 장기적 회복을 도모할 수 있고, 조직 또한 체계적 지원을 통해 신뢰를 회복할 수 있다.

[직장 내 괴롭힘] 근절·예방을 위한 지원(고용노동부 매뉴얼)

법률 및 심리상담

- 직장 내 괴롭힘 상담센터 운영(☎1522-9000)
- 직장 내 괴롭힘 해당 여부 및 대응방법 등은 전문상담사(공인노무사 등)와 상담

심리상담(근로복지넷, EAP)

- 근로자지원프로그램
- 상시근로자 수 300인 미만 중소기업과 소속 근로자라면 근로복지넷에 회원으로 가입한 후 상담을 신청할 수 있음(1인당 연 최대 7회)

심리상담(안전보건공단)

- 직업트라우마센터(☎1588-6497)
- 임상심리사 등 전문인력이 직장 내 괴롭힘 등으로 발생한 정신적 외상을 겪은 노동자에게 심리교육, 상담, 사후관리 제공
- 사업장 또는 노동자 개인이 직접 상담 신청 또는 해당 지역 안전보건공단에 신청(비용은 안전보건공단에서 전액 지원)

직장 내 괴롭힘 예방교육 관련 자료

- 고용노동부 홈페이지에서 교육자료 배포
- 직장 내 괴롭힘 예방교육자료(프리젠터, 포스터, 매뉴얼)
- 직장 내 괴롭힘 관련 카드뉴스(영상)
- 유튜브 '고용노동부 공식 채널'에서 교육자료 제공

직장 내 괴롭힘 관련 교육 및 예방교육 지원

- 한국공인노무사회(☎031-760-7777, 7779, www.keli.kr)
- 직장 내 괴롭힘 예방 교육 강사 파견, 전문 강사 양성·확산
- 직장 내 괴롭힘 예방교육 관련 각종 교재, 온라인 매뉴얼 무료 서비스

근로자 지원 프로그램(EAP; Employee Assistance Program) (고용노동부 매뉴얼)

근로자지원프로그램(EAP)이란?

세계 EAP협회에서는 생산성에 영향을 미치는 직무·직장과 근로자의 건강, 부부 및 가족생활 문제, 법률 및 재정 문제, 일과 생활 문제, 정서적 문제, 직무 스트레스 등 업무와 직접·간접적으로 관련된 문제를 해결하기 위해 개발한 사업장 기반의 프로그램이라고 규정

근로복지공단 제공 프로그램

위탁수행기관: (사)한국EAP협회

- 근로복지넷을 통해 상담 프로그램 신청 가능(온·오프라인)
- 상시근로자 300인 미만 중소기업 근로자가 지원 대상
- 근로복지넷 회원 가입 후 상담 신청하면 연 7회까지 무료 상담 가능
- 상담 유형: 온라인상담, 전화상담, 대면상담, 집단상담 등
- 상담 주제: 직장 내 갈등, 가족 문제, 직무 스트레스, 기업 상담 등
- 스트레스 힐링 프로그램, 조직스트레스 측정 등

직업트라우마센터(안전보건공단)

임상심리사 등 심리·정신보건 자격을 갖춘 전문가가 상담 제공

- 산업재해 및 직무 스트레스로 인한 심리적 외상 상담
- 개인 상담, 집단 상담, 심리치료 프로그램
- 상담비용은 전액 공단에서 지원

직업트라우마센터 내담사례

“직장 내 괴롭힘으로 인해 퇴사를 고민할 만큼 힘들었으나, 직업트라우마센터 상담을 통해 상황을 객관적으로 바라볼 수 있었고, 마음을 다스리는 방법을 배우며 미래에 대한 자신감을 회복할 수 있었다”

3 불리한 처우 금지와 2차 피해 예방

근로기준법 제76조의3, 남녀고용평등법 제14조는 피해자에 대한 불리한 처우를 명확히 금지하고 있다. 그러나 실제 현장에서는 미묘한 방식의 불이익이 빈번히 발생한다. 예컨대 동료들의 따돌림, 승진·평가에서의 불이익, 피해자의 신상 노출과 소문 확산 등이 모두 2차 피해로 이어질 수 있다.

서울고등법원은 성희롱 축소 발언을 '2차 가해'로 인정한 판례(서울고등법원 2021. 7. 9. 선고 2020나2032099 판결)에서, 2차 피해가 1차 가해보다 더 무겁게 평가될 수 있음을 분명히 했다. 따라서 사후관리 단계에서 관리자는 피해자의 업무 환경과 동료 관계를 면밀히 점검해야 하며, 작은 불이익이라도 방치하지 않는 태도가 필요하다.

| 판례 | 성비위 사건의 의미를 축소하는 발언을 2차 가해로 인정 (서울고등법원 2021. 7. 9. 선고 2020나2032099 판결)

직장 내 지위를 이용한 성추행·성희롱 행위는 피해근로자의 존엄성과 인격권을 침해하고 피해근로자의 고용환경을 악화시키는 것이자, 양성평등이 구현되어야 할 직장 내 근무질서를 어지럽히는 행위로서, 사업주는 직장 내 성희롱 발생 시 남녀고용평등 법령에 따라 신속하고 적절한 근로환경 개선책을 실시하고, 피해근로자 등이 후속 피해를 입지 않도록 적정한 근로여건을 조성하여 근로자의 인격을 존중하고 보호할 의무가 있다(대법원 2017. 12. 22. 선고 2016다202947 판결 등 참조).

피해근로자의 직장 내 성추행·성희롱 피해 신고 등에 대하여, 사업주 또는 상급자 및 동료 등이 1차 가해행위를 은폐·축소하고 피해근로자들의 문제제기의 동기를 왜곡하거나 그 진정성을 폄훼하는 언동을 하는 행위는, 어렵게 문제제기를 하고 그 시정을 구하는 피해근로자들에게 극심한 정신적 고통을 주는 **'2차 가해' 행위에 해당한다.** 이러한 2차 가해행위로 인한 피해근로자들의 피해 정도 및 직장 내 근무질서 악화의 정도는 1차 가해행위보다 결코 가볍다고 볼 수 없으며, 행위자의 지위나 영향력, 행위의 내용에 따라서는 **2차 가해행위로 인한 피해의 정도가 1차 가해행위로 인한 피해보다 더 무거울 수도 있다.**

3 행위자 조치 이후의 사후관리

1 징계 이후 재갈등 관리

행위자에 대한 징계나 인사조치가 내려졌다고 해서 사건이 종결되는 것은 아니다. 징계 이후에도 행위자가 불만을 표출하거나, 피해자와의 재접촉을 시도하는 경우가 발생할 수 있다.

특히 같은 공간에서 근무하게 되면 보복행위, 은밀한 압박, 동료를 통한 간접적 괴롭힘이 이어질 위험이 크다. 따라서 징계 후에도 일정 기간은 피해자와 행위자의 분리를 유지하고, 관리자가 재접촉 시도 여부를 지속적으로 점검해야 한다.

2 맞신고·재신고 대응

행위자 징계 이후에는 맞신고나 재신고가 제기되는 경우가 적지 않다. 특히 징계에 불복하거나 조치의 공정성에 불만을 가진 행위자가 다시 신고를 제기하는 사례가 있다. 그러나 이러한 맞신고는 그 자체만으로 '보복행위'나 '허위신고'로 단정할 수 없다. 회사는 맞신고를 접수했을 때 우선적으로 긴급성 여부(보복·위협 등)를 판단하고, 피해자 보호조치를 유지한 상태에서 절차적 공정성을 갖추어 사실관계를 검토해야 한다.

맞신고가 악의적·허위 신고에 해당하는지 판단하기 위해서는 명확한 증거와 정황이 필요하다. 예컨대 기존 조사에서 이미 객관적으로 반박된 사실을 동일하게 반복하거나, 징계 직후 보복성 시점에 맞추어 신고가 이루어진 경우 또는 신고자가 허위임을 인식하고 있었던 정황이 명확히 드러나는 경우에는 악의성이 인정될 수 있다. 다만 단순한 방어적 진술이나 의견 차이에 불과한 경우에는 고의적 허위신고로 볼 수 없다.

이처럼 맞신고·재신고는 절차적으로 별도 조사 절차를 거쳐야 하며, 기존 조사와 구분된 조사팀을 구성하거나 외부위원을 참여시켜 공정성을 확보하는 것이 바람직하다. 조사 과정에서는 당사자에게 충분한 소명 기회와 증거 제출 기회를 보장해야 하며, 판단 근거와 결정 과정은 모두 기록으로 남겨야 한다.

조사 결과 고의적 허위신고가 인정되는 경우에는 사내 징계규정에 따라 제재할 수 있지만, 악의성이 명확히 입증되지 않은 상태에서 징계를 남용하는 것은 부당하다. 반대로 정당한 사안에 대한 맞신고라면 기존 사건과는 별개의 사안으로 다루어야 하며, 사실관계에 따라 추가 조사나 제도 개선이 병행되어야 한다.

특히 맞신고 조사 중에는 피해자에 대한 2차 피해 방지가 중요하다. 피해자에게 불필요한 소명 요구나 반복 조사, 주변의 비난이 가해지지 않도록 주의해야 하며, 필요할 경우 추가 보호조치를 병행할 수 있다.

모든 맞신고 처리 과정은 기록과 문서화가 원칙이다. 접수일자, 신고 요지, 조사 개시 여부, 조사 결과, 판단 사유 등은 단계별로 문서화하여 사후 분쟁에 대비해야 한다.

| 판례 | 근로자가 뚜렷한 증거 없이 소속 직장의 대표자를 고소·고발하거나 진정서를 제출한 경우, 징계사유에 해당하는지 여부(적극) (대법원 1996. 3. 12. 선고 95다51403 판결)

한편 **뚜렷한 자료도 없이 소속 직장의 대표자를 수사기관에 고소, 고발하거나 그에 대한 인격을 비난하는 내용까지 담은 진정서 등을 타 기관에 제출하는 것은 징계사유에 해당한다고** 할 것인바, 사실관계가 원심이 적법하게 확정한 바와 같다면 원고가 단순히 사실관계를 오인하거나 법리를 오해하여 위와 같은 허위내용의 진정서를 제출하거나 직무집행정지가처분 신청을 한 것이 아니라 **악의적으로 사실을 왜곡, 과장하여 허위의 사실을 진정**하고 그와 같은 허위의 사실을 토대로 가처분신청을 하였다고 봄이 상당하므로, 같은 취지로 판단하여 원고에게 위와 같은 **징계해고사유가 있다고 본 원심판결에 논하는 바와 같은 법리오해의 위법이 있다고 볼 수 없다.** 논지는 이유가 없다.

근로기준법 제105조 제1항이 "사업장에서 이 법 또는 이 법에 기하여 발하는 대통령령에 위반한 사실이 있는 경우에는 근로자는 그 사실을 노동부장관 또는 근로감독관에게 통고할 수 있다."라고 규정하고 있고, 제2항이 "사용자는 제1항의 통고를 이유로 근로자에게 해고 기타 불리한 처우를 하지 못한다."라고 규정하고 있는바, 원고의 이 사건 진정서제출행위와 가처분신청 행위는 위 제105조에 기한 행위로서 적법하다고 할 것이므로 피고가 이를 이유로 원고를 해고함은 부당하다는 것이나, 앞서 본 사실관계에 비추어 볼 때 원고의 **위와 같은 악의적인 진정 행위나 가처분신청 행위를 근로기준법 제105조에서 규정한 정당한 행위라고 볼 수 없음이 명백하므로, 논지도 이유가 없다.**

| 판례 | 부패행위 신고와 불이익조치 사이의 인과관계 추정을 규정한 취지 / 위와 같은 인과관계 추정이 번복되는 경우 및 이에 해당하는지 판단하는 방법(대법원 2023. 7. 13. 선고 2023두35623 판결)

부패행위 신고와 불이익조치 사이의 인과관계 추정 규정을 두고 있다. 이는 복잡·다양한 행정현실 속에서 국민권익위원회의 한정된 조사능력만으로는 부패행위 신고와 불이익조치 사이의 인과관계를 단기에 적극적으로 증명한다는 것에 현실적인 한계가 있음을 고려하고, 부패행위 신고를 활성화함으로써 궁극적으로 공직자의 권한 남용이나 법령을 위반한 행위 등을 예방하여 청렴한 공직사회를 확립한다는 취지에서 입법화된 것이다.

다만 위와 같은 인과관계 추정은 **충분하고도 명백한 증거에 의하여 부패행위 신고와 관련된 경위 자체가 없었더라도 불이익조치가 내려졌을 것이라는 점이 증명되는 경우 등과 같이 특별한 사정이 있는 때에는 번복될 수 있는데**, 이러한 경우에 해당하는지는 불이익조치권자가 불이익조치 사유를 인지하게 된 경위, 불이익조치 사유의 내용 및 위법·부당의 정도, 불이익조치권자 또는 해당 조치를 내리게 된 과정에 관여한 자와 부패행위 신고 내용과의 관련성, 관계 법령의 규정 및 소속기관에서의 불이익조치 처리 관행상 불이익조치 사유를 인지한 상황임에도 불이익조치로 나아가지 않을 가능성의 존부와 정도, 부패행위 신고가 없었더라도 불이익조치가 이루어질 수 있는 개연성의 정도 등을 기초로 부패행위 신고 제도를 활성화하여 **궁극적으로는 청렴한 공직 및 사회풍토를 확립하고자 하는 부패방지권익위법상의 공익과 위법·부당한 행위를 저지른 신고자를 면책게 하는 결과로 훼손될 공익을 엄격히 비교·형량하여 판단해야 한다.**

3 교육·개선 프로그램 이행 점검

행위자에 대한 징계가 확정되더라도, 그것만으로 사건이 종결되는 것은 아니다. 징계는 과거의 행위에 대한 책임을 묻는 절차일 뿐, 조직 내 재발 방지나 관계 회복을 보장하지는 않는다. 따라서 징계 이후에는 **교육·상담·개선 프로그램의 이행 여부를 점검하는 사후관리 단계**가 반드시 뒤따라야 한다.

공공기관의 경우 성희롱·괴롭힘 사건의 행위자에게 **의무 교육 또는 전문상담 이수를 명시적으로 규정**하는 사례가 많다. 교육 내용은 성희롱·괴롭힘의 개념, 2차 가해 금지, 조직 내 의사소통 개선, 리더십과 인권 감수성 등으로 구성된다. 일부

기관은 심리상담을 병행하여 행위자의 인식 변화를 촉진하고, 교육 후에는 **이행 보고서**를 제출하도록 하여 실효성을 확보하고 있다.

민간기업에서도 징계와 함께 **교육·상담 병행**이 실무적으로 확산되고 있다. 특히 조직의 규모가 작거나 구성원 간 거리가 가까운 경우, 단순한 징계보다도 '조직문화 회복 프로그램'이 실질적 재발방지 효과를 가져온다. 이때 교육의 목적은 처벌이 아니라, 행위자가 자신의 언행이 조직과 동료에게 미친 영향을 자각하고 변화의 필요성을 인식하도록 돕는 것이다.

무엇보다 중요한 것은 이러한 개선조치가 형식적 절차로 끝나지 않도록, **실제 이행 여부를 추적·기록**하는 것이다. 교육 참여 여부, 상담 결과, 재발 가능성 평가 등은 반드시 사후관리 문서로 남겨야 하며, 이를 통해 사건 처리의 완결성이 담보된다. 교육이 단발성으로 끝나면 실효성이 약해지므로, **일정 기간 동안 행위자의 태도 변화를 지속적으로 관찰**하고, 필요할 경우 추가 교육이나 상담을 권고해야 한다.

이행 점검 결과, 교육에도 불구하고 태도 개선이 없거나 동일한 행위가 반복되는 경우에는 강화된 조치(근무지 조정, 재교육, 추가 징계 등)를 검토할 수 있다. 반대로 행위자가 교육을 성실히 이수하고 재발 방지를 위해 노력하는 경우, 조직은 이를 확인하여 조기 복귀·관계 회복을 지원하는 것이 바람직하다.

4 사건 불인정 이후의 갈등 관리

1 불인정 결정 이후 발생하는 문제

심의 결과 성희롱·괴롭힘으로 인정되지 않으면 형식상 사건은 종결되지만, 실제 현장에서는 새로운 갈등이 시작된다.

신고인은 "조사가 형식적이었다", "회사 편을 들었다"라는 불신을 하기 쉽고, 피신고인은 "가해자로 낙인찍혔다"라는 억울함을 호소하는 경우가 많다. 조직 내에서는 "괜히 문제를 키웠다", "결국 아무 일도 아니었다"라는 잘못된 인식이 확산

될 수 있다. 따라서 불인정 결정 이후 관리의 핵심은 **양 당사자의 불만 완화와 조직 내 신뢰 회복**이다.

2 신고인 관리

신고인은 불인정 결정에 대한 충분한 설명이 없을 경우 강한 불신을 보이거나 재신고로 이어질 수 있다. 따라서 결과 통보 시에는 단순히 '불인정'이라는 결론만 전달하지 말고, ① 판단 근거, ② 조사 절차의 공정성, ③ 향후 조치(재신고 가능 여부, 보호조치 유지기간)를 함께 안내해야 한다.

조사 절차의 공정성을 설명할 때는 다음과 같은 구체적 표현을 활용할 수 있다.

> "조사는 외부위원이 포함된 합의제 기구에서 진행되었으며, 양 당사자 모두에게 진술 및 자료 제출의 기회가 동일하게 보장되었습니다. 조사 내용은 제3자 검토를 거쳐 객관적으로 평가되었습니다."
>
> "조사 과정에서 신고인의 진술은 신뢰성 평가 기준에 따라 검토되었으며, 판단은 위원 과반수의 합의로 결정되었습니다."

이처럼 절차적 투명성을 구체적으로 안내하면, 신고인이 결과에 동의하지 않더라도 조사 절차 자체에 대한 신뢰를 유지할 가능성이 높다. 결과 설명은 가능하면 면담을 통해 직접 전달하는 것이 바람직하며, 면담 시 사용된 주요 표현과 신고인의 반응을 요약해 기록으로 남겨야 한다. 이 면담 기록은 향후 불복·재신고 여부를 판단할 때 중요한 근거가 된다.

보호조치 해제 또한 단계적으로 이루어져야 한다. 예를 들어 부서 복귀 시에는 인사상 불이익이 없도록 서면으로 보장하고, 원하지 않는 전보나 조기 복귀가 또 다른 불리한 처우로 이어지지 않도록 피해자(신고인)의 의견을 반드시 사전에 청취해야 한다.

3 피신고인의 관리 및 2차 피해 예방

피신고인에게는 불인정 결정의 의미를 명확히 안내해야 한다. "불인정이 면책이나 무혐의를 의미하는 것은 아니며, 단지 확보된 증거만으로는 행위 사실이 인정되지 않았다"라는 점을 분명히 설명해야 한다. 이 과정이 생략되면 피신고인이 "회사도 결국 나를 의심했다"라는 불신을 지속하게 되어, 조직 내 갈등이 장기화될 수 있다.

또한 피신고인의 발언이나 행동이 신고인에게 불안감을 주거나, "거짓 신고였다"라는 식의 언행으로 이어지면 새로운 2차 피해가 발생할 수 있다. 따라서 사건 종료 후 최소 30일 동안은 양 당사자의 **근무 분리 상태를 유지**하거나, **팀 내 직접적인 접촉을 제한**하는 조치가 필요하다. 후술하는 '5. 사후모니터링 체계 구축'을 통해 이후 상황을 모니터링하여 갈등 징후가 재발할 경우 추가 분리 또는 상담 지원을 실시한다.

4 조직 내 불신·분열 관리

불인정 사건 이후 팀 내 긴장감과 불신이 남아 있을 수 있다. 이때 중요한 것은 "사건 결과를 어떻게 구성원에게 설명할 것인가"이다. 직접적인 브리핑보다는, 정기 회의나 부서 공지 형식으로 '내부 절차가 공정하게 진행되어 종결되었다'는 메시지를 조심스럽게 전달하는 것이 적절하다.

구성원에게는 사건의 구체적인 내용이 아닌, "신고 절차는 누구에게나 보장된 권리이며, 회사는 공정하게 대응했다"는 원칙 중심의 안내를 제공해야 한다. 관리자에게는 별도의 코칭을 실시하여, 팀 내 특정인에 대한 언급이나 편향된 발언이 나오지 않도록 지도한다.

조직 내 분위기 점검은 사건 종료 후 30일 이내 1차 실시, 필요시 60일 또는 90일 차에 추가 점검을 권장한다. 점검은 고충상담원 또는 인사담당자가 직접 수행하며, 팀 내 관계, 소문 확산 여부, 직원 불만 수준 등을 체크리스트로 기록한다.

5 기록과 재발방지

불인정 사건이라도 처리 과정 전반은 모두 기록으로 남겨야 한다. 결과 통보일, 설명·면담 일시, 피신고인 안내 내용, 조직 분위기 점검 결과를 문서로 보존하면,

향후 유사 신고나 재신고, 분쟁 발생 시 절차적 정당성을 입증할 수 있는 중요한 자료가 된다.

불인정 사건이 반복되는 부서의 경우에는 관리자 대상의 인식 개선 교육, 소통 프로그램, 근무환경 점검 등을 병행하여 구조적 재발을 예방해야 한다.

특히 신고인이 지속적으로 불만을 제기하는 경우, 회사가 어떤 설명과 조치를 취했는지 명확히 기록해 두어야 "절차적 정당성"을 입증할 수 있다.

예시 **불인정 사건 대응 실무 점검 리스트**

구분	주요 점검 항목	담당	기한
1. 결과 통보	• 서면 통보와 면담 병행 여부 확인 • 판단 근거 명시 여부	조사담당자	사건 종결 후 3일 이내
2. 신고인 면담	• 절차 공정성 설명 • 불만 청취 • 기록 보존	고충상담원	통보 후 7일 이내
3. 보호조치 해제	• 피해자(신고인) 의견 청취 • 단계적 복귀 절차 • 불이익 방지 조치	인사팀	복귀 전
4. 피신고인 관리	• 2차 피해 위험 여부 점검 • 언행 지도 • 근무 분리 유지	관리자	사건 종료 후 30일
5. 조직 분위기 점검	• 팀 내 긴장도, 소문 확산, 구성원 인식 점검 • 보고서 작성	고충상담원	30일 내 1차, 필요시 60일, 90일
6. 문서화	• 모든 면담 · 점검 결과 요약 보고서 제출 • 기록 보관(3년 이상)	담당부서	상시

5 사후 모니터링 체계 구축

1 사후관리의 목적과 기본 원칙

조사와 심의·조치가 끝난 뒤에도, 피해자 보호조치의 유지·해제, 행위자의 개선 이행, 조직 내 재발방지 대책의 실효성을 확인하기 위해 **사후 모니터링** 체계가 필요하다. 이는 제4장에서 제시된 "30·60·90일 주기 점검" 절차의 후속 실행단계로, 사건 처리 이후 남은 불안요소를 조기에 발견하고 개선하기 위한 관리 프로세스이다.

사후 모니터링의 기본 원칙은 다음과 같다.

① **주기적 점검**: 정해진 주기에 따라 이행 여부를 점검한다.

② **피해자 중심**: 피해자의 심리적 회복과 근무환경 안정 여부를 핵심 기준으로 삼는다.

③ **기록 기반**: 모든 점검 결과를 문서화하여, 절차적 정당성과 추적성을 확보한다.

2 점검 주기와 대상

모니터링은 사건 종료일을 기준으로 30일, 60일, 90일 단위로 실시하는 것이 원칙이다. 점검은 최소 3회 이상 이루어지며, 사건의 성격이나 조직 규모에 따라 추가 점검을 실시할 수 있다.

구분	점검 시점	주요 점검 내용	담당	방식
1차 점검	종료 후 30일	• 피해자 보호조치 유지 여부 • 근무환경 변화 • 팀 내 분위기 확인	고충상담원	면담 또는 서면
2차 점검	종료 후 60일	• 보호조치의 적정성 • 행위자 교육 · 상담 이행 여부 • 재갈등 징후	인사담당자, 상담원	공동 점검
3차 점검	종료 후 90일	• 피해자 심리상태 · 직무적응 • 재발방지 대책의 실행 수준	인사팀장 또는 기관장 보고	서면보고 + 면담

필요시 120일·180일 점검으로 연장할 수 있으며, 특히 피해자나 참고인이 여전히 불안감을 호소하거나 팀 내 분위기가 안정되지 않은 경우에는 점검 주기를 단축(예: 15일·45일·75일)하여 추가 면담을 실시한다.

3 점검 항목과 방법

점검은 피해자, 행위자, 조직환경의 세 영역으로 나누어 진행한다.

구분	주요 점검 항목	세부 확인 내용
피해자 관련	근무환경 안정	분리조치 유지 여부, 복귀 시 스트레스 요인
	심리적 회복상태	상담 연계 · EAP 이용 여부, 의료적 지원 필요성
	불리한 처우 방지	인사평가 · 보직변경에서의 불이익 여부
행위자 관련	교육 · 상담 이행	교육 이수 여부, 태도 개선 기록
	재발 가능성	동료 언행, 부서 내 피드백 결과
조직 관련	팀 내 분위기	소문 · 갈등 유무, 관리자 대응 수준
	제도 개선 이행	재발방지 대책 실행 여부, 개선보고서 제출

점검 방법은 면담, 이메일 설문, 관리자 보고, 현장 방문 등 다양한 형태로 병행할 수 있으며, 점검자는 반드시 결과를 사후관리 체크리스트와 보고서 형식으로 기록한다.

4 점검 결과의 보고 및 후속 조치

모니터링 결과는 각 점검 회차 종료 후 5일 이내에 보고서 형태로 정리해 기관장(또는 고충처리위원회)에게 제출해야 한다. 보고서에는 점검일자, 면담대상, 주요 의견, 후속 조치계획이 포함되어야 한다. 점검 결과 ① 2차 피해 발생, ② 보호조치 미이행, ③ 행위자 개선 미흡, ④ 팀 분위기 악화 등이 확인된 경우에는 즉시 추가 조치(근무조정·추가교육·관리자 면담 등)를 시행해야 한다.

점검 결과가 양호하더라도, 마지막(90일차) 보고서에는 "사건 처리의 종결 및 사후 관리 완료" 의견을 명시하여 기관 내부 문서로 남기는 것이 바람직하다.

5 사후관리 문서화 및 보관

모든 점검 기록은 사후관리 이행기록표, 피해자 면담 요약서, 행위자 교육이행 보고서, 조직 분위기 진단표 등으로 구성된다. 관련 문서는 사건 종료일로부터 최소 3년간 보관해야 하며, 사건이 행정기관에 보고되거나 소송으로 이어진 경우에는 그 기간을 연장한다.

6 조직 차원의 신뢰 회복

1 조직 신뢰 회복

직장 내 괴롭힘·성희롱 사건은 개인 간의 문제가 아니라, 조직 전체의 신뢰 구조를 흔드는 사건이다. 사건이 종결된 이후에도 구성원들은 불안, 불신, 피로감을 느끼며 "이 조직은 나를 보호해줄 수 있을까?"라는 의문을 갖는다. 따라서 조직 차원의 신뢰 회복은 단순한 분위기 개선 활동이 아니라, **사건 처리의 완결을 위한 최종 단계**라 할 수 있다.

이 단계에서는 피해자·행위자뿐 아니라 **모든 구성원이 다시 안정감과 예측 가능성을 느낄 수 있는 환경을 복원**하는 것이 핵심 목표다.

2 신뢰 회복의 3단계 접근

조직의 신뢰를 회복하기 위해서는 ① 진단-② 소통-③ 개선의 세 단계를 순환적으로 운영하는 것이 바람직하다.

1) 조직 진단

사건 이후 구성원들의 인식과 감정을 객관적으로 파악하기 위해 조직문화 진단이나 익명 설문조사를 실시한다. 이때 조사 항목은 '조직의 공정성에 대한 인식', '동료 간 신뢰 수준', '관리자의 대응 평가', '안전한 직장 환경에 대한 체감도' 등으로 구성할 수 있다. 결과는 통계적으로 분석해, 부서별·직급별로 어떤 불신 요인이 높은지를 식별한다.

2) 소통

조직 진단 결과를 일방적으로 공표하기보다, 소규모 대화나 워크숍을 통해 구성원 의견을 수렴한다. 관리자·피해자·행위자·일반 직원이 함께 참여하는 '회복 대화 세션(Restoration Dialogue)'을 운영하는 것도 효과적이다. 이 과정에서 구성원들이 "사건이 은폐된 것이 아니라, 공정한 절차를 통해 해결되었다"라는 신호를 체감할 수 있어야 한다.

3) 제도 개선

진단과 소통 과정에서 드러난 문제를 구체적인 제도 개선으로 연결한다. 예를 들어, 익명 상담채널 강화, 관리자 교육 의무화, 평가·승진 절차의 공정성 확보 등이다. 이러한 후속 조치는 단순한 예방대책이 아니라, "이 조직은 문제를 해결하고 변화할 수 있다"라는 신뢰의 근거가 된다.

3 관리자 역할의 중요성

조직 신뢰 회복의 성패는 관리자의 태도와 언행에 달려 있다. 사건 처리 이후 관리자가 팀 내에서 중립적이지 못하거나, 피해자 혹은 행위자 어느 한쪽의 입장을 노골적으로 지지하면 조직 전체가 다시 양분된다.

따라서 관리자는 사건 이후 일정 기간 동안 공정성·중립성 유지를 최우선 원칙으로 삼아야 하며, 인사·평가·배치 과정에서도 불필요한 추측이나 사적 판단을 개입시키지 않아야 한다. 관리자 교육의 핵심은 '사건이 끝난 뒤의 리더십'이다. 사건을 덮는 것이 아니라, 구성원들에게 "절차는 공정했고, 회사는 안전하다"라는 확신을 주는 리더십이 필요하다.

이때 HR·고충상담원이 함께 참여하여 관리자에게 후속 코칭(면담 스크립트, 발언 가이드라인)을 제공하면 효과적이다.

4 신뢰 회복 프로그램의 예시

조직 차원의 신뢰 회복은 선언만으로는 이루어지지 않는다. 다음과 같은 프로그램의 운영은 훼손된 조직 신뢰의 실질적인 회복 효과를 도모할 수 있다.

구분	프로그램 예시	주요 내용	주기
소통 프로그램	• 회복 대화 세션 (Restoration Dialogue)	• 구성원 간 관계 복원 대화 • 전문 진행자 참여	사건 종결 후 1~3개월 내
관리자 교육	• 사후관리 리더십 코칭	• 사건 이후 조직관리 • 중립적 발언 가이드 • 팀 신뢰 형성	분기별 1회
조직 진단	• 직장문화 설문조사	• 공정성 · 안전 인식 • 팀 신뢰도 조사	사건 종결 후 3개월 내
문화 개선	• 존중문화 캠페인 • 포스터 · 사내 뉴스레터	• 존중 · 경청 메시지 확산 • 조직의 변화를 시각적으로 알림	상시
외부 컨설팅	• 조직 회복 컨설팅	• 전문가 진단 · 워크숍 운영 • 제도개선 로드맵 수립	필요시

5 신뢰 회복의 평가와 지속성

조직 신뢰 회복은 단발성 이벤트로 끝나서는 안 된다. 회복 프로그램의 성과는 단순한 설문 만족도보다는, ① 이직률 감소, ② 재신고·재발 건수, ③ 구성원 참여도, ④ 직무 만족도 등의 지표 변화로 평가해야 한다.

또한 프로그램 종료 후에도 일정 주기(예: 6개월, 1년)마다 후속 점검 리포트를 발행하여, "사건 이후 조직이 어떻게 변했는가"를 객관적으로 기록하는 것이 바람직하다.

조직문화 진단 설문조사표(고용노동부 매뉴얼)

사업장 자체 조직문화 진단을 위한 근무환경 설문조사표

1. 귀하의 인적 사항에 대한 질문입니다.

응답자 특성					
성별	① 남 ② 여	연령대	①20~30대 ②40~50대 ③60대 이상	직무	① 정규직 ② 비정규직

2. 회사의 근무환경에 대한 질문입니다.

	구분	전혀 그렇지 않다		그저 그렇다			매우 그렇다	
1	우리 회사는 상사의 지시에 반드시 복종해야 하는 상명하복 분위기가 강하다.	①	②	③	④	⑤	⑥	⑦
2	우리 회사는 인맥/학연/지연 등과 관련 없이 모두를 평등하게 대우한다.	①	②	③	④	⑤	⑥	⑦
3	우리 회사는 일을 많이 하고 열심히 하는 사람이 평가를 잘 받는 공정한 평가 체계를 갖고 있다.	①	②	③	④	⑤	⑥	⑦
4	우리 회사는 명확한 업무 분담과 역할 분담이 이루어지고 있다.	①	②	③	④	⑤	⑥	⑦
5	우리 회사는 직원의 자율성을 인정해준다.	①	②	③	④	⑤	⑥	⑦
6	우리 회사는 직원에게 많은 업무와 성과를 요구한다.	①	②	③	④	⑤	⑥	⑦
7	우리 회사는 회사 내부의 문제(예: 성희롱, 비리 등)에 대해 문제 제기를 하는 사람을 곱지 않게 본다.	①	②	③	④	⑤	⑥	⑦
8	우리 회사는 직원의 자기 계발과 성장을 적극 지원하고 있다.	①	②	③	④	⑤	⑥	⑦
9	우리 회사는 근무 중 직원이 편안하고 효율적으로 일할 수 있도록 환경 개선에 많은 투자를 하고 있다.	①	②	③	④	⑤	⑥	⑦
10	우리 회사는 최근 경영 관련한 변화로 직원들의 근무환경이 악화되었다(예: 구조조정, 합병 등).	①	②	③	④	⑤	⑥	⑦
11	우리 회사 내에는 어려움을 토로하거나, 문제 제기를 할 수 있는 소통창구가 잘 마련되어 있다.	①	②	③	④	⑤	⑥	⑦
12	우리 회사에서는 근로자를 보호하기 위한 노조의 활동이 잘 지원되고 있다.	①	②	③	④	⑤	⑥	⑦

3. 다음은 최근 6개월 동안 직장 생활에서 발생한 경험의 빈도에 대한 질문입니다.

구분		전혀 없음	6개월에 1-2회	월 1회 정도	주 1회 정도	매일
1	나의 업무능력이나 성과를 인정하지 않거나 조롱했다.	①	②	③	④	⑤
2	훈련, 승진, 보상, 일상적인 대우 등에서 차별을 했다.	①	②	③	④	⑤
3	나에게 힘들고, 모두가 꺼리는 업무를 주었다.	①	②	③	④	⑤
4	허드렛일만 시키거나 일을 거의 주지 않았다.	①	②	③	④	⑤
5	업무와 관련한 중요한 회의나 의사결정 과정에서 나를 제외했다.	①	②	③	④	⑤
6	내 성과를 가로채거나, 성과 발생을 방해했다.	①	②	③	④	⑤
7	나에게 휴가나 병가, 각종 복지혜택 등을 쓰지 못하도록 압력을 주었다.	①	②	③	④	⑤
8	일하거나 휴식하는 모습을 지나치게 감시했다(예: CCTV를 통한 감시).	①	②	③	④	⑤
9	사고위험이 있는 작업을 할 때, 나에게 주의사항이나 안전장비를 제공하지 않았다.	①	②	③	④	⑤
10	나에게 상사의 관혼상제나 개인적인 일상생활과 관련된 일을 하도록 했다(예: 개인 심부름 등).	①	②	③	④	⑤
11	나에게 부서이동 또는 퇴사를 강요했다.	①	②	③	④	⑤
12	누군가 사소한 일에 트집을 잡거나 시비를 걸었다.	①	②	③	④	⑤
13	누군가 내 개인에 대한 뒷담화나 소문을 퍼뜨렸다.	①	②	③	④	⑤
14	나에게 신체적인 위해나 폭력을 가했다(예: 물건 던지기, 주먹질 등).	①	②	③	④	⑤
15	나에게 욕설이나 위협적인 말을 했다.	①	②	③	④	⑤
16	나를 부정적 평가의 대상으로 의심하거나, 누명을 씌웠다.	①	②	③	④	⑤
17	누군가 내 물건을 허락 없이 가져가거나 망가뜨렸다.	①	②	③	④	⑤
18	다른 사람들 앞에서(또는 온라인상에서) 나에게 모욕감을 주는 언행을 했다.	①	②	③	④	⑤
19	내 의사와 상관없이 음주/흡연을 강요했다.	①	②	③	④	⑤
20	내 의사와 관계없이 회식 참여를 강요했다.	①	②	③	④	⑤
21	나를 업무 외의 대화나 친목 모임에서 제외했다.	①	②	③	④	⑤
22	나의 정당한 건의사항이나 의견을 무시했다.	①	②	③	④	⑤
23	내 의사와 관계없이 불필요한 추가근무(야근, 주말출근 등)를 강요했다.	①	②	③	④	⑤
24	나에게 부당한 징계를 주었다(변경, 전보, 처벌 등).	①	②	③	④	⑤
25	성적 수치심을 느끼게 하는 말 또는 행동을 나에게 했다(이메일, 전화, 성적 농담, 성추행).	①	②	③	④	⑤

3-1. 위 '3'에서 제시된 것과 같은 상황을 경험한 적이 있다면, 주요 가해자의 직급은 어떠한가요(중복 응답 가능)?
① 간부/임원 ② 직속상사 ③ 선임직원 ④ 같은 직급(입사동기) ⑤ 후임 직원

3-2. 귀하께서는 위 '3'에서 제시된 것과 같은 상황을 경험한 경우, 어떻게 대처하셨습니까(해당 있는 경우에만 답변, 중복 응답 가능, ⑦을 선택한 경우 바로 아래 설문으로 이동)?
① 가해자에게 직접 맞대응하였다. ② 상사나 회사 내 상담부서에 호소하였다. ③ 공공기관(고용노동부, 인권위, 노동위) 등에 상담하였다. ④ 외부 민간 기관(민간 상담소, 센터 등)에 상담하였다. ⑤ 노동조합 등 근로자 단체에 상담하였다. ⑥ 주변 사람들에게 피해 사실에 대해 얘기하였다(직장 동료, 가족, 친구 등). ⑦ 혼자 참거나 어쩔 수 없다고 체념하였다.

3-3. (위 설문에서 ⑦을 선택한 경우만 답변) 혼자 참거나 어쩔 수 없다고 체념하는 가장 중요한 이유는 무엇입니까(단일 응답)?
① 회사 내 가해자의 영향력 때문에 ② 신고 후의 더 큰 불이익 때문에 ③ 내가 잘못해서 괴롭힘 당하는 것이기 때문에 ④ 대응할 시기가 아니라고 생각하기 때문에 ⑤ 대응해봤자 해결이 안 될 것 같아서 ⑥ 기타

3-4. 위 '3'에 제시된 것과 같은 상황을 경험할 경우, 직장 내에서 도움을 제공하는 부서나 담당자가 있습니까?
① 부서나 담당자가 있다(동 답변 선택 시, 바로 아래 질문으로 이동하여 답변). ② 부서나 담당자가 없다. ③ 부서나 담당자가 있는지 모르겠다.

3-5. (바로 위 질문에 ① 선택 시에만 답변) 그러한 부서와 담당자가 위 상황을 해결하고 귀하의 근무환경을 개선하는데 얼마나 기여하고 있다고 생각하십니까(단일 응답)?
① 전혀 기여하지 않음 ② 어느 정도 기여를 함 ③ 매우 많은 도움이 되고 있음

3-6. 우리 회사에서 회사-근로자, 임원-근로자, 근로자-근로자가 서로 존중하는 문화가 정착되기 위해서 꼭 변해야 한다고 생각하는 사항이 1가지 있다면 작성해주세요.
(2. 근무환경 질문 12가지 질의를 예시로 활용하시기를 추천)

3-7. 5-1에서 답변하신 사항이 이루어지기 위해서 우리 회사에 요구하고 싶은 사항이 1가지 있다면 키워드로 작성해주세요(예: 재택근무, 회식 줄이기, 야근·주말출근 줄이기 등).

※ 우리 회사에서 일하면서 고충이 있으시면, 고충처리 담당자에게 알리세요.
'소속팀 + 성명 + 내선번호 + 이메일'
직장 내 괴롭힘 제도 상담 → 직장 내 괴롭힘 상담센터(☎1522-9000)
심리상담 → 안전보건공단 직업트라우마센터(☎1588-6497)

7 사후관리 단계의 유의사항

1 사후관리는 '절차의 연장'이 아니라 '신뢰의 복원' 단계

많은 기관에서 사건이 종결되면 모든 절차가 끝났다고 생각하지만, 실제로는 조직의 신뢰를 회복시키는 새로운 단계가 시작되는 시점이다.
사후관리를 단순히 보고서 작성이나 형식적 점검으로만 접근하면, 구성원은 여전히 "회사에 말해봤자 달라지는 건 없다"라는 냉소를 유지하게 된다. 따라서 사후관리의 핵심은 행정 절차의 완결이 아니라, 조직 신뢰의 회복과 예방 시스템의 작동을 증명하는 것임을 명심해야 한다.

2 사건의 '비밀유지'와 '소통'의 균형 유지

사후관리 단계에서는 비밀유지와 소통이 가장 충돌하기 쉬운 지점이다. 조직은 피해자·행위자 보호를 위해 사건 내용을 최소화해야 하지만, 과도한 비공개는 "결국 덮은 것 아니냐"라는 오해를 불러일으킨다. 따라서 정보공개의 범위는 다음 원칙에 따라 정한다.

- 개인 식별이 가능한 정보는 철저히 비공개
- 절차의 진행과 결과(예: 조사·심의·조치가 모두 완료되었음)는 필요한 범위 내에서 공지 가능
- 공지 시에는 '개인의 잘잘못'이 아니라 '조직의 절차가 정상 작동했다'는 메시지를 중심으로 전달

공개 범위를 결정할 때는 기관장 또는 고충심의위원회 간사의 승인 절차를 거치고, 공지문은 사전에 검토하여 법적 리스크가 없는지 확인해야 한다.

3 재갈등 및 2차 피해 방지를 위한 '사후 모니터링'의 생활화

앞서 다룬 것처럼, 30·60·90일 단위 점검은 필수 절차이다. 그러나 점검 자체보다 더 중요한 것은 "일상 속 모니터링"이다.

예를 들어 팀장이 회의 중 특정인을 배제하거나, 구성원들이 '그 일 이후 분위기가 어색하다'라고 말하는 것은 문서로 보고되지 않지만 사후관리 실패의 신호일 수 있다. 이러한 '조직 내 미세한 징후'를 인사담당자와 고충상담원이 공유할 수 있는 내부 커뮤니케이션 체계를 만들어두어야 한다.

또한 사후점검 과정에서 확인된 2차 피해나 추가 갈등은 별도의 사건으로 새롭게 접수·조사할 수 있음을 직원들에게 안내해야 한다.

4 피해자 중심 접근과 과도한 보호 사이의 균형

피해자 보호는 사후관리의 핵심이지만, 이 과정에서 피해자만을 일방적으로 보호하는 방향으로 흐르면 조직 내 형평성 문제가 발생한다.

예컨대 피해자의 복귀 시기를 무기한 연기하거나, 팀 내 인사조정을 반복적으로 시행하면 다른 구성원들에게 부담이 전가될 수 있다. 따라서 피해자 중심 접근은 '회복 지원의 원칙'이지, 특혜의 부여가 아님을 분명히 해야 한다. 이를 위해 피해자·관리자·인사담당자 간의 3자 협의 프로세스를 사전에 설정해두면 좋다.

5 문서화와 보존의 철저성

사후관리 단계에서 남긴 모든 기록은 향후 법적 분쟁에서 '절차의 적정성'을 입증하는 결정적 자료가 된다. 따라서 면담기록, 점검표, 보호조치 해제 문서, 행위자 교육 이행보고서, 조직문화 점검 결과 등은 항목별로 별도 폴더에 보관해야 한다. 사건 관련자가 퇴직하거나 조직이 개편되더라도 기록은 유지되어야 하며, 보존기간은 원칙적으로 3년, 재발 사건이나 소송 연계 시에는 그 이상으로 연장한다.

문서 보관 시 다음 사항을 유의한다.

- 개인정보는 별도 비식별 처리 후 보관
- 전자파일은 접근권한을 제한하고, 백업본을 별도 저장
- 외부 감사나 행정기관 제출 시에는 최소한의 정보만 제공

6 관리자·조직문화 담당자의 역할

사후관리 단계에서는 관리자와 조직문화 담당자가 실질적인 조정자 역할을 수행해야 한다. 관리자는 사건의 당사자가 아니더라도, 팀 내 관계 회복, 구성원 피로도 완화, 재발 방지를 위한 분위기 조성에서 핵심적인 위치에 있다.

이때 관리자에게 필요한 것은 "말하지 않는 중립"이 아니라 "신뢰를 재건하는 리더십"이다. 즉, 구성원과의 소통 과정에서 "회사는 문제를 덮지 않았고, 모두의 안전을 지키기 위해 노력했다"라는 메시지를 꾸준히 반복적으로 전달하는 것이다.

조직문화 담당자는 이러한 리더십이 현장에서 작동하도록 정기 교육과 코칭 프로그램을 운영하고, 사후관리 지표를 체계적으로 관리해야 한다.

7 사후관리 단계에서 자주 발생하는 실무 오류와 대응방안

사후관리 단계에서 가장 흔한 문제는 '절차는 완료되었지만, 사람과 조직은 회복되지 않은 상태'로 끝나는 것이다. 이는 대부분 관리자가 "사건이 끝났으니 일상으로 복귀하자"라는 인식으로 접근하기 때문이다.

아래는 현장에서 실제 빈번히 발생하는 오류 유형과 그에 대한 대응 기준이다.

주요 오류	발생 원인	개선 방안
보호조치를 즉시 해제함	사건 종결과 동시에 업무 복귀를 강요하거나, 피해자 동의 없이 근무배치를 변경함	• 보호조치는 점진적 해제가 원칙. 복귀 전 면담을 통해 불이익 여부 • 업무 부담 등을 확인하고, 서면 동의 확보 후 단계별 복귀 실시
사건 중심 관리로 전환	피해자 회복보다 행정 종결에 초점. 심리·환경 점검이 누락됨	• 30·60·90일 점검 시 피해자의 근무 적응도와 상담 필요 여부를 별도 항목으로 관리 • 회복지원계획서 작성 의무화

사후점검을 서류로만 처리	면담 대신 설문지 회수에 그침. 정성적 관찰 부재	• 서면 점검 외에 1회 이상 대면 면담 필수 • 관리자는 일상 관찰을 통해 태도 변화, 조직 반응을 고충상담원에 보고
소문·불신 통제 실패	결과 공개 부재로 "결국 덮었다"라는 인식 확산	• 내부공지문을 통해 절차 완료와 재발방지 조치 사실을 명시 • 관리자는 비공식 발언 자제, 구성원 대상 후속 브리핑 실시
기록 누락 및 분산 보관	조사기록, 점검표, 면담기록이 부서별로 흩어짐	• 고충처리 전용 폴더 및 보안 저장소 지정 • 각 단계별 담당자(상담원 · 인사담당 · 위원회 간사) 기록 통합 관리
2차 피해 재발 시 대응 지연	불안감 · 비난 발언 등 경미 사례를 관리하지 않음	• 재갈등 징후 발생 즉시 '2차 피해 대응 프로토콜' 가동 • 필요시 별도 사건으로 재접수 가능하도록 절차 명시

이러한 오류는 단순한 실수로 끝나지 않고, 피해자나 피신고인이 외부 기관에 재신고하거나, 감사·소송으로 이어질 위험을 내포한다.

따라서 인사·감사·상담 기능이 분리된 조직에서는, 사후관리 전담자가 30일마다 점검표를 취합해 "이행 점검 회의"를 주관하는 구조로 운영하는 것이 바람직하다. 이 회의는 사건관리위원회 또는 고충심의위원회 산하 '사후관리 소위원회' 형태로 둘 수 있다.

8 사후관리의 마무리와 종결보고

사후관리는 일정 기간이 지났다고 자동으로 종료되는 것이 아니라, 실질적으로 모든 조치가 완결되었을 때 비로소 종결할 수 있다. 특히 피해자 보호조치가 해제되어 불리한 처우의 우려가 사라지고, 행위자 교육과 상담 등 개선조치가 마무리되며, 조직 내 갈등이나 소문이 진정되어 정상적인 근무 분위기가 회복된 경우에 종결을 결정한다. 이 중 하나라도 충족되지 않으면 사후관리 기간을 연장하고, 필요시 추가 점검이나 면담을 실시해야 한다.

사후관리의 종결은 반드시 문서로 남겨야 한다. 고충상담원은 피해자·행위자 면담결과와 보호조치 해제 근거를, 인사담당자는 징계·교육 이행현황과 조직 분위기 점검 결과를 정리한다. 위원회 간사는 이 내용을 종합해 기관장에게 보고하며, 기관장은 이를 검토·결재하여 공식적으로 사건의 종결을 승인한다.
보고서에는 사건 개요, 주요 조치결과, 30·60·90일 점검 내역, 후속조치 사항, 그리고 사후관리 종료 판단 근거가 포함되어야 한다. 사후관리 보고서는 사건 처리의 최종 결과를 문서로 남기는 절차이며, 조직은 이를 내부 참고자료로 활용하여 향후 유사 사건의 대응 수준을 높일 수 있다. 다만 이 과정은 제8장에서 다룬 재발방지 대책과 중복되지 않도록, 사후관리 단계에서는 이행 점검과 절차의 완결에 초점을 두어야 한다.

부 록

1 단계별 주요 서식

1. 인지 및 접수 단계 서식

상담 및 사건 접수 대장

고충 접수 및 처리 대장

담당자 (서명 또는 인)

접수 번호	접수 일자	신청인		고충 내용	처리 결과	회신 일자	확인	
		성명	소속				상담원	부서장

1. 인지 및 접수 단계 서식

신고서

접수번호	
담당자	

성희롱 고충사건 접수신청서

<table>
<tr><td rowspan="12">당사자</td><td rowspan="4">신청인</td><td rowspan="2">성명
(성별)</td><td rowspan="2"></td><td>소속</td><td></td></tr>
<tr><td>직급</td><td></td></tr>
<tr><td>연락처</td><td colspan="3"></td></tr>
<tr><td>(e-mail)</td><td colspan="3"></td></tr>
<tr><td rowspan="4">대리인

※ 대리인이
신청하는 경우</td><td rowspan="2">성명
(성별)</td><td rowspan="2"></td><td>소속</td><td></td></tr>
<tr><td>직급</td><td></td></tr>
<tr><td>연락처</td><td colspan="3"></td></tr>
<tr><td>(e-mail)</td><td colspan="3"></td></tr>
<tr><td rowspan="4">피신청인
(행위자)</td><td rowspan="2">성명
(성별)</td><td rowspan="2"></td><td>소속</td><td></td></tr>
<tr><td>직급</td><td></td></tr>
<tr><td>연락처</td><td colspan="3"></td></tr>
<tr><td>(e-mail)</td><td colspan="3"></td></tr>
<tr><td>신 청
취 지</td><td colspan="5">※ 6하원칙에 의해 문제가 되는 행위, 지속성의 여부, 목격자 혹은 증인의 유무 등을 기록합니다.</td></tr>
<tr><td>요구
사항</td><td colspan="5">1. 성희롱의 중지(　　) 2. 성희롱 재발방지 조치(　　)
3. 징계 등 인사조치(　　) 4. 기타(　　　　　　　　)</td></tr>
</table>

위 신청인은 성희롱 고충 사건의 조사를 신청합니다.

년 월 일

신청인 (서명 또는 인)

○○○○ 귀하

1. 인지 및 접수 단계 서식

신고서

스토킹 (상담□ 조사□) 신청서

※ 색상이 어두운 난은 신청인이 작성하지 않습니다.

<table>
<tr><td>제출일</td><td colspan="3">20 년 월 일</td><td>접수일</td><td>20 년 월 일</td></tr>
<tr><td rowspan="7">당사자</td><td rowspan="3">신청인</td><td>소속</td><td></td><td>직급</td><td></td></tr>
<tr><td>성명</td><td></td><td>성별</td><td></td></tr>
<tr><td>전화번호</td><td></td><td>E-mail</td><td></td></tr>
<tr><td rowspan="2">피해자</td><td>소속</td><td></td><td>직급</td><td></td></tr>
<tr><td>성명</td><td></td><td>성별</td><td></td></tr>
<tr><td rowspan="2">행위자</td><td>소속</td><td></td><td>직급</td><td></td></tr>
<tr><td>성명</td><td></td><td>성별</td><td></td></tr>
<tr><td>내 용</td><td colspan="5">※ 육하원칙에 따라 문제 행위, 지속성 여부, 목격자 또는 증인의 유무 등을 기록</td></tr>
<tr><td>요구사항
※ 조사를
신청한 경우</td><td colspan="5">1. 스토킹의 중지 ( )
2. 업무 연락처 · 근무 장소의 변경, 배치 전환 등 피해자 보호조치 ( )
3. 징계 등 인사조치 ( ) 4. 사과, 합의 및 조정 ( )
5. 기타 ( )</td></tr>
<tr><td colspan="6">※ 내용이 많은 경우 별지 추가 작성 가능</td></tr>
</table>

1. 인지 및 접수 단계 서식
사건 신고 동의서

민감정보처리 동의서(신고인)

[성　명]
[소　속]
[생년월일]

[민감정보 처리목적] 신고사건 처리
[민감정보 처리근거]
개인정보 보호법 제15조(개인정보 수집·이용)
개인정보 처리자는 (1) 정보주체의 동의를 받은 경우, (2) 공공기관이 법령 등에서 정하는 소관 업무의 수행을 위하여 불가피한 경우 개인정보를 수집할 수 있으며, 그 수집 목적의 범위에서 이용할 수 있다.

개인정보 보호법 제23조(민감정보의 처리제한)
고유식별정보 및 사상, 신념, 건강, 성생활 등 민감정보는 원칙적으로 처리가 금지되나, (1) 정보주체의 별도 동의를 받는 경우 (2) 법령에서 구체적으로 처리를 요구하거나 허용하는 경우에는 예외적으로 처리한다.
[민감정보 내용] 신고사건 내용 및 신상정보
[민감정보 처리의뢰부서] 성희롱·성폭력 고충심의위원회, 고충상담원

위 사항에 대해 고충상담원의 설명을 충분히 듣고 이해하였으며,
개인정보 보호법에 근거한 민감정보처리에 동의합니다.

년 월 일

성명　　　　(서명 또는 인)

1. 인지 및 접수 단계 서식

전문기관 연계의뢰서

전문기관 연계 의뢰서

<table>
<tr><td colspan="5">작성일 : 20 . . .(요일)</td></tr>
<tr><td rowspan="3">의뢰기관</td><td>기관명</td><td></td><td>담당자</td><td></td></tr>
<tr><td>전화번호</td><td></td><td>이메일</td><td></td></tr>
<tr><td>주소</td><td colspan="3"></td></tr>
<tr><td rowspan="3">연계기관</td><td>기관명</td><td></td><td>담당자</td><td></td></tr>
<tr><td>전화번호</td><td></td><td>이메일</td><td></td></tr>
<tr><td>주소</td><td colspan="3"></td></tr>
<tr><td>접수정보</td><td>일자</td><td>20 . . .( )</td><td>경로</td><td>전화 / 게시판 / 내방 등</td></tr>
<tr><td rowspan="3">피해자 정보</td><td>이름(성별)</td><td>( )</td><td>나이</td><td></td></tr>
<tr><td>소속</td><td></td><td>직위</td><td></td></tr>
<tr><td>전화번호</td><td></td><td>이메일</td><td></td></tr>
<tr><td>피해내용
(복수선택)</td><td colspan="4">□ 성희롱 □ 성추행 □ 스토킹 □ 괴롭힘
□ 2차 피해(관련자 회유, 협박/고용상 불이익/소문 등)
□ 성차별 □ 디지털성범죄( ) □ 기타( )</td></tr>
<tr><td>사건 내용</td><td colspan="4">(기본정보)
(주요 피해)
(사건 직후 조치)
(피해자 현재 상황)
(피해자 요구사항)
(상담원 조치사항)
(향후 진행방향)</td></tr>
<tr><td>의뢰
요청사항</td><td colspan="4"></td></tr>
<tr><td>비고</td><td colspan="4"></td></tr>
</table>

1. 인지 및 접수 단계 서식

신고접수종결 보고서

신고 접수 종결 보고서

문서번호:	작성일: 20 년 월 일
담당부서:	작성자(고충상담원):

※ 본 보고서는 **정식 조사 개시 요건에 해당하지 않아 접수 단계에서 종결**되는 사건을 정리하기 위한 양식입니다. 비밀관리 원칙에 따라 최소한의 정보만 기재합니다.

1. 접수 개요

- 접수일시:
- 접수경로: (이메일/전화/대면/익명창구/기타)
- 사안유형(자유기술): (성희롱/괴롭힘/기타)
- 관련 시기/장소(파악 범위):

2. 당사자(가능 범위 내)

- 신고인: (성명/직무/연락수단) ※ 익명 시 "익명" 표기
- 피해자로 지목된 자: (해당 시 기재)
- 가해자로 지목된 자: (해당 시 기재)

3. 주장 요지

(6하 원칙 기준 5~7행 요약)

4. 초동 점검 결과

- **안전·보호 필요성 평가:** (분리/접근제한/상담·의료 연계) 필요 ㅁ/불요 ㅁ (사유)
- **비밀관리 및 권리고지:** (불리한 처우 금지·비밀유지·신청 가능 보호조치) 고지 완료 ㅁ/미완 ㅁ
- **증거보존 안내:** (필요시) 안내 ㅁ/해당 없음 ㅁ

5. 정식 조사 개시 요건 검토

- 검토 기준(체크):

ㅁ 사실 특정 가능성(행위·당사자·장소·시기) 불충분

ㅁ 순수 사생활 영역으로 업무관련성 부재

ㅁ 제3자 반복 제보이나 동일 취지·신빙성 미확보

ㅁ 신고인·피해자 명시적 불원 + 보호 필요성 낮음

ㅁ 기타: (   )

- **관련 근거:** (예: 남녀고용평등법 제14조 제2항 '지체 없는 사실확인' 취지하 검토, 근로기준법 제76조의3 관련 등)

6. 판단 및 조치(결론)

- **판단:** 정식 조사 개시 불개시/접수 종결
- **사유 요지:** (2~3행)
- **보호조치:** 시행 □/불요 □ (내용:)
- **향후 관리:** (모니터링/재접수 창구 안내/재평가 일정 제시 여부)

7. 통지·기록

- **통지 대상/범위:** (필요 최소한) / 통지일:
- **기록 보관:** (보존기간·열람권자·보관장소)
- **특이사항:** (예: 2차 피해 우려 소견, 교육·제도 개선 과제 등)

작성자(고충상담원): (서명)

검토/확인(전담부서장): (서명)

열람 제한 등급: □ 제한/ □ 내부공유(최소) **열람권자:** ( )

※ **비밀관리 고지:** 본 문서는 조사 관련 비밀에 해당하며, 임의 열람·복제·전파를 금합니다. (위반 시 관련 법령·내부규정에 따른 조치가 있을 수 있습니다.)

1. 인지 및 접수 단계 서식

정식조사 거부 확인서

직장내 성희롱·괴롭힘 정식 조사 거부 확인서

사건 식별

• 사건번호: • 접수일: 20 년 월 일 • 접수경로:

당사자 정보 (해당란 체크)

□ 신고인 □ 피해로 지목된 자

• 성명: • 사번:

• 소속: • 연락처:

조사 거부 사유(자유기술

( )

권리 · 절차 안내(고지 확인 체크)

□ (비밀) 조사 관련 비밀유지 원칙과 열람 제한 범위를 안내받았다.

□ (보호) **불리한 처우 금지, 보호조치 신청 가능**(분리·근무조정·상담/의료 연계 등)을 안내받았다.

□ (외부 신고) **고용노동부·관계기관 신고·상담 경로**를 안내받았다.

□ (재개 가능) 향후 언제든 **의사 변경 시 조사 재개**를 요청할 수 있음을 안내받았다.

□ (기록) 본 확인서는 **절차 이력 관리 목적**으로만 보관되며, 열람권자는 최소로 제한됨을 안내받았다.

확인 문구

상기 본인은 20 년 월 일 접수된 직장 내 성희롱·괴롭힘 사안에 관하여 위 사유로 **사내 절차에 따른 정식 조사를 현시점에서 원치 않음을 확인**한다. 회사로부터 **사내 조사 절차, 고용노동부 등 외부 기관 신고·상담 방법, 보호조치 및 불리한 처우 금지** 등에 관한 안내를 받았으며, **필요시 언제든 조사 재개를 요청할 수 있음**을 숙지하였다.

20 년 월 일

진술인: (서명 또는 인)

열람권자: (전담부서장/고충상담원 한정)

1. 인지 및 접수 단계 서식

사건 신고 동의서

스토킹 사건 신고 동의 확인서

<table>
<tr><td colspan="2">접수번호</td><td colspan="5"></td></tr>
<tr><td colspan="7"></td></tr>
<tr><td rowspan="2">확인자</td><td>성명</td><td></td><td>소속</td><td rowspan="2"></td><td>직급</td><td></td></tr>
<tr><td>성별</td><td>남[ ], 여[ ]</td><td>연락처</td><td>E-mail</td><td></td></tr>
<tr><td rowspan="2">의사
확인</td><td colspan="3">스토킹 사건에 대한
수사기관 신고에
동의합니다.( )</td><td colspan="3">스토킹 사건에 대한
수사기관 신고에
반대합니다.( )</td></tr>
<tr><td colspan="6">반대 사유 :</td></tr>
<tr><td colspan="7">* 주: 수사기관 신고의 동의여부 확인은 「성폭력범죄의 처벌 등에 관한 특례법」 제10조 제1항, 「형법」 제303조 제1항에 근거해 위력 등에 의한 성폭력 범죄와 복합된 스토킹 사건에 한함</td></tr>
<tr><td colspan="7">위 확인자는 스토킹 사건에 대하여 기관의 장이 확인자가 신고한 사건을 수사기관에 신고할 의무가 있다는 사실에 대해 설명을 들었고, 이 사건 처리에 대하여 위 내용이 본인의 의사에 따른 것임을 확인합니다.

년 월 일

확인자 (서명 또는 인)

○○○○○ 귀중</td></tr>
</table>

1. 인지 및 접수 단계 서식

상담일지

고충 상담일지

<table>
<tr><td>상담번호</td><td colspan="5"></td></tr>
<tr><td rowspan="2">상담 개요</td><td>상담일시</td><td colspan="4">년 월 일</td></tr>
<tr><td>상담방법</td><td colspan="4">1. 대면[ ] 2. 유선[ ] 3. 온라인(e-mail, 사이버)[ ] 4. 기타[ ]</td></tr>
<tr><td rowspan="4">피상담자
(상담신청인)</td><td rowspan="2">성명
(성별)</td><td colspan="2" rowspan="2"></td><td>소속</td><td></td></tr>
<tr><td>직급</td><td></td></tr>
<tr><td>연락처</td><td colspan="4"></td></tr>
<tr><td>e-mail</td><td colspan="4"></td></tr>
<tr><td>상담신청
요지</td><td colspan="5">※ 상담을 신청한 이유, 요구사항 등을 6하 원칙에 의해 기재</td></tr>
<tr><td>상담 내용</td><td colspan="5"></td></tr>
<tr><td rowspan="3">처리결과</td><td rowspan="2">상담
종결</td><td>종결일자</td><td colspan="3"></td></tr>
<tr><td>종결사유</td><td colspan="3">※ 성희롱 사건 접수, 행위자의 사과와 재발방지 조치, 기타</td></tr>
<tr><td>성희롱
사건 접수</td><td>접수일자</td><td colspan="3"></td></tr>
<tr><td colspan="6">작성일자 :
작 성 자 :
확 인 자 :</td></tr>
</table>

2. 조사 단계 서식

조사신청서

조 사 신 청 서

<table>
<tr><td>접수번호</td><td colspan="2"></td><td>담당자</td><td colspan="2"></td></tr>
<tr><td rowspan="12">당사자</td><td rowspan="4">신청인</td><td rowspan="2">성명
(성별)</td><td rowspan="2"></td><td>소속</td><td></td></tr>
<tr><td>직급</td><td></td></tr>
<tr><td>연락처</td><td colspan="3"></td></tr>
<tr><td>(e-mail)</td><td colspan="3"></td></tr>
<tr><td rowspan="4">대리인
※대리인이
신청하는 경우</td><td rowspan="2">성명
(성별)</td><td rowspan="2"></td><td>소속</td><td></td></tr>
<tr><td>직급</td><td></td></tr>
<tr><td>연락처</td><td colspan="3"></td></tr>
<tr><td>(e-mail)</td><td colspan="3"></td></tr>
<tr><td rowspan="4">피신청인
(행위자)</td><td rowspan="2">성명
(성별)</td><td rowspan="2"></td><td>소속</td><td></td></tr>
<tr><td>직급</td><td></td></tr>
<tr><td>연락처</td><td colspan="3"></td></tr>
<tr><td>(e-mail)</td><td colspan="3"></td></tr>
<tr><td>신청
취지</td><td colspan="5">※ 6하원칙에 의해 문제가 되는 행위, 지속성의 여부, 목격자 혹은 증인의 유무 등을 기록합니다.</td></tr>
<tr><td>요구사항</td><td colspan="5">1. 성희롱·성폭력·스토킹의 중지 [ ]
2. 피해자 보호조치(공간분리조치 등) [ ]
3. 사과, 합의, 조정 및 재발방지 조치 [ ]
4. 징계 등 인사조치 [ ]
5. 기타 [ ]</td></tr>
<tr><td colspan="6">위 신청인은 고충 사건의 조사를 신청합니다.

20 년 월 일

신청인 (서명 또는 인)

소속기관장 귀하</td></tr>
</table>

2. 조사 단계 서식

조사 신청 확인서

접수번호	
담당자	

조사 신청 확인서

<table>
<tr><td rowspan="12">당사자</td><td rowspan="4">신청인</td><td rowspan="2">성명
(성별)</td><td rowspan="2"></td><td>소속</td><td></td></tr>
<tr><td>직급</td><td></td></tr>
<tr><td>연락처</td><td colspan="3"></td></tr>
<tr><td>(e-mail)</td><td colspan="3"></td></tr>
<tr><td rowspan="4">대리인

※ 대리인이
신청하는 경우</td><td rowspan="2">성명
(성별)</td><td rowspan="2"></td><td>소속</td><td></td></tr>
<tr><td>직급</td><td></td></tr>
<tr><td>연락처</td><td colspan="3"></td></tr>
<tr><td>(e-mail)</td><td colspan="3"></td></tr>
<tr><td rowspan="4">피신청인
(행위자)</td><td rowspan="2">성명
(성별)</td><td rowspan="2"></td><td>소속</td><td></td></tr>
<tr><td>직급</td><td></td></tr>
<tr><td>연락처</td><td colspan="3"></td></tr>
<tr><td>(e-mail)</td><td colspan="3"></td></tr>
<tr><td>신 청
취 지</td><td colspan="5">※ 6하원칙에 의해 문제가 되는 행위, 지속성의 여부, 목격자 혹은 증인의 유무 등을 기록합니다.</td></tr>
<tr><td>요구
사항</td><td colspan="5">1. 성희롱의 중지(　　)　　2. 성희롱 재발방지 조치(　　)
3. 징계 등 인사조치(　　)　　4. 기타(　　　　　　)</td></tr>
<tr><td rowspan="2">신청
확인</td><td>신청 일자
및 방법</td><td colspan="4"></td></tr>
<tr><td>신청인 의사
확인방법</td><td colspan="4">※ 유선, 이메일 등</td></tr>
</table>

위 신청인은 성희롱 고충 사건의 조사를 신청합니다.

년　　월　　일

확인자 : 고충상담원　　　　(서명 또는 인)

○○○○　　귀중

2. 조사 단계 서식

사건 동의 확인서(공공기관용)

사건(통보, 신고) 동의 확인서

<table>
<tr><td colspan="7">접수번호:</td></tr>
<tr><td rowspan="2">확인자</td><td>성명</td><td></td><td>소속</td><td rowspan="2"></td><td>직급</td><td></td></tr>
<tr><td>성별</td><td>남[ ], 여[ ]</td><td>연락처</td><td>E-mail</td><td></td></tr>
<tr><td rowspan="2">의사
확인</td><td colspan="3">사건
(성평등가족부 통보 ㅁ, 수사기관에 신고 ㅁ에 동의합니다. ( ))</td><td colspan="3">사건
(성평등가족부 통보 ㅁ, 수사기관에 신고 ㅁ에 반대합니다. ( ))</td></tr>
<tr><td colspan="6">반대 사유 :</td></tr>
<tr><td colspan="7">※ 주: 수사기관의 신고의 동의여부 확인은 「성폭력범죄의 처벌 등에 관한 특례법」 제10조 제1항, 형법 제303조 제1항에 근거해 위력 등에 의한 성폭력 사건에 한함

위 확인자는 성희롱·성폭력 사건에 대하여 기관의 장이 확인자가 신고한 사건을 성평등가족부에 통보하고, 수사기관에 신고할 의무가 있다는 사실에 대해 설명을 들었고, 이 사건 처리에 대하여 위 내용이 본인의 의사에 따른 것임을 확인합니다.

년 월 일

확인자 (서명 또는 인)

○○○○○ 귀중</td></tr>
</table>

2. 조사 단계 서식

출석 통지서

<table>
<tr><td colspan="5">

출석 통지서

문서번호 : 문서 발송 번호 기재
수신대상 : 피신고인 성명, 소속, 주소 등 기재
</td></tr>
<tr><td>사건번호</td><td colspan="4"></td></tr>
<tr><td>신고인</td><td>성명</td><td></td><td>소속</td><td></td></tr>
<tr><td>피신고인</td><td>성명</td><td></td><td>소속</td><td></td></tr>
<tr><td>신고 사유</td><td colspan="4"></td></tr>
<tr><td>의견진술을
요하는 사항</td><td colspan="4"></td></tr>
<tr><td>근거</td><td colspan="4"></td></tr>
<tr><td colspan="5">

1. 본 조사위원회는 위 사건의 신고를 접수하여 사건을 조사하고자 합니다.

2. 사건의 공정한 조사를 위하여 귀하의 진술을 듣고자 하오니 출석하여 주시기 바랍니다.
가. 출석일시 : 년 월 일 시
나. 출석장소 :

3. 지정된 일시 및 장소에 출석할 수 없는 사유가 있을 시에는 필히 사전 고지를 한 후, 가능한 일시 및 장소로 변경하여야 합니다.

4. 정당한 이유나 절차 없이 3회 이상 출석을 거부할 경우 피신고인의 진술 및 자기 방어권을 포기하는 것으로 인정합니다.

○○○○ 성희롱 조사위원장 (인)
</td></tr>
<tr><td>문의할 곳</td><td colspan="2">Tel</td><td>E-mail</td><td></td></tr>
</table>

2. 조사 단계 서식

서약서

서약서

[성　명]
[소　속]
[생년월일]

은(는) 피신고인으로서 아래의 사항을 지킬 것을 서약합니다.

① 조사단 조사 절차에 성실히 협조
② 사건 내용 및 신고인 신상 정보에 관한 비밀유지
③ 조사 기간 중 신고인 및 증인에 대한 사적 접촉 금지
④ 신고인 및 주변인에 대한 보복 행위 금지

※ 조사과정은 사실 확인을 위한 절차입니다. 피신고인은 조사절차를 통해 가해사실이 확인되기 전까지는 피신고인의 신분을 유지하며 해당인의 인적 사항 및 사건에 대한 비밀이 보장됩니다.

2020년 월 일

성명 (서명 또는 인)

참고사항

▣ 피신고인은 조사 과정에서 다음과 같은 권리를 갖습니다.

1. 출석하여 진술할 수 있습니다.
2. 진술서, 소견서 등 관련 자료를 제출할 수 있습니다.
3. 법적 조력 등을 위해 대리인과 동반출석하거나 서면제출로 대체할 수 있습니다.
4. 조사 절차 및 그 결과에 대한 정보를 제공받을 수 있습니다.

2. 조사 단계 서식

비밀보호 서약서

비밀보호 서약서 (조사위원)

[성　명]

[소　속]

[생년월일]

본인은 성희롱 조사위원회 위원으로서 2020년 월 일에 신고된 성희롱·성폭력 피해 신고 건에 관하여 성희롱·성폭력 예방 및 처리에 관한 규정 제OO조(비밀유지의 의무)에 의거하여 사건당사자의 신상을 포함하여 사건과 관련된 일체의 정보에 대해 비밀을 유지할 것을 서약합니다.

년　월　일

성명　　　　(서명 또는 인)

2. 조사 단계 서식

서면 진술서

서면 진술서

<table>
<tr><td>성　　명</td><td colspan="2"></td></tr>
<tr><td>생 년 월 일</td><td colspan="2"></td></tr>
<tr><td>소　　속</td><td colspan="2"></td></tr>
<tr><td>주　　소</td><td colspan="2"></td></tr>
<tr><td rowspan="2">연 락 처</td><td>휴대전화번호</td><td></td></tr>
<tr><td>전자우편
(e-mail)</td><td></td></tr>
<tr><td colspan="3">본인은　년　월　일 성희롱 조사위원회에 출석하여 다음과 같이 발생한 사건에 관하여 서면 진술합니다.</td></tr>
<tr><td colspan="3">[사건 개요]</td></tr>
</table>

2. 조사 단계 서식

피신고인에 대한 질문답변서

피신고인에 대한 질문답변서

- 일 시 :
- 장 소 :

1) 이름, 소속이 어떻게 되는가요?
〈답〉

2) 피신고인은 20　　년　　월　　일 (장소) 회식에 참가한 사실이 있나요?
〈답〉

3) 그때 술자리의 분위기는 어떠했습니까?
〈답〉

4) 피신고인은 이 회식자리에서 신고인에게 ~한(자세한 사건 내용) 행위를 한 사실이 있습니까?
〈답〉

5) 이 사건에 대하여 추가로 하고 싶은 말이 있는가요?
〈답〉

본인은 이상의 질문에 대하여 양심에 따라 숨김과 보탬이 없이 사실 그대로 답변하였다는 것을 서약합니다. 본인의 진술이 사실과 다를 경우 그에 따른 모든 법적인 책임을 질 것을 서약합니다.

20　　년　　월　　일

피신고인　　　　　　(서명 또는 인)
(생년월일)

확인자(조사원)　　　　(서명 또는 인)

2. 조사 단계 서식

자료 제출 확인서

자료 제출 확인서

※ [ ]에는 해당되는 곳에 "√"표시를 하시기 바라며, 색상이 어두운 난은 제출인이 작성하지 않습니다.	
사건접수번호	담당자

제출인	성명	소속	연락처
	1. 신고인 [ ] 2. 피신고인 [ ] 3. 참고인 [ ] 4. 기타 ( )		

제출 자료	번호	제출 자료명	자료형태

위와 같이 자료를 제출합니다.

년 월 일

제출인 (서명 또는 인)

작성방법
1. 번호 : 제출 자료의 일련번호를 기재 2. 제출 자료명 : 제출하는 자료의 명칭과 부수를 기재 3. 자료형태 : 전자문서, 서면, 실물, 실물의 사진 등

2. 조사 단계 서식

조사보고서

성희롱 조사결과 보고서

○○년 접수번호 ○○호 성희롱 사건의 조사 결과를 다음과 같이 보고합니다.

1. 신청인 인적 사항
2. 피신청인 인적 사항
3. 피해 주장사실 요지
4. 조사결과
5. 처리의견

년 월 일

성명 (서명 또는 인)

2. 조사 단계 서식

조사보고서

조사결과 보고서

1. 기본 정보
   - 신고 접수 일자 및 담당 상담원
   - 신고인 및 피신고인 인적 사항
   - 담당 조사위원 명단

2. 조사 및 사건 내용
   - 조사 및 사건 개요
   - 면접 개요
   - 검토 자료 목록 및 개요

3. 조사위원회의 판단과 처리의견
   - 사실관계에 대한 판단 및 근거
   - 결론 및 처리 의견

4. 조사위원회 의결안 집행 계획

5. 기타(참고 사항)

위의 조사 보고서 내용이 사실임을 동의합니다.

조사원위원장	소속 ____________	성명 ____________	(서명 또는 인)
조사위원	소속 ____________	성명 ____________	(서명 또는 인)
조사위원	소속 ____________	성명 ____________	(서명 또는 인)
조사위원	소속 ____________	성명 ____________	(서명 또는 인)

스토킹 사건 조사결과 보고서

1. 기본 정보
   - 사건 접수에 관한 요약(접수일자 및 신고 경위)
   - 조사대상자 인적 사항(성명, 성별, 나이, 직급 및 직책, 근무부서)
   - 조사진행경과
   - 담당 고충상담원 및 조사위원 명단

2. 사실관계의 확인
   - 주장하는 스토킹(2차 피해 포함) 행위
   - 스토킹 행위 관련 당사자 진술 요약
   - 당사자 진술 및 입증자료를 통해 인정된 사실관계

3. 스토킹의 판단(선택사항)
   (스토킹 판단기준에 따른 성립 여부에 관한 의견)
   - 당사자 적격성
   - 상대방의 의사에 반하여 정당한 이유 없이 한 행위인지 여부
   - 「스토킹처벌법」 제2조 제1호 가목부터 사목까지 중 어느 하나에 해당하는 행위
   - 행위 결과(불안감 또는 공포심)

4. 사후조치 의견(선택사항)
   - 피해자에 대한 조치
   - 행위자에 대한 조치
   - 재발방지대책

5. 별첨 목록

위와 같이 조사결과 보고서를 제출합니다.

년 월 일

조사위원장 (서명 또는 인)
조사위원 (서명 또는 인)
조사위원 (서명 또는 인)
조사위원 (서명 또는 인)
조사위원 (서명 또는 인)

○○○○○ 기관장 귀중

심의위원 위촉장

스토킹 고충심의위원회 위원 위촉장

성 명 :

소 속 :

주 소 :

위촉기간 :

위 사람을 「○○○○○ 스토킹 예방지침」 제○○조의 규정에 의하여 ○○○○○ 스토킹 고충심의위원회 위원으로 위촉합니다.

년 월 일

○○○○○ 기관장 (서명 또는 인)

3. 심의 단계 서식

심의위원회 참석 안내(위원)

스토킹 고충심의위원회 참석 안내

○○○○○ 위원 귀하

○○○○○ 스토킹 고충심의위원회는 「스토킹방지 및 피해자보호 등에 관한 법률」 제5조 및 「○○○○○ 스토킹 예방지침」 제00조에 의거하여 제00회 스토킹 고충심의위원회를 아래와 같이 개최하고자 하오니 참석하여 주시기 바랍니다.

1. 일시 : 년 월 일 시

2. 장소 :

3. 안건 :

4. 사안 개요(발생 일시, 장소, 내용 등)

년 월 일

○○○○○ 스토킹 고충심의위원회 위원장 (서명 또는 인)

3. 심의 단계 서식

심의위원회 참석 안내(당사자)

스토킹 고충심의위원회 참석 안내

○○○ 귀하

○○○○○ 스토킹 고충심의위원회는 「○○○○○ 스토킹 예방지침」 제00조에 의거하여 제00회 스토킹 고충심의위원회를 아래와 같이 개최하고자 하오니 참석하여 주시기 바랍니다. 참석하기 어려운 사정이 있는 경우 서면으로 의견진술을 대신할 수 있습니다.

1. 일시 : 년 월 일 시

2. 장소 :

3. 안건 :

4. 사안 개요(발생 일시, 장소, 내용 등)

년 월 일

○○○○○ 스토킹 고충심의위원회 위원장 (서명 또는 인)

3. 심의 단계 서식

기피신청서

고충심의위원 기피 신청서

<table>
<tr><td rowspan="3">신청인</td><td>소속</td><td>직위</td><td>성명</td></tr>
<tr><td></td><td></td><td></td></tr>
<tr><td>주소</td><td colspan="2"></td></tr>
<tr><td rowspan="2">신청내용</td><td>기피대상자</td><td colspan="2"></td></tr>
<tr><td>신청이유</td><td colspan="2"></td></tr>
<tr><td colspan="4">「성희롱 · 괴롭힘 예방지침」 제○○조에 의거하여
위와 같이 신청합니다.</td></tr>
<tr><td colspan="4">20 . . .
(서명 또는 인)

○○○ 고충심의위원회 귀중</td></tr>
</table>

3. 심의 단계 서식

심의위원 서약서

비밀보호 서약서

본인은 성희롱 심의위원회 위원으로서 20 년 월 일에 신고된 성희롱·성폭력 피해 신고 건에 관하여 ○○기관 성희롱·성폭력 예방 및 처리에 관한 규정 ○○조(비밀유지의 의무)에 의거하여 사건당사자의 신상을 포함하여 사건과 관련된 일체의 정보에 대해 비밀을 유지할 것을 서약합니다.

년 월 일

소속 : 직위 : 성명 : (서명 또는 인)

소속 : 직위 : 성명 : (서명 또는 인)

소속 : 직위 : 성명 : (서명 또는 인)

소속 : 직위 : 성명 : (서명 또는 인)

소속 : 직위 : 성명 : (서명 또는 인)

소속 : 직위 : 성명 : (서명 또는 인)

소속 : 직위 : 성명 : (서명 또는 인)

3. 심의 단계 서식

회의록

고충심의위원회 회의록

<table>
<tr><td>* 사안 번호:</td></tr>
<tr><td>1. 일 시 : 년 월 일(요일) 시 분
2. 장 소 :
3. 참석자 : 위원장 ○○○ 위 원 ○○○
위 원 ○○○ 위 원 ○○○
위 원 ○○○ 위 원 ○○○
위 원 ○○○ 간 사 ○○○
피신고인 ○○○
신고인 ○○○</td></tr>
<tr><td>4. 회 순
1) 개회
2) 심의위원회 진행 안내 - 목적, 진행절차, 주의사항 전달, 참석자 소개
3) 사안보고 - 사실확인 진행 및 결과 보고
4) 피해자 확인 및 질의응답
5) 행위자 확인 및 질의응답
6) 성희롱·괴롭힘 성립여부 및 피해자 보호조치, 재발방지대책 수립
7) 폐회</td></tr>
<tr><td>5. 상정 안건
- ○○○의 사안 -
사안개요</td></tr>
<tr><td>6. 회의 내용(발언 요지)
○○○ 위원
○○○ 위원</td></tr>
</table>

7. 결정사항 및 표결내용		
구분	결정사항	표결내용
성희롱·괴롭힘 성립 여부	*(예) (00년 0월 0일 △△△에서 ㅁㅁㅁ의) "~" 발언에 대한 성희롱 성립 여부*	성립 (만장일치)
	(예) 동료에 의한 2차 피해 성립 여부	불성립 (성립2인, 불성립5인)
피해자 보호조치	*(예) 심리상담 연계*	
재발방지 대책	*(예) 전수조사(실태조사) 실시*	
	(예) 예방교육 내 디지털 성범죄 내용 포함 및 성희롱 성차별 발언에 대한 내용 포함	
	(예) 상담창구 접근성 강화	
작성자 : 고충심의위원회위원장		(서명 또는 인) (서명 또는 인)

3. 심의 단계 서식

심의의결서

의 결 서

1. 안 건 명 :

2. 심의결과

결정 사항	결정 내용	비고
스토킹 여부에 대한 판단		
행위자에 대한 조치 권고		
피해자 보호조치 권고		

※ 2차 피해 예방 및 재발방지대책 제언 : [별지]에 기재

위와 같이 의결합니다.

년 월 일

위원장 (서명 또는 인)

위원 (서명 또는 인)

위원 (서명 또는 인)

위원 (서명 또는 인)

위원 (서명 또는 인)

위원 (서명 또는 인)

3. 심의 단계 서식

심의의결서

심의위원회 회의결과조서

[일 시] 20 . . (요일) 00:00

[장 소]

[안 건] 성희롱 사건에 대한 조사

● 위원 출결사항

구 분	소 속	성 명	서 명
위원장			
위 원			
위 원			
위 원			
위 원			
간 사			

● 회의 결과 요약

결정 사항	특이 사항

3. 심의 단계 서식

심의결과 통보서

고충심의위원회 심의결과 통보서

1. 사안 개요
   (1) 당사자
   ※ 직위, 직급, 연령, 성별 등 개인정보보호를 위해 익명처리 및 선택적 기재
   - 신청인 :
   - 피신청인 :

   (2) 사건 현황(발생 일시, 장소, 발생 경위 등)

2. 성희롱·성폭력·스토킹 고충심의위원회 심의 결과
   (1) 성희롱·성폭력·스토킹 여부에 대한 판단

   (2) 행위자 조치사항 권고 내용

   (3) 피해자 보호조치 권고 내용

   (4) 2차 피해 예방 및 재발 방지대책 내용

20 년 월 일

○○○○○ 기관장

4. 종결 단계 서식

징계양정표

징계양정기준[1]

비위의 정도 및 과실 여부 / 비위의 유형	비위의 정도가 심하고 고의가 있는 경우	비위의 정도가 심하고 중과실이거나, 비위의 정도가 약하고 고의가 있는 경우	비위의 정도가 심하고 경과실이거나, 비위의 정도가 약하고 중과실인 경우	비위의 정도가 약하고 경과실인 경우
1. 성실 의무 위반				
가. 공금횡령·유용 및 업무상 배임	파면	파면-정직	파면-정직	정직-감봉
나. 직권남용으로 타인 권리침해	파면	해임	강등-정직	감봉
다. 부작위·직무태만(라목에 따른 소극행정은 제외한다) 또는 회계질서 문란	파면	파면-정직	정직	감봉-견책
라. 소극행정	파면	파면-해임	강등-정직	감봉-견책
마. 직무 관련 주요 부패행위의 신고·고발 의무 불이행	파면-해임	강등-정직	정직-감봉	감봉-견책
바. 부정청탁에 따른 직무수행	파면	파면-해임	강등-정직	감봉-견책
사. 부정청탁	파면	해임-강등	정직-감봉	견책
아. 성과상여금을 거짓이나 부정한 방법으로 지급받은 경우	파면-해임	강등-정직	정직-감봉	감봉-견책

1 본 징계양정표는 공공부문 일반(비(非)공무원)을 기준으로 한 예시다. 비공무원 조직에는 「국가공무원법·지방공무원법」상의 '파면' 개념이 적용되지 않으므로, 동일 효력의 인사조치는 해고(징계해고) 등 근로기준법 체계에 맞춰 규정·운영해야 한다. 그럼에도 일부 기관이 공무원 징계 체계를 형식적으로 준용하면서 현장에서 작동하지 않는 항목(예: 파면)을 유지하고 있어, 용어·효력·절차를 조직 실정에 맞게 정비할 필요가 있다.

자. 「공무원 행동강령」 제13조의3에 따른 부당한 행위	파면	파면-해임	강등-정직	감봉
차. 성 관련 비위 또는 「공무원 행동강령」 제13조의3에 따른 부당한 행위를 은폐하거나 필요한 조치를 하지 않은 경우	파면	파면-해임	강등-정직	감봉-견책
카. 기타	파면-해임	강등-정직	감봉	견책
2. 복종의 의무 위반				
가. 지시사항 불이행으로 업무추진에 중대한 차질을 준 경우	파면	파면-정직	정직	감봉-견책
나. 기타	파면-정직	정직	감봉	견책
3. 직장 이탈 금지 위반				
가. 집단행위를 위한 직장 이탈	파면	파면-정직	정직	감봉-견책
나. 무단결근(연간 5일 이상)	파면	파면-정직	정직-감봉	견책
다. 기타	파면-정직	정직	감봉	견책
4. 친절·공정의 의무 위반	파면-정직	정직	감봉	견책
5. 비밀 엄수의 의무 위반				
가. 비밀의 누설·유출	파면	파면-정직	정직	감봉-견책
나. 비밀 분실 또는 해킹 등에 의한 비밀 침해 및 비밀유기 또는 무단방치	파면-정직	정직	정직-감봉	감봉-견책

다. 그 밖의 보안관계 법령 위반	파면-정직	정직	감봉	견책
6. 품위 유지의 의무 위반				
가. 미성년자 또는 장애인 대상 성폭력범죄	파면	파면-해임	해임-강등	강등
나. 업무상 위력 등에 의한 성폭력범죄	파면	파면-해임	해임-강등	강등-정직
다. 공연(公然)음란행위	파면	파면-해임	강등-정직	감봉
라. 통신매체를 이용한 음란행위	파면	파면-해임	강등-정직	감봉
마. 카메라 등을 이용한 촬영 등 행위	파면	파면-해임	강등-정직	감봉
바. 가목부터 마목까지 외의 성폭력범죄	파면	파면-해임	강등-정직	감봉-견책
사. 성희롱	파면	파면-해임	강등-정직	감봉-견책
아. 성매매	파면-해임	해임-강등	정직-감봉	견책
자. 기타	파면-정직	정직	감봉	견책
7. 영리 업무 및 겸직 금지 의무 위반	파면-정직	정직	감봉	견책
8. 정치 운동의 금지 위반	파면	파면-정직	정직	감봉-견책
9. 집단 행위의 금지 위반	파면	파면-정직	정직	감봉-견책

[비고] 〈신설 2023.1.9.〉

가. 제6호가목 내지 나목에서 "성폭력범죄"란 「성폭력범죄의 처벌 등에 관한 특례법」 제2조에 따른 성폭력범죄를 말한다.

나. 제6호나목에서 "업무상 위력 등"이란 업무, 고용이나 그 밖의 관계로 인하여 자기의 보호 또는 감독을 받는 사람에 대하여 위계 또는 위력을 행사한 경우를 말한다.

다. 제6호라목에서 "통신매체를 이용한 음란행위"란 「성폭력범죄의 처벌 등에 관한 특례법」 제13조에 따른 범죄에 해당하는 행위를 말한다.

라. 제6호마목에서 "카메라 등을 이용한 촬영 등 행위"란 「성폭력범죄의 처벌 등에 관한 특례법」 제14조에 따른 범죄에 해당하는 행위를 말한다.

마. 제6호사목에서 "성희롱"이란 「양성평등기본법」 제3조제2호에 따른 성희롱을 말한다.

바. 제6호아목에서 "성매매"란 「성매매알선 등 행위의 처벌에 관한 법률」 제2조제1항제1호에 따른 성희롱을 말한다.

4. 종결 단계 서식

징계양정표

징계기준(제2조제1항 관련)[2]

비위의 정도 및 과실 여부 / 비위의 유형	비위의 정도가 심하고 고의가 있는 경우	비위의 정도가 심하고 중과실이거나,비위의 정도가 약하고 고의가 있는 경우	비위의 정도가 심하고 경과실이거나, 비위의 정도가 약하고 중과실인 경우	비위의 정도가 약하고 경과실인 경우
타. 성 관련 비위 피해자 등에게 2차 피해를 입힌 경우	파면	파면-해임	강등-정직	감봉-견책
7. 품위 유지의 의무 위반 가. 성 관련 비위	별표 1의4와 같음			

2 공무원 징계령 시행규칙 [별표 1] 〈신설 2024. 12. 11〉

4. 종결 단계 서식

징계양정표

성 관련 비위 징계기준[3](제2조제1항 관련)

비위의 정도 및 과실 여부 / 비위의 유형	비위의 정도가 심하고 고의가 있는 경우	비위의 정도가 심하고 중과실이거나, 비위의 정도가 약하고 고의가 있는 경우	비위의 정도가 심하고 경과실이거나, 비위의 정도가 약하고 중과실인 경우	비위의 정도가 약하고 경과실인 경우
1. 성폭력범죄				
가. 미성년자 또는 장애인 대상 성폭력범죄	파면	파면-해임	해임-강등	강등
나. 업무상 위력 등에 의한 성폭력범죄	파면	파면-해임	해임-강등	강등-정직
다. 공연(公然)음란 행위	파면	파면-해임	강등-정직	감봉
라. 통신매체를 이용한 음란행위	파면	파면-해임	강등-정직	감봉
마. 카메라 등을 이용한 촬영 등 행위	파면	파면-해임	강등-정직	감봉
바. 가목부터 마목까지 외의 성폭력범죄	파면	파면-해임	강등-정직	감봉-견책
2. 「양성평등기본법」 제3조제2호에 따른 성희롱	파면	파면-해임	강등-정직	감봉-견책
3. 「성매매알선 등 행위의 처벌에 관한 법률」 제2조제1항제1호에 따른 성매매	파면-해임	해임-강등	정직-감봉	견책

3 공무원 징계령 시행규칙 [별표 1의4] 〈신설 2021. 8. 27〉

※ 비고

1. 제1호에서 "성폭력범죄"란 「성폭력범죄의 처벌 등에 관한 특례법」 제2조에 따른 성폭력범죄를 말한다.
2. 제1호나목에서 "업무상 위력 등"이란 업무, 고용이나 그 밖의 관계로 인하여 자기의 보호 또는 감독을 받는 사람에 대하여 위계 또는 위력을 행사한 경우를 말한다.
3. 제1호라목에서 "통신매체를 이용한 음란행위"란 「성폭력범죄의 처벌 등에 관한 특례법」 제13조에 따른 범죄에 해당하는 행위를 말한다.
4. 제1호마목에서 "카메라 등을 이용한 촬영 등 행위"란 「성폭력범죄의 처벌 등에 관한 특례법」 제14조에 따른 범죄에 해당하는 행위를 말한다.

4. 종결 단계 서식
사과문

사 과 문[4]

- 사과대상

- 본인의 행한 구체적인 언행의 내용, 행위가 발생한 날짜 등을 명기하고, 이로 인해 상대방에게 끼친 정신적, 신체적, 경제적 피해에 대한 진심 어린 사과내용

- 문제의 심각성을 인지하고 자기성찰(반성)하는 내용

- 추후 재발되지 않도록 다짐하고 노력하려는 내용

20 년 월 일

소속
직위
성명 (자필서명)

4 여러 부처 매뉴얼이 사과문 양식을 예시로 두지만, 작성·제출을 강제하는 것은 양심의 자유 침해 및 강요된 사과에 따른 2차 피해 우려가 있다. 본서는 재발방지 서약서 또는 당사자의 자발적 의사에 기한 자유양식 활용을 권장한다.

4. 종결 단계 서식

각서(재발방지서약서)

각 서

[성 명]

[소 속]

[연 락 처]

본 각서는 년 월 일 '성희롱 신고센터'에 접수된
성희롱 사건의 처리에 대해 피신고인이 재발방지를 위해 서약한 내용입니다.

본인은 년 월 일 에서 신고인 에 대한 성희롱 · 성폭력 행위사실(유형 :)을 인정합니다. 이후 유사한 성희롱 · 성폭력 행위 및 신고인(피해자)에 대한 어떠한 2차 가해도 행하지 않을 것을 서약합니다. 뿐만 아니라 유사한 성희롱 · 성폭력 행위의 재발 방지를 위해서 최선을 다하겠습니다.
또한 ○○기관 성희롱 예방 및 처리에 관한 규정 제○조(비밀유지 의무 등)에 의거하여 신고인(피해자)의 의사에 반하여 해당사건과 관련된 어떠한 자료나 정보도 공개하지 않을 것을 서약합니다. 이 서약을 이행하지 않을 경우 민형사상 책임은 물론 어떠한 처벌이라도 받을 것을 약속합니다.

년 월 일

피신고인 성명 (서명 또는 인)

4. 종결 단계 서식

합의서

합 의 서

신고인 :

피신고인 :

상 담 원 :

본 합의서는 성희롱 사건의 처리에 대한 당사자 간의 합의에 관한 사안입니다.

합의내용 ① 피신고인이 작성한 각서의 이행

② 신고인에 대한 개인적 연락 및 접촉 금지

③

④

피신고인 ○○○은(는) 이 사건의 처리에 관한 위의 합의 내용에 동의합니다. 본인의 행위를 인정하고 이를 반성하며, 이후 사건의 재발방지 및 비밀유지를 서약합니다. 이 합의가 이행되지 않을 경우 민형사상 책임은 물론 어떠한 처벌이라도 달게 받을 것을 서약합니다.

신고인 ○○○는 이 사건의 처리에 관한 위의 합의 내용으로 사건을 종결하는 것에 동의합니다. 이 합의가 이행된다면 사건의 비밀유지 및 추후 본 사건에 대한 다른 방법으로의 문제제기를 하지 않을 것을 서약합니다.

년 월 일

신고인 (서명 또는 인)

피신고인 (서명 또는 인)

확인자 (서명 또는 인)

5. 기타

교육일지(예시)

<table>
<tr><td colspan="5" rowspan="2">교육일지</td><td rowspan="2">결재</td><td></td><td></td><td></td></tr>
<tr><td></td><td></td><td></td></tr>
<tr><td>교육구분</td><td colspan="8">성희롱 / 괴롭힘 / 스토킹 예방</td></tr>
<tr><td rowspan="4">참석인원</td><td>구분</td><td>남</td><td>여</td><td>계</td><td colspan="4">비고(미실시 사유)</td></tr>
<tr><td>대상인원</td><td></td><td></td><td></td><td colspan="4" rowspan="3">연차: 교육:
외근: 출장:</td></tr>
<tr><td>실시인원</td><td></td><td></td><td></td></tr>
<tr><td>미실시인원</td><td></td><td></td><td></td></tr>
<tr><td>교육일시</td><td colspan="8">20 년 월 일(요일), : ~ :</td></tr>
<tr><td>교육장소</td><td colspan="8"></td></tr>
<tr><td>강 사</td><td colspan="8"></td></tr>
<tr><td rowspan="2">교육내용</td><td>교육방법</td><td colspan="3"></td><td>교재</td><td colspan="3">별첨</td></tr>
<tr><td colspan="8">예시)
1. 직장 내 성희롱 관련 법령
-
-

2. 직장 내 성희롱 발생 시 처리절차 및 조치기준
-
-

3. 직장 내 성희롱 피해근로자의 고충상담 및 구제절차
-
-

4. 직장 내 성희롱 행위자에 대한 징계 조치
- 단체협약, 취업규칙(인사규정)의 징계 양정
- 행위자에 대한 징계절차

5. 양성평등한 직장문화
- 직장 내 일 · 가정 양립 지원제도 설명

6. 질의응답

붙임 1. 참석자 명단
2. 동영상(별도 첨부)</td></tr>
</table>

5. 기타

교육일지(예시)

교육참석자 명단

20 년 월 일

순번	부서명	성명	서명	순번	부서명	성명	서명
1				19			
2				20			
3				21			
4				22			
5				23			
6				24			
7				25			
8				26			
9				27			
10				28			
11				29			
12				30			
13				31			
14				32			
15				33			
16				34			
17				35			
18				36			

부 록

2 사례 · 판례 · 자주하는 질문 인덱스

부 록

3 관련 법령[5]

성희롱 · 성폭력 근절을 위한 공무원 인사관리규정

[시행 2025. 10. 1.] [대통령령 제35811호, 2025. 10. 1., 타법개정]

제1조(목적) 이 영은 공직사회의 성희롱 및 성폭력을 근절하고 건강한 근무환경 및 조직문화를 조성하기 위하여 공직 내 성희롱 및 성폭력 발생에 따른 행정부 소속 국가공무원의 인사관리에 관한 사항을 규정함을 목적으로 한다.

제2조(정의) 이 영에서 사용하는 용어의 뜻은 다음과 같다.

1. "성희롱"이란 「양성평등기본법」 제3조제2호 각 목에 따른 행위를 말한다.
2. "성폭력"이란 「성폭력범죄의 처벌 등에 관한 특례법」 제2조제1항 각 호에 규정된 죄에 해당하는 행위를 말한다.

제3조(성희롱 · 성폭력 발생 사실의 신고) 행정부 소속 국가공무원(이하 "공무원"이라 한다)은 누구나 공직 내 성희롱 또는 성폭력 발생 사실을 알게 된 경우 그 사실을 임용권자 또는 임용제청권자(이하 "임용권자등"이라 한다)에게 신고할 수 있다.

제4조(사실 확인을 위한 조사) ① 임용권자등은 제3조에 따른 신고를 받거나 공직 내 성희롱 또는 성폭력 발생 사실을 알게 된 경우에는 지체 없이 그 사실 확인을 위한 조사를 하여야 하며, 수사의 필요성이 있다고 인정하는 경우 수사기관에 통보하여야 한다.

② 임용권자등은 제1항에 따른 조사 과정에서 성희롱 또는 성폭력과 관련하여 피해를 입은 사람 또는 피해를 입었다고 주장하는 사람(이하 "피해자등"이라 한다)이 성적 불쾌감 등을 느끼지 아니하도록 하고, 사건 내용이나 신상 정보의 누설 등으로 인한 피해가 발생하지 아니하도록 하여야 한다.

---

5 관련 법령은 가나다로 배열하되, 필요 조항만 인용하였다. 필요한 경우 시행령 · 시행규칙도 함께 표기했다. 법령은 수시로 개정될 수 있으므로, 인용 시 최신 개정 여부를 반드시 확인한다.

③ 임용권자등은 제1항에 따른 조사 기간 동안 피해자등이 요청한 경우로서 피해자등을 보호하기 위하여 필요하다고 인정하는 경우 그 피해자등이나 성희롱 또는 성폭력과 관련하여 가해 행위를 했다고 신고된 사람에 대하여 근무 장소의 변경, 휴가 사용 권고 등 적절한 조치를 하여야 한다.

제5조(피해자 또는 신고자의 보호) ① 임용권자등은 제4조제1항에 따른 조사 결과 공직 내 성희롱 또는 성폭력 발생 사실이 확인되면 피해자에게 다음 각 호의 어느 하나에 해당하는 조치를 할 수 있다. 다만, 임용권자등은 피해자의 의사에 반(反)하여 조치를 하여서는 아니 된다.

1. 「공무원임용령」 제41조에 따른 교육훈련 등 파견근무
2. 「공무원임용령」 제45조에도 불구하고 다른 직위에의 전보

2의2. 「공무원임용령」 제45조의2제2항부터 제4항까지의 규정에도 불구하고 소속 장관이 다른 기관으로의 전보

3. 근무 장소의 변경, 휴가 사용 권고 및 그 밖에 임용권자등이 필요하다고 인정하는 적절한 조치

② 임용권자등은 성희롱 또는 성폭력 발생 사실을 신고한 사람(이하 "신고자"라 한다)이 그 신고를 이유로 집단 따돌림, 폭행 또는 폭언으로 인한 정신적 · 신체적 피해를 호소하는 경우에는 제1항 각 호의 어느 하나에 해당하는 조치를 할 수 있다. 다만, 임용권자등은 신고자의 의사에 반하여 조치를 하여서는 아니 된다.

제6조(가해자에 대한 인사조치) 임용권자등은 제4조제1항에 따른 조사 결과 공직 내 성희롱 또는 성폭력 발생 사실이 확인되면 가해자에게 다음 각 호의 어느 하나에 해당하는 조치를 할 수 있다.

1. 「국가공무원법」 제73조의3에 따른 직위해제 사유에 해당된다고 인정하는 경우에는 직위해제
2. 「국가공무원법」 제78조에 따른 징계 사유에 해당된다고 인정하는 경우에는 관할 징계위원회에 징계 의결 요구
3. 제2호에 따른 징계 의결 요구 전 승진임용 심사 대상에서 제외
4. 「공무원임용령」 제45조에도 불구하고 다른 직위에의 전보

4의2. 「공무원임용령」 제45조의2제2항부터 제4항까지의 규정에도 불구하고 소속 장관이 다른 기관으로의 전보

5. 「공무원 성과평가 등에 관한 규정」 제10조제3항 또는 제16조제1항에 따른 최하위 등급 부여

6. 감사 · 감찰 · 인사 · 교육훈련 분야 등의 보직 제한

제7조(피해자등 또는 신고자에 대한 인사상 불이익 조치 금지) 임용권자등은 피해자등 또는 신고자에게 그 피해 발생 사실이나 신고를 이유로 다음 각 호의 인사상 불이익 조치를 하여서는 아니 된다.

1. 「국가공무원법」에 따른 징계 의결 요구 및 징계처분, 주의 · 경고
2. 본인의 의사에 반하는 전보 조치, 직무 미부여 또는 부서 내 보직 변경
3. 승진임용 심사에서의 불이익 조치
4. 성과평가 및 성과연봉 · 성과상여금 지급 등에서의 불이익 조치
5. 교육훈련 기회의 제한
6. 그 밖에 피해자등 또는 신고자의 의사에 반하는 인사상 불이익 조치

제8조(인사상 불이익 조치에 대한 신고 등 처리 절차) ① 성희롱 또는 성폭력 발생 사실과 관련하여 제7조 각 호의 인사상 불이익 조치를 받은 피해자등이나 신고자는 인사혁신처장에게 신고하거나 「국가공무원법」 제76조의2에 따라 고충에 대한 상담 신청 또는 심사 청구를 할 수 있다.

② 인사혁신처장은 제1항에 따른 신고를 받은 경우 인사상 불이익 조치 여부에 대하여 「국가공무원법」 제17조 및 「인사 감사 규정」에 따른 감사를 할 수 있다. 이 경우 피해자등이 아닌 사람으로부터 제1항에 따른 신고를 받았을 때에는 피해자등에게 그 사실을 통보하고 의견을 들어 인사상 불이익 여부에 대한 감사를 하여야 한다.

③ 제2항에 따라 감사를 하는 경우에 신고 대상이 된 조치가 제7조를 위반한 것이 아니라는 사실에 대한 입증책임은 임용권자등이 부담한다.

④ 인사혁신처장은 제2항에 따른 감사 결과 발견된 위법 또는 부당한 사실이 중대하고, 그 원인이 행정기관의 장(행정기관의 장이 아닌 정무직공무원을 포함한다. 이하 이 항에서 같다)의 지시 등에 있다고 인정되는 경우에는 그 행정기관의 장의 임명권자 · 임명제청권자 및 성평등가족부장관에게 관련 사실을 통보할 수 있다.

제9조(임용권자등의 의무) ① 임용권자등은 성희롱 및 성폭력을 예방하고 공무원이 안전한 근무환경에서 일할 수 있는 여건을 조성하기 위하여 공직 내 성희롱 및 성폭력의 예방을 위한 교육을 하거나 계획을 수립하는 등 성희롱 및 성폭력 예방을 위하여 상시적으로 노력하여야 한다.

② 임용권자등은 제3조에 따른 성희롱 또는 성폭력 발생 사실의 신고에 관한 업무를 효율적으로 수행하기 위하여 성희롱 · 성폭력 신고센터를 설치 · 운영하는 등 필요한 조치를 하여야 한다.

③ 임용권자등은 피해자등 또는 신고자에 대한 인사상 불이익 조치 금지 및 보호조치 등의 방안을 마련하는 등 2차 피해를 방지하기 위하여 노력하여야 한다.

제10조(비밀 누설 금지 등) 제4조제1항에 따라 성희롱 또는 성폭력 발생 사실을 조사한 사람, 조사 내용을 보고 받은 사람 또는 그 밖에 조사 과정에 참여한 사람은 그 조사 과정에서 알게 된 비밀을 피해자등의 의사에 반하여 다른 사람에게 누설해서는 아니 된다. 다만, 조사와 관련된 내용을 임용권자등에게 보고하거나 관계 기관의 요청에 따라 필요한 정보를 제공하는 경우는 예외로 한다.

제11조(위임) 이 영의 시행을 위하여 필요한 구체적인 사항은 인사혁신처장이 정한다.

국가인권위원회법
[시행 2025. 6. 4.]
[법률 제20558호, 2024. 12. 3., 일부개정]

제2조(정의) 이 법에서 사용하는 용어의 뜻은 다음과 같다.

3. "평등권 침해의 차별행위"란 합리적인 이유 없이 성별, 종교, 장애, 나이, 사회적 신분, 출신 지역(출생지, 등록기준지, 성년이 되기 전의 주된 거주지 등을 말한다), 출신 국가, 출신 민족, 용모 등 신체 조건, 기혼 · 미혼 · 별거 · 이혼 · 사별 · 재혼 · 사실혼 등 혼인 여부, 임신 또는 출산, 가족 형태 또는 가족 상황, 인종, 피부색, 사상 또는 정치적 의견, 형의 효력이 실효된 전과(前科), 성적(性的) 지향, 학력, 병력(病歷) 등을 이유로 한 다음 각 목의 어느 하나에 해당하는 행위를 말한다. 다만, 현존하는 차별을 없애기 위하여 특정한 사람(특정한 사람들의 집단을 포함한다. 이하 이 조에서 같다)을 잠정적으로 우대하는 행위와 이를 내용으로 하는 법령의 제정 · 개정 및 정책의 수립 · 집행은 평등권 침해의 차별행위(이하 "차별행위"라 한다)로 보지 아니한다.

라. 성희롱[업무, 고용, 그 밖의 관계에서 공공기관(국가기관, 지방자치단체, 「초 · 중등교육법」 제2조, 「고등교육법」 제2조와 그 밖의 다른 법률에 따라 설치된 각급 학교, 「공직자윤리법」 제3조의2제1항에 따른 공직유관단체를 말한다)의 종사자, 사용자 또는 근로자가 그 직위를 이용하여 또는 업무 등과 관련하여 성적 언동 등으로 성적 굴욕감 또는 혐오감을 느끼게 하거나 성적 언동 또는 그 밖의 요구 등에 따르지 아니한다는 이유로 고용상의 불이익을 주는 것을 말한다] 행위

제19조(업무) 위원회는 다음 각 호의 업무를 수행한다.

1. 인권에 관한 법령(입법과정 중에 있는 법령안을 포함한다) · 제도 · 정책 · 관행의 조사와 연구 및 그 개선이 필요한 사항에 관한 권고 또는 의견의 표명
2. 인권침해행위에 대한 조사와 구제
3. 차별행위에 대한 조사와 구제
4. 인권상황에 대한 실태 조사
5. 인권에 관한 교육 및 홍보
6. 인권침해의 유형, 판단 기준 및 그 예방 조치 등에 관한 지침의 제시 및 권고
7. 국제인권조약 가입 및 그 조약의 이행에 관한 연구와 권고 또는 의견의 표명
8. 인권의 옹호와 신장을 위하여 활동하는 단체 및 개인과의 협력 및 지원
9. 인권과 관련된 국제기구 및 외국 인권기구와의 교류 · 협력
10. 그 밖에 인권의 보장과 향상을 위하여 필요하다고 인정하는 사항

제25조(정책과 관행의 개선 또는 시정 권고) ① 위원회는 인권의 보호와 향상을 위하여 필요하다고 인정하면 관계기관등에 정책과 관행의 개선 또는 시정을 권고하거나 의견을 표명할 수 있다.

② 제1항에 따라 권고를 받은 관계기관등의 장은 그 권고사항을 존중하고 이행하기 위하여 노력하여야 한다.

③ 제1항에 따라 권고를 받은 관계기관등의 장은 권고를 받은 날부터 90일 이내에 그 권고사항의 이행계획을 위원회에 통지하여야 한다.

④ 제1항에 따라 권고를 받은 관계기관등의 장은 그 권고의 내용을 이행하지 아니할 경우에는 그 이유를 위원회에 통지하여야 한다.

⑤ 위원회는 제1항에 따른 권고 또는 의견의 이행실태를 확인 · 점검할 수 있다.

⑥ 위원회는 필요하다고 인정하면 제1항에 따른 위원회의 권고와 의견 표명, 제4항에 따라 권고를 받은 관계기관등의 장이 통지한 내용 및 제5항에 따른 이행실태의 확인 · 점검 결과를 공표할 수 있다.

제30조(위원회의 조사대상) ① 다음 각 호의 어느 하나에 해당하는 경우에 인권침해나 차별행위를 당한 사람(이하 "피해자"라 한다) 또는 그 사실을 알고 있는 사람이나 단체는 위원회에 그 내용을 진정할 수 있다.

1. 국가기관, 지방자치단체, 「초 · 중등교육법」 제2조, 「고등교육법」 제2조와 그 밖의 다른 법률에 따라 설치된 각급 학교, 「공직자윤리법」 제3조의2제1항에 따른 공직유관단체 또는 구금 · 보호시설의 업무 수행(국회의 입법 및 법원 · 헌법재판소의 재판

은 제외한다)과 관련하여 「대한민국헌법」 제10조부터 제22조까지의 규정에서 보장된 인권을 침해당하거나 차별행위를 당한 경우

2. 법인, 단체 또는 사인(私人)으로부터 차별행위를 당한 경우

② 삭제 〈2005. 7. 29.〉

③ 위원회는 제1항의 진정이 없는 경우에도 인권침해나 차별행위가 있다고 믿을 만한 상당한 근거가 있고 그 내용이 중대하다고 인정할 때에는 직권으로 조사할 수 있다.

④ 제1항에 따른 진정의 절차와 방법에 관하여 필요한 사항은 위원회 규칙으로 정한다.

제32조(진정의 각하 등) ① 위원회는 접수한 진정이 다음 각 호의 어느 하나에 해당하는 경우에는 그 진정을 각하(却下)한다.

1. 진정의 내용이 위원회의 조사대상에 해당하지 아니하는 경우
2. 진정의 내용이 명백히 거짓이거나 이유 없다고 인정되는 경우
3. 피해자가 아닌 사람이 한 진정에서 피해자가 조사를 원하지 아니하는 것이 명백한 경우
4. 진정의 원인이 된 사실이 발생한 날부터 1년 이상 지나서 진정한 경우. 다만, 진정의 원인이 된 사실에 관하여 공소시효 또는 민사상 시효가 완성되지 아니한 사건으로서 위원회가 조사하기로 결정한 경우에는 그러하지 아니하다.

제43조(조정위원회의 조정의 효력) 제42조제2항에 따른 조정과 같은 조 제6항에 따라 이의를 신청하지 아니하는 경우의 조정을 갈음하는 결정은 재판상 화해와 같은 효력이 있다.

제44조(구제조치 등의 권고) ① 위원회가 진정을 조사한 결과 인권침해나 차별행위가 일어났다고 판단할 때에는 피진정인, 그 소속 기관 · 단체 또는 감독기관(이하 "소속기관등"이라 한다)의 장에게 다음 각 호의 사항을 권고할 수 있다.

1. 제42조제4항 각 호에서 정하는 구제조치의 이행
2. 법령 · 제도 · 정책 · 관행의 시정 또는 개선

② 제1항에 따라 권고를 받은 소속기관등의 장에 관하여는 제25조제2항부터 제6항까지를 준용한다.

제45조(고발 및 징계권고) ① 위원회는 진정을 조사한 결과 진정의 내용이 범죄행위에 해당하고 이에 대하여 형사 처벌이 필요하다고 인정하면 검찰총장에게 그 내용을 고발할 수 있다. 다만, 피고발인이 군인등인 경우에는 소속 군 참모총장 또는 국방부장관에게 고발할 수 있다. 〈개정 2022. 1. 4.〉

② 위원회가 진정을 조사한 결과 인권침해 및 차별행위가 있다고 인정하면 피진정인 또는 인권침해에 책임이 있는 사람을 징계할 것을 소속기관등의 장에게 권고할 수 있다.
③ 제1항에 따라 고발을 받은 검찰총장, 군 참모총장 또는 국방부장관은 고발을 받은 날부터 3개월 이내에 수사를 마치고 그 결과를 위원회에 통지하여야 한다. 다만, 3개월 이내에 수사를 마치지 못할 때에는 그 사유를 밝혀야 한다.
④ 제2항에 따라 위원회로부터 권고를 받은 소속기관등의 장은 권고를 존중하여야 하며 그 결과를 위원회에 통지하여야 한다.

근로기준법

[시행 2025. 10. 23.] [법률 제20520호, 2024. 10. 22., 일부개정]

제7조(강제 근로의 금지) 사용자는 폭행, 협박, 감금, 그 밖에 정신상 또는 신체상의 자유를 부당하게 구속하는 수단으로써 근로자의 자유의사에 어긋나는 근로를 강요하지 못한다.

제8조(폭행의 금지) 사용자는 사고의 발생이나 그 밖의 어떠한 이유로도 근로자에게 폭행을 하지 못한다.

제23조(해고 등의 제한) ① 사용자는 근로자에게 정당한 이유 없이 해고, 휴직, 정직, 전직, 감봉, 그 밖의 징벌(懲罰)(이하 "부당해고등"이라 한다)을 하지 못한다.
② 사용자는 근로자가 업무상 부상 또는 질병의 요양을 위하여 휴업한 기간과 그 후 30일 동안 또는 산전(産前) · 산후(産後)의 여성이 이 법에 따라 휴업한 기간과 그 후 30일 동안은 해고하지 못한다. 다만, 사용자가 제84조에 따라 일시보상을 하였을 경우 또는 사업을 계속할 수 없게 된 경우에는 그러하지 아니하다.

제36조(금품 청산) 사용자는 근로자가 사망 또는 퇴직한 경우에는 그 지급 사유가 발생한 때부터 14일 이내에 임금, 보상금, 그 밖의 모든 금품을 지급하여야 한다. 다만, 특별한 사정이 있을 경우에는 당사자 사이의 합의에 의하여 기일을 연장할 수 있다.

제43조(임금 지급) ① 임금은 통화(通貨)로 직접 근로자에게 그 전액을 지급하여야 한다. 다만, 법령 또는 단체협약에 특별한 규정이 있는 경우에는 임금의 일부를 공제하거나 통화 이외의 것으로 지급할 수 있다.
② 임금은 매월 1회 이상 일정한 날짜를 정하여 지급하여야 한다. 다만, 임시로 지급하

는 임금, 수당, 그 밖에 이에 준하는 것 또는 대통령령으로 정하는 임금에 대하여는 그러하지 아니하다.

제50조(근로시간) ① 1주 간의 근로시간은 휴게시간을 제외하고 40시간을 초과할 수 없다.
② 1일의 근로시간은 휴게시간을 제외하고 8시간을 초과할 수 없다.
③ 제1항 및 제2항에 따라 근로시간을 산정하는 경우 작업을 위하여 근로자가 사용자의 지휘 · 감독 아래에 있는 대기시간 등은 근로시간으로 본다.

제53조(연장 근로의 제한) ① 당사자 간에 합의하면 1주 간에 12시간을 한도로 제50조의 근로시간을 연장할 수 있다.

제54조(휴게) ① 사용자는 근로시간이 4시간인 경우에는 30분 이상, 8시간인 경우에는 1시간 이상의 휴게시간을 근로시간 도중에 주어야 한다.

제56조(연장 · 야간 및 휴일 근로) ① 사용자는 연장근로(제53조 · 제59조 및 제69조 단서에 따라 연장된 시간의 근로를 말한다)에 대하여는 통상임금의 100분의 50 이상을 가산하여 근로자에게 지급하여야 한다.
② 제1항에도 불구하고 사용자는 휴일근로에 대하여는 다음 각 호의 기준에 따른 금액 이상을 가산하여 근로자에게 지급하여야 한다.
1. 8시간 이내의 휴일근로: 통상임금의 100분의 50
2. 8시간을 초과한 휴일근로: 통상임금의 100분의 100
③ 사용자는 야간근로(오후 10시부터 다음 날 오전 6시 사이의 근로를 말한다)에 대하여는 통상임금의 100분의 50 이상을 가산하여 근로자에게 지급하여야 한다.

제65조(사용 금지) ① 사용자는 임신 중이거나 산후 1년이 지나지 아니한 여성(이하 "임산부"라 한다)과 18세 미만자를 도덕상 또는 보건상 유해 · 위험한 사업에 사용하지 못한다.
② 사용자는 임산부가 아닌 18세 이상의 여성을 제1항에 따른 보건상 유해 · 위험한 사업 중 임신 또는 출산에 관한 기능에 유해 · 위험한 사업에 사용하지 못한다.
③ 제1항 및 제2항에 따른 금지 직종은 대통령령으로 정한다.

제70조(야간근로와 휴일근로의 제한) ① 사용자는 18세 이상의 여성을 오후 10시부터 오전 6시까지의 시간 및 휴일에 근로시키려면 그 근로자의 동의를 받아야 한다.
② 사용자는 임산부와 18세 미만자를 오후 10시부터 오전 6시까지의 시간 및 휴일에

근로시키지 못한다. 다만, 다음 각 호의 어느 하나에 해당하는 경우로서 고용노동부장관의 인가를 받으면 그러하지 아니하다.

1. 18세 미만자의 동의가 있는 경우
2. 산후 1년이 지나지 아니한 여성의 동의가 있는 경우
3. 임신 중의 여성이 명시적으로 청구하는 경우

③ 사용자는 제2항의 경우 고용노동부장관의 인가를 받기 전에 근로자의 건강 및 모성 보호를 위하여 그 시행 여부와 방법 등에 관하여 그 사업 또는 사업장의 근로자대표와 성실하게 협의하여야 한다.

제76조의2(직장 내 괴롭힘의 금지) 사용자 또는 근로자는 직장에서의 지위 또는 관계 등의 우위를 이용하여 업무상 적정범위를 넘어 다른 근로자에게 신체적 · 정신적 고통을 주거나 근무환경을 악화시키는 행위(이하 "직장 내 괴롭힘"이라 한다)를 하여서는 아니 된다.

제76조의3(직장 내 괴롭힘 발생 시 조치) ① 누구든지 직장 내 괴롭힘 발생 사실을 알게 된 경우 그 사실을 사용자에게 신고할 수 있다.

② 사용자는 제1항에 따른 신고를 접수하거나 직장 내 괴롭힘 발생 사실을 인지한 경우에는 지체 없이 당사자 등을 대상으로 그 사실 확인을 위하여 객관적으로 조사를 실시하여야 한다.

③ 사용자는 제2항에 따른 조사 기간 동안 직장 내 괴롭힘과 관련하여 피해를 입은 근로자 또는 피해를 입었다고 주장하는 근로자(이하 "피해근로자등"이라 한다)를 보호하기 위하여 필요한 경우 해당 피해근로자등에 대하여 근무장소의 변경, 유급휴가 명령 등 적절한 조치를 하여야 한다. 이 경우 사용자는 피해근로자등의 의사에 반하는 조치를 하여서는 아니 된다.

④ 사용자는 제2항에 따른 조사 결과 직장 내 괴롭힘 발생 사실이 확인된 때에는 피해근로자가 요청하면 근무장소의 변경, 배치전환, 유급휴가 명령 등 적절한 조치를 하여야 한다.

⑤ 사용자는 제2항에 따른 조사 결과 직장 내 괴롭힘 발생 사실이 확인된 때에는 지체 없이 행위자에 대하여 징계, 근무장소의 변경 등 필요한 조치를 하여야 한다. 이 경우 사용자는 징계 등의 조치를 하기 전에 그 조치에 대하여 피해근로자의 의견을 들어야 한다.

⑥ 사용자는 직장 내 괴롭힘 발생 사실을 신고한 근로자 및 피해근로자등에게 해고나 그 밖의 불리한 처우를 하여서는 아니 된다.

⑦ 제2항에 따라 직장 내 괴롭힘 발생 사실을 조사한 사람, 조사 내용을 보고받은 사람 및 그 밖에 조사 과정에 참여한 사람은 해당 조사 과정에서 알게 된 비밀을 피해근로자 등의 의사에 반하여 다른 사람에게 누설하여서는 아니 된다. 다만, 조사와 관련된 내용을 사용자에게 보고하거나 관계 기관의 요청에 따라 필요한 정보를 제공하는 경우는 제외한다.

제93조(취업규칙의 작성 · 신고) 상시 10명 이상의 근로자를 사용하는 사용자는 다음 각 호의 사항에 관한 취업규칙을 작성하여 고용노동부장관에게 신고하여야 한다. 이를 변경하는 경우에도 또한 같다.
11. 직장 내 괴롭힘의 예방 및 발생 시 조치 등에 관한 사항

근로기준법 시행령 [별표 7]
과태료의 부과기준(제60조 관련)

위반행위	근거 법조문	과태료 금액(단위: 만원)		
		1차 위반	2차 위반	3차 이상 위반
러. 법 제93조에 따른 취업규칙 작성 · 신고 의무를 위반한 경우	법 제116조 제2항제2호			
1) 취업규칙을 작성하지 않은 경우		70	130	250
2) 취업규칙을 작성하고 신고하지 않은 경우		40	80	150
3) 취업규칙의 변경신고를 하지 않은 경우		40	80	150

* 위반행위의 횟수에 따른 과태료의 가중된 부과기준: 최근 1년간 같은 위반행위로 과태료 부과처분을 받은 경우에 적용한다. 이 경우 기간의 계산은 위반행위에 대하여 과태료 부과처분을 받은 날과 그 처분 후 다시 같은 위반행위를 하여 적발된 날을 기준으로 한다.

제109조(벌칙) ①제36조, 제43조, 제44조, 제44조의2, 제46조, 제51조의3, 제52조제2항제2호, 제56조, 제65조, 제72조 또는 제76조의3제6항을 위반한 자는 3년 이하의 징역 또는 3천만원 이하의 벌금에 처한다.

* 공소시효: 5년

** 형사소송법 제249조(공소시효의 기간) ① 공소시효는 다음 기간의 경과로 완성한다.

1. 사형에 해당하는 범죄에는 25년
2. 무기징역 또는 무기금고에 해당하는 범죄에는 15년
3. 장기 10년 이상의 징역 또는 금고에 해당하는 범죄에는 10년
4. 장기 10년 미만의 징역 또는 금고에 해당하는 범죄에는 7년
5. 장기 5년 미만의 징역 또는 금고, 장기10년 이상의 자격정지 또는 벌금에 해당하는 범죄에는 **5년**

제116조(과태료) ① 사용자(사용자의 「민법」 제767조에 따른 친족 중 대통령령으로 정하는 사람이 해당 사업 또는 사업장의 근로자인 경우를 포함한다)가 제76조의2를 위반하여 직장 내 괴롭힘을 한 경우에는 1천만원 이하의 과태료를 부과한다.

* 민법 제767조(친족의 정의) 배우자, 혈족 및 인척을 친족으로 한다.
** 근로기준법 시행령 제59조의3 1. 배우자 2. 4촌 이내의 혈족 3. 4촌 이내의 인척

- 혈족: 부모와 자식, 형제자매 등 혈연관계를 맺고 있는 사람
  (예시) 부모 · 조부모, 자식, 손자녀, 형제자매, 부모의 형제자매 등
- 인척: 혼인에 의하여 관련된 사람(혈족의 배우자, 배우자의 혈족, 배우자의 혈족의 배우자)
  (예시) 배우자의 부모, 배우자의 형제자매, 형제자매의 배우자, 부모의 형제자매의 배우자, 자식의 배우자

근로기준법 시행령 [별표 7]
과태료의 부과기준(제60조 관련)

위반행위	근거 법조문	과태료 금액(단위: 만원)		
		1차 위반	2차 위반	3차 이상 위반
타. 사용자 또는 사용자의 친족인 근로자가 법 제76조의2를 위반하여 직장 내 괴롭힘을 한 경우	법 제116조 제1항			
1) 사용자가 한 사람에게 수차례 직장 내 괴롭힘을 하거나 2명 이상에게 직장 내 괴롭힘을 한 경우		500	1000	1000
2) 사용자가 그 밖의 직장 내 괴롭힘을 한 경우		300	1000	1000
3) 사용자의 친족인 근로자가 직장 내 괴롭힘을 한 경우		200	500	1000

* 시효 및 제척기간: 5년

** 질서행위위반규제법 제15조(과태료의 시효) ① 과태료는 행정청의 과태료 부과처분이나 법원의 과태료 재판이 확정된 후 5년간 징수하지 아니하거나 집행하지 아니하면 시효로 인하여 소멸한다.

같은 법 제19조(과태료 부과의 제척기간) ① 행정청은 질서위반행위가 종료된 날(다수인이 질서위반행위에 가담한 경우에는 최종행위가 종료된 날을 말한다)부터 5년이 경과한 경우에는 해당 질서위반행위에 대하여 과태료를 부과할 수 없다.

제116조(과태료) ② 다음 각 호의 어느 하나에 해당하는 자에게는 500만원 이하의 과태료를 부과한다. 〈개정 2009. 5. 21., 2010. 6. 4., 2014. 3. 24., 2017. 11. 28., 2021. 1. 5., 2021. 4. 13., 2021. 5. 18.〉 〈제1항에서 이동, 종전 제2항은 제3항으로 이동 2021. 4. 13.〉

2. 제14조, 제39조, 제41조, 제42조, 제48조, 제66조, 제74조제7항·제9항, 제76조의3 제2항·제4항·제5항·제7항, 제91조, 제93조, 제98조제2항 및 제99조를 위반한 자

③ 제1항 및 제2항에 따른 과태료는 대통령령으로 정하는 바에 따라 고용노동부장관이 부과 · 징수한다.

근로기준법 시행령 [별표 7]

과태료의 부과기준(제60조 관련)

위반행위	근거 법조문	과태료 금액(단위: 만원)		
		1차 위반	2차 위반	3차 이상 위반
파. 사용자가 법 제76조의3제2항을 위반하여 직장 내 괴롭힘 발생 사실 확인을 위한 조사를 실시하지 않은 경우	법 제116조 제2항제2호	300	500	500
하. 사용자가 법 제76조의3제4항을 위반하여 근무장소의 변경 등 적절한 조치를 하지 않은 경우	법 제116조 제2항제2호	200	300	500
거. 사용자가 법 제76조의3제5항을 위반하여 징계, 근무장소의 변경 등 필요한 조치를 하지 않은 경우	법 제116조 제2항제2호	200	300	500

너. 법 제76조의3제7항을 위반하여 직장 내 괴롭힘 발생 사실 조사 과정에서 알게 된 비밀을 다른 사람에게 누설한 경우	법 제116조 제2항제2호	300	500	500

근로자 참여 및 협력증진에 관한 법률

[시행 2022. 12. 11.] [법률 제18927호, 2022. 6. 10., 일부개정]

제26조(고충처리위원) 모든 사업 또는 사업장에는 근로자의 고충을 청취하고 이를 처리하기 위하여 고충처리위원을 두어야 한다. 다만, 상시 30명 미만의 근로자를 사용하는 사업이나 사업장은 그러하지 아니하다.

시행령 제7조(고충처리의 절차) 근로자는 고충사항이 있는 경우에는 법 제26조에 따른 고충처리위원(이하"고충처리위원"이라한다)에게 구두 또는 서면으로 신고할 수 있다. 이 경우 신고를 접수한 고충처리위원은 지체 없이 처리하여야 한다.

시행령 제8조(고충처리위원의 신분 및 처우) ① 고충처리위원은 비상임·무보수로 한다.
② 사용자는 고충처리위원의 직무수행과 관련하여 고충처리위원에게 불리한 처분을 하여서는 아니 된다.
③ 고충처리위원이 고충사항의 처리에 관하여 협의하거나 고충처리 업무에 사용한 시간은 근로한 시간으로 본다.

시행령 제9조(대장 비치) 고충처리위원은 고충사항의 접수 및 그 처리에 관한 대장을 작성하여 갖추어두고 1년간 보존하여야 한다.

시행규칙 제7조(고충사항 접수 및 처리대장의 작성 · 비치) 법 제26조에 따른 고충처리위원은 「근로자참여 및 협력증진에 관한 법률 시행령」 제9조에 따라 별지 제4호서식의 고충사항 접수 · 처리대장을 작성하여 갖추어 두어야 한다.

제27조(고충처리위원의 구성 및 임기) ① 고충처리위원은 노사를 대표하는 3명 이내의 위원으로 구성하되, 협의회가 설치되어 있는 사업이나 사업장의 경우에는 협의회가 그 위원 중에서 선임하고, 협의회가 설치되어 있지 아니한 사업이나 사업장의 경우에는 사용자가 위촉한다.
② 위원의 임기에 관하여는 협의회 위원의 임기에 관한 제8조를 준용한다.

제28조(고충의 처리) ① 고충처리위원은 근로자로부터 고충사항을 청취한 경우에는 10일 이내에 조치 사항과 그 밖의 처리결과를 해당 근로자에게 통보하여야 한다.
②고충처리위원이 처리하기 곤란한 사항은 협의회의 회의에 부쳐 협의 처리한다.

제32조(벌칙) 사용자가 제12조제1항을 위반하여 협의회를 정기적으로 개최하지 아니하거나 제26조에 따른 고충처리위원을 두지 아니한 경우에는 200만원 이하의 벌금에 처한다.

남녀고용평등과 일·가정 양립 지원에 관한 법률

[시행 2025. 10. 1.] [법률 제21065호, 2025. 10. 1., 타법개정]

제2조(정의) 이 법에서 사용하는 용어의 뜻은 다음과 같다.
2. "직장 내 성희롱"이란 사업주 · 상급자 또는 근로자가 직장 내의 지위를 이용하거나 업무와 관련하여 다른 근로자에게 성적 언동 등으로 성적 굴욕감 또는 혐오감을 느끼게 하거나 성적 언동 또는 그 밖의 요구 등에 따르지 아니하였다는 이유로 근로조건 및 고용에서 불이익을 주는 것을 말한다.

제12조(직장 내 성희롱의 금지) 사업주, 상급자 또는 근로자는 직장 내 성희롱을 하여서는 아니 된다.

제13조(직장 내 성희롱 예방 교육 등) ① 사업주는 직장 내 성희롱을 예방하고 근로자가 안전한 근로환경에서 일할 수 있는 여건을 조성하기 위하여 직장 내 성희롱의 예방을 위한 교육(이하 "성희롱 예방 교육"이라 한다)을 매년 실시하여야 한다.
② 사업주 및 근로자는 제1항에 따른 성희롱 예방 교육을 받아야 한다.
③ 사업주는 성희롱 예방 교육의 내용을 근로자가 자유롭게 열람할 수 있는 장소에 항상 게시하거나 갖추어 두어 근로자에게 널리 알려야 한다.
④ 사업주는 고용노동부령으로 정하는 기준에 따라 직장 내 성희롱 예방 및 금지를 위한 조치를 하여야 한다.
⑤ 제1항 및 제2항에 따른 성희롱 예방 교육의 내용 · 방법 및 횟수 등에 관하여 필요한 사항은 대통령령으로 정한다.

시행규칙 제5조의2(성희롱 예방 및 금지를 위한 조치) ① 사업주는 법 제13조제4항에 따라 직장 내 성희롱 예방 및 금지를 위하여 성희롱 예방지침을 마련하고 사업장 내 근로자가 자유롭게 열람할 수 있는 장소에 항상 게시하거나 갖추어 두어야 한다.
② 제1항에 따른 성희롱 예방지침에는 다음 각 호의 사항이 포함되어야 한다.
1. 직장 내 성희롱 관련 상담 및 고충 처리에 필요한 사항
2. 직장 내 성희롱 조사절차
3. 직장 내 성희롱 발생 시 피해자 보호절차
4. 직장 내 성희롱 행위자 징계 절차 및 징계 수준
5. 그 밖에 직장 내 성희롱 예방 및 금지를 위하여 필요한 사항

시행령 제3조(직장 내 성희롱 예방 교육) ① 사업주는 법 제13조에 따라 직장 내 성희롱 예방을 위한 교육을 연 1회 이상 하여야 한다 .
② 제1항에 따른 예방 교육에는 다음 각 호의 내용이 포함되어야 한다.
1. 직장 내 성희롱에 관한 법령
2. 해당 사업장의 직장 내 성희롱 발생 시의 처리 절차와 조치 기준
3. 해당 사업장의 직장 내 성희롱 피해 근로자의 고충상담 및 구제 절차
4. 그 밖에 직장 내 성희롱 예방에 필요한 사항
③ 제1항에 따른 예방 교육은 사업의 규모나 특성 등을 고려하여 직원연수 · 조회 · 회의, 인터넷 등 정보통신망을 이용한 사이버 교육 등을 통하여 실시할 수 있다. 다만, 단순히 교육자료 등을 배포 · 게시하거나 전자우편을 보내거나 게시판에 공지하는 데 그치는 등 근로자에게 교육 내용이 제대로 전달되었는지 확인하기 곤란한 경우에는 예방 교육을 한 것으로 보지 아니한다.
④ 제2항 및 제3항에도 불구하고 다음 각 호의 어느 하나에 해당하는 사업의 사업주는 제2항제1호부터 제4호까지의 내용을 근로자가 알 수 있도록 교육자료 또는 홍보물을 게시하거나 배포하는 방법으로 직장 내 성희롱 예방 교육을 할 수 있다.
1. 상시 10명 미만의 근로자를 고용하는 사업
2. 사업주 및 근로자 모두가 남성 또는 여성 중 어느 한 성(性)으로 구성된 사업
⑤ 사업주가 소속 근로자에게 「국민 평생 직업능력 개발법」 제24조에 따라 인정받은 훈련과정 중 제2항 각 호의 내용이 포함되어 있는 훈련과정을 수료하게 한 경우에는 그 훈련과정을 마친 근로자에게는 제1항에 따른 예방 교육을 한 것으로 본다.

시행규칙 제5조의2(성희롱 예방 및 금지를 위한 조치) ① 사업주는 법 제13조제4항에 따라 직장 내 성희롱 예방 및 금지를 위하여 성희롱 예방지침을 마련하고 사업장 내 근로자가 자유롭게 열람할 수 있는 장소에 항상 게시하거나 갖추어 두어야 한다.

② 제1항에 따른 성희롱 예방지침에는 다음 각 호의 사항이 포함되어야 한다.
1. 직장 내 성희롱 관련 상담 및 고충 처리에 필요한 사항
2. 직장 내 성희롱 조사절차
3. 직장 내 성희롱 발생 시 피해자 보호절차
4. 직장 내 성희롱 행위자 징계 절차 및 징계 수준
5. 그 밖에 직장 내 성희롱 예방 및 금지를 위하여 필요한 사항

제13조의2(성희롱 예방 교육의 위탁) ① 사업주는 성희롱 예방 교육을 고용노동부장관이 지정하는 기관(이하 "성희롱 예방 교육기관"이라 한다)에 위탁하여 실시할 수 있다.
② 사업주가 성희롱 예방 교육기관에 위탁하여 성희롱 예방 교육을 하려는 경우에는 제13조제5항에 따라 대통령령으로 정하는 내용을 성희롱 예방 교육기관에 미리 알려 그 사항이 포함되도록 하여야 한다.
③ 성희롱 예방 교육기관은 고용노동부령으로 정하는 기관 중에서 지정하되, 고용노동부령으로 정하는 강사를 1명 이상 두어야 한다.
④ 성희롱 예방 교육기관은 고용노동부령으로 정하는 바에 따라 교육을 실시하고 교육이수증이나 이수자 명단 등 교육 실시 관련 자료를 보관하며 사업주나 교육 대상자에게 그 자료를 내주어야 한다.
⑤ 고용노동부장관은 성희롱 예방 교육기관이 다음 각 호의 어느 하나에 해당하면 그 지정을 취소할 수 있다.
1. 거짓이나 그 밖의 부정한 방법으로 지정을 받은 경우
2. 정당한 사유 없이 제3항에 따른 강사를 3개월 이상 계속하여 두지 아니한 경우
3. 2년 동안 직장 내 성희롱 예방 교육 실적이 없는 경우
⑥ 고용노동부장관은 제5항에 따라 성희롱 예방 교육기관의 지정을 취소하려면 청문을 하여야 한다.

시행규칙 제6조(성희롱 예방 교육기관의 지정 등) ① 사업주가 법 제13조의2제1항에 따라 고용노동부장관이 지정하는 기관(이하 "성희롱 예방 교육기관"이라 한다)에 위탁하여 성희롱 예방 교육을 하려는 경우에는 해당 사업에서의 「남녀고용평등과 일 · 가정 양립 지원에 관한 법률 시행령」(이하 "영"이라 한다) 제3조제2항제2호 및 제3호에 관한 사항을 성희롱 예방 교육기관에 미리 알려 그 사항이 성희롱 예방 교육에 포함되도록 하여야 한다.
② 고용노동부장관은 법 제13조의2제2항에 따라 다음 각 호의 어느 하나에 해당하는 기관 중에서 성희롱 예방 교육기관을 지정하여야 한다.

1. 사업주단체
2. 「공인노무사법」 제7조의2에 따른 노무법인
3. 법 제23조에 따라 비용을 지원받는 민간단체
4. 「독점규제 및 공정거래에 관한 법률」 제2조제2호에 따른 기업집단이 운영하는 연수 · 교육 시설

③ 법 제13조의2제2항에서 "고용노동부령으로 정하는 강사"란 다음 각 호의 어느 하나에 해당하는 강사양성교육을 수료한 강사를 말한다.
1. 고용노동부장관이 직접 실시하는 강사양성교육
2. 고용노동부장관이 교육과정을 승인하거나 비용의 전부 또는 일부를 지원하는 강사양성교육

시행규칙 제7조(성희롱 예방 교육기관의 지정 절차) ① 성희롱 예방 교육기관으로 지정받으려는 자는 별지 제1호서식의 직장 내 성희롱 예방 교육기관 지정 신청서에 다음 각 호의 서류를 첨부하여 지방고용노동관서의 장에게 제출하여야 한다.
1. 예방교육 강사 보유 현황
2. 예방교육 시 사용할 교재 등의 자료
3. 그 밖에 예방교육 자료의 개발 등 관련 사업을 한 경험을 증명할 수 있는 서류

② 제1항에 따른 신청서를 받은 담당 공무원은 「전자정부법」 제36조제1항에 따른 행정정보의 공동이용을 통하여 법인 등기사항증명서(법인인 경우만 해당한다)을 확인하여야 한다.

③ 지방고용노동관서의 장은 제1항에 따른 신청서가 제출된 경우에는 접수된 날부터 10일 이내에 지정 여부를 결정하여 알리되, 지정하는 경우에는 별지 제2호서식의 직장 내 성희롱 예방 교육기관 지정서를 발급하여야 한다.

④ 제3항에 따라 성희롱 예방 교육기관으로 지정받은 자는 지정받은 내용 중 명칭 · 소재지 및 대표자에 관한 사항이 변경된 경우에는 별지 제3호서식의 직장 내 성희롱 예방 교육기관 변경 신청서에 변경 사실을 증명할 수 있는 서류와 제3항에 따라 발급받은 지정서를 첨부하여 지방고용노동관서의 장에게 제출하여야 한다. 이 경우 변경신청서의 처리에 관하여는 제3항을 준용한다.

시행규칙 제8조(성희롱 예방 교육기관의 위탁교육 방법) 성희롱 예방 교육기관의 장은 사업주에게 위탁받아 성희롱 예방 교육을 하는 경우에는 법 제13조의2 제3항에 따라 1시간 이상의 교육과정을 편성하여야 하고 제6조제3항에 따른 강사가 교육을 하도록 하여야 한다.

제14조(직장 내 성희롱 발생 시 조치) ① 누구든지 직장 내 성희롱 발생 사실을 알게 된 경우 그 사실을 해당 사업주에게 신고할 수 있다.

② 사업주는 제1항에 따른 신고를 받거나 직장 내 성희롱 발생 사실을 알게 된 경우에는 지체 없이 그 사실 확인을 위한 조사를 하여야 한다. 이 경우 사업주는 직장 내 성희롱과 관련하여 피해를 입은 근로자 또는 피해를 입었다고 주장하는 근로자(이하 "피해근로자등"이라 한다)가 조사 과정에서 성적 수치심 등을 느끼지 아니하도록 하여야 한다.

③ 사업주는 제2항에 따른 조사 기간 동안 피해근로자등을 보호하기 위하여 필요한 경우 해당 피해근로자등에 대하여 근무장소의 변경, 유급휴가 명령 등 적절한 조치를 하여야 한다. 이 경우 사업주는 피해근로자등의 의사에 반하는 조치를 하여서는 아니 된다.

④ 사업주는 제2항에 따른 조사 결과 직장 내 성희롱 발생 사실이 확인된 때에는 피해근로자가 요청하면 근무장소의 변경, 배치전환, 유급휴가 명령 등 적절한 조치를 하여야 한다.

⑤ 사업주는 제2항에 따른 조사 결과 직장 내 성희롱 발생 사실이 확인된 때에는 지체 없이 직장 내 성희롱 행위를 한 사람에 대하여 징계, 근무장소의 변경 등 필요한 조치를 하여야 한다. 이 경우 사업주는 징계 등의 조치를 하기 전에 그 조치에 대하여 직장 내 성희롱 피해를 입은 근로자의 의견을 들어야 한다.

⑥ 사업주는 성희롱 발생 사실을 신고한 근로자 및 피해근로자등에게 다음 각 호의 어느 하나에 해당하는 불리한 처우를 하여서는 아니 된다.

1. 파면, 해임, 해고, 그 밖에 신분상실에 해당하는 불이익 조치
2. 징계, 정직, 감봉, 강등, 승진 제한 등 부당한 인사조치
3. 직무 미부여, 직무 재배치, 그 밖에 본인의 의사에 반하는 인사조치
4. 성과평가 또는 동료평가 등에서 차별이나 그에 따른 임금 또는 상여금 등의 차별 지급
5. 직업능력 개발 및 향상을 위한 교육훈련 기회의 제한
6. 집단 따돌림, 폭행 또는 폭언 등 정신적·신체적 손상을 가져오는 행위를 하거나 그 행위의 발생을 방치하는 행위
7. 그 밖에 신고를 한 근로자 및 피해근로자등의 의사에 반하는 불리한 처우

⑦ 제2항에 따라 직장 내 성희롱 발생 사실을 조사한 사람, 조사 내용을 보고 받은 사람 또는 그 밖에 조사 과정에 참여한 사람은 해당 조사 과정에서 알게 된 비밀을 피해근로자등의 의사에 반하여 다른 사람에게 누설하여서는 아니 된다. 다만, 조사와 관련된 내용을 사업주에게 보고하거나 관계 기관의 요청에 따라 필요한 정보를 제공하는 경우는 제외한다.

시행규칙 제9조(직장 내 성희롱을 한 자에 대한 징계 등) 사업주는 법 제14조제5항에 따라 직장 내 성희롱을 한 자에 대한 징계나 그 밖에 이에 준하는 조치를 하는 경우에는 성희롱의 정도 및 지속성 등을 고려하여야 한다.

제14조의2(고객 등에 의한 성희롱 방지) ① 사업주는 고객 등 업무와 밀접한 관련이 있는 사람이 업무수행 과정에서 성적인 언동 등을 통하여 근로자에게 성적 굴욕감 또는 혐오감 등을 느끼게 하여 해당 근로자가 그로 인한 고충 해소를 요청할 경우 근무 장소 변경, 배치전환, 유급휴가의 명령 등 적절한 조치를 하여야 한다.
② 사업주는 근로자가 제1항에 따른 피해를 주장하거나 고객 등으로부터의 성적 요구 등에 따르지 아니하였다는 것을 이유로 해고나 그 밖의 불이익한 조치를 하여서는 아니 된다.

제24조(명예고용평등감독관) ① 고용노동부장관은 사업장의 남녀고용평등 이행을 촉진하기 위하여 그 사업장 소속 근로자 중 노사가 추천하는 사람을 명예고용평등감독관(이하 "명예감독관"이라 한다)으로 위촉할 수 있다.
② 명예감독관은 다음 각 호의 업무를 수행한다.
1. 해당 사업장의 차별 및 직장 내 성희롱 발생 시 피해근로자에 대한 상담 · 조언
2. 해당 사업장의 고용평등 이행상태 자율점검 및 지도 시 참여
3. 법령위반 사실이 있는 사항에 대하여 사업주에 대한 개선 건의 및 감독기관에 대한 신고
4. 남녀고용평등 제도에 대한 홍보 · 계몽
5. 그 밖에 남녀고용평등의 실현을 위하여 고용노동부장관이 정하는 업무
③ 사업주는 명예감독관으로서 정당한 임무 수행을 한 것을 이유로 해당 근로자에게 인사상 불이익 등의 불리한 조치를 하여서는 아니 된다.
④ 명예감독관의 위촉과 해촉 등에 필요한 사항은 고용노동부령으로 정한다.

시행규칙 제16조(명예고용평등감독관의 위촉 · 운영 등) ① 법 제24조에 따라 명예고용평등감독관(이하 "명예감독관"이라 한다)으로 위촉할 수 있는 사람은 다음 각 호와 같다.
1. 「근로자참여 및 협력증진에 관한 법률」에 따른 노사협의회(이하 "노사협의회"라 한다)의 위원 또는 고충처리위원
2. 노동조합의 임원 또는 인사 · 노무 담당부서의 관리자
3. 차별 및 직장 내 성희롱에 관한 상담, 고충처리, 교육 또는 훈련 업무를 수행한 경험

이 있는 사람
4. 그 밖에 해당 사업의 남녀고용평등을 실현하기 위하여 활동하기에 적합하다고 인정하는 사람

② 명예감독관의 임기는 3년으로 하되, 연임할 수 있다.

③ 명예감독관은 법 제24조 제2항에 따른 업무를 수행하는 경우에 노사의 협의를 통하여 해결할 필요가 있다고 판단되는 사안은 노사협의회의 토의에 부쳐 처리하게 할 수 있다.

④ 명예감독관은 업무 수행 중에 알게 된 비밀을 누설하여서는 아니 된다.

⑤ 명예감독관이 법 제24조 제2항에 따른 업무를 수행하는 경우에는 비상근, 무보수로 함을 원칙으로 한다.

⑥ 고용노동부장관은 명예감독관이 다음 각 호의 어느 하나에 해당하는 경우 그 명예감독관을 해촉할 수 있다.

1. 근로자인 명예감독관이 퇴직 등의 사유로 해당 사업의 근로자 지위를 상실한 경우
2. 명예감독관이 업무 수행 중에 알게 된 비밀을 누설하거나 그 밖에 업무와 관련하여 부정한 행위를 한 경우
3. 사업의 폐지 등으로 명예감독관을 둘 필요가 없게 된 경우
4. 그 밖에 명예감독관으로 활동하기에 부적합한 사유가 있어 해당 사업의 노사 대표가 공동으로 해촉을 요청한 경우

⑦ 그 밖에 명예감독관의 위촉 · 해촉 및 운영 등에 필요한 사항은 고용노동부장관이 정한다.

제25조(분쟁의 자율적 해결) 사업주는 제7조부터 제13조까지, 제13조의2, 제14조, 제14조의2, 제18조제4항, 제18조의2, 제19조, 제19조의2부터 제19조의6까지, 제21조 및 제22조의2에 따른 사항에 관하여 근로자가 고충을 신고하였을 때에는 「근로자참여 및 협력증진에 관한 법률」에 따라 해당 사업장에 설치된 노사협의회에 고충의 처리를 위임하는 등 자율적인 해결을 위하여 노력하여야 한다.

시행령 제18조(고충 신고 등) ① 법 제25조에 따른 고충 신고는 구두, 서면, 우편, 전화, 팩스 또는 인터넷 등의 방법으로 하여야 한다.

② 사업주는 제1항에 따라 고충 신고를 받은 경우 특별한 사유가 없으면 신고 접수일부터 10일 이내에 신고된 고충을 직접 처리하거나 「근로자참여 및 협력증진에 관한 법률」에 따라 설치된 노사협의회에 위임하여 처리하게 하고, 사업주가 직접 처리한 경우에는 처리 결과를, 노사협의회에 위임하여 처리하게 한 경우에는 위임 사실을 해당 근

로자에게 알려야 한다.
③ 사업주는 고충접수 · 처리대장을 작성하여 갖추어 두고 관련 서류를 3년간 보존하여야 한다.
④ 제3항의 고충접수 · 처리대장은 전자적 처리가 불가능한 특별한 사유가 없으면 전자적 처리가 가능한 방법으로 작성하여 갖추어 두어야 하며, 같은 항에 따른 서류는 전자적인 방법으로 작성 · 보존할 수 있다.

제26조(차별적 처우등의 시정신청) ① 근로자는 사업주로부터 다음 각 호의 어느 하나에 해당하는 차별적 처우 등(이하 "차별적 처우등"이라 한다)을 받은 경우 「노동위원회법」 제1조에 따른 노동위원회(이하 "노동위원회"라 한다)에 그 시정을 신청할 수 있다. 다만, 차별적 처우등을 받은 날(제1호 및 제3호에 따른 차별적 처우등이 계속되는 경우에는 그 종료일)부터 6개월이 지난 때에는 그러하지 아니하다.
1. 제7조부터 제11조까지 중 어느 하나를 위반한 행위(이하 "차별적 처우"라 한다)
2. 제14조제4항 또는 제14조의2제1항에 따른 적절한 조치를 하지 아니한 행위
3. 제14조제6항을 위반한 불리한 처우 또는 제14조의2제2항을 위반한 해고나 그 밖의 불이익한 조치
② 근로자가 제1항에 따른 시정신청을 하는 경우에는 차별적 처우등의 내용을 구체적으로 명시하여야 한다.
③ 제1항 및 제2항에 따른 시정신청의 절차 · 방법 등에 관하여 필요한 사항은 「노동위원회법」 제2조제1항에 따른 중앙노동위원회(이하 "중앙노동위원회"라 한다)가 따로 정하여 고시한다.

제27조(조사 · 심문 등) ① 노동위원회는 제26조에 따른 시정신청을 받은 때에는 지체 없이 필요한 조사와 관계 당사자에 대한 심문을 하여야 한다.
② 노동위원회는 제1항에 따른 심문을 하는 때에는 관계 당사자의 신청 또는 직권으로 증인을 출석하게 하여 필요한 사항을 질문할 수 있다.
③ 노동위원회는 제1항 및 제2항에 따른 심문을 할 때에는 관계 당사자에게 증거의 제출과 증인에 대한 반대심문을 할 수 있는 충분한 기회를 주어야 한다.
④ 제1항부터 제3항까지에 따른 조사 · 심문의 방법 및 절차 등에 관하여 필요한 사항은 중앙노동위원회가 따로 정하여 고시한다.
⑤ 노동위원회는 차별적 처우등 시정사무에 관한 전문적인 조사 · 연구업무를 수행하기 위하여 전문위원을 둘 수 있다. 이 경우 전문위원의 수 · 자격 및 보수 등에 관하여 필요한 사항은 대통령령으로 정한다.

시행령 제18조의2(전문위원의 수 및 자격 등) ① 법 제27조제5항에 따른 전문위원은 「노동위원회법」 제2조제1항에 따른 중앙노동위원회 또는 지방노동위원회에 둔다.

② 제1항에 따라 「노동위원회법」 제2조제1항에 따른 중앙노동위원회 또는 지방노동위원회에 두는 전문위원의 수는 10명 이내로 한다.

③ 제2항에 따른 전문위원은 다음 각 호의 어느 하나에 해당하는 사람 중에서 「노동위원회법」 제2조제1항에 따른 중앙노동위원회(이하 "중앙노동위원회"라 한다)의 위원장이 위촉하는 사람으로 한다.

1. 법학 · 경영학 · 경제학 · 사회학 · 여성학 등 남녀고용 및 노동 관련 분야의 박사학위를 가진 사람
2. 변호사 · 공인회계사 또는 공인노무사의 자격이 있는 사람

④ 제2항에 따른 전문위원의 보수에 관한 사항은 「공무원보수규정」 별표 34에 따른 일반임기제공무원의 연봉등급 기준표를 준용하여 중앙노동위원회가 따로 정한다.

제28조(조정 · 중재) ① 노동위원회는 제27조에 따른 심문 과정에서 관계 당사자 쌍방 또는 일방의 신청이나 직권으로 조정(調停)절차를 개시할 수 있고, 관계 당사자가 미리 노동위원회의 중재(仲裁)결정에 따르기로 합의하여 중재를 신청한 경우에는 중재를 할 수 있다.

② 제1항에 따른 조정 또는 중재의 신청은 제26조에 따른 시정신청을 한 날부터 14일 이내에 하여야 한다. 다만, 노동위원회가 정당한 사유로 그 기간에 신청할 수 없었다고 인정하는 경우에는 14일 후에도 신청할 수 있다.

③ 노동위원회는 조정 또는 중재를 하는 경우 관계 당사자의 의견을 충분히 들어야 한다.

④ 노동위원회는 특별한 사유가 없으면 조정절차를 개시하거나 중재신청을 받은 날부터 60일 이내에 조정안을 제시하거나 중재결정을 하여야 한다.

⑤ 노동위원회는 관계 당사자 쌍방이 조정안을 받아들이기로 한 경우에는 조정조서를 작성하여야 하고, 중재결정을 한 경우에는 중재결정서를 작성하여야 한다.

⑥ 조정조서에는 관계 당사자와 조정에 관여한 위원 전원이 서명 또는 날인을 하여야 하고, 중재결정서에는 관여한 위원 전원이 서명 또는 날인을 하여야 한다.

⑦ 제5항 및 제6항에 따른 조정 또는 중재결정은 「민사소송법」에 따른 재판상 화해와 동일한 효력을 갖는다.

⑧ 제1항부터 제7항까지에 따른 조정 · 중재의 방법, 조정조서 · 중재결정서의 작성 등에 필요한 사항은 중앙노동위원회가 따로 정하여 고시한다.

제29조(시정명령 등) ① 노동위원회는 제27조에 따른 조사 · 심문을 끝내고 차별적 처우등에 해당된다고 판정한 때에는 해당 사업주에게 시정명령을 하여야 하고, 차별적 처우등에 해당하지 아니한다고 판정한 때에는 그 시정신청을 기각하는 결정을 하여야 한다.
② 제1항에 따른 판정, 시정명령 또는 기각결정은 서면으로 하되, 그 이유를 구체적으로 명시하여 관계 당사자에게 각각 통보하여야 한다. 이 경우 시정명령을 하는 때에는 시정명령의 내용 및 이행기한 등을 구체적으로 적어야 한다.

제29조의2(조정 · 중재 또는 시정명령의 내용) ① 제28조에 따른 조정 · 중재 또는 제29조에 따른 시정명령의 내용에는 차별적 처우등의 중지, 임금 등 근로조건의 개선(취업규칙, 단체협약 등의 제도개선 명령을 포함한다) 또는 적절한 배상 등의 시정조치 등을 포함할 수 있다.
② 제1항에 따라 배상을 하도록 한 경우 그 배상액은 차별적 처우 등으로 근로자에게 발생한 손해액을 기준으로 정한다. 다만, 노동위원회는 사업주의 차별적 처우등에 명백한 고의가 인정되거나 차별적 처우등이 반복되는 경우에는 그 손해액을 기준으로 3배를 넘지 아니하는 범위에서 배상을 명령할 수 있다.

제29조의3(시정명령 등의 확정) ① 「노동위원회법」 제2조제1항에 따른 지방노동위원회의 시정명령 또는 기각결정에 불복하는 관계 당사자는 시정명령서 또는 기각결정서를 송달받은 날부터 10일 이내에 중앙노동위원회에 재심을 신청할 수 있다.
② 제1항에 따른 중앙노동위원회의 재심결정에 불복하는 관계 당사자는 재심결정서를 송달받은 날부터 15일 이내에 행정소송을 제기할 수 있다.
③ 제1항에 따른 기간에 재심을 신청하지 아니하거나 제2항에 따른 기간에 행정소송을 제기하지 아니한 때에는 그 시정명령, 기각결정 또는 재심결정은 확정된다.

제29조의4(시정명령 이행상황의 제출 요구 등) ① 고용노동부장관은 확정된 시정명령에 대하여 사업주에게 이행상황을 제출할 것을 요구할 수 있다.
② 시정신청을 한 근로자는 사업주가 확정된 시정명령을 이행하지 아니하는 경우 이를 고용노동부장관에게 신고할 수 있다.

제29조의5(고용노동부장관의 차별적 처우 시정요구 등) ① 고용노동부장관은 사업주가 차별적 처우를 한 경우에는 그 시정을 요구할 수 있다.
② 고용노동부장관은 사업주가 제1항에 따른 시정요구에 따르지 아니할 경우에는 차별적 처우의 내용을 구체적으로 명시하여 노동위원회에 통보하여야 한다. 이 경우 고

용노동부장관은 해당 사업주 및 근로자에게 그 사실을 알려야 한다.

③ 노동위원회는 제2항에 따라 고용노동부장관의 통보를 받은 때에는 지체 없이 차별적 처우가 있는지 여부를 심리하여야 한다. 이 경우 노동위원회는 해당 사업주 및 근로자에게 의견을 진술할 수 있는 기회를 주어야 한다.

④ 제3항에 따른 노동위원회의 심리, 시정절차 및 노동위원회 결정에 대한 효력 등에 관하여는 제26조부터 제29조까지 및 제29조의2부터 제29조의4까지를 준용한다. 이 경우 "시정신청을 한 날"은 "통보를 받은 날"로, "기각결정"은 "차별적 처우가 없다는 결정"으로, "관계 당사자"는 "해당 사업주 또는 근로자"로, "시정신청을 한 근로자"는 "해당 근로자"로 본다.

⑤ 제3항 및 제4항에 따른 노동위원회의 심리 등에 관하여 필요한 사항은 중앙노동위원회가 따로 정하여 고시한다.

제29조의6(확정된 시정명령의 효력 확대) ① 고용노동부장관은 제29조의3(제29조의5제4항에 따라 준용되는 경우를 포함한다)에 따라 확정된 시정명령을 이행할 의무가 있는 사업주의 사업 또는 사업장에서 해당 시정명령의 효력이 미치는 근로자 외의 근로자에 대해서도 차별적 처우가 있는지를 조사하여 차별적 처우가 있는 경우에는 그 시정을 요구할 수 있다.

② 고용노동부장관은 사업주가 제1항에 따른 시정요구에 따르지 아니하는 경우 노동위원회에 통보하여야 하고, 노동위원회는 지체 없이 차별적 처우가 있는지 여부를 심리하여야 한다.

③ 제2항에 따른 통보 및 심리에 관하여는 제29조의5제2항부터 제5항까지를 준용한다.

제29조의7(차별적 처우등의 시정신청 등으로 인한 불리한 처우의 금지) 사업주는 근로자가 다음 각 호의 어느 하나에 해당하는 행위를 한 것을 이유로 해고나 그 밖의 불리한 처우를 하지 못한다.

1. 제26조에 따른 차별적 처우등의 시정신청, 제27조에 따른 노동위원회에의 참석 및 진술, 제29조의3에 따른 재심신청 또는 행정소송의 제기
2. 제29조의4제2항에 따른 시정명령 불이행의 신고

제30조(입증책임) 이 법과 관련한 분쟁해결(제26조부터 제29조까지 및 제29조의2부터 제29조의7까지를 포함한다)에서 입증책임은 사업주가 부담한다.

제37조(벌칙) ② 사업주가 다음 각 호의 어느 하나에 해당하는 위반행위를 한 경우에는 3년 이하의 징역 또는 3천만원 이하의 벌금에 처한다.

2. 제14조제6항을 위반하여 직장 내 성희롱 발생 사실을 신고한 근로자 및 피해근로자 등에게 불리한 처우를 한 경우

제38조(양벌규정) 법인의 대표자나 법인 또는 개인의 대리인, 사용인, 그 밖의 종업원이 그 법인 또는 개인의 업무에 관하여 제37조의 위반행위를 하면 그 행위자를 벌하는 외에 그 법인 또는 개인에게도 해당 조문의 벌금형을 과(科)한다. 다만, 법인 또는 개인이 그 위반행위를 방지하기 위하여 해당 업무에 관하여 상당한 주의와 감독을 게을리하지 아니한 경우에는 그러하지 아니하다.

제39조(과태료) ① 사업주가 제29조의3(제29조의5제4항 및 제29조의6제3항에 따라 준용되는 경우를 포함한다)에 따라 확정된 시정명령을 정당한 이유 없이 이행하지 아니한 경우에는 1억원 이하의 과태료를 부과한다.

② 사업주가 제12조를 위반하여 직장 내 성희롱을 한 경우에는 1천만원 이하의 과태료를 부과한다.

③ 사업주가 다음 각 호의 어느 하나에 해당하는 위반행위를 한 경우에는 500만원 이하의 과태료를 부과한다.

1의2. 제13조제1항을 위반하여 성희롱 예방 교육을 하지 아니한 경우

1의3. 제13조제3항을 위반하여 성희롱 예방 교육의 내용을 근로자가 자유롭게 열람할 수 있는 장소에 항상 게시하거나 갖추어 두지 아니한 경우

1의4. 제14조제2항 전단을 위반하여 직장 내 성희롱 발생 사실 확인을 위한 조사를 하지 아니한 경우

1의5. 제14조제4항을 위반하여 근무장소의 변경 등 적절한 조치를 하지 아니한 경우

1의6. 제14조제5항 전단을 위반하여 징계, 근무장소의 변경 등 필요한 조치를 하지 아니한 경우

1의7. 제14조제7항을 위반하여 직장 내 성희롱 발생 사실 조사 과정에서 알게 된 비밀을 다른 사람에게 누설한 경우

2. 제14조의2제2항을 위반하여 근로자가 고객 등에 의한 성희롱 피해를 주장하거나 고객 등으로부터의 성적 요구 등에 따르지 아니하였다는 이유로 해고나 그 밖의 불이익한 조치를 한 경우

시행령 제22조(과태료의 부과기준) ① 법 제39조제1항부터 제4항까지의 규정에 따른 과태료 부과기준은 별표와 같다.

남녀고용평등과 일 · 가정 양립 지원에 관한 법률 시행령 [별표]

과태료의 부과기준(제22조 관련)

1. 일반기준

가. 위반행위(제2호서목 및 어목의 위반행위만 해당한다)의 횟수에 따른 과태료의 가중된 부과기준은 최근 2년간 같은 위반행위로 과태료 부과처분을 받은 경우에 적용한다. 이 경우 기간의 계산은 같은 위반행위에 대하여 과태료 부과처분을 받은 날과 그 처분 후 다시 같은 위반행위를 하여 적발된 날을 기준으로 한다.

나. 가목에 따라 가중된 부과처분을 하는 경우 가중처분의 적용 차수는 그 위반행위 전 부과처분 차수(가목에 따른 기간 내에 과태료 부과 처분이 둘 이상 있었던 경우에는 높은 차수를 말한다)의 다음 차수로 한다.

다. 부과권자는 다음의 어느 하나에 해당하는 경우에는 제2호의 개별기준에 따른 과태료의 2분의 1 범위에서 그 금액을 줄여 부과할 수 있다. 다만, 과태료를 체납하고 있는 위반행위자의 경우에는 그렇지 않다.

1) 위반행위가 사소한 부주의나 오류로 인한 것으로 인정되는 경우

2) 법 위반상태를 시정하거나 해소하기 위한 노력이 인정되는 경우

3) 그 밖에 위반행위의 정도, 위반행위의 동기와 그 결과 등을 고려하여 과태료금액을 줄일 필요가 있다고 인정되는 경우

라. 부과권자는 위반행위의 정도, 위반행위의 동기와 그 결과 등을 고려하여 제2호의 개별기준에 따른 과태료의 2분의 1 범위에서 늘려 부과할 수 있다. 다만, 늘려 부과하는 경우에도 법 제39조에 따른 과태료의 상한을 넘을 수 없다.

2. 개별기준

위반행위	근거 법조문	과태료		
		1차 위반	2차 위반	3차 이상 위반
가. 사업주가 법 제12조를 위반하여 직장 내 성희롱을 한 경우	법 제39조 제2항			
1) 직장 내 성희롱과 관련하여 최근 3년 이내에 과태료처분을 받은 사실이 있는 사람이 다시 직장 내 성희롱을 한 경우		1천만원		
2) 한 사람에게 수차례 직장 내 성희롱을 하거나 2명 이상에게 직장 내 성희롱을 한 경우		500만원		

3) 그 밖의 직장 내 성희롱을 한 경우		300만원
나. 사업주가 법 제13조제1항을 위반하여 성희롱 예방 교육을 하지 않은 경우	법 제39조 제3항 제1호의2	500만원
다. 사업주가 법 제13조제3항을 위반하여 성희롱 예방 교육의 내용을 근로자가 자유롭게 열람할 수 있는 장소에 항상 게시하거나 갖추어 두지 않은 경우	법 제39조 제3항 제1호의3	500만원
라. 사업주가 법 제14조제2항 전단을 위반하여 직장 내 성희롱 발생 사실 확인을 위한 조사를 하지 않은 경우	법 제39조 제3항 제1호의4	500만원
마. 사업주가 법 제14조제4항을 위반하여 근무장소의 변경 등 적절한 조치를 하지 않은 경우	법 제39조 제3항 제1호의5	500만원
바. 사업주가 법 제14조제5항 전단을 위반하여 징계, 근무장소의 변경 등 필요한 조치를 하지 않은 경우	법 제39조 제3항 제1호의6	500만원
사. 사업주가 법 제14조제7항을 위반하여 직장 내 성희롱 발생 사실 조사 과정에서 알게 된 비밀을 다른 사람에게 누설한 경우	법 제39조 제3항 제1호의7	500만원
아. 사업주가 법 제14조의2제1항을 위반하여 근무 장소 변경, 배치전환, 유급휴가의 명령 등 적절한 조치를 하지 않은 경우	법 제39조제4항제1호의2	300만원
자. 사업주가 법 제14조의2제2항을 위반하여 근로자가 고객 등에 의한 성희롱 피해를 주장하거나 고객 등으로부터의 성적 요구 등에 따르지 않았다는 이유로 해고나 그 밖의 불이익한 조치를 한 경우	법 제39조 제3항제2호	500만원

차. 사업주가 법 제17조의3제1항을 위반하여 시행계획을 제출하지 않은 경우	법 제39조 제4항제2호	300만원
카. 사업주가 법 제17조의3제2항을 위반하여 남녀 근로자 현황을 제출하지 않거나 거짓으로 제출한 경우	법 제39조 제4항제3호	300만원
타. 사업주가 법 제17조의4제1항을 위반하여 이행실적을 제출하지 않거나 거짓으로 제출한 경우(법 제17조의3제3항에 따라 시행계획을 제출한 자가 이행실적을 제출하지 않는 경우는 제외한다)	법 제39조 제4항제4호	300만원
파. 사업주가 법 제18조제4항을 위반하여 관계 서류의 작성 · 확인 등 모든 절차에 적극 협력하지 않은 경우	법 제39조 제4항제5호	200만원
하. 사업주가 법 제18조의2제1항을 위반하여 근로자가 배우자의 출산을 이유로 휴가를 고지했는데도 20일의 휴가를 주지 않거나 근로자가 사용한 휴가를 유급으로 하지 않은 경우	법 제39조 제3항제3호	500만원
거. 사업주가 법 제18조의3제1항을 위반하여 난임치료휴가를 주지 않은 경우	법 제39조 제3항 제3호의2	500만원
너. 사업주가 법 제19조의2제1항을 위반하여 육아기 근로시간 단축 신청을 받고 육아기 근로시간 단축을 허용하지 않은 경우	법 제39조 제3항제6호	500만원
더. 사업주가 법 제19조의2제2항을 위반하여 육아기 근로시간 단축을 허용하지 않았으면서도 해당 근로자에게 그 사유를 서면으로 통보하지 않거나, 육아휴직의 사용 또는 그 밖의 조치를 통한 지원 여부에 관하여 해당 근로자와 협의하지 않은 경우	법 제39조 제3항제4호	400만원

러. 사업주가 법 제19조의3제2항을 위반하여 육아기 근로시간 단축을 한 근로자의 근로조건을 서면으로 정하지 않은 경우	법 제39조 제3항제5호	400만원		
머. 사업주가 법 제22조의2제1항을 위반하여 가족돌봄휴직의 신청을 받고 가족돌봄휴직을 허용하지 않은 경우	법 제39조 제3항제7호	500만원		
버. 사업주가 법 제22조의2제2항(같은 조 제4항제3호에 따라 기간이 연장된 경우를 포함한다)을 위반하여 가족돌봄휴가의 신청을 받고 가족돌봄휴가를 허용하지 않은 경우	법 제39조 제3항제8호	500만원		
서. 사업주가 법 제29조의3(법 제29조의5제4항 및 제29조의6제3항에 따라 준용되는 경우를 포함한다)에 따라 확정된 시정명령을 정당한 이유 없이 이행하지 않은 경우	법 제39조 제1항			
1) 배상을 내용으로 하는 시정명령을 이행하지 않은 경우		1억원의 범위에서 해당 배상명령액		
2) 그 밖에 차별적 처우등의 중지, 임금 등 근로조건의 개선 등의 시정조치를 내용으로 하는 시정명령을 이행하지 않은 경우		500만원	1천만원	2천만원
어. 사업주가 법 제29조의4제1항(법 제29조의5제4항 및 제29조의6제3항에 따라 준용되는 경우를 포함한다)을 위반하여 정당한 이유 없이 고용노동부장관의 시정명령에 대한 이행상황의 제출요구에 따르지 않은 경우	법 제39조 제3항 제9호	200만원	400만원	500만원
저. 법 제31조제1항에 따른 보고 또는 관계 서류의 제출을 거부하거나 거짓으로 보고 또는 제출한 경우	법 제39조 제4항제6호	200만원		

처. 법 제31조제1항에 따른 검사를 거부, 방해 또는 기피한 경우	법 제39조 제4항제7호	200만원
커. 사업주가 법 제33조를 위반하여 관계 서류를 3년간 보존하지 않은 경우	법 제39조 제4항제8호	200만원

남녀고용평등과 일 · 가정 양립 지원에 관한 법률 시행규칙 [별표 1]

직장 내 성희롱을 판단하기 위한 기준의 예시(제2조 관련)

1. 성적인 언동의 예시
   가. 육체적 행위
      (1) 입맞춤, 포옹 또는 뒤에서 껴안는 등의 신체적 접촉행위
      (2) 가슴 · 엉덩이 등 특정 신체부위를 만지는 행위
      (3) 안마나 애무를 강요하는 행위
   나. 언어적 행위
      (1) 음란한 농담을 하거나 음탕하고 상스러운 이야기를 하는 행위(전화통화를 포함한다)
      (2) 외모에 대한 성적인 비유나 평가를 하는 행위
      (3) 성적인 사실 관계를 묻거나 성적인 내용의 정보를 의도적으로 퍼뜨리는 행위
      (4) 성적인 관계를 강요하거나 회유하는 행위
      (5) 회식자리 등에서 무리하게 옆에 앉혀 술을 따르도록 강요하는 행위
   다. 시각적 행위
      (1) 음란한 사진 · 그림 · 낙서 · 출판물 등을 게시하거나 보여주는 행위(컴퓨터통신이나 팩시밀리 등을 이용하는 경우를 포함한다)
      (2) 성과 관련된 자신의 특정 신체부위를 고의적으로 노출하거나 만지는 행위
   라. 그 밖에 사회통념상 성적 굴욕감 또는 혐오감을 느끼게 하는 것으로 인정되는 언어나 행동

2. 고용에서 불이익을 주는 것의 예시
채용탈락, 감봉, 승진탈락, 전직(轉職), 정직(停職), 휴직, 해고 등과 같이 채용 또는 근로조건을 일방적으로 불리하게 하는 것

비고: 성희롱 여부를 판단하는 때에는 피해자의 주관적 사정을 고려하되, 사회통념상 합리적인 사람이 피해자의 입장이라면 문제가 되는 행동에 대하여 어떻게 판단하고 대응하였을 것인가를 함께 고려하여야 하며, 결과적으로 위협적 · 적대적인 고용환경을 형성하여 업무능률을 떨어뜨리게 되는지를 검토하여야 한다.

산업안전보건법

[시행 2025. 10. 1.] [법률 제21065호, 2025. 10. 1., 타법개정]

제4조(정부의 책무) ① 정부는 이 법의 목적을 달성하기 위하여 다음 각 호의 사항을 성실히 이행할 책무를 진다.

3. 「근로기준법」 제76조의2에 따른 직장 내 괴롭힘 예방을 위한 조치기준 마련, 지도 및 지원

제41조(고객의 폭언 등으로 인한 건강장해 예방조치 등) ① 사업주는 주로 고객을 직접 대면하거나 「정보통신망 이용촉진 및 정보보호 등에 관한 법률」 제2조제1항제1호에 따른 정보통신망을 통하여 상대하면서 상품을 판매하거나 서비스를 제공하는 업무에 종사하는 고객응대근로자에 대하여 고객의 폭언, 폭행, 그 밖에 적정 범위를 벗어난 신체적 · 정신적 고통을 유발하는 행위(이하 이 조에서 "폭언등"이라 한다)로 인한 건강장해를 예방하기 위하여 고용노동부령으로 정하는 바에 따라 필요한 조치를 하여야 한다.
② 사업주는 업무와 관련하여 고객 등 제3자의 폭언등으로 근로자에게 건강장해가 발생하거나 발생할 현저한 우려가 있는 경우에는 업무의 일시적 중단 또는 전환 등 대통령령으로 정하는 필요한 조치를 하여야 한다.
③ 근로자는 사업주에게 제2항에 따른 조치를 요구할 수 있고, 사업주는 근로자의 요구를 이유로 해고 또는 그 밖의 불리한 처우를 해서는 아니 된다.

시행규칙 제41조(고객의 폭언등으로 인한 건강장해 예방조치) 사업주는 법 제41조제1항에 따라 건강장해를 예방하기 위하여 다음 각 호의 조치를 해야 한다.

1. 법 제41조제1항에 따른 폭언등을 하지 않도록 요청하는 문구 게시 또는 음성 안내
2. 고객과의 문제 상황 발생 시 대처방법 등을 포함하는 고객응대업무 매뉴얼 마련
3. 제2호에 따른 고객응대업무 매뉴얼의 내용 및 건강장해 예방 관련 교육 실시
4. 그 밖에 법 제41조제1항에 따른 고객응대근로자의 건강장해 예방을 위하여 필요한 조치

시행령 제41조(제3자의 폭언등으로 인한 건강장해 발생 등에 대한 조치) 법 제41조제2항에서 "업무의 일시적 중단 또는 전환 등 대통령령으로 정하는 필요한 조치"란 다음 각 호의 조치 중 필요한 조치를 말한다.

1. 업무의 일시적 중단 또는 전환
2. 「근로기준법」 제54조제1항에 따른 휴게시간의 연장
3. 법 제41조제2항에 따른 폭언등으로 인한 건강장해 관련 치료 및 상담 지원
4. 관할 수사기관 또는 법원에 증거물 · 증거서류를 제출하는 등 법 제41조제2항에 따른 폭언등으로 인한 고소, 고발 또는 손해배상 청구 등을 하는 데 필요한 지원

제170조(벌칙) 다음 각 호의 어느 하나에 해당하는 자는 1년 이하의 징역 또는 1천만원 이하의 벌금에 처한다.

1. 제41조제3항(제166조의2에서 준용하는 경우를 포함한다)을 위반하여 해고나 그 밖의 불리한 처우를 한 자

제175조(과태료) ④ 다음 각 호의 어느 하나에 해당하는 자에게는 1천만원 이하의 과태료를 부과한다.

3. 제41조제2항(제166조의2에서 준용하는 경우를 포함한다), 제42조제1항 · 제5항 · 제6항, 제44조제1항 전단, 제45조제2항, 제46조제1항, 제67조제1항 · 제2항, 제70조제1항, 제70조제2항 후단, 제71조제3항 후단, 제71조제4항, 제72조제1항 · 제3항 · 제5항(건설공사도급인만 해당한다), 제77조제1항, 제78조, 제85조제1항, 제93조제1항 전단, 제95조, 제99조제2항 또는 제107조제1항 각 호 외의 부분 본문을 위반한 자

산업재해보상보험법

[시행 2025. 1. 1.] [법률 제20523호, 2024. 10. 22., 일부개정]

제37조(업무상의 재해의 인정 기준) ① 근로자가 다음 각 호의 어느 하나에 해당하는 사유로 부상 · 질병 또는 장해가 발생하거나 사망하면 업무상의 재해로 본다. 다만, 업무와 재해 사이에 상당인과관계(相當因果關係)가 없는 경우에는 그러하지 아니하다.

2. 업무상 질병

다. 「근로기준법」 제76조의2에 따른 직장 내 괴롭힘, 고객의 폭언 등으로 인한 업무상 정신적 스트레스가 원인이 되어 발생한 질병

스토킹방지 및 피해자보호 등에 관한 법률

[시행 2025. 10. 1.] [법률 제21065호, 2025. 10. 1., 타법개정]

제1조(목적) 이 법은 스토킹을 예방하고 피해자를 보호·지원함으로써 인권증진에 이바지함을 목적으로 한다.

제2조(정의) 이 법에서 사용하는 용어의 뜻은 다음과 같다.

1. "스토킹"이란 「스토킹범죄의 처벌 등에 관한 법률」 제2조제1호에 따른 스토킹행위 및 같은 조 제2호에 따른 스토킹범죄를 말한다.
2. "스토킹행위자"란 스토킹을 한 사람을 말한다.
3. "피해자"란 스토킹으로 직접적인 피해를 입은 사람을 말한다.

제3조(국가 등의 책무) ① 국가와 지방자치단체는 스토킹의 예방·방지와 피해자의 보호 · 지원을 위하여 다음 각 호의 조치를 하여야 한다.

1. 스토킹 신고체계의 구축 · 운영
2. 스토킹 예방·방지를 위한 조사·연구·교육 및 홍보
3. 피해자를 보호·지원하기 위한 시설의 설치·운영
4. 피해자에 대한 법률구조와 주거 지원 및 취업 등 자립 지원 서비스의 제공
5. 피해자의 신체적·정신적 회복을 위하여 필요한 상담 · 치료회복프로그램 제공
6. 피해자에 대한 보호·지원을 원활히 하기 위한 관련 기관 간 협력체계의 구축·운영
7. 스토킹의 예방·방지와 피해자의 보호·지원을 위한 관계 법령의 정비와 각종 정책의 수립·시행 및 평가
8. 피해자의 안전확보를 위한 신변 노출 방지와 보호·지원 체계의 구축
9. 피해자 지원 기관 및 시설 종사자의 신변보호를 위한 안전대책 마련

② 국가와 지방자치단체는 제1항에 따른 책무를 다하기 위하여 이에 따른 예산상의 조치를 하여야 한다.

제4조(스토킹 실태조사) ① 성평등가족부장관은 3년마다 스토킹에 대한 실태조사를 실시하여 그 결과를 발표하고, 이를 스토킹 방지를 위한 정책수립의 기초자료로 활용하여야 한다.

② 제1항에 따른 실태조사의 내용과 방법 등에 관하여 필요한 사항은 대통령령으로 정한다.

제5조(스토킹 예방교육 등) ① 국가기관, 지방자치단체, 「초·중등교육법」에 따른 각급 학교 및 대통령령으로 정하는 공공단체의 장은 스토킹의 예방과 방지를 위하여 필요한 교육을 실시할 수 있다. 다만, 수사기관의 장은 사건 담당자 등 업무 관련자를 대상으로 필요한 교육을 실시하여야 한다.

② 제1항에 따라 스토킹 예방교육을 실시하는 경우 「가정폭력방지 및 피해자보호 등에 관한 법률」 제4조의3에 따른 가정폭력 예방교육, 「성매매방지 및 피해자보호 등에 관한 법률」 제5조에 따른 성매매 예방교육, 「성폭력방지 및 피해자보호 등에 관한 법률」 제5조에 따른 성교육 및 성폭력 예방교육, 「양성평등기본법」 제31조에 따른 성희롱 예방교육 등을 성평등 관점에서 통합하여 실시할 수 있다.

③ 국가기관, 지방자치단체의 장 및 대통령령으로 정하는 공공단체의 장은 스토킹 방지를 위한 자체 예방지침 마련, 사건 발생 시 재발방지대책 수립·시행 등 필요한 대책을 마련하여야 한다.

④ 「양성평등기본법」 제3조제3호에 따른 사용자는 스토킹 예방교육을 실시하는 등 직장 내 스토킹 예방을 위한 노력을 하여야 한다.

⑤ 성평등가족부장관은 제1항에 따른 교육의 확산을 위하여 교육에 필요한 자료 또는 프로그램을 개발 · 보급하여야 한다.

⑥ 제3항에 따른 재발방지대책에 포함되어야 할 사항은 대통령령으로 정한다.

제6조(피해자 등에 대한 불이익조치의 금지 등) ① 피해자 또는 스토킹 사실을 신고한 자를 고용하고 있는 자는 피해자 또는 스토킹 사실을 신고한 자에게 스토킹으로 피해를 입은 것 또는 신고를 한 것을 이유로 다음 각 호의 어느 하나에 해당하는 불이익조치를 하여서는 아니 된다.

1. 파면, 해임, 해고, 그 밖에 신분상실에 해당하는 신분상의 불이익조치
2. 징계, 정직, 감봉, 강등, 승진 제한, 그 밖에 부당한 인사조치
3. 전보, 전근, 직무 미부여, 직무 재배치, 그 밖에 본인의 의사에 반하는 인사조치
4. 성과평가 또는 동료평가 등에서 차별이나 그에 따른 임금 또는 상여금 등의 차별 지급
5. 직업능력 개발 및 향상을 위한 교육훈련 기회의 제한, 예산 또는 인력 등 가용자원의 제한 또는 제거, 보안정보 또는 비밀정보 사용의 정지 또는 취급자격의 취소, 그 밖에 근무조건 등에 부정적 영향을 미치는 차별 또는 조치
6. 주의 대상자 명단 작성 또는 그 명단의 공개, 집단 따돌림, 폭행 또는 폭언 등 정신적·신체적 손상을 가져오는 행위 또는 그 행위의 발생을 방치하는 행위
7. 직무에 대한 부당한 감사 또는 조사나 그 결과의 공개

8. 그 밖에 본인의 의사에 반하는 불이익조치

② 피해자를 고용하고 있는 자는 피해자의 요청이 있으면 업무 연락처 및 근무 장소의 변경, 배치 전환 등의 적절한 조치를 할 수 있다.

제7조(취학 지원) ① 국가나 지방자치단체는 피해자나 그 가족구성원(이하 "피해자등"이라 한다)이 「초 · 중등교육법」에 따른 각급 학교의 학생인 경우로서 주소지 외의 지역에서 취학(입학 · 재입학 · 전학 및 편입학을 포함한다. 이하 같다)할 필요가 있는 경우에는 그 취학이 원활히 이루어지도록 지원하여야 한다.

② 제1항에 따른 취학 지원에 필요한 사항은 대통령령으로 정한다.

제8조(지원시설의 설치) ① 국가나 지방자치단체는 피해자등의 보호·지원과 효과적인 피해 방지를 위하여 피해자 지원시설(이하 "지원시설"이라 한다)을 설치·운영할 수 있다.

② 성평등가족부장관이나 지방자치단체의 장은 지원시설의 설치·운영 업무를 대통령령으로 정하는 기관 또는 단체에 위탁할 수 있다.

③ 성평등가족부장관이나 지방자치단체의 장은 제2항에 따라 지원시설의 설치·운영 업무를 위탁하는 경우에는 그에 필요한 경비를 지원할 수 있다.

④ 제1항에 따른 지원시설의 설치·운영 기준 등에 필요한 사항은 대통령령으로 정한다.

제9조(지원시설의 업무) 지원시설은 다음 각 호의 업무를 수행한다.

1. 스토킹 신고 접수와 이에 관한 상담
2. 피해자등의 신체적·정신적 안정과 일상생활 복귀 지원
3. 피해자등의 보호와 임시거소의 제공 및 숙식 제공
4. 직업훈련 및 취업정보의 제공
5. 피해자등의 질병치료와 건강관리를 위하여 의료기관에 인도하는 등의 의료 지원
6. 스토킹행위자에 대한 고소와 피해배상청구 등 사법처리 절차에 관하여 「법률구조법」 제8조에 따른 대한법률구조공단 등 관계 기관에 대한 협조 및 지원 요청
7. 수사·재판 과정에 필요한 지원
8. 스토킹의 예방·방지를 위한 홍보 및 교육
9. 스토킹과 스토킹 피해에 관한 조사·연구
10. 다른 법률에 따라 지원시설에 위탁된 업무
11. 그 밖에 피해자등을 보호·지원하기 위하여 대통령령으로 정하는 업무

제10조(종사자 등의 자격기준) ① 다음 각 호의 어느 하나에 해당하는 사람은 지원시설의 장 또는 종사자가 될 수 없다.

1. 미성년자, 피성년후견인 또는 피한정후견인
2. 금고 이상의 실형을 선고받고 그 집행이 끝나지(집행이 끝난 것으로 보는 경우를 포함한다) 아니하거나 집행이 면제되지 아니한 사람
3. 금고 이상의 형의 집행유예를 선고받고 그 유예기간 중에 있는 사람
4. 「스토킹범죄의 처벌 등에 관한 법률」 제18조의 죄를 범하여 형을 선고받고 그 형의 전부 또는 일부의 집행이 종료되거나 집행이 유예 · 면제된 날부터 10년이 지나지 아니한 사람

② 지원시설에서 종사하려는 사람은 전문 지식이나 경력 등 대통령령으로 정하는 자격기준을 갖추어야 한다.

제11조(교육의 실시) ① 성평등가족부장관이나 지방자치단체의 장은 지원시설 종사자의 자질을 향상시키기 위하여 필요한 교육을 실시하여야 한다.

② 성평등가족부장관이나 지방자치단체의 장은 대통령령으로 정하는 전문기관으로 하여금 제1항에 따른 교육 업무를 수행하게 할 수 있다.

③ 제1항에 따른 교육의 시간 · 방법 및 내용 등에 관하여 필요한 사항은 대통령령으로 정한다.

제12조(피해자등의 의사 존중 의무) 지원시설의 장과 종사자는 피해자등이 분명히 밝힌 의사에 반하여 제9조에 따른 업무를 하여서는 아니 된다.

제13조(경찰관서의 협조) ① 지원시설의 장은 스토킹행위자로부터 피해자등을 긴급히 구조할 필요가 있을 때에는 경찰관서(지구대·파출소 및 출장소를 포함한다)의 장에게 그 소속 직원의 동행을 요청할 수 있다.

② 제1항에 따른 요청을 받은 경찰관서의 장은 특별한 사유가 없으면 그 요청에 따라야 한다.

제14조(사법경찰관리의 현장출동 등) ① 사법경찰관리는 스토킹의 신고가 접수된 때에는 지체 없이 신고된 현장에 출동하여야 한다.

② 제1항에 따라 출동한 사법경찰관리는 신고된 현장 또는 사건조사를 위한 관련 장소에 출입하여 관계인에 대하여 조사를 하거나 질문을 할 수 있다.

③ 제2항에 따라 출입, 조사 또는 질문을 하는 사법경찰관리는 그 권한을 표시하는 증표를 지니고 이를 관계인에게 내보여야 한다.

④ 제2항에 따라 조사 또는 질문을 하는 사법경찰관리는 피해자·신고자·목격자 등이 자유롭게 진술할 수 있도록 스토킹행위자로부터 분리된 곳에서 조사하는 등 필요한 조치를 하여야 한다.
⑤ 누구든지 정당한 사유 없이 제2항에 따른 사법경찰관리의 현장조사를 거부하는 등 그 업무 수행을 방해하는 행위를 하여서는 아니 된다.

제15조(비밀 유지의 의무) 지원시설의 장 또는 종사자이거나 지원시설의 장이었던 자 또는 종사자이었던 자는 그 직무상 알게 된 비밀을 누설하여서는 아니 된다.

제16조(벌칙) ① 제6조제1항을 위반하여 신고자 또는 피해자에게 해고나 그 밖의 불이익조치를 한 자는 3년 이하의 징역 또는 3천만원 이하의 벌금에 처한다.
② 제15조에 따른 비밀 유지의 의무를 위반한 자는 1년 이하의 징역 또는 1천만원 이하의 벌금에 처한다.

제17조(양벌규정) 법인의 대표자나 법인 또는 개인의 대리인, 사용인, 그 밖의 종사자가 그 법인 또는 개인의 업무에 관하여 제16조의 위반행위를 하면 그 행위자를 벌하는 외에 그 법인 또는 개인에게도 해당 조문의 벌금형을 과(科)한다. 다만, 법인 또는 개인이 그 위반행위를 방지하기 위하여 해당 업무에 관하여 상당한 주의와 감독을 게을리하지 아니한 경우에는 그러하지 아니하다.

제18조(과태료) ① 제14조제5항을 위반하여 정당한 사유 없이 사법경찰관리의 업무 수행을 방해한 자에게는 1천만원 이하의 과태료를 부과한다.
② 제1항에 따른 과태료는 대통령령으로 정하는 바에 따라 성평등가족부장관이나 지방자치단체의 장이 부과 · 징수한다.

부칙 〈제19216호, 2023.1.17.〉
이 법은 공포 후 6개월이 경과한 날부터 시행한다.

양성평등기본법

[시행 2025. 10. 23.] [법률 제20933호, 2025. 4. 22., 일부개정]

제3조(정의) 이 법에서 사용하는 용어의 뜻은 다음과 같다.
2. “성희롱”이란 업무, 고용, 그 밖의 관계에서 국가기관·지방자치단체 또는 대통령령

으로 정하는 공공단체(이하 "국가기관등"이라 한다)의 종사자, 사용자 또는 근로자가 다음 각 목의 어느 하나에 해당하는 행위를 하는 경우를 말한다.

가. 지위를 이용하거나 업무 등과 관련하여 성적 언동 또는 성적 요구 등으로 상대방에게 성적 굴욕감이나 혐오감을 느끼게 하는 행위

나. 상대방이 성적 언동 또는 성적 요구에 따르지 아니한다는 이유로 불이익을 주거나 그에 따르는 것을 조건으로 이익 공여의 의사표시를 하는 행위

제30조(성폭력 · 가정폭력 · 성매매 범죄의 예방 및 성희롱 방지) ① 국가와 지방자치단체는 관계 법률에서 정하는 바에 따라 성폭력·가정폭력·성매매 범죄 및 성희롱을 예방·방지하고 피해자를 보호하여야 하며, 이를 위하여 필요한 시책을 마련하여야 한다.
② 국가와 지방자치단체는 관계 법률에서 정하는 바에 따라 성폭력·가정폭력·성매매 범죄의 예방을 위하여 교육을 실시하여야 하고, 각 교육과 제31조에 따른 성희롱 예방교육을 성평등 관점에서 통합하여 실시할 수 있다.
③ 국가와 지방자치단체는 관계 법률에서 정하는 바에 따라 성폭력·가정폭력·성매매·성희롱 피해자와 상담하고 가해자를 교정(矯正)하기 위하여 필요한 시책을 강구하여야 한다.

제31조(성희롱 예방교육 등 방지조치) ① 국가기관등의 장과 사용자는 성희롱을 방지하기 위하여 대통령령으로 정하는 바에 따라 해당 국가기관등과 사업장 등에 소속된 사람(해당 국가기관등의 장과 사용자를 포함한다)을 대상으로 성희롱 예방교육의 실시, 자체 예방지침의 마련, 성희롱 사건이 발생한 경우 재발방지대책의 수립·시행 등 필요한 조치를 하여야 하고, 국가기관등의 장은 그 조치 결과를 성평등가족부장관 및 주무부처의 장에게 제출하여야 한다.
② 성평등가족부장관은 제1항에 따른 국가기관등의 성희롱 방지조치에 대한 점검을 대통령령으로 정하는 바에 따라 매년 실시하여야 한다.
③ 성평등가족부장관은 제2항에 따른 점검결과 성희롱 방지조치가 부실하다고 인정되는 국가기관등에 대하여 대통령령으로 정하는 바에 따라 관리자에 대한 특별교육 등 필요한 조치를 취하여야 하며, 성희롱 방지조치가 부실하다고 인정되는 국가기관등의 장은 제2항에 따른 점검결과를 반영한 성희롱 방지조치 개선계획을 대통령령으로 정하는 바에 따라 성평등가족부장관에게 제출하여야 한다.
④ 성평등가족부장관은 제2항에 따른 국가기관등의 성희롱 방지조치 점검결과에 대하여 다음 각 호의 사항을 대통령령으로 정하는 바에 따라 언론 등에 공표하여야 한다.

다만, 다른 법률에서 공표를 제한하고 있는 경우에는 그러하지 아니하다.

1. 연간 성희롱 예방교육 실시 계획 수립 여부
2. 해당 국가기관등에 소속된 사람의 교육참여율 및 기관장의 참여여부(국가기관 및 지방자치단체의 장이 미참여한 경우 그 명단을 포함한다)
3. 성희롱 예방교육 실시방법
4. 성희롱 예방지침 및 성희롱 사건 발생 시 재발방지대책의 수립 여부
5. 그 밖에 대통령령으로 정하는 사항

⑤ 성평등가족부장관은 국가인권위원회 또는 대통령령으로 정하는 기관을 통하여 다음 각 호의 어느 하나에 해당하는 사실이 확인된 경우에는 관련자의 징계 등을 그 관련자가 소속된 국가기관등의 장에게 요청할 수 있다.

1. 국가기관등에서 성희롱 사건을 은폐한 사실
2. 성희롱에 관한 국가기관등의 고충처리 또는 구제과정 등에서 피해자의 학습권·근로권 등에 대한 추가적인 피해가 발생한 사실

⑥ 성평등가족부장관은 제2항에 따른 국가기관등의 성희롱 방지조치 점검결과 및 제5항에 따라 확인된 사실을 다음 각 호의 평가에 반영하도록 해당 기관·단체의 장에게 요구할 수 있다.

1. 「정부업무평가 기본법」 제14조제1항 및 제18조제1항에 따른 중앙행정기관 및 지방자치단체의 자체평가
2. 「공공기관의 운영에 관한 법률」 제48조제1항에 따른 공기업 · 준정부기관의 경영실적 평가
3. 「지방공기업법」 제78조제1항에 따른 지방공기업의 경영평가
4. 「초 · 중등교육법」 제9조제2항에 따른 학교 평가
5. 「고등교육법」 제11조의2제1항에 따른 학교 평가

⑦ 제1항에 따른 성희롱 예방교육의 내용·방법 등 성희롱 방지조치, 제3항에 따른 성희롱 방지조치가 부실하다고 인정되는 국가기관등의 기준 및 제5항에 따른 징계 등의 요청 방법 · 절차 등에 필요한 사항은 대통령령으로 정한다.

시행령 제19조(성희롱 예방교육) ① 법 제31조제1항에 따른 성희롱 예방교육에는 다음 각 호의 내용이 포함되어야 한다.

1. 성희롱 예방에 관한 법령
2. 성희롱 발생 시 처리절차 및 조치기준
3. 성희롱 피해자에 대한 고충상담 및 구제절차

4. 성희롱을 한 사람에 대한 징계 등 제재조치
5. 그 밖에 성희롱 예방에 필요한 내용
② 성희롱 예방교육은 강의, 시청각교육 또는 인터넷 홈페이지를 이용한 교육 등 다양한 방법으로 실시할 수 있되, 대면(對面)에 의한 교육이 포함되어야 한다.

시행령 제20조(성희롱 방지조치 등) ① 국가기관, 지방자치단체 및 제2조에 따른 공공단체(이하 "국가기관등"이라 한다)의 장은 법 제31조제1항에 따라 성희롱 방지를 위하여 다음 각 호의 조치를 하여야 하며, 「남녀고용평등과 일·가정 양립 지원에 관한 법률」 제3조제1항에 따른 사업 또는 사업장 중 국가기관등이 아닌 사업 또는 사업장의 사업주는 같은 법에 따라 성희롱 방지조치를 하여야 한다.
1. 국가기관등에 소속된 사람을 대상으로 매년 1회 이상, 1시간 이상의 성희롱 예방교육 실시. 이 경우 신규임용된 사람에 대해서는 임용된 날부터 2개월 이내에 교육을 실시하여야 한다.
2. 성희롱 예방교육 등 성희롱 방지조치에 관한 연간 추진계획 수립
3. 성희롱 관련 상담 및 고충 처리를 위한 공식 창구 마련
4. 성희롱 고충담당자 지정
5. 다음 각 목의 사항이 포함된 자체 성희롱 예방지침 마련
가. 성희롱 관련 상담 및 고충 처리를 위한 공식 창구 운영에 관한 사항
나. 성희롱 고충 처리 절차 및 매뉴얼에 관한 사항
다. 성희롱 행위자에 대한 징계 등 제재조치에 관한 사항
라. 성희롱과 관련된 피해자에 대한 불이익조치 금지에 관한 사항
마. 성희롱 관련 상담 및 고충 처리와 관련된 비밀보장에 관한 사항
바. 성희롱 사건 발생 시 피해자 치료 지원, 가해자에 대한 인사 조치 등을 통한 피해자의 근로권 · 학습권 등을 보호하기 위한 조치에 관한 사항
사. 성희롱 관련 상담 및 고충 처리 업무 종사자에 대한 교육·훈련 지원에 관한 사항
아. 그 밖에 성희롱 예방 및 재발 방지를 위하여 필요한 사항
6. 성희롱 사건 발생 시 재발 방지대책의 수립·시행
7. 그 밖에 해당 기관의 성희롱 방지를 위하여 필요한 조치
② 국가기관등의 장은 제1항에 따른 성희롱 방지조치의 결과를 매년 2월 말일까지 성평등가족부장관 및 주무부처의 장에게 제출해야 한다.
③ 법 제31조제2항에 따라 성평등가족부장관은 제2항에 따라 제출된 성희롱 방지조치의 결과를 전산입력, 서면 등의 방법으로 점검하되, 필요한 경우 현장점검을 할 수 있다.

④ 법 제31조제3항에 따른 성희롱 방지조치가 부실하다고 인정되는 국가기관등의 기준은 다음 각 호와 같다.

1. 제1항제3호부터 제5호까지의 규정에 따른 성희롱 방지조치 중 하나 이상의 조치를 하지 않은 기관
2. 제1항제1호 · 제2호 · 제6호 및 제7호에 따른 성희롱 방지조치 중 둘 이상의 조치를 하지 않은 기관
3. 성평등가족부장관이 정하여 고시하는 성희롱 방지조치 평가 방식에 따라 점검한 결과, 그 점검 결과가 100점 만점을 기준으로 70점에 미달하는 기관. 다만, 성평등가족부장관이 필요하다고 인정하는 경우에는 평가대상기관의 유형 또는 평가 항목의 가중치 등을 고려해 평가 점수의 하한기준을 조정할 수 있다.

⑤ 성평등가족부장관은 제3항에 따른 점검 결과 성희롱 방지조치가 부실하다고 인정되는 국가기관등에 대하여 법 제31조제3항에 따라 그 점검 결과를 통보한 후 6개월 이내에 관리자에 대한 특별교육을 실시해야 한다.

⑥ 제3항에 따른 점검 결과 성희롱 방지조치가 부실하다고 인정되는 국가기관등의 장은 법 제31조제3항에 따라 그 점검 결과를 통보받은 후 6개월 이내에 성희롱 방지조치 개선계획을 성평등가족부장관에게 제출해야 한다.

⑦ 성평등가족부장관은 법 제31조제4항에 따라 성희롱 방지조치 점검결과를 「신문 등의 진흥에 관한 법률」 제9조제1항에 따라 그 보급지역을 전국으로 하여 등록한 일반일간신문 등에 게재하거나 성평등가족부 인터넷 홈페이지에 게시하는 방법으로 공표하여야 한다.

시행령 제21조(성희롱 방지조치 위반에 대한 징계 등) ① 법 제31조제5항에서 "대통령령으로 정하는 기관"이란 다음 각 호의 기관을 말한다.

1. 법원
2. 감사원
3. 국민권익위원회
4. 검찰청
5. 경찰청
6. 그 밖에 법령에 따라 성희롱 사건을 확인 · 조사할 수 있는 권한이 있는 기관

② 성평등가족부장관은 국가인권위원회 또는 제1항 각 호의 기관에 업무와 관련하여 법 제31조제5항 각 호의 어느 하나에 해당하는 사실을 확인한 경우 그 사실을 통보하여 줄 것을 요청할 수 있다.

③ 성평등가족부장관은 법 제31조제5항에 따라 관련자의 징계 등을 요청한 경우 관련자가 소속된 국가기관등의 장에게 조치 결과를 통보하여 줄 것을 요청할 수 있다.

제31조의2(성희롱 사건 발생 시 조치) ①국가기관등의 장은 해당 기관에서 성희롱 사건이 발생한 사실을 알게 된 경우(국가기관등의 장이 해당 성희롱 사건의 행위자인 경우를 포함한다) 피해자의 명시적인 반대의견이 없으면 지체 없이 그 사실을 성평등가족부장관에게 통보하고, 해당 사실을 안 날부터 3개월 이내에 제31조제1항에 따른 재발방지대책을 성평등가족부장관에게 제출하여야 한다.

② 성평등가족부장관은 제1항에 따라 통보받은 사건이 중대하다고 판단되거나 재발방지대책의 점검 등을 위하여 필요한 경우 해당 기관에 대한 현장점검을 실시할 수 있으며, 점검 결과 시정이나 보완이 필요하다고 인정하는 경우에는 국가기관등의 장에게 시정이나 보완을 요구할 수 있다.

③ 국가기관등의 장은 제1항에 따른 성희롱 사건이 발생한 사실을 알게 된 경우 사건처리기간 동안 피해자를 보호하기 위하여 필요하면 해당 피해자나 성희롱 행위자에 대하여 근무장소의 변경, 전보 등 적절한 조치를 하여야 한다. 이 경우 국가기관등의 장은 피해자의 명시적 의사에 반하는 조치를 하여서는 아니 된다.

④ 국가기관등의 장은 성희롱과 관련하여 피해자 또는 성희롱 발생 사실을 신고한 자에게 다음 각 호의 어느 하나에 해당하는 불이익조치를 하여서는 아니 된다.

1. 파면, 해임, 해고, 그 밖에 신분상실에 해당하는 불이익조치
2. 징계, 정직, 감봉, 강등, 승진 제한, 그 밖의 부당한 인사조치
3. 전보, 전근, 직무 미부여, 직무 재배치, 그 밖에 본인의 의사에 반하는 인사조치
4. 성과평가 또는 동료평가 등에서의 차별이나 그에 따른 임금 또는 상여금 등의 차별 지급
5. 직업능력 개발 및 향상을 위한 교육훈련 기회의 제한, 예산 또는 인력 등 가용자원의 제한 또는 제거, 보안정보 또는 비밀정보 사용의 정지 또는 취급자격의 취소, 그 밖에 근무조건 등에 부정적 영향을 미치는 차별 또는 조치
6. 주의 대상자 명단 작성 또는 그 명단의 공개, 집단 따돌림, 폭행 또는 폭언 등 정신적 · 신체적 손상을 가져오는 행위 또는 그 행위의 발생을 방치하는 행위
7. 직무에 대한 부당한 감사 또는 조사나 그 결과의 공개
8. 그 밖에 본인의 의사에 반하는 불이익조치

⑤ 제1항에 따른 성희롱 사건을 처리한 사람, 그 처리내용을 보고받은 사람, 그 밖에 사건처리 과정에 참여한 사람은 해당 사건처리 과정에서 알게 된 비밀을 피해자의 의

사에 반하여 다른 사람에게 누설하여서는 아니 된다. 다만, 사건 처리와 관련된 내용을 국가기관등의 장에게 보고하거나 관계 기관의 요청에 따라 필요한 정보를 제공하는 경우는 제외한다. 〈신설 2025. 4. 22.〉

⑥ 제1항에 따른 재발방지대책의 제출 및 제2항에 따른 현장점검 등에 필요한 사항은 대통령령으로 정한다.

부 록

4 참고문헌

경기도교육청. (2024. 12). 학교 내 성희롱 · 성폭력 사안 대응 업무 가이드

경찰청 국가수사본부 형사국 · 생활안전국. (2022). 스토킹 대응 매뉴얼

고용노동부. (2019. 9). 근로감독관 집무규정

고용노동부. (2023. 4). 직장 내 괴롭힘 예방 · 대응 매뉴얼

김수진. (2024). “스토킹범죄 대응방안에 관한 연구.” 여성범죄연구

문화체육관광부. (2024. 9). 성희롱 · 성폭력 · 스토킹 및 2차 피해 예방 지침

보건복지부. (2024. 12). 성희롱 · 성폭력 · 스토킹 예방 및 사건처리 매뉴얼

서울대학교 인권센터. (2024. 6). 서울대학교 인권센터 규정

서울시 성평등 · 인권센터. (2021. 12). 인권침해 구제 매뉴얼

서울특별시. (2024. 12). 서울시 직장 내 괴롭힘 사건처리 매뉴얼

서울주택도시공사. (2023. 8). 서울주택도시공사 인권센터 운영규정

성신대학교 성신인권센터. (2020). 인권상담매뉴얼

여성가족부[6]. (2018. 6). 공공기관의 장 등에 의한 성희롱 · 성폭력 사건처리 매뉴얼

여성가족부. (2023. 1). 공공부문 성희롱 · 성폭력 사건처리 매뉴얼

여성가족부. (2024. 1). 공공부문 스토킹 사건 처리 매뉴얼

여성가족부. (2024). “바로지금, 우리를 위한 스토킹 예방교육”, 교육자료실

여성가족부. (2025). 성희롱 · 성폭력 예방지침 표준안 및 해설

여성가족부. (2023). 스토킹 예방지침 표준안 및 해설

여성가족부 · 한국여성인권진흥원 · 복권위원회. (2019. 2). 성희롱 · 성폭력 근절을 위한 조직문화 개선 컨설팅 사례집

여성가족부 · 한국양성평등교육진흥원. (2024. 1). 공공부문 스토킹 사건 처리 매뉴얼

6 책 출간 현재 ‘성평등가족부’이지만, 발간 당시 명칭인 ‘여성가족부’로 표기함

전은주 외. (2024). “[기획논문] 보이지 않는 감옥: 기술 매개 강압적 통제와 스토킹.” 한국여성정책연구원 정기간행물

제주에너지공사. (2018. 9). 제주에너지공사 성희롱 · 성폭력 사건처리 매뉴얼

직장갑질119. (2021. 7). 직장 내 괴롭힘 예방 및 대응 매뉴얼

포천시의회. (2024. 7). 스토킹 예방지침

한국고용정보원. (2024. 11). 성희롱 · 성폭력 · 스토킹 및 2차 피해 예방 지침

한국도로공사. (2019. 11). 인권경영 이행지침

한국도로공사. (2022. 5). 성희롱 · 성폭력예방 · 관리예규

한국도로공사. (2022. 5). 직장 내 괴롭힘 예방 · 관리예규

한국생산성본부. (2025. 9). 고충처리실무(성희롱 · 괴롭힘)(feat. 조사보고서 작성까지) 교재

한국범죄학연구소. (2024.12). 공공부문 스토킹 사건 처리 매뉴얼

한국양성평등교육진흥원. (2021). 성희롱 · 성폭력 고충상담원 업무매뉴얼

한국양성평등교육진흥원. (2024. 7). 성희롱 · 성폭력 · 스토킹 및 2차 피해 예방 지침

한국전력공사. (2025. 7). 2023년도 인권경영 보고서, 알리오 공시

한국콘텐츠진흥원. (2024. 12). 성희롱 · 성폭력 · 스토킹 예방 지침

한국형사 · 법무정책연구원. (2024). “스토킹 범죄의 특성 및 대응 강화 방안”

성희롱·괴롭힘·스토킹 고충처리 실무

초판발행 2026년 1월 5일

지은이 박정연·장연수
펴낸이 안종만·안상준

편 집 장유나
기획/마케팅 장규식
표지디자인 권아린
제 작 고철민·김원표

펴낸곳 (주)박영사
서울특별시 금천구 가산디지털2로 53, 210호(가산동, 한라시그마밸리)
등록 1959.3.11. 제300-1959-1호(倫)
전 화 02)733-6771
f a x 02)736-4818
e-mail pys@pybook.co.kr
homepage www.pybook.co.kr
ISBN 979-11-303-9893-8 03360

정 가 24,000원